日本安全保障史事典

事典

トピックス
1945
-
2017

日外アソシエーツ

A Cyclopedic Chronological Table of National Security in Japan
1945-2017

Compiled by

Nichigai Associates, Inc.

©2018 by Nichigai Associates, Inc.

Printed in Japan

本書はディジタルデータでご利用いただくことが
できます。詳細はお問い合わせください。

●編集担当● 高橋 朝子
装丁：赤田 麻衣子

刊行にあたって

　第二次世界大戦の終結後、連合国による占領を経て、「対日講和条約」と同時に結ばれた「日米安保条約」は、改正の際の反対デモで死亡者が出るなど大きな社会問題となった。近年も安全保障関連法案の成立にあたって、強行採決が批判され、政治に無関心と言われていた若者の活動が注目された。また、1954年に防衛庁の設置とともに発足した自衛隊は、常に違憲・合憲の解釈、予算枠の増加への批判などにさらされながらも、事故や地震・噴火等の自然災害での救助活動や生活支援、PKOや国際緊急援助活動への参加による海外派遣を通じて、国内外に広く認知されるようになった。最近では、政府には近隣国との「領土問題」や核・ミサイル問題への対応も強く求められている。

　本書は、1945年（昭和20年）8月15日から2017年（平成29年）までの72年間における日本の安全保障に関する出来事を収録した年表形式の事典である。「日米安保条約」の締結と改正、政府の「防衛力整備計画」、防衛庁から防衛省への昇格、自衛隊の設立・組織の編成とPKO参加や災害派遣を含む活動、近隣国の領海侵犯やミサイル発射、安全保障問題についての国際会議や会談など、幅広いテーマを収録し、第二次世界大戦後の日本の安全保障史を概観できる資料を目指した。巻末には分野別索引、事項名索引を付し、利用の便をはかった。

　編集にあたっては誤りや遺漏のないよう努めたが、不十分な点もあるかと思われる。お気付きの点はご教示いただければ幸いである。

　本書が日本の安全保障史についての便利なデータブックとして多くの方々に活用されることを期待したい。

　2018年4月

　　　　　　　　　　　　　　　　　　　　　　　日外アソシエーツ

目　　次

凡　例　…………………………………………………………　(6)

日本安全保障史事典—トピックス 1945-2017

　本　文……………………………………………………………　1

　分野別索引…………………………………………………………　249

　事項名索引…………………………………………………………　287

凡　例

1．本書の内容
　本書は、日本の安全保障に関する出来事を年月日順に掲載した記録事典である。

2．収録対象
（1）政府の国防政策、防衛庁・防衛省の組織、PKO 参加や災害派遣を含む自衛隊の活動、関連の法律の改正、隣国との国境問題や各国の防衛相との会談などの国際的な動向など、戦後日本の安全保障に関する重要なトピックとなる出来事を幅広く収録した。

（2）収録期間は 1945 年（昭和 20 年）8 月 15 日から 2017 年（平成 29 年）までの約 72 年間、収録項目は 2,932 件である。

3．排　列
（1）各項目を年月日順に排列した。

（2）日が不明な場合は各月の終わりに置いた。

4．記載事項
　各項目は、分野、内容を簡潔に表示した見出し、本文記事で構成した。

5．分野別索引
（1）本文に記載した項目を分野別にまとめた。

（2）分野構成は、索引の先頭に「分野別索引目次」として示した。

（3）各分野の中は年月日順に排列し、本文における項目の所在は、見出しと年月日で示した。

6．事項名索引
（1）本文記事に現れる用語、テーマ、法律名、人名、地名、団体名などを事項名とし、読みの五十音順に排列した。

（2）各事項の中は年月日順に排列し、本文記事の所在は、見出しと年月日で示した。

7. 参考文献

本書の編集に際し、主に以下の資料を参考にした。

『日本軍事史年表—昭和・平成』吉川弘文館編集部編　吉川弘文館　2012.3

『戦後日本防衛年表』（入門新書—時事問題解説 191）　小山雅夫著　教育社　1979.1

『防衛庁五十年史』防衛庁編　防衛庁　2005.3

『我が国防衛法制の半世紀—発展の軌跡と展望』西修ほか著　内外出版　2004.12

『自衛隊史論—政・官・軍・民の 60 年』佐道明広著　吉川弘文館　2015.1

『自衛隊 60 年史』（別冊宝島 2377 号）　志方俊之監修　宝島社　2015.9

『自衛隊の誕生—日本の再軍備とアメリカ』（中公新書 1775）　増田弘著　中央公論新社　2004.12

『近現代日本の軍事史』坂本祐信著　かや書房　2012.5 〜 2015.12

『近代日本総合年表 第 4 版』岩波書店編集部編　岩波書店　2001.11

「日本の防衛—防衛白書」防衛省

「海上保安レポート」海上保安庁

「読売年鑑」読売新聞社

「朝日新聞縮刷版」朝日新聞社

「CD 毎日新聞」毎日新聞社

1945年
（昭和20年）

8.15 〔社会〕**第二次世界大戦終結**　正午、天皇による終戦詔書の玉音放送。国民に日本の「ポツダム宣言」受諾・無条件降伏を発表。日中戦争以降の日本の戦没者数は、軍人・一般国民を合わせて約310万人にのぼった。

8.15 〔団体〕**米内海軍大臣、日本海軍の再建を託す**　米内光政海軍大臣が保科善四郎軍務局長に対し、戦後の日本海軍再建を委託。あわせて、海軍の伝統を後世に伝え、その技術を復興に役立てることを託した。

8.15 〔政治〕**鈴木内閣総辞職**　「ポツダム宣言」の受諾について閣内の意見がまとまらず、天皇の判断を仰いだ責任をとり、鈴木貫太郎内閣が総辞職。同日早朝、徹底抗戦を唱えていた陸軍大臣・阿南惟幾が割腹自殺した。

8.16 〔国際〕**マッカーサー、戦闘停止を命令**　ダグラス・マッカーサー連合国最高司令官が、天皇・政府・大本営に対し、戦闘の即時停止を命令。あわせて、降伏条件遂行に必要な要求を受領するため、日本の代表者をフィリピンに派遣することを命じた。

8.16 〔政治〕**天皇、全軍隊即時停戦を下命**　天皇が全軍隊に即時停戦の大命を下した。

8.16 〔団体〕**大本営陸軍部・海軍部、即時戦闘行動停止を発令**　大本営海軍部が即時戦闘行動停止を発令。大本営陸軍部は各軍司令官・参謀総長に対し、已むを得ぬ場合の自衛戦闘を除く即時戦闘行動停止を発令した。

8.17 〔政治〕**東久邇宮内閣発足**　東久邇宮稔彦内閣が発足した。陸軍大臣は首相が兼任し、米内光政海軍大臣は留任。

8.17 〔政治〕**天皇、陸海軍人に勅語**　天皇が陸海軍人に対し、終戦の決定に従い「国家永年の礎を遺さぬことを期せよ」との勅語を下賜した。

8.18 〔事件〕**ソ連軍、北方領土占領**　「大日本帝国及「ソヴィエト」社会主義共和国連邦間中立条約（日ソ中立条約）」を破棄し、8月8日に対日宣戦布告をしていたソ連軍が、千島列島東端の占守島に奇襲上陸を開始。占守島の日本守備隊がソ連軍に反撃し、多大な損害を与える。同日夕刻、日本軍が戦闘を停止。8月28日、択捉島に上陸。9月1日に国後島・色丹島、3日には歯舞群島に達し、5日までに千島全島の占領を完了した。

8.20 〔国際〕**全権委員、連合国軍と停戦交渉**　全権委員の河辺虎四郎参謀次長・陸軍中将らが、フィリピンのマニラで連合国軍と停戦交渉。連合国総司令部（GHQ）より「降伏文書」・「一般命令第1号」（陸海軍）を手交し、8月21日に帰国。翌22日以降、戦闘行動の一切を停止した。

8.22 〔事件〕**ソ連軍、旅順・大連を占領**　ソ連軍が遼東半島南部の旅順・大連を接収した。

8.23 〔政治〕**下村陸軍大臣就任**　下村定陸軍大将が陸軍大臣に就任した。

8.23 〔団体〕**日本軍復員開始**　日本の陸海軍が復員を開始した。

8.24	〔事件〕**ソ連軍、平壌に侵攻**　ソ連軍先遣隊が、朝鮮半島西北の平壌に侵攻。日本軍は北緯38度線以北の武装解除を完了した。
8.26	〔団体〕**大東亜省・軍需省・農商省廃止**　戦時から平時への行政機構改編により、「大東亜省官制」・「軍需省官制」を廃止。これにより、大東亜省・軍需省が廃止された。また、「農商省官制」の改正・公布により、農商省を農林省に改称して再設置。「商工省官制」が公布され、商工省も再び設置された。
8.26	〔団体〕**終戦連絡中央事務局設置**　「終戦連絡中央事務局官制」の公布により、終戦連絡中央事務局が設置された。外務省の外局として、連合国総司令部（GHQ）との連絡調整を行う。長官には岡崎勝男が任命された。
8.28	〔社会〕**東久邇宮首相、「一億総懺悔」発言**　東久邇宮稔彦首相が内閣記者団と初の会見。敗戦の原因に言及し、国体護持の方針を強調するとともに、「軍官民、国民全体が徹底的に反省懺悔しなければならぬと思う。全国民総懺悔をすることがわが国再建の第一歩であり、わが国内団結の第一歩と信ずる」と述べた（「一億総懺悔論」）。
8.28	〔国際〕**連合国軍、日本進駐開始**　厚木飛行場に連合国軍先遣部隊が到着し、以後各地に進駐した。
8.28	〔団体〕**GHQ、横浜に設置**　横浜税関庁舎を接収し、連合国総司令部（GHQ）が設置された。
8.30	〔国際〕**マッカーサー、厚木に到着**　ダグラス・マッカーサー連合国最高司令官が厚木基地に到着した。
9.2	〔国際〕**日本、「降伏文書」調印**　全権代表として、重光葵外務大臣・梅津美治郎参謀総長・陸軍大将が、東京湾上の米海軍戦艦ミズーリで「降伏文書」に調印した。
9.2	〔国際〕**GHQ、「一般命令第1号」発令**　連合国軍による本土占領開始に伴い、連合国総司令部（GHQ）が日本の陸海軍に対する「一般命令第1号」を発令。日本軍の戦闘停止、武装解除、軍事施設の接収要領のほか、捕虜・抑留者の情報提供等を定めた。
9.3	〔国際〕**日本船舶、米太平洋艦隊司令官の指揮下へ**　連合国総司令部（GHQ）の指令により、日本の船舶が国家管理のまま米太平洋艦隊司令官の指揮下に編入された。
9.9	〔国際〕**マッカーサー、日本管理方針の声明発表**　ダグラス・マッカーサー連合国最高司令官が、間接統治や自由主義の助長等の日本管理方針に関する声明を発表した。
9.11	〔事件〕**GHQ、戦争犯罪人の逮捕を命令**　連合国総司令部（GHQ）が、元首相・東条英機ら戦争犯罪人39人の逮捕を命令。連行を求められた東条は拳銃自殺を図るも、未遂に終わった。
9.12	〔国際〕**南方軍、「降伏文書」調印**　日本南方軍総司令官・寺内寿一の代理として、第7方面軍司令官・板垣征四郎がシンガポールで「降伏文書」に調印した。
9.13	〔団体〕**大本営廃止**　9月13日付で「大本営復員並廃止要領」制定（9月15日公示）。これにより、大本営が廃止された。
9.15	〔団体〕**GHQ、東京に本部開設**　連合国総司令部（GHQ）が東京日比谷の第一生命相互ビルを接収し、本部として使用を開始した。

| 9.17 | 〔団体〕**GHQ/AFPAC、東京に移転**　横浜税関に設置されていた米太平洋陸軍総司令部（GHQ/AFPAC）が、東京第一生命相互ビルに移転した。 |

9.17　〔団体〕**GHQ/AFPAC、東京に移転**　横浜税関に設置されていた米太平洋陸軍総司令部（GHQ/AFPAC）が、東京第一生命相互ビルに移転した。

9.27　〔国際〕**天皇、マッカーサーを訪問**　天皇がダグラス・マッカーサー連合国最高司令官を訪問し、第1回会見を行った。

10.2　〔団体〕**GHQ/SCAP設置**　米太平洋陸軍総司令部（GHQ/AFPAC）と並存する形で、連合国最高司令官総司令部（GHQ/SCAP）を設置。ダグラス・マッカーサーが両者の最高司令官を兼ね、4参謀部のほか法務局・民政局など幕僚部9局を開設した。

10.9　〔政治〕**幣原内閣発足**　幣原喜重郎内閣が発足した。下村定陸軍大臣、米内光政海軍大臣は留任。

10.13　〔法律〕**「国防保安法」等廃止**　「「ポツダム」宣言の受諾に伴い発する命令に関する件に基く国防保安法廃止等に関する件」公布。「国防保安法」、「軍機保護法」、「軍用資源秘密保護法」、「言論・出版・集会・結社等臨時取締法」などが廃止された。

10.15　〔団体〕**軍令部廃止**　「軍令海第8号」の公布により、軍令部（海軍）が廃止された。

11.30　〔団体〕**参謀本部廃止**　「陸達第68号」の公布により、「参謀本部条例」廃止。参謀本部（陸軍）が廃止された。

12.1　〔団体〕**陸海軍省廃止**　陸軍省、海軍省廃止。第1復員省、第2復員省が設置され、第1は旧陸軍、第2は旧海軍の復員関係事務を所管することとなった。

12.17　〔事件〕**米第8軍軍事法廷開廷**　横浜地方裁判所で米第8軍軍事法廷が開廷。米軍俘虜に対する虐待容疑者の軍事裁判が始まった。

1946年
（昭和21年）

1.4　〔国際〕**公職追放指令**　連合国総司令部（GHQ）が軍国主義者の公職追放（パージ）を指令。あわせて、超国家主義の27団体に解散を指示した。

1.29　〔国際〕**琉球列島・小笠原群島の日本行政権停止**　連合国総司令部（GHQ）が奄美大島を含む琉球列島・小笠原群島を日本から政治上分離し、行政権の停止を指令した。

1.31　〔国際〕**ソ連・中国、日本進駐に不参加**　連合国総司令部（GHQ）が、ソ連・中国は日本進駐に参加しないと発表した。

2.23　〔事件〕**山下大将の死刑執行**　戦犯としてマニラで軍事裁判にかけられ、1945年12月7日に死刑判決を受けた元第14方面軍司令官・陸軍大将山下奉文の絞首刑が執行された。

2.26　〔団体〕**極東委員会設置**　連合国の対日占領政策の最高意思決定機関・極東委員会がワシントンに設置され、第1回会議を開催。米国・イギリス・ソ連ほか11ヶ国の代表で発足し、1949年には13ヶ国の構成となった。

1947年（昭和22年） 日本安全保障史事典

3.31 〔国際〕**駐日米軍兵力、20万人にのぼる** ロバート・ポーター・パターソン米陸軍長官が、日本に駐留する米軍兵力は約20万人と発表した。

4.1 〔法律〕**「国家総動員法」・「戦時緊急措置法」廃止** 「国家総動員法」および「戦時緊急措置法」が廃止された。

4.5 〔団体〕**対日理事会設置** 連合国対日理事会（対日理事会）が東京に設置され、第1回会議を開催。連合国最高司令官の諮問機関で、米国・イギリス・ソ連・中国の4ヶ国代表で構成された。

4.22 〔団体〕**沖縄民政府発足** 琉球列島米国軍政府下に、沖縄諮詢会を発展・継承する形で沖縄民政府が発足。4月24日、初代知事に志喜屋孝信が任命された。

5.3 〔事件〕**東京裁判開廷** 極東国際軍事裁判（東京裁判）開廷。A級戦犯容疑者として起訴された東条英機ら28人の裁判が開始された。

5.22 〔政治〕**第1次吉田内閣発足** 第1次吉田茂内閣が発足。第1・第2復員大臣を首相が兼任した。

5月 〔政治〕**辰巳軍事顧問就任** 元陸軍中将・辰巳栄一が吉田茂首相の軍事顧問となり、再軍備の研究を行った。

6.15 〔団体〕**復員庁設置** 「復員庁官制」の公布・施行により、第1復員省・第2復員省を統合して復員庁を設置。第1・第2復員省は復員庁第1・第2復員局となった。復員庁総裁に幣原喜重郎。

6.21 〔国際〕**「日本非武装化条約」案発表** 米国が「日本非武装25年間監視条約（日本非武装化条約）」案を発表。7月のパリ外相会議で、ソ連の反対により立消えとなった。

11.3 〔法律〕**「日本国憲法」公布** 「日本国憲法」公布（1947年5月3日施行）。象徴天皇制・国民主権・基本的人権・戦争放棄など、戦後民主化の基本原理を定めた。

1947年
（昭和22年）

2.25 〔事件〕**南樺太・千島、ソ連領に編入** ソ連が「連邦憲法」を修正し、南樺太（北緯50度以南）および千島列島を自国領に編入した。

3.17 〔国際〕**マッカーサー、早期講和を提唱** ダグラス・マッカーサー連合国最高司令官が、対日講和と賠償問題の早期解決を外国人記者団に表明した。

5.3 〔法律〕**「日本国憲法」施行** 「日本国憲法」が施行された（1946年11月3日公布）。

5.24 〔政治〕**片山内閣発足** 日本社会党（社会党）・民主党・国民協同党の3党連立による片山哲内閣が発足。当初は首相が多数の大臣・長官の臨時代理・事務取扱となったが、6月1日に閣僚人事が決定し、本格的に発足した。復員庁総裁に笹森順造。

10.4 〔国際〕**英本国軍、引揚げを発表** 英連邦占領軍（英軍・オーストラリア軍・ニュー

ジーランド軍・英領インド軍）の英本国軍が、日本からの引揚げを発表した。

12.17 〔法律〕「警察法」公布　「警察法」公布。国家地方警察・自治体警察の設置を定めた（1948年3月7日施行）。

1948年
（昭和23年）

1.6 〔国際〕ロイヤル米陸軍長官、「反共の防壁」の演説　ケネス・クレイボーン・ロイヤル米陸軍長官がサンフランシスコで演説。占領政策を転換して日本の経済的自立を図り、極東における共産主義への防壁にすると言明した。

1.12 〔国際〕駐日英連邦占領軍の指揮権、オーストラリアに移管　駐日英連邦占領軍の指揮権をオーストラリアに移管することが決定した。

2.11 〔国際〕駐日英連邦占領軍、削減へ　イギリスが日本駐留英連邦占領軍の削減を表明した。

2.12 〔国際〕極東委員会、日本非武装化指令を採択　極東委員会が日本非武装化の指令「日本における軍事活動の禁止と日本軍装備品の処理」を採択した。

3.10 〔政治〕芦田内閣発足　民主党・社会党・国民協同党の3党連立による芦田均内閣が発足した。

4.27 〔法律〕「海上保安庁法」公布　「海上保安庁法」が公布された。5月1日施行。

4.28 〔国際〕英・ソ・中3国代表、海上保安庁設置を批判　対日理事会でイギリス・ソ連・中国代表が日本の武装軍復活を警戒し、海上保安庁の設置を批判。4月30日には極東委員会でも論議され、米国代表が拒否権を初行使した。

5.1 〔団体〕海上保安庁設置　「海上保安庁法」の施行により、運輸省（のち国土交通省）の外局として海上保安庁を設置。大久保武雄が初代長官に就任し、元海軍少将・山本善雄らが入庁した。

10.7 〔国際〕「NSC13/2文書」承認　米国の国家安全保障会議（NSC）が、「アメリカの対日政策に関する勧告（NSC13/2文書）」を承認。中央集権的な警察組織の拡充、非懲罰的な対日講和方針への転換、経済復興など、日本の政治・経済的自立を促進するための政策を提示した。

10.15 〔政治〕第2次吉田内閣発足　第2次吉田茂内閣が発足。組閣が遅れ、当初は首相が各省大臣・各庁長官の臨時代理または事務取扱となったが、19日に閣僚人事が決定した。

11.12 〔事件〕東京裁判判決　極東国際軍事裁判（東京裁判）で戦犯25被告に有罪判決。死刑：東条英機、土肥原賢二ら7人。終身禁錮：荒木貞夫、橋本欣五郎ら16人。禁錮20年：東郷茂徳。禁錮7年：重光葵。

11.22 〔国際〕米国務省・陸軍省、日本再軍備を進言　米国務省および陸軍省が、ダグラス・マッカーサー連合国最高司令官に日本の再軍備を進言した。

12.18 〔国際〕**マッカーサー、「NSC13/2文書」を拒否**　ダグラス・マッカーサー連合国最高司令官が、10月7日に米国の国家安全保障会議で承認された「アメリカの対日政策に関する勧告（NSC13/2文書）」を拒否した。

12.23 〔事件〕**東条ら7戦犯の死刑執行**　極東国際軍事裁判（東京裁判）で死刑判決を受けた7戦犯（東条英機、土肥原賢二、広田弘毅、板垣征四郎、木村兵太郎、松井石根、武藤章）の絞首刑が執行された。

12.24 〔事件〕**A級戦犯容疑者19人釈放**　連合国総司令部（GHQ）が、岸信介らA級戦犯容疑者19人を釈放。以降、主要戦犯の裁判は行わないと発表した。

1949年
（昭和24年）

2.16 〔政治〕**第3次吉田内閣発足**　第3次吉田茂内閣が発足した。

2.25 〔国際〕**ロイヤル米陸軍長官、警察隊武装を示唆**　ケネス・クレイボーン・ロイヤル米陸軍長官が日本防衛について言及し、警察隊の武装を示唆した。

5.7 〔国際〕**吉田首相、米軍駐留継続を希望**　吉田茂首相が、講和条約締結後も米軍の日本駐留を希望すると外国人記者に述べた。

7.4 〔国際〕**マッカーサー、「反共の防壁」の声明**　米独立記念日に際し、ダグラス・マッカーサー連合国最高司令官が「日本は共産主義進出阻止の防壁」と声明した。

10.11 〔国際〕**コリンズ米陸軍参謀総長来日**　米陸軍参謀総長ジョーゼフ・ロートン・コリンズが来日。在日米軍の長期駐留を表明した。

10.19 〔事件〕**米極東軍管下の軍事裁判終了**　米極東軍管下の戦犯裁判が終了。戦犯容疑者約4200人のうち、700人以上が死刑判決を受けた。

11.1 〔国際〕**米国務省、対日講和を検討中と発表**　米国務省が対日講和を検討中と発表。起草中の「対日講和条約」草案について、年内完了との見通しを表明した。

1950年
（昭和25年）

1.1 〔国際〕**マッカーサー、年頭声明で自衛権を肯定**　ダグラス・マッカーサー連合国最高司令官が、年頭の辞で「「日本国憲法」は固有の自衛権を否定せず」と表明した。

1.12 〔国際〕**アチソン国務長官、米国の防衛線を言明**　ディーン・アチソン米国務長官が、米国の不後退防衛線（アチソン・ライン）は日本・沖縄・フィリピン・アリューシャン列島を結ぶ線であると言明した（アチソン演説）。

		1950年（昭和25年）

1.31 〔国際〕**ブラッドレー米統合参謀本部議長来日**　オマール・ブラッドレー米統合参謀本部議長と陸海空3軍の首脳が極東情勢検討のため来日し、日本本土・沖縄の軍事基地強化を声明。2月1日〜3日にかけ、ダグラス・マッカーサー連合国最高司令官と軍事体制の強化について会談した。2月10日帰国。

2.10 〔国際〕**GHQ、沖縄に恒久的基地の建設発表**　連合国総司令部（GHQ）が、2〜3ヶ月以内に沖縄で恒久的な基地の建設工事を開始すると発表した。

2.13 〔政治〕**吉田首相、軍事基地承認は日本の義務と答弁**　参議院外務委員会で、吉田茂首相が「占領下における軍事基地の承認は日本の義務」と答弁した。

5.2 〔国際〕**対日理事会ソ連代表、日本の軍事基地化を批判**　対日理事会でソ連代表のクズマ・デレヴィヤンコが、ダグラス・マッカーサー連合国最高司令官宛の書簡で、米国による日本の軍事基地化を批難した。

6.22 〔国際〕**ダレス特使、日本の再軍備を要求**　米大統領特使として来日中のジョン・フォスター・ダレス国務長官顧問が、吉田茂首相らと会談。日本の再軍備を要求した（6月21日来日、6月27日離日）。

6.25 〔事件〕**朝鮮戦争勃発**　朝鮮半島で北朝鮮軍が北緯38度線を突破して南下し、朝鮮戦争が勃発。6月28日にはソウルを占領した（1953年7月27日休戦協定調印）。

7.7 〔国際〕**国連軍の米国指揮決定**　北朝鮮軍に対抗するため、国際連合安全保障理事会が米国による国際連合軍の指揮を決定（朝鮮国連軍）。7月8日、ハリー・S.トルーマン米大統領がダグラス・マッカーサーを国連軍最高司令官に任命した。

7.8 〔自衛隊〕**警察予備隊創設指令**　ダグラス・マッカーサー連合国最高司令官が吉田茂首相に宛てた「日本警察力増強に関する書簡」（マッカーサー書簡）で、7万5000人の警察予備隊（陸上自衛隊の前身）の創設を指令。同時に海上保安庁8000人の増員を指示した。朝鮮戦争の勃発で在日米占領軍が朝鮮半島に出動し、手薄となった日本国内の治安維持と防衛を目的とし、かねてより日本政府が要求していた警察官の増員を許可する形となった。同日、警察予備隊創設準備のため、東京・越中島の旧東京高等商船学校に連合国総司令部参謀第2部（GHQ・G2）連絡室を設置した。

7.14 〔団体〕**民事局別館設置**　警察予備隊の創設・指導育成にあたる民事局別館（CASA）が設置され、民事局長ウィンフィールド・シェパード少将が初代米軍事顧問団長に就任した。

7.17 〔自衛隊〕**警察予備隊の大綱提示**　連合国総司令部（GHQ）が警察予備隊創設の大綱を日本側に提示した。

7.25 〔国際〕**国連軍司令部設置**　ダグラス・マッカーサーが最高司令官を務める国際連合軍司令部が東京に設置された。7月26日、国連軍の組織完了。

7月 〔自衛隊〕**警察予備隊総隊の初代幕僚長任命問題で紛糾**　警察予備隊総隊の初代幕僚長任命にあたり、連合国総司令部参謀第2部（GHQ・G2）部長チャールズ・ウィロビー少将が元陸軍大佐・服部卓四郎を強く推し、部内で問題となった。8月9日、服部の排除で決着。

8.10 〔自衛隊〕**警察予備隊創設**　「警察予備隊令」公布、即日施行。総理府（のち内閣府）

— 7 —

の機関として、警察予備隊が設置された。「わが国の平和と秩序を維持し、公共の福祉を保障するのに必要な限度内で、国家地方警察及び自治体警察の警察力を補う」ことを目的とする。1952年10月15日に保安庁、1954年7月1日には陸上自衛隊に改編された。

8.13 〔自衛隊〕**警察予備隊一般隊員の募集開始** 警察予備隊が一般隊員の募集を開始した。

8.14 〔自衛隊〕**増原警察予備隊本部長官が就任** 増原恵吉が初代警察予備隊本部長官に就任した。

8.23 〔自衛隊〕**警察予備隊、第1回一般隊員入隊** 警察予備隊の第1回一般隊員として約7000人が入隊、第1期訓練（基本訓練）を開始した。以後、11回にわたり約7万5000人が逐次入隊（10月12日まで）。全国28ヶ所の米軍キャンプで13週間の基本訓練を受けた。

8.23 〔自衛隊〕**警察予備隊江田島・越中島学校設置** 警察予備隊の基幹要員教育・訓練のため、江田島学校（初級幹部・火器・施設・通信等）、越中島学校（人事・経理・補給等）を設置。8月28日、江田島学校に第1期幹部要員320人が入校した。

9.7 〔自衛隊〕**警察予備隊本部が移転** 警察予備隊本部が国家地方警察本部から越中島に移転した。

9.14 〔国際〕**対日講和の予備交渉開始指令** ハリー・S.トルーマン米大統領が、「対日講和条約」「日米安保条約」締結の予備交渉開始を国務省に指令した。

9.18 〔自衛隊〕**警察予備隊東京指揮学校設置** 警察予備隊の指揮幹部要員教育のため、東京指揮学校を設置。江田島学校から選抜された第1期生40人が入校した。

10.2 〔国際〕**海上保安庁、日本特別掃海隊を編成** 米極東海軍参謀副長アーレイ・バーク少将が、海上保安庁長官・大久保武雄を呼び出し、国際連合軍による朝鮮・元山上陸作戦への協力を要請した。これに応え、海上保安庁は日本特別掃海隊（朝鮮派遣掃海隊）を編成。12月中旬まで46隻1200人が掃海にあたった。死者1人・負傷者8人。

10.9 〔自衛隊〕**林宮内庁次長、警察監に任命** 宮内庁次長・林敬三を警察監に任命。警察予備隊中央本部長（仮称）となり、12月29日警察予備隊総隊総監に改称。

11.10 〔政治〕**旧職業軍人初の公職追放解除** 太平洋戦争開戦後に陸軍士官学校・海軍兵学校に入学した旧職業軍人3250人に対し、政府が初の公職追放解除を発表した（10月30日付）。

11.24 〔国際〕**「対日講和7原則」発表** 米国が「アメリカの対日平和条約に関する7原則（対日講和7原則）」を発表。領土問題を除く対日平和条約の骨子となった。

12.5 〔国際〕**琉球列島米国民政府に関する指令通達** 米極東軍司令部が琉球列島米国軍政府に対し、琉球列島米国民政府への改組指令を通達。12月15日に琉球列島米国軍政府が廃止され、琉球列島米国民政府が発足した。初代民政長官にダグラス・マッカーサー。民政長官の監督下に、住民の中央自治政府樹立を指示した。

12.29 〔自衛隊〕**警察予備隊、部隊編成を完了** 「警察予備隊の部隊の編成及び組織に関する規程」公布・施行。総隊総監部の下に4管区隊（第1：東京, 第2：札幌, 第3：大阪, 第4：福岡）を置き、各管区隊下に普通科連隊、特科連隊、特科大隊を設置。警察予

備隊の部隊編成が完了した。

1951年
（昭和26年）

1.1　〔国際〕マッカーサー、年頭声明で日本再軍備を強調　ダグラス・マッカーサー連合国最高司令官が年頭の辞で、対日講和と集団安全保障体制下における日本再軍備の必要性を強調した。

1.11　〔国際〕スペンダー豪外相、日本再軍備に反対表明　オーストラリアのパーシー・スペンダー外務大臣が、無制限な日本の再軍備に反対を表明した。

1.17　〔自衛隊〕「海軍再建工作」着手　元大将・野村吉三郎、元中将・保科善四郎ら旧海軍関係者が「海軍再建工作」に着手した。

1.23　〔政治〕大橋国務大臣、警察予備隊担当に　大橋武夫国務大臣、警察予備隊担当に決定。

1.24　〔自衛隊〕新海軍再建研究会が発足　野村吉三郎らが秘密機関・新海軍再建研究会（野村機関）を創設。再軍備の憲法抵触や軍人批判を恐れ、秘密裡に発足した。

1.25　〔国際〕ダレス米講和特使来日　ジョン・フォスター・ダレス米特使が対日講和交渉のため来日。1月29日に行われた対日講和条約に関する第1回吉田・ダレス会談では「対日講和7原則」を中心に意見を交わし、ダレス特使は吉田茂首相に日本の防衛力強化を迫った。1月31日、第2回会談。2月2日の昼食会では、ダレス特使が集団安全保障、米軍駐留の方針を発表。2月7日、第3回会談。ダレス特使は2月11日の離日にあたり、「日本政府は米軍駐留を歓迎」と声明。吉田首相も「安全保障の取り決めを歓迎し、自衛の責任を認識する」との声明を発表した。

1.29　〔政治〕吉田首相、再軍備問題につき答弁　参議院本会議で、吉田茂首相が再軍備問題について答弁。現状の国力からみてその時期ではなく、憲法の精神に鑑みても軽々に論じるべきではないと述べた。また国内治安は警察予備隊で充分であるとし、講和問題については単独講和も可とする考えを示した。

2.1　〔政治〕吉田首相、自衛権強化と再軍備問題につき答弁　衆議院予算委員会で、吉田茂首相が自衛権の強化と再軍備は別という認識を示した。

2.5　〔自衛隊〕警察予備隊第4管区総監部を設置　警察予備隊が福岡市に第4管区総監部を設置した。

2.14　〔国際〕対日理事会、日本非軍事化問題で米ソ論争　日本の非軍事化問題をめぐり、対日理事会で米国・ソ連代表が論争になった。

2.15　〔政治〕吉田首相、米軍駐兵費につき答弁　参議院外務委員会で、吉田茂首相が講和後の防衛につき答弁。米軍の駐留費は米国に期待すると述べた。

2.19　〔国際〕ダレス顧問、再軍備禁止条項につき発言　対日講和と太平洋の安全保障を協

議するため訪豪中のジョン・フォスター・ダレス米国務長官顧問が、講和条約に日本再軍備禁止の条項を織り込ませないと述べた。

3.1 〔自衛隊〕**警察予備隊、旧職業軍人の特別募集を開始** 警察予備隊の幹部候補として、公職追放を解除された陸軍士官学校・海軍兵学校出身者など旧職業軍人の特別募集を開始。6月11日、1・2等警察士要員として入隊した。

4.1 〔国際〕**琉球臨時中央政府設立** 琉球列島米国民政府が琉球臨時中央政府を設立。比嘉秀平が初代行政主席に任命された。

4.11 〔国際〕**マッカーサー解任** ハリー・S.トルーマン米大統領が、ダグラス・マッカーサー連合国最高司令官・米極東軍司令官を解任。後任としてマシュー・リッジウェイ中将が任命され、翌日着任した。

4.18 〔自衛隊〕**海軍再建3試案提出** 新海軍再建研究会（野村機関）が海軍再建3試案を米極東海軍司令部に提出。これを受けたアーレイ・バーク同司令部参謀副長の働きかけにより、米国政府内でも日本の海上・航空部隊設立の機運が生じた。

4.18 〔国際〕**ダレス・リッジウェイ・吉田会談** 4月16日に再来日したジョン・フォスター・ダレス米特使が、マシュー・リッジウェイ連合国最高司令官・吉田茂首相と三者会談。米国の対日講和・安全保障に関する方針に変更がないことを確認した。

4.30 〔自衛隊〕**警察予備隊総隊学校を設置** 警察予備隊が久里浜に総隊学校を設置し、駐屯地部隊長等を発令した。

5.15 〔自衛隊〕**警察予備隊総隊学校第2部の教育開始** 警察予備隊が総隊学校第2部で指揮幕僚教育を開始した。

5.17 〔自衛隊〕**吉田首相、「士官」養成機関の設立検討を指示** 吉田茂首相が増原恵吉警察予備隊本部長官に対し、「士官」養成機関の設立を検討するよう指示した。

5.22 〔自衛隊〕**警察予備隊総隊学校第3部の教育開始** 警察予備隊が総隊学校第3部で通信教育を開始した。

6.11 〔自衛隊〕**警察予備隊に幹部候補生入隊** 陸軍士官学校第58期生・海軍兵学校第74期生・同相当生245人が、幹部候補生として警察予備隊に入隊。警察予備隊総隊学校第1部で初頭幹部教育を開始した。

6.20 〔政治〕**第1次公職追放解除** 政府が第1次公職追放解除を発表。石橋湛山・三木武吉ら政財界2958人を含む約7万人が対象となった。

7.9 〔自衛隊〕**警察予備隊総隊学校第4部の教育開始** 警察予備隊が総隊学校第4部で衛生教育を開始した。

7.11 〔国際〕**ダレス顧問、「対日講和条約」・「日米安保条約」の同時締結を発表** ジョン・フォスター・ダレス米国務長官顧問が、「対日講和条約」と「日米安保条約」を同時に締結するという声明をワシントンで発表した。

8.6 〔政治〕**第2次公職追放解除** 政府が第2次公職追放解除を発表。鳩山一郎ら各界にわたる1万3904人が対象となり、旧陸軍5569人・海軍2269人の追放が解除された。同月、警察予備隊が陸軍士官学校第54期生相当者以上の約400人を上級幹部に採用。9月には陸海軍尉官級の約400人を下級幹部として採用した。

8.16	〔政治〕旧陸海軍正規将校の公職追放解除	政府が旧陸海軍正規将校の公職追放解除を発表した。対象者は1万1185人。

8.16　〔政治〕旧陸海軍正規将校の公職追放解除　政府が旧陸海軍正規将校の公職追放解除を発表した。対象者は1万1185人。

9.4　〔国際〕対日講和会議開会　対日講和会議がサンフランシスコで開会（8日まで）。52ヶ国の代表が参加した。

9.8　〔国際〕「対日講和条約」調印　「日本国との平和条約（対日講和条約）」に日本を含む49ヶ国が調印。この条約により日本と各連合国間の戦争状態が終結し、日本の主権回復が認められた。ソ連・チェコスロバキア・ポーランドの共産圏3国は調印を拒否。「対日平和条約」「サンフランシスコ講和条約」「サンフランシスコ平和条約」とも。1952年4月28日発効。

9.8　〔日米安保条約〕「日米安保条約」調印　「日本国とアメリカ合衆国との間の安全保障条約（日米安保条約）」調印。講和による占領軍撤退後の日本の安全保障のため、米軍の日本駐留などを定めた。1952年4月28日発効。1960年1月19日、新条約に改定。「日米安全保障条約」「安保条約」「旧安保条約」とも。

9.15　〔兵器〕警察予備隊、M1小銃配備　警察予備隊が各部隊に米軍のM1小銃を配備した。

10.1　〔政治〕中佐以下の旧将校の公職追放解除　旧軍中佐以下の将校が公職追放を解除された。

10.15　〔自衛隊〕警察予備隊衛生学校が開校　久里浜駐屯地に警察予備隊の衛生学校が開校した。

10.16　〔政治〕吉田首相、自衛力保持につき答弁　参議院本会議で吉田茂首相が自衛力の保持について答弁。過去の軍国主義に対する国際的な疑念が解消し、国力が許せば将来的に考慮すると述べた。

10.19　〔兵器〕リッジウェイ、艦艇貸与を正式提案　マシュー・リッジウェイ連合国最高司令官が吉田茂首相に対し、フリゲート艦など艦艇68隻の貸与を正式に提案。海軍の再建が具体化した。

10.20　〔社会〕ルース台風に伴う災害派遣　10月9日に発生した台風15号（ルース台風）が14日鹿児島県に上陸。中国地方などに大きな被害をもたらし、1000人近い死者・行方不明者を出した。警察予備隊小月部隊が山口県に救助活動のため出動（26日まで）、初の災害派遣となった。

10.26　〔国際〕衆議院で「対日講和条約」・「日米安保条約」承認　「対日講和条約」・「日米安保条約」が衆議院で承認された。11月18日、参議院で承認。

10.31　〔自衛隊〕Y委員会発足　海上警備隊創設のため、海上保安庁内にY委員会が発足した。委員は山本善雄元少将ら旧海軍軍人8人と、海上保安庁長官・柳沢米吉ほか海上保安官1人の計10人で構成（のち、海上保安官1人追加）。米海軍から貸与される艦艇の受入れ及び運営組織について、海軍再建を目指す旧海軍と海保の強化を目的とする海上保安庁の間で議論。新たな機構を作り、将来的に海上保安庁から分離・独立させることとなった。

11.16　〔自衛隊〕警察予備隊総隊特科学校を設置　警察予備隊が習志野駐屯地に総隊特科学校を設置した。

11.22 〔政治〕**吉田首相、防衛力漸増問題を協議**　野村吉三郎ら旧陸海軍軍人が吉田茂首相に招かれ、防衛力漸増問題について協議した。

12.1 〔兵器〕**警察予備隊、バズーカ砲初演習**　警察予備隊が榛名でバズーカ砲の初演習を実施した。

1952年
（昭和27年）

1.5 〔国際〕**吉田・リッジウェイ会談**　吉田茂首相とマシュー・リッジウェイ連合国最高司令官が会談。日本独立後の防衛の在り方について議論した。

1.7 〔自衛隊〕**警察予備隊総隊施設学校・調査学校が開校**　警察予備隊の総隊施設学校（旧施設講習所）および調査学校が開校した。

1.9 〔国際〕**1952年度防衛分担金協議**　池田勇人大蔵大臣と連合国総司令部（GHQ）のウィリアム・マーカット経済科学局長が会談。1952度予算案の防衛分担金について協議した。

1.12 〔自衛隊〕**米極東軍、警察予備隊の増強を要求**　米極東軍参謀長が吉田茂首相の軍事顧問・辰巳栄一に対し、警察予備隊の増強（陸上兵力32万5000人）を要求。日本側の拒否で18万人となったが、ひとまず11万人、翌年13万人の増員で決着した。

1.14 〔自衛隊〕**警察予備隊総隊学校第5部の教育開始**　警察予備隊が総隊学校第5部で、人事・調査・補給教育を開始した。

1.15 〔自衛隊〕**警察予備隊総隊普通科学校を設置**　久留米に警察予備隊の総隊普通科学校が設置された。

1.21 〔自衛隊〕**警察予備隊総隊武器学校を設置**　警察予備隊が車両整備講習所を改編し、総隊武器学校を設置した。

1.21 〔自衛隊〕**海上警備官要員の教育開始**　海上保安庁が海上警備官要員（A・B班講習員）の教育を開始した。

1.31 〔政治〕**吉田首相、防衛隊新設を言明**　衆議院予算委員会で、吉田茂首相が10月に警察予備隊を改組し、防衛隊を新設すると言明した。

2.1 〔政治〕**大橋国務相、防衛隊の名称は保安隊が適当と発言**　衆議院予算委員会で、大橋武夫国務大臣が新設する防衛隊について答弁。現行憲法の枠内で編成し、保安隊といった名称が適当と述べた。

2.8 〔国際〕**吉田・リッジウェイ会談**　吉田茂首相とマシュー・リッジウェイ連合国最高司令官が、防衛問題について会談した。

2.8 〔団体〕**改進党結成**　改進党が結成され、三木武夫が幹事長に就任。6月13日、結党時空席だった総裁に重光葵が就任。「民主的自衛権を創設し、速やかに安全保障条約を相互防衛協定に切替え、集団安全保障体制に参画する」ことを政策大綱に掲げた。

2.19	〔法律〕「海上保安庁法」改正要綱が決定	海上警備隊創設を目的とした「海上保安庁法」改正要綱が決定した。

2.19 〔法律〕「海上保安庁法」改正要綱が決定　海上警備隊創設を目的とした「海上保安庁法」改正要綱が決定した。

2.28 〔国際〕「日米行政協定」調印　「日本国とアメリカ合衆国との間の安全保障条約第3条に基く行政協定（日米行政協定）」調印。基地提供、裁判管轄権（米軍人等への裁判権は米軍が持つ）、経費の分担など在日米軍配備の条件を定めた。4月28日公布・発効。

2.29 〔法律〕「琉球政府の設立」公布　琉球列島米国民政府が「琉球政府の設立」を公布（4月1日施行）。3月2日、第1回琉球政府立法院議員選挙が実施された。

3.1 〔国際〕日本防衛空軍の新設発表　米極東空軍司令部が、直轄部隊として日本防衛空軍の新設を発表した。

3.6 〔政治〕吉田首相、自衛のための戦力は合憲と答弁　参議院予算委員会で吉田茂首相が、自衛のための戦力は違憲ではないと答弁。3月10日、自衛のためでも戦力を持つことは再軍備であり、憲法改正を要すると発言を訂正した。

3.8 〔兵器〕GHQ、兵器製造禁止を緩和　連合国総司令部（GHQ）が日本政府に対し、兵器製造禁止の緩和を指令した。

3.10 〔自衛隊〕警察予備隊、一般公募第1回幹部候補生採用試験　警察予備隊が大学・高等専門学校卒業者を対象に、一般公募第1回幹部候補生採用試験を実施した。9月8日入校。

3.14 〔兵器〕GHQ、兵器製造を許可制に　連合国総司令部（GHQ）が兵器製造を許可制にすると発表した。

3.18 〔自衛隊〕警察予備隊、幹部候補生隊を編成　久留米の警察予備隊総隊普通科学校内に、幹部候補生隊が編成された。

3.24 〔自衛隊〕警察予備隊総隊学校第6部の教育開始　警察予備隊が総隊学校第6部で補給教育を開始した。

4.1 〔自衛隊〕警察予備隊総隊特別教育隊を設置　警察予備隊が相馬ヶ原に総隊特別教育隊を設置。4月10日に開校し、特科および特車教育を開始した。

4.18 〔自衛隊〕海上警備官要員の教育開始　海上保安庁が横須賀で海上警備官要員（D班講習員）の教育を開始した。

4.25 〔自衛隊〕海上警備官要員募集　海上警備官要員の募集を開始した。

4.26 〔政治〕最終の公職追放解除発表　政府が最終の公職追放解除となる29人を発表。4月28日、「対日講和条約」の発効により「公職追放令」が廃止され、岸信介ら約5700人が自動的に追放解除となった。

4.26 〔自衛隊〕海上警備隊発足　「海上保安庁法の一部を改正する法律」の公布・施行（一部4月28日施行）により、海上保安庁の機関として海上警備隊（海上自衛隊の前身）が発足。海上における人命・財産の保護および治安維持を目的とする。海上保安庁内に総監部、横須賀市田浦に横須賀地方監部が置かれ、海上保安庁から移管された掃海船43隻8900tを主体とした。

4.27 〔団体〕在日保安顧問部設立　「対日講和条約」発効に先立ち、警察予備隊の指導育

1952年（昭和27年）　　　　　　　　　　　　　　　　　　　　　　　　　　　　日本安全保障史事典

成にあたっていた民事局別館（CASA）が廃止された。これに代わり、米極東軍司令
部内に在日保安顧問部（SASJ）設立。CASAの業務を引き継ぎ、主に「日米安保条
約」に基づく協力体制の整備と、警察予備隊から保安隊への移行対処にあたった。

4.28　〔国際〕「**対日講和条約**」・「**日米安保条約**」**発効**　「対日講和条約」発効。連合国軍に
　　　　よる占領が終了し、日本の主権が回復した。同時に「日米安保条約」および「日米
　　　　行政協定」発効。

4.28　〔団体〕**極東委員会・対日理事会・GHQ廃止**　「対日講和条約」発効による占領終
　　　　了に伴い、極東委員会・対日理事会・連合国総司令部（GHQ）を廃止。条約批准国の
　　　　在日政府事務所が大公使館となり、初代駐日米国大使にロバート・ダニエル・マー
　　　　フィーが就任した。

4.28　〔国際〕「**日華平和条約**」**調印**　日本と台湾の中華民国国民政府が、「日本国と中華民
　　　　国との間の平和条約（日華平和条約）」に調印。戦争状態の終了、関係正常化等を定
　　　　めた。8月5日発効。

4.30　〔法律〕「**海上警備隊組織規程**」**公布**　「海上警備隊組織規程」公布。海上警備隊総監
　　　　部と地方監部を設け、その下に船隊を置いた。また、海上保安庁職員および新規採
　　　　用者を要員にあて、当初より旧海軍出身者を幹部として任用した。

5.1　〔事件〕**血のメーデー事件**　第23回メーデーに参加したデモ隊6000人が、使用を禁じ
　　　　られた皇居前広場に結集。広場の開放を求め、また一部は対日講和・日米安保両条
　　　　約に抗議を唱えて警官隊5000人と乱闘。デモ隊側の死者2人のほか、双方に多数の負
　　　　傷者を出す。この騒乱で1232人が逮捕され、うち261人が騒擾罪の適用を受け起訴さ
　　　　れた。これを契機に「破壊活動防止法」等の治安立法が制定されることとなった。

5.12　〔兵器〕**海上警備隊、米国艦艇3隻の保管引受け**　海上警備隊が、正式な貸与が遅れ
　　　　ていた横須賀の米国艦艇3隻（パトロールフリゲート艦（PF）2隻、大型上陸支援艇
　　　　（LSSL）1隻）を「保管引受け」として借用した。

5.15　〔自衛隊〕**警察予備隊総隊特科学校に別科設置**　警察予備隊が習志野の総隊特科学校
　　　　内に別科を設置し、語学教育を開始した。

5.15　〔法律〕「**駐留軍用地特別措置法**」**公布・施行**　「日本国とアメリカ合衆国との間の安
　　　　全保障条約第3条に基く行政協定の実施に伴う土地等の使用等に関する特別措置法
　　　　（駐留軍用地特別措置法）」公布・施行。在日米軍に提供する基地用地の収用を目的
　　　　とし、個人所有地でも都道府県収用委員会の採決を経たうえで、米軍用地として収
　　　　用可能とした。

5.18　〔自衛隊〕「**空軍兵備要綱**」**完成**　旧陸軍航空関係者が航空兵力再建案「空軍兵備要
　　　　綱」を作成。7月17日、米極東空軍に提出した。

5.30　〔事件〕「**5.30事件**」**記念の日に全国で騒擾事件**　全国各地で「5.30事件」記念集会が
　　　　開かれ、102人が検挙された。都内でも新宿駅前や板橋岩之坂上交番で火炎ビン騒擾
　　　　が発生し、警察予備隊が第1警戒警備を発令した。

7.14　〔自衛隊〕**警察予備隊、特別幹部採用**　警察予備隊が元大本営参謀を含む旧陸海軍大佐
　　　　11人を特別幹部として採用。10月15日の保安隊発足とともに、上級幹部に就任した。

7.15　〔自衛隊〕**警察予備隊、新隊員教育隊を編成**　久里浜ほか8ヶ所に警察予備隊の新隊

－ 14 －

員教育隊を編成した。

7.18 〔自衛隊〕**海上警備隊、第1期幹部講習員の入隊講習開始**　海上警備隊が横須賀で士官相当の第1期幹部講習員に対し、入隊講習を開始した（10月15日まで）。

7.20 〔自衛隊〕**警察予備隊松戸施設補給廠を設置**　警察予備隊が松戸施設補給廠を設置した。

7.21 〔法律〕**「破防法」公布・施行**　「破壊活動防止法（破防法）」公布・施行。公共の安全確保のため、暴力主義的破壊活動を行った団体に対する規制措置を定め、同活動に関する刑罰規定を補う。占領下における「団体等規正令」の廃止に伴い、後継立法として制定された。

7.21 〔団体〕**公安調査庁・公安審査委員会設置**　「公安調査庁設置法」および「公安審査委員会設置法」の公布・施行により、公安調査庁・公安審査委員会が設置された。

7.26 〔国際〕**「日米施設区域協定」調印**　「行政協定に基く日本国政府とアメリカ合衆国政府との間の協定（日米施設区域協定）」調印。在日米軍の施設や区域を定めた。

7.31 〔法律〕**「保安庁法」公布**　「保安庁法」が公布された（8月1日施行、一部10月15日施行）。

8.1 〔団体〕**保安庁発足**　「保安庁法」の施行により、警察予備隊と海上保安庁の海上警備隊を統合し、総理府（のち内閣府）の外局として保安庁（防衛庁の前身）が発足。吉田茂首相が保安庁長官を兼任し、元警察予備隊本部長官・増原恵吉が保安庁次長に就任した。第1幕僚監部が警察予備隊を統率。海上保安庁から独立した海上警備隊は警備隊に改称され、第2幕僚監部が統率する。同日、警備隊の横須賀・舞鶴各地方隊が発足した。

8.1 〔団体〕**保安庁保安研修所・保安大学校・技術研究所設置**　保安庁が幹部職員の教育訓練を行うための保安研修所（旧陸海軍大学校を統合）を越中島に設置。同時に、装備品の国産化を研究するための技術研究所（自衛隊技術研究本部の前身）と保安大学校（防衛大学校の前身）が設置された。

8.4 〔団体〕**吉田首相、保安庁幹部に訓辞**　保安庁長官を兼任する吉田茂首相が同庁幹部に対し、「新国軍の土台たれ」と訓示した。

8.13 〔団体〕**経団連、防衛生産委員会を設置**　経済団体連合会（経団連）が日米経済協力懇談会を設け、その下に防衛生産委員会など3委員会を設置。同委員会は元三菱重工業社長・郷古潔が委員長を務め、再軍備と軍需工業復活を目的とした調査研究機関となった。

8.18 〔自衛隊〕**第1期警備士補講習員の入隊講習開始**　警備隊が横須賀で第1期警備士補講習員の入隊講習を開始した。

8.22 〔自衛隊〕**警察予備隊任期満了者が除隊**　任期を満了した警察予備隊員が逐次除隊した。

8.28 〔政治〕**吉田首相、衆議院「抜き打ち解散」**　吉田茂首相が衆議院を「抜き打ち解散」。公職追放解除で復帰した鳩山一郎を中心とする反吉田派の動きに先手を打ち、解散を断行した。

9.5　〔自衛隊〕**警察予備隊総隊武器学校を移転**　警察予備隊が立川の総隊武器学校を土浦に移転した。

9.10　〔自衛隊〕**米空軍立案の日本空軍創設案承認**　米空軍参謀部が作成した日本空軍創設案が、米統合参謀本部で承認された。

9.15　〔政治〕**吉田首相、国力培養が先決と演説**　吉田茂首相が名古屋で演説。今は再軍備の時期ではなく、国力の培養が先決であると述べた。

9月　〔団体〕**保安庁内に制度調査委員会を設置**　保安庁内に制度調査委員会が発足。委員会は保安庁次長と第1・第2幕僚長で構成し、再軍備構想の検討が開始された。

10.6　〔自衛隊〕**「保安隊の駐とん地の位置および指揮系統を定める訓令」施行**　「保安隊の駐とん地の位置および指揮系統を定める訓令」が施行された。

10.8　〔事件〕**最高裁、警察予備隊違憲訴訟を却下**　左派社会党を代表して原告鈴木茂三郎が同年3月15日に提訴していた警察予備隊違憲訴訟について、最高裁判所が判決。日本の裁判所には具体的な訴訟事件の提起がないまま、抽象的に法律命令等の合憲性を判断する権限はないとして訴えを却下した。

10.15　〔自衛隊〕**保安隊発足**　警察予備隊を改組し、保安隊が発足。当日は全国の駐屯地で発足記念行事が実施され、中央では明治神宮外苑での観閲式後、初の都内行進を行った。組織・部隊編成としては、札幌に第2管区隊と直轄部隊を指揮する軍相当の第1方面隊を設置。師団相当として東京に第1、伊丹に第3、福岡に第4の各管区隊が置かれた。また、総隊学校を廃止して幹部・通信・衛生・業務各学校を設置。浜松に設置した航空学校にはL-16連絡機20機が貸与され、航空機装備の端緒となった。あわせて、宇治と立川の補給廠を廃止。松戸に需品、土浦に武器、立川に通信および衛生、宇治に関西地区の各補給しょうを置いた。ほか、松戸施設補給廠は施設補給しょうに改称された。

10.25　〔団体〕**保安大学校生・幹部候補生の募集開始**　保安大学校生および幹部候補生の募集を開始した。

10.28　〔自衛隊〕**警備隊第2幕僚部、移転開始**　警備隊第2幕僚部が、海上保安庁から深川越中島の保安庁内に逐次移転を開始した。

10.30　〔政治〕**第4次吉田内閣発足**　第4次吉田茂内閣が発足。保安庁長官には元法務大臣・木村篤太郎が就任した。

11.12　〔兵器〕**「日米船舶貸借協定」調印**　「日本国とアメリカ合衆国との間の船舶貸借協定（日米船舶貸借協定）」調印。海上警備のため、パトロールフリゲート艦（PF）18隻と大型上陸支援艇（LSSL）50隻を借り受けた。貸借期間は5年間。12月27日発効。

11月　〔団体〕**在日保安顧問部が移転**　越中島の在日保安顧問部（SASJ）が、港区麻布の在日米軍基地ハーディ・バラックスに移転した。

12.12　〔自衛隊〕**保安隊、第3次編成完了**　保安隊の第3次編成が完了。第1次・第2次編成部隊を除く残り全部隊の編成を完結した。

1953年
（昭和28年）

1.1 〔団体〕**在日保安顧問団発足** 在日保安顧問部（SASJ）が在日保安顧問団（SAGJ）に改称。保安隊の指導・育成にあたった。

1.13 〔事件〕**政府、領空侵犯機排除に米国の協力要請** 前年来、ソ連機とみられる外国軍用機による北海道上空への領空侵犯が多発。これを受けて、岡崎勝男外務大臣がロバート・ダニエル・マーフィー駐日米国大使に、侵入排除に対する駐留米軍の協力を要請。マーク・ウェイン・クラーク米極東軍司令官が必要な措置を指令すると声明を発表した。1月16日、同意の旨返書。

1.14 〔兵器〕**警備隊、貸与船舶の引渡式を挙行** 警備隊が横須賀米海軍基地で、「日米船舶貸借協定」により貸与されるパトロールフリゲート艦（PF）6隻、大型上陸支援艇（LSSL）4隻の引渡式を挙行。これに伴い、第1・第2・第11船隊を横須賀に編成した。以後、12月23日まで11回にわたってPF12隻、LSSL46隻を受領。

2.10 〔政治〕**吉田首相、自衛力漸増計画につき答弁** 衆議院予算委員会で、吉田茂首相が自衛力漸増につき答弁。現在の国力・経済力をもってすれば、現状の計画で満足せざるをえないと述べた。

2月 〔団体〕**「経団連試案」策定** 経団連防衛生産委員会審議室が「防衛力整備に関する一試案（経団連試案）」を作成。保科善四郎、原田貞憲、吉積正雄ら旧陸海軍幹部によって策定された再軍備計画。陸上：15個師団30万人、海上：艦艇29万トン7万人、航空：航空機2800機13万人規模の防衛力を6年間で整備するとし、その費用は2兆9000億円と算定。米国の援助を期待し、米国務省にも秘密裡に提出された。

3.14 〔政治〕**衆議院「バカヤロー解散」** 2月28日の衆議院予算委員会で、吉田茂首相が右派社会党の西村栄一に「バカヤロー」と発言。これがきっかけとなり、この日衆議院で内閣不信任案が可決。吉田首相は衆議院を解散した（「バカヤロー解散」）。

3.26 〔自衛隊〕**保安隊、北海道地区補給廠を設置** 保安隊が島松駐屯地に北海道地区補給廠を設置した。

3.31 〔政治〕**「防衛力整備計画第1次案」策定** 保安庁の制度調査委員会が「防衛力整備計画第1次案」を策定。政府機関による初の防衛計画。1953〜1965年度の間に陸上：30万人、海上：艦艇45万5000トン、航空：航空機6744機の防衛力を整備するという膨大な計画だった。第10次まで作成されたが、政府に認められることはなかった。

4.1 〔自衛隊〕**警備隊、第1船隊群を新編** 警備隊にパトロールフリゲート艦（PF）・大型上陸支援艇（LSSL）各4隻からなる第1船隊群を新たに編成した。

4.1 〔団体〕**保安大学校開校** 横須賀市久里浜の仮校舎で保安大学校が開校。元・慶應義塾大学教授の槇智雄が初代校長に就任した。1954年7月1日、防衛大学校に改称。

4.3 〔法律〕**琉球列島米国民政府、「土地収用令」公布** 琉球列島米国民政府が「土地収用令」を公布。武装兵出動による軍用地の強制収用を度々行った。

— 17 —

1953年（昭和28年）　　　　　　　　　　　　　　　　　　　　　日本安全保障史事典

4.8　　〔団体〕**保安大学校第1期生入校**　保安大学校第1期生400人の入校・任命式が行われた。

5.5　　〔国際〕**ダレス国務長官、対日MSA援助を示唆**　米上下両院外交委員会合同会議で、ジョン・フォスター・ダレス国務長官が、1954年度の「相互安全保障法（MSA）」に基づく対外援助計画（相互安全保障計画）について発言。日本国内の治安と自国防衛のための武器に要する資金を計上していると述べ、対日MSA援助を行う用意があることを示唆した。

5.21　〔政治〕**第5次吉田内閣発足**　第5次吉田茂内閣が発足した。木村篤太郎保安庁長官は留任。

6.1　　〔自衛隊〕**警備隊、第1期幹部候補生教育を開始**　警備隊が横須賀で第1期幹部候補生の教育を開始した（1954年5月31日まで）。

6.2　　〔基地〕**内灘試射場の無期限使用決定**　在日米軍が石川県の内灘砂丘を接収して砲弾の性能試験を行っている内灘試射場について、政府が無期限使用を決定した。

6.9　　〔政治〕**警備5ヵ年計画案が問題化**　1957年度に保安隊20万人、艦船10数万トン、航空機千数百機の保有実現を目指す「警備5ヵ年計画」を保安庁が立案。この計画案を木村篤太郎保安庁長官が記者団に語り、問題化した。

6.15　〔自衛隊〕**保安隊、化学教育隊を編成**　保安隊の関西地区補給処内に化学教育隊を編成した。

6.16　〔政治〕**吉田首相、演説で防衛方針不変を表明**　吉田茂首相が防衛方針の不変とMSA援助を希望する旨の演説を行った。

6.26　〔国際〕**対日MSA援助に関する日米交換公文発表**　政府が対日MSA援助に関する日米交換公文（6月24日付・外務省より米国大使館宛往簡、6月26日付・米国大使館より外務省宛返簡）を発表した。

7.1　　〔自衛隊〕**警備隊、幹部募集開始**　警備隊が幹部（1等・2等・3等警備正）の募集を開始した。

7.20　〔政治〕**保安隊に関し、政府統一見解**　「保安隊は直接侵略に対する防衛にも有用」とする政府統一見解が示された。

7.21　〔政治〕**岡崎外相、保安隊は実質的に自衛軍と答弁**　衆議院外務委員会で岡崎勝男外務大臣が答弁。MSA援助を受ける上で、保安隊は実質的に自衛軍と同じようなものになると述べた。

7.27　〔国際〕**「朝鮮休戦協定」調印**　板門店で朝鮮人民軍・中国人民志願軍・米軍主体の国連軍が「朝鮮休戦協定」に調印、同日発効。北緯38度線付近を軍事境界線（休戦ライン）とし、その南北双方2kmに非武装中立地帯が設けられた。「朝鮮戦争休戦協定」とも。

7.30　〔政治〕**吉田首相、保安隊の自衛軍化につき答弁**　衆議院予算委員会で、吉田茂首相と芦田均議員が保安隊の自衛軍化をめぐって論争。吉田首相は、国力が充実するまで自衛軍を持つべきではないと述べた。

8.1　　〔法律〕**「武器等製造法」公布**　「武器等製造法」公布（9月1日施行、8月16日一部施

－ 18 －

日本安全保障史事典　　　　　　　　　　　　　　　　　　　　　　　　　1953年（昭和28年）

行）。製造・販売を許可制にするなど、武器・猟銃等の取り扱いを定めた。

8.16 〔自衛隊〕**警備隊、第2船隊群を新編**　警備隊がパトロールフリゲート艦（PF）「もみ」および大型上陸支援艇（LSSL）12隻からなる第2船隊群を新たに編成した。

8.19 〔国際〕**米、MSA交渉で経済要請の削除を要求**　対日援助計画の目的は防衛であるとして、MSA交渉で米国が日本の「経済的諸要請」の削除を要求した。

9.16 〔自衛隊〕**警備隊、佐世保地方隊等を新編**　警備隊が佐世保地方隊、大湊地方隊、館山航空隊を新たに編成。呉に地方基地隊、下関・大阪・函館に基地隊、横須賀・佐世保・舞鶴・大湊に基地警防隊を新編した。

9.16 〔自衛隊〕**警備隊、術科学校を新設**　警備隊が横須賀に術科学校を設置した。

9.27 〔政治〕**吉田・重光会談**　自由党の吉田茂首相と改進党の重光葵総裁が党首会談。保安の自衛隊への切替えと、長期防衛政策で意見が一致した。

10.5 〔団体〕**制度調査委員会別室設置**　航空自衛隊の創設に備え、保安庁内の制度調査委員会に別室が設置された。

10.30 〔国際〕**池田・ロバートソン会談、自衛力漸増の共同声明**　吉田茂首相の特使として自由党政調会長の池田勇人が、10月2日から米国務次官補ウォルター・ロバートソンと防衛力増強問題について協議を開始（池田・ロバートソン会談,於ワシントン）。米側は10個師団32万5000人を求めたが、日本側は18万人を提案。増強の具体的数値は示さず、日本の自衛力「漸増」で合意し協議終了。10月30日に共同声明を発表した。

11.12 〔団体〕**保安協会設立**　保安隊・警備隊の民間協力団体として、保安協会が設立された。

11.19 〔国際〕**ニクソン米副大統領、保安隊の増強援助を表明**　11月15日より来日中のリチャード・ニクソン米副大統領が、日米協会で演説。憲法で日本を無防備化したのは誤りであったとし、保安隊の増強を援助すると表明した。

12.1 〔自衛隊〕**警備隊、鹿屋航空隊を新編**　警備隊が鹿屋航空隊を新編し、佐世保地方隊に編入した。

12.1 〔国際〕**「赤十字協定」によるソ連引揚げ第1次船・興安丸、舞鶴入港**　11月19日に調印した「邦人送還に関する日ソ赤十字社共同コミュニケ（赤十字協定）」によるソ連引揚げの第1次船・興安丸が、811人を乗せて舞鶴に入港。3年8ヶ月ぶりにソ連からの集団引揚げが再開し、1956年12月までに11隻が入港した。

12.15 〔政治〕**保守3党折衝で自衛隊の任務につき意見一致**　保守3党（自由党・改進党・日本自由党）による防衛折衝で、自衛隊の任務を「平和と独立を守るため直接及び間接の侵略に対して国土を防衛する」として意見が一致した。

12.23 〔国際〕**政府首脳、ロバートソン米国務次官補と会談**　政府首脳とウォルター・ロバートソン米国務次官補が会談。防衛問題について協議した。

12.23 〔兵器〕**警備隊、米船舶の引渡し完了**　警備隊が「日米船舶貸借協定」による米船舶の引渡しを完了。これに伴い、第3・第14・第19の3船隊を新たに編成した。

12.25 〔国際〕**奄美群島復帰**　12月24日「奄美群島に関する日本国とアメリカ合衆国との間

－ 19 －

の協定（奄美群島返還の日米協定）」調印。25日の公布・発効により、同群島の日本復帰が実現した。

12.30 〔政治〕**1954年度防衛増強計画の基本方針決定**　保安庁が1954年度防衛増強計画の基本方針を決定。艦艇約5500トンの国内建造等を目標とした。

12.30 〔法律〕**「保安庁法」改正案の要綱決定**　「保安庁法」改正の衆議院法制局案要綱が決定した。

1954年
（昭和29年）

1.7 〔基地〕**アイゼンハワー米大統領、沖縄米軍基地の無期限保有を表明**　ドワイト・D.アイゼンハワー米大統領が一般教書演説で、沖縄の米軍基地の無期限保有を表明した。

1.10 〔自衛隊〕**保安隊、航空隊を編成**　保安隊、一幕（浜松）・北部方面隊および特科団（札幌）・第1（浜松）・第2（旭川）・第3（浜松）・第4（小月）各航空隊を編成した。

1.11 〔政治〕**木村保安庁長官、防衛力増強の初年度計画を説明**　木村篤太郎保安庁長官が、自由党総務会で防衛力増強の初年度計画（増員4万1000人、保安庁費814億円等）を説明した。

1.23 〔自衛隊〕**陸上部隊に対するMSA援助期待額決定**　保安庁が1954年度防衛計画のうち、陸上部隊に対するMSA援助期待額を271億円（日本円換算）と決定した。

1.28 〔自衛隊〕**保安庁、予備隊員採用を発表**　保安庁が1万5000人の予備隊員を採用すると発表した。

2.1 〔団体〕**航空準備室発足**　保安庁の制度調査委員会別室が航空準備室に移行した。

3.1 〔事件〕**第五福竜丸事件**　米国が南太平洋のビキニ環礁で行った水爆実験により、第五福竜丸が「死の灰」をかぶり被爆。14日焼津港に帰港後、乗組員23人全員が原爆症（急性放射能症）と診断された。9月23日、久保山愛吉無線長が死亡。この事件を契機に原水爆禁止の世論が高まり、署名運動が全国的に展開された。

3.2 〔国際〕**在日米軍事顧問団につき、日米間で了解**　在日米軍事顧問団の規模・行政費について、日米間で了解した。

3.8 〔国際〕**MSA協定調印**　「日本国とアメリカ合衆国との間の相互援助協定（日米相互援助協定・MSA協定）」調印。「日本国とアメリカ合衆国との間の相互防衛援助協定（日米相互防衛援助協定・MDA協定）」・「農産物の購入に関する日本国とアメリカ合衆国との間の協定（農産物購入協定）」・「経済的措置に関する日本国とアメリカ合衆国との間の協定（経済措置協定）」・「投資の保証に関する日本国とアメリカ合衆国との間の協定（投資保障協定）」からなり、「MSA4協定」とも称される。また、単に「日米相互防衛援助協定（MDA協定）」を指して「MSA協定」と呼ぶこともある。この協定により、日本は米国から兵器等の援助を受ける代わりに防衛強化の義務を負

－ 20 －

い、各種便宜の供与を約束した。5月1日公布・発効。

3.9 〔法律〕「防衛庁設置法」案・「自衛隊法」案、閣議決定　閣議で「防衛庁設置法」案および「自衛隊法」案（「防衛二法」案）が決定した。

3.19 〔国際〕木村保安庁長官、MSA援助につき国会説明　木村篤太郎保安庁長官が、1億5000ドル（550億円）のMSA援助について国会で説明した。

4.6 〔国際〕岡崎・アリソン両代表、防衛分担金削減に合意　1954年度の防衛分担金について25億2000万円の削減が決定し、岡崎勝男外務大臣とジョン・ムーア・アリソン駐日米国大使が同意確認の書簡を交換した。

4.10 〔自衛隊〕警備隊、第2船隊群改編・第3船隊群新編　警備隊が従来は大型上陸支援艇（LSSL）で構成されていた第2船隊群を、パトロールフリゲート艦（PF）6隻に改編。加えて、PF「うめ」とLSSL18隻からなる第3船隊群を新たに編成した。

5.4 〔団体〕保安庁、海外調査員派遣決定　保安庁が海外調査員の派遣を決定した。

5.14 〔兵器〕「日米艦艇貸与協定」調印　「日本国に対する合衆国艦艇の貸与に関する協定（日米艦艇貸与協定）」調印。日本が米国の大型艦艇（駆逐艦等）を借り受ける期間・条件などについて定めた。6月5日公布・発効。

5.28 〔政治〕保守3党折衝で国防会議の構成決定　保守3党（自由党・改進党・日本自由党）折衝で、国防に関する重要事項を審議する国防会議の構成について妥結した。

6.2 〔法律〕「防衛庁設置法」・「自衛隊法」成立　政府原案通り、「防衛庁設置法」および「自衛隊法」（「防衛二法」）が成立した。

6.2 〔自衛隊〕自衛隊、海外出動禁止決議　自衛隊の創設にあたり、参議院本会議で「自衛隊の海外出動を為さざることに関する決議（海外出動禁止決議）」を可決。現行憲法と国民の平和愛好精神に照し、海外出動は行わないことを確認した。

6.7 〔団体〕在日保安顧問団、在日米軍事援助顧問団に改称　「日米相互防衛援助協定（MDA協定）」の発効に伴い、在日保安顧問団（SAGJ）が在日米軍事援助顧問団（MAAGJ）に改称。米極東軍司令部から在日米国大使館の一部となり、陸軍部・海軍部・空軍部を設置。日本の陸海空3部隊の軍事指導にあたった。

6.9 〔法律〕「防衛庁設置法」・「自衛隊法」公布　「防衛庁設置法」および「自衛隊法」（「防衛二法」）が公布された（7月1日施行）。

6.9 〔法律〕「防衛秘密保護法」公布　「日米相互防衛援助協定等に伴う秘密保護法（防衛秘密保護法）」公布（7月1日施行）。米国から供与された装備や情報等に関する防衛秘密の探知・収集・漏洩とその未遂・教唆・扇動等をした者に対する処罰を定めた。「秘密保護法」「MDA協定等に伴う秘密保護法」「MSA協定等に伴う秘密保護法」「MDA秘密保護法」「MSA秘密保護法」とも。

6.17 〔自衛隊〕自衛隊、幹部人事決定　自衛隊の発足に先立ち、幹部人事が決定した。

6.22 〔自衛隊〕自衛隊、第2次首脳部人事異動内定　自衛隊の第2次首脳部人事異動が内定した。

6.24 〔団体〕防衛道路整備合同委員会設置に合意　木村篤太郎保安庁長官・増原恵吉次長

1954年（昭和29年）   日本安全保障史事典

（7月1日以降、それぞれ防衛庁長官・次長）が、ジョン・E.ハル国連軍司令官を訪問。
防衛道路整備合同委員会の設置について合意した。

6.30　〔法律〕「防衛庁組織令」・「自衛隊法施行令」公布　「防衛庁組織令」および「自衛隊
　　　　法施行令」が公布された。

7.1　〔法律〕「防衛秘密保護法」・新「警察法」施行　「防衛秘密保護法」および旧警察法
　　　　を全面改正した新「警察法」が施行された。

7.1　〔団体〕防衛庁発足　「防衛庁設置法」の施行により、保安庁を改組し総理府（のち
　　　　内閣府）の外局として防衛庁が発足。自衛隊の管理運営および在日米軍への駐留支援
　　　　等を行う。定員は総数16万4538人（うち、自衛官は15万2115人）。内部部局、統合幕
　　　　僚会議、陸・海・空自衛隊を指揮する陸上・海上・航空各幕僚監部と、部隊、機関、
　　　　付属機関で構成。付属機関として防衛研修所（旧・保安庁保安研修所）、防衛大学校
　　　　（旧・保安大学校）、技術研究所（旧・保安庁技術研究所）に加え、建設本部、調達実
　　　　施本部を新設した。2007年1月9日、防衛省に昇格。

7.1　〔政治〕木村防衛庁長官就任　防衛庁の設置にあたり、元・保安庁長官木村篤太郎が
　　　　初代防衛庁長官に就任した。

7.1　〔自衛隊〕自衛隊発足　「防衛庁設置法」・「自衛隊法」の施行により、防衛庁（のち
　　　　防衛省）の下に陸・海・空3自衛隊が発足した。陸上自衛隊（保安隊を改組）：幹部候
　　　　補生隊を廃止し、久留米に幹部候補生学校を設置。17ヶ所に地方連絡部を置き、第1
　　　　〜第5陸曹教育隊を編成した。海上自衛隊（警備隊を改組）：自衛艦隊を編成し、呉地
　　　　方隊を設置した。航空自衛隊（新設）：越中島に航空幕僚監部、浜松に操縦学校を設
　　　　置した。

7.9　〔自衛隊〕陸上自衛隊の北海道移駐を発表　ジョン・E.ハル国連軍司令官が、北海道
　　　　の米駐留軍を年内に撤退すると声明。これを受けて、木村篤太郎防衛庁長官が陸上
　　　　自衛隊の北海道移駐を発表。北海道の地上防衛は日本独自の力で、陸上自衛隊が担
　　　　当すると声明した。

7.15　〔事件〕新発田自衛隊内神社問題　新潟県の陸上自衛隊新発田駐屯地内に創設された
　　　　神社に撤去命令。憲法違反で問題化した。

7.24　〔自衛隊〕木村防衛庁長官、海空防衛力強化方針　木村篤太郎防衛庁長官が、北海道
　　　　地域の海上および航空防衛力を積極的に強化する方針を明らかにした。

7.29　〔兵器〕自衛隊ジェット機2種につき、日米業者間で取り決め　自衛隊のジェット機2
　　　　種の国産化を図り、日米業者間で取り決めが成立した。

8.1　〔団体〕調達実施本部、2地方支部を設置　防衛庁調達実施本部が大阪と名古屋に地
　　　　方支部を設置した。

8.1　〔自衛隊〕航空自衛隊幹部学校を設置　航空自衛隊が浜松に幹部学校を設置した。

8.2　〔兵器〕海上自衛隊員、米駆逐艦受領のため渡米　「日米艦艇貸与協定」により貸与
　　　　される駆逐艦2隻を受領するため、海上自衛隊員が米国へ出発。10月19日に引き渡し
　　　　を受け、「あさかぜ」・「はたかぜ」と命名。就役訓練を行ったのち回航、1955年2月
　　　　25日に横須賀に入港した。

－ 22 －

| 8.9 | 〔自衛隊〕航空自衛隊、留学生を米に派遣　航空自衛隊がイリノイ州のシャヌート空軍基地、ミシシッピー州のキースラ空軍基地に、第1回米国留学生4人を派遣した。1955年5月27日帰国。 |

8.10　〔自衛隊〕陸上自衛隊第5・第6管区総監部の編成完結　陸上自衛隊が札幌駐屯地に第5管区総監部、練馬駐屯地に第6管区総監部の編成を完了した。

8.10　〔自衛隊〕陸上自衛隊、婦人自衛官の第1次募集開始　陸上自衛隊が婦人自衛官（看護師）の第1次募集を開始した。

8.12　〔自衛隊〕陸上自衛隊第5管区総監部が移転　陸上自衛隊が札幌駐屯地の第5管区総監部を帯広駐屯地に移駐した。

8.15　〔団体〕防衛研修所移転　越中島の防衛庁防衛研修所が警察学校内に移転した。

8.17　〔兵器〕海上自衛隊、SNJ練習機5機受領　海上自衛隊が「日米相互防衛援助協定（MDA協定）」により供与されるSNJ練習機58機のうち、5機を受領。1958年7月31日まで、逐次引渡しを受けた。

8.20　〔自衛隊〕陸上自衛隊富士学校・高射学校設立　陸上自衛隊が特科学校・普通科学校・特別教育隊を廃止し、総合学校として静岡県に富士学校を設立。また特科学校高射科を母体として、習志野に高射学校を編成した。

8.23　〔自衛隊〕陸上自衛隊第6管区総監部が移転　陸上自衛隊が練馬駐屯地の第6管区総監部を福島駐屯地に移駐した。

8.31　〔自衛隊〕陸上自衛隊、北海道に移駐開始　米陸軍の撤退に伴い、陸上自衛隊初の北海道移駐部隊が九州・四国方面から逐次移動を開始した。

8.31　〔自衛隊〕自衛隊の航空機帰属問題が決着　自衛隊発足時には妥結に至らず、持越しとなっていた航空機の帰属問題が決着。航空自衛隊が航空機と諸業務を統一運用し、作戦上必要なものは陸上自衛隊・海上自衛隊に帰属することとなった。

9.1　〔自衛隊〕「自衛隊の災害派遣に関する訓令」決定　防衛庁が「自衛隊の災害派遣に関する訓令」を決定した。

9.1　〔自衛隊〕海上自衛隊幹部学校を設置　海上自衛隊が横須賀に幹部学校を設置した。

9.1　〔自衛隊〕航空自衛隊通信学校・整備学校を設置　航空自衛隊が浜松に通信学校と整備学校を設置。小月に第1航空教育隊を編成し、霞ヶ浦に補給処を設置した。

9.4　〔自衛隊〕航空自衛隊第1期特別幹部生が入校　航空自衛隊幹部学校に第1期特別幹部生が入校した。

9.10　〔自衛隊〕陸上自衛隊需品学校等3校を設置　陸上自衛隊が松戸に需品学校、立川に輸送学校、小平に調査学校を設置。また中央監察隊、中央音楽隊、印刷補給隊のほか、青森に青函地区輸送連絡隊を編成した。

9.24　〔国際〕北海道の米軍撤退　北海道の米駐留軍が撤退式を行い、北海道の防衛を陸上自衛隊に委譲した。

9.25　〔自衛隊〕航空自衛隊、中部訓練航空警戒隊を編成　航空自衛隊が浜松に中部訓練航空警戒隊を編成した。

1954年（昭和29年）　　　　　　　　　　　　　　　　　　　　　　　　　　　　　　日本安全保障史事典

9.26 〔事件〕**洞爺丸遭難事故**　台風15号により青函連絡船・洞爺丸が函館港外の七重浜沖
で座礁・転覆。1100人余の死者・行方不明を出し、日本最大の海難事故となった。
27日、海上自衛隊が捜索・救助のため災害派遣。この事故に対し陸上自衛隊函館部
隊も災害派遣された（10月9日まで）。

10.1 〔自衛隊〕**海上自衛隊、第1掃海隊群を新編**　海上自衛隊が第1掃海隊群を新たに編成
した。

10.1 〔自衛隊〕**航空自衛隊、東部・西部・三沢訓練航空警戒隊を編成**　航空自衛隊が入間
川に東部訓練航空警戒隊、板付に西部訓練航空警戒隊、三沢に北部訓練航空警戒隊
を編成した。

10.8 〔自衛隊〕**陸上自衛隊、初のパラシュート降下演習**　陸上自衛隊、米軍香椎キャンプ
で初のパラシュート降下演習を実施。空挺徽章授与式が行われた。

10.8 〔自衛隊〕**航空自衛隊、中部訓練航空警戒隊を移転**　航空自衛隊が浜松の中部訓練航
空警戒隊を名古屋に移駐した。

10.28 〔兵器〕**T-34練習機の国内組立て第1号機受領**　航空自衛隊が浜松でT-34練習機の国
内組立て第1号機の引渡を受けた。

11.19 〔兵器〕**「日米貸与武器譲渡交換公文」発表**　「日米貸与武器譲渡交換公文」が発表さ
れた。

11.20 〔自衛隊〕**第1期自衛隊生徒募集開始**　陸上自衛隊と航空自衛隊が自衛隊生徒（少年自
衛隊員）の募集を開始した。

11.20 〔自衛隊〕**戦後初の国産艦建造契約を締結**　防衛庁調達実施本部が「はるかぜ」ほか
7隻について、戦後初の国産艦建造契約を締結した。

11.30 〔自衛隊〕**航空自衛隊第1期幹部生が入校**　航空自衛隊幹部学校に第1期幹部候補生が
入校した。

12.10 〔政治〕**第1次鳩山内閣発足**　第1次鳩山一郎内閣が発足。防衛庁長官には、元内務大
臣・大村清一が就任した。

12.15 〔自衛隊〕**陸上自衛隊第6管区総監部が移転**　陸上自衛隊が福島駐屯地の第6管区総監
部を、多賀城駐屯地に移駐した。

12.22 〔政治〕**「憲法」第9条の解釈に関する政府統一見解提示**　衆議院予算委員会で、大村
清一防衛庁長官が憲法第9条の解釈に関する政府統一見解を説明。「日本は自衛権を
保有する」「自衛隊は憲法に違反しない」「自衛隊も軍隊といえる」と述べた。12月
20日の政府・与党の打合せ会議で統一見解をまとめていた。

12.23 〔自衛隊〕**航空自衛隊第1航空教育隊が移転**　航空自衛隊が小月の第1航空教育隊を防
府に移駐した。

12.26 〔兵器〕**海上自衛隊員、米潜水艦受領のため渡米**　「日米艦艇貸与協定」により貸与
される潜水艦1隻を受領するため、海上自衛隊員が米国へ出発。1955年8月15日に米
潜水艦「ミンゴ」の引き渡しを受け、「くろしお」と命名。回航のための訓練を行っ
た後、10月24日に横須賀に入港。同艦が海上自衛隊潜水艦部隊の第1号艦となった。

− 24 −

12.30 〔国際〕**防衛分担金削減につき、一万田・アリソン会談**　一万田尚登大蔵大臣とジョン・ムーア・アリソン駐日米国大使が会談。防衛分担金削減に関する日米交渉が始まった。

1955年
（昭和30年）

1.16 〔兵器〕**海上自衛隊、PV-2対潜哨戒機17機受領**　「日米相互防衛援助協定（MDA協定）」により、海上自衛隊がPV-2対潜哨戒機17機の供与を受けた。

1.18 〔兵器〕**日米艦艇貸与協定の追加貸与に調印**　「日米艦艇貸与協定」による潜水艦1隻、掃海艇7隻の追加貸与に調印した。

1.20 〔兵器〕**航空自衛隊、航空機59機受領**　「日米相互防衛援助協定（MDA協定）」により、航空自衛隊がT-6練習機35機、T-33Aジェット練習機8機、C-46輸送機16機の第1回供与を受けた。

1.22 〔自衛隊〕**航空自衛隊操縦生募集要領を発表**　航空自衛隊が操縦生募集要領を発表した。

1.23 〔兵器〕**海上自衛隊、小型港内曳船3隻受領**　海上自衛隊が「日米相互防衛援助協定（MDA協定）」により供与される小型港内曳船（YTL）7隻のうち、3隻を受領。1957年6月25日まで逐次引渡しを受けた。

1.23 〔政治〕**鳩山首相、自衛隊合憲は世論と答弁**　衆議院本会議で、鳩山一郎首相が自衛隊の合憲性について答弁。今日では、自衛のためならば軍隊を持ち得るということが世の通論となっていると述べた。

2.3 〔国際〕**アリソン米大使、防衛分担金削減に関する覚書を手交**　ジョン・ムーア・アリソン駐日米国大使が、防衛分担金の削減については防衛庁費の増額を優先するという覚書を日本側に手交した。

2.15 〔兵器〕**海上自衛隊、揚陸艇51隻受領**　海上自衛隊が、「日米相互防衛援助協定（MDA協定）」により供与される汎用揚陸艇（LCU）6隻、機動揚陸艇（LCM）35隻中25隻、車両人員揚陸艇（LCVP）25隻中20隻を受領。1956年10月1日まで逐次引渡しを受けた。

2.25 〔兵器〕**「あさかぜ」・「はたかぜ」が横須賀入港**　「日米艦艇貸与協定」により海上自衛隊に貸与された駆逐艦「あさかぜ」・「はたかぜ」が回航を終え、横須賀に入港した。

3.1 〔自衛隊〕**航空自衛隊第2航空教育隊を編成**　航空自衛隊が防府に第2航空教育隊を編成した。

3.5 〔政治〕**防衛6ヵ年計画の作成決定**　防衛庁が防衛6ヵ年計画の作成を決定した。

3.5 〔自衛隊〕**予備自衛官の訓練招集計画発表**　防衛庁が1954年度予備自衛官の訓練招集計画を発表した。

3.14	〔政治〕防衛6ヵ年計画案決定　防衛庁首脳会議で、対米交渉の基礎となる防衛6ヵ年計画案が決定。1960年度末までに陸上：18万人、海上：艦艇12万トン、航空：航空機1200機を保有することを目標とし、米駐留部隊の全面撤退を期した。
3.16	〔自衛隊〕自衛隊内神社の創設を禁止　自衛隊で隊内に神社を創設することを禁止した。
3.19	〔政治〕第2次鳩山内閣発足　第2次鳩山一郎内閣が発足。防衛庁長官には杉原荒太が就任した。
3.20	〔自衛隊〕初の予備自衛官訓練招集　陸上自衛隊が初の予備自衛官訓練招集を実施。全管区37部隊、各部隊5日間で訓練が行われ、2593人が応招した。
3.25	〔国際〕防衛分担金削減に関する日米正式交渉開始　重光葵外務大臣・一万田尚登大蔵大臣と、ジョン・ムーア・アリソン駐日米国大使およびジョン・E.ハル国連軍司令官が、防衛分担金削減に関する正式交渉を開始した。
3.29	〔兵器〕海上自衛隊員、米護衛駆逐艦受領のため渡米　「日米艦艇貸与協定」により貸与される護衛駆逐艦2隻を受領するため、海上自衛隊員が米国へ出発。6月16日に引き渡しを受け、「あさひ」・「はつひ」と命名。就役訓練を行ったのち回航、11月25日に横須賀に入港した。
4.1	〔自衛隊〕第1航空教育隊に第1期新隊員入隊　防府の航空自衛隊第1航空教育隊に第1期新隊員が入隊した。
4.4	〔自衛隊〕舞鶴練習隊に第1期自衛隊生徒入隊　海上自衛隊舞鶴練習隊に第1期自衛隊生徒（通信・水測）が入隊した。
4.5	〔自衛隊〕臨時空挺練習隊、習志野に移転　米軍香椎キャンプにあった陸上自衛隊の臨時空挺練習隊が習志野に移駐した。
4.5	〔国際〕防衛分担金削減につき、一万田・アリソン会談　防衛分担金削減に関して、一万田尚登大蔵大臣とジョン・ムーア・アリソン駐日米国大使が会談を行った。
4.6	〔自衛隊〕海上自衛隊、第1期少年練習員教育を開始　海上自衛隊舞鶴練習隊で、第1期少年練習員（自衛隊生徒、15歳以上17歳未満）の教育を開始した（9月28日まで）。
4.7	〔自衛隊〕陸上自衛隊、第1期自衛隊生徒入隊　陸上自衛隊に第1期自衛隊生徒（通信・武器・施設）が入隊した。
4.15	〔兵器〕海上自衛隊、P2V-7対潜哨戒機17機の受領調印式　「日米相互防衛援助協定（MDA協定）」によるP2V-7対潜哨戒機17機の供与を受け、海上自衛隊が鹿屋で引渡調印式を行った。
4.19	〔国際〕防衛分担金削減に関する日米共同声明発表　防衛分担金削減に関する日米交渉が妥結し、共同声明を発表。日本側の1956年度以後の防衛予算増額・飛行場拡張を条件に、米側が178億円の減額に応じた。
4.25	〔自衛隊〕海上自衛隊、戦後初の日米共同訓練　佐世保港外で海上自衛隊が米海軍と掃海訓練を実施（28日まで）。戦後初の日米共同訓練となった。
5.1	〔自衛隊〕海上自衛隊、東京通信隊ほか新編　海上自衛隊が越中島に東京通信隊を新

編。ほか、横須賀・呉・佐世保・舞鶴・大湊各通信隊を新たに編成した。

5.2 〔自衛隊〕第1航空教育隊に第1期自衛隊生徒入隊　防府の航空自衛隊第1航空教育隊に、第1期自衛隊生徒（通信）が入隊した。

5.8 〔基地〕砂川闘争が始まる　在日米軍立川基地の飛行場滑走路拡張計画が明らかとなり、東京都砂川町で町民や支援団体が立川基地拡張反対総決起大会を開催。1957年7月8日、基地内に入ったデモ隊が起訴され（「砂川事件」）、砂川闘争（砂川基地闘争）が始まった。

5.10 〔基地〕米軍、北富士演習場で射撃演習強行　北富士演習場の着弾地付近で座り込みを行っていた反対住民らを無視し、在日米軍が実弾射撃演習を強行。この頃、小牧・横田・新潟・伊丹・木更津等で基地反対闘争が激化した。

6.3 〔自衛隊〕航空自衛隊、第1期操縦学生入校　航空自衛隊幹部学校に第1期操縦学生が入校した。

6.11 〔政治〕鳩山首相、自衛隊につき答弁　参議院予算委員会で、鳩山一郎首相が自衛隊は兵力・戦力・軍隊ともいえると答弁。また、拡大を予定している在日米軍の飛行基地から原爆搭載機が飛び立つ、あるいは原爆戦争に日本が巻き込まれるのではないかという懸念に対し、重光葵外務大臣は米国が無断で原水爆を日本に持ち込むことはない旨を明言した。

6.16 〔自衛隊〕海上自衛隊、舞鶴第1・第2練習隊を編成　海上自衛隊が舞鶴練習隊を舞鶴第1練習隊に改称。同時に舞鶴第2練習隊を編成した。

6.20 〔事件〕北富士演習場デモでトラック転覆事故　北富士演習場の反対デモで、トラックが転覆。重軽傷16人を出す事故が発生した。

6.23 〔基地〕全国軍事基地反対連絡会議結成　基地反対闘争の交流・情報交換を図る全国組織として、全国軍事基地反対連絡会議が結成された。

7.1 〔自衛隊〕陸上自衛隊、衛生学校を移転　久里浜の陸上自衛隊衛生学校が三宿に移駐した。

7.8 〔兵器〕防衛庁、米からの供与弾薬数量を発表　「日米相互防衛援助協定（MDA協定）」により、1954年7月から1955年6月までの間に約12万7000トンの弾薬が供与されたと防衛庁が発表した。

7.13 〔団体〕防衛庁、「調達白書」発表　防衛庁が「調達白書」を発表した。

7.15 〔自衛隊〕海上自衛隊、訓練飛行隊群を編成　海上自衛隊が鹿屋に訓練飛行隊群を編成したが、8月15日に廃止された。

7.15 〔自衛隊〕陸上自衛隊、航空学校を移転　浜松の陸上自衛隊航空学校が明野に移駐した。

7.27 〔法律〕「国防会議構成法」案が衆院可決　衆議院本会議で「国防会議の構成等に関する法律（国防会議構成法）」案が可決した。のち廃案。

7.27 〔法律〕「防衛秘密保護法」改正案・「恩給法」改正案が可決成立　参議院本会議で「防衛秘密保護法」改正案が可決し、「恩給法」改正案が成立した。

7.27 〔兵器〕**ジェット機生産に関する日米交換公文提出**　ジェット機生産に関する日米交換公文を、防衛庁が衆議院内閣委員会に提出した。

7.31 〔政治〕**砂田防衛庁長官就任**　辞任した杉原荒太に代わり、砂田重政が防衛庁長官に就任した。

8.1 〔法律〕**「防衛庁設置法」改正（第1次改正）**　「防衛庁設置法の一部を改正する法律」公布・施行。陸上自衛隊の定数を13万人から15万人に増員した。

8.1 〔法律〕**「自衛隊法」改正（第2次改正）**　「自衛隊法の一部を改正する法律」公布（1955年11月1日・12月1日・1956年1月26日一部施行、1956年4月1日全面施行）。陸上自衛隊が熊本県に西部方面隊及び第8混成団、北海道に第7混成団を新編。航空自衛隊は静岡県に航空団を新たに編成することとした。ほか、海・空士の任用期間を3年と定めた（陸士は2年）。

8.2 〔政治〕**防衛閣僚懇談会の設置決定**　閣議で防衛閣僚懇談会の設置が決定。「国防会議構成法」案が廃案となり、発足が見送られた国防会議の代替となった。

8.2 〔団体〕**部隊編成大要決定**　防衛庁が部隊編成大要を決定した。

8.5 〔政治〕**防衛閣僚懇談会、初会議**　防衛閣僚懇談会が第1回会議を行った。

8.6 〔社会〕**第1回原水爆禁止世界大会広島大会開催**　広島で第1回原水爆禁止世界大会が開催され、11ヶ国50人の代表をはじめ5000人が参加（広島大会）。日本で3238万、海外で6億7000万の原水爆禁止署名が集まったと報告された。また、8月15日には東京大会が行われた。

8.8 〔事件〕**空自練習機墜落事故**　航空自衛隊操縦学校のT-34練習機が墜落。航空自衛隊員1人を含む2人が死亡し、航空自衛隊初の大事故となった。

8.9 〔政治〕**防衛閣僚懇談会、防衛6ヵ年計画を協議**　防衛閣僚懇談会が防衛6ヵ年計画について協議。米地上軍撤退を条件に、3年以内に陸上自衛隊を18万人に増員する方針を固めた。

8.12 〔兵器〕**F-86F高等操縦学生、米国留学**　航空自衛隊の高等操縦学生9人が米国に留学。F-86F戦闘機の操縦を学び、1956年2月26日に帰国した。

8.20 〔兵器〕**国産護衛艦「ゆきかぜ」進水式**　新三菱重工業神戸造船所建造の国産警備艦（のち護衛艦）「ゆきかぜ」の進水式が行われた。1956年7月31日に竣工し、海上自衛隊横須賀地方隊に編入。1957年4月1日、自衛艦隊旗艦・第1護衛隊群旗艦となった。

8.22 〔兵器〕**米陸軍オネスト・ジョン中隊、朝霞に到着**　米陸軍の地対地ロケット弾オネスト・ジョン中隊が埼玉県の朝霞キャンプに到着した。

8.31 〔日米安保条約〕**重光・ダレス会談、日米安保条約改定の共同声明発表**　重光葵外務大臣とジョン・フォスター・ダレス米国務長官が、日本防衛問題につき8月29日より会談（於ワシントン）。岸信介民主党幹事長、河野一郎農林大臣も参加。31日、「日米安保条約」改定の条件や極東の安定・平和のための協力等の共同声明を発表。声明中の「西太平洋における安全保障」の文言が海外派兵につながるとして、国内で問題となった。

9.1 〔自衛隊〕**陸上自衛隊、地方連絡部の編成完了**　陸上自衛隊が神奈川・埼玉・長野ほ

か23ヶ所の地方連絡部の編成を完了した。

9.20 〔自衛隊〕**別府湾のイペリット弾処理開始**　海上自衛隊呉地方隊の掃海艇等が、別府湾で発見された戦時中のイペリット弾（毒ガス弾）の処理作業を開始した（1956年12月6日まで）。

9.20 〔自衛隊〕**航空自衛隊幹部学校を移転**　航空自衛隊が防府の幹部学校を小平に移転し、防府には幹部候補生学校を設置した。また、第2航空教育隊を第1航空教育隊に編合。浜松基地隊、防府基地隊、警務隊を編成した。

10.4 〔基地〕**横田基地拡張、閣議決定**　閣議で横田基地の拡張が決定した。

10.12 〔自衛隊〕**航空自衛隊、F-86F戦闘機を受領**　「日米相互防衛援助協定（MDA協定）」により、航空自衛隊がF-86F戦闘機の第1回供与を受けた。

10.13 〔団体〕**社会党統一大会**　日本社会党左右両派が統一大会を開催。鈴木茂三郎が委員長、浅沼稲次郎が書記長に選出された。

10.15 〔団体〕**国防省設置方針が内定**　防衛庁で国防省の設置方針が内定した。

10.18 〔団体〕**郷土防衛隊制度要綱案が内定**　防衛庁で郷土防衛隊制度要綱案が内定した。

10.18 〔自衛隊〕**自衛隊員第2次募集の応募状況発表**　防衛庁が1955年度自衛隊員第2次募集の応募者は7万4109人（5.9倍）と発表した。

10.20 〔自衛隊〕**陸上自衛隊、戦史室を設置**　陸上自衛隊が小平に戦史室を設置した。

11.1 〔自衛隊〕**自衛隊、中央病院を設置**　自衛隊中央病院が設置された。

11.1 〔自衛隊〕**航空自衛隊操縦学校を改称**　航空自衛隊が防府の操縦学校を第1操縦学校に改称し、第1操縦学校分校を設置。臨時松島派遣隊を第2操縦学校に改称した。

11.8 〔自衛隊〕**陸上自衛隊高射学校を移転**　陸上自衛隊が習志野の高射学校を下志津に移駐した。

11.14 〔国際〕**「日米原子力協定」調印**　「原子力の非軍事的利用に関する協力のための日本国政府とアメリカ合衆国政府との間の協定（日米原子力協定）」調印。米国から日本に対する濃縮ウラン・原子力資機材等の提供や、原子力技術の研究協力等を定めた。12月27日発効。

11.15 〔団体〕**自民党発足**　自由党と日本民主党が合同して自由民主党（自民党）を結成し、保守合同が成立。現行憲法の自主的改正、集団安全保障体制下における自衛軍備の整備を党の政綱に掲げた。

11.22 〔政治〕**第3次鳩山内閣発足**　第3次鳩山一郎内閣が発足。防衛庁長官には、元法制局長官・船田中が就任した。

12.1 〔自衛隊〕**陸上自衛隊、西部方面隊・第7・8混成団を編成**　陸上自衛隊が西部方面隊を編成し、熊本に総監部を置いた。また、第7混成団・第8混成団を編成し、前者は真駒内、後者は熊本に団本部を設置した。

12.1 〔自衛隊〕**航空自衛隊、航空団・実験航空隊編成**　航空自衛隊が浜松基地に航空団および実験航空隊を編成した。

12.15　〔兵器〕国産敷設艦「つがる」竣工　三菱日本重工業横浜造船所建造の国産敷設艦
　　　　「つがる」が竣工し、海上自衛隊大湊地方隊に編入された。

12.19　〔法律〕「原子力基本法」公布　「原子力基本法」公布（1956年1月1日施行）。日本の
　　　　原子力の研究・開発・平和利用の基本方針を定めた。

12.28　〔兵器〕国産敷設艇「えりも」竣工　浦賀船渠建造の国産敷設艇「えりも」が竣工し、
　　　　海上自衛隊横須賀地方隊に編入された。

1956年
（昭和31年）

1.12　〔自衛隊〕海上自衛隊初の連合出動訓練　海上自衛隊が初の連合出動訓練を浦賀水道
　　　で実施した。

1.16　〔自衛隊〕海上自衛隊、呉練習隊を新編　海上自衛隊が呉練習隊を新編し、呉地方隊
　　　に編入。入隊から術科教育まで、教育体制の基盤がほぼ完成した。また、横須賀の
　　　海上自衛隊術科学校を江田島に移転し、横須賀には同校横須賀分校を新設。舞鶴第1
　　　練習隊を舞鶴練習隊に改め、舞鶴第2練習隊を舞鶴練習隊分遣隊に改称した。

1.30　〔国際〕防衛分担金削減に関する日米共同声明発表　防衛分担金削減に関する日米交
　　　渉が妥結し、共同声明を発表。1956年度削減額および次年度以降は日本側の防衛予
　　　算増加分の半額を削減することとなった。

2.9　〔政治〕衆議院、原水爆実験禁止要望決議を可決　衆議院で原水爆実験禁止要望決議
　　　案が可決。2月10日には、参議院で原水爆の実験禁止に関する決議案を全会一致で可
　　　決した。

3.1　〔兵器〕F-86F戦闘機初飛行　福岡県の築城基地で、航空自衛隊パイロットによるF-
　　　86F戦闘機の初飛行が行われた。

3.2　〔自衛隊〕海上自衛隊、術科学校を移転　横須賀の海上自衛隊術科学校が江田島に移
　　　転した。

3.7　〔兵器〕P2V-7対潜哨戒機2機、羽田に到着　「日米相互防衛援助協定（MDA協定）」
　　　により航空自衛隊に供与されるP2V-7対潜哨戒機2機が羽田に到着した。

3.22　〔国際〕「日米技術協定」調印　「防衛目的のためにする特許権及び技術上の知識の交
　　　流を容易にするための日本国政府とアメリカ合衆国政府との間の協定（日米技術協
　　　定）」調印。6月6日に公布され、同日発効した。「日米防衛特許協定」「MDA協定に
　　　基づく日米特許権及び技術上の知識交流協定」「MDA協定に基づく日米技術協定」
　　　とも。

3.23　〔団体〕防衛庁が移転開始　防衛庁越中島庁舎の内局・統合幕僚会議・防衛研修所・
　　　建設本部・調達実施本部が、霞ヶ関庁舎に移転を開始した（4月4日まで）。

3.23　〔自衛隊〕海上幕僚監部等が移転開始　防衛庁越中島庁舎の海上幕僚監部等が霞ヶ関

庁舎に移転を開始した（24日まで）。

3.25 〔自衛隊〕**航空幕僚監部が移転開始**　防衛庁越中島庁舎の航空幕僚監部が霞ヶ関庁舎に移転を開始した（26日まで）。

3.26 〔自衛隊〕**航空自衛隊、第1操縦学校を移転**　浜松の航空自衛隊第1操縦学校が小月に移転した。

3.28 〔自衛隊〕**陸上幕僚監部等が移転開始**　防衛庁の陸上幕僚監部等が霞ヶ関庁舎に移転を開始した（4月2日まで）。

3.31 〔団体〕**防衛庁霞ヶ関庁舎竣工**　防衛庁の霞ヶ関庁舎新設工事が竣工した。

3.31 〔兵器〕**防衛庁、F-86F戦闘機の製造組立契約等を締結**　防衛庁がF-86F戦闘機70機の第1次製造組立て契約を締結。また、国産ジェットエンジン3基の製造契約を締結した。

4.16 〔法律〕**「防衛庁設置法」・「自衛隊法」改正案成立**　「防衛庁設置法」および「自衛隊法」（「防衛二法」）改正案が成立した。

4.20 〔法律〕**「防衛庁設置法」改正（第2次改正）**　「防衛庁設置法の一部を改正する法律」公布・施行。自衛官の定数を1万7413人増員し、19万7182人に改めた。

4.20 〔法律〕**「自衛隊法」改正（第3次改正）**　「自衛隊法の一部を改正する法律」公布・施行（10月1日、12月1日一部施行）。陸上自衛隊が青森県に第9混成団、航空自衛隊は静岡県に第2航空団を新編することとした。ほか、需品の貸付を追加。

4.26 〔兵器〕**初の国産護衛艦「はるかぜ」竣工**　三菱造船長崎造船所建造の警備艦（のち護衛艦）「はるかぜ」が竣工し、佐世保地方隊に編入。海上自衛隊初の国産護衛艦となった。

5.16 〔団体〕**陸自戦史室、防衛研修所に移管**　陸上自衛隊の戦史室が防衛庁防衛研修所に移管された。

6.6 〔国際〕**「日米技術協定」公布・発効**　「日米技術協定」が公布され、同日発効した（3月22日調印）。

6.12 〔自衛隊〕**海上自衛隊幹部学校を移転**　同一地区に陸海空の幹部学校を置く施策により、海上自衛隊が横須賀の幹部学校を小平に移転した。

6.13 〔自衛隊〕**自衛隊幹部会議を初開催**　防衛庁長官・内部部局局長・付属機関・各自衛隊の主要な長を集め、初の自衛隊幹部会議を開催。庁内に重要施策等を周知徹底する会議として、以後毎年開催。1964年度より自衛隊高級幹部会同に改称された。

6.18 〔政治〕**国防会議初代理事長が内定**　国防会議の発足に先立ち、広岡謙二元警視総監が初代理事長に内定した。

7.2 〔団体〕**国防会議発足**　「国防会議の構成等に関する法律（国防会議構成法）」の公布・施行により、国防会議が発足。国防の基本方針、防衛計画、防衛力整備等、国防に関する重要事項等を審議する内閣の諮問機関。内閣総理大臣を議長とし、副総理・外務大臣・大蔵大臣・防衛庁長官・経済企画庁長官で構成される。1986年7月1日、安全保障会議の設置に伴い廃止となった。

| 1956年（昭和31年） | | 日本安全保障史事典 |

7.18 〔団体〕**在日米極東軍司令部の廃止・国連軍司令部移転を発表** 1957年7月1日をもって在日米極東軍司令部を廃止し、国連軍司令部を韓国に移すと米国防総省が発表した。

7.23 〔団体〕**防衛大第1期生、初統合訓練** 浦賀水道および千葉県富津沖で、防衛大学校第1期生が初の統合訓練を実施した（24日まで）。

8.1 〔自衛隊〕**自衛隊地方連絡部を設置** 新設の26ヶ所を含む全国49ヶ所の地方連絡部を共同機関とし、自衛隊地方連絡部を設置。一元的に陸海空自衛官の募集を行うこととなった。

9.1 〔自衛隊〕**航空自衛隊、各訓練警戒隊を訓練航空警戒群に改称** 航空自衛隊が中部訓練警戒隊・北部訓練警戒隊・東部訓練警戒隊・西部訓練警戒隊を、各訓練航空警戒群と改称した。

9.20 〔兵器〕**F-86F戦闘機の国内製造組立て第1号機受領** F-86F戦闘機の国内製造組立て第1号機が、小牧で航空自衛隊に引渡された。

10.1 〔自衛隊〕**航空自衛隊、第1・第2航空団を編成** 航空自衛隊が浜松基地の航空団を第1航空団に改称し、加えて第2航空団を編成した。

10.6 〔自衛隊〕**第1回レンジャーコース教官教育を開始** 陸上自衛隊富士学校で、第1回レンジャーコース教官教育を開始した（17日まで）。

10.19 〔国際〕**「日ソ共同宣言」調印** モスクワで「日本国とソヴィエト社会主義共和国連邦との共同宣言（日ソ共同宣言）」に調印。この条約により、両国間の第2次世界大戦における戦争状態が終結し、共産主義諸国との国交が回復。日本の国連加入支持、日本人抑留者送還、賠償請求権の放棄等を定めた。また、平和条約締結交渉の継続と、締結後にソ連が歯舞群島・色丹島を日本側に引き渡すことが規定された。「日ソ国交回復に関する共同宣言」とも。12月12日公布・発効。

11.16 〔自衛隊〕**航空自衛隊、幹部候補生学校を移転** 防府の航空自衛隊幹部候補生学校が奈良に移転した。

12.1 〔自衛隊〕**陸上自衛隊、第9混成団本部の編成完了** 陸上自衛隊第9混成団本部の編成が完了し、多賀城駐屯地から青森駐屯地に移駐した。

12.8 〔団体〕**第1回国防会議開催** 第1回国防会議が開催された。

12.12 〔国際〕**「日ソ共同宣言」公布・発効** 東京で「日ソ共同宣言」の批准書を交換し、同宣言が公布・発効した（10月19日調印）。

12.12 〔国際〕**国連安保理、日本の国連加盟案採択** 国際連合安全保障理事会（国連安保理）が日本の国連加盟案を採択した。

12.18 〔国際〕**日本、国連に加盟** 国際連合総会（国連総会）で日本の国連加盟を全会一致で承認。日本は80番目の国連加盟国となり、本格的に国際社会に復帰した。

12.23 〔政治〕**石橋内閣発足** 石橋湛山内閣が発足。閣僚人事が難航し、全ての閣僚を一時的に首相が兼任。防衛庁長官も石橋首相の事務取扱となり、1957年1月31日より岸信介外務大臣が事務代理を務めた。

12.24 〔団体〕**防衛研修所戦史室が移転** 小平の防衛庁防衛研修所戦史室が芝浦に移転した。

- 32 -

1957年
（昭和32年）

1.14 〔兵器〕**初の国産駆潜艇「かもめ」竣工**　浦賀船渠建造による初の国産駆潜艇「かもめ」が竣工。海上自衛隊大湊地方隊に編入された。

1.16 〔国際〕**防衛分担金問題で、石橋・アリソン会談**　防衛分担金問題に関して、石橋湛山首相とジョン・ムーア・アリソン駐日米国大使が会談を行った。

1.19 〔政治〕**1957年度防衛力整備計画が決定**　国防会議で1957年度の防衛力整備計画が決定した。

1.30 〔事件〕**ジラード事件発生**　群馬県の相馬ヶ原演習場で、薬莢拾いのため同地に立ち入った日本人農婦が在日米軍兵士ウィリアム・S.ジラードに射殺される事件が発生。裁判権を巡って日米間で国際問題に発展。結局日本側で裁判をすることになり、8月26日に前橋地方裁判所で初公判。11月19日、懲役3年・執行猶予4年の判決が下った。12月3日、検察側・被告側とも控訴しないことが決定し、12月6日にジラードが帰国。のち、1990年代に両国の外交文書が公開され、被告の身柄引き渡しに際して日米間で密約があったことが明らかになった。

2.2 〔政治〕**小滝防衛庁長官就任**　閣僚人事が遅れていた石橋内閣の防衛庁長官に、小滝彬が就任した。

2.6 〔事件〕**青竹事件**　5日夜から広島県の陸上自衛隊原村演習場で行われていた夜間行軍演習で、自衛官2人が過労で倒れ死亡する「死の行軍事件（青竹事件）」が起こる。上官が暴行を加えていたことが判明し、3月12日に陸上自衛隊幹部10人が処分された。

2.25 〔政治〕**第1次岸内閣発足**　病気のため退陣した石橋湛山首相に代わり、第1次岸信介内閣が発足。防衛庁長官・小滝彬を含め、全閣僚が留任した。

3.4 〔事件〕**空自輸送機墜落事故**　航空自衛隊美保派遣隊所属のC-46輸送機が鳥取県で墜落。乗員17人全員が死亡した。

3.15 〔政治〕**参議院、原水爆禁止決議**　参議院本会議で原水爆の禁止に関する決議案が可決した。

3.26 〔団体〕**防衛大第1期生卒業式**　防衛大学校第1期生337人の卒業式が行われた。

3.31 〔自衛隊〕**航空自衛隊、実験航空隊を移転**　航空自衛隊が浜松基地の実験航空隊を岐阜基地に移駐した。

4.19 〔事件〕**海自対潜哨戒機墜落事故**　海上自衛隊鹿屋航空隊所属のPV-2対潜哨戒機が、岩国沖合海上に墜落。8人が死亡し、2人が軽傷を負った。

4.30 〔法律〕**「防衛庁設置法」改正（第3次改正）**　「防衛庁設置法の一部を改正する法律」公布・施行。自衛官の定数を6923人増員し、20万4105人に改めた。また、防衛庁技術研究所の業務を拡大し、委託による技術調査研究・設計・試作・試験等を行うこととした。

1957年（昭和32年）　　　　　　　　　　　　　　　　　　　　　　　　　　　日本安全保障史事典

5.7　　〔政治〕岸首相、核兵器保有につき答弁　　参議院内閣委員会で岸信介首相が、自衛権
　　　　の範囲内であれば核兵器の保有も可能と答弁した。

5.10　　〔法律〕「自衛隊法」改正（第4次改正）　　「自衛隊法の一部を改正する法律」公布・施
　　　　行（8月1日、9月2日、1958年2月26日一部施行）。海上自衛隊は練習隊群を新編。航
　　　　空自衛隊は東京に航空集団、宮城県に第3・第4航空団を新たに編成することとした。

5.10　　〔自衛隊〕海上自衛隊、練習隊群を新編　　海上自衛隊が大型上陸支援艇（LSSL）を中心
　　　　とする第1警戒隊群を廃止し、練習隊群を新編。呉練習隊を呉教育隊、舞鶴練習隊を
　　　　舞鶴教育隊に改称し、補給の中枢として目黒区三田に需給統制隊を新たに編成した。

5.10　　〔自衛隊〕海上自衛隊、幹部候補生学校を設置　　江田島に海上自衛隊幹部候補生学校
　　　　が設置された。

5.20　　〔政治〕「国防の基本方針」決定　　国防会議及び閣議で「国防の基本方針」が決定。民
　　　　主主義を基調とする日本の独立と平和を守るため、国際間の協調を図り、また国力
　　　　国情に応じて自衛のために必要な限度において、防衛力を漸進的に整備すること等
　　　　を掲げた。

6.10　　〔団体〕防衛懇談会、初会合を開催　　防衛懇談会が第1回会合を行った。

6.14　　〔政治〕「防衛力整備目標」閣議了解　　国防会議で決定した「防衛力整備目標」を閣議
　　　　で了解。1958年度から1960年度（一部1962年度）までの3ヶ年計画。整備目標は陸上
　　　　自衛隊：1960年度末までに自衛官18万人。海上自衛隊：1962年度末までに艦艇12万
　　　　4000トン、航空機222機。航空自衛隊：1962年度末までに航空機1342機。「防衛力整
　　　　備計画（第1次防衛計画、1次防）」とも。

6.21　　〔国際〕岸・アイゼンハワー会談、在日米軍早期引揚げ等の共同声明発表　　岸信介首
　　　　相とドワイト・D.アイゼンハワー米大統領が6月19日よりワシントンで会談。21日、
　　　　日米の新時代を強調し、安保条約検討のための委員会設置、在日米軍の早期引揚げ
　　　　等の共同声明を発表した。

7.1　　〔国際〕在日米極東軍司令部を廃止・国連軍司令部を移転　　在日米極東軍司令部が廃
　　　　止され、東京の国連軍司令部が韓国に移転した。

7.8　　〔自衛隊〕航空自衛隊、飛行安全検閲を実施　　事故が多発したため、航空自衛隊が全
　　　　部隊に対し飛行安全検閲（源田検閲）を実施（7月20日まで）。8月15日〜30日には第2
　　　　次検閲を実施した。

7.10　　〔政治〕第1次岸内閣改造内閣発足　　第1次岸信介改造内閣の発足により、津島寿一が防衛
　　　　庁長官に就任した。

8.1　　〔自衛隊〕航空自衛隊、航空集団を編成　　航空自衛隊が臨時航空訓練部を廃止して航
　　　　空集団を編成し、司令部を府中に設置。入間川に航空集団臨時中部司令所を編成。航
　　　　空保安管制気象群を編成し、本部を府中に置いた。また、中部訓練航空警戒群を廃
　　　　止。第2操縦学校臨時松島訓練隊を編成し、松島の第2操縦学校を宇都宮に移転した。

8.1　　〔国際〕在日米軍陸上部隊の撤退開始発表　　米国防総省が在日米軍陸上部隊の撤退開
　　　　始を発表。1958年2月8日、撤退完了を発表した。

8.6　　〔国際〕日米安保委員会発足　　6月21日の共同声明に基づき、「日米安保条約」の運営

－ 34 －

に関する協議機関として日米安全保障委員会（日米安保委員会）が発足した。

8.16 〔国際〕**日米安保委員会、初会合を開催**　日米安全保障委員会が第1回会合を開催し、在日米軍陸上部隊の撤退問題等を協議。日本側は藤山愛一郎外務大臣、津島寿一防衛庁長官ら、米国側はダグラス・マッカーサー2世駐日米国大使、フレデリック・H.スミス在日米軍司令官（フェリックス・スタンプ太平洋軍総司令官の代理）が委員として参加した。

9.2 〔自衛隊〕**航空自衛隊、第2航空団を移転**　航空自衛隊が浜松基地の第2航空団を千歳基地に移駐。東部訓練航空警戒群を中部訓練航空警戒群に改称。防府・浜松両基地隊を同基地業務群に、臨時資材統制隊を資材統制隊に改称した。

9.2 〔政治〕**岸首相、核兵器問題につき答弁**　衆議院内閣委員会で岸信介首相が、たとえ侵略されても核兵器は持たず・使用せずと答弁した。

9.4 〔国際〕**第2回日米安保委員会**　東京で第2回日米安全保障委員会開催。日本側から米国側に対し、「国連憲章」の原則に沿った「日米安保条約」とする旨の合意を取り交わしたいと申し入れた。

9.10 〔兵器〕**P2V-7対潜哨戒機42機の国産決定**　国防会議がP2V-7対潜哨戒機42機の国産を決定。9月17日、閣議に報告した。

9.14 〔日米安保条約〕**「日米安保条約」と「国連憲章」との関係に関する公文を交換**　藤山愛一郎外務大臣とダグラス・マッカーサー2世駐日米国大使が、「日米安全保障条約と国際連合憲章の関係に関する交換公文」を取り交わし、国連憲章に則った安保条約の運用を定めた。

9.30 〔自衛隊〕**自衛隊殉職隊員の合同追悼式**　自衛隊殉職隊員301人の合同追悼式が初めて行われた。

10.1 〔自衛隊〕**自衛隊観閲式**　明治神宮外苑聖徳記念絵画館前で自衛隊観閲式が行われた。

10.2 〔自衛隊〕**海上自衛隊初の観艦式**　岸信介首相観閲の下、海上自衛隊が羽田沖で初の観艦式を行い、艦艇32隻、航空機50機が参加した。

10.15 〔自衛隊〕**陸上自衛隊化学学校を設置**　陸上自衛隊の化学教育隊が廃止となり、大宮駐屯地に化学学校が設置された。

11.27 〔国際〕**第3回日米安保委員会**　東京で第3回日米安全保障委員会開催。在日米空軍の撤退に伴う防空問題について協議した。

12.1 〔自衛隊〕**航空自衛隊、第3航空団を編成**　航空自衛隊が松島基地に第3航空団を編成。宮崎県の新田原基地に第3操縦学校分校を設置した。

12.19 〔国際〕**第4回日米安保委員会**　第4回日米安全保障委員会開催。米国から自衛隊に空対空ミサイル・サイドワインダーを供与することが決定した。

1958年
（昭和33年）

1.1 〔国際〕**日本、国連安保理事会非常任理事国に初就任**　日本が国際連合安全保障理事会非常任理事国に初めて就任した（任期2年）。

1.10 〔自衛隊〕**航空自衛隊、第1・第2補給処を編成**　航空自衛隊が霞ヶ浦の補給処を廃止。臨時木更津補給隊を第1補給処、臨時岐阜補給隊を第2補給処に改編した。

1.14 〔自衛隊〕**海上自衛隊、第1回遠洋練習航海**　海上自衛隊がハワイで第1回遠洋練習航海を実施（2月28日まで）。警備艦ほか3隻で構成する練習隊群が参加した。

1.16 〔兵器〕**航空自衛隊、F-86D戦闘機受領**　「日米相互防衛援助協定（MDA協定）」により、航空自衛隊が浜松基地でF-86D戦闘機4機の第1回供与を受けた。

1.19 〔兵器〕**国産T1F2練習機、初飛行**　T1F2練習機（のちのT-1A）の国産試作1号機が初飛行に成功した。

2.1 〔自衛隊〕**海上自衛隊、岩国航空教育派遣隊を改称**　海上自衛隊の岩国航空教育派遣隊が岩国航空教育隊に改称された。

2.17 〔自衛隊〕**航空自衛隊、対領空侵犯措置を開始**　航空自衛隊が領空侵犯に対する措置を開始した。

3.18 〔自衛隊〕**航空自衛隊、臨時救難航空隊を編成**　航空自衛隊が浜松基地に臨時救難航空隊を編成した。

3.20 〔自衛隊〕**平和のための防衛大博覧会開催**　奈良県あやめが池で、産経新聞社・大阪新聞社主催・防衛庁協力による「平和のための防衛大博覧会」が開催され、自衛隊もこれに協力した。

3.25 〔自衛隊〕**航空自衛隊、臨時第2航空教育隊を編成**　航空自衛隊が宇都宮駐屯地に臨時第2航空教育隊を編成。岐阜基地に整備学校分校を設置した。

4.1 〔自衛隊〕**海上自衛隊術科学校を改称**　海上自衛隊術科学校を海上自衛隊第1術科学校、海上自衛隊術科学校横須賀分校を海上自衛隊第2術科学校に改称した。

4.12 〔兵器〕**次期戦闘機にグラマンF11 F-1F採用内定**　国防会議でF-86Fの次期主力戦闘機として、グラマンF11 F-1Fの採用を内定。のち、同機の選定に際し不正があったとして政治問題化した。

4.18 〔政治〕**衆議院、原水爆実験禁止決議**　衆議院で原水爆実験禁止に関する決議案が可決。4月21日、参議院で原水爆の禁止に関する決議案が可決した。

4.24 〔法律〕**「防衛庁設置法」改正（第4次改正）**　「防衛庁設置法の一部を改正する法律」公布（8月1日施行）。調達庁を防衛庁の機関とし、防衛庁「本庁」の呼称が追加された。

4.27 〔団体〕**防衛研修所が移転**　霞ヶ関庁舎の防衛庁防衛研修所が、目黒の旧海軍技術研究所跡に移転した。

4.28 〔事件〕**北海道地区領空侵犯**　4月26日、津島寿一防衛庁長官が航空自衛隊に北海道地区の領空侵犯に対する出動命令を発令。28日、千歳基地で航空自衛隊第2航空団が第3・4飛行隊によるF-86F戦闘機の警戒待機を開始した。5月13日、初のスクランブル発進。

5.23 〔法律〕**「防衛庁設置法」改正（第5次改正）**　「防衛庁設置法の一部を改正する法律」公布・施行。自衛官の定数を1万7997人増員し、22万2102人に改めた。また、防衛庁に衛生局を新設し、技術研究所を技術研究本部に改組することとした。

5.23 〔法律〕**「自衛隊法」改正（第5次改正）**　「自衛隊法の一部を改正する法律」公布・施行（6月10日、8月1日、10月1日一部施行）。陸上自衛隊が17万人体制（1万人増員）となり、三重県に第10混成団を新編。航空自衛隊は東京都に航空総隊、宮城県に管制教育団、青森県に北部航空方面隊、埼玉県に中部航空方面隊、鳥取県に輸送航空団を新たに編成。また、従来通商産業省が行っていた不発弾処理業務を自衛隊の任務とした。

5.29 〔基地〕**沖縄の軍用地強制収用中止発表**　ドナルド・P.ブース琉球列島高等弁務官が、沖縄の軍用地強制収用を一時中止すると発表した。

5.31 〔自衛隊〕**航空自衛隊にレーダーサイト移管開始**　米空軍から航空自衛隊にレーダーサイト（レーダー基地）の移管開始。最初に鹿児島県の下甑島レーダーサイトが移管された。

6.10 〔自衛隊〕**陸上自衛隊、混成団本部編成完了**　陸上自衛隊第10混成団本部の編成が完了した。

6.12 〔政治〕**第2次岸内閣発足**　第2次岸信介内閣が発足。防衛庁長官には、初入閣の左藤義詮が就任した。

6.25 〔自衛隊〕**陸上自衛隊、第1空挺団の編成完了**　陸上自衛隊が習志野駐屯地に第1空挺団の編成を完了。また、第10混成団隷下部隊、機械化実験隊の編成が完結した。

6.26 〔自衛隊〕**陸上自衛隊、東北地区補給処を設置**　陸上自衛隊が仙台駐屯地に東北地区補給処を設置。また、立川の通信補給処を大宮駐屯地に移転した。

8.1 〔団体〕**調達庁を防衛庁に移管**　調達庁が総理府の外局から防衛庁の機関として移管された。在日米軍との施設の共同使用に関し、調達庁と防衛庁の所掌事務に密接な関係が生じたことによる措置。1962年11月1日、防衛庁建設本部と統合し、防衛施設庁に再編。

8.1 〔自衛隊〕**航空自衛隊、航空総隊を編成**　航空自衛隊が航空集団を航空総隊に改編。臨時北部航空司令部訓練隊と臨時中部司令所を廃止し、北部航空方面隊・中部航空方面隊を編成した。また、臨時第2航空教育隊を第2航空教育隊に改称。第2操縦学校分校を第2操縦学校第1分校に改称し、静岡県の静浜基地に同校第2分校を設置。ほか、府中基地隊を編成した。

8.17 〔兵器〕**ミサイル・エリコン、横浜港で荷揚げ拒否**　防衛庁が研究開発のためスイスから輸入した地対空ミサイル・エリコンが横浜に到着。横浜港の労組が核兵器持ち込みに反対して荷役を拒否し、陸揚げできなかった。

8.24 〔兵器〕**ミサイル・エリコン、横須賀の自衛隊用岸壁から陸揚げ**　横浜港で荷役拒否された地対空ミサイル・エリコンを、海上自衛隊横須賀地区の岸壁に移して陸揚げ。

防衛庁技術研究本部に収められた。

8.27 〔国際〕**第6回日米安保委員会**　第6回日米安全保障委員会が開催された。

9.2 〔兵器〕**次期戦闘機の機種問題、国会で追及**　米国から購入予定の航空自衛隊次期主力戦闘機グラマンF11 F-1Fの選定に不正があったとして、衆議院決算委員会で追及された。

9.10 〔兵器〕**防衛庁、サイドワインダー14発発注**　防衛庁が空対空ミサイル・サイドワインダー14発を米国防総省に発注。1959年12月6日、立川基地に到着した。

9.11 〔日米安保条約〕**藤山・ダレス会談、「日米安保条約」改定に同意**　藤山愛一郎外務大臣とジョン・フォスター・ダレス米国務長官がワシントンで会談。米政府が「日米安保条約」の改定に同意し、翌12日に共同声明を発表した。

9.25 〔自衛隊〕**陸上自衛隊、不発弾処理隊を編成**　陸上自衛隊に不発弾処理隊を編成。陸上で発見された不発弾等の処理にあたることとなった。

9.26 〔社会〕**狩野川台風に伴う災害派遣**　9月21日に発生した台風22号（狩野川台風）は、27日に神奈川県に上陸。狩野川の氾濫が伊豆地方に大水害をもたらし、静岡県は陸上自衛隊富士学校に対し災害派遣を要請。この台風による被害は死者1189人、全壊流失1044戸に及んだ。

10.1 〔自衛隊〕**航空自衛隊、管制教育団を編成**　航空自衛隊が松島基地に管制教育団を編成し、三沢基地隊および入間基地隊を新編。中部・北部・東部・西部各訓練航空警戒群を各航空警戒管制群に改称。臨時美保派遣隊を輸送航空団、臨時救難航空隊を救難航空隊に改称した。

10.4 〔日米安保条約〕**「日米安保条約」の改定交渉開始**　東京で「日米安保条約」改定交渉が開始された（12月16日まで）。

10.13 〔基地〕**沖縄軍用地問題につき、米・琉球政府共同声明**　沖縄の軍用地問題について、現地交渉が妥結。米・琉球政府が共同声明を発表した。

10.23 〔政治〕**岸首相、沖縄の自衛権につき答弁**　衆議院内閣委員会で、岸信介首相が「自衛権の範囲は沖縄に及ぶ」旨を答弁した。

11.1 〔自衛隊〕**航空自衛隊、臨時航空医学実験隊を改称**　航空自衛隊が立川の臨時航空医学実験隊を航空医学実験隊に改称した。

11.19 〔日米安保条約〕**中国外交部、「日米安保改定交渉非難声明」を発表**　中国外交部長・陳毅が「日米安保条約」改定に関し、日本の中立を期待すると声明。20日、他国の指図を受ける筋合はないとして、外務省が反論した。

12.1 〔自衛隊〕**航空自衛隊、百里基地隊を編成**　航空自衛隊が百里基地隊および輸送航空団木更津派遣隊を編成した。

12.15 〔日米安保条約〕**藤山外相、安保条約問題全国懇話会で演説**　藤山愛一郎外務大臣が安保条約問題全国懇話会で演説。条約の適用区域は世論をみて決定すると述べた。

12.16 〔自衛隊〕**海上自衛隊、館山・鹿屋術科教育隊を新編**　海上自衛隊が館山・鹿屋両航空隊教育部を廃止し、館山術科教育隊・鹿屋術科教育隊を新たに編成した。

1959年
（昭和34年）

1.12 〔政治〕伊能防衛庁長官就任　元運輸政務次官・伊能繁次郎が防衛庁長官に就任した。

2.18 〔日米安保条約〕安保改定の藤山試案発表　藤山愛一郎外務大臣が政府・自民党首脳との会談で、「日米安保条約」改定の藤山試案を発表。条約の適用区域を日本の施政権の及ぶ範囲（在日米軍を含む）に限り、沖縄・小笠原は含まずとした。

3.1 〔自衛隊〕航空自衛隊、西部航空司令所を編成　航空自衛隊が福岡県春日町に、西部航空司令所および春日基地隊を編成した。

3.9 〔政治〕岸首相、自衛隊による敵基地攻撃につき答弁　参議院予算委員会で、岸信介首相が「他国の基地から日本が爆撃された場合、自衛手段として自衛隊が敵基地を攻撃することもありえる」とする憲法解釈を示した。また、伊能繁次郎防衛庁長官は、「自衛隊が防御的なものとして核弾頭を付けたオネスト・ジョンを持っても違憲ではない」旨を答弁した。

3.12 〔政治〕岸首相、自衛のための核武装につき答弁　参議院予算委員会で核武装による防衛が争点となり、岸信介首相が「防御のための小型核兵器は違憲ではない」旨を答弁した。

3.17 〔自衛隊〕陸上自衛隊、第1ヘリコプター隊編成を完了　陸上自衛隊が第1ヘリコプター隊の編成を完了。31日、霞ヶ浦駐屯地に移駐した。

3.19 〔政治〕攻撃的兵器の保有につき、政府統一見解　仮定の事態に備えて攻撃的兵器を保有することは、憲法の趣旨にそぐわないという政府統一見解が示された。

3.28 〔日米安保条約〕安保阻止国民会議結成　社会党・共産党・日本労働組合総評議会（総評）など百数十団体が結集し、共同闘争組織・安保条約改定阻止国民会議（安保阻止国民会議）を結成した。日米安保条約改定阻止国民会議、安保改定阻止国民会議とも。

3.30 〔基地〕東京地裁、砂川事件で無罪判決　東京地方裁判所で伊達秋雄裁判長が砂川事件につき判決。「日米安保条約」に基づく米軍駐留は違憲として、被告7人全員に無罪を言い渡した（伊達判決）。

4.15 〔日米安保条約〕安保阻止国民会議第1次統一行動　安保阻止国民会議第1次統一行動として、東京の日比谷公園で中央統一集会を開催した。

5.1 〔法律〕「防衛庁設置法」・「自衛隊法」改正案、強行採決　「防衛庁設置法」および「自衛隊法」（「防衛二法」）改正案が参議院で強行採決された。

5.12 〔自衛隊〕航空自衛隊、第3航空団・管制教育団を移転　航空自衛隊が松島基地の第3航空団および管制教育団を小牧基地に移駐した。

5.12 〔法律〕「防衛庁設置法」改正（第6次改正）　「防衛庁設置法の一部を改正する法律」公布・施行。自衛官の定数を8833人増員し、23万935人に改めた。

－ 39 －

5.12	〔法律〕「自衛隊法」改正（第6次改正）	「自衛隊法の一部を改正する法律」公布（6月1日・1960年1月14日施行、一部即日施行）。陸上自衛隊が宮城県に東北方面隊、東京都に東部方面隊、兵庫県に中部方面隊を新編。三重県の第10混成団司令部を滋賀県に移転。航空自衛隊は宮城県に第5航空団、栃木県に飛行教育集団を新たに編成。宮城県の第3航空団司令部と管制教育団司令部を愛知県に移動することとした。

5.12 〔法律〕「自衛隊法」改正（第6次改正） 「自衛隊法の一部を改正する法律」公布（6月1日・1960年1月14日施行、一部即日施行）。陸上自衛隊が宮城県に東北方面隊、東京都に東部方面隊、兵庫県に中部方面隊を新編。三重県の第10混成団司令部を滋賀県に移転。航空自衛隊は宮城県に第5航空団、栃木県に飛行教育集団を新たに編成。宮城県の第3航空団司令部と管制教育団司令部を愛知県に移動することとした。

5.15 〔自衛隊〕「自衛隊法施行令」改正 「自衛隊法施行令の一部を改正する政令」公布（6月1日施行）。航空自衛隊に飛行教育集団を編成することとした。

5.25 〔日米安保約〕藤山外相、安保条約問題全国懇話会で改定構想発表 藤山愛一郎外務大臣が安保条約問題全国懇話会で、「日米安保条約」改定の具体的な構想を発表した。

6.1 〔自衛隊〕陸上自衛隊、第10混成団を移転 陸上自衛隊が久居駐屯地の第10混成団を守山駐屯地に移駐した。

6.1 〔自衛隊〕航空自衛隊、飛行教育集団を編成 航空自衛隊が飛行教育集団を編成し、宇都宮に司令部を設置。また、岐阜基地業務群および石川県に小松基地隊を編成。各操縦学校・分校を第11～第17各飛行教育団に改称。整備学校・分校を第1・第3術科学校に、通信学校を第2術科学校に改称した。ほか、防府基地業務群を廃止し、第1航空教育隊・第2飛行教育団に編入した。

6.15 〔兵器〕次期戦闘機グラマンF11 F-1Fの内定撤回 国防会議でグラマンF11 F-1Fの次期主力戦闘機採用内定を白紙撤回。改めて航空幕僚長源田実を団長とする調査団を米国に派遣した（8月8日～10月26日）。

6.18 〔政治〕第2次岸改造内閣発足 第2次岸信介改造内閣の発足に伴い、元内閣官房長官・赤城宗徳が防衛庁長官に就任した。

8.1 〔自衛隊〕陸上自衛隊、東北方面隊準備本部等を設置 陸上自衛隊が東北方面隊準備本部・東部方面隊準備本部・中部方面隊準備本部を設置。また、新隊員教育隊を廃止して教育団を編成した。

8.13 〔国際〕「北朝鮮帰還協定」調印 日本赤十字社と朝鮮赤十字会が、カルカッタで「日本赤十字社と朝鮮民主主義人民共和国赤十字会との間における在日朝鮮人の帰還に関する協定（在日朝鮮人の帰還に関する日朝赤十字協定）」に調印した。12月14日、帰還第1船が新潟を出港。「北朝鮮帰還協定」「朝鮮人帰還協定」「カルカッタ協定」「在日朝鮮人の北朝鮮帰国に関する協定」とも。

9.1 〔自衛隊〕海上自衛隊、横須賀教育隊を編成 海上自衛隊が武山地区に横須賀教育隊を編成した。

9.26 〔社会〕伊勢湾台風に伴う災害派遣 9月21日に発生した台風15号（伊勢湾台風）が26日和歌山県潮岬に上陸。高潮による伊勢湾方面にもたらした大災害に対し、陸・海・空自衛隊が派遣された（12月10日まで）。派遣人員74万人・艦艇3286隻・航空機1163機（全て延べ数）。明治以降最大となる死者・行方不明者5000人以上を出し、被害家屋は57万戸にのぼった。

10.1 〔自衛隊〕航空自衛隊、第2術科学校分校を設置 航空自衛隊が熊谷基地に第2術科学校分校を設置した。

10.2 〔兵器〕「日米艦艇貸与協定」延長で調印 「日米艦艇貸与協定による貸与期間5ヶ年

延長に関する協定」に調印した。

11.1 〔自衛隊〕**航空自衛隊、3基地隊を基地業務群に改編**　航空自衛隊が春日基地隊・入間基地隊・三沢基地隊を各基地業務群に改編した。

11.6 〔兵器〕**次期戦闘機にロッキードF-104J採用決定**　源田調査団の報告に基づき、次期主力戦闘機としてロッキードF-104Cを日本向けに改造したF-104Jの採用を国防会議で決定。1965年度末を目標に200機の国産を決めた。11月10日、閣議了解。

11.27 〔日米安保条約〕**安保阻止国民会議第8次統一行動で国会請願デモ**　安保阻止国民会議の第8次統一行動で、日本労働組合総評議会（総評）・中立労働組合連絡会議（中立労連）が全国で実力行使。東京では全日本学生自治会総連合（全学連）中心のデモ隊1万2000人が警官隊を突破して国会前庭に乱入。双方に300人以上の負傷者を出した。

11.28 〔日米安保条約〕**警視庁、国会請願デモ事件で全学連等一斉捜索**　11月27日の国会請願デモ事件で、警視庁が全日本学生自治会総連合（全学連）、日本労働組合総評議会（総評）本部、東京地方裁判所などを一斉捜索した。

12.1 〔自衛隊〕**航空自衛隊、第5航空団を編成**　航空自衛隊が第5航空団を編成し、松島基地に司令部を置いた。

12.14 〔国際〕**北朝鮮帰還第1船、新潟港を出港**　「北朝鮮帰還協定」による在日朝鮮人の帰還第1船トボルスク号・クリリオン号が新潟港を出港。第1船の帰還者は975人。1967年12月の第155次船まで、8万8611人が北朝鮮に帰国した。

12.16 〔基地〕**最高裁、砂川事件で伊達判決を破棄**　最高裁判所大法廷で田中耕太郎裁判長が、砂川事件につき判決。駐留米軍は憲法9条の戦力には当たらず、「日米安保条約」の違憲性の判断は司法裁判所の審査に原則としてなじまないとして、東京地方裁判所の判決（3月30日・伊達判決）を破棄し、同地裁に差戻した。

12.22 〔自衛隊〕**航空自衛隊、幹部学校を移転**　小平の航空自衛隊幹部学校が市ヶ谷に移転した。

12.25 〔自衛隊〕**海上自衛隊、幹部学校を移転**　小平の海上自衛隊幹部学校が市ヶ谷に移転した。

12.26 〔自衛隊〕**陸上自衛隊、幹部学校を移転**　小平の陸上自衛隊幹部学校が市ヶ谷に移転した。

1960年
（昭和35年）

1.6 〔自衛隊〕**陸上自衛隊、業務・調査学校を移転**　越中島の陸上自衛隊業務学校・調査学校が小平に移転した。

1.11 〔団体〕**防衛庁、移転開始**　霞ヶ関庁舎の防衛庁内局・統合幕僚会議・建設本部・調達実施本部・調達庁が、港区赤坂の檜町庁舎に移転を開始した（16日まで）。

1960年（昭和35年）　　　　　　　　　　　　　　　　　　　　　　　　　　　日本安全保障史事典

1.11　〔自衛隊〕航空幕僚監部等、移転開始　霞ヶ関庁舎の航空幕僚監部等が、港区赤坂の
　　　　檜町庁舎に移転を開始した（12日まで）。

1.12　〔兵器〕米側、ロッキードF-104J共同生産につき援助を内示　航空自衛隊の次期主
　　　　力戦闘機ロッキードF-104Jの日米共同生産に関する第1回正式会議が行われ、米側が
　　　　7500万ドルの援助を内示した。

1.13　〔自衛隊〕陸上幕僚監部等、移転開始　霞ヶ関庁舎の陸上幕僚監部等が、港区赤坂の
　　　　檜町庁舎に移転を開始した（19日まで）。

1.14　〔自衛隊〕陸上自衛隊、方面管区制を施行　陸上自衛隊が方面管区制を導入し、東北
　　　　方面隊・東部方面隊・中部方面隊を設置。また、通信団および人事統計隊の編成を
　　　　完了し、中央補給処として武器補給処・通信補給処を設置した。

1.14　〔自衛隊〕海上幕僚監部等、移転開始　霞ヶ関庁舎の海上幕僚監部等が、港区赤坂の
　　　　檜町庁舎に移転を開始した（16日まで）。

1.14　〔日米安保条約〕「日米安保条約に関する中国外交部声明」発表　中国外交部が、「日
　　　　米安保条約」の改定に関する抗議声明を発表した。

1.15　〔日米安保条約〕全学連、羽田空港ロビー占拠　「新安保条約」調印全権団の渡米を
　　　　阻止すべく、全日本学生自治会総連合（全学連）主流派学生約700人が夕方から羽田
　　　　空港ロビーを占拠し、座り込みを開始。16日、機動隊に排除された。

1.16　〔日米安保条約〕「新安保条約」調印全権団が渡米　岸信介首相ら「新安保条約」調印
　　　　全権団が渡米した。

1.19　〔日米安保条約〕「新安保条約」調印　「日本国とアメリカ合衆国との間の相互協力及
　　　　び安全保障条約（新安保条約）」にワシントンで調印。6月23日公布・発効。「新日米
　　　　安全保障条約」「日米新安保条約」「60年安保条約」とも。

1.19　〔国際〕「日米地位協定」調印　「日本国とアメリカ合衆国との間の相互協力及び安全
　　　　保障条約第6条に基づく施設及び区域並びに日本国における合衆国軍隊の地位に関す
　　　　る協定（日米地位協定）」にワシントンで調印。6月23日公布・発効。「新安保条約」
　　　　の締結に伴い、「日米行政協定」を改めたもの。「新行政協定」とも。

1.27　〔日米安保条約〕ソ連、「新安保条約」を批難する対日覚書を手交　ソ連が「新安保条
　　　　約」の調印を批難し、「新安保条約および歯舞・色丹返還の条件に関するソヴィエト
　　　　政府覚書」を手交。全外国軍隊の撤退とソ日間平和条約の調印がない限り、「日ソ共
　　　　同宣言」（1956年10月19日調印）に規定した歯舞・色丹の両島返還はしないと通告。
　　　　28日、共同宣言に違反した内政干渉的で不当な圧力だとして、外務省がソ連に抗議
　　　　した。

2.5　〔日米安保条約〕「新安保条約」等、国会提出　「新安保条約」等が国会に提出された。

2.13　〔政治〕日米安保等特別委員会設置　衆議院に日米安全保障条約等特別委員会（日米
　　　　安保等特別委員会）が設置され、小沢佐重喜が委員長に就任した。

2.16　〔自衛隊〕海上自衛隊、鹿屋術科教育隊を廃止　海上自衛隊の鹿屋術科教育隊が廃止
　　　　された。

3.4　〔自衛隊〕ブルーインパルス、初展示飛行　航空自衛隊の浜松北基地で、制式化前の

－ 42 －

曲技飛行隊がアクロバット飛行を披露。これがブルーインパルスの第1回公式展示飛行とされる。

3.6 〔団体〕**社会党党員総決起大会開催**　日比谷で日本社会党党員総決起大会開催。「新安保条約」批准反対、岸内閣打倒、衆議院解散を要求した。

3.15 〔自衛隊〕**陸上自衛隊、輸送学校を移転**　立川の陸上自衛隊輸送学校が朝霞駐屯地に移転した。

4.7 〔兵器〕**陸上自衛隊、第2次試作国産中特車完納式**　陸上自衛隊が国産中特車(のち61式戦車)第2次試作車両の完納式を行った。

4.15 〔兵器〕**F-104J国内生産に関する日米取極に署名**　ロッキードF-104J戦闘機の国内生産に関する日米取極に署名した。

4.26 〔日米安保条約〕**安保阻止国民会議第15次統一行動**　安保阻止国民会議が第15次統一行動を実施。全日本学生自治会総連合(全学連)主流派が国会周辺で警官隊と衝突した。

4月 〔自衛隊〕**航空自衛隊に空中機動研究班発足**　航空自衛隊に曲技飛行隊として空中機動研究班が制式発足した(のちの愛称:ブルーインパルス)。

5.19 〔日米安保条約〕**「新安保条約」強行採決**　「新安保条約」の採決をめぐり、衆議院日米安保特別委員会が混乱。深夜に警官500人を導入して社会党の座り込みを排除し、本会議を開会。野党・与党反主流派が欠席のまま、自民党単独審議で会期50日延長を議決。20日未明、「新安保条約」・「日米地位協定」を強行採決した。以後、国会は空白状態となり、国会周辺に連日デモ隊が押し寄せた。

5.24 〔社会〕**チリ地震津波に伴う災害派遣**　太平洋岸にチリ地震津波が来襲。北海道南岸・三陸沿岸に甚大な被害をもたらし、陸上自衛隊東北方面隊・北部方面隊などが宮城県に災害派遣された(6月20日まで)。海上自衛隊も艦艇による掃海・物資輸送などを行った。この津波による被害は死者139人、被害家屋4万6214戸にのぼった。

5.26 〔日米安保条約〕**安保阻止国民会議第16次統一行動**　安保阻止国民会議が第16次統一行動を実施。東京では、17万人が国会包囲デモに参加した。

6.4 〔日米安保条約〕**安保改定阻止第1次実力行使**　安保改定阻止第1次実力行使に全国560万人が参加(日本労働組合総評議会(総評)・中立労働組合連絡会議(中立労連)460万人、学生・民主団体・中小企業者100万人、総評発表)。国鉄労組による早朝ストライキなど、国会解散・安保改定阻止を目指すストが全国一斉に行われた。

6.11 〔日米安保条約〕**安保阻止国民会議第18次統一行動**　安保阻止国民会議が第18次統一行動を実施。国会請願デモに20万人が参加した。

6.15 〔日米安保条約〕**国会請願デモで東大女子学生死亡**　安保改定阻止第2次実力行使に全国580万人が参加(16日まで)。東京では安保阻止国民会議・全日本学生自治会総連合(全学連)らが国会請願デモを行い、構内突入を図った全学連主流派が警官隊と衝突。東京大学学生・樺美智子が死亡した。警官隊は未明までに学生ら182人を逮捕。負傷者は1000人を越えた。

6.15 〔自衛隊〕**自衛隊、治安出動要請を拒否**　デモ隊に国会を取り囲まれた岸信介首相が

赤城宗徳防衛庁長官に自衛隊の治安出動を要請するが、拒否された。

6.16 〔国際〕アイゼンハワー米大統領、訪日延期　臨時閣議でドワイト・D.アイゼンハワー米大統領の訪日延期要請が決定。同日、マニラに滞在中の同大統領が要請を受諾した。

6.19 〔日米安保条約〕「新安保条約」・「日米地位協定」自然成立　18日、「新安保条約」の議決を断念し、参議院本会議を中止。19日午前0時、「新安保条約」および「日米地位協定」が参議院の議決なく自然成立した。

6.23 〔日米安保条約〕「新安保条約」・「日米地位協定」発効　東京で日米が「新安保条約批准書」を交換。これをもって、「新安保条約」が公布・発効した。同日、「日米地位協定」公布・発効。

6.30 〔兵器〕戦後初の国産潜水艦「おやしお」竣工　川崎重工業神戸工場建造による戦後初の国産潜水艦「おやしお」が竣工。海上自衛隊呉地方隊に編入された。

7.1 〔事件〕西日本地区領空侵犯　西日本地区の領空侵犯に対し、航空自衛隊が警戒待機を開始した。

7.1 〔自衛隊〕航空自衛隊に航空警戒管制業務移管　三沢防空管制所・入間防空管制所・板付防空管制所の航空警戒管制業務を、米空軍が航空自衛隊に移管した。

7.1 〔自衛隊〕航空自衛隊、救難航空隊本部を移転　航空自衛隊が浜松南基地の救難航空隊本部を入間基地に移駐した。

7.19 〔政治〕第1次池田内閣発足　第1次池田勇人内閣が発足。防衛庁長官には、初入閣の江崎真澄が就任した。

8.1 〔自衛隊〕航空自衛隊、臨時芦屋基地隊を編成　航空自衛隊が臨時芦屋基地隊を編成した。

9.8 〔国際〕第1回日米安保協議委員会　「新安保条約」に基づき、第1回日米安保協議委員会開催。日本側は小坂善太郎外務大臣、江崎真澄防衛庁長官、米国側はダグラス・マッカーサー2世駐日米国大使、ハリー・フェルト太平洋軍司令官が委員として参加した。

10.1 〔自衛隊〕海上自衛隊、警備艦を護衛艦に改称　海上自衛隊が従来「警備艦」と称されていた艦艇を「護衛艦」に改称した。

11月 〔自衛隊〕陸上自衛隊、「治安行動草案」を配布　杉田一次陸上幕僚長の名で、陸上自衛隊が治安出動訓練の教科書として「治安行動草案」を配布した。

12.8 〔政治〕第2次池田内閣発足　第2次池田勇人内閣が発足。防衛庁長官には、初入閣の西村直己が就任した。

1961年
（昭和36年）

1.13　〔自衛隊〕「陸上自衛隊の部隊改編」決定　国防会議で「陸上自衛隊の部隊改編」（従来の6個管区隊・4個混成団を廃止し、13個師団に改編）が決定。1月20日、閣議に報告した。

2.22　〔自衛隊〕自衛隊用語改正　「サイト」を「レーダー基地」、「特車」を「戦車」等、自衛隊用語検討委員会が用語を改正した。

3.15　〔政治〕防衛庁、治安行動基準の骨子を提出　「治安行動草案」の提出を求められた防衛庁が、参議院予算委員会に「治安出動時における行動の基準について」を提出した。

3.22　〔基地〕新島のミサイル道路工事契約調印　防衛庁が新島にミサイル試射場を設置することになり、試射場に通じる部外道路工事契約に調印した。

4.26　〔自衛隊〕陸上自衛隊、国産戦車を仮制式化　陸上自衛隊が国産の61式戦車を仮制式化した。

4.27　〔法律〕「防衛庁設置法」・「自衛隊法」改正案、衆議院通過　「防衛庁設置法」および「自衛隊法」（「防衛二法」）改正案が衆議院で可決した。

5.23　〔自衛隊〕第1回航空自衛隊総合演習　航空自衛隊が第1回総合演習を実施した。

5.30　〔団体〕基地問題等閣僚懇談会・基地周辺問題対策協議会の設置決定　基地問題の総合政策推進のため、内閣に基地問題等閣僚懇談会、総理府に基地周辺問題対策協議会を設置することが内閣で決定した。

6.12　〔自衛隊〕海上自衛隊、練習隊群を改称　海上自衛隊が練習隊群を練習艦隊に改称した。

6.12　〔自衛隊〕海・空自衛隊指揮官に「司令官」発令　海上自衛隊・航空自衛隊の主要指揮官に官名「司令官」を発令した。

6.12　〔法律〕「防衛庁設置法」改正（第7次改正）　「防衛庁設置法の一部を改正する法律」公布・施行（8月1日一部施行）。自衛官の定数を1万1074人増員して24万2009人に、予備自衛官の員数を2000人増員して1万7000人に改めた。また、統合幕僚学校の新設を定めた。

6.12　〔法律〕「自衛隊法」改正（第7次改正）　「自衛隊法の一部を改正する法律」公布（8月1日施行）。陸上自衛隊の6個管区隊・4個混成団を廃止し、13個師団に改編。海上自衛隊は護衛隊群・直轄部隊の2種だったものを、教育航空集団・練習艦隊・護衛艦隊および航空部隊を独立させた航空群に改編。航空自衛隊は全国を管轄区に分けて防空体制を整備し、福岡県に西部航空方面隊を新編。石川県に第6航空団、宮城県に第7航空団を新たに編成することを定めた。ほか、自衛隊の運動競技会への協力を追加。

6.28　〔自衛隊〕「自衛官の心がまえ」制定　自衛隊が精神教育の準拠として「自衛官の心がまえ」を制定し、基本教材とした。

| 1962年（昭和37年） | 日本安全保障史事典 |

7.13 〔基地〕新島のミサイル道路工事完了 防衛庁が新島のミサイル試射場に通じる部外道路工事を完了した。

7.18 〔政治〕「第2次防衛力整備計画」決定 1962年度から1966年度までの5ヶ年を対象とした「第2次防衛力整備計画（2次防）」が国防会議・閣議で決定（1961年度は単年度予算）。日米安保体制のもと、在来型兵器を使用した局地戦以外の侵略に対し、有効に対処できる防衛体制基盤の確立を目指すことを国防の基本方針とした。整備目標は陸上自衛隊：自衛官18万人、予備自衛官3万人。海上自衛隊：艦艇14万トン、航空機235機。航空自衛隊：航空機約1000機。そのほか、地対空誘導弾（ミサイル）部隊4隊。

7.18 〔政治〕第2次池田第1次改造内閣発足 第2次池田勇人第1次改造内閣の発足に伴い、元総理府総務長官・藤枝泉介が防衛庁長官に就任した。

8.10 〔自衛隊〕陸上自衛隊、第6管区総監部を移転 陸上自衛隊が多賀城駐屯地の第6管区総監部を神町駐屯地に移駐した。

8.17 〔自衛隊〕自衛隊体育学校を設置 陸・海・空自衛隊の共同機関として、陸上自衛隊朝霞駐屯地に自衛隊体育学校を設置。部隊等の体育指導者の育成、体育に関する調査研究のほか、1964年開催の東京オリンピックを控え、国際級選手の育成を目的として創設された。

9.1 〔自衛隊〕海上自衛隊、自衛艦隊を改編 海上自衛隊の自衛艦隊に掃海部隊の一部と航空部隊を編入。自衛艦隊司令官に護衛艦隊・航空集団・掃海隊群を一元的に指揮させることにより、対潜作戦能力を強化した。

12.12 〔事件〕三無事件 川南豊作の唱える「無軍備・無税・無失業」の三無主義に共鳴した旧陸軍士官学校第59・60期生のグループ国史会が、政府要人を暗殺し、自衛隊の戒厳令下に臨時政権を作ろうとするクーデター計画が発覚。首謀者の川南のほか、元陸軍少将桜井徳太郎、元海軍中尉三上卓ら13人が逮捕された。1962年3月5日までに関係者24人が逮捕され、起訴にあたって「破壊活動防止法」が初めて適用された（三無事件、当初は国史会事件とも）。

1962年
（昭和37年）

1.6 〔自衛隊〕陸上自衛隊、第1特科団本部を移転 東千歳駐屯地の陸上自衛隊第1特科団本部と本部中隊を、北千歳駐屯地に移駐した。

1.18 〔自衛隊〕陸上自衛隊、8個師団発足 陸上自衛隊が新師団編成を導入。称号変更・改編により第1・第2・第3・第5・第10師団が発足。真駒内に第11師団、相馬原に第12師団、海田市に第13師団を新編し、合計8個師団が発足した。

2.8 〔兵器〕F-104J/DJ初号機到着 航空自衛隊が採用した戦闘機F-104Jおよび複座練習機型F-104DJの初号機が名古屋に到着。米ロッキード本社工場で1961年6月30日に初飛行し、試験飛行の後に分解して日本に空輸された。

— 46 —

		1962年（昭和37年）

3.1 〔基地〕**新島試験場設置** 防衛庁技術研究本部がミサイル試射を行うための新島試験場を開設した。

4.1 〔兵器〕**F-104J国産初号機引渡し記念式典** 再組立てを完了したF-104J国産初号機が航空自衛隊に納入され、小牧で引渡し記念式典が行われた。

5.15 〔法律〕**「防衛庁設置法」・「自衛隊法」改正** 「防衛庁設置法等の一部を改正する法律」公布・一部施行（その他は9月11日、10月1日、11月1日施行）。調達庁と防衛庁建設本部を統合し、防衛施設庁の新設を定めた。また、自衛官の定数を1914人増員して24万3923人に、予備自衛官の員数を2000人増員して1万9000人に改めた。また、同法2条により「自衛隊法」を一部改正。航空自衛隊の管制教育団を廃止し、術科学校本部の新設を定めた。

5.16 〔法律〕**「自衛隊法」改正** 「行政事件訴訟法の施行に伴う関係法律の整理等に関する法律」9条により、「自衛隊法」を一部改正（10月1日施行）。「不服申立てと訴訟との関係」等を追加した。

5.18 〔団体〕**防衛庁、民間操縦士の受託教育に合意** 防衛庁が民間操縦士の受託教育に合意した。

5.26 〔自衛隊〕**自衛隊殉職者慰霊碑の完成披露** 自衛隊発足10周年記念事業として、市ヶ谷駐屯地に殉職者慰霊碑を建立。完成記念式典が行われた。

7.18 〔政治〕**第2次池田第2次改造内閣発足** 第2次池田勇人第2次改造内閣の発足に伴い、初入閣の志賀健次郎が防衛庁長官に就任した。

8.1 〔国際〕**第2回日米安保協議委員会** 東京で第2回日米安保協議委員会開催。日本側は大平正芳外務大臣、米国側はエドウィン・ライシャワー駐日米国大使、ハリー・フェルト太平洋軍司令官が参加し、ベトナム情勢・自衛隊整備計画などを協議した。

8.15 〔自衛隊〕**陸上自衛隊、13個師団編成完了** 陸上自衛隊が5個師団（福岡：第4師団、神町：第6師団、東千歳：第7師団、北熊本：第8師団、青森：第9師団）を編成。1月18日編成の8個師団と合わせて、13個師団の編成が完了。従来の6個管区隊・4個混成団の10個基幹部隊体制から13個師団体制に移行した。各師団は9000人師団と7000人師団の2種からなり、戦闘部隊と後方支援部隊で構成される。

9.1 〔自衛隊〕**海上自衛隊、第4航空群を新編** 海上自衛隊が下総航空基地に第4航空群を新たに編成し、航空集団に編入した。

9.3 〔兵器〕**米国より地対空ミサイル供与** 防衛庁が米国から地対空ミサイル・ナイキ・アジャックス92発の供与を受けた。

9.10 〔事件〕**航空自衛隊機乗り逃げ未遂** 航空自衛隊松島基地所属の自衛隊員が、ジェット練習機で国外に乗り逃げを図って失敗したと防衛庁が発表した。

9.15 〔法律〕**「自衛隊法」改正** 「行政不服審査法の施行に伴う関係法律の整理等に関する法律」14条により、「自衛隊法」を一部改正（10月1日施行）。「審査の請求」を「不服申立ての処理」に改める等の改正を行った。

9.16 〔自衛隊〕**バッジ・システム調査団を米に派遣** 防衛庁が「第2次防衛力整備計画（2次防）」で航空自衛隊に導入するバッジ・システム（自動防空警戒管制組織）の調査

団を米国に派遣した。

10.15 〔自衛隊〕**陸上自衛隊、国産中戦車引渡し式**　陸上自衛隊が61式国産中戦車の引渡し式を行った。

10.23 〔自衛隊〕**航空自衛隊、防空準備態勢強化**　キューバ危機に伴い、航空自衛隊が防空準備態勢を強化。初の実戦準備に入った。

11.1 〔団体〕**防衛施設庁発足**　「防衛庁設置法」の改正施行により、調達庁と防衛庁建設本部を統合した防衛施設庁が発足。自衛隊および在日米軍が使用する施設の取得や管理、建設工事を一元的に所管した。2007年1月9日、防衛庁の省昇格に伴って防衛省の外局となり、同年9月1日廃止。

11.3 〔自衛隊〕**ナイキ部隊創設の米国集団留学第1陣が帰国**　ナイキ部隊創設のための米国集団留学（パッケージ・トレーニング）に参加し、地対空ミサイル・ナイキ・アジャックスの操作訓練を受けた自衛隊第1陣が帰国した。

11.9 〔国際〕**現職防衛庁長官、初訪米**　志賀健次郎防衛庁長官が、現職長官として初めて訪米した。

11.14 〔政治〕**社会党、自衛隊改編の新構想を発表**　自衛隊を国民警察隊に改編し、存続させる新構想を日本社会党が発表した。

12.1 〔自衛隊〕**自衛官の階級章改正**　統合幕僚会議議長等の階級章が改正された。

12.11 〔事件〕**恵庭事件**　12月11日および12日、北海道千歳郡恵庭町で酪農業を営む兄弟2人が、近隣の陸上自衛隊島松演習場の電話通信線を切断する事件が発生。兄弟は実弾射撃演習等で家畜に多くの被害を受け、度重なる抗議も黙殺されたため、この犯行に及んだ。1963年3月7日、札幌地方検察庁が自衛隊法違反で兄弟を起訴。「自衛隊法」が民間人に初めて適用された。裁判では自衛隊の合憲性が争点となったが、1967年3月29日、札幌地方裁判所が憲法判断には触れず無罪判決を下した。その後検察側も控訴せず、無罪が確定した（恵庭事件）。

12.26 〔自衛隊〕**防衛庁、地対空ミサイルの帰属を最終決定**　「第2次防衛力整備計画（2次防）」で配備する地対空ミサイルの帰属問題について、防衛庁が最終決定。高空用のナイキと低空用のホーク各2個大隊を配備する計画で、ナイキについては陸上自衛隊が第1次ナイキ部隊を編成し、1964年4月に航空自衛隊に移管。第2次ナイキ部隊を航空自衛隊が編成し、その帰属とした。ホーク部隊については、陸上自衛隊の帰属とした。

1963年
（昭和38年）

1.9 〔国際〕**ライシャワー米大使、原潜の日本寄港を申入れ**　エドウィン・ライシャワー駐日米国大使が大平正芳外務大臣に対し、米ノーチラス型原子力潜水艦の日本寄港承認を申し入れた。

| | 日本安全保障史事典 | 1963年（昭和38年） |

1.17 〔自衛隊〕**陸上自衛隊、初のナイキ部隊編成完了**　陸上自衛隊が初のナイキ部隊として、習志野駐屯地に第101高射大隊の編成を完了した（第1高射群の前身）。

1.18 〔社会〕**豪雪に伴う災害派遣**　1962年12月末から約1か月にわたり、北陸地方を中心に東北地方から九州にかけて日本海側の広い範囲で降雪が持続。この日、北陸・山陰地方（新潟・富山・石川・福井・鳥取・島根）に陸上自衛隊中部・東部方面隊等が災害派遣され、除雪作業等にあたった。この豪雪による被害は死者200人以上、住宅全半壊1700棟以上、床上・床下浸水約7000棟にのぼった（三八豪雪、昭和38年1月豪雪とも）。

1.25 〔自衛隊〕**航空自衛隊、第17飛行教育団を廃止**　航空自衛隊が新田原基地の第17飛行教育団を廃止した。

2.2 〔国際〕**外務省、米原潜の日本寄港問題で質問書を手交**　米ノーチラス型原子力潜水艦の日本寄港問題で、外務省が安全性に関する質問書を米国側に手交した（14日、回答）。

3.15 〔自衛隊〕**航空自衛隊、第14飛行教育団を廃止**　航空自衛隊が宇都宮の第14飛行教育団を廃止した。

4.1 〔自衛隊〕**自衛官の定年延長**　技能者の長期活用等のため、自衛官の定年を延長。殊に尉・曹階級の定年が2年から5年延長された。

4.26 〔国際〕**池田首相、米原潜の日本寄港につき答弁**　衆議院本会議で池田勇人首相が、米ノーチラス型原子力潜水艦の日本寄港につき答弁。「安保条約」の規定に基づいて米原潜に便宜を与えることは当然の措置だと述べ、寄港を承認する意向を示した。

5.9 〔自衛隊〕**航空自衛隊、ナイキ創隊式**　航空自衛隊が習志野でナイキ部隊の創隊式を行った。入間基地では5月11日に挙行。

5.12 〔自衛隊〕**米第5空軍、F105Dジェット戦闘爆撃機を強行配備**　5月7日、米第5空軍がF105戦闘爆撃機75機を沖縄から板付基地に配備する計画を発表。この日、水爆積載可能なF105Dジェット戦闘爆撃機14機が強行配備された。

6.18 〔自衛隊〕**第101高射大隊、防空準備態勢維持任務を開始**　陸上自衛隊の第101高射大隊が、防空準備態勢維持任務を開始した。

7.1 〔自衛隊〕**米ヒューズ社製バッジ・システムの採用決定**　防衛庁が航空自衛隊の防空指揮管制システムとして、米ヒューズ社製バッジ・システム（自動防空警戒管制組織）の導入を決定した。

7.8 〔兵器〕**国産初の空対空ミサイル発射実験成功**　新島試験場で、国産初の空対空（AAM）ミサイルの発射実験に成功した。

7.18 〔政治〕**第2次池田第3次改造内閣発足**　第2次池田勇人第3次改造内閣の発足に伴い、元総理府総務長官・福田篤泰が防衛庁長官に就任した。

8.14 〔国際〕**日本、「部分的核実験禁止条約」に調印**　8月5日に米国・イギリス・ソ連がモスクワで正式調印した「大気圏内、宇宙空間及び水中における核兵器実験を禁止する条約（部分的核実験禁止条約）」に、日本が調印した（10月10日発効, 日本発効は1964年6月15日）。1963年12月当時で、調印参加国は原調印国を含め111ヶ国。地下

— 49 —

1964年（昭和39年）　　　　　　　　　　　　　　　　　　　　　　　日本安全保障史事典

核実験は禁止していないため、核軍縮の効果は限定的だった。「部分的核実験停止条約」とも。

9.1　〔自衛隊〕**海上自衛隊、教育航空集団司令部を移転**　海上自衛隊が岩国の教育航空集団司令部を宇都宮に移転。宇都宮教育航空群を新たに編成し、教育航空集団に編入した。

9.2　〔自衛隊〕**自衛隊統合演習**　北海道を中心に、自衛隊が創設以来最大規模の統合演習を実施（8日まで）。人員約1万人、車両約1200両、航空機約80機、艦艇約20隻が参加した。

10.26　〔自衛隊〕**陸上自衛隊、少年工科学校開校祝賀式**　陸上自衛隊少年工科学校の開校祝賀式が行われた。

10.27　〔自衛隊〕**第1回自衛隊音楽まつり**　東京都体育館で第1回自衛隊音楽まつりが行われた。

12.9　〔政治〕**第3次池田内閣発足**　第3次池田勇人内閣が発足。福田篤泰防衛庁長官を含め、全閣僚が留任した。

1964年
（昭和39年）

1.8　〔自衛隊〕**自衛隊機の愛称発表**　陸海空自衛隊機の愛称が発表された。陸上自衛隊：L-19連絡機（そよかぜ）、H-13連絡用ヘリコプター（ひばり）。海上自衛隊：P2V-7対潜哨戒機（おおわし）、HSS-2対潜哨戒ヘリコプター（ちどり）。航空自衛隊：F-104J戦闘機（栄光）、T-33A練習機（若鷹）等。

1.13　〔兵器〕**福田防衛庁長官、国産兵器開発を語る**　福田篤泰防衛庁長官が、国産兵器の開発について語った。

3.5　〔政治〕**池田首相、自衛隊の国連警察軍参加は合憲と答弁**　参議院予算委員会で池田勇人首相が、平和目的であれば自衛隊の国連警察軍参加は違憲ではないと答弁した。

3.12　〔自衛隊〕**市ヶ谷会館開館**　防衛庁共済組合の福利厚生施設・市ヶ谷会館が会館した。

3.14　〔基地〕**米軍岩国基地の共同使用協定署名**　米軍岩国基地の共同使用協定に署名した。

4.1　〔自衛隊〕**ナイキ部隊、航空自衛隊に移管**　陸上自衛隊のナイキ部隊を航空自衛隊に移管。習志野分屯基地に第1高射群、十条に第1高射支援隊を編成した。

4.25　〔国際〕**日米、沖縄の経済援助に関する公文を交換**　日米が沖縄の経済援助に関する公文を交換。東京に日米協議委員会、那覇に日米琉技術委員会を設置することを取極め、第1回日米協議委員会が開催された。正式には「琉球諸島に対する経済援助に関する協議委員会及び技術委員会の設置に関する日本国政府とアメリカ合衆国政府との間の交換公文」。

5.30　〔自衛隊〕**航空自衛隊、第11飛行教育団を移転**　航空自衛隊が小月基地の第11飛行教

－ 50 －

育団を静浜基地に移駐した。

5.31 〔自衛隊〕**航空自衛隊、第15飛行教育団を廃止**　航空自衛隊が静浜基地の第15飛行教育団を廃止した。

6.5 〔団体〕**自民党国防部会全員が辞表提出**　防衛省昇格を期した「防衛庁設置法」および「自衛隊法」(「防衛二法」)改正案の国会提出が見送られたことに不満を持ち、自民党国防部会の全員が辞表を提出した。

6.12 〔法律〕**防衛省昇格の「防衛二法」改正案、閣議決定**　防衛省昇格を内容とする「防衛庁設置法」および「自衛隊法」(「防衛二法」)改正案が閣議決定。会期終了直前だったため、国会提出が見送られた。

6.15 〔国際〕**日本で「部分的核実験禁止条約」が発効**　「部分的核実験禁止条約」が公布され、日本について発効した(1963年8月14日調印)。

6.16 〔社会〕**新潟地震発生**　新潟沖を震源とするマグニチュード7.5の大地震が発生。地震による津波・液状化のほか、昭和石油の原油タンク爆発し、15日間燃え続けるなど新潟市を中心に甚大な被害をもたらした。この地震に対し陸海空自衛隊が災害派遣され、インフラの復旧や消火支援、物資輸送等にあたる。この地震による被害は死者26人、家屋全壊・全焼2000戸以上にのぼった。

7.8 〔政治〕**「国防会議基本計画」策定**　国防会議幹事会が「国防会議基本計画」を策定。防衛の基本問題を検討し、国防政策を防衛・外交・内政の総合施策と位置づけた。

7.18 〔政治〕**第3次池田改造内閣発足**　第3次池田勇人改造内閣の発足に伴い、元法務政務次官・小泉純也が防衛庁長官に就任した。

8.31 〔国際〕**第5回日米安保協議委員会**　東京で第5回日米安保協議委員会開催。椎名悦三郎外務大臣、小泉純也防衛庁長官、エドウィン・ライシャワー駐日米国大使、ユリシーズ・シャープ太平洋軍司令官が出席し、南ベトナム情勢や日本の防衛力増強等を協議した。

9.2 〔兵器〕**サブロック積載原潜の日本寄港につき、政府統一見解発表**　サブロックは全て核兵器であり、サブロック積載原子力潜水艦の日本寄港は事前協議の対象になるとの統一見解を政府が発表した。

9.15 〔自衛隊〕**東京オリンピック支援集団編成**　東京オリンピックを支援するための臨時部隊として、陸上自衛隊が東京オリンピック支援集団の編成を完了した。

10.6 〔兵器〕**陸上自衛隊、国産小銃を制式化**　陸上自衛隊が米軍供与のM1ライフル銃等に代わり、国産の64式7.62mm小銃を制式化した。

10.10 〔社会〕**東京オリンピック開幕**　第18回オリンピック東京大会が開幕した(24日まで)。93の国と地域から5152人の選手が参加し、日本人選手は355人が参加。陸上自衛隊からも重量あげの三宅義信、マラソンの円谷幸吉ら21人が選手として参加した。また、東京オリンピック支援集団など7500人を超える自衛隊員を各種支援に充て、開会式では航空自衛隊のブルーインパルスが空中に五輪模様を描くパフォーマンスを行った。

10.26 〔自衛隊〕**航空自衛隊、臨時築城航空隊を編成**　航空自衛隊が第16飛行教育団を廃止

し、臨時築城航空隊を編成した。

11.7 〔事件〕**全学連、米原潜寄港阻止集会で警官隊と衝突** 横須賀市で行われた米原子力潜水艦寄港阻止集会に参加した全日本学生自治会総連合（全学連）学生らが、米軍基地ゲート前で警官隊と激突。135人が負傷し、原潜寄港阻止闘争で初の流血事件となった。

11.9 〔政治〕**第1次佐藤内閣発足** 第1次佐藤栄作内閣が発足した。小泉純也防衛庁長官を含め、内閣官房長官を除く全閣僚が再任。

11.12 〔兵器〕**米原潜シードラゴン、佐世保に入港** 米原子力潜水艦シードラゴンが佐世保に入港。原潜初の日本寄港となった。14日、出港。

12.4 〔国際〕**バッジ・システム設置に関する日米交換公文に署名** 「日米相互防衛援助協定（MDA協定）」に基づき、バッジ・システム設置に関する日米交換公文に署名した。

12.28 〔法律〕**「防衛庁設置法」改正** 「防衛庁設置法及び自衛隊法の一部を改正する法律」公布・施行により、「防衛庁設置法」改正。自衛官の定数を2171人増員して24万6094人に、予備自衛官の員数を5000人増員して2万4000人に改めた。

12.28 〔法律〕**「自衛隊法」改正** 「防衛庁設置法及び自衛隊法の一部を改正する法律」公布・施行により、「自衛隊法」改正。航空自衛隊が福岡県に第8航空団を新たに編成。航空団を改編し、飛行群の新編を定めた。また、宇都宮の飛行教育集団司令部を浜松北基地に移動。ほか、南極地域観測に対する協力や、予備自衛官の呼称及び制服の着用に関する規定を追加した。

1965年
（昭和40年）

1.21 〔兵器〕**戦闘機の追加生産** 国防会議でF-104J戦闘機の追加生産について決定、22日閣議報告。

2.1 〔自衛隊〕**海上自衛隊、第1潜水隊群を新編** 海上自衛隊が潜水艦6隻・水上艦2隻からなる第1潜水隊群を新たに編成し、自衛艦隊に編入した。

2.7 〔国際〕**米軍、北ベトナムを爆撃** 米空軍と南ベトナム空軍が北ベトナムのドンホイを爆撃。北爆が開始され、ベトナム戦争への米国介入が本格化した。

2.10 〔事件〕**国会で「三矢研究」につき追究** 衆議院予算委員会で、防衛庁統合幕僚会議の極秘文書「38年度統合防衛図上研究実施計画（三矢研究）」に関して社会党・岡田春夫が追究。1963年2月から6月末にかけて、朝鮮半島における武力紛争の生起からソ連による日本侵攻までを想定した演習が自衛隊内で行われ、戦時下における国家総動員体制の樹立を含めた研究を防衛庁の「制服組」が行っていたことが発覚。3月10日、衆議院予算委員会防衛図上研究問題等に関する予算小委員会と参議院予算委員会に対し、防衛庁が「三矢研究」に関する説明資料を提出した。

− 52 −

6.3	〔政治〕第1次佐藤第1次改造内閣発足	第1次佐藤栄作第1次改造内閣の発足に伴い、元労働大臣・松野頼三が防衛庁長官に就任した。

6.3 〔政治〕**第1次佐藤第1次改造内閣発足**　第1次佐藤栄作第1次改造内閣の発足に伴い、元労働大臣・松野頼三が防衛庁長官に就任した。

6.22 〔国際〕**「日韓基本条約」調印**　「日本国と大韓民国との間の基本関係に関する条約（日韓基本条約）」調印。韓国を朝鮮半島における唯一の合法政府と認め、両国間の国交樹立、戦前の「日韓併合条約」の失効等を定めた。12月18日公布・発効。

7.15 〔自衛隊〕**砕氷艦「ふじ」竣工**　日本鋼管鶴見造船所建造の砕氷艦（南極観測船）「ふじ」が竣工し、海上自衛隊横須賀地方隊に編入された。

7.28 〔自衛隊〕**自衛隊遺族会設立**　自衛隊遺族会が設立された。

7.29 〔国際〕**米軍機、沖縄からベトナムに発進**　米B-52爆撃機30機が沖縄から発進。南ベトナムの首都・サイゴン南東のベトコン（南ベトナム解放民族戦線）根拠地を爆撃した。7月31日、沖縄からの米軍機出撃をめぐり、衆議院外務委員会で論議がなされた。

8.3 〔自衛隊〕**陸上自衛隊、富士教導団を編成**　陸上自衛隊富士学校の教育研究支援部隊として、普通科教導連隊・特科教導隊・戦車教導隊等からなる富士教導団が編成された。

8.19 〔政治〕**佐藤首相、戦後初の沖縄訪問**　佐藤栄作首相が戦後初めて現役首相として沖縄を訪問。「沖縄の祖国復帰が実現しない限り、わが国にとって戦後は終わっていない」と演説し、施政権返還への努力を表明。同日夜、祖国復帰実現を要求するデモ隊に宿舎を囲まれ、米軍基地内に宿泊した。8月21日帰京。

9.1 〔国際〕**第6回日米安保協議委員会**　東京で第6回日米安保協議委員会開催。椎名悦三郎外務大臣、松野頼三防衛庁長官、エドウィン・ライシャワー駐日米国大使、ユリシーズ・シャープ太平洋軍司令官が出席し、ベトナム問題について協議。米国側は日本の国内論調に不服を唱え、日本側は基地の使用について配慮を求めた。

10.1 〔団体〕**防衛弘済会設立**　自衛隊員および殉職自衛隊員遺家族の福祉増進、防衛行政の推進等を目的に、財団法人防衛弘済会が設立された。2013年4月1日、一般財団法人化。

10.9 〔事件〕**マリアナ海難に災害派遣**　10月4日に発生した台風29号のため、マリアナ海域で操業していた日本の漁船群が7日に遭難し、209人の死者・行方不明者が出た。海上自衛隊の航空機及び艦艇を捜索救助のため災害派遣。海上自衛隊初の海外への災害派遣となった。

11.20 〔自衛隊〕**砕氷艦「ふじ」、南極へ出発**　砕氷艦（南極観測船）「ふじ」が、初の南極観測協力のため晴海埠頭から出港した（1966年4月8日まで）。

12.10 〔国際〕**日本、国連安保理事会非常任理事国に当選**　国連総会で日本が国際連合安全保障理事会の非常任理事国に選出された。

1966年
(昭和41年)

1.11 〔事件〕**三沢市大火** 午後2時14分、青森県三沢市中央通の繁華街から出火した火は、折からの瞬間風速(22m〜26m)の西風に煽られて燃え広がり、更に南と東に5時間40分に亘って延焼。中心街の商店、住宅など828世帯が焼け出され、2152人が被災したとされる。この三沢大火に際しては、米軍三沢基地や航空自衛隊三沢基地の消防隊も消火活動に参加した。

2.1 〔自衛隊〕**航空自衛隊第2高射群を編成** 航空自衛隊は、芦屋基地、築城基地、高良台基地を第2高射群として編成。

2.4 〔事件〕**全日空羽田沖墜落事故** 羽田空港に着陸しようとした全日本空輸の千歳発羽田行きのジェット旅客機ボーイング727型が東京湾に墜落し、乗員乗客133人全員が死亡した。海上保安庁や航空自衛隊の船舶や航空機が災害派遣され捜索に参加した。

2.19 〔政治〕**核の傘論議で統一見解を発表** 椎名悦三郎外務大臣は、核の傘論議における統一見解を発表。

2.23 〔国際〕**安保体制下の核政策で協議** 下田武三外務次官は、訪日中のウィリアム・バンディ米国国務次官補と会談。安保体制下の核政策について意見交換した。

2.24 〔政治〕**自衛隊の海外派兵に「自衛隊法」を検討表明** 椎名悦三郎外務大臣は、衆議院予算委員会において自衛隊の海外派兵に関して、「自衛隊法」改正などを検討の時であると表明。3月4日松野頼三防衛庁長官は、自衛隊の海外派兵はいかなる形でもしないと答弁した。

3.8 〔日米安保条約〕**佐藤首相、安保条約長期存続は必要** 衆議院予算委員会において佐藤栄作首相は、「日米安全保障条約」の長期存続は必要であると答弁。4月16日には、外務省が「日米安全保障条約」に関する統一見解を発表した。

3.10 〔政治〕**佐藤首相、沖縄防衛には日本参加** 衆議院予算委員会において、「日米安全保障条約」の論議の際、佐藤栄作首相は沖縄防衛には日本も参加すると答弁。

4.5 〔政治〕**「第3次防衛力整備計画」原案まとめ** 防衛庁が「第3次防衛力整備計画(3次防)」の原案をまとめた。

4.16 〔日米安保条約〕**外務省、日米安保条約への統一見解** 外務省は、「日米安全保障条約」に関する統一見解を発表した。また、4月18日には下田武三外務次官は、「核拡散防止条約」ができても日米安保条約は必要と言明。

5.2 〔団体〕**社会党、安全保障長期構想を発表** 日本社会党は、自衛隊を国民警察隊に改組するほか、日中米ソ集団安保条約締結などの安全保障長期構想を発表した。

5.6 〔日米安保条約〕**安保条約延長など安全保障構想の中間報告** 自民党の安全保障調査会は、「日米安全保障条約」の10年延長など安全保障構想の中間報告を説明した。

5.30 〔国際〕**米原潜、横須賀に初入港** 米国の原子力潜水艦が、横須賀港に初めて入港。

日本安全保障史事典　　　　　　　　　　　　　　　　　　　　　　1966年（昭和41年）

6.16　〔兵器〕航空自衛隊、初の**RAPCONの運用**　　航空自衛隊は、初のRAPCON（Rader Approach Control）の運用を開始。地上誘導着陸方式によるもので、空港監視レーダーと精測進入レーダーを用い、地上の管制官が無線電話により操縦士に指示を与えて着陸させる。

6.27　〔団体〕水戸射爆場移転、太田飛行場等返還を発表　　防衛庁及び在日米軍司令部は、水戸射爆場の新島への移転、太田・大泉飛行場の返還を発表した。

7.14　〔日米安保条約〕公明党、安保の段階的解消構想　　公明党は、「日米安全保障条約」の段階的解消構想を発表した。

7.26　〔法律〕「防衛施設周辺の整備等に関する法律」を施行　　「防衛施設周辺の整備等に関する法律」を公布・施行。自衛隊や駐留米軍の基地から発生する騒音などの障害について、障害防止の対策の基本を法律として定め、制度的な保障を行うとした。

8.1　〔政治〕第1次佐藤第2次改造内閣発足　　第1次佐藤栄作第2次改造内閣の発足に伴い、元郵政政務次官・上林山栄吉が防衛庁長官に就任した。

8.5　〔団体〕横須賀と佐世保に米原潜2隻寄港　　横須賀に米国原子力潜水艦シードラゴン号が寄港。同日佐世保に同じく米国原子力潜水艦スヌーク号が寄港した。原子力潜水艦が2隻同時に寄港するのは初めて。

8.31　〔日米安保条約〕社会党、安保廃棄と積極中立強調　　日本社会党中央執行部は、「日米安全保障条約」の廃棄と積極中立を強調した。

9.2　〔自衛隊〕自衛隊記念日を制定　　防衛庁は、11月1日を自衛隊記念日と制定した。

9.22　〔自衛隊〕防衛庁、南ベトナムへ軍事使節団　　防衛庁は、南ベトナムに軍事使節団を派遣。

10.15　〔兵器〕航空自衛隊、バッジ本器の領収開始　　航空自衛隊、バッジ・システム本器の個別領収を開始。1968年3月30日バッジ組織の領収を完了。

10.25　〔政治〕外資審議会、初の武器技術導入認可　　外資審議会は、初の武器技術導入を認可した。

11.1　〔政治〕国防会議議員懇談会開催　　国防会議の議員懇談会が開催された。

11.18　〔兵器〕陸上自衛隊、61式戦車完納式　　61式戦車は、開発・生産を三菱重工業が担当し、戦後初めて開発された国産戦車。1961年陸上自衛隊に正式採用され、それまで米国から供与されていた戦車から置き換える形で配置された。1966年11月18日61戦車完納式が挙行。

11.24　〔自衛隊〕ミサイル基地を朝霞など3ケ所に決定　　防衛庁は、ミサイル（ホーク）基地を、朝霞駐屯地など3ケ所に決定した。

11.29　〔政治〕第3次防衛力整備計画大綱を閣議決定　　国防会議・閣議において第3次防衛力整備計画大綱を決定。昭和42年度から46年度までの5か年計画として「通常兵器による局地戦以下の侵略事態に対し、最も有効に対応し得る効率的なもの」を最終目標として策定された。

12.3　〔政治〕第1次佐藤第3次改造内閣発足　　第1次佐藤栄作第3次改造内閣の発足に伴い、

－ 55 －

元北海道開発庁長官・増田甲子七が防衛庁長官に就任した。

1967年
（昭和42年）

2.9　〔政治〕**下田外務次官、平和利用の核実験の権利主張**　下田武三外務次官は、「核拡散防止条約」について、「平和利用が目的の核実験は日本にも権利がある」と主張した。

2.17　〔政治〕**第2次佐藤内閣発足**　第2次佐藤栄作内閣が発足。増田甲子七防衛庁長官は留任。

3.13　〔政治〕**第3次防衛力整備計画の主要項目が決定**　国防会議において、第3次防衛力整備計画の主要項目と、整備計画のための所要経費について決定し、翌14日閣議決定した。艦艇56隻4万8000tの建造、対潜水艦固定翼機60機、対潜水艦ヘリコプター33機の整備、戦車280両の更新など、5か年で2兆3400億円の所要経費を見込んだ。

3.23　〔日米安保条約〕**米国、安保条約の自動延長を示唆**　ディーン・ラスク米国務長官は、岸信介元首相に「日米安全保障条約」の自動延長を示唆した。

3.25　〔政治〕**防衛庁長官、戦闘爆撃機の保有は可能と答弁**　増田甲子七防衛庁長官は、戦闘爆撃機の保有は可能と答弁。

3.29　〔事件〕**札幌地裁、恵庭事件に無罪判決**　1962年北海道恵庭町において、地元住民が自衛隊の通信回線を切断。自衛隊の違憲性を問う裁判となったが、札幌地方裁判所は憲法判断を行わずに無罪判決を下した。検察が上訴しなかったため、この判決が確定した。この判決を受け、31日政府は自衛隊が合憲であるとの統一見解を発表した。

4.21　〔政治〕**佐藤首相、武器禁輸三原則を言明**　佐藤栄作首相は、衆議院予算委員会において共産圏諸国、南アフリカなどの国際決議で禁止された国、紛争当事国、またそのおそれがある国に対しての武器輸出を認めないとする武器禁輸三原則を言明。25日政府は、武器輸出は、自衛用であれば可能と統一見解を発表。1976年の三木武夫内閣では、三原則の対象外の国にも技術を含む武器輸出を慎むとする方針を決定した。

5.10　〔事件〕**日米合同演習中、ソ連軍艦と接触**　日本海で日米合同演習中、米国の軍艦とソ連の軍艦が接触。11日にも同様に接触をおこした。

5.15　〔国際〕**第7回日米安全保障協議委員会を開催**　「日米安全保障条約」に基づく事前協議の場として、第7回日米安全保障協議委員会を開催。

7.28　〔法律〕**「防衛庁設置法」・「自衛隊法」改正**　「防衛庁設置法及び自衛隊法の一部を改正する法律」を公布・施行。自衛官の定数を4278人増員し、25万372人とする。予備自衛官を6000人増員し、3万人とした。また、航空自衛隊では、第7航空団司令部を埼玉県入間市から茨城県百里に移転。

8.1　〔法律〕**「航空機騒音による障害防止に関する法律」施行**　「公共用飛行場周辺における航空機騒音による障害の防止等に関する法律」を公布・施行。これにより、昭和

― 56 ―

41年施行の「防衛施設周辺の整備等に関する法律」の一部改正が行われ、自衛隊などの飛行場を使用して行われる自衛隊以外の航空機の離着陸は、自衛隊機の離着陸とみなす規定が設けられた。

8.19　〔事件〕ソ連機、初の領空侵犯　ソビエト連邦のものと思われる航空機が、北海道礼文島上空を領空侵犯。航空団設立以来初の侵犯となった。

8.28　〔政治〕「わが国の安全保障のあり方」中間報告発表　自民党の安全保障調査会が、「わが国の安全保障のあり方」の中間報告を発表した。

10.13　〔兵器〕ミサイル国産化の日米協定が成立　ナイキ・ハーキュリーズの弾頭部を除くミサイル、ホークのミサイルの国産化に伴い、日米間で取決めに調印。ナイキ・ハーキュリーズは、非核弾頭専用に改修。

10.31　〔自衛隊〕吉田元総理国葬の支援　吉田茂元総理の国葬に際し、自衛隊として支援任務にあたった。

11.15　〔国際〕日米共同声明で小笠原諸島返還約束　佐藤栄作首相とリンドン・ジョンソン大統領が日米共同声明にて、小笠原諸島の1年以内の返還を約束。ただし、沖縄についての返還時期は明示せず。

11.25　〔政治〕第2次佐藤第1次改造内閣発足　第2次佐藤栄作第1次改造内閣が発足。増田甲子七防衛庁長官は留任。

12.11　〔政治〕佐藤首相、非核三原則を表明　佐藤栄作首相は、衆議院予算委員会にて、「核は保有しない。核は製造もしない。核を持ち込ませない」という非核三原則を表明した。

1968年
（昭和43年）

1.7　〔団体〕共産党、自主防衛権を認める　日本共産党は、日本の自主防衛権を認めることを発表。

1.19　〔国際〕米原子力空母エンタープライズ初寄港　米国の原子力航空母艦エンタープライズ号が日本・佐世保に初寄港。これに先立ち、1月15日東京・飯田橋でエンタープライズ入港阻止の三派系全日本学生自治会総連合（全学連）と警官隊が衝突し、学生131人が逮捕されるなど寄港反対運動が激化。16日野党3派が寄港反対で統一見解を発表。17日には三木武夫外務大臣が、米国の原子力空母の寄港受諾は「日米安全保障条約」上の日本の義務であると談話を発表。

2.6　〔政治〕倉石農相、現行憲法は他力本願発言　倉石忠雄農林大臣は、現行憲法は他力本願である。軍艦や大砲がなければと発言し、問題化。

2.11　〔政治〕漁船保護のための自衛艦出動に言明　増田甲子七防衛庁長官は、漁船保護のために自衛隊の艦艇を出動させることはありうると言明した。

1968年（昭和43年）　　　　　　　　　　　　　　　　　　　　　　　　　　　日本安全保障史事典

3.1　〔自衛隊〕陸上自衛隊、中央管制気象隊等を新編　陸上自衛隊は、第1ヘリコプター団・方面ヘリコプター隊、中央管制気象隊などを新規編成し、中央野外通信隊、北部・東北・中部・西部各通信隊を群に名称変更した。

3.2　〔事件〕バッジ関連秘密漏洩事件が発生　航空自衛隊一等空佐川崎健吉が、航空幕僚監部在職中に保管していた秘密文書を、米国企業の極東部員に渡していたとして逮捕、起訴される（バッジ関連秘密漏洩事件）。1971年1月23日東京地裁は、懲役6年執行猶予2年の判決を下した。

4.5　〔国際〕小笠原諸島返還協定に署名　南方諸島及びその他の諸島に関する日本と米国との間の協定（小笠原諸島返還協定）に署名。6月12日公布、6月26日発効し、小笠原諸島が本土に復帰した。それに伴い、小笠原諸島に海上自衛隊の父島基地分遣隊、硫黄島航空基地分遣隊、南鳥島航空派遣隊が編成された。

5.13　〔国際〕第8回日米安全保障協議委員会を開催　東京にて、第8回日米安全保障協議委員会を開催。

6.2　〔事件〕米ファントム戦闘機、九州大学構内に墜落　米軍板付基地のF-4Cファントム戦闘機が、九州大学箱崎地区内に建設中であった九州大学大型計算機センターの屋上に墜落。大型計算機センターは5階〜6階部分が全壊し、炎上した。当日は日曜日であったため、建設工事は行われておらず、また、乗員2人は墜落直前にパラシュートで脱出していたため、人的な被害はなかった。

6.10　〔団体〕共産党、日本の安全保障についての構想　日本共産党は、日本の中立化と安全保障についての構想を発表した。

6.11　〔日米安保条約〕「日米安全保障条約」の自動延長案　自民党首脳陣は、1970年以降の「日米安全保障条約」の取り扱いを協議し、自動延長の方向で意見が一致。14日自民党は、日米安保条約の自動延長方式を主張する船田中安保調査会会長の私案を了解。翌15日には、佐藤栄作首相が安全保障条約の自動延長を示唆。17日には自民党安保・外交両調査会において船田安保調査会会長見解として、安保条約の自動延長などを発表した。

6.15　〔自衛隊〕「防衛庁設置法」を改正　防衛庁設置法を改正し、教育局と人事局を人事教育局として統合した。

6.20　〔基地〕板付基地移転で合意　第2回日米合同委員会が、板付基地の移転で原則合意した。

7.1　〔国際〕「核不拡散条約」に最初の62か国が署名　核拡散防止条約は、核兵器保有国は核兵器の削減に加え、非保有国に対する保有国の軍事的優位の維持の思惑も含めて核兵器保有国の増加すなわち核拡散を抑止することを目的に、1963年国連で採択された。その後、関連諸国による交渉、議論を経て、1968年7月1日米国、イギリス、ソ連など最初の62か国による「核不拡散条約」調印が行われ、1970年3月発効した。日本は、同年2月3日に調印し、1976年6月8日に発効した。

7.2　〔事件〕陸上自衛隊少年工科学校生訓練中に水死　陸上自衛隊武山駐屯部隊少年工科学校3年生70人のうち13人が、人工池で雨中の渡河訓練中に水死する事故が発生した。

9.8　〔日米安保条約〕ラスク国務長官、安保条約自動延長を表明　川島正次郎自民党副総

－ 58 －

裁は、訪米中、ディーン・ラスク米国国務長官と会談。その中で、ラスク長官が「日米安全保障条約」の自動延長を表明したと言明。

10.10　〔国際〕防衛庁、在日米軍、協議会の設置で合意　防衛庁と在日米軍は、軍事上の「協議会」を設置することで合意した。

11.1　〔兵器〕航空自衛隊、F-104J戦闘機の後継決定　航空自衛隊は、F-104J戦闘機の後継となる次期主力戦闘機を米国マクダネル・ダグラス社製のF-4Eに決定した。

11.19　〔事件〕嘉手納基地でベトナムに向かう米爆撃機爆発　沖縄・嘉手納基地において、ベトナム戦争に向かう米軍B52爆撃機が滑走中に爆発。5人が負傷し、4km四方の家屋293戸に被害を及ぼした。

11.21　〔自衛隊〕防衛庁機能維持を図るため檜町警備隊が編成　国際反戦デー前夜の10月20日に反日本共産党系全日本学生自治会総連合（全学連）学生が防衛庁庁舎に侵入した事件を機に、防衛庁の機能維持に万全を期するため檜町警備隊を組織した。

11.30　〔政治〕第2次佐藤第2次改造内閣発足　第2次佐藤栄作第2次改造内閣が発足し、防衛庁長官に有田喜一が就任した。

12.5　〔団体〕公明党、在日米軍基地99ケ所返還可能　公明党は、在日米軍基地145ケ所の実態調査を行い、うち99ケ所の返還が可能であると主張。

12.23　〔国際〕第9回日米安全保障協議委員会開催　東京にて、第9回日米安全保障協議委員会が開催された。その中で、在日米軍施設・区域に関する諸問題を討議し、米国側は約50の在日基地整理縮小案を示した。

1969年
（昭和44年）

1.10　〔兵器〕次期主力戦闘機F-4Eを104機生産　国防会議は、次期主力戦闘機とされるF-4E機を昭和52年度までに104機生産することを決定した。これに伴い、4月4日F-4Eファントム国産に関する日米覚書に調印。

1.18　〔政治〕公明党、米軍基地返還闘争方針　公明党は、米軍に接収されている土地の返還を求める米軍基地返還闘争方針を発表した。

1.20　〔自衛隊〕陸上自衛隊、婦人自衛官の初の入隊式　陸上自衛隊が婦人自衛官の初めての入隊式を挙行した。

1.28　〔日米安保条約〕米国上院にて日米安保条約の自動延長示唆　アレクシス・ジョンソン前駐日米国大使は、米国上院にて「日米安全保障条約」の自動延長を示唆した。

2.4　〔政治〕法制局長官、核兵器保有可能と答弁　高辻正己法制局長官は、「純粋な憲法解釈論として国民の生存と安全を保持する目的なら、核兵器を保有することを憲法は禁じていない」と国会で答弁した。

2.17　〔政治〕ファントム機追求めぐり衆院予算委審議中断　衆議院予算委員会は、次期主

－ 59 －

力戦闘機とされるファントムへの追求をめぐり審議を中断した。

3.2　〔団体〕**東京都立大学、自衛官の受験を拒否**　東京都立大学は、自衛官は大学入試の受験することを拒否した。

3.10　〔兵器〕**OH-6ヘリコプターの引渡式を挙行**　米国航空機メーカー、ヒューズ・ヘリコプターズ社が開発した小型ヘリコプターのOH-6ヘリコプターが陸上自衛隊に引渡しされ、引渡式が挙行された。米軍での愛称は「カイユース」、機体形状から「フライングエッグ（空飛ぶ卵）」の別名も持つ。

3.26　〔兵器〕**航空自衛隊で、バッジ・システムが始動**　航空自衛隊の防空指揮管制システムとしてバッジ・システムが稼働。全国規模の戦術指揮通信システムで、指揮命令、航空機の航跡情報等を伝達・処理する自動化された航空警戒管制システム。

3.29　〔日米安保条約〕**愛知外相、安全保障条約の自動延長を示唆**　愛知揆一外務大臣は、「日米安全保障条約」の自動延長について示唆した。

4.21　〔兵器〕**米国、日本海に第71機動艦隊**　米国海軍は、日本海に第71機動艦隊を新編成した。

5.11　〔事件〕**空自機墜落**　航空自衛隊第8航空団所属の航空機F-86F3機が、島根県城床山の山腹に激突。乗員3人が死亡した。

5.31　〔団体〕**防衛庁本館、落成式を挙行**　防衛庁は、東京都・檜町に防衛庁本館を完成し、落成式を挙行した。

6.3　〔日米安保条約〕**愛知外相、ロジャーズ米国国務長官会談**　愛知揆一外務大臣は、ウィリアム・P.ロジャーズ米国国務長官と会談。沖縄の本土復帰はアジアの安定と両立することを強調。また、「日米安全保障条約」の自動延長を提案した。

7.4　〔国際〕**軍事援助顧問団を相互防衛援助事務所に改称**　愛知揆一外務大臣は、アーミン・マイヤー駐日米国大使と会談。「日米相互防衛援助協定」第7条に基づき設置されていた米国が自衛隊を装備・訓練などの面から援助するための軍事援助顧問団を相互防衛援助事務所と改名する公文書を交換。

7.7　〔基地〕**長沼ナイキ事件が発生**　長谷川四郎農林大臣は、第3次防衛力整備計画に基づきナイキJ基地を建設するため、北海道夕張郡長沼町の国有保安林の指定解除を告知し、その保安林伐採を認めた。同日、地元住民は自衛隊は憲法違反であるとして、札幌地裁にその執行停止と取消しを求めたことから訴訟に発展した。主な自衛隊裁判の一つであり、長沼訴訟・長沼ナイキ事件・長沼ナイキ基地訴訟とも呼ばれる。

7.22　〔兵器〕**米国国防省、沖縄に毒ガス配備を認める**　米国国防省は、沖縄に毒ガスを配備していることを認め、その撤去の方針を日本に通告した。同日米国国務省は、沖縄米軍基地から神経ガスを含むあらゆる種類の化学兵器を撤去すると発表した。

7.23　〔法律〕**防衛二法案、参院本会議で強行採決**　「防衛庁設置法」及び「自衛隊法」の一部を改正する防衛二法案が、参議院本会議で強行採決された。29日公布・施行され、自衛官の定数を7702人増員して25万8074人、予備自衛官の員数を3000人増員して3万3000人に変更した。海上自衛隊では、航空集団などの改編が行われた。

8.9　〔政治〕**船田安保調査会長、沖縄返還後の私案**　自民党の船田中安全保障調査会会長

は、沖縄の返還後の防衛について、民間の郷土防衛隊100万人を組織するほか、東南アジアに小火器を輸出するなどの私案を発表した。

9.4 〔社会〕**第2回日米関係民間会議を開催**　下田にて第2回日米関係民間会議を開催。7日には「日米安全保障条約」の再検討を約束した。

9.10 〔自衛隊〕**海上自衛隊初の練習艦就役**　海上自衛隊初の練習艦「かとり」が就役。旧海軍の練習艦「香取」に因んで命名され、昭和45年度の遠洋航海に旗艦として参加し、世界を一周した。

9.16 〔政治〕**初の国防白書原案をまとめる**　防衛庁は、初の国防白書の原案をまとめた。翌1970年10月20日『防衛白書』として発表された。

9.24 〔社会〕**統合幕僚会議議長らが宮中拝謁**　板谷隆一統合幕僚会議議長、陸海空自衛隊幕僚長、各方面総監、師団長らが宮中で天皇に拝謁した。

10.3 〔国際〕**在日米軍、立川基地の飛行停止**　在日米軍は、立川基地の飛行停止を通告。10月7日、在日米空軍は1079人の大量整理を通告した。10月23日には在日米軍の陸軍基地労務者2000人整理を通告した。

10.9 〔日米安保条約〕**自民党、日米安保条約の自動延長を決定**　自民党は、「日米安全保障条約」の自動延長を決定した。10月14日、自民党は同条約を1970年以降も「相当長期にわたって自動継続」する方針を決定した。

10.16 〔社会〕**桜田日経連代表理事、自主防衛へ改憲必要**　桜田武日経連代表理事は、日本経営者団体連盟（日経連）総会において自主防衛のため憲法改正は必要であると強調。

10.22 〔国際〕**社会党、訪日ソ連党代表団と合意メモ発表**　日本社会党は、訪日ソ連党代表団と会談。ソ連が提唱するアジア集団安全保障構想を支持するとの合意メモを発表した。

11.21 〔国際〕**佐藤・ニクソン共同声明で、沖縄返還合意**　佐藤栄作首相、リチャード・ニクソン大統領の日米首脳会談で、「日米安全保障条約」の継続と、1972年の沖縄返還合意を共同声明。沖縄返還に際しては、米国大統領が「核兵器に対する日本国民の特殊な感情」に「深い理解」を示すとされたが、「核抜き」とは明言されなかった。

12.9 〔国際〕**社党委員長、アジア太平洋地域集団安保構想**　成田知巳日本社会党委員長は、アジア太平洋地域集団安全保障構想を提唱した。

12.24 〔兵器〕**日本初の自主開発ミサイルを制式化**　航空自衛隊は、日本初の自主開発ミサイルである69式空対誘導弾（AAM-1）を制式化した。

1970年
（昭和45年）

1.14 〔政治〕**第3次佐藤内閣が発足**　第3次佐藤栄作内閣が発足。防衛庁長官には中曽根康弘が就任した。

1970年（昭和45年）   日本安全保障史事典

1.25　〔政治〕国会に防衛委員会の新設を提案　中曽根康弘防衛庁長官は、国会に防衛委員会の新設を提案した。

2.3　〔国際〕「核兵器不拡散条約」に署名　政府は「核兵器不拡散条約（核兵器の不拡散に関する条約）」に署名。6月8日公布し、即日発効した。

2.9　〔国際〕在日基地を自衛隊管理の意向表明　アーミン・マイヤー駐日米国大使との会談において、在日基地を自衛隊管理とする意向を表明した。

2.11　〔社会〕国産初の人工衛星打ち上げ成功　東京大学宇宙航空研究所（のちの宇宙科学研究所）が、鹿児島宇宙空間観測所においてL-4Sロケット5号機により日本初の人工衛星「おおすみ」の打ち上げが成功した。衛星の名称は打ち上げ基地のあった大隅半島に由来する。

2.26　〔兵器〕横田のガス兵器はCB兵器ではないと答弁　中曽根康弘防衛庁長官は、横田基地のガス兵器はCB兵器（生物兵器）ではないと答弁。

3.2　〔自衛隊〕海上自衛隊、少年術科学校を新設　海上自衛隊は、江田島に少年術科学校を新設した。

3.23　〔政治〕中曽根防衛庁長官、自主防衛5原則を発表　中曽根康弘防衛庁長官は、衆議院予算委員会において「日米安全保障条約」自動延長後の安全保障問題に関連し、「憲法を守り国土防衛に徹する」「外交と一体となり諸国策と調和を保つ」「文民統制をする」「非核三原則を維持する」「日米安全保障体制をもって補充する」とした自主防衛5原則を発表した。

3.31　〔事件〕よど号事件が発生　羽田空港発板付空港（福岡）行き日本航空機よど号が、赤軍派を名乗る9人組犯人グループによってハイジャックされた。犯人グループは北朝鮮への亡命を希望し、同国に向かうよう要求。同機は、福岡空港と韓国の金浦国際空港で2回の着陸を経て、4月3日に北朝鮮の美林飛行場に到着。犯人グループはそのまま亡命した。運航乗務員を除く乗員と乗客は、福岡とソウルで順次解放され、人質の身代わりとなった山村新治郎運輸政務次官と運航乗務員は北朝鮮まで同行した。

5.19　〔国際〕日米安保協議委員会、沖縄防衛に合意　日米安全保障協議委員会は、沖縄防衛についての日米交渉に合意した。

5.25　〔事件〕防衛庁、准尉制度を新設　「防衛庁設置法等の一部を改正する法律」を公布・施行。自衛官の定数を984人増員し、25万9058人とし、予備自衛官の員数を3300人増員し3万6300人とした。准尉制度を新設し、昇進機会を増加し、勤務意欲の向上を図った。また海上自衛隊に、予備自衛官制度を新設した。

5.28　〔日米安保条約〕「日米安全保障条約」の自動延長で声明　佐藤栄作首相、アーミン・マイヤー駐日米国大使との会談において、「日米安全保障条約」の長期堅持を表明。6月22日、日本政府は、条約の自動延長で声明。米国も条約継続維持で声明を出した。野党は、日米安全保障条約の廃棄・改定を訴える声明と談話を発表した。

5.29　〔国際〕沖縄毒ガス早期撤去を確約　アーミン・マイヤー駐日米国大使は、佐藤栄作首相に対し、沖縄の毒ガスを早期に撤去することを確約した。

6.30　〔自衛隊〕航空自衛隊、第3高射群を編成　航空自衛隊は、飛来する敵の航空戦力を長射程ミサイルにより遠距離で迎撃することを目的に千歳基地、当別基地を傘下と

- 62 -

した第3高射群を編成。

7.2 〔国際〕**防衛施設庁、沖縄米軍基地の現地調査**　防衛施設庁は、沖縄の米軍基地の現地調査を発表。しかし、米軍は資料を公開しなかった。28日ワシントンで、日米安全保障問題の事務レベル会談を行い、自衛隊による在日米軍基地の共同使用については臨機応変に行うことで一致した。

9.10 〔国際〕**中曽根防衛庁長官、訪米し米国防長官と会談**　訪米中の中曽根康弘防衛庁長官は、日本は核防衛しないことを表明。14日メルヴィン・レアード米国国防長官は、中曽根長官との会談で、「3～4の米軍基地施設の返還もしくは共同使用」「沖縄の毒ガス兵器を年内か来春にジョンストン島に移送する」と表明。

10.7 〔自衛隊〕**沖縄第1次自衛隊配置を発表**　沖縄の本土復帰にあたり、沖縄第1次自衛隊配置を発表。陸上自衛隊1100人、海上自衛隊700人、航空自衛隊1400人で、F-104戦闘機25機を配備する。同日、防衛庁長官中曽根康弘が沖縄を訪問。

10.20 〔政治〕**初の『防衛白書』を発表**　防衛政策の基本理念について国民の理解を求めるため、初の『日本の防衛―防衛白書』を刊行。自力と米国の核の傘で専守防衛を強調した。1976年の第2回目以降毎年作成される。

10.21 〔自衛隊〕**第4次防衛力整備計画の概要まとめる**　昭和47～51年度における第4次防衛力整備計画（4次防）の概要をまとめる。海上自衛隊、航空自衛隊に重点をおき、総経費は5兆8000億円となった。

10.27 〔基地〕**北富士の座り込み小屋撤去**　防衛施設庁が北富士演習場の地元農民の座り込み小屋を強制撤去した。

11.25 〔事件〕**三島由紀夫、割腹自殺**　作家三島由紀夫が、自身が結成した民兵組織「楯の会」のメンバー4人とともに陸上自衛隊市ヶ谷駐屯地東部方面総監部を訪れ、総監益田兼利を監禁。総監部のバルコニーで、集まった自衛隊員にクーデターを促す演説をした後、総監室で三島ともう一人が割腹自殺を遂げた。国内外で著名な作家の事件は世間に大きな衝撃を与えた。

12.20 〔事件〕**コザ事件が発生**　コザ市中心街で、沖縄人軍雇用員が酒気帯び運転の米国軍人の乗用車にはねられた事故がきっかけとなり市民が暴徒化。憲兵の威嚇発砲により、軍車両への放火、嘉手納基地進入など反米行動に拡大した。最終的に警察官約500人、MP約300人、米軍武装兵約400人が動員された。琉球列島米国民政府はコザ市全域に24時間の「コンディション・グリーン・ワン＝特定民間地域への立入禁止」を発令。背景には、米施政下での圧制、人権侵害に対する市民の不満があったとされる。

12.21 〔国際〕**日米安保協議委、在日米軍を韓国に移駐**　第12回日米安保協議委員会は、1971年6月までに在日米軍の兵力を韓国・沖縄に移駐することで合意した。

1971年
（昭和46年）

1.1 〔国際〕日本、国連安保理非常任理事国に　日本が国際連合安全保障理事会の非常任理事国に就任した。

1.10 〔基地〕沖縄の毒ガス移送　沖縄の米軍基地に貯蔵されていた毒ガス兵器が、米国領内のジョンストン島へ向けて移送が開始され、沿道の5000人が避難した。2月5日メルヴィン・レアード米国国務長官は、移送路の変更がなければ夏までに毒ガス撤去を終わらせると言明した。

2.1 〔自衛隊〕海上自衛隊、第4護衛隊群を新編　海上自衛隊は、護衛艦隊・4個護衛隊群の編成からなる第4護衛隊群第4護衛隊群を新編。司令部を神奈川県に置いた。

3.1 〔自衛隊〕航空救難群を航空救難団に改称　航空自衛隊は、航空救難群を航空救難団に改称した。

3.3 〔自衛隊〕米原子力潜水艦と初の合同訓練　海上自衛隊護衛艦5隻は米国原子力潜水艦を使って、房総半島沖において初の日米合同訓練を行った。3月18日合同演習の事実を認めた。

3.16 〔自衛隊〕移動式3次元レーダー初号機を受領　航空自衛隊は、3次元レーダーの初号機を受領。

4.1 〔政治〕空中早期警戒機の開発を4次防から除外　中曽根康弘防衛庁長官は、第4次防衛力整備計画から空中早期警戒機の開発を除外すると言明した。

4.20 〔事件〕航空自衛隊機、ソ連艦を誤認攻撃　3月10日に航空自衛隊の3機が、対馬海峡において対艦攻撃演習中にソ連艦を誤認攻撃したことが判明した。

4.27 〔自衛隊〕第4次防衛力整備計画原案発表　防衛庁は、総経費5兆1950億円からなる第4次防衛力整備計画の原案を発表。

6.17 〔国際〕「沖縄返還協定」に署名　沖縄返還協定（琉球諸島及び大東諸島に関する日本国とアメリカ合衆国との間の協定）に署名。核兵器については明記されなかった。署名のもようは、東京とワシントン間を衛星テレビ中継で放送された。1972年3月21日公布。同年5月15日発効。

6.25 〔基地〕在日米軍基地の一部返還と共同使用で合意　板付・厚木・立川・座間・三沢の在日米軍基地の一部返還と日米での共同使用を日米合同委員会で合意した。

6.29 〔国際〕第13回日米安全保障協議委員会　第13回日米安全保障協議委員会において、本土復帰後の沖縄の局地防衛責務の引受けに関する取極（久保・カーチス協定）を行った。

7.3 〔事件〕ばんだい号墜落事故　札幌の丘珠空港から函館空港に向かった東亜国内航空63便「ばんだい号」が、北海道横津岳に墜落。乗員・乗客64人全員が死亡した。災害派遣された陸上自衛隊ヘリコプターが捜索にあたった。

7.5　〔政治〕**第3次佐藤改造内閣が発足**　第3次佐藤栄作改造内閣が発足し、防衛庁長官には増原恵吉が就任した。

7.25　〔兵器〕**戦闘機F-4EJ、米国より到着**　航空自衛隊の戦闘機として、F-4EJの初号機・2号機が、米国から小牧に到着。

7.30　〔事件〕**雫石事件**　航空自衛隊第1航空団の戦闘機F-86Fと全日空の旅客機B727が、岩手県雫石町上空で衝突し、墜落。全日空機の乗客・乗員162人全員が死亡。自衛隊機乗員2人は脱出した。この事故を機に、自衛隊機の運航を規制する航空交通安全緊急対策要綱を決定し、8月10日閣議に報告した。1973年1月24日、防衛庁は全日空からの事故調査委員会の報告を不分明を理由に拒否した。1975年3月11日、盛岡地裁は自衛隊側に過失があったとして乗員2人に禁固刑判決。

8.2　〔政治〕**増原防衛庁長官辞任**　雫石事件を受け、増原恵吉防衛庁長官は辞任し、西村直己が防衛庁長官に就任した。8月10日上田泰弘航空幕僚長も辞任し、石川貫之が航空幕僚長に就任した。

8.21　〔事件〕**朝霞自衛官殺害事件**　陸上自衛隊朝霞駐屯地で、歩哨任務についていた陸士長が何者かによって刺殺され、現場に新左翼のグループ「赤衛軍」の名称が入ったヘルメットやビラなどが残されていた。11月16日・25日に実行犯3人が逮捕され、協力していた『朝日ジャーナル』と『週刊プレイボーイ』の記者が1972年1月に逮捕された。

10.9　〔基地〕**沖縄軍用地賃借料6倍半に引上げ**　防衛庁は、沖縄軍用地の賃借料を現行の6倍半に引き上げることに決定。

11.24　〔政治〕**衆院本会議で、非核決議**　衆議院本会議で、「非核兵器ならびに沖縄米軍基地縮小に関する決議」を採択。この中で、政府は、核兵器を持たず、作らず、持ち込ませずの非核三原則を遵守するとともに、沖縄返還時に適切な手段をもって、沖縄に核が存在しないこと、持ち込ませないことを明らかにする措置をとるべきであるとした。

12.3　〔政治〕**江崎防衛庁長官就任**　江崎真澄が防衛庁長官に就任した。

12.5　〔兵器〕**国産初の超音速航空機XT-2を納入**　航空自衛隊は、初めて国産超音速航空機XT-2を納入。

12.30　〔法律〕**「沖縄返還協定」を可決・成立**　自民党は、衆議院において単独で「沖縄返還協定」を可決・成立させた。

1972年
（昭和47年）

1.7　〔国際〕**日米首脳共同声明で沖縄返還日決まる**　1月6日から米国サンクレメンテで開かれていた佐藤栄作首相、リチャード・ニクソン大統領の日米首脳会談で、7日沖縄返還（5月15日）と沖縄の基地縮小の日米共同声明を発表した。

1972年（昭和47年）   日本安全保障史事典

1.11　〔自衛隊〕札幌オリンピック支援集団編成　札幌オリンピック開催に際し、陸上自衛
　　　　隊が札幌オリンピック支援集団を編成した。

2.3　　〔社会〕札幌オリンピック開幕　札幌冬季オリンピックが開幕した（13日まで）。陸
　　　　上自衛隊からバイアスロンなどに選手が参加したほか、札幌オリンピック支援集団
　　　　が各競技、開会式・閉会式、輸送などを支援した。

2.8　　〔政治〕第4次防衛力整備計画大綱決定　2月7日国防会議において、昭和47年から51
　　　　年度までの5か年計画として策定した第4次防衛力整備5か年計画の大綱を決定。翌8
　　　　日閣議決定した。

3.8　　〔自衛隊〕自衛隊東部方面航空隊が立川基地に移駐　自衛隊東部方面航空隊が、抜き
　　　　打ちで立川基地に移駐。

3.10　 〔基地〕自衛隊の沖縄配備に先走り　国防会議で自衛隊の沖縄配備が決定される前
　　　　に、航空自衛隊が沖縄に資材を運び込んでいたことが判明して問題視された。5月23
　　　　日、内海倫防衛庁事務次官が更迭され、後任に島田豊が就任。

4.10　 〔国際〕「生物兵器禁止条約」に署名　生物兵器の開発、生産等を禁止するとともに、
　　　　既に保有している生物兵器を廃棄することを目的に「生物兵器禁止条約（細菌兵器
　　　　（生物兵器）及び毒素兵器の開発、生産及び貯蔵の禁止並びに廃棄に関する条約）」
　　　　を採択。1972年より署名が開始され、1975年に発効した。日本は署名解放日の1972
　　　　年4月10日に署名、1982年6月8日に批准した。

4.17　 〔基地〕国防会議、自衛隊の沖縄配備を決定　国防会議にて自衛隊の沖縄配備を決
　　　　定。翌18日閣議で報告した。22日、自衛隊の沖縄配備要員20人が沖縄に到着。27日、
　　　　反戦自衛官が、自衛隊の沖縄配備に反対。5月13日、沖縄の復帰関係を盛り込み「防
　　　　衛庁設置法」が改正された。9月30日、防衛庁が具体的な日程を発表。

5.3　　〔政治〕日本の防空識別圏に尖閣諸島を含む　防衛庁は、日本の防空識別圏に尖閣諸
　　　　島を含めることを決定した。

5.15　 〔国際〕沖縄の返還、沖縄県の発足　3月21日「沖縄返還協定」（琉球諸島及び大東諸
　　　　島に関する日本国とアメリカ合衆国との間の協定）が公布され、5月15日発効。沖縄
　　　　の施政権が、米国より日本に返還された。それに伴い、沖縄県が発足した。

5.15　 〔自衛隊〕陸海空の沖縄関係自衛隊部隊を新編　沖縄返還に伴い、陸海空の沖縄関係
　　　　自衛隊部隊等を新編。那覇分屯地を設置、沖縄地方連絡部を新編。5月26日には陸上
　　　　自衛隊の沖縄配置部隊の移駐を開始した。

6.19　 〔基地〕米陸軍根岸兵舎地区全面返還　在日米軍司令部は、防衛施設庁に神奈川県横
　　　　浜市の米国陸軍根岸兵舎地区の全面返還を通告。

6.26　 〔自衛隊〕防衛庁、基地総合調整本部を設置　防衛庁は、基地総合調整本部を設置
　　　　した。

7.7　　〔政治〕第1次田中内閣が発足　第1次田中角栄内閣が発足し、防衛庁長官には増原恵
　　　　吉が就任した。

8.1　　〔政治〕第4次防衛力整備5か年計画原案決定　防衛庁が第4次防衛力整備5か年計画の
　　　　原案を決定した。

－ 66 －

8.15 〔兵器〕**固定式3次元レーダーの運用を開始**　航空自衛隊は、固定式3次元レーダーJ/FPS-1の運用を開始。

8.30 〔基地〕**公明党、在日米軍基地総点検**　公明党は、在日米軍基地の総点検の中間結果を発表した。

9.19 〔政治〕**米軍戦車の修理は問題ないとの統一見解**　大平正芳外務大臣、参議院内閣委員会で米軍の戦闘車両の修理とその後の輸送は「安全保障条約」上問題はないとの統一見解を発表した。

9.29 〔国際〕**日中共同声明に調印**　9月25日田中角栄首相は、中華人民共和国を訪問。周恩来首相や毛沢東共産党主席と会談し、29日、日中共同声明を発表し、日中国交正常化が実現した。共同声明の内容は、「日本国政府は中華人民共和国政府が中国の唯一の合法政府であることを承認」「中華人民共和国政府は、中日両国国民の友好のために日本国に対する戦争賠償の請求を放棄することを宣言する」など。

10.2 〔基地〕**自衛隊の沖縄配備第1陣到着**　自衛隊の沖縄本格的な移駐が始まり、沖縄配備第1陣として、航空自衛隊隊員70人が那覇に到着した。12月21日の海上自衛隊の対潜哨戒機6機の移駐で年内の配備計画。

10.3 〔自衛隊〕**陸自、臨時第1混成群本部を新編**　陸上自衛隊、臨時第1混成群本部などを新編した。

10.9 〔政治〕**4次防主要項目、文民統制強化などが決定**　第4次防衛力整備5か年計画の主要項目と、第4次防衛力整備5か年計画策定に際しての情勢判断及び防衛の構想を決定。周辺海域防衛能力の強化、民生協力活動の積極的な実施などを主眼とし、陸上自衛隊戦車280両の整備、海上自衛隊艦艇54隻6万9000tの建造、航空自衛隊ナイキ部隊2群の整備、戦闘機46機の増強などを計画。文民統制強化のための措置についても決定した。

10.11 〔自衛隊〕**自衛隊、那覇で部隊編成**　陸上自衛隊が那覇駐屯地を開設した。航空自衛隊は臨時那覇基地隊・臨時第83航空隊・臨時沖縄航空警察官制隊を編成した。

11.13 〔政治〕**「戦力」統一見解**　政府は参議院で「戦力」についての統一見解を発表した。

11.21 〔兵器〕**戦闘機輸入で合意**　第4次防衛力整備5か年計画で自衛隊が装備する戦闘機14機などの輸入について日米政府が合意、公文を交換。

11.24 〔自衛隊〕**自衛官の住民登録を拒否**　沖縄県浦添市は、自衛官の住民登録を拒否。12月5日、沖縄県那覇市は、各支所に市長命令として自衛官の住民登録受付保留を口頭で通知。1973年2月17日、那覇市は自衛官の住民登録を開始。1月6日、東京都立川市が自衛官12人の住民登録を保留とするが、2月27日に63日ぶりに登録受付を開始。この間、1月17日政府は、基地問題などに関する全国革新市長会基地対策委員会の要請書に対し、「移駐自衛隊員の住民登録を認めよ」との回答書を手渡した。

11.27 〔兵器〕**海自、初の国産輸送艦竣工**　海上自衛隊、初の国産輸送艦「あつみ」を竣工。

12.22 〔政治〕**第2次田中内閣が発足**　第2次田中角栄内閣が発足。増原恵吉防衛庁長官は留任。

1973年
（昭和48年）

1.1　〔自衛隊〕沖縄の空自が緊急発進体制開始　沖縄の航空自衛隊、それまでの米空軍に代わって那覇空港で緊急発進（スクランブル）態勢を開始した。

1.8　〔政治〕沖縄の米軍基地など3年計画で整理縮小　政府は、沖縄の米軍基地などについて3年計画で、整理・縮小する方針を決定した。

1.19　〔日米安保条約〕大平外相、安保条約運用協議会新設を合意　大平正芳外務大臣は、ロバート・S.インガソル駐日米国大使と会談し、安保条約運用協議会を新設することで合意した。

1.22　〔事件〕自衛官合祀拒否訴訟　1968年公務中に事故死した自衛隊員が山口県護国神社に合祀されたことについて、キリスト教徒の妻が隊友会山口県支部連合会、自衛隊山口地方連絡部を相手取り、合祀手続きの取り消しと慰謝料をもとめる訴訟を起こした。

1.23　〔基地〕在日基地整理統合計画に合意　外務省で開かれた第14回日米安全保障協議委員会において、米空軍施設の返還、在日基地整理統合計画（関東計画）に合意した。

1.25　〔政治〕国防会議付議事項について決定　「防衛庁設置法及び自衛隊法の一部を改正する法律」案の中の国防会議付議事項について決定。

2.1　〔政治〕増原防衛庁長官、平和時の防衛力を発表　増原恵吉防衛庁長官は、衆議院予算委員会において防衛庁が平和時における防衛力整備のめどについて検討をした「平和時の防衛力」を発表。野党からは検討結果を撤回すべきとの要求が出される。12日田中角栄首相は、同委員会で防衛力の限界に関する増原長官の見解と資料の撤回を表明した。

2.22　〔自衛隊〕海上自衛隊の護衛艦はるな竣工　海上自衛隊、初の対潜水艦ヘリコプターを搭載する護衛艦「はるな」を竣工。3月1日、対潜飛行艇の部隊である第31飛行群を新編。

3.10　〔国際〕在日米軍司令部、水戸射爆場を返還　在日米軍司令部は、防衛施設庁に対し、3月15日付けで水戸射爆場を返還すると通告した。

4.1　〔国際〕米軍、横浜港へM48戦車搬送を再開　米軍は、神奈川県の相模補給廠から横浜港に向けて、M48戦車の搬送を再開した。

4.1　〔自衛隊〕第1期女性自衛官公募幹部入隊　自衛隊では看護師は発足当時から女性が採用されていたが、4月1日、陸上自衛隊において初の女性自衛官幹部要員が入隊した。

5.1　〔事件〕航空自衛隊、国産ファントム機空中爆発　航空自衛隊の国産ファントム機が、茨城県百里基地沖にて空中爆発した。

5.2　〔基地〕陸自東部方面航空部隊、米軍立川基地に移駐　陸上自衛隊東部方面航空部隊本隊は、米軍立川基地に強行移駐した。

日本安全保障史事典 1973年（昭和48年）

5.14 〔基地〕**陸上自衛隊、北富士演習場で返還後初訓練** 陸上自衛隊は、米軍より返還後の北富士演習場において、初めて実弾射撃訓練を実施した。

5.29 〔政治〕**増原防衛庁長官辞任** 5月26日、増原恵吉防衛庁長官は、防衛問題を天皇に内奏。天皇より防衛関連法案の審議を前に激励され、勇気づけられたと記者会見で語り、天皇の政治利用にあたるとして批判を浴びる。5月29日増原防衛庁長官は辞任し、後任に山中貞則が就任。

6.24 〔事件〕**自衛隊機乗り逃げ事件** 陸上自衛隊航空学校宇都宮分校において、整備を担当の三曹が、飛行機を無断操縦し、行方不明となる。機体と乗員は未発見。

6.30 〔基地〕**自衛隊の沖縄配備が完了** 自衛隊の沖縄配備が完了。7月1日、自衛隊の沖縄防空任務が開始された。

8.1 〔自衛隊〕**陸上自衛隊、第2高射団などを新編** 陸上自衛隊は、第2高射団、第9施設群、第103施設器材隊を新編。第2施設群、各調査隊、核陸曹教育隊を改変した。

9.7 〔基地〕**長沼ナイキ事件で、札幌地裁判決** 長沼ナイキ事件において、札幌地裁は自衛隊は憲法違反であるとして、農林大臣による国有保安林解除を取り消すとの判決を下した。この判決に対し、10月1日、自民党は日本の自衛隊は「戦力」ではないと反論。1976年8月5日、札幌高裁は、自衛隊の違憲性は司法審査の範囲外であるとして第1審を取り消し、原告側の敗訴判決を下した。

10.5 〔国際〕**米空母ミッドウェー、横須賀基地に入港** 米国の航空母艦ミッドウェーが、社会党、総評、学生らが抗議行動の中、神奈川県・横須賀基地に入港。

10.16 〔法律〕**「防衛庁施設法」・「自衛隊法」の一部を改正** 9月23日に参議院で可決成立した「防衛庁設置法及び自衛隊法の一部を改正する法律」を公布・施行。一部は11月27日施行。自衛官の定数を26万6046人とし、予備自衛官を3万9600人とした。これにより、陸上自衛隊では、昭和35年度までに整備するとしていた18万人体制を完了。また、防衛医科大学校が新設されたほか、陸上自衛隊では第1混成団を編成、航空自衛隊では臨時那覇基地隊を廃止して南西航空混成団などを新設、海上自衛隊では沖縄航空隊・沖縄基地隊・第2潜水隊群を新編した。

11.7 〔政治〕**自衛隊への防衛・軍事用石油供給削減** 通商産業省は、自衛隊への防衛・軍事用石油供給の削減方針を決定した。

11.25 〔政治〕**第2次田中第1次改造内閣が発足** 第2次田中角栄第1次改造内閣が発足。山中貞則防衛庁長官は留任。

12.25 〔自衛隊〕**海自航空集団司令部、厚木に移転** 海上自衛隊の航空集団司令部・第4航空群は、米海軍厚木基地が日米共同使用となったことを機に、下総から厚木に移転した。

1974年
（昭和49年）

1.30　〔基地〕**沖縄32基地の返還を決定**　日米安保協議委員会は、沖縄の32基地の返還を決定した。

2.7　〔事件〕**ソ連機、領空侵犯**　ソビエト連邦の航空機機1機（機種不明）が、北海道礼文島の上空を領空侵犯。

3.26　〔自衛隊〕**陸上自衛隊、第10、11施設群を新編**　陸上自衛隊は、第10施設群、第11施設群を新編。

4.11　〔自衛隊〕**航空自衛隊、航空実験団を編成**　航空自衛隊は、実験航空隊を廃止し、新たに航空実験団を編成。

4.20　〔国際〕**日中航空協定に署名**　1972年の日中共同声明に基づき交渉が行われ、1974年4月20日中国・北京にて「日本国と中華人民共和国との間の航空運送協定（日中航空協定）」が署名される。5月24日発効。

4.25　〔団体〕**防衛医科大学校を開校**　医師である幹部自衛官の養成や、自衛隊の医官の教育訓練を目的に、防衛医科大学校を開校。防衛庁の施設等機関に分類され、文部省所管の大学とは異なるが、医科大学に準じた扱いとなる。

5.16　〔自衛隊〕**航空自衛隊に、婦人自衛官が入隊**　航空自衛隊に、婦人自衛官として6人が入隊した。

6.5　〔自衛隊〕**陸上自衛隊、特別不発弾処理隊を編成**　陸上自衛隊は、沖縄に残る不発弾処理のため特別不発弾処理隊を編成、第1混成団に編合。

6.15　〔国際〕**日中国際対抗射撃大会で、自衛官初の訪中**　中国・北京で開催された日中国際対抗射撃大会に、自衛隊体育学校の渡辺三等陸佐ほか8人が参加。自衛官として初の訪中となった。

6.27　〔法律〕**「環境整備法」の公布・施行**　昭和41年施行の「防衛施設周辺の整備等に関する法律」を廃止し、防衛施設の周辺地域における民生安定諸施策を強化するための「防衛施設周辺の生活環境の整備等に関する法律（環境整備法）」を公布・施行。

7.8　〔事件〕**自衛隊機、民家に墜落**　自衛隊機が、愛知県小牧市の民家に墜落し、住民2人と乗員3人が死亡した。

7.10　〔事件〕**沖縄の米兵、住民に発砲・負傷させる**　沖縄県伊江島の米兵が、住民に対し発砲し、負傷させたうえ基地外に放り出す事件が発生。30日、日米合同委員会において、米兵発砲事件の裁判管轄権を討議するが、主張は対立。

8.1　〔自衛隊〕**陸自、第1戦車団、第7高射特科群等を新編**　陸上自衛隊は、第1戦車団、第7高射特科群等を新編したほか、第3高射特科群等を改編した。

8.26　〔自衛隊〕**大震災対処のため陸海空自協同の指揮所演習**　防衛庁は、関東南部に大震

災が発生したと想定し、初めて陸上自衛隊、海上自衛隊、航空自衛隊の協同による大震災対処のための指揮所演習を実施した。

8.27 〔事件〕**自衛隊機、墜落**　自衛隊機が、宮崎県須木村に墜落。乗員は無事脱出したが、民家3棟が半焼した。

9.10 〔国際〕**米退役将校、米軍艦に核兵器搭載と発言**　米国海軍のジーン・ラロック退役少将は、米国議会において「核兵器搭載能力のある米軍艦は日本の港に入る時も核兵器を搭載している」と発言。非核三原則に抵触するとして日本に大きな衝撃を与えた。10月12日米国政府は、この発言は一個人の発言であり、米国政府の見解を代表したものではないと発表。

9.12 〔自衛隊〕**海自、婦人自衛官第1期公募幹部特別講習**　海上自衛隊は、婦人自衛官第1期公募幹部の7人に、9月12日～11月5日江田島において特別講習を実施。また、昭和49年度に幹部7人、海曹16人を基幹要員として採用した。

11.11 〔政治〕**第2次田中第2次改造内閣が発足**　第2次田中角栄第2次改造内閣が発足。防衛庁長官には宇野宗佑が就任した。

11.19 〔政治〕**自衛隊の宗教活動関与を禁止**　防衛庁は、防衛次官通達により、自衛隊員の宗教活動への関与を禁止した。

11.23 〔事件〕**第十雄洋丸事件**　東京湾の中ノ瀬航路を航行中であった日本船籍のLPG・石油混載タンカー「第十雄洋丸」の右舷船首へ、木更津港を出港して中ノ瀬航路に入ろうとしたリベリア船籍の貨物船「パシフィック・アレス」が正面から突っ込む形での衝突事故が発生。積荷のナフサが衝突時に生じた火花で引火して爆発し大火災となり、さらに周辺海域へ流れ出したナフサが海面で炎上。海上保安庁からの依頼を受け、防衛庁長官宇野宗佑は海上自衛隊に災害派遣により2隻を撃沈処分することを命じた。

12.9 〔政治〕**三木内閣が発足**　三木武夫内閣が発足し、防衛庁長官には坂田道太が就任した。

12.29 〔事件〕**流出重油回収のため災害派遣**　12月18日に岡山県倉敷市の三菱石油水島製油所の重油タンクが破損し、重油が流出した。陸上自衛隊・海上自衛隊は、流出した重油の回収作業のため、岡山県、香川県、徳島県の各県に出動。

1975年
（昭和50年）

2.22 〔事件〕**反戦自衛官裁判で無罪判決**　70年安保闘争を前に治安出動訓練を拒否し逮捕された反戦自衛官小西誠三曹が、1969年11月22日「政府の活動能率を低下させるサボタージュを煽動した」として、「自衛隊法」第64条違反（煽動罪）で新潟地裁に起訴された。戦後初の自衛官の政治裁判として注目され、また自衛隊・自衛隊法の違憲性を問う憲法裁判となったが、1975年2月22日「検察側の証明不十分」で無罪とい

う、憲法判断を回避した判決が下された。

3.2 〔政治〕「防衛を考える会」を発足　坂田道太防衛庁長官は、「防衛を考える会」の発足を表明。9月14日同会は、防衛の上限を提言した。

3.26 〔兵器〕航空自衛隊、T-2練習機量産初号機を受領　航空自衛隊は、初の国産超音速ジェット機であるT-2練習機の量産初号機を受領。

3.26 〔国際〕「生物兵器禁止条約」を発効　1971年に国連軍縮会議で「生物兵器禁止条約（細菌兵器（生物兵器）及び毒素兵器の開発、生産及び貯蔵の禁止並びに廃棄に関する条約）」が作成され、国連総会で決議された。1972年4月より署名が開始され、1975年3月26日条約が発効された。日本は1982年6月8日発効。

4.1 〔自衛隊〕4次防後の防衛力整備計画案作成を指示　坂田道太防衛庁長官は、第4次防衛力整備5か年計画が終了する昭和52年以後の防衛力整備計画案の作成に関する指示を出した。10月29日には防衛庁長官は第4次防衛力整備計画後の防衛力整備を実施していくための基本構想として基盤的防衛力構想を示した。防衛力は、軍事的脅威に直接対抗するのではなく、独立国として必要最小限の基盤的なものでよいとした。

4.1 〔自衛隊〕海自、自衛艦隊指揮管制システム運用開始　海上自衛隊は、コンピュータを駆使したSFシステム（自衛艦隊指揮管制システム）の運用を開始した。

4.2 〔政治〕防衛関係予算21.43％増　昭和50年度の予算が成立。防衛庁の関係費は一般会計予算の6.23％をしめ、前年度比21.43％増となった。

4.19 〔事件〕米兵女子中学生を暴行　沖縄金武村で米軍兵士が女子中学生二人を暴行した。米軍は犯人引き渡しを拒否。

4.23 〔国際〕日米安保はアジア太平洋の安定の定石と発言　ジェラルド・フォード米国大統領は、演説で米国にとってのインドシナ戦争（ベトナム戦争）は終わったとして、「日米安全保障条約」はアジア・太平洋の安定の定石であると発言した。4月30日ズオン・バンミン南ベトナム大統領は、無条件降伏をし、解放軍がサイゴンに無血進駐した。

6.17 〔基地〕小松基地騒音訴訟のための原告団を結成　航空自衛隊小松基地周辺住民は、戦闘機騒音公害差し止めの請求訴訟のための原告団を結成した。9月16日、原告団は金沢地裁小松支部に戦闘機の離着陸差し止めと騒音被害の慰謝料請求訴訟を提訴した。

6.19 〔事件〕潜水艦おやしお、貨物船と衝突　瀬戸内海において、海上自衛隊の潜水艦「おやしお」と貨物船が衝突した。

8.10 〔自衛隊〕永年勤続者表彰制度の発足　防衛庁において、永年勤続者表彰制度が発足した。

8.23 〔日米安保条約〕公明党、「日米安保廃棄問題」で補足　公明党、「日米安全保障条約」の廃棄問題で補足したが、外交交渉に合意して補足を即時廃棄。

8.29 〔国際〕日米防衛首脳会談を開催　坂田道太防衛庁長官とジェームズ・R.シュレシンジャー米国国防長官による日米防衛首脳会談が、東京で日米防衛協力に関する諸問題について研究協議するため開催された。この会談で、日米安全保障協議委員会の枠内で新しい協議の場を設けること、防衛庁長官と米国国務長官の間で原則年1回の

会談をもつことで合意した。

9.16 〔基地〕**小松基地騒音訴訟** 航空自衛隊の愛知県小松基地周辺の住民が、戦闘機の離着陸差し止めと騒音被害の慰謝料を求めて金沢地裁小松支部に提訴。

9.24 〔事件〕**ソ連機、領空侵犯** ソビエト連邦の航空機が伊豆諸島式根島・神津島の上空を領空侵犯。

9.26 〔兵器〕**74式戦車納入式を挙行** 三菱重工業において、陸上自衛隊に納入する74式戦車納入式を挙行。

11.13 〔自衛隊〕**ポスト4次防計画の経費試算を提出** 防衛庁は、第4次防衛整備5か年計画後のポスト4次防計画の経費を試算し、国防会議議員懇談会に提出した。

12.20 〔日米安保条約〕**社会党3議員、安保廃棄試論を発表** 社会党の楢崎弥之助、田英夫、秦豊は、「日米安全保障条約」廃棄に至るまでの3段階試論を発表した。

12.30 〔政治〕**4次防の主要項目取扱について決定** 国防会議において第4次防衛力整備5か年計画の主要項目である、戦車・艦艇・戦闘機などの整備数量の変更について決定され、12月31日閣議にて決定された。

1976年
（昭和51年）

1.19 〔政治〕**共産党、民主連合政府で自衛隊は削減** 宮本顕治日本共産党委員長は、「民主連合政府で自衛隊は削減して民主化」と言明した。

1.23 〔兵器〕**防衛庁、次期FX候補を米国製にしぼる** 防衛庁は、次期次期主力戦闘機候補として米国製のF14、F15、F16の3機種に絞った。第4次防衛力整備計画の一環として次期対潜機PXLの国内開発を計画していたが白紙になったことから、2月9日久保卓也防衛事務次官は「PXL国産の白紙還元は当時の田中首相・後藤田官房副長官・相沢主計局長が決定した」と発言。2月21日坂田道太防衛庁長官は、久保次官を訓戒処分とした。

4.7 〔自衛隊〕**一般曹候補学生教育開始** 自衛隊で第1期一般曹候補学生の入隊式が行われた。

4.28 〔基地〕**横田基地周辺住民、夜間飛行禁止を訴え** 横田基地公害訴訟団は、東京地裁に対し、米軍機の夜間飛行禁止を訴えた。

6.4 〔政治〕**第2回『防衛白書』を発表** 防衛庁は、第2回『日本の防衛―防衛白書』を発表。以後、毎年発表する。

7.7 〔国際〕**ソ連、沖縄南東海域で海空合同演習** 防衛庁はソ連が沖縄南東海域で海空合同演習を実施していると判断した。

7.8 〔国際〕**日米安保協議委の下部に防衛協力小委を組織** 日米安全保障協議委員会第16回会合において、同委員会の下部組織として日米防衛協力小委員会を設置した。有

1977年（昭和52年）   日本安全保障史事典

事における日米間の協力の在り方について研究、協議された。

7.17 〔自衛隊〕**海自、護衛艦初のハワイ派遣訓練** 海上自衛隊第23護衛隊は、ハワイ派遣訓練に出発。初めての護衛艦のハワイ派遣となった。

9.6 〔事件〕**ベレンコ中尉亡命事件** ソ連のチュグエフカ基地から訓練目的で離陸したヴィクトル・ベレンコ防空軍中尉が操縦するMIG（ミグ）-25戦闘機が、演習空域に向かう途中でコースを外れ、函館空港に強行着陸。9月9日、ベレンコ中尉は米国に亡命。9月22日ソ連が機体調査に抗議したため、10月2日外務省は機体の返還をソ連に通告。11月12日、日立港にて機体をソ連に引き渡した。

9.8 〔基地〕**厚木基地周辺住民、夜間飛行禁止で提訴** 米軍厚木基地周辺住民が、横浜地裁に対し、国を相手取り夜間飛行の禁止と損害賠償を求め提訴。

9.15 〔政治〕**三木改造内閣が発足** 三木武夫改造内閣が発足。坂田道太防衛庁長官は留任。

10.29 〔政治〕**「防衛計画の大綱について」決定** 国防会議、閣議において、第4次防衛力整備5か年計画後の「防衛計画の大綱について」を決定。「基盤的防衛力構想」を採用し、長期的な防衛計画は行わず、平時における防衛力の上限のみを定めた。11月5日国防会議・閣議において当面の防衛力整備について決定。防衛関係経費の目途を示すため、当面各年度の防衛関係経費の総額が当該年度の国民総生産の100分の1に相当する額を超えないことを目処とする「防衛費対GNP1％枠」が決定した。

12.9 〔兵器〕**F-4EJ戦闘機の後継、F-15を採用** 防衛庁は、F-4EJ戦闘機の後継戦闘機として、米国マクダネル＝ダグラス社製のF-15を採用するとした。昭和52年度以降5個飛行隊分123機の整備に着手することで関係省庁との調整することを決定。しかし、12月21日国防会議は、新戦闘機の昭和52年度からの着手見送りと、53年度に整備に着手することを目処に検討を進めることを了承した。

12.24 〔政治〕**福田内閣が発足** 福田赳夫内閣が発足し、防衛庁長官には三原朝雄が就任した。

1977年
（昭和52年）

1.7 〔政治〕**福田内閣初の国防会議開催** 福田内閣で初めての国防会議が開催され、福田赳夫首相は国防会議を国家安全保障会議的なものに位置付けると関係省庁に検討を指示した。

2.17 〔基地〕**水戸地裁、百里基地訴訟で判決** 茨城県小川町（現・小美玉市）に航空自衛隊百里基地を設置する際、基地建設予定地を所有していた住民が、建設反対派の住民に売った土地の契約を解除して、防衛庁にその土地を売った。土地所有権の帰属に関連し、自衛隊の合憲性も争点となった。水戸地裁では、統治行為論が適用され、自衛隊は裁判所の審査対象にならないとし、国側の主張を認める判決を下した。

4.1 〔自衛隊〕**防衛マイクロ回線の建設** 自衛隊自らが運用する通信ネットワークシステ

― 74 ―

日本安全保障史事典　　　　　　　　　　　　　　　　　　　　　　　1977年（昭和52年）

ムとして防衛マイクロ回線の整備を開始。1984年度までにその整備が完了し、各自衛隊の指揮通信システムの共通伝送路となった。

4.15 〔自衛隊〕**防衛計画の体系化が確立**　第4次防衛力整備計画後の防衛計画の体系化が確立した。

4.18 〔自衛隊〕**防衛医科大学校病院を開設**　防衛医科大学校の附属病院として防衛医科大学校病院が開設された。

4.18 〔国際〕**第4回日米防衛協力小委員会**　第4回日米防衛協力小委員会が開催され、作戦・情報・後方支援の3部会の設置を合意した。

5.15 〔基地〕**沖縄の公用地法による土地使用期限切れ**　沖縄の公用地法による土地の使用期限が切れ、一時的に反戦地主の土地を日本政府が「不法占拠」している状態が発生した。

5.18 〔政治〕**「沖縄土地境界明確化法」を公布・施行**　防衛施設及び隣接する土地の位置境界を明確化するため「沖縄県の区域内における位置境界不明地域内の各筆の土地の位置境界の明確化等に関する特別措置法（沖縄土地境界明確化法）」を公布・施行。付則で、公用地法の期限が5年延長された。

5.26 〔政治〕**衆院議員運営委、防衛特別委を設置**　衆議院議員運営委員懇談会は、防衛特別委員会の設置で合意した。

7.1 〔法律〕**海洋二法を施行**　「200海里漁業水域法」、「領海12海里法」からなる海洋二法を施行。

7.29 〔政治〕**『防衛白書』閣議了承**　1977年版の『日本の防衛―防衛白書』が閣議了承された。

7.30 〔事件〕**ソ連艦、領海侵犯**　ソビエト連邦の駆逐艦が領海侵犯。

8.10 〔団体〕**防衛庁、有事法研究を開始**　防衛庁は、有事における法律の研究を開始した。

8.16 〔国際〕**第5回日米防衛協力小委員会**　外務省において、第5回日米防衛協力小委員会を開催。作戦・情報交換・後方支援について共同研究を行った。

8.24 〔兵器〕**防衛庁、次期対潜哨戒機にP-3C導入**　防衛庁は、次期対潜哨戒機に米国ロッキード社製のP3C導入を正式に決定した。

9.7 〔事件〕**ソ連機、領空侵犯**　ソビエト連邦の爆撃機が長崎県五島列島西方の上空を領空侵犯。

9.14 〔国際〕**第2回日米防衛首脳会談**　三原朝雄防衛庁長官とハロルド・ブラウン米国国防長官による第2回日米防衛首脳定期会談が、米国・ワシントンで、開催された。

9.26 〔兵器〕**航空自衛隊、F-1を三沢基地に配備**　航空自衛隊は、支援戦闘機F-86Fの後継機としてT-2練習機の改造型であるF-1を三沢基地に配備した。

10.14 〔自衛隊〕**栗栖陸幕長、統幕議長は認証官であるべき**　栗栖弘臣陸幕長は、記者会見において「統幕議長は、認証官であるべき」と発言。

10.30 〔社会〕**防衛庁、防衛に関する意識調査を発表**　防衛庁は、防衛に関する意識調査を

－ 75 －

発表した。自衛隊は「あったほうがよい」が33%にのぼった。

11.28　〔政治〕**福田改造内閣が発足**　福田赳夫改造内閣が発足し、防衛庁長官には金丸信が就任した。

11.30　〔基地〕**米軍立川基地を全面返還**　米軍は、米軍立川基地を32年ぶりに全面返還した。また、沖縄県の嘉手納基地の一部も返還された。

12.22　〔基地〕**在日米軍駐留経費負担の決定**　米国からの要請を受け金丸信防衛庁長官が、在日米軍基地で働く日本人従業員の給与の一部を日本側が負担するとした。政府は、昭和53年度から在日米軍経費一部負担を決定。日米地位協定の枠を超える負担に対して、金丸が「思いやりの立場で対処すべき」としたことから、思いやり予算と呼ばれるようになった。内訳は、在日米軍基地職員の労務費、基地内の光熱費・水道費、訓練移転費、施設建設費など。

12.27　〔法律〕**「防衛庁設置法」、「自衛隊法」の一部改正**　防衛庁設置法、自衛隊法の一部を改正する法律が公布・施行。一部1978年3月31日施行。自衛官の定員を1807人増員して26万7853人としたほか、航空自衛隊の輸送航空団の新設、第3航空団司令部の愛知県から青森県への移動などが盛り込まれた。これに伴い、1978年3月31日輸送航空団司令部、第1・第2・第3各輸送航空隊を編成。第3航空団は愛知県小牧市から青森県三沢市に移動し、北部航空方面隊に隷属替えとなった。

12.28　〔兵器〕**F-15戦闘機、P-3C哨戒機の導入**　国防会議でF-15戦闘機及びP-3C対潜哨戒機の導入が決定された。29日閣議で了解。

1978年
（昭和53年）

2.15　〔兵器〕**次期戦闘機・次期対潜哨戒機は「非戦力」とする見解**　自衛隊の「戦力」議論の高まりを受け、2月14日防衛庁は衆議院予算委員会に「F-15次期戦闘機、P-3C次期対潜哨戒機は憲法で禁じた「戦力」には当たらない」とする見解を提出。2月15日、社会党は同委員会で、見解の撤回を要求。また党声明で政府を批判した。

3.17　〔事件〕**ソ連機、領空侵犯**　ソビエト連邦の航空機が長崎県対馬東方の上空を領空侵犯。

4.12　〔事件〕**中国漁船団、尖閣諸島海域に領海侵入**　東シナ海・尖閣諸島周辺海域に中国漁船団100隻余が接近。うち十数隻が日本の領海12海里内に侵入した。

5.23　〔政治〕**国連軍縮特別総会に向け、軍縮で国会決議**　衆議院は、国連軍縮特別総会に向け、「包括的核実験停止条約」の早期締結、非核武装地帯設置への努力などを盛り込んだ軍縮決議を採択。5月24日には参議院で採択した。

6.6　〔国際〕**米国防長官、日本海周辺軍事力でソ連を牽制**　ハロルド・ブラウン米国国防長官は、「有事の際ソ連が日本海周辺に軍事力を集中させたら、米国も同地域に軍事力を送り込む」ことを強調し、ソ連を牽制した。

日本安全保障史事典　　　　　　　　　　　　　　　　　　　　1978年（昭和53年）

6.15　〔法律〕**自衛隊に地震防災派遣任務を追加**　「自衛隊法」の改正を行い、自衛隊に地震防災派遣を追加した。「大規模地震対策特別措置法」を公布。

6.20　〔基地〕**金丸防衛庁長官、思いやり予算増額を約束**　金丸信防衛庁長官は、訪米先で在日米軍駐留経費日本側負担分（通称「思いやり予算」）の増額を約束した。

6.21　〔自衛隊〕**金丸防衛庁長官、軍事侵略に対する作戦研究指示**　金丸信防衛庁長官は、陸海空自衛隊に対し、外国からの軍事侵略の作戦研究に着手するよう指示を出した。

7.27　〔政治〕**福田首相、防衛庁に有事立法等の研究を指示**　福田赳夫首相は、防衛庁当局に対して、国防会議議員懇談会において有事立法と有事に備えての防衛研究の促進、民間防衛体制についての研究を指示した。8月16日公明党は、有事立法に関して賛成する基本的見解を発表した。

7.28　〔政治〕**『防衛白書』閣議了承**　1978年版の『日本の防衛―防衛白書』が閣議了承された。

7.28　〔政治〕**栗栖統合幕僚会議議長、超法規的行動発言**　栗栖弘臣統合幕僚会議議長は、週刊誌上で「現行の自衛隊法には穴があり、奇襲侵略を受けた場合、首相の防衛出動命令が出るまで動けない。第一線部隊指揮官が超法規的行動に出ることはありえる」と有事法制の早期整備を促す「超法規発言」を行った。これが政治問題化し、記者会見でも信念を譲らなかったため、統合幕僚会議議長を更迭。後任に、高品武彦が就任した。

8.12　〔国際〕**「日中平和友好条約」調印**　中国・北京において「日中平和友好条約（日本国と中華人民共和国との間の平和友好条約）」を調印。10月23日公布・施行となった。

8.23　〔政治〕**防衛費が世界7位の予算となる**　防衛庁および防衛施設庁の、昭和54年度防衛費として2兆1341億円の予算を要求。世界第7位の金額となった。

9.21　〔自衛隊〕**防衛庁、有事法制研究に理解を求める**　8月7日より防衛庁は、有事法制研究を開始。9月21日、有事法制研究の在り方、目的などを公表し、国民の理解を求めた。

10.9　〔法律〕**福田首相、機密保護立法の検討を表明**　福田赳夫首相は、将来において機密保護立法を検討する考えがあることを表明した。また、一般国民にも適用する考えも表明。

11.27　〔国際〕**「日米防衛協力のための指針」に了承**　第17回日米安全保障協議委員会が開催され、防衛協力小委員会報告の「日米防衛協力のための指針」（ガイドライン）を了承した。日本に対する武力攻撃の日米協力の枠組みを定めたもので、海上自衛隊は米海軍と協力して周辺海域の防衛のための海上作戦、および海上交通の保護のための海上作戦を実施するとされた。以後、シーレーン保護問題に注目が集まった。28日国防会議で審議され、同日閣議にて了承。

11.27　〔国際〕**空自、初の日米共同訓練**　航空自衛隊は、三沢沖及び秋田沖において、初の日米共同訓練を実施した。12月1日まで。

12.5　〔事件〕**ソ連機、領空侵犯**　ソビエト連邦の航空機が北海道礼文島北方の上空を領空侵犯。

12.7　〔政治〕**第1次大平内閣が発足**　第1次大平正芳内閣が発足し、防衛庁長官には山下元

― 77 ―

利が就任した。

1979年
（昭和54年）

1.8 〔兵器〕**早期警戒機導入疑惑** 早期警戒機E-2Cの売り込みにあたり、米国のグラマン社の元副社長トーマス・P.チータムが岸信介・福田赳夫・松野頼三・中曽根康弘と個別に会談し、日商岩井を代理店に推薦されたと発言。1月9日東京地方検察庁が捜査開始。

1.11 〔兵器〕**早期警戒機導入決定** グラマン社の早期警戒機E-2Cの導入を、国防会議と閣議で決定。

3.22 〔事件〕**自衛官合祀拒否訴訟で違憲判決** 1968年1月12日公務中の交通事故で殉職した自衛官が山口県護国神社に合祀された件で、遺族が信教の自由を侵害、政教分離の原則に違反しているとして起こした訴訟で、山口地方裁判所は違憲と判決。

5.24 〔自衛隊〕**指揮所演習による統合演習実働** 陸上自衛隊の第2普通科連隊戦闘団が海上で機動。第13普通科連隊戦闘団が空輸で機動。

7.17 〔政治〕**中期業務見積り発表** 防衛庁長官山下元利が、陸上自衛隊戦車300両整備、海上自衛隊各種艦艇39隻建造、航空自衛隊作戦用航空機94機整備など、昭和55年度～昭和59年度の中期業務見積りを閣議・国防会議に諮らず承認。

7.25 〔国際〕**山下防衛庁長官が初訪韓** 防衛庁長官山下元利が、7月26日まで現職の防衛庁長官として初の訪韓。韓国国防部長官盧載鉉らと会談。

7.30 〔事件〕**継続任用拒否処分取り消し請求却下** 東京地方裁判所が、元自衛官継続任用拒否処分の取り消し請求を却下。

7.31 〔国際〕**日米安保事務レベル協議** 日米安保事務レベル協議が行われた。

8.16 〔国際〕**日米防衛首脳会談** 山下元利防衛庁長官とハロルド・ブラウン米国国防長官による日米防衛首脳定期会談が行われた。

8.18 〔国際〕**米軍による沖縄上陸大演習開始** 米国第7艦隊と第3海兵水陸両用軍約4万人による、合同沖縄上陸演習を約2週間にわたり実施。8月27日に陸上自衛隊尉官13人が同行していたことが判明。

10.1 〔自衛隊〕**自衛隊幹部・准尉の定年延長** 自衛隊員の定年が、二佐以下の幹部および准尉で50歳から51歳に延長。

10.2 〔国際〕**「北方領土におけるソ連軍の動向」発表** 防衛庁長官山下元利が、報告書「北方領土における最近のソ連軍の動向について」を閣議に提出。北方領土におけるソ連軍の部隊規模が師団規模に近づきつつある等と公表。

11.9 〔政治〕**第2次大平内閣が発足** 第2次大平正芳内閣が発足し、久保田円次が防衛庁長官に就任。

11.15 〔事件〕ソ連機、領空侵犯　ソビエト連邦の航空機が沖縄県尖閣諸島の上空を領空侵犯。

1980年
（昭和55年）

1.13 〔国際〕ブラウン米国国防長官来日　ハロルド・ブラウン米国国防長官が訪中の帰途来日。14日に首相大平正芳と会談し、日本の防衛努力を要請。

1.18 〔事件〕宮永スパイ事件　自衛隊の防衛情報を、在日ソ連大使館員ユーリー・N.コズロフを通じてソ連へ漏洩した疑いで、元陸将補宮永幸久と現職自衛官2人が逮捕される。コズロフは1月19日に帰国。4月14日に東京地方裁判所で、元陸将補に懲役1年、両自衛官に懲役8カ月の判決が言い渡され、被告等は控訴せず確定。

2.4 〔政治〕久保田防衛庁長官辞任　防衛庁長官久保田円次が、宮永スパイ事件の責任を取る形で引責辞任。後任に細田吉蔵が防衛庁長官に就任。

2.12 〔団体〕永野陸上幕僚長辞任　陸上幕僚長永野茂門が、宮永スパイ事件の責任を取る形で辞任。後任に鈴木敏通が陸上幕僚長に就任。

2.26 〔自衛隊〕海上自衛隊のリムパック初参加　海上自衛隊が、ハワイ周辺海域で行われる米海軍主催の「環太平洋合同演習（リムパック）80」に初参加。ほかにカナダ、オーストラリア、ニュージーランドの各海軍が参加し、3月18日に終了した。

3.20 〔国際〕大来外務大臣とブラウン国務長官が会談　外務大臣大来佐武郎が訪米中に、米国国防長官ハロルド・ブラウンと会談。ブラウンが「中期業務見積り」の1年繰り上げ達成を要望。

5.1 〔国際〕大平首相とカーター大統領が会談　首相大平正芳が訪米中に、米国大統領ジミー・カーターと会談し、米国と「共存共苦」の姿勢での協力を表明。カーターが「中期業務見積り」の早期達成を要請。

5.28 〔国際〕日米装備・技術定期協議開催で合意　防衛事務次官亘理彰と米国国防次官ベイリーが、日米防衛相互の意思疎通の緊密化を図るため、「日米装備・技術定期協議」の第1回協議を9月にワシントンで開催することで合意。

6.29 〔事件〕ソ連機、領空侵犯　ソビエト連邦の航空機が石川県能登半島北方の上空を領空侵犯。

7.17 〔政治〕鈴木内閣が発足　鈴木善幸内閣が発足し、大村襄治が防衛庁長官に就任。

7.17 〔政治〕参議院特別委員会の設置　参議院に、安全保障及び沖縄・北方問題に関する特別委員会を設置。

8.15 〔政治〕徴兵制問題に関する閣議決定　日本社会党衆議院議員稲葉誠一が、7月25日衆議院議長宛提出の「徴兵制問題に関する質問主意書」に対し、「徴兵は違憲、有事の際も許されない」と閣議で決定。答弁書を衆議院議長宛提出。

1981年（昭和56年）　　　　　　　　　　　　　　　　　　　日本安全保障史事典

8.18　〔事件〕ソ連機、領空侵犯　ソビエト連邦の航空機が長崎県五島列島東南の上空を領空侵犯。

8.18　〔兵器〕要撃機、ミサイル搭載　航空自衛隊が、ミサイルを要撃機に搭載開始。

8.19　〔兵器〕実装魚雷、搭載　海上自衛隊、即応態勢向上のため、護衛艦などへの実装魚雷の搭載を発表。9月1日、艦艇の一部に装備開始。

9.3　〔国際〕日米装備・技術定期協議の開催　第1回の「日米装備・技術定期協議」（S&TF）を、ワシントンで開催。9月4日まで。

10.1　〔自衛隊〕自衛隊一佐・一曹の定年延長　自衛隊員の定年が、一佐を54歳に、一曹を51歳に延長。

10.18　〔自衛隊〕自衛隊殉職者慰霊碑建替え　自衛隊市ヶ谷駐屯地で、自衛隊殉職者慰霊碑の建替えによる除幕式を挙行。

11.17　〔基地〕沖縄未契約米軍用地強制使用手続き開始　那覇防衛施設局が、「駐留軍用地特別措置法」による1982年5月14日の公用地法期限をひかえ、沖縄の未契約米軍用地の強制使用手続きを開始。

11.29　〔法律〕「防衛庁設置法」等の一部改正、公布・施行　防衛庁設置法等の、自衛官の定数を2331人増員し27万184人に、予備自衛官の員数を2000人増員し4万1600人に改定。陸上自衛隊の第7師団を機甲師団に改編、第2混成団を独立部隊に新編。海上自衛隊に潜水艦隊新編。航空自衛隊の補給統制処廃止して補給本部設置など。一部を改正する法律を公布・施行。

11.29　〔自衛隊〕自衛隊階級新設　自衛隊が、「自衛隊法」の改正で曹長の階級を新設。

12.1　〔政治〕総合安全保障関係閣僚会議の設置　国防会議とは別組織として、内閣に軍事力のみに頼らない経済や外交を含めた安全保障体制を目指す、総合安全保障関係閣僚会議を設置。2日、原子力等代替エネルギーの開発などについて協議。

12.22　〔兵器〕空対艦誘導弾、制式化　航空自衛隊が、80式近距離空対艦誘導弾（ASM-1）を正式化。

1981年
（昭和56年）

1.6　〔政治〕「北方領土の日」の閣議決定　1980年12月に「北方領土」に関する懇談会が開催され、この懇談会の答申を受けて、1855年に江戸幕府とロシアとの間で国境の取り決めが行われた、日露和親条約調印の2月7日を毎年「北方領土の日」にすると、閣議で了解。

2.1　〔団体〕竹田統合幕僚会議議長発言問題　統合幕僚会議議長竹田五郎が、月刊誌『宝石』3月号で「徴兵制を違憲とする政府見解」と「防衛費GNP1%枠」に異議を唱え防衛政策を批判したことが判明。問題となる。

－ 80 －

| | | 日本安全保障史事典 | | 1981年（昭和56年） |

2.4　〔政治〕**鈴木首相、竹田発言で陳謝**　首相鈴木善幸が、竹田五郎統合幕僚会議議長の徴兵制違憲をめぐる2月1日の発言で陳謝。

2.10　〔自衛隊〕**海上自衛隊、潜水艦隊を新編**　海上自衛隊が、潜水艦部隊の指揮・管理機能強化のため潜水艦隊を新編。自衛艦隊に編入し、司令部を常時海上で行動させて、訓練の精到を期す。

2.16　〔自衛隊〕**統合幕僚会議議長更迭**　統合幕僚会議議長竹田五郎が、月刊誌『宝石』3月号で「徴兵制を違憲とする政府見解」と「防衛費GNP1％枠」に異議を唱え防衛政策を批判したことで、大村襄治防衛庁長官は竹田統合幕僚会議議長を戒告処分とし、統合幕僚会議議長はこれを受け責任を取り退官。代わりに矢田次夫が統合幕僚会議議長に任命される。

3.20　〔基地〕**未契約米軍用地5年間強制使用申請**　那覇防衛施設局長が、未契約米軍用地の5年間強制使用の裁決を、沖縄県収用委員会に申請。

3.25　〔自衛隊〕**陸上自衛隊、師団改編**　陸上自衛隊が、第7師団を機甲化に改編し、第2混成団を新編。第8師団を甲師団に改編。

3.27　〔兵器〕**米国よりF-15戦闘機到着**　航空自衛隊が1976年12月に次期主力戦闘機として採用した、F-15戦闘機の1・2号機が米国より岐阜基地に到着。

3.27　〔事件〕**反戦自衛官裁判差戻審**　新潟地方裁判所が、東京高等裁判所からの差戻審で、小西誠被告の行為は言論の自由の範囲内とし、憲法判断を回避して無罪。検察側は控訴せず無罪判決が確定。

4.8　〔団体〕**「日米共同作戦研究」「防衛研究」の報告**　防衛庁が、「日米共同作戦研究」「防衛研究」を鈴木善幸首相に報告した。

4.9　〔事件〕**米原潜あて逃げ事件**　米国原子力潜水艦ジョージ・ワシントンが、東シナ海において浮上した際に貨物船日昇丸と衝突。日昇丸は沈没し、船員2人が死亡、13人が海上自衛隊の護衛艦「あきぐも」と「あおくも」によって救助される。原潜は救助活動をせず現場を立ち去り、原潜の艦長は艦長資格剥奪処分となる。

4.22　〔法律〕**有事法制の法令区分公表**　防衛庁が、「有事法制の研究について」で研究対象となる、自衛隊が防衛出動を命じられた際の現行法制上の諸問題、法令区分等の中間報告を公表。

4.29　〔兵器〕**対潜哨戒機P-3C、導入開始**　海上自衛隊が、対潜哨戒機P-3Cの最初の3機を米国で引き渡され、導入を開始。

5.7　〔国際〕**鈴木首相とレーガン大統領が会談**　訪米中の首相鈴木善幸が、米国大統領ロナルド・レーガンと会談し、8日に共同声明を発表。両国が同盟関係にあることを初めて明記し、日本が日本領域と周辺海空域の防衛力強化にいっそう努力すると約束。

5.8　〔政治〕**シーレーン防衛の表明**　首相鈴木善幸が、海上交通路1000海里防衛を記者会見で表明。以後、米国から日本の対米公約として、ソ連原子力潜水艦への制圧共同作戦を要求される。

5.12　〔国際〕**日米秋田県沖合同演習**　海上自衛隊と在日米軍との合同演習が、10年ぶりに秋田県沖で開始。漁船のはえなわを再三切断し問題となり、21日に演習の中止を決定。

– 81 –

1981年（昭和56年）	日本安全保障史事典

5.18 〔事件〕ライシャワー発言　『毎日新聞』が元駐日米国大使エドウィン・ライシャワーのインタビュー記事を掲載。ライシャワーは、核兵器を積んだ米国艦船が日本に寄港したことがあり、このことは日米の了解済である、と17日発言。日本政府は、非核三原則の堅持、核兵器を積んだ米国艦船の日本寄港・領海通過は事前協議対象、として了解の存在を18日否定。

5.22 〔事件〕核兵器持込疑惑発言　元米国国務次官アレクシス・ジョンソンが、1961年春まで岩国沖に核兵器を搭載した米国海軍揚陸艦（LST）が長期間常駐していたと発言。非核三原則への疑惑が拡大。

6.6 〔事件〕ソ連機、領空侵犯　ソビエト連邦の航空機が北海道礼文島北方の上空を領空侵犯。7月24日にも。

6.11 〔法律〕「自衛隊法」の改正　自衛官以外の隊員の定年及び定年退職の特例等、事務官等の定年制を導入。

6.15 〔政治〕竹入委員長自衛隊合憲論　公明党委員長竹入義勝が、自衛隊合憲論を表明。

7.7 〔基地〕百里基地訴訟の判決　東京高等裁判所が、百里基地訴訟の第2審において「自衛隊が公序良俗違反かどうかを問題としているに過ぎず、憲法違反の必要性自体が存在しない」として、基地反対派の住民は敗訴。

7.13 〔基地〕横田基地騒音訴訟の判決　東京地方裁判所八王子支部が、横田基地夜間飛行差し止め訴訟で、差し止めは却下し、過去分の慰謝料支払いを国に命じる。

7.15 〔自衛隊〕沖縄航空隊廃止　海上自衛隊が、沖縄航空隊を廃止。第5航空群を新編して航空集団に編入。

10.1 〔自衛隊〕日米共同訓練の実施　陸上自衛隊が、初の日米共同訓練を東富士演習場で、10月3日まで実施。

10.1 〔自衛隊〕自衛隊二佐から准尉までの定年延長　自衛隊員の定年が、二佐から准尉までを52歳に延長。

11.20 〔自衛隊〕防衛記念章制度の新設　自衛隊が、外国軍人との交流の際に勲章の略綬のようなものを制服に着用したいとの要望により、防衛記念章制度を新設し、1982年4月1日に施行。

11.30 〔政治〕鈴木改造内閣が発足　鈴木善幸改造内閣が発足し、伊藤宗一郎が防衛庁長官に就任。

12.1 〔団体〕公明党新基本政策の発表　公明党が、自衛隊合憲、「日米安全保障条約」存続の新基本政策を、3日まで開催された第19回党大会で発表。

12.11 〔兵器〕F-15J戦闘機国産初号機を受領　航空自衛隊が、初の国産F-15J戦闘機を受領し、新田原基地にF-15飛行隊を初編成。

- 82 -

1982年
（昭和57年）

1.8 〔国際〕**日米安保協議委員会、極東有事研究の開始**　第18回日米安保協議委員会で、極東有事研究の開始で合意。日米安保協議委員会は「日米安保条約」に基づく事前協議の場として重要な役割を果たす。

2.15 〔自衛隊〕**日米共同指揮所訓練の実施**　陸上自衛隊が、初の日米共同指揮所訓練「ヤマサクラ」を静岡県御殿場市滝ヶ原駐屯地で、19日まで実施。

2.26 〔基地〕**嘉手納基地爆音訴訟**　沖縄の嘉手納基地の周辺住民が、夜間飛行の差止と損害賠償を求めて訴訟。1998年に約13億円の支払いを命じた二審判決が確定したが、飛行差し止めは認められず。

3.22 〔自衛隊〕**リムパック82に参加**　海上自衛隊が、ハワイ周辺海域で行われる米海軍主催の「環太平洋合同演習（リムパック）82」に参加。ほかにカナダ、オーストラリア、ニュージーランドの各海軍が参加し、4月29日に終了した。

3.27 〔国際〕**米国防長官、1000海里防衛を要請**　首相鈴木善幸が、日米防衛首脳定期会議で米国国防長官キャスパー・ワインバーガーからシーレーン1000海里防衛を要請される。

4.1 〔基地〕**未契約米軍用地強制使用申請**　沖縄県収用委員会が、未契約米軍用地の5年間強制使用を、那覇防衛施設局長の申請通り認める。

4.3 〔事件〕**ソ連機、領空侵犯**　ソビエト連邦の航空機が長崎県男女群島西方の上空を領空侵犯。

4.30 〔法律〕**「自衛隊法施行令」等の一部改正**　「自衛隊法施行令等の一部改正する政令」の公布・施行。自衛隊法施行規則及び防衛庁職員の寒冷地手当支給則の一部改正する総理府令の公布・施行。自衛隊の「駐とん地」「分とん地」の表記を「駐屯地」「分屯地」と改める等を規定。

5.1 〔自衛隊〕**自衛隊一曹の定年延長**　自衛隊員の定年が、一曹を52歳に延長。

5.15 〔基地〕**沖縄所在施設等使用開始**　政府は、沖縄返還1年前の1971年12月に「公用地暫定使用法」で、5年間強制使用可能とし、1977年5月に「地籍明確化法」で使用期限を10年間延長。1982年に同法の期限が切れ、21年ぶりに「駐留軍用地特別措置法」に基づき、沖縄所在施設・区域内の一部土地の使用を開始。

5.20 〔政治〕**総合安保閣僚会議、シーレーン防衛の検討**　総合安全保障関係閣僚会議が、シーレーン防衛の本格検討に着手。

6.1 〔事件〕**自衛官合祀拒否訴訟の控訴審で違憲判決**　広島高等裁判所が、自衛官合祀拒否訴訟で、1979年3月22日に1審の山口地方裁判所が違憲と判決とした控訴審で、違憲と判決。

6.8 〔国際〕**「生物兵器禁止条約」の発効**　1925年のジュネーブ議定書で禁止されている、

— 83 —

細菌兵器・生物兵器・毒素兵器の開発・生産・貯蔵・廃棄の禁止に関する「生物兵器禁止条約（細菌兵器（生物兵器）及び毒素兵器の開発、生産及び貯蔵の禁止並びに廃棄に関する条約）」を日本が1972年4月10日に署名、1982年6月8日に、日本について発効。

6.9 〔国際〕**CCW本体、第I～III議定書の締結**　過剰な障害・無差別な効果を発生させる通常兵器の使用を禁止・制限する多国間条約の、特定通常兵器使用禁止制限条約（CCW）の第I議定書、第II議定書、第III議定書を締結。

7.1 〔自衛隊〕**防衛大学校1期生から将補への昇進**　防衛大学校第1期生の1957年卒業者から20人に、陸上自衛隊・海上自衛隊・航空自衛隊の将補へ初めて昇進を発令。陸上自衛隊の婦人自衛官から一等陸佐へ初めて昇進を発令。

7.23 〔政治〕**56中期業務見積りの了承**　防衛庁長官伊藤宗一郎が、昭和58年度から昭和62年度までを対象とする56中期業務見積りを国防会議に報告、了承される。

7.23 〔兵器〕**P-3C、F-15の取得数変更**　国防会議が、対潜哨戒機P-3C、戦闘機F-15の取得数を、1977年決定の各45機・100機から75機・155機に変更を決定。閣議で了解。

9.1 〔国際〕**シーレーン1000海里防衛共同研究で日米合意**　第14回日米安保事務レベル協議で、シーレーン1000海里防衛問題を、日米共同作戦研究のテーマとして継続協議することで合意。

9.9 〔基地〕**長沼ナイキ事件の最高裁判決**　北海道夕張郡長沼町の、航空自衛隊ナイキ地対空ミサイル基地建設に、反対する住民が基地に公益性がなく自衛隊は違憲、保安林解除は違法と主張して処分の取り消しを求めて起こした行政訴訟に、最高裁判所が、原告は適格でないとの理由で上告を棄却し、原告は敗訴。

10.1 〔自衛隊〕**海上自衛隊の少年術科学校廃止**　海上自衛隊が、少年術科学校を廃止し、第1術科学校に生徒部を新設。

10.20 〔基地〕**厚木基地夜間飛行差し止め訴訟**　1982年に厚木海軍飛行場で夜間離着陸訓練（NLP）が開始され、空母艦載機の騒音被害に対する住民訴訟で、横浜地方裁判所が夜間飛行差し止めは却下。国に過去分の損害賠償の支払いを命じる。

11.10 〔自衛隊〕**日米共同実働訓練の実施**　陸上自衛隊東部方面隊が、米軍国第9師団と東富士演習場で日本有事を想定した、初の日米共同実働訓練ヤマト82を18日まで実施。

11.12 〔自衛隊〕**砕氷艦「しらせ」の竣工**　海上自衛隊が、砕氷艦（南極観測船）「しらせ」を竣工。

11.27 〔政治〕**第1次中曽根内閣が発足**　第1次中曽根康弘内閣が発足し、谷川和穂が防衛庁長官に就任。

1983年
（昭和58年）

1.14 〔政治〕**対米武器技術供与を決定**　政府は米国の要請で、対米武器技術供与は武器輸出三原則の枠外として、日米相互防衛援助協定の枠組みのなかで、供与の道を開くことを決定。

1.19 〔事件〕**中曽根首相、浮沈空母発言**　首相中曽根康弘の「日本列島をソ連のバックファイアー爆撃機の侵入を阻止する浮沈空母として、3海峡の封鎖によりソ連船の通過を阻止する」との発言が『ワシントン・ポスト』で報道される。中曽根は記者会見で発言を否定。

3.1 〔事件〕**箕面忠魂碑慰霊祭住民訴訟**　箕面市の忠魂碑を移設・改築した行為、及び遺族会主催の慰霊祭に参列した市職員の行為が、政教分離違反かどうかを巡る住民訴訟で、大阪地方裁判所は、市職員の出席は違憲と判決。

3.12 〔国際〕**シーレーン防衛の研究開始**　第9回日米防衛協力小委員会で、シーレーン1000海里防衛を、日米防衛共同研究のテーマとして、研究着手に合意。

3.21 〔国際〕**米原子力空母、佐世保に入港**　米国原子力航空母艦エンタープライズが、15年ぶりに佐世保港に入港。また10月1日には原子力航空母艦カールビンソンが、佐世保港に入港。

4.1 〔自衛隊〕**自衛隊、二佐から准尉まで1年定年延長**　自衛隊の定年が、将は58歳、将補は55歳、一佐は54歳、二佐から准尉までは53歳、曹長・一曹は52歳、二曹・三曹は50歳となる。

5.16 〔自衛隊〕**日米共同指揮所訓練の実施**　陸上自衛隊が、初の米国本土における日米共同指揮所訓練を、カリフォルニア州フォートオードで20日まで実施。

6.12 〔政治〕**長谷川防衛庁長官、北方領土の視察**　防衛庁長官長谷川一穂が、北方領土を防衛庁長官として初の視察。

6.30 〔兵器〕**地対空ミサイル「ペトリオット」の選定**　航空自衛隊が、地対空ミサイル「ペトリオット」を「ナイキ」の後継機に選定。

10.8 〔政治〕**対米武器技術供与了解の書簡交換**　日米両政府は、対米武器技術供与了解の書簡を交換した。

10.15 〔事件〕**ソ連機、領空侵犯**　ソビエト連邦の航空機が北海道知床岬北東の上空を領空侵犯。

11.8 〔政治〕**対米武器技術供与の交換公文に署名**　日本国と米国との相互防衛援助協定に基づき、対米武器技術供与に関する交換公文に署名。

11.11 〔事件〕**第十八富士山丸事件**　日朝間を交易のため往復していた日本の貨物船「第十八富士山丸」が抑留され、うち船長と機関長が北朝鮮にスパイ容疑で拘束された。同船に密航した北朝鮮の兵士が亡命を求めたことなどによる。

11.15 〔事件〕ソ連機、領空侵犯　ソビエト連邦の航空機が福岡県沖ノ島北西の上空を領空侵犯。

11.18 〔自衛隊〕自衛隊、愛唱歌を披露　自衛隊が、自衛隊愛唱歌を日本武道館での自衛隊音楽祭りで披露。

12.2 〔法律〕「防衛庁設置法」と「自衛隊法」の一部改正、公布・施行　防衛庁の所掌事務、内部部局の所掌事務、施設等機関を規定する、防衛庁設置法を改正、自衛官の定数を1978人増員し27万2162人、予備自衛官の員数を2000人増員し4万3600人とする。同時に防衛庁設置法と合わせて防衛二法と呼ばれる、自衛隊法の一部を改正し、公布・施行。陸上自衛隊は北部方面隊に多連装ロケット中隊を新編、海上自衛隊は横須賀に誘導弾整備所を新編、航空自衛隊は三沢基地に臨時警戒航空隊、硫黄島を訓練場とする硫黄島基地隊を新編。

12.2 〔国際〕CCW本体、第I〜III議定書の発効　多国間条約の、特定通常兵器使用禁止制限条約（CCW）の第I議定書、第II議定書、第III議定書を、日本について発効。

12.12 〔自衛隊〕航空自衛隊、日米共同指揮所訓練を実施　航空自衛隊が、初の日米共同指揮所訓練を府中基地で、15日まで実施。

12.20 〔自衛隊〕石橋社会党委員長、自衛隊違憲・合法論に同調　日本社会党委員長石橋政嗣が、同党機関紙『月刊社会党』1984年1月号の小林直樹との対談記事で、自衛隊の法的地位について「違憲・合法論」の現実的見解を表明。同党に取り入れる意向を示す。

12.27 〔政治〕第2次中曽根内閣が発足　第2次中曽根康弘内閣が発足し、栗原祐幸が防衛庁長官に就任。

1984年
（昭和59年）

3.14 〔兵器〕輸送機C-130H初号機を受領　航空自衛隊が、輸送機C-130Hの初号機を小牧基地で受領。

3.31 〔自衛隊〕自衛隊、中央指揮システムの運用開始　自衛隊が、防衛庁本庁に完成した中央指揮所（CCP）のシステム運用を部分的に開始。

5.14 〔自衛隊〕リムパック84に参加　海上自衛隊が、ハワイ周辺海域で行われる米海軍主催の「環太平洋合同演習（リムパック）84」に参加。P-3C対潜哨戒機の初参加、護衛艦五隻の参加などにより、海上自衛隊は米軍に次ぐ演習の主柱となる。ほかにカナダ、オーストラリア、ニュージーランドの各海軍が参加し、6月28日に終了した。

6.11 〔自衛隊〕米海軍と日米共同指揮所訓練の実施　海上自衛隊が、米国海軍との日米共同指揮所訓練（JANUS84）を、初めて横須賀で15日まで実施。米国機動部隊の機動打撃力を含む共同海上作戦を演習。

7.1	〔団体〕**内部部局の再編合理化** 防衛庁が、内部部局を再編合理化。
7.16	〔自衛隊〕**F-15Jの警戒待機を開始** 航空自衛隊第5航空師団が、F-15J戦闘機の警戒待機を開始。7月19日に最初の緊急発進（スクランブル）が下令。
9.17	〔政治〕**国連平和維持活動へ自衛隊海外派遣** 日米諮問委員会が、国連の平和維持活動に自衛隊海外派遣を求める最終報告書を、日米両国首脳に提出。
10.16	〔団体〕**防衛庁、有事法制研究の進め方を公表** 防衛庁が、「有事法制の研究について」の今後の研究の進め方などを公表。
11.1	〔政治〕**第2次中曽根第1次改造内閣の発足** 第2次中曽根康弘第1次改造内閣が発足し、加藤紘一が防衛庁長官に就任。
11.12	〔事件〕**ソ連機、領空侵犯** ソビエト連邦の航空機が福岡県沖ノ島北西の上空を領空侵犯。23日にも。
12.28	〔兵器〕**ペトリオットミサイルの導入決定** 国防会議で、地対空ミサイル「ペトリオット」の導入を決定。
12.28	〔兵器〕**F-15DJのライセンス国産へ切り替え** 米国マクドネル・ダグラス社の戦闘機F-15の航空自衛隊仕様F-15DJを、三菱重工業を主契約社としてライセンス国産化。

1985年
（昭和60年）

2.12	〔自衛隊〕**自衛隊、中央指揮所活用で統合演習** 自衛隊が、統合演習（指揮所演習）を中央指揮所を活用して実施。昭和60年度から中央指揮システムをバッジ・システム及び自衛艦隊指揮管制システム（SFシステム）と連接し、本格的運用を開始。
3.31	〔自衛隊〕**防衛マイクロ回線の全面運用開始** 自衛隊が、防衛マイクロ回線を全面運用開始する。自衛隊の固定通信網はNTT回線が主だったが、1977年から自衛隊が運用する防衛マイクロ回線の整備を開始し、1984年度までに整備が完了、NTT回線を補助的に用いる。
4.2	〔国際〕**米軍、F-16三沢基地に配備** 米国空軍が、F-16戦闘機2機を青森県三沢基地に配備開始。9月までに24機配備。
4.6	〔団体〕**防衛研究所の設置** 防衛庁が、防衛研修所を防衛研究所と改称し、安全保障に関する政策的研究・分析を行う、調査研究体制を確立。
6.10	〔国際〕**日米防衛首脳会談の開催** 日米防衛首脳定期会談がワシントンで開催され、防衛庁長官加藤紘一と米国国防長官キャスパー・ワインバーガーが会談。加藤は防衛費1％枠より防衛大綱達成の優先を表明。6月11日に米国上院で、日本の防衛力増強の要求を決議。
8.5	〔基地〕**未契約米軍用地20年間強制使用申請** 那覇防衛施設局長が、未契約米軍用地の20年間強制使用の裁決を、沖縄県収用委員会に申請。1987年2月24日に10年間の

— 87 —

1986年（昭和61年）   日本安全保障史事典

強制使用を、沖縄県収用委員会が採決。

8.12 〔事件〕**日航機墜落事故**　羽田発大阪行き日本航空123便ボーイング747機が、群馬県上野村の山中（御巣鷹山の尾根）に墜落。乗員乗客合わせて524人中520人が死亡、単独機の事故としては世界最大の惨事となった。同日航空自衛隊が捜索活動を開始、翌13日に機体が発見された。航空自衛隊・陸上自衛隊をあわせ、自衛隊は延べ5万2000人の災害派遣を実施（10月13日まで）。

9.5 〔政治〕**国旗掲揚・国歌斉唱の徹底通知**　文部省が、国旗掲揚・国歌斉唱の徹底を全国の教育委員会に通知。

9.18 〔政治〕**中期防衛力整備計画の決定**　4次防以来13年ぶりに、政府計画の昭和61年度～昭和65年度「中期防衛力整備計画」を、国防会議・閣議で決定。ペトリオットの導入など防衛計画大綱の水準を充足。必要経費総額18兆4000億円、平均GNPの1.038％となる。

12.27 〔政治〕**対米武器技術供与実施細目取決め締結**　「対米武器技術供与を実施するための細目取極」を締結。日米間の武器技術供与は必要な物品に限定され、日本の技術を利用した米国生産の兵器を、日本が輸出することが禁止される。

12.28 〔政治〕**第2次中曽根第2次改造内閣の発足**　第2次中曽根康弘第2次改造内閣が発足した。防衛庁長官加藤紘一は留任。

1986年
（昭和61年）

2.6 〔事件〕**ソ連機、領空侵犯**　ソビエト連邦の航空機が北海道礼文島北方の上空を領空侵犯。

2.24 〔自衛隊〕**初の日米共同統合指揮所演習の実施**　自衛隊と在日米軍が、初の日米共同統合指揮所演習を、檜町の防衛庁中央指揮所と横田の在日米軍司令部を拠点に、28日まで実施。陸海空自衛隊と米軍がそれぞれの指揮系統に沿って部隊の運用を演習。

4.9 〔基地〕**第1次厚木基地騒音訴訟判決**　東京高等裁判所が、厚木海軍飛行場での夜間離着陸訓練（NLP）による、空母艦載機の騒音被害に対する住民訴訟で、損害賠償は認め、飛行差し止めは棄却。

5.8 〔団体〕**防衛改革委員会の設置**　防衛庁内に、業務・運営自主監査委員会を発展拡大させた、防衛改革委員会を設置。

5.18 〔自衛隊〕**リムパック86に参加**　海上自衛隊が、ハワイ周辺海域で行われる米海軍主催の「環太平洋合同演習（リムパック）86」に参加。イギリス海軍が初参加。ほかにカナダ、オーストラリアの各海軍が参加し、6月30日に終了した。

5.27 〔法律〕**「安全保障会議設置法」の公布**　「安全保障会議設置法」を公布し、重大緊急事態の対処措置を審議する機関として、内閣に国防会議を継承する、安全保障会議

- 88 -

| 日本安全保障史事典 | 1986年（昭和61年） |

を設置。

5.27 〔法律〕「防衛庁設置法」改正　「防衛庁設置法」が改正された。

5月 〔団体〕**FS-X選定資料収集班の欧米派遣**　防衛庁が、次期支援戦闘機FS-Xの選定資料収集班を欧米へ派遣。

7.1 〔法律〕「**安全保障会議設置法」の施行**　「安全保障会議設置法」が施行され、内閣に国防会議を継承する、安全保障会議が設置される。

7.22 〔政治〕**第3次中曽根内閣の発足**　第3次中曽根康弘内閣が発足し、栗原祐幸が防衛庁長官に就任。

9.5 〔政治〕**対米武器技術供与第1号の決定**　政府は、対米武器技術供与の第1号を決定。

9.9 〔政治〕**米SDI研究に参加方針決定**　米国のSDI（戦略防衛構想）研究に、日本の参加方針を閣議で決定。米国政府に通知。

10.27 〔自衛隊〕**初の日米共同統合実働演習の実施**　自衛隊と米軍合わせて1万3000人による、初の日米共同統合実働演習を、北海道と太平洋の海空域で31日まで実施。航空機約100機、艦艇約20隻が参加し、北海道に侵攻した敵を陸上自衛隊が中心に迎え撃ち、ハワイから米軍が来援して反撃する想定。

11.15 〔事件〕**三井物産マニラ支店長誘拐事件**　フィリピンのマニラ郊外で、フィリピン共産党の軍事組織「新人民軍（NPA）」に三井物産マニラ支店長が誘拐された。身代金目的の誘拐事件と見られ、その後、三井物産本社や通信社各社に脅迫状、写真、テープなどが届けられた。3月31日にケソン市内で解放。1991年に犯人が逮捕された。

11.15 〔社会〕**三原山噴火**　伊豆大島の三原山が噴火、21日には大規模噴火が起き全島避難が決定、海上保安庁の巡視船や海上自衛隊の護衛艦が急遽派遣された（12月20日避難指示解除）。

11.25 〔兵器〕**CH-47J国産初号機の受領**　陸上自衛隊が、大型輸送ヘリコプターCH-47Jの国産初号機を受領。

12.19 〔法律〕「**防衛庁設置法」と「自衛隊法」の一部改正、公布・施行**　防衛庁設置法と自衛隊法の一部を改正し、公布・施行。自衛官の定数を606人増員し27万2768人、予備自衛官の員数を1300人増員し4万4900人に改定。武器を使用しての防御対象の追加、国賓などの輸送権限を追加。陸上自衛隊に、国賓など輸送任務の特別輸送飛行隊を新編。航空自衛隊に、三沢基地の臨時警戒航空隊を廃止して、警戒航空隊を新編。

12.19 〔自衛隊〕**予備自衛官制度の発足**　航空自衛隊に、自衛官を退官した者又は予備自衛官補の教育訓練を終了したものを、非常勤国家公務員として有事・訓練等の際に召集する、予備自衛官制度が発足。

12.30 〔政治〕**昭和62年度予算で防衛費1％枠突破**　安全保障会議と閣議で、昭和62年度予算案における「当面の防衛力整備について」の取り扱いを決定。防衛費はGNP比1％枠を初めて突破し、5.2％となる。

— 89 —

1987年
（昭和62年）

1.4　〔政治〕**中曽根首相の防衛費に関する見解表明**　首相中曽根康弘が、防衛費1％枠を突破しても近隣諸国の理解が得られる、と見解を表明。

1.24　〔政治〕**「今後の防衛力整備について」の決定**　安全保障会議と閣議で、「今後の防衛力整備について」を決定。防衛費のGNP比1％枠に代わり、昭和63年度からの「中期防衛力整備計画」の枠内での総額明示方式とする、新基準を決定。

1.30　〔基地〕**「在日米軍駐留経費負担特別協定」の署名**　「思いやり予算」と呼ばれる、「在日米軍駐留経費負担に係る特別協定」に署名。

1.31　〔自衛隊〕**E-2Cによる対領空侵犯措置の開始**　航空自衛隊の警戒航空隊が、早期警戒機E-2Cによる対領空侵犯措置を開始。

5.27　〔事件〕**東芝機械ココム違反事件**　警視庁が、ココム（COCOM：対共産圏輸出統制委員会）規制義務違反不正輸出事件で、東芝機械の社員2人を「外国為替法」及び「外国貿易法」違反で逮捕。

5.29　〔国際〕**現職防衛庁長官の初訪中**　防衛長官栗原祐幸が、現職防衛長官初めて中国を訪問した。6月4日まで。

6.1　〔基地〕**「在日米軍駐留経費負担特別協定」の公布・発行**　「在日米軍駐留経費負担に係る特別協定」を公布・発行。在日米軍基地の日本人労働者の手当負担等を開始。

6.15　〔自衛隊〕**海上自衛隊、図上演習装置研修の実施**　海上自衛隊が、コンピュータウォーゲームシステムによる訓練の「図上演習装置研修」を、米国海軍大学校で7月1日まで実施。

7.13　〔事件〕**予算委員会で東芝機械ココム違反事件を論議**　衆議院予算委員会で、東芝機械のココム規制違反事件について16日まで論議。東芝機械がソ連に輸出した工作機械とソ連原潜のスクリュー音静粛性向上との因果関係をめぐる政府答弁で混乱。

7.21　〔政治〕**米SDI研究参加の政府間協定に署名**　通称「スターウォーズ計画」と呼ばれる、米国のSDI（戦略防衛構想）の研究参加に関する、日米政府間協定に署名。

8.26　〔法律〕**「国際緊急援助隊派遣法」の成立**　被災国の要請により、政府が援助の目的・役割に応じて援助隊を派遣する、「国際緊急援助隊派遣法」が成立した。

8.27　〔事件〕**ソ連機、領空侵犯**　ソビエト連邦の航空機が北海道礼文島北方の上空を領空侵犯。

9.16　〔法律〕**「国際緊急援助隊派遣法」の公布・施行**　「国際緊急援助隊の派遣に関する法律」を公布・施行。要請に応じて海外の大規模災害に、救助活動、医療活動、災害応急対策、災害復旧活動を任務・目的とする、国際緊急援助隊を派遣する。

10.2　〔国際〕**日米防衛首脳会談の開催**　防衛庁長官栗原祐幸が、米国ワシントンで開催の

日本安全保障史事典　　　　　　　　　　　　　　　　　　　　　　　　　　1988年（昭和63年）

　　　　　　日米防衛首脳会談で、米国国防長官キャスパー・ワインバーガーと会談。日本の次
　　　　　　期支援戦闘機（FS-X）を国産ではなく、F-15かF-16の改良型による、初めての日米
　　　　　　共同開発とすることで合意。

10.6　　〔国際〕**日米ココム協議の開催**　第1回の日米ココム協議を、東京で7日まで開催。

10.21　〔兵器〕**F-1後継機の検討結果**　航空自衛隊の支援戦闘機（戦闘攻撃機）である、F-1
　　　　　　後継機の検討結果を決定、公表。

10.23　〔兵器〕**次期支援戦闘機の日米共同開発**　FS-X（次期支援戦闘機）について、F-16
　　　　　　ベースの改良型での日米共同開発を、安全保障会議で了承。

11.5　　〔自衛隊〕**自衛隊、操縦士民間活用**　運輸省と防衛庁が、自衛隊操縦士を任務遂行に
　　　　　　支障のない範囲で民間航空業界等で、活用することを了解。

11.6　　〔政治〕**竹下内閣の発足**　竹下登内閣が発足し、瓦力が防衛庁長官に就任。

12.1　　〔自衛隊〕**海上自衛隊、第22航空群を新編**　海上自衛隊が、大村航空基地に第22航空
　　　　　　群を新編し、航空集団に編入。陸上対潜ヘリコプター部隊を配備。

12.9　　〔事件〕**ソ連機の領空侵犯に初の信号射撃**　ソビエト連邦の航空機が沖縄県の上空を
　　　　　　領空侵犯。航空自衛隊、ソ連機に対領空侵犯措置で、初の信号射撃を実施。

12.15　〔法律〕**「防衛庁設置法」と「自衛隊法」の一部改正、公布・施行**　防衛庁設置法と自
　　　　　　衛隊法の一部を改正し、公布・施行。自衛官の定数を500人増員し27万3278人、予備
　　　　　　自衛官の員数を1500人増員し4万6400人に改正。

12.18　〔政治〕**洋上防空体制の検討**　安全保障会議で、洋上防空体制の在り方に関する検
　　　　　　討、を了承。

1988年
（昭和63年）

3.2　　〔基地〕**「在日米軍駐留経費負担特別協定」の改正**　日米両政府が、「在日米軍駐留経
　　　　　　費負担に係る特別協定の改正議定書」に署名。在日米軍基地の日本人労働者の人件
　　　　　　費を日本側が全額負担。6月1日公布・発効。

3月　　〔自衛隊〕**航空自衛隊、新バッジの受領完了**　航空自衛隊が、全国規模の戦術指揮通
　　　　　　信システムである、自動警戒管制組織（バッジ・システム）の新バッジ受領を完了。

4.8　　〔団体〕**自衛隊地区病院の共同機関化**　防衛庁が設置・運営する、陸・海・空の各自
　　　　　　衛隊管轄下の自衛隊地区病院を、共同機関化し、陸・海・空の管轄に関わりなく最
　　　　　　寄りの病院で受診可能とする。

4.12　〔政治〕**防衛分野技術上の知識供与の交換公文に署名**　日米両政府が、米国の秘密特
　　　　　　許関連資料の導入を目的として、「日米相互防衛援助協定に基づく日本国に対する一
　　　　　　定の防衛分野における技術上の知識の供与に関する交換公文」に署名。

－ 91 －

1989年（昭和64年/平成元年）　　　　　　　　　　　　　　　　　　　　　　　　　日本安全保障史事典

6.1　〔事件〕**自衛官合祀拒否訴訟の控訴審で合憲判決**　最高裁判所が、自衛官合祀拒否訴訟の上告審で、1審2審の違憲との判決を破棄し、合憲と判決。

6.16　〔自衛隊〕**リムパック88に参加**　海上自衛隊が、ハワイ周辺海域で行われる米海軍主催の「環太平洋合同演習（リムパック）88」に参加。ほかにカナダ、オーストラリアの各海軍が参加し、8月5日に終了した。

7.23　〔事件〕**なだしお事件**　海上自衛隊潜水艦なだしおが、横須賀港沖で大型遊漁船第一富士丸と衝突。第一富士丸が沈没し、第一富士丸の乗員・乗客30人が死亡。

8.24　〔政治〕**田沢防衛庁長官就任**　防衛庁長官瓦力が、なだしお事件の責任を取る形で引責辞任。後任に田沢吉郎が防衛庁長官に就任。

8.31　〔国際〕**核弾頭つきミサイル持ち込み問題**　米国海軍横須賀基地に、核弾頭つき巡行ミサイル・トマホーク搭載可能な、米国巡洋艦・駆逐艦各1隻を、配備・入港。

9.20　〔兵器〕**国産T-4、初納入**　プロペラ機による初等訓練を終え、中東練習のため製作された、国産亜音速ジェット機T-1の初号機が納入される。

11.1　〔法律〕**「防衛庁設置法」と「自衛隊法」の一部改正、公布・施行**　防衛庁設置法と自衛隊法の一部を改正し、公布・施行。自衛官の定数を523人増員し27万3801人、予備自衛官の員数を1500人増員し4万7900人に改定。航空自衛隊の航空総隊、補給本部に加え、航空支援集団、航空教育集団、航空開発集団を新編。5つの機能別骨幹組織に整備。

11.29　〔政治〕**FS-X共同開発の交換公文・細目取決めに署名**　日米両政府が、日米相互防衛援助協定に基づき、次期支援戦闘機システムの「FS-X共同開発に関する日米政府間の交換公文及び細目取極」に署名。

12.27　〔政治〕**竹下改造内閣の発足**　竹下登改造内閣が発足した。防衛庁長官田沢吉郎は留任。

1989年
（昭和64年/平成元年）

1.7　〔社会〕**昭和天皇没、平成と改元**　長く療養していた天皇が在位歴代最長の87歳で没、明仁皇太子が即位した。翌8日、昭和から平成に元号が改められた。2月24日、国の儀式として大喪の礼が行われ、陸上自衛隊が21発の弔砲を実施したほか自衛隊音楽隊が葬送曲を演奏等の儀礼を遂行した。参列する外国要人の輸送には陸上自衛隊ヘリコプターが使用された。

1.10　〔国際〕**FS-Xの作業分担決まる**　F-1の後継機として1987年に日米が共同開発すると決定した航空自衛隊の次期支援戦闘機（FS-X）の作業分担が、日本60%、米40%で決着した。2月2日、共同開発技術の対米供与が決定した。

1.27　〔団体〕**防衛力検討委員会設置**　防衛庁に防衛力検討委員会が設置された。委員長に

－ 92 －

日本安全保障史事典　　　　　　　　　　　　　　　　　　1989年（昭和64年／平成元年）

は防衛庁事務次官があたり、統合幕僚会議議長、各幕僚長、官房長、防衛局長、経理局長などが委員となった。防衛局長を長とする検討チームを下部に置いている。

3.15　〔基地〕**第3次横田基地騒音訴訟判決**　東京地裁八王子支部は、横田基地公害訴訟第3次訴訟（横田基地夜間飛行差止等請求事件）で地域住民らの請求を却下した（一部認容）。原告、被告とも判決を不服として高裁へ控訴。

3.16　〔自衛隊〕**航空自衛隊組織改編**　1988年11月1日に公布・施行された「防衛庁設置法及び自衛隊法の一部を改正する法律」の一部が施行され、航空自衛隊が中心組織の改編を行なった。航空支援集団（府中）、航空教育集団（浜松）、航空開発実験集団（入間）、航空保安管制群（府中）、飛行点検群（入間）、電子開発実験群（入間）及び飛行開発実験団（岐阜）などを新しく編成した。

3.30　〔自衛隊〕**新バッジ・システム運用を開始**　航空自衛隊が、新しい自動防空警戒管制組織の運用を開始した。東京都・府中基地の航空総隊作戦指揮所がシステムの中心となっており、各航空方面隊に置かれた防空管制所、防空指令所を通じて各部隊とオンライン接続された。

4.21　〔事件〕**ソ連機、領空侵犯**　ソビエト連邦の航空機が北海道礼文島北方の上空を領空侵犯。

5.28　〔自衛隊〕**航空自衛隊、C-130で派米訓練**　航空自衛隊が、初の輸送機（C-130）2機による派米訓練を6月27日まで実施した。

6.3　〔政治〕**宇野内閣が発足**　宇野宗佑内閣が発足した。防衛庁長官には元官房副長官の山崎拓が就任した。

6.20　〔基地〕**百里基地訴訟で判決**　最高裁は、茨城県小美玉市の百里航空自衛隊基地用地買収をめぐる民事訴訟事件で、東京高裁での第2審判決（1981年7月）を支持、国が私人と対等の立場で締結する私法上の契約行為はそもそも憲法の適用を受けるものではないとして、自衛隊基地建設の為の用地買収は憲法9条違反とする基地反対派住民側の上告を棄却した。

6.22　〔基地〕**厚木基地土地明渡等訴訟判決**　横浜地裁は、神奈川県の厚木基地土地明渡等訴訟で判決を言い渡した。

7.25　〔事件〕**なだしお事件で裁決**　横浜地方海難審判庁は第1審で、1988年7月に起きた潜水艦なだしおと遊漁船第一富士丸の衝突事故（なだしお事件）について、同艦の回避遅れが主因と認定、海上自衛隊の組織責任と勧告した。第一富士丸船長には免許停止1か月の処分がくだされた。検察側に相当する理事官はこれを不服とし8月1日、高等海難審判庁に第2審請求がなされた（1999年8月裁決）。11月14日には、なだしお元艦長らが、船舶日誌で衝突時間の記録を2分遅らせたことが発覚し、問題化した。

8.10　〔政治〕**海部内閣が発足**　第1次海部俊樹内閣が発足した。防衛庁長官には大蔵官僚であった松本十郎が就任、初入閣した。

9.4　〔兵器〕**陸上自衛隊、89式小銃を制式採用**　陸上自衛隊は、64式7.62mm小銃の後継銃として開発された、89式5.56mm小銃の制式採用を決めた。日本人の体格に合わせた形状となっている。

9.28　〔事件〕**自衛隊施設の情報公開訴訟**　自衛隊の対潜水艦戦作戦センター（ASWOC）庁

- 93 -

1990年（平成2年）　　　　　　　　　　　　　　　　　　　　　　　　　　　　　　　　　　日本安全保障史事典

舎の建築計画書の付属資料の公開を、沖縄県那覇市が、市情報公開条例に基づき決定した。これに対し国が、国防上の支障をきたすとして公開取り消しを求めた。

1990年
（平成2年）

1.2　〔団体〕**社会党・公明党、防衛費について発表**　日本社会党は、冷戦構造が変化していることを受けて、向う3年間防衛費凍結を決議することを国会に提唱した。3日には公明党が新平和政策を発表し、防衛費のGNP1％枠の厳守や次期防衛力整備計画の中止を求めた。

2.1　〔事件〕**重油流出で災害派遣**　1月25日リベリア船籍貨物船「マリタイム・ガーデニア号」が若狭湾で座礁し、重油684キロリットルが流出、福井県に油塊が漂着した。海上自衛隊が派遣され、重油の回収を行なった。

2.20　〔兵器〕**FS-X技術対米供与決定**　武器技術共同委員会が、航空自衛隊の次期支援戦闘機FS-X関連武器技術対米供与を決定した。

2.28　〔政治〕**第2次海部内閣が発足**　第2次海部俊樹内閣が発足した。防衛庁長官には東京都青梅市長を務めたこともある石川要三が就任した。

4.3　〔団体〕**社会党、自衛隊の存続を認める**　社会党大会が5日まで開催され、「社会主義革命の達成」から「社会民主主義を選択」に規約を修正する党規約改正案と、連合政権下で日米安保条約、自衛隊の存続を認める「新しい政治への挑戦」を採択した。

4.7　〔自衛隊〕**自衛隊、曹候補士制度導入**　自衛隊は、良質な人材確保を目的として曹候補士制度を発足させた。今までの任期制2士採用では離職者が多かったので、身分の安定を保証する制度が求められていた。非任期制として身分の安定は図られたが、任期満了時の退職金はなくなる。

4.9　〔自衛隊〕**リムパック90に参加**　海上自衛隊が、ハワイ周辺海域で行われる米海軍主催の「環太平洋合同演習（リムパック）90」に参加。韓国海軍が初参加。ほかにカナダ、オーストラリアの各海軍が参加し、6月1日に終了した。

5.29　〔基地〕**那覇軍用地訴訟で判決**　那覇地裁は、「駐留軍用地特別措置法」にかかる行政処分取消各請求事件の判決で、原告主張のような違憲ないし違法な点は存在しないとして、原告の請求を棄却した。

6.19　〔基地〕**沖縄の17の米軍施設返還へ**　日米合同委員会で、沖縄県内の米軍施設17施設約10km2（23事案）につき、返還に向けて日米双方で所要の調整手続きを進めることが確認された。

6.21　〔国際〕**安全保障関係閣僚会議設置へ**　日米は、安全保障関係閣僚会議の設置について原則的に同意した。

6.22　〔自衛隊〕**「自衛隊法」の改正**　「自衛隊法」が改正された。定年直後から受給できた

- 94 -

共済年金の特例が廃止されたため、若年（通常自衛官は54歳55歳が定年）で定年退職する自衛官に対し給付金が支給されることとなった。

6.26 〔基地〕**軍用地の強制使用手続きを開始**　那覇防衛施設局は、未契約軍用地の強制使用手続きを開始した。「民法」の規定により、20年を越える賃貸借契約はできないため、1972年復帰時の土地使用契約が1992年5月に切れることになっていたが、再契約に応じない地主が約100人に上った。そのため1992年2月12日、沖縄県土地収用委員会は、5年間の強制使用を決めた。

8.6 〔兵器〕**90式戦車を採用**　陸上自衛隊が、90式戦車を制式に採用した74式戦車の後継として開発された。

8.10 〔事件〕**なだしお事件で双方の過失と裁決**　高等海難審判庁は、1988年7月に起きたなだしお事件の第2審裁決で、第1審の海上自衛隊潜水艦主因を覆し、双方の過失とした、海上自衛隊への勧告を見送り、第一富士丸元船長に免許停止1か月の裁決。8月21日、刑事事件として横浜地検がなだしお元艦長・第一富士丸元船長を在宅起訴した。

8.29 〔政治〕**湾岸危機に関する支援策発表**　8月2日のイラクによるクウェート侵攻で始まった「湾岸危機」に関し、海部俊樹首相は民間の海運業者・航空会社による食糧・医薬品・外国人医療スタッフの輸送、周辺国への経済援助などの中東支援策を発表（民間業者の組合は輸送を拒否）。30日、政府はペルシャ湾岸での多国籍軍の平和回復活動に対して10億ドルの協力を決定した。

9.14 〔政治〕**湾岸危機に30億ドルの追加**　政府は、中東支援策としてペルシャ湾岸での多国籍軍の平和回復活動に対して10億ドルの支援追加、周辺国（エジプト、トルコ、ヨルダン）への20億ドル経済援助を決定した。

9.18 〔政治〕**『防衛白書』閣議了承**　『日本の防衛―防衛白書』平成2年版が閣議で了承された。「極東ソ連軍は潜在的脅威」の表現を削除した。

9.24 〔国際〕**北朝鮮訪問団、平壌入り**　北朝鮮の朝鮮労働党の招待による自由民主党（金丸信元副総理）・日本社会党（田辺誠委員長）の北朝鮮訪問団が、平壌に到着した。28日には国交正常化を目指し、戦後の損失を公式に償うとの3党共同宣言に調印した。

10.1 〔自衛隊〕**自衛隊若年定年退職者給付金制度の施行**　自衛隊は若年定年対策として、若年定年退職者給付金制度を新設した。定年退職した自衛官に対し定年年齢から60歳までの年数ごとに定める給付金を支給する。豊富な知識と経験を有する人材を有効活用する観点から定年を、将及び将補は60歳、一曹から3曹までは53歳に延長した。

10.11 〔事件〕**北朝鮮抑留のスパイ容疑の船員釈放**　北朝鮮が、北朝鮮の兵士の亡命を手助けしたとして7年間抑留していた第十八富士山丸船長と機関長を「大赦令」により釈放した。9月の北朝鮮訪問団の訪問で解放が決まった。

10.16 〔法律〕**「国際連合平和協力法」案提出**　政府は「国際連合平和協力法」案を国会に提出したが、衆議院本会議で、土井たか子社会党委員長は、法案は憲法違反と断定し追及した。石田幸四郎公明党委員長も、アジア諸国の危惧を指摘。17日、不破哲三共産党委員長、大内啓伍民社党委員長が、多国籍軍・国連軍の定義などを追及した。自衛隊派遣が問題となり11月8日に廃案となった。

11.12 〔社会〕**即位の礼**　天皇の即位の礼が皇居で行われ、大喪の礼と同様自衛隊は、「儀

仗」「礼砲」「沿道奏楽」等の儀礼を遂行した。

12.1 〔事件〕**イラク在留邦人救出**　アントニオ・猪木参議院議員が、バグダッドで抑留中の日本人の家族らを率いてトルコ経由でイラクに入国した。5日に在留邦人の解放が決定し、7日には人質全員の解放が決まった。12日、人質をはじめ邦人141人全員帰国した。

12.18 〔兵器〕**90式空対空ミサイルを制式化**　航空自衛隊は、AIM-9Lの後継として開発された90式空対空誘導弾（AAM-3）を制式採用した。短距離空対空ミサイルで、目標の捕捉や飛翔運動性や追跡能力が向上している。

12.19 〔政治〕**「平成3年度以降の防衛計画の基本的考え方について」閣議決定**　安全保障会議が「平成3年度以降の防衛計画の基本的考え方について」を決定、同日閣議決定した。

12.20 〔政治〕**「中期防衛力整備計画について」閣議決定**　安全保障会議・閣議で「中期防衛力整備計画（平成3年度～平成7年度）について」を決定した。陸上自衛隊戦車132両、海上自衛隊各種艦艇35隻9万6000トンの建造、航空自衛隊F-15を42機・ペトリオット1個群の整備など。必要経費として22兆7500億円。

12.29 〔政治〕**第2次海部改造内閣が発足**　第2次海部俊樹改造内閣が発足した。防衛庁長官には元総務庁長官の池田行彦が就任した。

1991年
（平成3年）

1.14 〔基地〕**「在日米軍駐留経費負担に係る新特別協定」署名**　「在日米軍駐留経費負担に係る新特別協定（日本国とアメリカ合衆国との間の相互協力及び安全保障条約第六条に基づく施設及び区域並びに日本国における合衆国軍隊の地位に関する協定第二十四条についての新たな特別の措置に関する日本国とアメリカ合衆国との間の協定）」に署名が行われた。4月17日公布・発効。

1.14 〔政治〕**イラク周辺国の難民救済51億6800万円**　政府は、イラク周辺国の難民救済のため国際連合災害救済調整官事務所（UNDRO）に51億6800万円の支出を決定した。

1.17 〔政治〕**「湾岸危機対策本部」設置**　本部長を海部俊樹首相とする「湾岸危機対策本部」の設置を閣議で決定した。

1.24 〔政治〕**湾岸地域に90億ドル追加支援決定**　政府・自民党は、ペルシャ湾岸支援策として多国籍軍に対し90億ドル（約1兆2000億円）の追加支援を決め、日本の資金協力は計130億ドルになった。

1.29 〔法律〕**「湾岸危機に伴う避難民の輸送に関する暫定措置に関する政令」公布**　「湾岸危機に伴う避難民の輸送に関する暫定措置に関する政令」が公布・施行されたが、4月23日「湾岸危機に伴う避難民の輸送に関する暫定措置に関する政令を廃止する政令」により廃止。

— 96 —

日本安全保障史事典   1991年（平成3年）

3.13 〔基地〕**小松基地騒音訴訟判決**　金沢地裁が、第1・2次小松基地騒音訴訟で判決。

3.29 〔自衛隊〕**陸上自衛隊、師団等改編**　陸上自衛隊が、師団等を改編し第10・第12・第13師団を近代化、第1施設団を増強した。

4.24 〔自衛隊〕**掃海艇など、ペルシャ湾へ出港**　閣議でペルシャ湾への海上自衛隊の掃海艇派遣が決定した。26日、掃海艇・母艦など6隻、隊員500人の派遣部隊が、横須賀・呉・佐世保からそれぞれ出港。初の自衛隊の海外派遣となる。

6.3 〔社会〕**雲仙普賢岳噴火**　長崎県の雲仙普賢岳噴火で大規模火砕流が発生、住民や報道関係者、火山学者など43人が死亡した。陸上自衛隊第4師団などが災害派遣され、人命救助、不明者捜索、遺体収容、救援物資輸送、道路整備などを行なった。派遣期間は1995年12月16日までの史上最長の1658日、延べ人員は20万7280人。

6.5 〔自衛隊〕**ペルシャ湾派遣部隊、掃海作業開始**　海上自衛隊のペルシャ湾掃海派遣部隊が、クウェート沖で掃海作業を開始し、機雷34個を処分した。

7.6 〔事件〕**ソ連機、領空侵犯**　ソビエト連邦の航空機が北海道根室沖の上空を領空侵犯。

8.15 〔事件〕**ソ連機、領空侵犯**　ソビエト連邦の航空機が北海道礼文島北方の上空を領空侵犯。

8.23 〔自衛隊〕**ビッグレスキュー'91の実施**　陸上自衛隊北部方面隊が緊急医療支援訓練「ビッグレスキュー'91」を北海道大演習場にて実施した。

9.11 〔法律〕**「国際平和協力法」案、決定**　閣議で「国際連合平和維持活動等に対する協力に関する法律（国際平和協力法、PKO協力法）」案・「国際緊急援助隊派遣法」改正法案が決定し、国会に提出された。10月2日、衆議院で継続審議が決定した。

9.26 〔兵器〕**イージス艦進水式**　海上自衛隊のイージス艦進水式が行われた。

10.3 〔自衛隊〕**掃海派遣部隊、呉に帰港**　海上自衛隊のペルシャ湾掃海派遣部隊が、呉に帰港した。

10.9 〔自衛隊〕**イラク化学兵器調査団に自衛官初参加**　国際連合イラク化学兵器調査団に自衛隊員が初めて参加した。

10.16 〔国際〕**国連安保理非常任理事国当選**　国連総会で日本は、国際連合安全保障理事会の非常任理事国に当選した。選出は7回目。

11.5 〔政治〕**宮沢内閣が発足**　宮沢喜一内閣が発足した。防衛庁長官宮下創平が就任した。

11.5 〔政治〕**衆議院安全保障委員会設置**　衆議院安全保障委員会が設置された。所管は、防衛庁、国家安全保障会議を対象とする。人数は30人、委員長1人、理事8人が選出または指名される。

11.27 〔法律〕**「国際平和協力法」案を強行採決**　衆議院国際平和協力特別委員会が、「国際連合平和維持活動等に対する協力に関する法律（国際平和協力法、PKO協力法）」案を強行採決した。12月3日、衆議院本会議で修正可決。12月20日、参議院は同法案の継続審議を決定。1992年6月8日、参議院本会議で修正可決。

− 97 −

1992年
（平成4年）

2.25 〔事件〕**中国、尖閣諸島を自国領と明記**　中華人民共和国が「領海法」を公布・発効し、尖閣諸島を中国領であると明記した。

3.14 〔政治〕**カンボジア暫定統治機構の初動経費決定**　政府は、国際連合カンボジア暫定統治機構（UNTAC）の初動経費2500万ドルの支出を決めた。

3.16 〔自衛隊〕**自衛隊に国際貢献プロジェクトチーム設置**　陸上自衛隊は、国際貢献プロジェクトチームを設置した。

4.1 〔政治〕**政府専用機が防衛庁へ所属変更**　1991年に導入された日本国政府専用機（ボーイング747-400型）が、総理府所属から防衛庁へ替わった。操縦士、客室乗務員、整備士らは航空自衛隊員である。

4.1 〔団体〕**防衛大に女子学生**　防衛大学校に初めて女子学生が入学した。

4.10 〔事件〕**ロシア機、領空侵犯**　ロシアの航空機が北海道礼文島の上空を領空侵犯。

4.27 〔基地〕**厚木基地土地明渡等訴訟判決**　東京地裁は、厚木基地土地明渡等訴訟で判決を行なった。

5.7 〔事件〕**ロシア機、領空侵犯**　ロシアの航空機が北海道枝幸沖の上空を領空侵犯。

5.25 〔国際〕**北朝鮮に国際原子力機関の特定査察**　北朝鮮で初めて国際原子力機関（IAEA）特定査察が6月5日まで行われた。

6.19 〔法律〕**「国際平和協力法」公布**　「国際連合平和維持活動等に対する協力に関する法律（国際平和協力法、PKO協力法）」が公布された。8月10日施行。これにより国際連合平和維持活動（PKO）・国際救援活動に参加するために自衛隊を海外へ派遣することが可能となった。

6.19 〔法律〕**「国際緊急援助隊派遣法」改正法公布**　「国際緊急援助隊派遣法改正法（国際緊急援助隊の派遣に関する法律の一部を改正する法律）」が、公布・施行された。

6.19 〔自衛隊〕**リムパック92に参加**　海上自衛隊が、ハワイ周辺海域で行われる米海軍主催の「環太平洋合同演習（リムパック）92」に参加。ほかにカナダ、オーストラリア、韓国の各海軍が参加し、8月24日に終了した。

7.28 〔事件〕**ロシア機、領空侵犯**　ロシアの航空機が長崎県対馬東方の上空を領空侵犯。

8.11 〔自衛隊〕**自衛隊カンボジア派遣、防衛庁長官指示**　第1次カンボジア派遣施設大隊の編成に関して防衛庁長官が指示を出した。

9.8 〔政治〕**アンゴラ・カンボジアでの国際平和協力業務について**　閣議で「アンゴラ国際平和協力業務の実施について」「カンボディア国際平和協力業務の実施について」及び「カンボディア国際平和協力隊の設置等に関する政令」を決定した。アンゴラについては「国の議会の議員及び大統領の選挙の公正な執行の監視の業務に係る国

際平和協力業務」、カンボジアについては、「停戦監視などの国際平和業務」「自衛隊の部隊等により、道路、橋等の修理等の後方支援業務」。

9.8 〔団体〕**カンボジア派遣命令**　西元徹也陸上幕僚長が第1次カンボジア派遣施設大隊の編成等に関する一般命令を発令した。11日、内閣総理大臣主催で停戦監視要員・第1次カンボジア派遣施設大隊の代表者激励会が開催された。

9.17 〔自衛隊〕**カンボジアへ自衛隊派遣**　カンボジアでの国際連合平和維持活動のため、国際連合カンボジア暫定統治機構（UNTAC）へ停戦監視要員8人、陸上自衛隊派遣部隊第1陣423人が、海上輸送部隊の輸送艦「みうら」ほか2隻で呉港を出発した。カンボジアでの自衛隊の国際連合平和維持活動（PKO）が開始された（1993年9月26日に終了）。海上輸送部隊は12月26日に帰国。

9.19 〔国際〕**カンボジア停戦監視要員出発**　カンボジア停戦監視要員が成田を出発した。

9.23 〔自衛隊〕**第1次カンボジア派遣施設大隊出発**　陸上自衛隊の第1次カンボジア派遣施設大隊先遣隊が出発。10月13日には本隊が出発した。1993年4月8日帰国。

9.23 〔自衛隊〕**カンボジア支援空輸業務開始**　航空自衛隊の、カンボジアでの国際連合平和維持活動支援空輸業務が開始した（1993年9月10日まで）。

11.5 〔政治〕**日朝国交正常化交渉開催**　第8回日朝国交正常化交渉本会談が開催された。北朝鮮の核開発疑惑や、李恩恵問題等で対立し、半日で打ち切りとなった。

12.3 〔自衛隊〕**カンボジア派遣部隊輸送業務について決定**　安全保障会議で、自衛隊カンボジア派遣施設部隊による輸送業務実施について決定。

12.10 〔事件〕**横浜地裁、なだしお事件で潜水艦側に主因を認める判決**　横浜地方裁判所は、海上自衛隊の潜水艦なだしお側に主因があると認め、なだしお元艦長に禁錮2年6か月（執行猶予4年）、第一富士丸元船長に禁錮1年6か月（執行猶予4年）の判決をくだした。双方とも控訴せず判決は確定した。自衛隊法に基づきなだしお元艦長は失職。

12.12 〔政治〕**宮沢改造内閣が発足**　宮沢喜一改造内閣が発足した。防衛庁長官には中山利生が就任した。

12.18 〔兵器〕**早期警戒管制機の導入決定**　航空自衛隊にE-767早期警戒管制機（AWACS）の導入を決定。

12.18 〔政治〕**「中期防衛力整備計画の修正について」閣議決定**　安全保障会議・閣議で「中期防衛力整備計画（平成3年度〜平成7年度）に修正について」が決定した。冷戦終結にともない、各種装備数を減らして必要経費を22兆1700億円に減額した。

1993年
（平成5年）

1.3 〔国際〕**陸上自衛隊員、監視要員として出発**　陸上自衛隊化学学校の隊員2人が、国際連合イラク化学兵器廃棄特別委員会（UNSCOM）監視要員として出発した。

1993年（平成5年）   日本安全保障史事典

1.13 〔国際〕「**化学兵器禁止条約」に署名**　日本が「化学兵器禁止条約（化学兵器の開発、生
産、貯蔵及び使用の禁止並びに廃棄に関する条約）」に署名した。1995年9月に批准。

2.11 〔自衛隊〕**政府専用機が初運航**　渡辺美智雄副総理兼外務大臣が米国を訪問するにあ
たって、1991年に購入した政府専用機（航空自衛隊所属）が初めて使用された。

2.25 〔基地〕**第1・2次横田基地騒音訴訟判決**　最高裁は、第1・2次横田基地騒音訴訟で
判決。

3.12 〔国際〕**北朝鮮、核拡散防止条約脱退**　北朝鮮が、核拡散防止条約（NPT）の脱退を
発表した。

3.16 〔自衛隊〕**第2次カンボジア停戦監視要員出発**　陸上自衛隊の第2次カンボジア停戦監
視要員が出発した。9月16日帰国。

3.25 〔自衛隊〕**初のイージス護衛艦**　海上自衛隊の、初のイージス護衛艦「こんごう」が
就役。

3.26 〔自衛隊〕**モザンビークへ派遣準備指示**　閣議での内閣官房長官の発言から、自衛隊
はモザンビークの国際連合平和維持活動の実施に係る派遣準備を指示した。

3.29 〔自衛隊〕**第2次カンボジア派遣施設大隊出発**　陸上自衛隊の第2次カンボジア派遣施
設大隊先遣隊が出発した。4月7日には本隊が出発した。9月14日第1陣、9月26日第2
陣が帰国。

4.8 〔事件〕**カンボジア日本人国連ボランティア殉職**　カンボジアのコンポントム州で車
が襲撃され、乗っていた選挙監視員の国連ボランティア（UNV）の日本人が死亡し
た。カンボジアPKOで初の犠牲者となった。

4.27 〔政治〕「**モザンビーク国際平和協力業務の実施について」が決定**　閣議で「モザン
ビーク国際平和協力業務の実施について」が決定した。

5.4 〔事件〕**カンボジア日本人文民警察官殉職**　カンボジアの国際連合平和維持活動で日
本人文民警察官が武装集団に襲撃されて死亡、2人重傷。派遣員撤退・PKO見直し
論が高まる。

5.11 〔自衛隊〕**国連モザンビーク活動へ自衛隊派遣**　国際連合モザンビーク活動
（ONUMOZ）のため自衛隊の派遣輸送調整中隊が出発を始めた。5月15日、本隊が出
発し、48人全員が17日までに現地に到着した（1995年1月8日まで）。

5.29 〔事件〕**北朝鮮、日本海にミサイル発射**　北朝鮮が、日本海中部に向けて、弾道ミサ
イルの発射実験を実施した。

6.1 〔自衛隊〕**防衛庁、特別航空輸送隊を設置**　防衛庁は、政府専用機（B-747）の本格運
航にともない、航空自衛隊に特別航空輸送隊を新しく編成した。

7.12 〔社会〕**北海道南西沖地震発生**　北海道奥尻島近海を震源としたマグニチュード7.8、
推定震度6の大規模地震が発生した。震源近くの奥尻島などで火災や津波により死者
202人、行方不明者28人を出した。奥尻島に所在する航空自衛隊の基地から近傍災害
派遣が発令され、消火・救助活動などを行なった（8月12日まで）。

8.9 〔政治〕**細川内閣が発足**　非自民連立で日本新党の細川護熙内閣が発足、55年体制終

－ 100 －

わる。防衛庁長官には自民党を離党した新生党の中西啓介が就任した。

8.10 〔自衛隊〕**第2次カンボジア派遣海上輸送部隊出港**　第2次カンボジア派遣海上輸送部隊が出港した。12日、輸送艦「みうら」「さつま」・補給艦「はまな」が出港。10月6日帰国。

8.31 〔事件〕**ロシア機、領空侵犯**　ロシアの航空機が青森県久六島西方の上空を領空侵犯。

9.9 〔事件〕**池子米軍家族住宅建設工事続行禁止訴訟判決**　最高裁は、池子米軍家族住宅建設工事続行禁止訴訟で判決。

9.26 〔自衛隊〕**カンボジアPKO終了**　第2次カンボジア派遣施設大隊第2陣が帰国し、国連平和維持活動（PKO）への自衛隊のカンボジア派遣が終了した。

10.13 〔国際〕**日露海上事故防止協定、署名**　日露海上事故防止協定（領海の外側に位置する水域及びその上空における事故の予防に関する日本政府とロシア連邦政府との間の協定）で、署名が行われた。11月12日発効、1994年1月13日告示。

11.12 〔自衛隊〕**自衛隊モザンビーク派遣を延長**　安全保障会議で、自衛隊輸送調整部隊のモザンビーク派遣の期限延長を決定。

11.22 〔自衛隊〕**第2次モザンビーク派遣輸送調整中隊が出発**　陸上自衛隊の第2次モザンビーク派遣輸送調整中隊48人が成田を出発、第1次と部隊交代した。

11.30 〔兵器〕**93式空対艦誘導弾（ASM-2）を制式化**　航空自衛隊は、93式空対艦誘導弾（ASM-2）を制式化した。日本が開発した空対艦ミサイル。

12.2 〔政治〕**中西防衛庁長官辞任**　中西啓介防衛庁長官が、憲法改正発言で辞任した。後任の長官には、自民党を離党した新生党の愛知和夫が就任した。

12.29 〔自衛隊〕**航空自衛隊、モザンビーク支援業務開始**　航空自衛隊が、モザンビークでの国際連合平和維持活動支援空輸業務を開始した。物資輸送のため、C-130H型機をモザンビークへ派遣した。

1994年
（平成6年）

2.23 〔政治〕**「防衛問題懇談会」発足**　新しい防衛構想の検討のため、細川護熙首相の私的諮問機関「防衛問題懇談会」が設置された。樋口広太郎（アサヒビール会長）が座長で、外交、防衛、経済、財政の専門家など9人から成る。別名「樋口懇談会」。8月12日に終了し、村山富市首相に報告した。

2.24 〔基地〕**嘉手納基地爆音訴訟判決**　那覇地方裁判所（瀬木比呂志裁判長）が、嘉手納基地爆音訴訟の判決で、飛行差し止めについては棄却したが、過去分の損害賠償については認めた。

2.25 〔団体〕**「防衛力の在り方検討会議」発足**　防衛庁の「防衛力の在り方検討会議」が発足した。

— 101 —

| | 1994年（平成6年） | 日本安全保障史事典 |

2.28 〔事件〕**東京高裁、なだしお事件で潜水艦側に主因を認める判決**　なだしお事件の高等海難審判庁の裁決で双方の過失とされたことを不服として第一富士丸船長が処分取り消しを求めて起こした行政訴訟で、東京高等裁判所は海上自衛隊の潜水艦なだしお側に事故の主因を認める判決をくだした。

3.1 〔国際〕**第1回日中安保対話、開催**　第1回日中安保対話が北京で開催された。

3.23 〔自衛隊〕**海上自衛隊に女子学生入隊**　海上自衛隊に女子航空学生が初めて入隊した。

3.24 〔自衛隊〕**航空自衛隊に女子学生入隊**　航空自衛隊に女子航空学生が初めて入隊した。

3.25 〔事件〕**台湾機、領空侵犯**　台湾の航空機が沖縄県尖閣諸島の上空を領空侵犯。

3.30 〔基地〕**第3次横田基地騒音訴訟判決**　東京高裁は、第3次横田基地騒音訴訟で判決。原告・国ともに上告せず、4月14日判決が確定した。

4.28 〔政治〕**羽田内閣が発足**　非自民連立で新生党の羽田孜内閣が発足した。防衛庁長官には民社党の神田厚が就任した。

5.23 〔自衛隊〕**リムパック94に参加**　海上自衛隊が、ハワイ周辺海域で行われる米海軍主催の「環太平洋合同演習（リムパック）94」に参加。ほかにカナダ、オーストラリア、韓国の各海軍が参加し、7月6日に終了した。

5.31 〔自衛隊〕**自衛隊モザンビーク派遣を再延長**　安全保障会議で、自衛隊輸送調整部隊のモザンビーク派遣の期限再延長を決定。

6.4 〔自衛隊〕**自衛隊、カナダにPKO調査団派遣**　陸上自衛隊は、ゴラン高原での国際連合平和維持活動に関連してカナダに調査団を派遣した。

6.8 〔自衛隊〕**第3次モザンビーク派遣輸送調整中隊出発**　陸上自衛隊の第3次モザンビーク派遣輸送調整中隊が出発、第2次中隊から部隊交代した。1995年1月8日、第3次中隊帰国完了した。

6.15 〔自衛隊〕**UNSCOM自衛隊員帰国**　国際連合イラク化学兵器廃棄監視要員（UNSCOM）の陸上自衛隊員2人が、帰国した。

6.30 〔政治〕**村山内閣が発足**　自民党・社会党・新党さきがけの連立で社会党の村山富市首相の内閣が発足した。防衛庁長官には自民党の玉沢徳一郎が就任した。

7.8 〔自衛隊〕**陸海空自衛隊幕僚監部に情報所**　陸上・海上・航空自衛隊幕僚監部に、情報所が開設された。

7.20 〔政治〕**村山首相、自衛隊・日米安保などを容認**　村山富市首相が、衆議院本会議の答弁で自衛隊の合憲を明言、日米安保などを容認した。また「日の丸」「君が代」が国旗・国歌であるとの国民認識定着を尊重すると表明した。

9.9 〔基地〕**防衛施設庁長官、沖縄の基地返還は非現実的と発言**　宝珠山昇防衛施設庁長官が那覇市内での記者会見で、基地との共存・共生を求め、基地の計画的返還などは非現実的などと発言し、沖縄県民から反発を受けた。

9.13 〔政治〕**「ルワンダ難民救援国際平和協力業務の実施について」を決定**　閣議で「ルワンダ難民救援国際平和協力業務の実施について」を決定した。初めての人道的な国際救援活動を適用。

− 102 −

9.16	〔自衛隊〕**陸上自衛隊にルワンダ難民救援派遣命令**　陸上自衛隊にルワンダ難民救援隊編成と派遣命令が出た。
9.17	〔自衛隊〕**ザイールへ自衛隊派遣**　ルワンダ難民救援のためザイールへ自衛隊の部隊等の派遣を開始した。29日までに陸上自衛隊・航空自衛隊が出発した（12月28日まで）。
9.29	〔自衛隊〕**ルワンダ難民救援隊第1〜3陣出発**　陸上自衛隊の、ルワンダ難民救援隊第1〜3陣が出発した（10月25日まで）。
10.1	〔自衛隊〕**自衛隊、曹長及び一曹などの定年延長**　自衛隊は、曹長及び一曹などの定年を1年延長し54歳とした。
11.9	〔国際〕**第1回日韓防衛実務者対話開催**　第1回日韓防衛実務者対話が、ソウルで開催された。
11.18	〔法律〕**「自衛隊法」改正公布・施行**　「自衛隊法の一部を改正する法律」が、公布・施行された。自衛隊に在外邦人などの輸送任務を新たに追加。海外での緊急事態に際し、政府専用機（航空自衛隊所属）などを使用して、邦人などを安全な地域に避難させることが可能になる。
12.1	〔自衛隊〕**ルワンダ難民救援隊に撤収命令**　陸上自衛隊は、ルワンダ難民救援隊に撤収命令を発令した。
12.1	〔団体〕**第1回アジア・太平洋安全保障セミナー開催**　防衛研究所主催の第1回アジア・太平洋安全保障セミナーが開催された（12月17日まで）。
12.18	〔自衛隊〕**ルワンダ難民救援隊帰国**　陸上自衛隊の、ルワンダ難民救援隊が帰国した。
12.20	〔国際〕**韓国海軍練習艦隊が初来日**　韓国の海軍練習艦隊が初めて訪日した（晴海、〜12月23日）。
12.26	〔基地〕**第1・2次小松基地騒音訴訟判決**　名古屋高裁金沢支部は、第1・2次小松基地騒音訴訟で判決。原告・国ともに上告せず、1995年1月10日判決が確定した。

1995年
（平成7年）

1.17	〔社会〕**阪神・淡路大震災発生**　兵庫県南部を震源とするM7.2の大震災が発生し、6000人以上の死者が出る大災害となった。陸海空の自衛隊、長官直轄部隊等が災害派遣され、神戸・芦屋・西宮・尼崎・宝塚・伊丹の各市及び淡路島で、航空偵察、行方不明者の捜索・救助、遺体の収容、患者輸送、救護所の設置・巡回診療などの医療支援、救援物資などの輸送、給水・給食支援、入浴支援、医療・衛生、倒壊家屋の処理等を約100日間にわたり実施した。この災害派遣で自衛隊が派遣した規模は延べにして、人員約220万人、車両約34万両、航空機約1万3000機、艦艇約680隻であった。
3.3	〔基地〕**沖縄軍用地の強制使用手続き開始**　那覇防衛施設局が、軍用地の強制使用手

続きを開始した。1987年5月から10年間、1992年5月から5年間それぞれ強制使用してきた土地が、1996年3月末日で使用期限が切れるため。沖縄県中頭郡読谷村楚辺通信所（いわゆる「象のオリ」）の土地などが対象となる。

3.20 〔事件〕**地下鉄サリン事件**　東京の霞が関を通る5本の地下鉄にオウム真理教によって猛毒ガスのサリンが撒かれる事件が発生した。陸上自衛隊は、第1・12師団の化学防護小隊、第101化学防護隊、第32普通科連隊等を派遣し、有毒ガスの検知及び除染を実施した。化学防護の専門隊員を警察庁及び科学警察研究所に、医官・看護官等を被害者収容病院に派遣し医療活動を行なった。死者11人、重軽傷者は約5500人にのぼる。

3.23 〔事件〕**ロシア機、領空侵犯**　ロシアの航空機が北海道礼文島北方の上空を領空侵犯。

4.10 〔団体〕**政府調査団、ゴラン高原へ出発**　中東ゴラン高原国際連合兵力引き離し監視隊（UNDOF）へ政府調査団が出発した。

5.11 〔基地〕**日米、沖縄軍港と飛行場の返還で合意**　日米合同委員会は、沖縄那覇軍港と読谷補助飛行場の「返還」（沖縄他地域への移設）で合意した。

5.26 〔法律〕**「軍転特措法」公布**　「沖縄県における駐留軍用地の返還に伴う特別措置に関する法律（軍転特措法）」が公布された。6月20日施行。返還軍用地の地主に、返還するに当たっての返還のあり方や返還後の補償、跡地の利用に関する問題等を解決していくために、沖縄県が早期立法化を国に要望していた。

6.1 〔自衛隊〕**オウム事件関連で自衛隊に通達**　現職自衛官5人がオウム真理教関連で内部情報提供などで処分されたことから、陸上自衛隊の全部隊・機関に対して「厳正な規律の保持について」を通達した。

6.5 〔自衛隊〕**韓国軍と偶発事故防止措置の書簡を交換**　航空自衛隊は、「自衛隊機と韓国空軍との間の偶発事故防止措置の書簡」を交換した。7月1日発効。

6.9 〔団体〕**第1回安全保障会議、開催**　今後の防衛力の在り方についての第1回安全保障会議が開催された。以降12月14日までに計13回実施された。

6.16 〔法律〕**「自衛隊法」の改正**　「災害対策基本法の一部を改正する法律」に伴い「自衛隊法」が改正された。

7.18 〔団体〕**自衛隊の自主派遣を認める**　中央防災会議は、新しい防災基本計画を正式に決め、都道府県知事の派遣要請を待つ時間がない緊急時には、自衛隊の自主的派遣を認めた。

8.8 〔政治〕**村山改造内閣が発足**　自民党・社会党・新党さきがけの連立で社会党の村山富市首相の改造内閣が発足した。防衛庁長官には自民党の衛藤征士郎が就任した。

8.29 〔政治〕**ゴラン高原へ自衛隊派遣決定**　閣議で、国際連合兵力引き離し監視隊（UNDOF）への自衛隊の派遣を決定。12月20日、「ゴラン高原国際平和協力隊の設置等に関する政令」が、公布・施行された。

9.4 〔事件〕**沖縄米兵少女暴行事件**　沖縄県で米海兵隊3人による女子児童暴行事件が発生した。19日、大田昌秀沖縄県知事が、政府に日米安保条約に基づく日米地位協定（容疑者を沖縄米軍基地内に身柄拘束できる）の見直しを強く要請した。

| 日本安全保障史事典 | 1995年（平成7年） |

9.15 〔国際〕「化学兵器禁止条約」批准　1993年1月に署名した「化学兵器禁止条約（化学兵器の開発、生産、貯蔵及び使用の禁止並びに廃棄に関する条約）」を批准した。

9.27 〔基地〕「在日米軍経費負担に関する特別協定」署名　「在日米軍駐留経費負担に係る新特別協定」に署名した。

9.28 〔基地〕沖縄県知事、代理署名拒否　大田昌秀沖縄県知事が県議会で、3月に那覇防衛施設局が開始した軍用地の強制使用手続きにかかわる土地調書・物件調書への代理署名を拒否する方針を表明した。29日、大田知事は「駐留軍用地特別措置法」による使用権限取得手続の一部を拒否。

10.18 〔基地〕防衛施設庁長官、村山首相を批判　宝珠山昇防衛施設庁長官は、大田昌秀沖縄県知事が代理署名拒否したことで、首相が代行すべきだと発言し、村山富市首相を批判した。政府・与党は、政府の方針に反すると批判が続出し、宝珠山長官は19日更迭。

10.21 〔基地〕沖縄県民総決起大会開催　「米軍人による少女暴行事件を糾弾し日米地位協定の見直しを要求する沖縄県民総決起大会」が沖縄県宜野湾市で開催され、8万5000人が参加した（主催者発表）。

10.25 〔国際〕起訴前の米兵容疑者の身柄引き渡しで合意　日米両政府は、日米地位協定の刑事裁判手続の運用見直しを検討する合同委員会で、凶悪犯罪の場合は日本側が求めれば米兵容疑者の起訴前の身柄引き渡しに応じる内容で合意した。

10.27 〔法律〕「国際機関等に派遣される防衛庁の職員の処遇等に関する法律」公布　「国際機関等に派遣される防衛庁の職員の処遇等に関する法律」が公布された。1996年1月1日施行。軍備管理若しくは軍縮又は人道的精神に基づき行われる活動に対する協力等の目的で、国際機関、外国政府の機関等に派遣される防衛庁の職員の処遇等について定めるもの。

11.17 〔基地〕沖縄米軍基地問題協議会設置　「沖縄米軍基地問題協議会の設置について」が閣議決定した。沖縄県に所在する「日本国とアメリカ合衆国との間の相互協力及び安全保障条約」第6条に基づく施設及び区域に係る諸問題に関し協議することを目的としている。内閣官房長官が主宰。

11.19 〔国際〕沖縄に関する特別行動委員会設置で合意　村山富市首相と米国のアル・ゴア副大統領が会談し、沖縄に関する特別行動委員会（SACO）の設置について合意した。

11.28 〔政治〕「平成8年度以降に係る防衛計画の大綱について」決定　安全保障会議・閣議で「平成8年度以降に係る防衛計画の大綱について」を決定した。1976年の「防衛計画の大綱」についてを改め、陸上自衛隊定数を18万人から16万人に、「平時地域配備する部隊」を12個師団・2個混成団から8個師団・6個旅団に削減するなどを定めた。また「冷戦後の日本の防衛力整備の新指針」を決めた。

12.7 〔基地〕大田沖縄県知事を提訴　村山富市首相が、代理署名に応じない大田昌秀沖縄県知事を提訴した。1996年3月25日、第1審福岡高等裁判所那覇支部民事部（大塚一郎裁判長）、8月28日、第2審最高裁判所大法廷（三好達裁判長）で、大田知事はいずれも敗訴した。

12.11 〔基地〕「在日米軍駐留経費負担に係る新特別協定」公布　「在日米軍駐留経費負担に

－ 105 －

1996年（平成8年）   日本安全保障史事典

　　　係る新特別協定（日本国とアメリカ合衆国との間の相互協力及び安全保障条約第六条
　　　に基づく施設及び区域並びに日本国における合衆国軍隊の地位に関する協定第二十
　　　四条についての新たな特別の措置に関する日本国とアメリカ合衆国との間の協定）」
　　　が、公布された。

12.14　〔自衛隊〕**「中期防衛力整備計画について」決定**　安全保障会議で「中期防衛力整備計
　　　画（平成8年度〜平成12年度）について」を決定し、12月15日、閣議決定した。陸上
　　　自衛隊戦車96両の整備、海上自衛隊各種艦艇31隻10万tの建造、航空自衛隊F-15を4
　　　機・F-2を47機の整備など、必要経費25兆1500億円。

12.15　〔政治〕**「ゴラン高原国際平和協力業務実施計画」閣議決定**　閣議で、「ゴラン高原国
　　　際平和協力業務実施計画」等が決定した。協力業務の実施に関する事項があり、自
　　　衛隊の部隊等以外の者が行うものと、自衛隊の部隊等が行う業務とがわかれている。

12.26　〔基地〕**厚木基地騒音訴訟差戻控訴審判決**　東京高裁は、第1次厚木基地騒音訴訟差
　　　戻控訴審で判決。原告・国ともに上告せず、1996年1月10日判決確定。

1996年
（平成8年）

1.11　〔政治〕**第1次橋本内閣が発足**　第1次橋本竜太郎内閣が発足した。防衛庁長官には臼
　　　井日出男が就任した。

1.31　〔自衛隊〕**自衛隊、ゴラン高原へ出発**　国際連合兵力引き離し監視隊（UNDOF）に派
　　　遣する陸上自衛隊の第1次ゴラン高原派遣輸送先遣隊らが中東へ向け出発。2月7日に
　　　は本隊が出発した（第1次隊は8月5日〜23日帰国。約6ヶ月交代で部隊を派遣）。イス
　　　ラエル側のジウアニ宿営地に本部を置く輸送部隊は43人から成り、活動に必要な食
　　　料品などの輸送、物資の保管、道路などの補修などの後方支援業務を行なった。シ
　　　リア側のファウアール宿営地にあるUNDOFの司令部には司令部要員2人を派遣、
　　　UNDOFの活動に関する広報等や輸送などに関する企画や調整業務を行なった。5月
　　　16日からは航空自衛隊も、輸送部隊や司令部要員の支援のために、C-130H型輸送機
　　　などで食料品などを空輸した。

2.10　〔事件〕**豊浜トンネル岩盤崩落事故**　北海道古平町の豊浜トンネルで岩盤が崩落し、
　　　トンネル内を走行中だったバスや乗用車が下敷きとなり20人が死亡した。陸上自衛
　　　隊は災害派遣要請を受け、岩盤を発破で除去して救助作業を行った。17日まで。

3.29　〔基地〕**橋本首相、知事に代わって土地調書・物件調書代理署名**　橋本竜太郎首相
　　　は、大田昌秀沖縄県知事に代わって土地調査・物件調査に代理署名した。ただちに
　　　那覇防衛施設局長は沖縄県収用委員会に10年間の強制使用を申請、同時に3月31日で
　　　期限の切れる楚辺通信所の一部土地に対する緊急使用を申し立てた。

4.1　〔基地〕**「在日米軍駐留経費負担に係る新特別協定」発効**　「在日米軍駐留経費負担に
　　　係る新特別協定（日本国とアメリカ合衆国との間の相互協力及び安全保障条約第六条
　　　に基づく施設及び区域並びに日本国における合衆国軍隊の地位に関する協定第二十

－ 106 －

四条についての新たな特別の措置に関する日本国とアメリカ合衆国との間の協定）」が発効した。

4.1 〔基地〕「象のオリ」使用期限切れる　3月31日、沖縄県読谷村の楚辺通信所（通称「象のオリ」）の敷地の賃貸期間が満了、地主らが土地の即時返還を国に求めた。日本政府は使用期限後の使用についても「直ちに違法とはいえない」と土地所有者の立ち入りを拒んだ。

4.12 〔基地〕普天間飛行場の全部返還について合意　橋本竜太郎首相は、ウォルター・モンデール米国駐日大使と会談し、米軍基地の整理・統合・縮小をめぐる日米交渉で合意。普天間飛行場の5〜7年以内の条件が整った後、全部返還。

4.14 〔国際〕1978年の「ガイドライン」の見直しで合意　橋本竜太郎首相は、ウィリアム・ペリー米国国防長官と会談し、1978年の極東有事の際の「日米防衛協力のための指針」（ガイドライン）の見直し作業に着手することで合意した。

4.15 〔国際〕日米物品役務相互提供協定及び手続取極、署名　日米物品役務相互提供協定（日米ACSA）及び手続取極に、署名した。10月22日発効。自衛隊と米国軍隊との間における後方支援、物品又は役務の相互の提供に関する枠組みを設けている。

4.15 〔基地〕SACO中間報告　日米安全保障協議委員会で沖縄に関する特別行動委員会（SACO）の中間報告が了承された。普天間基地を含む沖縄米軍基地11か所の全部または一部の返還を決定した。

4.16 〔基地〕「沖縄県における米軍の施設・区域に関連する問題の解決促進について」決定　閣議で「沖縄県における米軍の施設・区域に関連する問題の解決促進について」を決定した。

4.17 〔国際〕「日米安全保障共同宣言」発表　橋本竜太郎首相は、来日したビル・クリントン米国大統領と、「日米安全保障共同宣言」を発表。冷戦後も日米安保体制がアジア太平洋地域の平和と安定の要石との基本認識を再確認し、「日米防衛協力のための指針」（ガイドライン）の見直しについても言及した。

5.8 〔政治〕普天間飛行場の返還のための作業委員会設置　「普天間飛行場等の返還に係る諸問題の解決のための作業委員会」を設置した。

5.22 〔自衛隊〕リムパック96に参加　海上自衛隊が、ハワイ周辺海域で行われる米海軍主催の「環太平洋合同演習（リムパック）96」に参加。チリ海軍が初参加。ほかにカナダ、オーストラリア、韓国の各海軍が参加し、6月21日に終了した。

5.29 〔団体〕「防衛庁設置法」改正公布　「防衛庁設置法の一部を改正する法律」が公布された。1997年1月20日施行。自衛隊発足以来はじめて自衛官の定数を減らし（50人）し、27万3751人に改める。統合幕僚会議に情報本部を新設する。

6.19 〔法律〕「自衛隊法」改正公布　「自衛隊法の一部を改正する法律」が公布された。10月22日施行。日米物品役務相互提供協定の定めるところにより、米軍に対する物品または役務を提供する権限を付与される。

6.28 〔国際〕日米物品役務相互提供協定公布　日米物品役務相互提供協定が公布された。10月22日発効。

| 1996年（平成8年） | 日本安全保障史事典 |

7.9 〔自衛隊〕**航空自衛隊米本土で空戦演習**　航空自衛隊が、米空軍が米本土で実施する空戦演習「第1回コープサンダー演習」に参加した（8月3日まで）。

7.20 〔国際〕**「国連海洋法」条約、発効**　6月に批准した「国連海洋法」条約が、海の日に日本について発効した。国際連合で採択された「海洋法」に関する国連条約。

7.23 〔国際〕**海上自衛隊艦艇の初の訪ロ**　海上自衛隊護衛艦「くらま」が、ロシア海軍300周年記念観艦式に招かれ、ウラジオストクへ向かった。8月1日帰国。

7月 〔兵器〕**F-2量産に関して取極め締結**　「F-2量産に関する日米の枠組みを定める細部取極（MOU）」が、締結された。

8.2 〔自衛隊〕**第2次ゴラン高原派遣隊が出発**　陸上自衛隊の第2次ゴラン高原派遣輸送隊の第1陣が出発した（23日まで）。1997年2月5日帰国。

8.19 〔基地〕**「沖縄米軍基地所在市町村に関する懇談会」発足**　米軍基地が所在する市町村の抱える困難を住民の立場から緩和するための施策を内閣官房長官に提言するために「沖縄米軍基地所在市町村に関する懇談会」が設置された。11月19日、提言。

8.28 〔基地〕**代理署名についての職務執行命令訴訟判決**　最高裁大法廷が、「駐留軍用地特別措置法」による代理署名についての職務執行命令訴訟で判決。土地の強制使用は「日米安保条約」上の国の義務で合憲とし、沖縄県が敗訴した。

9.2 〔国際〕**海上自衛隊艦艇、初の訪韓**　海上自衛隊艦艇が、初めて韓国釜山に行った（9月6日まで）。

9.8 〔基地〕**沖縄県民投票**　沖縄で米軍基地の整理・縮小、日米地位協定の見直しを問う県民投票を実施。投票率59.53%、賛成票48万票で、投票総数の89%、全有権者数の53%を占める。

9.10 〔基地〕**橋本首相、大田沖縄県知事と会談**　橋本竜太郎首相は、大田昌秀沖縄県知事と首相官邸で会談した。沖縄振興のため特別調整費50億円の拠出と、知事と閣僚とによる沖縄政策協議会の新設などを説明した。

9.13 〔基地〕**沖縄県知事、公告・縦覧代行を表明**　大田昌秀沖縄県知事が、9月8日の県民投票の結果から、「駐留軍用地特別措置法」による公告・縦覧代行を表明。18日、実行した。

9.17 〔政治〕**「沖縄政策協議会の設置について」決定**　閣議で「沖縄政策協議会の設置について」を決定した。

10.1 〔自衛隊〕**自衛隊員の定年延長**　自衛隊が、三佐の定年を1年延長した。これにより定年は将及び将補60歳、一佐56歳、二佐及び三佐55歳、一尉から一曹まで54歳、二曹及び三曹53歳定年となる。

10.8 〔自衛隊〕**屈斜路湖老朽化化学弾の引揚げ作業**　陸上自衛隊・海上自衛隊による屈斜路湖老朽化化学弾の引揚げ作業が24日まで実施された。

10.27 〔自衛隊〕**初の航空観閲式**　茨城県の航空自衛隊百里基地で、初めて航空観閲式が行われた。観閲官として橋本竜太郎首相が出席し部隊を観閲した。

10.29 〔国際〕**第1回アジア・太平洋地域防衛当局者フォーラム開催**　第1回アジア・太平洋

– 108 –

地域防衛当局者フォーラムが東京で開催された。アジア太平洋地域の防衛当局間の会合として防衛庁が主催となっている国際会議で、以降毎年度開催。防衛政策局次長が議長を務め、国防政策等に関する意見交換を実施。10月31日まで。

11.7 〔政治〕**第2次橋本内閣が発足** 第2次橋本竜太郎内閣が発足した。防衛庁長官には久間章生が就任した。

12.2 〔国際〕**SACO最終報告** 日米安全保障協議委員会で沖縄に関する特別行動委員会（SACO）の最終報告が了承された。普天間飛行場のヘリコプター運用機能の大半を沖縄東海岸の海上施設に移転、安波訓練場など11施設5200ha（在沖基地面積の約21％）を返還するとした。

12.13 〔国際〕**第1回日露防衛当局間協議** 第1回日露防衛当局間協議が東京で開催された。

12.17 〔事件〕**在ペルー日本大使公邸占拠事件** ペルーの首都リマの駐ペルー日本国大使公邸で開かれていた天皇誕生日祝賀レセプション中に「トゥパク・アマル革命運動（MRTA）」の構成員14人が乱入、青木盛久駐ペルー日本国特命全権大使を含む大使館員やペルー政府の要人、各国の駐ペルー大使、日本企業のペルー駐在員ら約600人を人質にして公邸を占拠した。グループは人質を随時解放しながら、逮捕・拘留されている仲間の釈放、身代金の支払いなどを要求。1997年4月22日にペルー軍・警察からなる特殊部隊が公邸に突入し、人質を解放。突入作戦で人質の最高裁判事と特殊部隊隊員2人、犯人全員が死亡、青木大使ら人質に複数の重軽傷者を出した。のち投降した犯人をも射殺したとして、作戦を指示したアルベルト・フジモリ大統領が批判された。

12.24 〔政治〕**日本の領海及び内水で潜没航行する外国潜水艦への対処** 安全保障会議・閣議で「我が国の領海及び内水で潜没航行する外国潜水艦への対処について」を決定。海上警備行動を発令し、自衛隊が当該潜水艦に対して、海面上を航行し、かつその旗を揚げる旨要求すること及び当該潜水艦がこれに応じない場合には日本の領海外への退去要求を行うこととする。

1997年
（平成9年）

1.2 〔事件〕**ナホトカ号重油流出事故** ロシア船籍のタンカー「ナホトカ号」が島根県近海で沈没、福井県はじめ日本海沿岸に積み荷の重油が漂着した。海上では海上自衛隊や海上保安庁、海岸では陸上自衛隊や地元住民・ボランティアなどが重油回収作業を行なった。

1.20 〔団体〕**統合幕僚会議に情報本部を新設** 統合幕僚会議に情報本部を新設。防衛庁の情報組織を整理・再編して、軍事情勢など自衛隊全般を通じて必要とする情報の収集・処理・分析を行う。

1.31 〔基地〕**普天間実施委員会設置** 沖縄に関する特別行動委員会（SACO）の最終報告に基づき、普天間飛行場の返還に伴う代替施設に関する日米共同の作業班として「普

天間実施委員会（FIG）」が設置された。

2.2 〔自衛隊〕**第3次ゴラン高原派遣輸送隊が出発**　陸上自衛隊の第3次ゴラン高原派遣輸送隊が出発した。8月4日帰国。

2.14 〔自衛隊〕**ゴラン高原の司令部要員第2陣が出発**　陸上自衛隊の国際連合兵力引き離し監視隊（UNDOF）の司令部要員第2陣が出発した。

4.21 〔国際〕**「化学兵器禁止条約」公布**　1993年1月に署名された「化学兵器禁止条約（化学兵器の開発、生産、貯蔵及び使用の禁止並びに廃棄に関する条約）」が公布、4月29日に発効した。

4.25 〔基地〕**「駐留軍用地特別措置法」改正公布・施行**　4月17日に成立した改正「駐留軍用地特別措置法（日本国とアメリカ合衆国との間の相互協力及び安全保障条約第六条に基づく施設及び区域並びに日本国における合衆国軍隊の地位に関する協定の実施に伴う土地等の使用等に関する特別措置法の一部を改正する法律）」が公布・施行された。楚辺通信所一部土地の暫定使用を開始。

5.9 〔法律〕**「防衛庁設置法」改正公布**　「防衛庁設置法等の一部を改正する法律」が公布された。1998年3月26日施行。自衛官の定数を1393人削減し、27万2358人にする。陸上自衛隊の補給業務の迅速化・効率化を図るため、5個中央補給処及び資材統制隊を集約・一元化する。

5.15 〔基地〕**嘉手納飛行場など暫定使用を開始**　沖縄県の嘉手納飛行場など12施設の一部土地の暫定使用が開始された。

6.9 〔兵器〕**化学兵器禁止機関へ自衛官を派遣**　オランダのハーグ市に本部が設置された化学兵器禁止機関（OPCW）の初代査察局長として陸上自衛官の秋山一郎陸将補を派遣した。

6.10 〔国際〕**CCW改正議定書2締結**　特定通常兵器使用禁止制限条約（CCW）の改正議定書2が締結された。1998年発効。

7.3 〔国際〕**沖縄駐留米兵、実弾演習で初の本土移転射撃**　沖縄駐留の米海兵隊が、9日まで実弾演習のため北富士演習場へ移動した。初の本土移転射撃。

7.12 〔自衛隊〕**レンジャー訓練中の自衛隊員死亡**　青森県八甲田山ろくでレンジャー訓練中の陸上自衛隊員3人が死亡した。

7.12 〔自衛隊〕**自衛隊機をタイ海軍基地に派遣**　内戦のカンボジアからの日本人救出に備えて、橋本竜太郎首相は、航空自衛隊の戦術輸送機C-130H（ハーキュリーズ）をタイ・ウタパオ海軍基地で待機するように指示した。それを受け自衛隊機は那覇を出発した。

8.1 〔自衛隊〕**第4次ゴラン高原派遣輸送隊が出発**　陸上自衛隊の第4次ゴラン高原派遣輸送隊が出発した。1998年2月1日帰国。

9.1 〔団体〕**防衛事務次官などの定年延長**　防衛事務次官・防衛施設庁長官・統合幕僚会議議長の定年をそれぞれ延長し62歳とする。

9.2 〔基地〕**地方分権推進委員会第3次勧告**　地方分権推進委員会が「駐留軍用地特別措置法」や労務管理事務関係について第3次勧告を行なった。

9.11	〔政治〕**第2次橋本改造内閣が発足**　第2次橋本竜太郎改造内閣が発足した。久間章生防衛庁長官は留任。
9.23	〔国際〕**新「日米防衛協力のための指針」了承**　日米安全保障協議委員会で、新「日米防衛協力のための指針」(ガイドライン)が了承された。日本周辺の有事における日米協力の枠組みを定める。
11.5	〔基地〕**普天間飛行場の代替に海上ヘリポート案**　政府は、普天間飛行場の返還にともなう代替地として、沖縄県名護市辺野古沖へ海上ヘリポートを建設する案を地元に提示した。
11.28	〔自衛隊〕**F-2支援戦闘機1号機を受領**　航空自衛隊は、F-2支援戦闘機1号機を受け取った。
12.3	〔国際〕**「対人地雷禁止条約」に署名**　日本は、カナダのオタワで「対人地雷禁止条約(オタワ条約)」に署名。1999年3月発効した。
12.19	〔政治〕**中期防衛力整備計画決定**　安全保障会議・閣議で「中期防衛力整備計画(平成8年度〜平成12年度)の見直しについて」を決定した。総額の限度を9200億円削減し、24兆2300億円程度とする。
12.21	〔基地〕**海上ヘリポート建設で市民投票**　沖縄県名護市で、海上ヘリポート基地建設の是非を問う市民投票が実施された。建設反対が約53%、賛成45%となった。
12.24	〔基地〕**海上ヘリポート建設問題で協力要請**　橋本竜太郎首相は、沖縄県の比嘉鉄也名護市長・大田昌秀沖縄県知事と個別に会談し、海上ヘリポート建設問題で協力を要請した。比嘉市長は、海上ヘリポートの同市への受け入れと市長辞任を表明、25日に正式に発表した。大田知事は態度を保留した。

1998年
(平成10年)

1.30	〔自衛隊〕**第5次ゴラン高原派遣輸送隊が出発**　陸上自衛隊の第5次ゴラン高原派遣輸送隊が2月20日にかけて出発した。8月3日帰国。
2.6	〔基地〕**沖縄県知事、海上ヘリポート拒否**　大田昌秀沖縄県知事が、米軍普天間飛行場の返還に伴う海上ヘリポートの受け入れ拒否を正式に表明した。
2.7	〔社会〕**長野オリンピック開幕**　長野県で冬季オリンピックが開幕した(22日まで)。陸上自衛隊はバイアスロンへの選手の参加のほか、開会式と閉会式のファンファーレを吹奏、航空自衛隊は開会式でブルーインパルスの展示飛行を行なった。また陸上自衛隊はアルペンスキーのコース整備も協力した。
3.25	〔自衛隊〕**早期警戒管制機を浜松に配備**　航空自衛隊は、E-767早期警戒管制機(AWACS)を浜松に配備した。
3.26	〔自衛隊〕**即応予備自衛官制度導入**　陸上自衛隊が、補給統制本部を新しく編成し、

— 111 —

1998年（平成10年）　　　　　　　　　　　　　　　　　　　　　　　　日本安全保障史事典

即応予備自衛官制度を導入した。

4.24　〔法律〕「防衛庁設置法」改正公布　「防衛庁設置法等の一部を改正する法律」が公布
された。1999年3月29日施行。一部は公布の日・1998年12月8日。自衛官の定数を
5078人削減して26万7280人に、即応予備自衛官の員数を2006人増員して3379人にす
る。統合幕僚学校における外国人の教育訓練の受託、統合幕僚会議の機能の充実な
どが図られる。陸上自衛隊は1999年3月に第13師団の旅団への改編を行う。海上自
衛隊は整備補給体制の抜本的な見直しを行い、現行の整備補給部隊を整理・統廃合
し、補給本部などを設置する。

4.24　〔自衛隊〕任期付研究員制度の導入　自衛隊に任期付研究員制度を導入。

4.25　〔自衛隊〕即応予備自衛官が初の召集訓練　陸上自衛隊が、4師団の即応予備自衛官
の初めての召集訓練を26日まで実施した。

4.28　〔国際〕日米物品役務相互提供協定を改正する協定、署名　東京で、日米物品役務相
互提供協定を改正する協定に署名した。

5.18　〔自衛隊〕自衛隊機をシンガポールに移動　インドネシアにおける暴動に際して、同
国在留日本人の救援に備え航空自衛隊の戦術輸送機C-130Hをシンガポールのパヤレ
バに移動した。

5.22　〔基地〕嘉手納基地爆音訴訟で飛行差し止め却下　福岡高等裁判所那覇支部（岩谷憲
一裁判長）は、嘉手納基地爆音訴訟の判決で飛行差し止めは却下したが、損害賠償は
対象地域を広げ過去分の賠償を認めた。原告・被告ともに上告せず。6月6日判決は
確定した。

6.12　〔法律〕「国際平和協力法」改正公布・施行　「国際平和協力法改正法（国際連合平和
維持活動等に対する協力に関する法律の一部を改正する法律）」が公布・施行され
た。第24条の改正「武器使用に係る規定」は7月12日に施行。

6.12　〔法律〕「中央省庁等改革基本法」公布・施行　「中央省庁等改革基本法」が公布・施
行された。2001年1月を目標に、行政機関のスリム化と効率化を実現するための法
律。1.1府21省庁を1府12省庁に減らす。2.各省庁の事業部門を切り離して独立行政
法人を設置する。3.郵政3事業の移管・移行。4.内閣府の設置などを主とした。防衛
庁では管理局、契約本部を設置する。

6.26　〔国際〕第1回日韓安保対話開催　第1回日韓安保対話がソウルで開かれた。

7.6　〔自衛隊〕リムパック98に参加　海上自衛隊が、ハワイ周辺海域で行われる米海軍主
催の「環太平洋合同演習（リムパック）98」に参加。ほかにカナダ、オーストラリア、
韓国、チリの各海軍が参加し、8月6日に終了した。

7.29　〔国際〕日ロ初の共同訓練　海上・航空各自衛隊とロシア海軍との捜索・救難活動の
共同訓練が実施された。本格的な日ロ共同訓練となった。

7.30　〔政治〕小渕内閣が発足　小渕恵三内閣が発足した。防衛庁長官には元内閣官房副長
官の額賀福志郎が就任した。

7.31　〔自衛隊〕第6次ゴラン高原派遣輸送隊が出発　陸上自衛隊の第6次ゴラン高原派遣輸
送隊が8月21日にかけて出発した。

－ 112 －

		1998年（平成10年）

8.31 〔事件〕北朝鮮がミサイル発射　朝鮮民主主義人民共和国が、弾道ミサイル「テポドン」を発射した。ミサイルは日本上空を越え三陸沖に落ちた。政府は抗議し、食糧援助などを凍結した。

8.31 〔事件〕政府、KEDOの調印を拒否　政府は、北朝鮮のミサイル発射を受け、朝鮮半島エネルギー機構（KEDO）分担の調印を拒否した。9月1日には日朝交渉を当面凍結とし、2日にはチャーター便不可の追加制裁を決めた。

9.3 〔事件〕防衛庁調達実施本部背任事件　元防衛庁調達実施本部副本部長上野憲一、背任容疑で逮捕される。4日、元同本部長・前防衛施設庁長官諸富増夫、同容疑で逮捕される。防衛庁に強制捜査が行われた。

9.3 〔基地〕嘉手納飛行場など土地の使用を開始　沖縄県収用委員会の使用裁決（5月19日）に基づき、嘉手納飛行場など12施設の大部分の土地の使用が開始された。

9.20 〔国際〕戦域ミサイル防衛共同技術研究実施で合意　日米安全保障協議委員会で、1999年度から戦域ミサイル防衛（TMD）共同技術研究実施で合意した。

10.16 〔政治〕防衛庁長官問責決議案可決　防衛庁調達実施本部背任事件で、参議院における額賀福志郎防衛庁長官の問責決議案が出され可決された。

10.21 〔事件〕KEDO署名　分担調印を拒否していた朝鮮半島エネルギー機構（KEDO）に署名、協力凍結を解除した。北朝鮮への食糧支援の見合わせ、国交正常化交渉、チャーター便の運行停止等は引き続き継続する。

10.22 〔自衛隊〕防衛調達改革本部設置　防衛庁に防衛調達改革本部が設置された。

10.28 〔国際〕「対人地雷禁止条約」公布　9月30日に締結された「対人地雷禁止条約（対人地雷禁止条約（対人地雷の使用、貯蔵、生産及び移譲の禁止並びに廃棄に関する条約、オタワ条約）」が公布された。1999年3月1日、日本について発効。

11.14 〔自衛隊〕ホンジュラスに自衛隊派遣　ホンジュラスにおける国際緊急援助活動に陸上自衛隊の部隊等を12月9日まで派遣した。防疫活動や浄水装置の設置など行なった。

11.15 〔基地〕沖縄県知事選挙で現職知事落選　沖縄県知事選挙で自民党系の稲嶺恵一が当選。現職大田昌秀知事は3選ならず落選した。37万4833対33万7369票。

11.15 〔自衛隊〕硫黄島で初の3自衛隊統合演習　陸海空自衛隊が、硫黄島で初の統合部隊の演習を実施した。陸海空で2400人規模。

11.19 〔団体〕防衛庁調達実施本部を廃止　防衛庁は、「防衛調達改革の基本的方向について」を公表し、防衛庁調達実施本部背任事件に絡む証拠の組織的隠滅を認め、調達実施本部を廃止すると最終報告した。

11.20 〔政治〕額賀防衛庁長官辞任　防衛庁調達実施本部背任事件の引責で額賀福志郎防衛庁長官が辞任し、野呂田芳成が防衛庁長官に就任した。

12.3 〔国際〕CCW改正議定書2発効　1997年に締結した特定通常兵器使用禁止制限条約（CCW）改正議定書2が発効された。

12.22 〔基地〕安波訓練場返還　沖縄県の安波訓練場が、日本に返還された。沖縄に関する特別行動委員会（SACO）事案では初の返還となった。

12.22 〔政治〕**情報収集衛星の導入決定**　8月31日の北朝鮮のミサイル発射をきっかけに、情報収集衛星の導入について議論が本格化し、政府が閣議で導入を正式に決定した。

12.25 〔国際〕**「弾道ミサイル防衛に係る日米共同技術研究について」を了承**　安全保障会議で「弾道ミサイル防衛に係る日米共同技術研究について」を了承した。

1999年
（平成11年）

1.14 〔政治〕**小渕第1次改造内閣が発足**　小渕恵三第1次改造内閣が発足した。野呂田芳成は防衛庁長官は留任。

1.21 〔政治〕**重要事態対応会議**　第1回重要事態対応会議が開催された。

3.1 〔自衛隊〕**MOFシステム運用開始**　海上自衛隊が、海上作戦部隊指揮管制支援システム（MOFシステム）の運用を開始した。従来の自衛艦隊指揮支援システム（SFシステム）にかわるもの。

3.1 〔国際〕**「対人地雷禁止条約」発効**　「対人地雷禁止条約（対人地雷禁止条約（対人地雷の使用、貯蔵、生産及び移譲の禁止並びに廃棄に関する条約、オタワ条約）」が、日本について発効された。

3.23 〔事件〕**能登半島沖に不審船**　海上自衛隊の哨戒機が、能登半島沖領海で不審船2隻を発見、停船命令を出したが無視して逃走した。閣議決定により海上警備行動を発令、24日未明に自衛艦が警告射撃を行なった。30日、政府は、この不審船が北朝鮮北部の港に入ったとの情報から北朝鮮の船と判断し同国に正式に抗議した。

3.29 〔自衛隊〕**陸上自衛隊、初の旅団を創設**　陸上自衛隊が、初の旅団を創設した。

4.1 〔政治〕**情報収集衛星推進委員会設置**　内閣官房に「情報収集衛星推進委員会」を設置した。計画・運用を官邸主導で検討を進めた。

4.2 〔団体〕**調達改革の具体的措置を公表**　防衛庁が、防衛調達に関しての不祥事から調達改革の具体的施策についてまとめた調達改革の具体的措置を公表した。調達制度の改革、調達機構等の改革、自衛隊員の再就職の在り方の見直しなどについて明らかにしている。

5.24 〔法律〕**「周辺事態法」成立**　「周辺事態に際して我が国の平和及び安全を確保するための措置に関する法律（周辺事態法、周辺事態安全確保法）」が成立した。5月28日公布、8月25日施行。「周辺事態」に日米が協力できる法律。

5.28 〔法律〕**「自衛隊法」改正公布**　「自衛隊法の一部を改正する法律」が公布・施行された。在外日本人等の輸送にあたって、自衛隊が船舶及び当該船舶に搭載された回転翼航空機を使用することが可能になる。

6.2 〔国際〕**日米物品役務相互提供協定を改正する協定公布**　日米物品役務相互提供協定を改正する協定（日本国の自衛隊とアメリカ合衆国軍隊との間における後方支援、物

品又は役務の相互の提供に関する日本国政府とアメリカ合衆国政府との間の協定を改正する協定）が、公布された。9月24日自衛隊統合幕僚会議議長と在日米文司令官が調印、翌25日に発効となった。

6.5 〔事件〕「能登半島沖不審船事案における教訓・反省について」　「能登半島沖不審船事案における教訓・反省について」関係閣僚会議が了承した。

6.21 〔自衛隊〕戦闘機の初の国外訓練　航空自衛隊が、第1回コープノース＝グアムへ25日まで参加した。戦闘機の初の国外訓練となる。

7.23 〔基地〕第2次厚木基地騒音訴訟判決　東京高裁で、第2次厚木基地騒音訴訟で判決。原告・国ともに上告せず、8月7日判決が確定した。

8.2 〔自衛隊〕自衛隊、韓国軍と共同訓練　海上自衛隊と大韓民国軍との初の捜索・救難共同訓練を済州島と東シナ海において実施した。8日、帰国。

8.4 〔法律〕「防衛庁設置法」・「自衛隊法」改正公布　「防衛庁設置法及び自衛隊法の一部を改正する法律」が公布された。2000年3月28日施行。自衛官の定数を1543人削減して26万5737人に、即応予備自衛官の員数を993人増員して4372人に改める。

8.13 〔政治〕「周辺事態」への対応計画決定　安全保障会議で「周辺事態に際して必要な措置の実施及び対応措置に関する基本計画」の取り扱いについて決定。同日閣議決定。

8.13 〔法律〕「自衛隊員倫理法」公布　「自衛隊員倫理法」が公布された。国民の疑惑や不信を招くような行為の防止を図り、公務に対する国民の信頼を確保することを目的としている。2000年4月1日施行。

8.13 〔自衛隊〕再任用制度導入　自衛隊に自衛官の再任用制度が導入された。高度な技能等を要する職域を対象に、定年退職した幹部自衛官や曹長等を1年以内を限度として任用する制度。

8.15 〔事件〕空自戦闘機墜落　航空自衛隊の新田原基地所属の戦闘機F-4EJ改が、九州福江島沖海上で墜落、乗員2人が死亡した。東シナ海から日本領空へ接近する国籍不明機に対する対領空侵犯措置任務中だった。

8.16 〔団体〕防衛庁とロシア国防省で交流の覚書　「防衛庁とロシア国防省との間の対話及び交流の発展のための基盤構築に関する覚書」で署名が行われた。

8.16 〔国際〕弾道ミサイル防衛に係る日米間の交換公文及び了解覚書、署名　弾道ミサイル防衛（BMD）に係る日米共同技術研究に関する日米政府間の交換公文及び了解覚書に、署名がなされた。

9.23 〔自衛隊〕トルコ共和国海上輸送部隊派遣　海上自衛隊は、トルコ共和国における国際緊急援助活動に必要な物資の輸送を実施するため、トルコ共和国派遣海上輸送部隊（掃海母艦ぶんご・輸送艦おおすみ・補給艦ときわ）を派遣した。11月22日帰国。

9.25 〔国際〕日米物品役務相互提供協定を改正する協定発効　日米物品役務相互提供協定を改正する協定（日本国の自衛隊とアメリカ合衆国軍隊との間における後方支援、物品又は役務の相互の提供に関する日本国政府とアメリカ合衆国政府との間の協定を改正する協定）が発効した。

9.30 〔事件〕東海村JCO臨界事故　茨城県東海村の民間の企業である「JCO」の核燃料

加工施設で臨界事故が発生、作業員3人が至近距離で中性子線を浴びて被曝、うち2人が死亡した。まず陸上自衛隊の化学防護隊へ災害派遣要請があり、その後航空自衛隊、海上自衛隊にも派遣要請があった（10月3日まで）。

10.5　〔政治〕**小渕第2次改造内閣が発足**　自民党・自由党・公明党3党連立による小渕恵三第2次改造内閣が発足した。防衛庁長官には瓦力が就任した。

11.2　〔国際〕**北朝鮮チャーター便運行停止解除**　政府は、1998年8月31日の北朝鮮のミサイル発射に対して取った制裁措置のうち、チャーター便の運行停止を解除した。

11.22　〔兵器〕**99式空対空誘導弾を制式化**　航空自衛隊は、中距離空対空ミサイル「99式空対空誘導弾（AAM-4）」を制式化した。1994年から本格的に開発が始められていた。

11.22　〔自衛隊〕**自衛隊、東ティモール避難民救援へ**　政府は、国連難民高等弁務官事務所（UNHCR）の要請で、東ティモール避難民救援のため、インドネシアへ航空自衛隊などを派遣した。航空自衛隊の部隊は113人からなり、避難民のための援助物資などを、C-130H型輸送機で空輸した（2000年2月8日まで）。

11.22　〔事件〕**空自機墜落**　航空自衛隊の入間基地所属の航空機T-33Aが、エンジントラブルを起こし、狭山市内の入間川河川敷に墜落、乗員2人が死亡した。

11.22　〔基地〕**沖縄県知事、辺野古沖建設を表明**　稲嶺恵一沖縄県知事が、普天間基地の移設候補地を名護市辺野古沖キャンプ・シュワブに決定したと表明した。

12.1　〔団体〕**村山訪朝団出発**　超党派の国会議員からなる村山訪朝団が、北朝鮮へ向け出発した（12月3日まで）。同訪朝団と朝鮮労働党は共同発表に調印。14日、政府は北朝鮮との間で国交正常化交渉再開のための予備会談及び人道問題に関する赤十字会談を開始することを発表、また1998年8月の弾道ミサイル「テポドン」発射以来、北朝鮮に対しての食糧支援の見合わせなどの制裁措置の解除を発表した。

12.17　〔法律〕**「原子力災害対策特別措置法」公布**　「原子力災害対策特別措置法」が公布された。2000年6月16日施行。一部は1999年12月22日に施行。原子力災害時に自衛隊の派遣が可能となる。

12.17　〔団体〕**空中給油機能について**　安全保障会議で、空中給油機能について、次期防衛計画で速やかに整備を行うことと、平成12年度予算において必要な経費を計上することを了承した。

12.27　〔基地〕**名護市長、基地代替施設の受け入れを表明**　名護市長岸本建男が、普天間基地代替施設の受け入れを表明した。

12.27　〔団体〕**「不審船にかかる共同対処マニュアル」策定**　防衛庁は、海上保安庁との間で「不審船にかかる共同対処マニュアル」策定し、連携を強化し、役割分担などについて規定した。

12.28　〔政治〕**普天間飛行場の移設に係る方針決定**　閣議で「普天間飛行場の移設に係る政府方針」を決定した。

2000年
（平成12年）

1.17 〔兵器〕**対人地雷廃棄スタート**　1999年に日本に対して発効した「対人地雷禁止条約」で定められたとおり、国内にある自衛隊保有の約100万個の対人地雷の廃棄処理作業が民間事業者により開始した。

3.16 〔団体〕**与党3党「有事法制」に関し政府に申入れ**　自民党・保守党・公明党の与党3党政策責任者が、有事法制に関して、法制化を目指した検討を開始するよう政府に対して申入れた。

3.22 〔事件〕**自衛隊機墜落**　航空自衛隊の松島基地所属の練習機T-2が、宮城県牡鹿郡女川町山岳地に墜落、1人死亡した。

3.29 〔社会〕**有珠山噴火**　北海道の有珠山噴火に伴う災害で陸上自衛隊が災害派遣された。住民約1万7000人が避難、自衛隊は避難住民の輸送・給水、火山活動の監視などの他、取り残された人の救出にあたった。7月24日まで活動し、隊員延べ約9万8000人、車両約3万7000両、航空機約760機が出動した。

4.1 〔法律〕**「駐留軍用地特別措置法」改正法施行**　「駐留軍用地特別措置法」改正法が施行された。楚辺通信所（通称「象のオリ」）などをめぐって返還を求める運動が起こったこともあり、従来の特措法に、収用期限の過ぎた土地を引き続き使用できる条項を入れた。

4.1 〔団体〕**防衛施設中央審議会発足**　防衛施設中央審議会が発足した。「駐留軍用地特別措置法」第三十条が設置理由で、定数7人以内、任期3年。

4.5 〔政治〕**第1次森内閣が発足**　2日に緊急入院した小渕首相の早期回復が難しいことから、4日、内閣は総辞職。自民党は、総裁に森喜朗幹事長を選出、第1次森内閣が発足した。防衛庁長官には瓦力が前内閣に引き続き就任した。

5.8 〔団体〕**防衛庁、市ヶ谷庁舎へ移転**　防衛庁本庁庁舎が、東京都港区赤坂の檜町地区から、檜町地区の約3倍の敷地を有する新宿区市ヶ谷地区へ移転した。屋上には災害派遣などの輸送にも利用できるヘリポートがあり、地下には中央指揮所が設置されて、いろいろな事態に対応できるようになっている。

5.30 〔自衛隊〕**リムパック2000に参加**　海上自衛隊が、ハワイ周辺海域で行われる米海軍主催の「環太平洋合同演習（リムパック）2000」に参加。ほかにカナダ、オーストラリア、韓国、チリ、イギリスの各海軍、オーストラリア空軍が参加し、7月5日に終了した。

6.16 〔法律〕**「原子力災害対策特別措置法」施行**　「原子力災害対策特別措置法」が施行された。1999年9月30日に起きた東海村JCO臨界事故の教訓から制定された。

6.26 〔社会〕**三宅島噴火**　三宅島の火山活動に伴う災害派遣では、陸上自衛隊第1師団を中心に、給水・入浴などの生活支援や物資輸送を行なった。8月18日には大規模噴火が起き、以後は土嚢積みや家屋の降灰除去作業を行なった。海上自衛隊は、輸送艦3

– 117 –

隻で輸送業務に従事、航空自衛隊は、偵察機による写真撮影や物資等の輸送業務に従事した（2001年10月3日まで）。9月2日から全島避難を開始（2005年2月1日一部を除き避難指示解除）。

6.28 〔事件〕**自衛隊機墜落**　航空自衛隊美保基地所属の輸送機C-1が失速し、島根県隠岐諸島沖に墜落、5人が死亡した。

7.4 〔事件〕**ブルーインパルス2機墜落**　航空自衛隊の飛行隊2機（T-4練習機、ブルーインパルス）がアクロバット訓練の帰りに、宮城県牡鹿郡牡鹿町の山岳に衝突、乗員3人が死亡した。

7.4 〔政治〕**第2次森内閣が発足**　第2次森喜朗内閣が発足した。防衛庁長官には虎島和夫が就任した。

7.21 〔社会〕**九州・沖縄サミット開幕**　第26回主要国首脳会議が沖縄県名護市で23日まで行なわれた。米国のビル・クリントン大統領が、米軍基地の段階的な整理・縮小に努力すると表明した。

8.25 〔基地〕**普天間基地の移設にかかる協議会設置**　普天間基地の代替施設を協議する代替施設協議会が設置され、初会合が開かれた。内閣官房長官・防衛庁長官・外務大臣・運輸大臣・沖縄県知事・名護市長・東村長・宜野座村長で構成されている。

9.8 〔事件〕**ロシア・スパイ事件**　在日ロシア大使館駐在武官に秘密文書を漏えいしたとして現職の海上自衛官が「自衛隊法」違反で逮捕された。

9.11 〔基地〕**「在日米軍駐留経費負担に係る新特別協定」に署名**　「在日米軍駐留経費負担に係る新特別協定（日本国とアメリカ合衆国との間の相互協力及び安全保障条約第六条に基づく施設及び区域並びに日本国における合衆国軍隊の地位に関する協定第二十四条についての新たな特別措置に関する日本国とアメリカ合衆国との間の協定）」への署名を行なった。2001年4月1日発効。

9.23 〔自衛隊〕**屈斜路湖老朽化化学兵器の廃棄処理支援**　屈斜路湖の湖底から発見され、地下に収納されていた26発の老朽化した化学兵器の廃棄処理を陸上自衛隊が行った。11月6日、化学兵器禁止機関（OPCW）査察団により廃棄完了が確認された。

10.2 〔自衛隊〕**F-2の運用試験開始**　航空自衛隊は、第3航空団臨時F-2飛行隊を三沢基地に設置し、F-2戦闘機の運用試験を開始した。

10.6 〔社会〕**鳥取県西部地震発生**　13時30分ごろ鳥取県西部でマグニチュード7.3の地震が発生した。自衛隊から340人、車両50台を派遣し、防衛庁が航空機による偵察を行なった。

10.27 〔団体〕**「秘密保全体制の見直し・強化について」発表**　9月に発生した海上自衛官による秘密文書漏えい事件を受けて設置された秘密保全等対策委員会が報告書「秘密保全体制の見直し・強化について」をまとめた。

10.31 〔自衛隊〕**航空自衛隊指揮システム**　航空自衛隊は、航空幕僚システムを受領し、航空総隊指揮システム・航空支援集団指揮システム及び補給本部指揮システム間の相互運用が完了した。

11.20 〔団体〕**共産党が自衛隊容認**　日本共産党が第22回党大会で、緊急事態の場合は「自

衛隊」も活用することを決定した。

11.30 〔法律〕「**船舶検査活動法**」**成立**　「周辺事態に際して実施する船舶検査活動に関する法律（船舶検査活動法）」が成立した。「周辺事態」は発生した場合に、日本が商船に対して行う検査活動について定めたもの。自衛隊の部隊等が、日本の領海や周辺の公海で、民間の船舶の積み荷・目的地を検査・確認ができる。

12.1 〔自衛隊〕**自衛隊の情報通信技術施策の推進要綱公表**　防衛庁・自衛隊は、IT革命への対応として、「防衛庁・自衛隊における情報通信技術革命への対応に係る総合的施策の推進要綱」を発表した。

12.4 〔団体〕**治安出動に係る協定改正**　1954年に防衛庁と国家公安委員会との間で締結された「治安出動の際における治安の維持に関する協定」が改正された。武装工作員などへの対処を重視している。

12.5 〔政治〕**第2次森改造内閣が発足**　第2次森喜朗改造内閣が発足した。防衛庁長官には斉藤斗志二が就任した。

12.6 〔法律〕「**船舶検査活動法**」**公布**　「周辺事態に際して実施する船舶検査活動に関する法律（船舶検査活動法）」が公布された。2001年3月1日施行。「周辺事態」に際し、領海または周辺の公海における自衛隊による船舶の立ち入り検査活動が可能になる。

12.15 〔政治〕「**中期防衛力整備計画**」**決定**　安全保障会議・閣議で「中期防衛力整備計画（平成13年度〜平成17年度）について」を決定。計画期間末の陸自定員を16万6000（常備自衛官15万6000、即応予備自衛官1万）に削減。陸上自衛隊戦車91両を整備。海上自衛隊各種艦艇25隻8万6000トンを建造。航空自衛隊F-15（近代化改修）を12機、F-2を47機などを整備。必要経費25兆100億円。

2001年
（平成13年）

1.6 〔団体〕**中央省庁再編**　占領下で行われた改革以来半世紀ぶりに行政機構の抜本的改革が行われ、中央省庁が1府22省庁から1府12省庁に再編された。縦割り行政による弊害をなくすこと、内閣機能の強化などが目的。防衛庁では経理局と装備局の機能を統合して管理局、調達実施本部を廃止して契約本部が設置された。

1.19 〔基地〕**沖縄県議会が米海兵隊削減を決議**　沖縄県議会で米海兵隊の兵力削減を求める決議案が可決された。

1.26 〔社会〕**インド西部地震発生**　インド西部グジャラート州カッチ県でマグニチュード7.7の地震が発生した。2月5日、国際緊急援助活動のため、陸上自衛隊のインド国際緊急援助物資支援隊と航空自衛隊のインド国際緊急援助空輸隊が派遣された。2月11日、帰国を完了。

1.26 〔国際〕**日米同盟強化を確認**　訪米中の河野洋平外務大臣とコリン・パウエル国務長官によりジョージ・W.ブッシュ政権発足後初の日米閣僚級会談が行われ、日米同盟

を強化する方針が確認された。

2.8 〔国際〕**海洋調査船通報で日中合意**　日本政府と中国政府が、海洋調査船が活動する際には調査開始予定日の2ヶ月前までに相手国に通報することで合意した。

2.9 〔自衛隊〕**イラク査察に自衛官派遣**　国際連合監視検証査察委員会（UNMOVIC）に自衛官が派遣され、湾岸戦争の結果イラクに課せられた大量破壊兵器の破棄義務履行を監視・検証する査察活動に参加した。2005年3月、派遣を終了。

2.10 〔事件〕**えひめ丸事故**　ハワイのオアフ島沖で米海軍の原子力潜水艦「グリーンビル」が愛媛県立宇和島水産高校の実習船「えひめ丸」に衝突する事故が発生。「えひめ丸」は沈没し、搭乗していた35人のうち教員5人と生徒4人が死亡した（事故当初は行方不明）。事故当時、「グリーンビル」は民間人乗船プログラム（民間人を同乗させての日帰り体験航海）を実施中で、ソナーや潜望鏡による安全確認を十分に行わずに緊急浮上訓練を行い、下方から「えひめ丸」に衝突した。27日、米政府特使が来日し、ジョージ・W.ブッシュ大統領からの謝罪の書簡を森喜朗首相に手交した。

2.11 〔基地〕**浦添市長選で米軍施設容認派が勝利**　浦添市長選挙が実施された。争点は米軍那覇港湾施設（那覇軍港）移設問題で、移設容認派で新人の儀間光男が反対派の前市長らを破り当選した。

2.14 〔事件〕**陸自ヘリが衝突**　千葉県市原市天羽田の館山自動車道姉崎袖ケ浦インターチェンジ付近で、陸上自衛隊第4戦車ヘリコプター隊所属のOH-6D観測ヘリコプターとAH-1S対戦車ヘリコプターが夜間飛行訓練中に空中衝突する事故が発生。OH-6Dは墜落し、乗員2人が死亡した。AH-1Sは機体前部が損傷したが、自力で木更津駐屯地へ帰還した。

2.14 〔国際〕**ロシア軍機が領空侵犯**　ロシア軍のTu-22バックファイア爆撃機などが北海道礼文島北方の日本領空を侵犯した。防衛庁の抗議に対し、ロシア側より領空侵犯の事実確認に関する専門家会合の開催が提案された。同時期、ロシアはSLBM発射や爆撃機飛行を伴う戦略・指揮参謀部演習を行っていた。

2.16 〔自衛隊〕**予備自衛官補制度導入が決定**　予備自衛官補制度の導入が決定された。2002年3月27日に陸上自衛隊、2016年には海上自衛隊に同制度が導入された。

3.5 〔事件〕**えひめ丸事故の審問委員会を開始**　えひめ丸事故について、当時の原子力潜水艦「グリーンビル」艦長らの過失責任について審理する米海軍の審問委員会がホノルルで開始された。8日、前艦長が初めて行方不明者家族に直接謝罪。

3.7 〔事件〕**ロシア・スパイ事件で実刑判決**　ロシア・スパイ事件について、東京地裁が在日ロシア大使館駐在武官に秘密文書を漏えいした元三等海佐に対し、「自衛隊法」（守秘義務）違反の罪で懲役10ヶ月の実刑判決を言い渡した。被告は控訴せず、判決が確定。

3.19 〔国際〕**森首相が訪米**　森喜朗首相とジョージ・W.ブッシュ米大統領による日米首脳会談がワシントンで開催され、日米同盟強化の重要性が再確認された。3月20日、森首相が日本への帰途の途中でハワイ・オアフ島沖のえひめ丸事故現場海域を訪問した。

3.24 〔社会〕**芸予地震発生**　広島県来安芸郡蒲刈町の上蒲刈島の南方を震源とするマグニチュード6.7、最大震度6弱の地震が発生。広島県知事および山口県知事からの要請

		2001年（平成13年）

により、陸上自衛隊第46普通科連隊や海上自衛隊の船舶・トラックなどが災害派遣された。2月7日、撤収を完了。

3.25　〔国際〕**日ソ共同宣言の有効性を確認**　森喜朗首相とロシアのウラジーミル・プーチン大統領による日露首脳会談がロシア・ウルクーツクで開催され、日露平和条約締結後の歯舞群島・色丹島返還を明記した1956年の日ソ共同宣言の有効性を確認する声明が署名された。4月2日、日露首脳会談で森首相が歯舞群島・色丹島の2島先行返還構想をロシア側に打診していたこと、プーチン大統領が日本側が2島のみの返還による平和条約締結に同意するなら2島の早期返還に応じると返答していたことが明らかになった。

4.1　〔基地〕**「在日米軍駐留経費負担に係る特別協定」が発効**　在日米軍駐留経費日本側負担分（「思いやり予算」）について定めた、「日本国とアメリカ合衆国との間の相互協力及び安全保障条約第六条に基づく施設及び区域並びに日本国における合衆国軍隊の地位に関する協定第二十四条についての新たな特別の措置に関する日本国とアメリカ合衆国との間の協定（在日米軍駐留経費負担に係る特別協定）」が発効した。

4.1　〔法律〕**「情報公開法」施行**　1999年5月14日に公布された「行政機関の保有する情報の公開に関する法律（情報公開法）」が施行され、国の行政機関が保有する文書に対する国民の開示請求権を認める情報公開制度が開始された。

4.11　〔兵器〕**生物兵器への対処に関する懇談会が報告書提出**　防衛庁内の生物兵器への対処に関する懇談会が防衛庁長官に報告書を提出した。主な内容は生物兵器を取り巻く状況、生物兵器への対処に必要な基本的取組、防衛庁および自衛隊における生物兵器への対処に関する具体的提言など。

4.11　〔国際〕**ロシア軍機が領空侵犯**　ロシア軍のSu-24フェンサー戦闘爆撃機1機が青森県久六島西方を、ロシア機と推定される航空機1機が北海道礼文島北方の日本領空を侵犯。防衛庁がロシア側に抗議した。

4.13　〔事件〕**「グリーンビル」前艦長に減給処分**　えひめ丸事故について調査していた米海軍の審問委員会が最終報告書をトーマス・ファーゴ太平洋艦隊司令官に提出した。23日、ファーゴ司令官が「グリーンビル」前艦長を2ヶ月間の減俸処分とするとともに、自主的な除隊を勧告。前艦長はこれを受諾し、軍法会議や不名誉除隊を免れた。

4.26　〔政治〕**第1次小泉内閣が発足**　森内閣総辞職を受けて国会で首相指名選挙が実施され、自民党の小泉純一郎総裁が首相に選出された。これに伴い第1次小泉内閣が発足し、中谷元が防衛庁長官に就任した。

5.14　〔事件〕**海上自衛隊横須賀通信隊員覚せい剤使用事件**　海上自衛隊横須賀通信隊員覚せい剤使用事件について、同隊員の持ち物から発見された覚せい剤と注射器を廃棄して事件の隠ぺいを図ったとして、山口県警下関署が上官の2等海尉を「麻薬取締法違反」（所持）の疑いで書類送検した。5月18日、海上幕僚監部が事件に関する中間報告書を発表し、隊員の上官5人が隠ぺいに関与していたことが明らかになった。

5.19　〔基地〕**米軍基地に関する世論調査**　内閣府が沖縄県民の意識に関する世論調査の結果を発表した。米軍基地の存在を容認すると答えた県民は45.7％、否定すると答えた県民は44.4％で、調査開始以来初めて容認派が否定派を上回った。

－ 121 －

2001年（平成13年）　　　　　　　　　　　　　　　　　　　　　　日本安全保障史事典

6.5　〔国際〕**田中外相が安保体制からの自立を主張**　5月25日に開催された田中真紀子外
務大臣とヨシュカ・フィッシャードイツ外務大臣による日独外相会談において、田
中外務大臣が日本は日米安保体制から自立する必要があると発言していたことが明
らかになった。

6.8　〔法律〕**「防衛庁設置法」改正公布**　「防衛庁設置法等の一部を改正する法律」が公布
され、自衛官の定数が3492人削減されて25万8581人に、即応予備自衛官の員数が
834人増員して5723人とされた。2002年3月27日施行。

6.25　〔事件〕**戦闘機機関砲誤発射事故**　航空自衛隊第83航空隊第302飛行隊所属のF-4EJ
改戦闘機が、北海道恵庭市と北広島市にまたがる島松射撃場で訓練中に約2秒間にわ
たり20ミリ機関砲の訓練弾188発を誤発射する事故が発生。射撃場外に位置する北広
島市冨ヶ岡の北広島リハビリセンター敷地内に砲弾が着弾し、施設や駐車していた
車両に損害が出た。事故の原因は電気的なトラブルだった。

6.28　〔法律〕**「防衛省設置法」案提出**　「防衛省設置法」案が衆議院に議員提出された。

6.29　〔事件〕**沖縄米兵婦女暴行事件**　沖縄県北谷町で20歳代の女性が在沖縄米軍嘉手納基
地所属のティモシー・ウッドランド2等軍曹に暴行される事件が発生。7月2日、沖縄
県警が逮捕状を取得。7月6日、日米両政府が容疑者の身柄引き渡しで合意し、県警
が容疑者を逮捕した。

7.7　〔事件〕**機関銃暴発事故**　熊本県矢部町の陸上自衛隊大矢野原演習場で、実弾射撃演
習中に機関銃が暴発する事故が発生し、隊員2人が負傷した。

7.13　〔事件〕**那覇自衛隊施設資料公開訴訟最高裁判決**　那覇自衛隊施設資料公開訴訟につ
いて、最高裁が国の原告適格を認めず、上告を棄却。判決確定を受け、那覇市が
「那覇市情報公開条例」に基づき海上自衛隊那覇基地対潜水艦戦作戦センター
（ASWOC）庁舎の建築計画書付属資料を公開した。

7.18　〔国際〕**日米地位協定運用改善で合意**　主要8か国（G8）外相会議出席のためイタリア
訪問中の田中真紀子外務大臣とコリン・パウエル米国務長官による日米外相会談が
ローマで行われ、米兵容疑者の起訴前の身柄引き渡しを迅速化するため、「日米地位
協定」の運用改善についての協議を進めることで合意した。

7.21　〔事件〕**器物損壊罪で米兵逮捕**　沖縄市内の駐車場で乗用車に放火して全焼させたり
オートバイを倒して損壊させたとして、沖縄県警が在沖縄米軍所属の兵士2人を器物
損壊罪の現行犯で逮捕した。

8.8　〔自衛隊〕**「えひめ丸」引き揚げ協力のため潜水艦救難艦を派遣**　「えひめ丸」の引き
揚げおよび船内捜索・回収作業に協力するため、海上自衛隊の潜水艦救難艦「ちは
や」を災害派遣する命令が発出された。8月10日、「ちはや」が呉港を出港。12月16
日、呉港に帰港した。

9.7　〔事件〕**りゅう弾砲演習場外着弾事故**　福島県の陸上自衛隊白河布引山演習場で第6
師団第6特科連隊が訓練中、FH-70りゅう弾砲の砲弾が演習場を飛び越え、北西に位
置する山の斜面に着弾する事故が発生した。

9.8　〔国際〕**「サンフランシスコ講和条約」調印50周年記念式典**　「サンフランシスコ講
和条約」調印50周年記念式典が同条約調印場だった戦争記念オペラハウスで挙行さ

－ 122 －

れ、田中真紀子外務大臣とコリン・パウエル米国務長官が日米同盟強化を謳った共同宣言に署名した。

9.11 〔事件〕**米国同時多発テロ事件**　米国で旅客機4機がイスラム過激派テロリストによりハイジャックされ、うち2機がニューヨークのワールドトレードセンター（WTC）ビルに、1機がバージニア州アーリントンの国防総省本庁舎（ペンタゴン）に突入。1機はハイジャックの目的が自爆テロであることを知った乗客らが機体の奪還を試みてテロリストに反撃し、ペンシルベニア州ピッツバーグ郊外シャンクスヴィルに墜落した。このテロによりWTCビルが崩落するなどし、3025人が死亡、6000人以上が負傷。13日、ジョージ・W.ブッシュ大統領が米国は国際テロ組織との戦争状態に入ったとの認識を表明し、コリン・パウエル国務長官がアフガニスタンに潜伏中のイスラム過激派指導者ウサマ・ビンラーディンがテロの首謀者であるとの見方を示した。14日、米国議会が大統領に対してテロへの武力報復実施を承認する決議案を採択し、ブッシュ大統領が国家緊急事態を宣言。米国は対テロ戦争への道を進むことになった。

9.11 〔政治〕**首相官邸対策室を設置**　米国同時多発テロ事件を受け、政府が首相官邸危機管理センターに官邸対策室を設置した。12日、安全保障会議が開催され、邦人の安否確認、国際テロに対しては米国など関係国と協力して対応するなどの6項目からなる政府対処方針が決定された。

9.14 〔事件〕**海自練習機墜落事故**　海上自衛隊のT-5練習機が山口県下関市高畑の霊鷲山に墜落。搭乗していた3人のうち教官1人と練習生1人が死亡、練習生1人が重傷を負った。

9.19 〔政治〕**米国同時多発テロ事件に関する当面の措置を発表**　小泉純一郎首相が7項目からなる米国同時多発テロ事件に対する当面の措置を発表した。主な内容は医療や輸送・補給など武力行使にあたらない範囲での自衛隊による米軍への後方支援、情報収集のための自衛艦派遣など。

9.21 〔団体〕**防衛力の在り方検討会議が発足**　防衛庁内に防衛力の在り方検討会議が発足し、第1回会議が開催された。同会議では今後の防衛力のあり方をめぐり、安全保障環境認識、新たな防衛力の役割や防衛構想の考え方、統合運用の必要性、各自衛隊の体制の基本的な考え方などが検討され、「平成17年度以降に係る防衛計画の大綱について（16大綱）」や「中期防衛力整備計画（平成17年度～平成21年度）について（17中期防）」策定に影響を及ぼした。

9.25 〔国際〕**日米首脳会談を開催**　小泉純一郎首相とジョージ・W.ブッシュ米大統領による日米首脳会談がワシントンで開催され、小泉首相が米国同時多発テロ事件に対する当面の措置について米国側に説明した。

9.27 〔政治〕**国会でテロ対策の所信表明演説**　第153回国会（臨時国会）が召集され、小泉純一郎首相が所信表明演説を行った。主な内容は米国同時多発テロ事件に対する当面の措置を実施するための迅速な法整備、国民に対するテロとの戦いへの協力の呼びかけなど。

10.1 〔法律〕**「テロ対策特別措置法」案で政府・与党が合意**　与党3党幹事長・政調会長会談が開催され、「平成十三年九月十一日のアメリカ合衆国において発生したテロリス

2001年（平成13年）　　　　　　　　　　　　　　　　　　　　　　　日本安全保障史事典

トによる攻撃等に対応して行われる国際連合憲章の目的達成のための諸外国の活動に
対して我が国が実施する措置及び関連する国際連合決議等に基づく人道的措置に関す
る特別措置法（テロ対策特別措置法）」案について大筋合意に達した。主な内容は2
年間の時限立法とする、自衛隊による在外邦人救出の際には外国人も輸送するなど。

10.5　〔法律〕「テロ対策特別措置法」案決定　「平成十三年九月十一日のアメリカ合衆国に
おいて発生したテロリストによる攻撃等に対応して行われる国際連合憲章の目的達
成のための諸外国の活動に対して我が国が実施する措置及び関連する国際連合決議
等に基づく人道的措置に関する特別措置法（テロ対策特別措置法）」案、自衛隊によ
る在日米軍基地などの警備を可能とする「自衛隊法の一部を改正する法律」案が閣
議決定され、国会に提出された。

10.5　〔自衛隊〕パキスタン派遣について決定　安全保障会議で、パキスタンへ自衛隊輸送
部隊を派遣することについて決定。6日閣議決定。

10.6　〔自衛隊〕アフガニスタン難民救援国際平和協力業務　航空自衛隊がアフガニスタン
難民救援国際平和協力業務を開始。9日、輸送機6機がパキスタン・イスラマバード
近郊の空港に到着し、アフガニスタン難民救援活動を行っている国連難民高等弁務
官事務所（UNHCR）に対し、救援物資（テント、毛布、スリーピングマット、給水容
器、ビニールシート）を提供した。12日帰着。

10.8　〔政治〕緊急テロ対策本部を設置　政府が首相を本部長とする緊急テロ対策本部を設
置し、第1回会議を開催。会議において邦人の安全確保、重要施設警備や出入国管理
体制の強化などの「緊急対応措置」が決定された。

10.8　〔政治〕小泉首相が対タリバン攻撃を支持　小泉純一郎首相が臨時記者会見を行い、
米英軍による対タリバン攻撃を強く支持することを表明した。

10.16　〔事件〕「えひめ丸」から8遺体収容　米海軍がハワイ・オアフ島沖で沈没した「えひ
め丸」をホノルル空港沖の浅瀬に移動させ、船内の捜索を開始した。同日、1人の遺
体を収容。10月25日までに行方不明者9人のうち8人の遺体が収容された。

10.20　〔国際〕日米首脳会談を開催　アジア太平洋経済協力会議に出席するため中国・上海
を訪問中の小泉純一郎首相とジョージ・W.ブッシュ米大統領による日米首脳会談が
開催され、タリバン政権が崩壊した後、アフガニスタンの復興に日本が主導的役割
を果たすことで意見が一致した。

10.21　〔国際〕日露首脳会談を開催　小泉純一郎首相とロシアのウラジーミル・プーチン大統
領による日露首脳会談が中国・上海で開催され、小泉首相が歯舞群島・色丹島の返還
時期と国後島・択捉島の帰属問題について並行協議することをロシア側に提案した。

10.22　〔事件〕タリバンが邦人ジャーナリストを拘束　アフガニスタンで邦人フリージャー
ナリスト1人がタリバンに拘束され、行方不明となる事件が発生。11月17日、解放さ
れた。

10.29　〔法律〕「テロ対策特別措置法」成立　「平成十三年九月十一日のアメリカ合衆国にお
いて発生したテロリストによる攻撃等に対応して行われる国際連合憲章の目的達成
のための諸外国の活動に対して我が国が実施する措置及び関連する国際連合決議等
に基づく人道的措置に関する特別措置法（テロ対策特別措置法）」が参議院本会議で

－ 124 －

可決成立した。

11.2 〔法律〕「テロ対策特別措置法」公布・施行　「平成十三年九月十一日のアメリカ合衆国において発生したテロリストによる攻撃等に対応して行われる国際連合憲章の目的達成のための諸外国の活動に対して我が国が実施する措置及び関連する国際連合決議等に基づく人道的措置に関する特別措置法（テロ対策特別措置法）」が公布・施行された。2年間の時限立法で、米国をはじめ「テロとの戦い」に参加する諸国の軍隊に対する自衛隊による後方支援活動などについて定めたもの。同法に基づき、海上自衛隊の護衛艦と補給艦がインド洋へ派遣された。

11.2 〔法律〕「自衛隊法」一部改正　「自衛隊法の一部を改正する法律」が公布・施行された。主な改正内容は警護出動、通常時の自衛隊の施設警護のための武器使用、治安出動下令前に行う情報収集、治安出動時及び海上警戒行動時の武器使用権限の強化など。改正内容のうち秘密保全のための罰則の強化（防衛秘密の漏洩に関して、民間人を処罰の対象に追加）については2002年11月1日に施行された。

11.2 〔法律〕「海上保安庁法」一部改正　「海上保安庁法の一部を改正する法律」が公布・施行された。

11.5 〔国際〕日中韓首脳会談を開催　東南アジア諸国連合（ASEAN）会議に出席するためブルネイ・バンダルスリブガワンを訪問中の小泉純一郎首相、朱鎔基中国国務院総理、金大中勧告大統領による日中韓首脳会談が開催され、テロ組織関係者の出入国や資金の監視について連携を強化することで意見が一致した。

11.7 〔事件〕「えひめ丸」船内捜索打ち切り　米海軍による「えひめ丸」の船内捜索作業が打ち切られた。実習生1人の遺体が発見されぬまま、11月16日に政府が船内捜索終了を正式決定。26日、「えひめ丸」がオアフ島沖約20キロ、水深約1800メートルの深海底に沈められた。

11.9 〔自衛隊〕自衛隊インド洋派遣開始　対テロ戦争（アフガニスタン紛争）への後方支援活動に関する情報収集のため、「防衛庁設置法第5条」「所掌事務の遂行に必要な調査及び研究」に基づき海上自衛隊の護衛艦「くらま」「きりさめ」と補給艦「はまな」の3隻がインド洋へ派遣された。

11.16 〔政治〕「テロ対策特別措置法」に基づく対応措置に関する基本計画を決定　自衛隊インド洋派遣に関する、「テロ対策特別措置法」に基づく対応措置に関する基本計画が閣議決定された。

11.20 〔法律〕「国際平和協力法」改正案を決定　「国際連合平和維持活動等に対する協力に関する法律（国際平和協力法、PKO法）」改正案が閣議決定された。主な内容は国連平和維持隊本隊業務への参加の凍結解除、武器使用基準の緩和など。

11.25 〔自衛隊〕「テロ対策特別措置法」に基づき自衛艦3隻を派遣　「テロ対策特別措置法」に基づく後方支援活動および難民救援物資輸送のため、護衛艦「さわぎり」、掃海母艦「うらが」、補給艦「とわだ」がインド洋に向けて出港。12月2日、海上自衛隊補給艦によるインド洋での米艦船に対する洋上給油が開始された。

11.27 〔政治〕国会が自衛隊インド洋派遣を承認　「テロ対策特別措置法」に基づく自衛隊インド洋派遣案が衆議院本会議で与党3党（自民党・保守党・公明党）・民主党などの

賛成多数で可決された。30日、参議院本会議で可決・成立し、自衛隊インド洋派遣に関する国会の事後承認手続きが完了した。

11.29 〔自衛隊〕**空自が在日米軍基地間の空輸開始**　「テロ対策特別措置法」に基づく後方支援活動のため、航空自衛隊が在日米軍基地間での米軍物資（航空機用エンジン、部品、整備器材、衣料品など）の国内空輸を開始。12月2日、国外空輸が開始された。

12.6 〔基地〕**在日米軍基地等の警護について検討**　陸上自衛隊と在日米軍が在日米軍基地等警護の実員による検討を開始した。12月14日、検討を終了。

12.10 〔国際〕**日印首脳会談を開催**　小泉純一郎首相とインドのアタル・ビハーリー・バジパイ首相による日印首脳会談が東京で開催された。外務・防衛当局による局長級安全保障対話を毎年実施するなど安全保障分野における提携強化などで合意し、共同宣言が発表された。

12.14 〔法律〕**「国際平和協力法」改正法公布・施行**　「国際連合平和維持活動等に対する協力に関する法律の一部を改正する法律（国際平和協力法一部改正法、改正PKO法）」が公布・施行された。国連平和維持隊本隊業務への参加の凍結解除、武器使用基準の緩和などを定めた内容で、このうち武器使用基準の緩和については2002年1月14日に施行された。

12.14 〔兵器〕**空中給油・輸送機の採用が決定**　「空中給油・輸送機の機種選定について」が安全保障会議において了承され、ボーイングKC-767空中給油・輸送機の採用が決定した。

12.22 〔事件〕**九州南西海域工作船事件**　12月18日、在日米軍から防衛庁に不審船に関する情報が提供された。19日、防衛庁喜界島通信所が不信な通信を傍受し、海上自衛隊が周辺海域の哨戒を開始。21日、海自のロッキードP-3C哨戒機が奄美大島沖で漁船のような外観の不審船を発見した。22日、海上保安庁の船舶・航空機が追跡を開始し、巡視船が「漁業法」に基づき停船を命令したが、不審船は逃走。巡視船は威嚇射撃の後にエンジン部分への射撃を行い、不審船で火災が発生。不審船は停船したが、火災を鎮火した後に再び逃走。巡視船が接舷を試みると、不審船乗員が対空機関砲・軽機関銃・自動小銃で攻撃してきたため、巡視船も正当防衛射撃を開始。さらに不審船がロケット弾2発を発射するなど、激しい銃撃戦となったが、工作船は中国の排他的経済水域（EEZ）内で突然自爆沈没した。2002年9月11日、不審船が引き揚げられ、北朝鮮の工作船であると断定された。工作船に搭乗していた工作員全員が死亡したとみられるほか、工作船の攻撃により巡視船の乗員3人が負傷した。

12.27 〔基地〕**普天間飛行場代替施設の辺野古沖環礁上建設で合意**　政府側（担当省庁大臣）と沖縄側（県知事および関係自治体首長）が米軍普天間飛行場代替施設の基本計画について検討する代替施設協議会の第8回会合が開催され、代替施設を名護市辺野古地区沖の環礁上に建設することで正式合意した。

2002年
（平成14年）

1.4 〔政治〕**有事法制整備を表明**　小泉純一郎首相が年頭の記者会見を行い、21日に開会する第154回国会（通常国会）で有事法制の整備を図る考えを明らかにした。

1.15 〔国際〕**第22回日米装備・技術定期協議**　第22回日米装備・技術定期協議がハワイで開催された。

1.21 〔国際〕**アフガニスタン復興支援会議を開催**　アフガニスタン復興支援会議が東京で開幕した。60ヶ国と22国際機関が参加し、日本は5億ドルの拠出を表明。22日、復興資金を総額45億ドル以上とする共同議長報告をとりまとめ、閉幕した。

1.29 〔自衛隊〕**英艦船へ洋上補給**　「テロ対策特別措置法」に基づき、インド洋に派遣されている海上自衛隊の補給艦が英艦船への洋上補給を実施した。

2.3 〔基地〕**名護市長選で現職が再選**　名護市長選挙が実施された。争点は米軍普天間飛行場代替施設の辺野古地区移設で、移設容認派で現職の岸本建男（無所属、自民党・公明党推薦）が新人2人を破り当選した。

2.8 〔国際〕**日米防衛審議官級協議を開催**　日米防衛審議官級協議がワシントンで開催された。

2.12 〔自衛隊〕**自衛隊インド洋第2次派遣**　「テロ対策特別措置法」に基づく第2次派遣自衛艦として、護衛艦「はるな」と補給艦「ときわ」がインド洋へ向けて出港した。次いで2月13日、護衛艦「さわかぜ」が出港した。

2.12 〔事件〕**北朝鮮が拘束邦人を解放**　1999年12月にスパイ容疑で北朝鮮に拘束された元『日本経済新聞』記者が平壌で解放され、成田空港に帰着した。

2.13 〔自衛隊〕**ゴラン高原派遣輸送隊が交代**　ゴラン高原派遣輸送隊が第12次隊から第13次隊に交代された。

2.15 〔政治〕**東ティモール国際平和協力業務実施計画が決定**　東ティモール国際平和協力業務実施計画等が閣議決定された。18日、業務実施のための司令部要員10人の派遣が開始された。

2.20 〔国際〕**日仏防衛相会談**　中谷元防衛庁長官とアラン・リシャール仏国防大臣による日仏防衛相会談が東京で開催された。

2.24 〔自衛隊〕**東ティモール派遣施設群が編成完結**　陸上自衛隊第1次東ティモール派遣施設群（680人）の編成が完結した。

2.25 〔事件〕**沈没工作船を発見**　海上保安庁が奄美大島沖の九州南西海域工作船事件現場海域の海底調査を開始した。調査は測量船「海洋」搭載のソナーと巡視船「いず」搭載の自航式水中カメラで行われ、26日に水深約90メートルの海底で北朝鮮の工作船を発見。3月1日に調査を終了した。

2002年（平成14年）　　　　　　　　　　　　　　　　　　　　　　　　　　　　日本安全保障史事典

3.2　〔自衛隊〕自衛隊東ティモール派遣　「国際平和協力法」に基づき国際連合東ティモール暫定行政機構（UNTAET）に協力するため、陸上自衛隊東ティモール派遣施設群の派遣が開始された。部隊派遣は4次にわたり、道路補修、橋梁架設、土木技術者育成などに従事し、2004年6月25日に活動を終了した。

3.6　〔基地〕第3・4次小松基地騒音訴訟1審判決　石川県小松市の航空自衛隊小松基地をめぐり、周辺住民が国に自衛隊機・米軍機の飛行差し止めと騒音被害に対する損害賠償を求めた第3・4次小松基地騒音訴訟について、金沢地裁が判決を言い渡した。判決では計8億1384万円の損害賠償支払いが命じられるとともに、民事訴訟による飛行差し止め請求の適法性が認められたが、飛行差し止めは認められなかった。原告・被告双方が控訴し、3月19日に控訴審が開始された。

3.7　〔事件〕陸自ヘリ2機が衝突・墜落　陸上自衛隊のOH-6D観測ヘリ2機が大分県玖珠郡九重町で夜間訓練中に空中衝突する事故が発生。2機とも墜落し、乗員4人全員が死亡した。

3.13　〔国際〕日露外務次官級協議を開催　日露外務次官級協議がモスクワで開催された。日本側が歯舞群島・色丹島の返還時期と国後島・択捉島の帰属問題について並行協議する具体案を提示したが、ロシア側は実質的な協議入りを拒否。協議終了後、日本側が並行協議を断念する方針を明らかにした。

3.22　〔国際〕日韓首脳会談を開催　小泉純一郎首相と金大中韓国大統領による日韓首脳会談がソウルで開催され、小泉首相が韓国側に日本人拉致問題解決への協力を要請した。

3.27　〔法律〕「防衛庁設置法」改正法施行　2001年6月8日公布の「防衛庁設置法等の一部を改正する法律」が施行された。これに伴い自衛官の定数が3492人削減されて25万8581人に、即応予備自衛官の員数が834人増員して5723人とされた。また、予備自衛官に対する災害招集制度、予備自衛官補制度が導入された。予備自衛官補制度は当初は陸上自衛隊のみで、2016年には海上自衛隊にも導入された。

3.28　〔国際〕日加防衛相会談　中谷元防衛庁長官とカナダのアーサー・エグルトン国防大臣による日加防衛相会談が東京で開催された。

4.1　〔団体〕駐留軍等労働者労務管理機構設立　防衛庁所管の独立行政法人駐留軍等労働者労務管理機構が設立された。活動内容は在日米軍への労働力（駐留軍等労働者）提供のための人員募集、労務管理、給与および福利厚生に関する業務など。

4.5　〔団体〕統合運用に関する検討に関する長官指示を発出　陸上・海上・航空の各自衛隊を個別に運用してきた従来の態勢に代えて3自衛隊を統合運用するため、「統合運用に関する検討に関する長官指示」が統合幕僚会議（統幕）に対して発出された。12月19日、統幕が「「統合運用に関する検討」の成果報告書」を提出。

4.12　〔基地〕新横田基地公害訴訟最高裁判決　横田基地周辺住民が国および米国政府に対して騒音被害への損害賠償と夜間早朝の飛行差し止めを求めた新横田基地公害訴訟のうち、第1次対米訴訟についての最高裁判決が言い渡された。判決では米軍機の飛行は米国の主権的行為であるため民事裁判権は免除されるとして住民側の上告が棄却され、1審・2審の原告敗訴判決が確定した。

4.12　〔国際〕ボアオ・アジア・フォーラム第1回年次総会　ボアオ・アジア・フォーラム

－ 128 －

第1回年次総会が中国・海南島の博鰲で開催された。日本からは小泉純一郎首相が出席し、「アジアの新世紀―挑戦と機会」と題する演説の中で日本国内外で高まりつつある中国脅威論を否定し、日中の相互補完関係構築を目指す考えを明らかにした。

4.16 〔法律〕**有事関連3法案が決定**　「武力攻撃事態における我が国の平和と独立並びに国及び国民の安全の確保に関する法律（武力攻撃事態対処法）」案、「自衛隊法及び防衛庁の職員の給与等に関する法律の一部を改正する法律（自衛隊法等一部改正法）」案、「安全保障会議設置法の一部を改正する法律（安全保障会議設置法一部改正法）」案の、有事関連3法（武力攻撃事態対処関連3法）案が閣議決定された。

4.20 〔国際〕**日韓防衛相会談**　中谷元防衛庁長官とキム・ドンジン韓国国防部長官による日韓防衛相会談がソウルで開催された。

4.22 〔自衛隊〕**第2回西太平洋潜水艦救難訓練**　日本が主催した初の多国間共同訓練である第2回西太平洋潜水艦救難訓練が開始された。5月2日終了。

4.29 〔政治〕**小泉首相がディリ宿営地を訪問**　小泉純一郎首相が東ティモールの自衛隊ディリ宿営地を訪問し、作業現場を視察した。首相が国連平和維持活動に従事する自衛隊部隊の宿営地を視察したのは初めてのこと。

4.30 〔自衛隊〕**東ティモール派遣施設群が業務引継**　陸上自衛隊第1次東ティモール派遣施設群がバングラデシュ大隊からの業務引継を完了した。

5.1 〔事件〕**工作船の潜水調査を開始**　海上保安庁が九州南西海域工作船事件で奄美大島沖に沈没した北朝鮮工作船の潜水調査を開始。船体の引き揚げが可能かどうかを判断するための情報を入手したほか、工作員2人の遺体を収容し、重火器、銃器、弾薬などを回収した。5月8日、調査を終了。

5.13 〔国際〕**日米韓防衛実務者協議**　日米韓防衛実務者協議が東京で開催された。

5.14 〔国際〕**日米韓防衛審議官級協議**　日米韓防衛審議官級協議が東京で開催された。

5.17 〔政治〕**自衛隊インド洋派遣期限を延長**　「テロ対策特別措置法」に基づく対応措置に関する基本計画の変更が閣議決定され、自衛隊インド洋派遣の期限が11月19日まで延長された。

5.17 〔政治〕**東ティモール国際平和協力業務実施計画を変更**　東ティモール国際平和協力業務実施計画の変更が閣議決定された。

5.28 〔事件〕**防衛庁情報公開開示請求者リスト事件報道**　『毎日新聞』が、防衛庁海上幕僚監部情報公開室所属の3等海佐が「情報公開法」に基づき同庁や自衛隊に関する情報公開請求を行った人物100人以上の身元を調査してリストを作成し、自衛隊幹部がリストを閲覧していたことを報じた。

5.28 〔国際〕**日英防衛相会談**　中谷元防衛庁長官とイギリスのジェフ・フーン国防大臣による日英防衛相会談が東京で開催された。

5.30 〔基地〕**第5〜第7次横田基地騒音訴訟1審判決**　東京地裁八王子支部で第5〜第7次横田基地騒音訴訟の判決が言い渡された。判決では計約24億円の損害賠償支払いが命じられる一方、飛行差し止め請求および米国政府に対する訴訟が却下された。6月12日、控訴審が開始された。

2002年（平成14年）　　　　　　　　　　　　　　　　　　　　　　　　　日本安全保障史事典

5.31　〔兵器〕非核三原則見直し発言　福田康夫内閣官房長官が、法理論で言えば日本は核
　　　兵器の保有を禁じられているわけではない旨を発言し、「非核三原則見直し発言」と
　　　報じられて問題化。6月10日、国会で集中審議が行われ、福田官房長官が非核三原則
　　　を見直す趣旨の発言ではないと釈明した。

6.1　〔国際〕アジア安全保障会議　イギリスの国際戦略研究所（IISS）主催の第1回アジア
　　　安全保障会議がシンガポールで開催され、中谷元防衛庁長官が出席した。6月2日、
　　　会議が終了。

6.3　〔事件〕内局、陸幕、空幕もリスト作成　防衛庁情報公開開示請求者リスト事件につ
　　　いて、中谷元防衛庁長官が、海上幕僚監部だけでなく内局、陸上幕僚監部、航空幕僚
　　　監部の各情報公開室でもリストを作成していたことを明らかにした。

6.5　〔法律〕「テロ資金提供処罰法」成立　「公衆等脅迫目的の犯罪行為のための資金の提
　　　供等の処罰に関する法律（テロ資金提供処罰法）」が参議院本会議で社会民主党など
　　　一部野党を除く賛成多数で可決成立し、5月17日に国会承認された「テロリズムに対
　　　する資金供与の防止に関する国際条約（テロ資金供与防止条約）」批准の前提となる
　　　関連3法が全て成立した。6月12日に公布、7月2日に施行。同条約は6月17日に公布
　　　され、7月11日に発効。

6.11　〔事件〕防衛庁情報公開開示請求者リスト事件の報告書公表　防衛庁情報公開開示請
　　　求者リスト事件について、同庁が「海幕3等海佐開示請求者リスト事案等に係る調査
　　　報告書」を公表。3等海佐によるリスト作成を違法とする一方、それ以外のリスト作
　　　成は適法とした。また、防衛施設庁が一連のリストを庁内LANにアップロードした
　　　ことを違法と認めた。6月20日、幹部隊員ら29人に対する減給、戒告などの処分を発
　　　表。6月21日、柳沢協二防衛庁長官官房長が更迭された。

6.12　〔国際〕G8外相会議を開催　主要8か国（G8）外相会議がカナダ・ウィスラーで開催
　　　され、「国際テロリズムに対する包括条約（包括テロ防止条約）」および「核によるテ
　　　ロリズム行為の防止に関する条約（核テロ防止条約）」の締結を推進することで意見
　　　が一致した。

6.17　〔事件〕日中が工作船引き上げで合意　九州南西海域工作船事件について、奄美大島
　　　沖の中国の排他的経済水域（EEZ）内で沈没した北朝鮮工作船の引き揚げに関する日
　　　中両政府の協議が北京で行われ、6月末にも引き揚げ作業を開始することで合意した。

6.21　〔政治〕ゴラン高原国際平和協力業務実施計画を変更　ゴラン高原国際平和協力業務
　　　実施計画の変更が閣議決定された。

6.24　〔自衛隊〕リムパック2002に参加　海上自衛隊が、ハワイ周辺海域で行われる米海
　　　軍主催の「環太平洋合同演習（リムパック）2002」に参加。ペルー海軍が初参加。ほ
　　　かにカナダ、オーストラリア、韓国、チリ、イギリスの各海軍が参加し、7月23日に
　　　終了した。

7.9　〔国際〕日印防衛相会談　中谷元防衛庁長官とジョージ・フェルナンデスインド国防
　　　大臣による日印防衛相会談が東京で開催された。

7.15　〔基地〕厚木基地談合訴訟1審判決　東京地裁が、米軍厚木基地内の工事で談合が行
　　　われたとして米政府がゼネコンなど26社に損害賠償を求めた訴訟について判決を言

－ 130 －

い渡した。判決では98件の工事のうち約70件で談合を認定したが、個別の談合についての立証が不十分であるとして損害賠償請求を棄却した。判決を受け、米政府側が控訴。

7.29 〔国際〕第1回日英防衛当局間協議　第1回日英防衛当局間協議が開催された。

7.29 〔基地〕「普天間飛行場代替施設の基本計画」が決定　代替施設協議会第9回（最終）会合が開催され、名護市辺野古地区沖の環礁上に全長2500メートル、埋立方式の軍民共用空港を建設するとの「普天間飛行場代替施設の基本計画」が決定した。

8.12 〔国際〕竹島国立公園化を懸念　韓国政府が竹島を国立公園に指定する方針であると報じられたことを受け、外務省が強い懸念を韓国側に伝達した。

8.14 〔自衛隊〕ゴラン高原派遣輸送隊が交代　ゴラン高原派遣輸送隊が第13次隊から第14次隊へ交代された。

8.16 〔国際〕中谷防衛庁長官がオーストラリア・東ティモール訪問　中谷元防衛庁長官がオーストラリアおよび東ティモールを歴訪した。21日に全日程を終了。この間、17日には陸上自衛隊東ティモール派遣施設群を視察した。

8.19 〔国際〕第6回日朝赤十字会談が閉幕　平壌で開かれていた第6回日朝赤十字会談が閉幕した。北朝鮮が日本人拉致被害者を含む行方不明者の調査を継続するなどとした共同文書が発表されたが、拉致問題をめぐる具体的進展はなかった。

8.26 〔国際〕日朝外務省局長級協議が閉幕　平壌で開かれていた日朝外務省局長級協議が閉幕し、日朝国交正常化交渉の再開について今後1ヶ月を目途に結論を出すとの共同文書が発表された。

9.4 〔事件〕能登半島沖に不審船　石川県能登半島沖の日本海公海上で煙突に北朝鮮国旗が描かれた不審船が発見され、海上保安庁の巡視船などが追跡する事案が発生。不審船は朝鮮半島方面へ向かって航行していった。9月5日、防衛庁が同船の写真を公表。

9.11 〔事件〕北朝鮮工作船を引き揚げ　海上保安庁が九州南西海域工作船事件で奄美大島沖に沈没した不審船を海底から引き揚げた。船体や遺留品などの調査の結果、18日に扇千景国土交通大臣が不審船は北朝鮮の工作船であると断定した。

9.11 〔国際〕第2回日韓捜索・救難共同訓練　海上自衛隊と韓国海軍による第2回日韓捜索・救難共同訓練が開始された。13日、訓練が終了。

9.17 〔事件〕北朝鮮が日本人拉致を認める　小泉純一郎首相が北朝鮮の平壌を訪問し、金正日朝鮮労働党中央委員会総書記との日朝首脳会談が行われた。金総書記が日本人13人の拉致を認めて謝罪するとともに、このうち8人が死亡したとして死亡診断書などの資料を日本側に提供したが、2004年11月の第3回日朝実務者協議で北朝鮮側がこれらの情報が捏造されたものであることを認めた。また、会談では10月中に日朝国交正常化交渉を再開することで合意し、「日朝平壌宣言」が署名された。

9.20 〔自衛隊〕東ティモール派遣施設群が交代　陸上自衛隊東ティモール派遣施設群が第1次隊から第2次隊に交代した。

9.25 〔事件〕よど号メンバーに拉致事件で逮捕状　1983年に神戸市外国語大学生でロンドンに語学留学していた有本恵子さんが欧州で北朝鮮に拉致された事件について、警

－ 131 －

視庁が結婚目的誘拐容疑でよど号グループメンバーである魚本公博容疑者の逮捕状を取得した。

9.28 〔事件〕**拉致問題に関する事実調査チームを派遣**　政府が拉致問題に関する事実調査チームを北朝鮮・平壌に派遣した。調査チームは拉致被害者とされる5人と面会するなどして、10月1日に調査を終了。10月2日、5人が拉致被害者本人と判断して差し支えない、横田めぐみさんは自殺した、亡くなった人の墓のほとんどは洪水で流されていたなどとする調査報告書が公表され、松木薫さんと見られる遺骨を持ち帰った。

9.30 〔政治〕**第1次小泉第1次改造内閣発足**　第1次小泉純一郎第1次改造内閣が発足した。17閣僚のうち6人が交代し、石破茂が防衛庁長官に就任した。

10.1 〔団体〕**化学兵器禁止機関へ自衛隊員派遣**　防衛庁が化学兵器禁止機関（OPCW）要員として1等陸佐を派遣。1佐は2007年6月までOPCW運用計画部長として活動した。

10.3 〔事件〕**寺越さんが一時帰国**　1963年に石川県能登半島沖に漁に出たまま行方不明になり、1987年に北朝鮮で生存が確認された寺越武志さんが、朝鮮労働党員および労働団体の代表団の副団長として来日（一時帰国）した。寺越さんは北朝鮮による拉致被害者である疑いがもたれているが、本人は拉致されたのでなく北朝鮮の漁船に救助されたと証言している。

10.4 〔事件〕**九州南西海域工作船事件の調査結果を公表**　海上保安庁が九州南西海域工作船事件の調査結果および回収物の写真を公表した。回収された武器の一部には北朝鮮製であることを示す刻印があり、金日成バッチも回収されていた。

10.7 〔事件〕**土井社民党党首が拉致事件について陳謝**　土井たか子社会民主党党首が記者会見を開き、旧日本社会党時代から党として日本人拉致事件への追求が不十分であったことを陳謝。また、北朝鮮が拉致を認めた後も、党公式サイトに日本人拉致事件を創作と主張する論文を掲載し続けていたことを謝罪した。

10.7 〔基地〕**米海軍横須賀基地じん肺訴訟1審判決**　アスベストを吸入してじん肺になったとして、米海軍横須賀基地の日本人元従業員ら17人が雇用主だった国に対して損害賠償を求めた訴訟について、横浜地裁横須賀支部が国の安全配慮義務違反を認め、原告全員に計約2億3100万円を支払うよう命じる判決を言い渡した。国側は消滅時効の援用が権利の濫用に当たるとされた一部の請求については控訴したが、それ以外の9人については11月に計約1億9500万円を支払った。

10.8 〔事件〕**拉致被害者が15人に**　警察庁が1978年8月に新潟県佐渡島で行方不明になった曽我ミヨシさん・曽我ひとみさん母娘ら2件計4人を北朝鮮により拉致されたと認定。警察庁が認定した拉致被害者は10件計15人となった。

10.13 〔自衛隊〕**海上自衛隊創設50周年記念国際観艦式**　海上自衛隊創設50周年記念国際観艦式が晴海沖の東京湾で挙行された。日本初の国際観艦式で、11ヶ国の外国艦艇を含む計41隻が式に参加した。

10.15 〔自衛隊〕**多国間捜索救難訓練**　関東南方海域および相模湾において多国間捜索救難訓練が日本主催で実施された。

10.15 〔事件〕**拉致被害者が帰国**　北朝鮮による拉致被害者のうち、生存が確認された地村保志さん・地村富貴恵さん夫妻、蓮池薫さん・蓮池祐木子さん夫妻、曽我ひとみさ

んの3家族5人が日本政府チャーター便で平壌から成田空港に到着。24年ぶりに帰国し、家族と再会した。

10.16 〔基地〕**第3次厚木基地騒音訴訟1審判決**　横浜地裁が第3次厚木基地騒音訴訟の判決を言い渡した。判決では第1・2次訴訟で退けられたW値（うるささ指数）75以上80未満区域の騒音被害を認定し、国に対して原告の大半となる4935人に計約27億4600万円を支払うよう命じたが、将来の賠償は認められなかった。29日、控訴審が開始された。

10.16 〔国際〕**北朝鮮が核兵器開発を認める**　米国務省が北朝鮮の核開発問題に関する声明を発表し、10月6日に平壌で開催された米朝高官協議において、北朝鮮側が1994年の米朝枠組み合意に違反して高濃縮ウラン製造施設建設を含む核兵器開発を進めていると認めていたことが明らかになった。10月17日、ドナルド・ラムズフェルド国防長官が記者会見を開き、北朝鮮が既に少数の核兵器を保有しているとの見解を表明した。

10.20 〔自衛隊〕**平成14年度第49回航空観閲式**　平成14年度第49回航空観閲式が茨城県小美玉市の航空自衛隊百里基地で開催された。

10.23 〔事件〕**拉致被害者5人の永住帰国方針を決定**　北朝鮮による拉致被害者家族連絡会が政府に要望書を提出し、帰国中の5人を北朝鮮に戻さず、5人の家族を日本に呼び寄せるよう要請した。10月24日、政府が5人を永住帰国させる方針を決定した。

10.24 〔事件〕**キム・ヘギョンさんが横田さんの娘であると確認**　政府によるDNA鑑定の結果、北朝鮮のキム・ヘギョンさんが拉致被害者横田めぐみさんの娘であると立証されたことが、横田さんの両親らに伝えられた。

10.26 〔国際〕**APEC2002が開幕**　第10回アジア太平洋経済協力（APEC）首脳会議（APEC2002）がメキシコのロス・カボスで開幕した。10月27日、「テロリズムとの闘い及び成長の促進に関するAPEC首脳声明」や北朝鮮に核開発計画の放棄などを求める「北朝鮮に関するAPEC首脳声明」などを採択して閉幕。

10.27 〔国際〕**日米韓首脳会談を開催**　小泉純一郎首相、ジョージ・W.ブッシュ米大統領、金大中韓国大統領による日米韓首脳会談がメキシコのロス・カボスで開催され、北朝鮮の核開発問題について平和的解決を目指すとの共同声明が発表された。

10.29 〔事件〕**第12回日朝国交正常化交渉を開始**　第12回日朝国交正常化交渉がマレーシアのクアラルンプールで開始された。日本側が要求した拉致被害者5人の家族の帰国日程確定、核開発計画の即時放棄はいずれも北朝鮮側に拒否され、10月30日に交渉は物別れに終わった。

10.31 〔基地〕**象のオリ訴訟2審判決**　沖縄県読谷村にある米軍楚辺通信所（通称・象のオリ）をめぐり、土地所有者が1997年4月の「駐留軍用地特別措置法」改正が違憲であるとして損害賠償などを求めた訴訟について、福岡高裁那覇支部が判決を言い渡した。判決では2001年11月30日の1審・那覇地裁判決で国に命じられた約48万円の賠償金支払いが取り消されるとともに、1審判決と同様に「駐留軍用地特別措置法」改正が合憲と認められ、原告側が全面敗訴。11月13日に上告審が開始された。

11.1 〔法律〕**秘密保全のための罰則の強化を施行**　2001年11月2日公布の「自衛隊法の一部を改正する法律」のうち、秘密保全のための罰則の強化が施行され、防衛秘密の

2002年（平成14年）　　　　　　　　　　　　　　　　　　　　　　　　　　　　　日本安全保障史事典

漏えいに関して民間人が処罰の対象に追加された。

11.11　〔事件〕**松木さんの「遺骨」は偽物**　政府が、拉致問題に関する事実調査チームが北朝鮮から持ち帰った松木薫さんの遺骨とされる骨について、別人の骨であるとの鑑定結果を松木さんの家族に伝達した。

11.14　〔国際〕**北朝鮮が日朝安全保障協議の無期延期を警告**　北朝鮮外務省が、日本側が帰国した拉致被害者5人を北朝鮮に戻さない場合、11月中に開催するはずの日朝安全保障協議を無期延期するとの警告を発した。11月24日、田中均外務省アジア大洋州局長と北朝鮮当局者が中国・大連で非公式協議を行ったが、物別れに終わった。

11.14　〔国際〕**日韓防衛相会談**　石破茂防衛庁長官と李俊韓国国防部長官による日韓防衛相会談が東京で開催された。

11.14　〔事件〕**えひめ丸事故で33家族が和解**　「えひめ丸」事故の犠牲者のうち7人の遺族と救助された被害者26人の計33家族が米海軍との和解契約書に調印し、総額約1390万ドルの補償金が支払われることになった。2003年1月31日、残る犠牲者2人の遺族が同水準の補償金を受け取ることで米海軍と和解し、補償交渉が決着した。

11.18　〔自衛隊〕**自衛隊と道警が図上共同訓練**　自衛隊と北海道警察による初の図上共同訓練が実施された。

11.19　〔政治〕**自衛隊インド洋派遣期限を延長**　「テロ対策特別措置法」に基づく対応措置に関する基本計画の変更が閣議決定され、自衛隊インド洋派遣の期限が2003年5月19日まで延長された。

12.1　〔法律〕**防衛庁職員の給与改定**　「防衛庁の職員の給与等に関する法律の一部を改正する法律」が施行され、給与が改定された。

12.2　〔団体〕**国連PKO局に自衛官派遣**　防衛庁が国際連合事務局平和維持活動局（国連PKO局、DPKO）に初めて自衛官を派遣。自衛官は軍事部軍事計画課で活動した。

12.4　〔法律〕**「拉致被害者支援法」成立**　「北朝鮮当局によって拉致された被害者等の支援に関する法律（拉致被害者支援法）」が参議院本会議で全会一致で可決成立した。12月11日公布、2003年1月1日施行。

12.12　〔国際〕**北朝鮮が核開発再開を宣言**　北朝鮮外務省が1994年の米朝枠組み合意に基づく核開発凍結を解除し、電力生産に必要な核施設の稼働・建設を即時再開することを宣言。国際原子力機関（IAEA）の査察官を追放した。

12.15　〔事件〕**「グリーンビル」元艦長が来日**　えひめ丸事故の米海軍原子力潜水艦「グリーンビル」元艦長が来日。愛媛県立宇和島水産高校敷地内の慰霊碑に献花し、元実習生4人に謝罪した。

12.16　〔自衛隊〕**「きりしま」をインド洋へ派遣**　12月6日の「テロ対策特別措置法」に基づく実施要項の変更を受け、海上自衛隊のイージス護衛艦「きりしま」がインド洋へ向けて横須賀港を出港した。米英軍の後方支援活動に従事し、2003年4月に任務を終了。5月20日に横須賀へ帰港した。

12.16　〔国際〕**日米安全保障協議委員会を開催**　日米安全保障協議委員会（2+2）がワシントンで開催された。協議内容はテロとの闘い、イラク情勢、北朝鮮情勢、ミサイル防

– 134 –

衛、在日米軍に係る諸問題等の安全保障上の問題などで、北朝鮮に対して核兵器開発の放棄を求める共同声明が発表された。

12.17 〔国際〕**日米防衛相会談**　石破茂防衛庁長官とドナルド・ラムズフェルド国防長官による日米防衛相会談がワシントンで開催された。

12.19 〔団体〕**「「統合運用に関する検討」の成果報告書」を提出**　統合幕僚会議（統幕）が防衛庁長官に対して「「統合運用に関する検討」の成果報告書」を提出した。

12.27 〔事件〕**工作船引き上げで中国に協力金**　九州南西海域工作船事件について、中国の排他的経済水域（EEZ）内で沈没した北朝鮮工作船の引き揚げに関連して、日本政府が中国側に約1億5000万円の「協力金」を支払うことで合意が成立した。

2003年
（平成15年）

1.1 〔国際〕**尖閣諸島民有地を政府が賃借**　政府が尖閣諸島の魚釣島、南小島、北小島の3島の民有地を賃借していることが明らかになった。賃借権の登記が行われたのは2002年10月で、賃料は年間約2200万円。1月2日、中国政府と台湾政府が日本政府に抗議。1月7日、久場島についても以前から政府が賃借していることが明らかになった。

1.8 〔事件〕**宇出津事件で北朝鮮工作員に逮捕状**　1977年9月に東京都三鷹市役所の警備員だった久米裕さんが石川県宇出津海岸で拉致された事件の主犯であるとして、警視庁が国外移送目的略取の疑いで北朝鮮工作員金世鎬容疑者の逮捕状を取得した。その後、金容疑者を国際手配するとともに、警察庁を通じて北朝鮮に身柄引き渡しを要求した。

1.10 〔国際〕**北朝鮮がNPT脱退**　北朝鮮が「核拡散防止条約（NPT）」からの即時脱退を宣言した。北朝鮮が1994年の米朝枠組み合意に違反して核開発を続行していたため、朝鮮半島エネルギー開発機構（KEDO）が北朝鮮への重油供与を停止したことへの対抗措置。同日、小泉純一郎首相とウラジーミル・プーチン露大統領による日露首脳会談がモスクワで開催され、北朝鮮に宣言を撤回するよう求めることで同意した。

1.14 〔国際〕**日露防衛相会談**　石破茂防衛庁長官とロシアのセルゲイ・イワノフ国防相による日露防衛相会談がモスクワで開催された。

1.17 〔政治〕**「ゴラン高原国際平和協力業務実施計画」を変更**　「ゴラン高原国際平和協力業務実施計画」の変更が閣議決定された。

1.23 〔基地〕**第4回那覇港湾施設協議会**　「第4回那覇港湾施設移設に関する協議会」が東京・防衛施設庁で開催された。政府が米軍那覇港湾施設（那覇軍港）返還に伴い浦添市に建設される代替施設の骨子を提示し、沖縄県、那覇市、浦添市が基本的に了承した。

1.28 〔基地〕**代替施設建設協議会が発足**　沖縄で代替施設建設協議会が発足した。普天間飛行場代替施設の建設に関する組織で、12月に那覇防衛施設局を事業主体とし、約

– 135 –

2003年（平成15年）　　　　　　　　　　　　　　　　　　　　　　　　　　　日本安全保障史事典

207ヘクタールを埋め立てることが決定された。

2.8　〔兵器〕**対人地雷廃棄が完了**　陸上自衛隊が保有する対人地雷の廃棄作業が完了した。廃棄作業は2000年1月に「対人地雷禁止条約（対人地雷禁止条約（対人地雷の使用、貯蔵、生産及び移譲の禁止並びに廃棄に関する条約、オタワ条約））」に基づき開始され、保有する約100万個が訓練用など例外保有を除いて廃棄された。

2.10　〔事件〕**新たな拉致被害者の氏名を公表**　特定失踪者問題調査会が北朝鮮による拉致が疑われる行方不明者44人の氏名などを公表し、同調査会が家族の同意を得て公表した行方不明者が計84人となった。

2.14　〔国際〕**バグダッド退避勧告**　外務省が、米国などによる武力行使の可能性が高まっているイラクの首都バグダッドからの邦人の退避と渡航自粛を呼びかける退避勧告を出した。

2.20　〔国際〕**第23回日米装備・技術定期協議**　第23回日米装備・技術定期協議が東京で開催された。

2.25　〔事件〕**北朝鮮が連続で地対艦ミサイル発射実験**　韓国国防省が、2月24日に北朝鮮が地対艦ミサイルの発射実験を行ったことを発表した。ミサイルは朝鮮半島北東部・咸鏡南道の海岸沿いから日本海へ向けて発射され、約60キロ飛翔して公海上に着弾したという。3月10日、日本政府が、北朝鮮が新城里付近から日本海沖合の航行制限海域に地対艦ミサイルを発射したことを明らかにした。

2.26　〔自衛隊〕**ゴラン高原派遣輸送隊が交代**　ゴラン高原派遣輸送隊が第14次隊から第15次隊へ交代した。

3.3　〔国際〕**イラクへ首相特使派遣**　小泉純一郎首相の特使としてイラクの首都バグダッドを訪問した茂木敏充外務副大臣がタリク・アジズ副首相と会談し、小泉首相からサダム・フセイン大統領に宛てた親書を手交。米国などによる攻撃を回避するため、国際連合による査察に全面協力するよう求めた。

3.5　〔事件〕**被害者家族連絡会が訪米**　訪米中の北朝鮮による拉致被害者家族連絡会メンバーらがリチャード・アーミテージ国務副長官と面会した。拉致問題解決のため北朝鮮に圧力をかける必要があると訴える連絡会側に対し、アーミテージ副長官は北朝鮮当局者と接触する際には毎回拉致問題に言及すると約束した。

3.10　〔自衛隊〕**UNMOVICに自衛官派遣**　国際連合監視検証査察委員会（UNMOVIC）に自衛官が派遣された。

3.13　〔自衛隊〕**東ティモール派遣施設群が交代**　陸上自衛隊東ティモール派遣施設群が第2次隊から第3次隊に交代した。また、東ティモールPKO物品譲与式典が挙行され、施設群の規模縮小に伴い、資機材の一部が同国政府に譲与された。

3.27　〔法律〕**自衛官定数を変更**　「防衛庁設置法等の一部を改正する法律」が施行され、自衛官の定数および即応予備自衛官の員数が変更された。

3.27　〔基地〕**「第7次北富士演習場使用協定」を締結**　「第7次北富士演習場使用協定」が締結された。

3.28　〔政治〕**「イラク難民救援国際平和協力業務実施計画」が決定**　「イラク難民救援国際

－ 136 －

日本安全保障史事典　　　　　　　　　　　　　　　　　　　　　　　　2003年（平成15年）

　　　　　平和協力業務実施計画」が閣議決定された。「国際平和協力法」に基づき、物資空輸
　　　　　のためヨルダンに航空自衛隊を派遣する計画。

3.29　〔国際〕日韓防衛相会談　　石破茂防衛庁長官とチョ・ヨンギル韓国国防部長官による
　　　　　日韓防衛相会談がソウルで開催された。

3.30　〔自衛隊〕イラク難民救援国際平和協力業務　　国連難民高等弁務官事務所（UNHCR）
　　　　　がヨルダンおよびシリアで実施しているイラク難民救援活動に物資（テント）を提供
　　　　　するため、航空自衛隊イラク難民救援空輸隊が政府専用機（B-747）2機を用い、日本
　　　　　からヨルダンのアンマンへの空輸を開始した。4月2日、帰国。

4.6　　〔国際〕日中首脳会談　　川口順子外務大臣と李肇星中国外交部長による日中外相会談
　　　　　が北京で開催され、核開発問題解決のため北朝鮮に多国間協議参加を促すことで合
　　　　　意した。

4.11　〔国際〕日露防衛相会談　　石破茂防衛庁長官とロシアのセルゲイ・イワノフ国防相に
　　　　　よる日露防衛相会談が東京で開催された。

4.18　〔国際〕復興人道支援室に要員派遣　　川口順子外務大臣がイラク戦後統治の民生部門
　　　　　を担当する米国防総省復興人道支援室（後の連合国暫定当局）に外務省職員、厚生労
　　　　　働省職員、民間人など計4〜5人を派遣することを発表した。

4.21　〔自衛隊〕空自が初の空中給油訓練　　KC-767空中給油・輸送機の導入決定を受けて、
　　　　　航空自衛隊が米空軍の支援により初の空中給油訓練を開始した。訓練は九州西方お
　　　　　よび四国沖空域で行われ、空自のF-15戦闘機4機とE-767空中警戒管制機1機、米空軍
　　　　　の空中給油機が参加した。5月1日、訓練を終了。

4.22　〔事件〕自衛官募集で個人情報提供　　自衛官募集のため防衛庁が自治体から提供され
　　　　　る情報に保護者、世帯主などに関する個人情報が含まれていたとして、同庁が今後
　　　　　は提供情報を氏名などに限定するよう指示した。23日、衆議院個人情報保護特別委
　　　　　員会で、情報提供を行った794自治体のうち332自治体から補修業務に不要な電話番
　　　　　号、職業などの情報を受け取っていたことが明らかになった。

4.26　〔国際〕米国務次官補が来日　　ジェームズ・ケリー米国務次官補が来日し、福田康夫
　　　　　内閣官房長官らと会談。北朝鮮による核開発問題の平和的解決を目指すことで合意
　　　　　した。

5.4　　〔国際〕日印防衛相会談　　石破茂防衛庁長官とインドのジョージ・フェルナンデス国
　　　　　防大臣による日印防衛相会談がデリーで開催された。

5.7　　〔政治〕防衛駐在官制度を改善　　「防衛駐在官に関する覚書」が締結され、防衛駐在
　　　　　官から外務省へ連絡通信された防衛情報が防衛庁に自動的に伝達されるようにな
　　　　　など、防衛駐在官制度の改善が実施された。

5.7　　〔事件〕拉致被害者救出を求める集会開催　　北朝鮮に拉致された日本人を救出するた
　　　　　めの全国協議会（救う会）主催の「拉致はテロだ！　北朝鮮に拉致された日本人・家
　　　　　族を救出するぞ！　第5回国民大集会」が東京国際フォーラムで開催された。集会に
　　　　　は拉致被害者5人や聴衆約6000人が参加し、拉致被害者および家族を早期に日本に帰
　　　　　国させるよう求める声明が発表された。8日、5人が首相官邸で小泉純一郎首相と初
　　　　　めて面会し、拉致問題解決を訴えた。

－ 137 －

2003年（平成15年）   日本安全保障史事典

5.8 〔事件〕防衛庁調達実施本部背任事件1審判決　1998年に発覚した防衛庁調達実施本部背任事件について、東京地裁が上野憲一元防衛庁調達実施本部副本部長に対し背任と加重収賄などの罪で懲役4年、追徴金838万5000円の実刑判決を言い渡した。被告側が控訴。

5.9 〔政治〕自衛隊インド洋派遣期限を延長　「テロ対策特別措置法」に基づく対応措置に関する基本計画の変更が閣議決定され、自衛隊インド洋派遣の期限が11月1日まで延長された。

5.9 〔事件〕日本飛行機が水増し請求　防衛庁が、川崎重工業の子会社である日本飛行機が自衛隊機の整備事業に関して請求金額を約86億円水増ししていたことを発表した。19日、川崎重工業が日本飛行機の取締10人と監査役3人の全員を30日付で更迭することを発表した。2004年2月27日、日本飛行機が遅延損害金を含め約123億円を返還した。

5.13 〔基地〕第4・8次横田基地騒音訴訟1審判決　東京地裁八王子支部で第4・8次横田基地騒音訴訟の判決が言い渡された。国に賠償金約1億6000万円の支払いを命じる一方、飛行差し止め請求と将来の賠償は却下する、従来と同様の判決で、5月26日に控訴審が開始された。

5.21 〔国際〕イラク復興に4600万ドルを追加支援　川口順子外務大臣が記者会見を行い、イラク人道復興支援の追加策として、国際機関による雇用対策や小学校再開などのため約4600万ドルを新たに拠出することを発表した。

5.21 〔事件〕海自訓練機が墜落　山口県岩国市の海上自衛隊岩国航空基地で、第91航空隊所属のU-36A艦隊訓練支援機が墜落する事故が発生し、乗員4人全員が死亡した。事故当時は連続離着陸訓練を実施しており、滑走路に着地して再離陸する際に横転し、機体が炎上した。先行機の後方乱気流により操縦不能となったことが原因だった。

5.22 〔自衛隊〕コープサンダー演習　航空自衛隊のF-15戦闘機がコープサンダー演習に参加した。同演習は米空軍が米国本土で実施する空戦訓練で、F-15が米国本土へ移動する際には米空軍空中給油機による給油が行われた。6月30日、演習が終了。

5.23 〔国際〕米中と相次いで首脳会談　小泉純一郎首相とジョージ・W.ブッシュ米大統領による日米首脳会談がテキサス州の牧場で開催され、北朝鮮の核開発問題について、北朝鮮が情勢を悪化させた場合は経済制裁などの強硬措置を取ることで合意した。31日には胡錦濤中国国家主席との日中首脳会談がサンクトペテルブルクで開催され、北朝鮮の核開発について平和的解決を目指すことで合意した。

5.27 〔基地〕横須賀基地じん肺訴訟控訴審判決　東京高裁が米海軍横須賀基地じん肺訴訟について、賠償請求権は時効により消滅しているとして原告側請求を棄却し、原告側逆転敗訴の判決を言い渡した。原告側が上告。

5.31 〔国際〕アジア安全保障会議を開催　イギリスの国際戦略研究所（IISS）主催の第2回アジア安全保障会議がシンガポールで開催され、石破茂防衛庁長官が出席した。

6.2 〔国際〕米国防副長官が来日　石破茂防衛庁長官と来日中のポール・ウォルフォウィッツ米国防副長官による会談が行われた。

6.5 〔事件〕拉致はテロであると表明　小泉純一郎首相が衆議院本会議において、首相と

- 138 -

して初めて北朝鮮による拉致事件がテロであるとの認識を示した。

6.6 〔法律〕有事関連3法が成立　「武力攻撃事態における我が国の平和と独立並びに国及び国民の安全の確保に関する法律（武力攻撃事態対処法）」、「自衛隊法及び防衛庁の職員の給与等に関する法律の一部を改正する法律（自衛隊法等一部改正法）」、「安全保障会議設置法の一部を改正する法律（安全保障会議設置法一部改正法）」の、有事関連3法（武力攻撃事態対処関連3法）が、参議院本会議で自民党・公明党・保守新党の与党3党および民主党・自由党などの賛成多数で可決成立した。

6.7 〔国際〕日韓首脳会談を開催　小泉純一郎首相と盧武鉉韓国大統領による日韓首脳会談が東京で開催され、いかなる北朝鮮の核開発プログラムも容認しない、北朝鮮の核兵器プログラムが検証可能かつ不可逆的な方法で廃棄されなければならないなどとする共同声明が発表された。

6.13 〔法律〕「安全保障会議設置法」改正公布・施行　「安全保障会議設置法の一部を改正する法律」が公布・施行された。武力攻撃事態等を含む緊急事態に際しての国家安全保障会議の審議機能を強化するため、常設組織として事態対処専門委員会を設置するなどの内容。

6.13 〔法律〕「武力攻撃事態対処法」公布・施行　「武力攻撃事態等における我が国の平和と独立並びに国及び国民の安全の確保に関する法律（武力攻撃事態対処法）」が公布・施行された。外国の武装勢力やテロ組織による武力攻撃事態等に際しての国や地方公共団体の責務や手続きなどを定めたもので、第14〜16条については2004年9月17日に施行された。

6.13 〔法律〕「自衛隊法」・「防衛庁の職員の給与等に関する法律」改正法公布・施行　「自衛隊法及び防衛庁の職員の給与等に関する法律の一部を改正する法律」が公布・施行された。武力攻撃事態等に際して自衛隊の行動の円滑化を図るため、関連する約20件の法律に特例措置を設けるもので、一部規定は9月6日に施行された。

6.13 〔法律〕「イラク人道復興支援特別措置法」案を閣議決定　「イラクにおける人道復興支援活動及び安全確保支援活動の実施に関する特別措置法（イラク人道復興支援特別措置法）」案が閣議決定され、国会に提出された。

6.20 〔政治〕「東ティモール国際平和協力業務実施計画」を変更　「東ティモール国際平和協力業務実施計画」の変更が閣議決定された。

6.20 〔事件〕対戦車ヘリコプター墜落事故で賠償請求　2000年6月に発生したAH-1S対戦車ヘリコプター墜落事故の原因はエンジンの欠陥だったとして、防衛庁が「製造物責任法」に基づき川崎重工業に約4億2600万円の損害賠償を求める訴訟を東京地裁に提訴した。

7.3 〔自衛隊〕ヨルダン派遣について決定　安全保障会議で、ヨルダン等へ自衛隊輸送部隊を派遣することについて決定。4日閣議決定。

7.4 〔政治〕「イラク被災民救援国際平和協力業務実施計画」が決定　国連などによるイラク被災民救援活動に関する物資輸送を管理する世界食糧計画（WFP）からの要請に基づき、「イラク被災民救援国際平和協力業務実施計画」が閣議決定された。

7.7 〔自衛隊〕イラク被災民救援空輸隊を編成　航空自衛隊イラク被災民救援空輸隊（98

2003年（平成15年）　　　　　　　　　　　　　　　　　　　　　　　　　日本安全保障史事典

人）が編成された。10日に小牧基地を出発し、14日にアンマンに到着した。

7.9 〔政治〕鳥取県が避難マニュアルを公表　鳥取県が全国で初めてとなる有事の際の住民避難に関するマニュアルを公表した。主な内容は住民に情報提供するための広報センターの設置、警察と自衛隊による共同検問所の設置など。

7.17 〔自衛隊〕イラク被災民救援国際平和協力業務を実施　航空自衛隊イラク被災民救援空輸隊が現地での空輸業務を開始した。国連などによるイラク被災民救援活動に関する人道救援物資を空輸するもので、C-130H輸送機を用いてイタリア・ブリンディシ―ヨルダン・アンマン間で計約140トンを空輸。8月12日に空輸業務を終了し、8月18日に帰国を完了した。

7.18 〔社会〕九州豪雨に災害派遣　この日から20日にかけて、九州各地で局地的な集中豪雨が発生し、土砂災害や洪水被害が多発。自衛隊が19日に福岡県へ、20日には熊本・鹿児島両県へ災害派遣された。26日、撤収を完了。

7.26 〔社会〕宮城県北部地震発生　宮城県北部を震源とする地震が連続的に発生した。このうち1回で震度6強、2回で震度6弱を観測し、マグニチュードは最大6.4を記録。同日、鳴瀬町、矢本町、南郷町、河南町に陸上自衛隊第22普通科連隊などが災害派遣された。30日、撤収を完了。

7.29 〔政治〕ゴラン高原国際平和協力業務実施計画を変更　「ゴラン高原国際平和協力業務実施計画」の変更が閣議決定された。

7.31 〔国際〕六者会合開催で合意　北朝鮮の朴義春駐露大使がユーリー・フェドトフ露外務次官と会談し、北朝鮮の核開発問題に関する米国、韓国、北朝鮮、中国、ロシア、日本による六者会合開催に合意した。

8.1 〔法律〕「イラク人道復興支援特別措置法」公布・施行　「イラクにおける人道復興支援活動及び安全確保支援活動の実施に関する特別措置法（イラク人道復興支援特別措置法）」が公布・施行された。4年間の時限立法。

8.2 〔事件〕拉致被害者の子どもから手紙　日本に帰国した拉致被害者5人のもとに、子ども6人からの手紙や写真が届けられた。日本の民間団体が子どもらと平壌で面会した際に預けられたもので、3日に被害者らが記者会見を開き、家族の情を利用しているとして北朝鮮を批判した。

8.4 〔事件〕外務次官が拉致問題に関する発言を修正　竹内行夫外務次官が記者会見を行い、拉致被害者家族の帰国は必ずしも日朝国交正常化交渉再開の前提にはならない旨を発言した。5日、北朝鮮による拉致被害者家族連絡会が外務省に抗議し、竹内次官が交渉再開の前に帰国問題を解決しなければならないと述べた。

8.5 〔政治〕『防衛白書』を了承　『日本の防衛―防衛白書』平成15年版が閣議で了承された。外国軍隊による本格的な侵攻の可能性は低いとして、弾道ミサイルをはじめとする大量破壊兵器や国際テロなど「新たな脅威」への対処能力強化を重視する内容。

8.9 〔国際〕六者会合での日中連携で合意　福田康夫内閣官房長官が胡錦濤中国国家主席と北京で会談し、六者会合で日中が連携して北朝鮮の核開発計画放棄を目指すことで合意した。

8.26 〔国際〕日ニュージーランド防衛相会談　石破茂防衛庁長官とマーク・バートンニュー

－ 140 －

ジーランド国防大臣による日ニュージーランド防衛相会談が東京で開催された。

8.27　〔国際〕**第1回六者会合**　第1回六者会合が北京で開始された。29日に会合が閉幕。

8.31　〔事件〕**沖縄自衛官爆死事件**　沖縄市の資材置き場で爆発が発生し、航空自衛隊那覇基地所属の空曹長の男が死亡した。違法に入手した米軍の対戦車ロケット弾が爆発したものとみられる。9月2日に沖縄県警が男の自宅でロケット弾2発、M-16自動小銃1丁など、9月5日には男が倉庫として借りていた民家でロケット弾2発、M-1カービン銃1丁、実弾多数などを押収した。9月6日、県警が周辺住民を避難させたうえで、米空軍爆発物処理隊の協力によりロケット弾4発を処理。10月15日、被疑者死亡のまま火薬類取締法違反容疑で書類送検した。

9.3　〔国際〕**日中防衛相会談**　石破茂防衛庁長官と曹剛川中国国防部長との日中防衛相会談が北京で開催された。

9.10　〔自衛隊〕**ゴラン高原派遣輸送隊が交代**　ゴラン高原派遣輸送隊が第15次隊から第16次隊へ交代した。

9.11　〔自衛隊〕**メモリアルゾーン完成披露**　防衛庁市ヶ谷地区のメモリアルゾーン整備完了に伴う披露行事が開催された。同地区内に点在していた殉職自衛官慰霊碑や旧日本軍関係の記念碑など16碑を防衛庁本庁庁舎東側の一角に集めたもの。

9.14　〔国際〕**中東へ政府調査団派遣**　政府調査団がイラクなど中東諸国へ派遣された。

9.22　〔政治〕**第1次小泉第2次改造内閣発足**　第1次小泉純一郎第2次改造内閣が発足した。17閣僚のうち2人が横滑りし、9人が新たに入閣したが、防衛庁長官は石破茂が留任した。

9.23　〔事件〕**国連総会で拉致問題解決について演説**　川口順子外務大臣が国連総会で一般討論演説を行った。北朝鮮に核開発計画の廃棄や拉致問題の解決を求め、それらの問題を解決した上で国交正常化を目指すとの内容で、日本が国連総会で拉致問題に言及したのは初めてのこと。

9.26　〔社会〕**十勝沖地震発生**　北海道襟裳岬東南東沖を震源とするマグニチュード8.0、最大震度6弱の地震が発生。同日以降、道内各地に自衛隊が災害派遣され、10月3日に撤収が完了した。派遣規模は人員延べ約1160人、車両延べ約290両、航空機延べ45機。

9.29　〔国際〕**日豪防衛相会談**　石破茂防衛庁長官とオーストラリアのロバート・ヒル国防大臣による日豪防衛相会談が東京で開催された。

9.30　〔政治〕**危険業務従事者叙勲を新設**　危険業務従事者叙勲の新設が閣議決定された。危険性の高い業務に従事した警察官、自衛官、消防吏員、海上保安官、刑務官などの元公務員を対象とする栄典制度。

10.7　〔国際〕**日モンゴル防衛相会談**　石破茂防衛庁長官とモンゴルのジュグデルデミディーン・グルラクチャー国防大臣による日モンゴル防衛相会談が東京で開催された。

10.7　〔国際〕**「日中韓三国間協力の促進に関する共同宣言」**　ASEAN＋3首脳会議に出席するためインドネシア・バリを訪問中の小泉純一郎首相、温家宝中国国務院総理、盧武鉉韓国大統領が会談。日中韓首脳会談としては初の共同宣言となる「日中韓三国間協力の促進に関する共同宣言」が署名された。主な内容は3ヶ国間の安全保障分野での交流・協力の強化、六者会合を通じて北朝鮮に核開発放棄を求めることなど。

2003年（平成15年）   日本安全保障史事典

10.10 〔法律〕「防衛省設置法」案廃案　小泉純一郎首相が衆議院を解散させた（マニフェスト解散）。これに伴い「防衛省設置法」案が廃案となった。

10.10 〔法律〕「テロ対策特別措置法」改正法成立　「平成十三年九月十一日のアメリカ合衆国において発生したテロリストによる攻撃等に対応して行われる国際連合憲章の目的達成のための諸外国の活動に対して我が国が実施する措置及び関連する国際連合決議等に基づく人道的措置に関する特別措置法の一部を改正する法律（テロ対策特別措置法改正法）」が参議院本会議で可決成立し、同法の効力が2年間延長された。10月16日公布・施行。

10.15 〔国際〕イラク復興に15億ドル拠出　政府が2004年分のイラク復興支援策として、電力、浄・給水、教育分野を中心に計15億ドルを無償で拠出することを決定した。

10.21 〔政治〕自衛隊インド洋派遣期限を延長　「テロ対策特別措置法」に基づく対応措置に関する基本計画の変更が閣議決定され、自衛隊インド洋派遣の期限が2004年5月1日まで延長された。

10.23 〔自衛隊〕東ティモール派遣施設群が交代　陸上自衛隊東ティモール派遣施設群が第3次隊から第4次隊に交代した。

10.24 〔国際〕イラク復興に総額50億ドル拠出　川口順子外務大臣がスペインで開催されたイラク復興支援国会議に出席し、日本政府が復興資金として総額50億ドルを拠出することを表明した。同会議では参加73ヶ国・20国際機関が2004年分として計約230億ドル、2007年までの総額で330億ドル以上の復興資金拠出を表明した。

10.26 〔自衛隊〕平成15年度第50回自衛隊観艦式　平成15年度第50回自衛隊観艦式が相模湾で開催され、艦艇52隻、航空機53機が参加した。

11.3 〔政治〕第1回危険業務従事者叙勲　第1回危険業務従事者叙勲が実施された。対象は危険性の高い業務に従事した元公務員で、第1回の受章者は警察官1923人、自衛官887人、消防吏員634人、海上保安官90人、刑務官等1人、の計3535人。

11.9 〔政治〕第43回総選挙　第43回衆議院議員選挙が実施された。定数は480議席で、投票率は小選挙区が59.86％、比例区が59.81％。与党（自民党・公明党・保守新党）は追加公認を含めて277議席を獲得し、解散前より10議席を減らしたものの、絶対安定多数（269議席）を上回った。野党では民主党が177議席（40議席増）と躍進したが、共産党は9議席（11減）、社会民主党は6議席（12減）となり、二大政党制化が進んだ。10日、小泉純一郎首相が記者会見を開き、自衛隊イラク派遣が国民の支持を得たとの見解を示した。

11.15 〔国際〕日米防衛相会談　石破茂防衛庁長官とドナルド・ラムズフェルド国防長官による日米防衛相会談が東京で開催された。

11.15 〔自衛隊〕専門調査団イラク派遣　自衛隊の専門調査団がイラクに派遣された。

11.19 〔政治〕第2次小泉内閣発足　第158回国会（特別国会）で首相指名選挙が実施され、自民党の小泉純一郎総裁が首相に選出された。これに伴い第2次小泉内閣が発足。閣僚17人全員が再任され、石破茂が防衛庁長官に就任した。

11.21 〔政治〕国民保護法制整備本部第2回会合　内閣官房長官を本部長とし17閣僚で構成する政府の国民保護法制整備本部が第2回会合を開き、外国による武力攻撃だけでな

日本安全保障史事典　　　　　　　　　　　　　　　　　　　　　　2003年（平成15年）

く大規模テロにも適用可能とする規定を盛り込んだ国民保護法制の要旨を決定した。

11.26　〔国際〕**日韓防衛相会談**　石破茂防衛庁長官とチョ・ヨンギル韓国国防部長官による日韓防衛相会談が東京で開催された。

11.27　〔基地〕**象のオリ訴訟最高裁判決**　沖縄県読谷村にある米軍楚辺通信所（通称・象のオリ）をめぐる訴訟について、最高裁が原告側の上告を棄却。1997年4月の「駐留軍用地特別措置法」改正を合憲と認め、原告側全面敗訴とした2審・福岡高裁那覇支部判決が確定した。

11.29　〔事件〕**イラク邦人外交官射殺事件**　イラク北部ティクリート近郊を走行していた日本大使館の車両が何者かに銃撃され、搭乗していた奥克彦在イギリス大使館参事官、井ノ上正盛在イラク大使館三等書記官、イラク人運転手の3人全員が殺害された。イラク戦争開戦後、同国内で邦人が犠牲になったのは初めてのこと。12月3日、福田康夫内閣官房長官が事件はテロだった可能性が高いとの見解を表明。12月4日、外務省が11月29日付で奥参事官に大使の称号を付与し、井ノ上三等書記官を一等書記官に二階級特進させた。事件について、イラク暫定内閣のフーシュヤール・ズィバーリ外務大臣は旧フセイン政権時代の情報機関である総合情報局（ムハーバラート）残党による犯行と断定したが、犯人は逮捕されておらず、真相は明らかになっていない。

12.9　〔政治〕**「イラク人道復興支援特別措置法」に基づく対応措置に関する基本計画が決定**　「イラク人道復興支援特別措置法」に基づく対応措置に関する基本計画が臨時閣議で決定された。自衛隊イラク派遣の期間、規模、活動内容などを定めたもので、派遣期間は12月15日から2004年12月14日までの1年間。

12.18　〔団体〕**「「イラク人道復興支援特別措置法」における実施要項」策定**　防衛庁が「「イラク人道復興支援特別措置法」における実施要項」を策定し、小泉純一郎首相がこれを承認した。

12.19　〔政治〕**自衛隊イラク派遣命令を発出**　石破茂防衛庁長官が陸上・海上・航空の各自衛隊に対し、「イラク人道復興支援特別措置法」に基づく対応措置の実施に関する命令を発出した。

12.19　〔兵器〕**BMDシステムの導入決定**　弾道ミサイル防衛（BMD）システムの導入が安全保障会議および臨時閣議において決定され、同日付で閣議決定「弾道ミサイル防衛システムの整備等について」が発表された。

12.24　〔政治〕**空自先遣隊がクウェートへ出発**　航空自衛隊第1期イラク復興支援派遣輸送航空隊等隊旗授与式が挙行された。12月26日、復興支援物資などを空輸する航空自衛隊の先遣隊（48人）がクウェートに向けて出発した。

12.26　〔社会〕**イラン大地震で国際緊急援助空輸業務**　イラン南東部のケルマーン州バムでマグニチュード6.6の直下型地震（バム地震）が発生。30日、国際緊急援助活動のため、航空自衛隊空輸部隊（C-130H輸送機2機・要員31人）が小牧基地を出発した。同隊は日本からケルマーン州へテント・毛布などの援助物資を空輸、2004年1月1日から2日にかけてケルマーン州で援助物資を引き渡し、1月6日に帰国を完了した。

－ 143 －

2004年
（平成16年）

1.6 〔国際〕**イランが自衛隊イラク派遣を支持**　川口順子外務大臣がモハマド・ハタミイラン大統領とテヘランで会談し、ハタミ大統領が自衛隊イラク派遣への支持を表明した。

1.9 〔自衛隊〕**陸自先遣隊がイラクへ出発**　陸上自衛隊の先遣隊（約30人）に派遣命令が発出された。1月16日、イラク復興業務支援隊旗授与式が挙行され、同隊が出発した。1月19日、先遣隊が宿営地となるサマワに到着。1月23日、先遣隊員2人が帰国し、本隊派遣に支障はないとの報告を行った。

1.9 〔自衛隊〕**イラク復興支援派遣輸送航空隊が出発**　航空自衛隊の第1期イラク復興支援派遣輸送航空隊本隊（約230人）に派遣命令が発出された。22日に同隊第1陣（約110人）がクウェートへ出発し、26日に第2陣（約50人）が出発。派遣は16期、要員は延べ約3600人に達し、人員約4万6500人と物資約673トンを空輸。2008年12月12日に任務を終了し、12月23日に全要員の帰国が完了した。

1.9 〔自衛隊〕**自衛隊イラク派遣報道に要望**　石破茂防衛庁長官が防衛記者会に加盟する新聞・通信・テレビ各社に対し、自衛隊イラク派遣取材に関して安全に十分に配慮し、一部報道を自粛するよう要請した。

1.12 〔国際〕**中国が自衛隊イラク派遣へ理解**　1月12日、額賀福志郎自民党政調会長と北側一雄公明党政調会長が曽慶紅中国国家副主席と北京で会談し、曽副主席が自衛隊イラク派遣へ理解を示した。

1.16 〔政治〕**ゴラン高原国際平和協力業務実施計画を変更**　ゴラン高原国際平和協力業務実施計画の変更が閣議決定された。

1.17 〔団体〕**共産党が綱領全面改定**　日本共産党が第23回党大会を開催し、「安保条約廃棄後のアジア情勢の新しい展開を踏まえつつ、国民の合意での憲法第9条の完全実施（自衛隊の解消）に向かっての前進をはかる」などとする綱領改定案を採択。国民の合意を得た上で、「日米安保条約」廃棄などの段階を踏んで自衛隊を廃止する方針を示した。

1.19 〔国際〕**第159回国会を召集**　第159回国会（通常国会）が召集され、小泉純一郎首相が施政方針演説を行った。小泉首相は演説で国際社会の一員としての責任を果たすためには人的貢献が不可欠との見解を示し、自衛隊イラク派遣の意義を強調した。

1.26 〔自衛隊〕**第1次イラク復興支援群が編成完結**　陸上自衛隊第1次イラク復興支援群が編成を完結。同日、陸自本隊に派遣命令が発出された。

1.31 〔政治〕**衆議院が自衛隊イラク派遣を承認**　衆議院本会議で「イラクにおける人道復興支援活動及び安全確保支援活動の実施に関する特別措置法第六条第一項の規定に基づき、自衛隊の部隊等による人道復興支援活動及び安全確保支援活動の各活動の実施に関し承認を求めるの件」が自民党・公明党などの賛成多数で承認され、参議

日本安全保障史事典　　　　　　　　　　　　　　　　　　　　　　　　　　　2004年（平成16年）

院に送付された。野党は1月30日のテロ防止委員会で与党が審議を打ち切って裁決したことに反発し、本会議を欠席。自民党議員の一部も本会議を欠席したり、裁決前に退席した。

2.1　〔自衛隊〕**第1次イラク復興支援群等隊旗授与式**　陸上自衛隊第1次イラク復興支援群等隊旗授与式が挙行された。

2.3　〔自衛隊〕**第1次イラク復興支援群が出発**　陸上自衛隊第1次イラク復興支援群先発隊（約90人）がクウェートへ向けて出発した。21日、同隊第1派が出発。

2.9　〔自衛隊〕**海自イラク派遣海上輸送部隊が出発**　海上自衛隊のイラク派遣海上輸送部隊が出発した。4月8日、帰国。

2.9　〔政治〕**参議院が自衛隊イラク派遣を承認**　参議院本会議で自衛隊イラク派遣が自民党・公明党などの賛成多数で承認され、「イラク人道復興支援特別措置法」に基づく国会の事後承認手続きが完了した。

2.11　〔事件〕**日朝ハイレベル協議**　日朝ハイレベル協議が開始された。日本側は拉致被害者5人の家族8人全員の無条件帰国、安否不明の被害者についての真相究明などを求めたが、北朝鮮側は5人を北朝鮮に戻すことが先決、真相究明は解決済みなどとの従来の主張を繰り返し、双方の意見が平行線のまま、14日に協議が終了した。

2.23　〔国際〕**アナン国連事務総長が来日**　小泉純一郎首相とコフィー・アナン国際連合事務総長が東京で会談し、アナン事務総長が自衛隊イラク派遣を含む日本のイラク復興支援を高く評価した。24日、アナン事務総長が国会でイラク問題、国連改革、朝鮮半島問題などについて演説した。

2.24　〔法律〕**「国民保護法」案要綱を了承**　国民保護法制整備本部が第4回会合を開き、「武力攻撃事態等における国民の保護のための措置に関する法律（国民保護法）」案要綱を了承した。

2.25　〔国際〕**第2回六者会合**　第2回六者会合が北京で開始された。第3回会合のための作業部会設置で合意したが、共同文書の策定などは見送られ、28日に会合が閉幕。この間、2回にわたり日朝協議が行われたが、拉致被害者家族帰国問題などで進展はなかった。

2.27　〔国際〕**日米ACSA改正協定に署名**　「日本国の自衛隊とアメリカ合衆国軍隊との間における後方支援、物品又は役務の相互の提供に関する日本国政府とアメリカ合衆国政府との間の協定（日米物品役務相互提供協定、日米ACSA）」を改正する協定が署名された。7月20日公布。7月29日発効。

3.3　〔自衛隊〕**イラク復興支援派遣輸送航空隊が輸送活動開始**　航空自衛隊第1期イラク復興支援派遣輸送航空隊が現地での輸送活動を開始し、C-130H輸送機でクウェートからイラクへ医療機材などを空輸した。

3.3　〔自衛隊〕**ゴラン高原派遣輸送隊が交代**　ゴラン高原派遣輸送隊が第16次隊から第17次隊へ交代した。

3.4　〔社会〕**鳥インフルエンザで災害派遣**　京都府丹波町で発生した鳥インフルエンザに関する防疫作業のため、陸上自衛隊が災害派遣された。鳥インフルエンザによる災害派遣は初めてのことで、11日に任務を終了した。

－ 145 －

2004年（平成16年）　　　　　　　　　　　　　　　　　　　　　　　　　　日本安全保障史事典

3.9　〔法律〕**有事関連7法案が決定**　「武力攻撃事態等における国民の保護のための措置
に関する法律（国民保護法）」、「武力攻撃事態等におけるアメリカ合衆国の軍隊の行
動に伴い我が国が実施する措置に関する法律（米軍行動関連措置法）」、「武力攻撃事
態等における特定公共施設等の利用に関する法律（特定公共施設利用法）」、「国際人
道法の重大な違反行為の処罰に関する法律（国際人道法違反処罰法）」、「武力攻撃事
態における外国軍用品等の海上輸送の規制に関する法律（海上輸送規制法）」、「武力
攻撃事態における捕虜等の取扱いに関する法律（捕虜取扱い法）」、「自衛隊法の一部
を改正する法律（自衛隊法一部改正法）」の有事関連7法（事態対処関連7法）案、なら
びに「日本国の自衛隊とアメリカ合衆国軍隊との間における後方支援、物品又は役
務の相互の提供に関する日本国政府とアメリカ合衆国政府との間の協定（日米物品役
務相互提供協定、日米ACSA）」を改正する協定、「1949年8月12日のジュネーブ諸条
約の国際的な武力紛争の犠牲者の保護に関する追加議定書（議定書I）」、「1949年8月
12日のジュネーブ諸条約の非国際的な武力紛争の犠牲者の保護に関する追加議定書
（議定書II）」の3条約承認が閣議決定された。

3.11　〔自衛隊〕**自衛隊イラク派遣の取材ルールを確認**　日本新聞協会および日本民間放送
連盟と防衛庁が、イラクに派遣された自衛隊の現地取材に関する具体的なルールを
確認した。政府の説明責任と報道の自由の最大限の尊重を前提に、安全確保のため
追尾取材や一部情報の報道を自粛する内容。

3.13　〔自衛隊〕**第1次イラク復興支援群第2派が出発**　陸上自衛隊第1次イラク復興支援群
第2派が出発した。21日、第3派が出発。

3.15　〔自衛隊〕**海自艦艇がクウェート到着**　海上自衛隊の艦艇がクウェートに到着し、陸
上自衛隊車両などの資機材を陸揚げした。

3.16　〔自衛隊〕**空自第2期イラク復興支援派遣輸送航空隊が出発**　航空自衛隊の第2期イラ
ク復興支援派遣輸送航空隊本隊が出発した。4月16日、第2陣が出発。

3.19　〔政治〕**国連待機部隊を提唱**　民主党の小沢一郎代表代行と横路孝弘副代表が「日本
の安全保障、国際協力の基本原則」を発表した。自衛隊は専守防衛に徹する一方、国
連軍や国連主導の多国籍軍に参加するための国際連合待機部隊を創設するとの内容。

3.24　〔事件〕**中国人活動家尖閣諸島上陸事件**　中国人活動家7人が尖閣諸島の魚釣島に不法
上陸し、沖縄県警に「出入国管理・難民認定法」違反の現行犯で逮捕される事件が
発生した。26日、7人の身柄が県警から福岡入国管理局那覇支局に引き渡され、強制
退去処分となった。30日、事件を受け、衆議院安全保障委員会が警備対策に万全を
期することなどを求める「我が国の領土保全に関する決議」を全会一致で採択した。

3.26　〔政治〕**弾道ミサイル防衛システムの導入を可決**　弾道ミサイル防衛（BMD）システ
ムの導入を含む「平成16年度予算案」が参議院本会議で可決成立した。

3.27　〔自衛隊〕**第1次イラク復興支援群がサマワに到着**　陸上自衛隊第1次イラク復興支援
群（約600人）が宿営地となるサマワに到着した。

3.27　〔自衛隊〕**特殊作戦群を新編**　陸上自衛隊の特殊作戦群が習志野駐屯地で編成完結し
た。陸自初かつ唯一の特殊部隊で、防衛庁長官直轄部隊として対テロ作戦などに従
事する。

日本安全保障史事典　　　　　　　　　　　　　　　　　　　　　　2004年（平成16年）

4.1　〔国際〕**自民党議員が拉致問題で北朝鮮当局者と会談**　自民党の山崎拓・前副総裁と平沢勝栄衆議院議員が北朝鮮の鄭泰和日朝交渉担当大使らと中国・大連で会談し、拉致問題について協議した。7日、山崎前総裁が小泉純一郎首相に対し、北朝鮮側が核問題も拉致問題も小泉首相在任中に解決したいなどと述べたことを報告した。

4.2　〔基地〕**米兵の身柄引き渡しで合意**　日米両政府による日米合同委員会が開催され、日本国内で凶悪犯罪を犯した米兵の扱いについて、日本の警察が取り調べる際に米軍司令部代表者の同席を認めること、いかなる犯罪についても起訴前の日本側への身柄を引き渡し対象外にしないことで合意した。

4.3　〔国際〕**尖閣諸島不法上陸再発防止を要求**　川口順子外務大臣が温家宝中国国務院総理と北京で会談し、中国人活動家の尖閣諸島不法上陸の再発防止を求めたが、温首相は尖閣諸島は中国領であると反論した。

4.7　〔自衛隊〕**サマワ宿営地近くに着弾**　イラクの陸上自衛隊サマワ宿営地の北方約500メートルの砂漠に、迫撃砲弾とみられる砲弾2発が着弾した。4月8日、防衛庁が調査を行い、砲弾のうち1発は殺傷力の高い榴弾、1発は発煙弾だったことが判明した。

4.7　〔基地〕**辺野古沖のボーリング調査開始**　沖縄県が普天間飛行場代替施設である軍民共用空港建設のための護岸工事に伴う辺野古沖ボーリング調査に同意した。19日、那覇防衛施設局が調査を開始し、反対派住民らが調査を阻止するための座り込みを実施した。

4.7　〔事件〕**イラク邦人人質事件**　イラクでボランティア活動家の女性、フリーカメラマンの男性、ジャーナリスト志望の少年の日本人計3人がサラヤ・ムジャヒディンと名乗る武装勢力に誘拐された。8日、カタールのテレビ局アル・ジャジーラが武装勢力の犯行声明映像を放送し、事件が発覚。武装勢力は自衛隊の撤退を要求したが、日本政府は拒否。9日、政府が在イラク邦人人質事件対策本部を設置し、逢沢一郎外務副大臣をヨルダンに派遣。14日、フリージャーナリストとNGOメンバーの日本人男性計2人が新たに何者かに誘拐された。イラク・イスラム聖職者協会の仲介などにより、15日に最初の3人が、17日に残る2人が解放された。

4.8　〔自衛隊〕**イラク派遣海上輸送部隊が帰港**　海上自衛隊イラク派遣海上輸送部隊が呉および横須賀に帰港した。

4.15　〔自衛隊〕**初の在外邦人等の輸送**　航空自衛隊のC-130H輸送機が、邦人の報道関係者10人をイラクのタリル飛行場からクウェートのムバラク空軍基地まで空輸した。「自衛隊法」第100条の8（後に84条の3）の規定に基づく初めての在外邦人等の輸送。

4.20　〔政治〕**安全保障と防衛力に関する懇談会を設置**　「安全保障と防衛力に関する懇談会」が設置された。安全保障や経済などの分野の有識者で構成する首相の私的諮問機関で、座長は荒木浩東京電力顧問、座長代理は張富士夫トヨタ自動車取締役社長。27日、初会合が開催された。

4.21　〔自衛隊〕**第2次イラク復興支援群が編成完結**　陸上自衛隊第2次イラク復興支援群の編成が完結した。

4.23　〔政治〕**自衛隊インド洋派遣期限を延長**　「テロ対策特別措置法」に基づく対応措置に関する基本計画の変更が閣議決定され、自衛隊インド洋派遣の期限が11月1日まで

− 147 −

2004年（平成16年）　　　　　　　　　　　　　　　　　　　　　　　　　　　　　日本安全保障史事典

延長された。

4.23　〔国際〕**第24回日米装備・技術定期協議**　第24回日米装備・技術定期協議がワシントンで開催された。

4.24　〔自衛隊〕**第1期イラク復興支援派遣輸送航空隊が帰国**　航空自衛隊第1期イラク復興支援派遣輸送航空隊等帰国関連行事が挙行された。

4.27　〔自衛隊〕**イラク復興支援群に交代命令**　陸上自衛隊イラク復興支援群に対して、第1次隊から第2次隊への部隊交代命令が発出された。

4.29　〔国際〕**自民・公明両党幹事長が米国防長官と会談**　安倍晋三自民党幹事長と冬柴鉄三公明党幹事長がドナルド・ラムズフェルド米国防長官とワシントンで会談。ラムズフェルド長官が、沖縄県をはじめとする地域住民の基地負担軽減に配慮しながら在日米軍再編を進める意向を示した。

4.30　〔事件〕**自衛隊Winny情報流出問題**　2002年に陸上自衛隊第1普通科連隊重迫撃砲中隊の隊員名簿や訓練計画など約10種類のデータが、同隊幹部が自宅のパソコンでファイル交換ソフト「Winny（ウィニー）」を使用した際にインターネット上に流出していたことが明らかになった。

5.4　〔事件〕**拉致問題で日朝政府間協議**　藪中三十二外務省アジア大洋州局長らが出席し、拉致問題に関する日朝政府間協議が北京で開始された。5月5日、協議の継続を確認して閉幕。5月6日、藪中局長が小泉純一郎首相に協議について報告した。

5.8　〔自衛隊〕**第2次イラク復興支援群が出発**　陸上自衛隊第2次イラク復興支援群等隊旗授与式が開催され、第2次陸自隊第1派が出発した。15日に第2派、22日に第3派が出発。

5.18　〔国際〕**防衛庁副長官が東ティモール訪問**　この日から22日にかけて、浜田靖一防衛庁副長官が東ティモールを訪問した。

5.20　〔自衛隊〕**東ティモール派遣施設群の任務終了**　国際連合東ティモール支援団（UNMISET）が活動を終了し、陸上自衛隊第4次東ティモール派遣施設群の現任務終了式が挙行された。21日、東ティモールPKO資機材譲与式典が挙行され、資機材の一部が同国政府に譲与された。

5.22　〔事件〕**拉致被害者家族が帰国**　小泉純一郎首相が日帰りで北朝鮮・平壌を訪問し、金正日朝鮮労働党中央委員会総書記との2度目の日朝首脳会談が開催された。拉致被害者家族のうち地村保志さん・地村富貴恵さん夫妻と蓮池薫さん・蓮池祐木子さん夫妻の家族5人の即日帰国、曽我ひとみさんの家族3人と曽我さんの第三国での再開で合意し、5人が小泉首相と共に帰国した。

5.25　〔事件〕**拉致問題についての政府方針を表明**　小泉純一郎首相が衆議院本会議に出席し、日朝国交正常化交渉の中で安否不明の拉致被害者についての真相究明を進める政府方針を表明した。

5.27　〔事件〕**イラク邦人ジャーナリスト殺害事件**　イラクの首都バグダッド近郊で日本人2人を含む4人が乗った車両が何者かに銃撃される事件が発生。日本人フリージャーナリストとその甥が死亡した。

− 148 −

日本安全保障史事典	2004年（平成16年）

5.31 〔自衛隊〕第1次陸自イラク派遣部隊が帰国　陸上自衛隊第1次イラク派遣部隊の帰国が完了した。

5.31 〔自衛隊〕東ティモール司令部要員が帰国　国際連合東ティモール支援団（UNMISET）司令部要員の帰国が開始された。

6.1 〔国際〕自衛隊の多国籍軍参加を表明　秋山収内閣法制局長官が参議院外交防衛委員会に出席。新たな国連安保理決議に基づく多国籍軍（イラク駐留軍）への自衛隊参加について、目的・任務が武力行使を伴う多国籍軍への参加は憲法上許されないとの従来見解に代えて、武力行使を伴わない業務に限って参加することを否定しないとの新見解を表明した。

6.4 〔国際〕アジア安全保障会議開催　イギリスの国際戦略研究所（IISS）が主催する第3回アジア安全保障会議がシンガポールで開催された。

6.6 〔自衛隊〕第1次イラク復興支援群が隊旗返還　陸上自衛隊第1次イラク復興支援群等隊旗返還式が挙行された。

6.8 〔国際〕小泉首相、多国籍軍参加を表明　小泉純一郎首相とジョージ・W.ブッシュ米大統領による日米首脳会談がジョージア州シーアイランド島で開催され、小泉首相が自衛隊を多国籍軍（イラク駐留軍）に参加させる意向を表明。10日、小泉首相が第30回主要国首脳会議（シーアイランド・サミット）閉幕後の記者会見で、多国籍軍参加を正式に表明した。

6.14 〔法律〕有事関連7法が成立　参議院本会議において、「武力攻撃事態等における国民の保護のための措置に関する法律（国民保護法）」、「武力攻撃事態等におけるアメリカ合衆国の軍隊の行動に伴い我が国が実施する措置に関する法律（米軍行動関連措置法）」、「武力攻撃事態等における特定公共施設等の利用に関する法律（特定公共施設利用法）」、「国際人道法の重大な違反行為の処罰に関する法律（国際人道法違反処罰法）」、「武力攻撃事態における外国軍用品等の海上輸送の規制に関する法律（海上輸送規制法）」、「武力攻撃事態における捕虜等の取扱いに関する法律（捕虜取扱い法）」、「自衛隊法の一部を改正する法律（自衛隊法一部改正法）」の有事関連7法（事態対処関連7法）が可決成立し、「日本国の自衛隊とアメリカ合衆国軍隊との間における後方支援、物品又は役務の相互の提供に関する日本国政府とアメリカ合衆国政府との間の協定（日米物品役務相互提供協定、日米ACSA）」を改正する協定、「1949年8月12日のジュネーブ諸条約の国際的な武力紛争の犠牲者の保護に関する追加議定書（議定書I）」、「1949年8月12日のジュネーブ諸条約の非国際的な武力紛争の犠牲者の保護に関する追加議定書（議定書II）」の3条約の締結が承認された。

6.18 〔法律〕「国民保護法」公布　「武力攻撃事態等における国民の保護のための措置に関する法律（国民保護法）」が公布された。9月17日施行。

6.18 〔法律〕「米軍行動関連措置法」公布　「武力攻撃事態等におけるアメリカ合衆国の軍隊の行動に伴い我が国が実施する措置に関する法律（米軍行動関連措置法）」が公布された。7月29日施行。

6.18 〔法律〕「特定公共施設利用法」公布　「武力攻撃事態等における特定公共施設等の利用に関する法律（特定公共施設利用法）」が公布された。9月17日施行。

– 149 –

2004年（平成16年）　　　　　　　　　　　　　　　　　　　　　　　　　　日本安全保障史事典

6.18　〔法律〕「国際人道法違反処罰法」公布　　「国際人道法の重大な違反行為の処罰に関する法律（国際人道法違反処罰法）」が公布された。2005年2月28日施行。ただし、附則第3条の規定は、公布の日から起算して20日を経過した日から施行。

6.18　〔法律〕「海上輸送規制法」公布　　「武力攻撃事態における外国軍用品等の海上輸送の規制に関する法律（海上輸送規制法）」が公布された。12月17日施行。

6.18　〔法律〕「捕虜取扱い法」公布　　「武力攻撃事態における捕虜等の取扱いに関する法律（捕虜取扱い法）」が公布された。2005年2月28日施行。

6.18　〔法律〕「自衛隊法」改正法公布　　「自衛隊法の一部を改正する法律（自衛隊法一部改正法）」が公布された。7月29日施行。

6.18　〔政治〕多国籍軍への参加を閣議了解　　「イラク主権回復後の自衛隊の人道復興支援活動等について」が閣議了解された。6月28日に占領が終了しイラクの完全な主権が回復した後は、多国籍軍に参加する形で自衛隊が引き続き人道復興支援活動を行うとの内容。また、自衛隊は日本独自の指揮下で活動すること、武力行使にあたる活動はしないことも明確化された。

6.18　〔法律〕「特定船舶入港禁止特別措置法」公布　　「特定船舶の入港の禁止に関する特別措置法（特定船舶入港禁止特別措置法）」が公布された。6月28日施行。同法では特定の国名に言及していないが、実質的に北朝鮮の核開発に対する経済制裁の一環として立案されたもので、実際にそのように運用されている。

6.21　〔国際〕東シナ海天然ガス田問題で開発データを要求　　川口順子外務大臣と李肇星中国外交部長による日中外相会談が中国・青島市で開催され、川口首相が中国側に対し、東シナ海の日本の排他的経済水域（EEZ）付近で進めている天然ガス田開発に関する詳細なデータを提供するよう求めた。

6.23　〔国際〕第3回六者会合　　第3回六者会合が北京で開始された。25日に会合が閉幕。

6.25　〔自衛隊〕第2次イラク復興業務支援隊が出発　　陸上自衛隊第2次イラク復興業務支援隊出国式が挙行され、同隊が出発した。

6.25　〔自衛隊〕第4次東ティモール派遣施設群が帰国　　陸上自衛隊第4次東ティモール派遣施設群の帰国が完了した。

6.27　〔自衛隊〕航空自衛隊創設50周年記念式典　　航空自衛隊創設50周年記念式典が埼玉県狭山市の航空自衛隊入間基地で挙行された。

6.28　〔自衛隊〕自衛隊が多国籍軍に参加　　連合国暫定当局がイラク暫定政権に主権を委譲した。同日、日本政府が暫定政権を正式な政府として承認することを閣議了解。また、「イラク復興支援特別措置法」改正施行令などの施行日が6月30日から2日繰り上げられ、自衛隊が多国籍軍に参加した。

6.29　〔自衛隊〕リムパック2004に参加　　海上自衛隊が、ハワイ周辺海域で行われる米海軍主催の「環太平洋合同演習（リムパック）2004」に参加。ほかにカナダ、オーストラリア、韓国、チリ、イギリスの各海軍が参加した。7月27日に終了した。

7.1　〔団体〕防衛庁・自衛隊発足50周年　　防衛庁および自衛隊が発足50周年を迎えた。

7.6　〔国際〕安保理改革の意見書を提出　　コフィー・アナン国連事務総長の諮問機関であ

－ 150 －

るハイレベル委員会の関連会合が京都で開幕し、常任理事国入りを目指す日本政府が国際連合安全保障理事会の機構改革に関する意見書を提出した。7日、関連会合が安保理を拡大するべきだとの合意に達した。

7.6　〔政治〕**『防衛白書』を了承**　『日本の防衛─防衛白書』平成16年版が閣議で了承された。弾道ミサイル攻撃や国際テロなどの「新たな脅威」に対処するため、「多機能で弾力的な実効性のある」自衛隊への転換を目指す内容。

7.7　〔国際〕**東シナ海天然ガス田の地質調査を開始**　中国が一方的に東シナ海の天然ガス田（春暁ガス田群）の開発を進めている問題について、経済産業省資源エネルギー庁が日中中間線より日本側の海域で地質調査を開始した。

7.9　〔事件〕**曽我ひとみさん一家が帰国**　拉致被害者である曽我ひとみさんが、夫で元米脱走兵のチャールズ・ロバート・ジェンキンスさんと娘二人にインドネシアで再会した。18日、一家4人が日本政府チャーター便で羽田空港に到着した。

7.20　〔国際〕**日米ACSA改正協定公布**　「日本国の自衛隊とアメリカ合衆国軍隊との間における後方支援、物品又は役務の相互の提供に関する日本国政府とアメリカ合衆国政府との間の協定（日米物品役務相互提供協定、日米ACSA）」を改正する協定が公布された。29日発効。

7.29　〔政治〕**岡田民主党代表が自衛隊の武力行使を容認**　訪米中の岡田克也民主党代表がワシントンで講演を行い、国際連合安全保障理事会の明確な決議がある場合、自衛隊の海外での武力行使を可能にするべきだと発言した。

8.1　〔団体〕**化学兵器禁止機関に自衛官派遣**　防衛庁が化学兵器禁止機関（OPCW）要員として陸将補を派遣。陸将補は2007年8月付で自衛官を退職したが、2009年7月までOPCW査察局長として活動した。

8.5　〔事件〕**米軍独立法務官がジェンキンスさんと面会**　在韓米軍所属の独立法務官ジム・カルプ大尉が、東京都内の病院に入院中の拉致被害者である曽我ひとみさんの夫で元米脱走兵のチャールズ・ロバート・ジェンキンスさんと面会した。

8.11　〔事件〕**第1回日朝実務者協議**　拉致問題に関する第1回日朝実務者協議が北京で開始された。8月12日、安否不明の拉致被害者10人に関する北朝鮮側からの情報提供などが行われないまま、協議が終了した。

8.13　〔事件〕**沖国大米軍ヘリ墜落事件**　米軍普天間基地所属の米海兵隊のCH-53D大型輸送ヘリコプターが沖縄県宜野湾市の沖縄国際大学構内に墜落し、搭乗していた海兵隊員3人が負傷した。事故原因はテールローターの整備ミス。1972年の沖縄返還後、同県の住宅地に米軍ヘリが墜落したのは初めて。一歩間違えれば民間人の死者が出かねない重大事故だったことに加え、事故直後に米軍が事故現場を封鎖して警察・消防・大学関係者など日本側人員の立ち入りを禁じ、沖縄県警が求めた日米合同での現場検証を拒否したことも県民感情を逆撫でし、9月12日には同大学で大規模な抗議集会が開催された。

9.1　〔国際〕**脱北者が日本人学校に駆け込む**　脱北者29人が在中華人民共和国日本国大使館附属北京日本人学校に駆け込み、韓国への亡命を求める事件が発生。日本大使館は脱北者の身柄を大使館領事部に移送し、保護した。

－ 151 －

2004年（平成16年）   日本安全保障史事典

9.2 〔国際〕**小泉首相が北方領土を視察**　小泉純一郎首相が北海道根室市の花咲港で海上
保安庁の巡視船に乗船し、北方領土を海上から視察した。現職首相による視察は3人
目、海上からの視察は初めてのこと。

9.2 〔基地〕**米軍施設380ヘクタール返還で合意**　日米両政府による日米合同委員会施設
調整部会が開催され、横浜市内の在日米軍施設のうち根岸住宅地区など6施設計約
380ヘクタールを返還し、同市内の池子住宅地区に住宅約700戸を建設することで合
意した。

9.3 〔国際〕**「ジュネーブ諸条約第1追加議定書」公布**　「1949年8月12日のジュネーブ諸
条約の国際的な武力紛争の犠牲者の保護に関する追加議定書（議定書I）」が公布され
た。2005年2月28日発効。同条約制定後、植民地の独立や軍事技術の発達などで武力
紛争の形態が多様化したことを受けて制定された。

9.3 〔国際〕**「ジュネーブ諸条約第2追加議定書」公布**　「1949年8月12日のジュネーブ諸
条約の非国際的な武力紛争の犠牲者の保護に関する追加議定書（議定書II）」が公布
された。2005年2月28日発効。同条約制定後、内乱などが増加したことを受けて制定
された。

9.11 〔事件〕**ジェンキンスさんが出頭**　拉致被害者である曽我ひとみさんの夫で元米脱走
兵のチャールズ・ロバート・ジェンキンスさんがキャンプ座間の在日米陸軍司令部
に出頭した。11月3日、軍法会議で脱走および利敵行為の罪で不名誉除隊と禁固30日
の判決が言い渡された。

9.20 〔国際〕**日イラク首脳会談を開催**　米国訪問中の小泉純一郎首相とイラクのイヤド・
アラウィ暫定政権首相による日イラク首脳会談がニューヨークで開催された。アラ
ウィ首相が自衛隊による復興支援を高く評価し、活動継続を要請したのに対し、小
泉首相も自衛隊イラク派遣を継続する意向を表明した。

9.21 〔国際〕**日米首脳会談を開催**　小泉純一郎首相とジョージ・W.ブッシュ米大統領によ
る日米首脳会談がニューヨークで開催され、ブッシュ大統領が在日米軍再編に関し
て、沖縄県など基地周辺地域の負担軽減に前向きに取り組む意向を示した。

9.25 〔事件〕**第2回日朝実務者協議**　拉致問題に関する第2回日朝実務者協議が北京で開始
された。北朝鮮側は安否不明者10人に関する再調査の経過について説明したが、従
来の8人死亡、2人未入国とする主張は変わらず、新たな証拠や資料は提供されな
かった。9月26日、北朝鮮側が、これまで1993年3月死亡としていた横田めぐみさん
について、1993年3月時点では生きていたと修正した。

9.27 〔政治〕**第2次小泉改造内閣発足**　第2次小泉純一郎改造内閣が発足した。大野功統が
防衛庁長官に就任した。

10.1 〔基地〕**小泉首相が在沖縄米軍基地の本土移転に言及**　小泉純一郎首相が東京都内で
講演を行い、在日米軍再編について、沖縄県の基地負担軽減のため、一部施設の本
土移転を検討する方針を表明した。1月7日、小泉首相が訪問先のベトナム・ハノイ
で、一部施設の国外移転があっても良い旨を発言した。

10.4 〔事件〕**米軍戦闘機空中接触事故**　沖縄本島近海の上空で、訓練飛行中の米空軍アラ
スカ州エレメンドルフ基地所属のF-15戦闘機2機が接触する事故が発生。1機は主翼

- 152 -

と水平尾翼、1機は垂直尾翼を損傷し、いずれも嘉手納基地に緊急着陸した。

10.9 〔国際〕**対北朝鮮経済制裁に慎重姿勢**　小泉純一郎首相が訪問先のベトナム・ハノイで記者会見を行い、自民党内で対北朝鮮経済制裁を主張する声が出ていることについて、実施に慎重な姿勢を示した。

10.13 〔国際〕**イラク復興支援信託基金東京会合**　57の国や国際機関が参加して、第3回イラク復興支援信託基金ドナー委員会会合及び拡大会合（東京会合）が東京で開幕した。最大の拠出国である日本からは町村信孝外務大臣らが出席し、日本が拠出した4億9000万ドルのうち4000万ドルを選挙の実施費用にあてる意向を表明した。14日、会合が閉幕。

10.15 〔国際〕**国連安保理非常任理事国に選出**　国連総会で安全保障理事会非常任理事国の改選が行われ、日本、アルゼンチン、ギリシャ、タンザニア、デンマークの5ヶ国が選出された。日本が非常任理事国になるのは9回目で、任期は2005年1月から2年間。

10.20 〔自衛隊〕**自衛隊イラク派遣期限延長を表明**　小泉純一郎首相が参議院予算委員会に出席し、12月14日までとされている自衛隊イラク派遣の期限を延長する意向を表明した。

10.21 〔基地〕**極東条項に関する政府統一見解を発表**　在日米軍再編について、米国西岸からアフリカ東岸までの環太平洋地域を活動範囲とする米陸軍第1軍団司令部のキャンプ座間移転案が「日米安全保障条約第6条」（極東条項）に抵触する恐れがある問題について、日本政府が同条項の見直しを考えていないとの統一見解を発表した。

10.23 〔社会〕**新潟県中越地震発生**　新潟県中越地方を震源とするマグニチュード6.8、最大震度7の直下型地震が発生した。震度7を観測したのは1995年の阪神・淡路大震災以来で、観測史上2回目。この地震の死者は68人。新潟県知事および被災市町村長らの要請により自衛隊が災害派遣され、12月21日まで救援活動を行った。

10.24 〔国際〕**日米外相会談を開催**　町村信孝外務大臣とコリン・パウエル米国務長官による日米外相会談が東京で開催され、在日米軍再編具体化のため、閣僚級の戦略的協議を行うことで合意した。

10.25 〔自衛隊〕**PSI海上阻止訓練**　拡散に対する安全保障構想（PSI）海上阻止訓練「チーム・サムライ04」が日本主催により、相模湾沖合および横須賀港内で開始された。大量破壊兵器の拡散を阻止するため、船舶に対する追跡・停船・乗船・捜索・押収等の法執行活動を行う訓練で、日米豪仏の4ヶ国が参加したほか、18ヶ国がオブザーバー参加。10月27日、訓練が終了した。

10.26 〔事件〕**イラク日本人青年殺害事件**　「イラクの聖戦アルカイダ組織」を名乗る武装勢力が、日本政府が48時間以内に自衛隊をイラクから撤退させなければ、拉致した日本人青年1人を殺害するとの犯行声明映像をインターネット上で公開した。27日、日本政府が要求を拒否。31日、遺体がバグダッドで発見された。

10.27 〔事件〕**護衛艦「たちかぜ」自衛官いじめ自殺事件**　海上自衛隊横須賀基地所属の護衛艦「たちかぜ」の1等海士の男性が京浜急行の立会川駅で飛び込み自殺した。遺書には上職の2等海曹にいじめを受けたことが書かれており、主犯の2等海曹は複数の後輩隊員に繰り返し暴行恐喝行為を行っていた。

– 153 –

| 2004年（平成16年） | 日本安全保障史事典 |

11.1 〔政治〕**次期中期防予算を1兆円削減**　財務省は次期中期防衛力整備計画（中期防）の期間となる2005年度から2009年度にかけて、5年連続で防衛予算を前年度より減額し、5年間の予算総額を防衛庁が要求する約25兆5000億円より1兆円以上削減する方針を明らかにした。

11.7 〔自衛隊〕**防衛庁・自衛隊50周年記念観閲式**　防衛庁・自衛隊50周年記念観閲式が陸上自衛隊朝霞駐屯地において挙行された。

11.9 〔事件〕**第3回日朝実務者協議を開始**　拉致問題に関する第3回日朝実務者協議が平壌で開始された。北朝鮮側は安否不明者10人に関する調査結果を報告し、8人死亡、2人未入国との従来の主張を繰り返した。また、横田めぐみさんの遺骨とされる骨が提供されたが、後に日本側が行った鑑定で別人のDNAが検出された。このほか、日本側は特定失踪者5人に関する情報提供を求めたが、北朝鮮側は入国を確認できなかったと回答した。14日、協議が終了。

11.10 〔事件〕**漢級原子力潜水艦領海侵犯事件**　中国海軍の漢級原子力潜水艦が潜行したまま沖縄県石垣島と多良間島間の日本領海を侵犯した。米海軍と海上自衛隊は10月中旬から同艦を常時監視しており中国艦であることを把握していたが、中国政府が自国艦であることを認めないため、日本政府は国籍不明潜水艦として海上警備行動を発令。海上警備行動が発令されたのは海自創設以来2回目で、護衛艦「くらま」「ゆうだち」およびP-3C哨戒機が潜水艦を追跡した。12日、追跡を中止し、海上警備行動を終了。同日、町村信孝外務大臣が潜水艦は中国艦であるとして、程永華駐日中国公使に抗議。18日、李肇星中国外交部長が中国艦による領海侵犯を認め、遺憾の意を表明した。

11.20 〔国際〕**日米首脳会談を開催**　第12回アジア太平洋経済協力（APEC）首脳会議（APEC2004）に出席するためチリを訪問中の小泉純一郎首相とジョージ・W.ブッシュ米大統領による日米首脳会談が開催され、六者会合を通じて北朝鮮の核開発問題を解決すること、両国が緊密に連携して在日米軍再編を進めること、国際協調を重視してイラク問題に取り組むことで合意した。

11.21 〔国際〕**日中首脳会談を開催**　小泉純一郎首相と胡錦濤中国国家主席による日中首脳会談がチリで開催され、小泉首相が漢級原子力潜水艦領海侵犯事件の再発防止、東シナ海天然ガス田問題についての改善を求めた。

11.27 〔事件〕**ジェンキンスさんが釈放**　脱走と利敵行為の罪で服役していた、拉致被害者である曽我ひとみさんの夫で元米脱走兵のチャールズ・ロバート・ジェンキンスさんが模範囚として5日間の刑期短縮を受け、釈放された。

11.29 〔国際〕**日中韓首脳会談を開催**　小泉純一郎首相、温家宝中国国務院総理、盧武鉉韓国大統領による日中韓首脳会談がラオスで開催され、六者会合の早期再開、イラク復興での緊密な協力で合意した。

12.2 〔政治〕**小泉首相が防衛予算削減を表明**　小泉純一郎首相が参議院決算委員会に出席。「防衛予算も聖域はない」と発言し、2005年度の防衛予算を前年度以下に削減する方針を表明した。

12.8 〔事件〕**北朝鮮提供の遺骨が別人の骨と判明**　細田博之内閣官房長官が、第3回日朝実務者協議で北朝鮮から提供された横田めぐみさんの遺骨とされる骨について、

– 154 –

日本安全保障史事典　　　　　　　　　　　　　　　　　　　　　　　　　　2005年（平成17年）

　　　　DNA鑑定により別人の骨であることが判明したと発表。政府が北朝鮮に抗議すると
　　　　ともに、12万5000トンの食糧支援を凍結した。9日、松木薫さんの墓周辺で採取した
　　　　とされる骨についても、別人の骨であることが明らかになった。24日、政府が、同
　　　　協議で北朝鮮から提供された安否不明者10人に関する資料について、北朝鮮の主張
　　　　を裏付けるものは皆無とする分析結果を発表。25日、北朝鮮に抗議した。

12.9　　〔政治〕**自衛隊イラク派遣期限を延長**　　「イラク人道復興支援特別措置法」に基づく
　　　　対応措置に関する基本計画の変更が臨時閣議で決定され、自衛隊イラク派遣の期限
　　　　間が2005年12月14日まで1年間延長された。

12.10　〔政治〕**16大綱が決定**　　「平成17年度以降に係る防衛計画の大綱について（16大綱）」
　　　　が安全保障会議および閣議で決定された。外国軍隊による本格的な侵略の可能性は
　　　　低いとして、冷戦型の侵攻への対処能力を縮減。その一方で弾道ミサイル攻撃、ゲ
　　　　リラ・コマンド攻撃、島嶼部に対する侵略、領空侵犯や武装工作船、大規模・特殊災
　　　　害などの「新たな脅威」への対処能力を高めるとともに、日米安全保障体制や国際
　　　　平和協力活動を重視する内容で、厳しさを増す財政事情を勘案して経費の抑制にも
　　　　言及した。

12.10　〔政治〕**17中期防が決定**　　「中期防衛力整備計画（平成17年度～平成21年度）につい
　　　　て（17中期防）」安全保障会議および閣議で決定された。「平成17年度以降に係る防
　　　　衛計画の大綱について（16大綱）」に基づく内容で、予算総額は約24兆2400億円。

12.10　〔国際〕**沖縄上空の航空交通管制返還で合意**　　国土交通省が、米軍が行っている沖縄
　　　　本島上空の航空交通管制について、日米両政府が2007年に日本側に返還することで
　　　　合意したことを発表した。

12.26　〔社会〕**スマトラ島沖地震発生**　　インドネシアのスマトラ島沖で地震および地震に伴
　　　　うインド洋沿岸の津波被害が発生した。国際緊急援助活動のため、28日タイのプー
　　　　ケット島沖に護衛艦「きりしま」など海上自衛隊艦艇3隻が派遣された。捜索、救
　　　　助、遺体収容などの活動を行い、2005年1月1日、任務を終了。4日、被災者救援のた
　　　　めインドネシアのアチェ州へ陸上・海上・航空の各自衛隊を計1000人規模で派遣す
　　　　る事が決定し、先遣隊が出発。6日、航空自衛隊の国際緊急援助隊1番機が小松基地
　　　　を出発。7日、陸上自衛隊と海上自衛隊にも派遣命令が発出された。3月23日、派遣
　　　　部隊の帰国が完了した。

2005年
（平成17年）

1.2　　〔事件〕**神崎公明党が対北朝鮮経済制裁に言及**　　神崎武法公明党代表が、北朝鮮が拉
　　　　致問題に関する不誠実な対応を改めない場合、経済制裁もやむを得ないとの見解を
　　　　表明した。

1.8　　〔自衛隊〕**第3次イラク復興業務支援隊が出発**　　陸上自衛隊第3次イラク復興業務支援
　　　　隊がチャーター便で東京・羽田空港からクウェートへ向けて出発した。

－ 155 －

2005年（平成17年）　　　　　　　　　　　　　　　　　　　　　　日本安全保障史事典

1.19　〔政治〕**領水内潜没潜水艦に関する対処方針を策定**　政府が領水内潜没潜水艦に関する対処方針を新たに策定した。2004年11月の漢級原子力潜水艦領海侵犯事件を受けての措置で、日本の領海および内水で潜没航行する外国潜水艦に対して海上警備行動を発令し、当該潜水艦に海面上の航行および旗の掲揚を要求し、これに従わない場合は領海外への退去を要求するというもの。

1.24　〔事件〕**北朝鮮が遺骨鑑定結果をねつ造と批判**　北朝鮮の朝鮮中央通信社が、横田めぐみさんの遺骨とされる骨が別人のものだったとの日本側鑑定結果について、ねつ造だと批判する報道を行った。1月26日、2004年12月に日本政府が行った抗議に対し、北朝鮮政府が鑑定結果はねつ造だと回答。日本政府が極めて遺憾との声明を発表した。

2.3　〔国際〕**六者会合再開で日米首脳が同意**　小泉純一郎首相とジョージ・W.ブッシュ米大統領が電話会談し、北朝鮮の核開発問題を解決するために六者会合を再開させることで意見が一致した。

2.9　〔政治〕**魚釣島灯台を国有化**　尖閣諸島の魚釣島西端にある魚釣島灯台を国有化する手続きが完了した。尖閣諸島が日本固有の領土であることを内外に示すための措置で、灯台は「航路標識法」に基づく所管航路標識として海上保安庁の管理下に入った。

2.10　〔国際〕**北朝鮮が核兵器保有を表明**　北朝鮮外務省が自衛のため核兵器を製造したと発表し、初めて核兵器保有を公式に表明した。また、米国が敵視政策を続け、日本もこれに追従しているとして、六者会合への参加を無期限中断することも発表した。

2.10　〔事件〕**遺骨問題で応酬**　横田めぐみさんの遺骨とされる骨の日本側鑑定結果について北朝鮮がねつ造と回答したことに対し、日本政府が反論書を送付。2月24日、北朝鮮が日本側の主張は受け入れられないとして、議論を拒否すると回答した。

2.15　〔法律〕**弾道ミサイル防衛のための「自衛隊法」改正案が決定**　弾道ミサイル攻撃を弾道ミサイル防衛（BMD）システムで迎撃する際の手続きを定めた「自衛隊法」改正案が閣議決定された。防衛出動発令が時間的に不可能な緊急時には、事前に定められた要領に従って自衛隊が迎撃ミサイルを発射できるとする内容。

2.17　〔基地〕**新嘉手納基地爆音訴訟1審判決**　新嘉手納基地爆音訴訟について、那覇地裁沖縄支部がW値（うるささ指数）85以上の区域の騒音被害を認定し、国に計約28億円の支払いを命じる一方、飛行差し止めと将来の賠償は棄却する判決を言い渡した。

2.18　〔国際〕**東シナ海天然ガス田に越境の可能性**　中川昭一経済産業相が東シナ海の天然ガス田に関する地質調査の中間報告を公表。中国が開発を進めているガス田のうち2つについて、地下構造が日中中間線を越えて日本側まで広がっている可能性が高いことが明らかになった。

2.19　〔国際〕**日米安全保障協議委員会を開催**　日米安全保障協議委員会（2+2）がワシントンで開催され、今後の日米同盟と在日米軍再編の指針となる共通の戦略目標が確認された。

2.23　〔基地〕**普天間飛行場の新代替案を希望**　訪米した超党派議員団とリチャード・ローレス米国防次官補が会談。ローレス次官補が普天間飛行場移設問題について、進展がみられない辺野古沖移設案に代わる新代替案を日本側が提示することへの期待を表明した。

－ 156 －

日本安全保障史事典　　　　　　　　　　　　　　　　　　　　　　　　2005年（平成17年）

3.8　　〔国際〕スーダンへ調査団派遣　　1月にスーダン内戦の南北包括和平合意が成立した
　　　　ことを受け、スーダンへの人道・緊急援助以外の援助を再開するため、外務省およ
　　　　び内閣府の職員計3人が治安状況などの調査に派遣された。

3.14　　〔事件〕マラッカ海峡で海賊が日本船を襲撃　　北九州市の海運会社所属のタグボート
　　　　がマラッカ海峡を航行中に海賊に襲撃される事件が発生し、乗員14人のうち日本人
　　　　の船長、機関長、フィリピン人の乗組員の計3人が拉致された。20日、3人がタイ海
　　　　上警察により保護された。

3.16　　〔政治〕竹島の日を制定　　島根県議会で「竹島の日」を定める条例が可決成立した。

3.25　　〔政治〕国民保護基本方針を決定　　国民保護基本方針が閣議決定された。武力攻撃や
　　　　大規模テロなどが発生した際に国や地方自治体が実施する、住民避難や救援などの
　　　　対応について規定したもの。

3.28　　〔国際〕東シナ海天然ガス田問題で日中局長級協議　　東シナ海天然ガス田問題につい
　　　　て、日中両国による局長級協議が開催された。日本側がデータ提供や開発の即時中
　　　　止を求めたが、中国側から芳しい反応はなかった。4月1日、日本政府が、ガス田の
　　　　地下構造が日中中間線を越えて日本側まで広がっているとの調査結果を発表した。

4.7　　〔国際〕日韓外相会談を開催　　町村信孝外務大臣と潘基文韓国外交通商部長官による
　　　　日韓外相会談がパキスタンで開催され、潘長官が竹島に関する日本の教科書の記述
　　　　を削除するよう要求したが、町村外務大臣が拒否した。

4.13　　〔国際〕東シナ海天然ガス田の試掘権設定処理手続き開始　　経済産業省が東シナ海天
　　　　然ガス田について、日中中間線より日本側海域での試掘権設定処理手続きを開始した
　　　　ことを発表した。4月14日、中国外交部が試掘権設定は重大な挑発であると非難する
　　　　談話を発表。4月28日、帝国石油が九州経済産業局あてに試掘権設定願いを提出した。

4.14　　〔事件〕空自の捜索救難機が墜落　　航空自衛隊新潟救難隊所属のMU-2A捜索救難機
　　　　が、訓練飛行中に新潟県東蒲原郡阿賀町の御神楽岳に墜落。乗員4人全員が死亡した。

4.25　　〔事件〕JR福知山線脱線事故　　兵庫県尼崎市久々知のJR西日本福知山線塚口駅—尼
　　　　崎駅間のカーブで列車脱線事故が発生。乗客と運転士の107人が死亡、562人が負傷
　　　　する大事故になった。陸上自衛隊第3師団が災害派遣された。

4.27　　〔事件〕16人目の拉致被害者を認定　　政府が、1978年に失踪した神戸市のラーメン店
　　　　員田中実さんを「拉致被害者支援法」に基づく北朝鮮による拉致被害者と認定。政
　　　　府認定の拉致被害者は11件16人となった。

5.1　　〔事件〕北朝鮮が新型短距離弾道ミサイルを発射　　北朝鮮が日本海に向けて新型の短
　　　　距離弾道ミサイルを発射したことが、米軍から日本政府に提供された情報により明
　　　　らかになった。

5.2　　〔自衛隊〕コブラ・ゴールド05　　米軍とタイ軍が主催する多国間共同軍事演習「コブ
　　　　ラ・ゴールド05」がタイのチェンマイで開始され、自衛隊が初めて正式参加した。
　　　　13日、演習が終了。

5.9　　〔事件〕イスラム過激派がイラクで日本人を拘束　　イスラム過激派組織「アンサー
　　　　ル・スンナ軍」がイラク西部でイギリスの民間軍事会社（PMC）に所属する日本人1
　　　　人を拘束したとの犯行声明をインターネット上で公開した。28日、頭部から血を流

－ 157 －

して横たわっている映像がインターネット上に公開された。

6.3 〔国際〕**アジア安全保障会議開催**　イギリスの国際戦略研究所（IISS）が主催する第4回アジア安全保障会議がシンガポールで開催され（5日まで）、大野功統防衛庁長官が参加した。日米防衛首脳会談なども実施された。

6.23 〔事件〕**爆弾でサマワの陸自車両に被害**　陸上自衛隊の宿営地があるイラク・サマワで、陸自車両が走行中に道路沿いに仕掛けられた爆弾が爆発する事件が発生。車両の一部が破損したが、乗員は無事だった。何者かが陸自車両を狙い、遠隔操作で爆破したものとみられる。29日、陸自部隊が、爆発事件以来自粛していた宿営地外での活動を再開した。

7.14 〔政治〕**帝国石油に東シナ海天然ガス田試掘権を許可**　中川昭一経済産業大臣が、帝国石油が申請していた東シナ海天然ガス田の試掘権設定を許可することを表明した。15日、中国外交部が抗議。

7.14 〔兵器〕**BMDの第三国供与を否定せず**　大野功統防衛庁長官が日米で共同技術研究中の弾道ミサイル防衛（BMD）システムについて、米政府から要請があれば第三国への供与もあり得るとの見解を表明した。

7.19 〔兵器〕**PAC-3ライセンス生産が可能に**　大野功統防衛庁長官が、弾道ミサイル防衛（BMD）システムとして配備する地対空ミサイルペトリオット・ミサイルPAC-3について、日本国内でのライセンス生産が可能になったことを明らかにした。

7.22 〔政治〕**福井・島根の国民保護計画が決定**　福井県・島根県の2県が策定した国民保護計画が閣議決定された。武力攻撃や大規模テロが発生した際の地方自治体の対応などを定めたもので、閣議決定されたのは全国で初めて。

7.22 〔法律〕**ミサイル防衛のための「自衛隊法」改正法成立**　弾道ミサイル攻撃を弾道ミサイル防衛（BMD）システムで迎撃する際の手続きを定めた「自衛隊法の一部を改正する法律（自衛隊法一部改正法）」が参議院本会議で可決成立した。

7.26 〔国際〕**第4回六者会合第1次会合**　第4回六者会合第1次会合が北京で開始された。8月7日に会合が閉幕。

7.28 〔事件〕**拉致問題で元北朝鮮工作員を参考人招致**　元北朝鮮工作員の安明進が衆議院拉致問題特別委員会に参考人招致され、工作員養成機関の教官から聞いた話として、日本人拉致被害者は約30人いるなどと証言した。

7.29 〔法律〕**「防衛庁設置法」改正法公布**　「防衛庁設置法等の一部を改正する法律」が公布された。弾道ミサイルなどに対する破壊措置、統合幕僚監部の新設などを規定する内容。2006年3月27日に、一部規定は公布と同日に施行。

8.2 〔政治〕**『防衛白書』を了承**　『日本の防衛―防衛白書』平成17年版が閣議で了承された。弾道ミサイル攻撃、ゲリラ・コマンド攻撃、大規模災害などの新たな脅威や多様な事態に対処するため、「より危機に強い自衛隊」を目指す内容。

8.4 〔事件〕**ロシア潜水艇事故**　カムチャッカ沖でロシア海軍のAS-28型潜水艇が浮上できなくなる事故が発生。8月5日、ロシア政府からの救難要請を受け、海上自衛隊の潜水艦救難母艦「ちよだ」、掃海母艦「うらが」など4隻が国際緊急援助活動のため派遣された。8月7日、空輸されたイギリスの無人潜水艇が救助に成功したため、日

日本安全保障史事典　　　　　　　　　　　　　　　　　　　　　　　　　2005年（平成17年）

本に引き返した。8月10日帰港。

8.7　〔事件〕**9ヶ月ぶりに日朝公式協議**　第4回六者会合に出席するため北京を訪れた佐々江賢一郎外務省アジア大洋州局長と金桂寛北朝鮮外務次官が会談。日朝間の公式協議が行われたのは約9ヶ月ぶりで、佐々江局長が北朝鮮にいる拉致被害者の帰国などを要求した。

9.2　〔基地〕**辺野古沖ボーリング調査中止**　那覇防衛施設局が台風シーズン到来を理由に、辺野古沖ボーリング調査用に海上に設置していた櫓4基を全て撤去。ボーリング調査が事実上中止された。

9.3　〔事件〕**アフガニスタン邦人男女殺害事件**　アフガニスタン・カンダハル州の砂漠で、広島県尾道市の教員で旅行のためパキスタンからアフガニスタンに入国した日本人2人の射殺体が発見された。

9.9　〔国際〕**東シナ海天然ガス田に中国軍艦**　海上自衛隊の哨戒機が、東シナ海の日中中間線の中国側海域で、中国海軍の艦艇5隻が天然ガス田の周囲を航行しているのを発見した。ガス田周辺で中国軍艦が確認されたのは初めて。

9.13　〔国際〕**第4回六者会合第2次会合**　第4回六者会合第2次会合が8月7日以来約1ヶ月ぶりに北京で再会された。19日、北朝鮮による全ての核兵器および既存の核計画の放棄、「核拡散防止条約（NPT）」への早期復帰、国際原子力機関（IAEA）の保障措置（査察）の受け入れなどを内容とする共同声明を発表し、協議が終了した。

9.20　〔国際〕**中国が東シナ海天然ガス田で生産開始**　中川昭一経済産業大臣が、東シナ海の日中中間線付近で中国が開発を進めている天然ガス田のうち、天外天ガス田の掘削設備の煙突から炎が出ていることが確認され、本格的な生産が開始されたとみられることを発表。同日、外務省が中国側に抗議した。

9.21　〔政治〕**第3次小泉内閣が発足**　第163回国会（特別国会）で首相指名選挙が実施され、自民党の小泉純一郎総裁が首相に選出された。これに伴い第3次小泉内閣が発足。閣僚17人全員が再任され、大野功統が防衛庁長官に就任した。

9.27　〔事件〕**拉致問題で国連が北朝鮮に勧告**　国連総会第3委員会でウィティット・ムンタポーン国連北朝鮮人権状況特別報告者による報告書が発表され、北朝鮮に対し拉致問題解決に向けた迅速かつ効果的な協力を求める「ウィティット北朝鮮人権状況特別報告者による勧告」が採択された。

10.1　〔国際〕**東シナ海天然ガス田の共同開発を提案**　東シナ海天然ガス田問題に関する日中局長級協議が開催され、日本側が日中中間線周辺海域の共同開発を提案した。

10.8　〔社会〕**パキスタン地震発生**　パキスタン北東部からインド北部にかけてのカシミール地方でマグニチュード7.6の地震が発生した。12日に国際緊急援助活動のための自衛隊先遣隊が、14日にパキスタン国際緊急航空援助隊がパキスタンに向けて出発。UH-1多用途ヘリコプター6機を使用し、11月24日まで物資や人員の空輸に従事した。12月2日に帰国が完了。

10.20　〔自衛隊〕**自衛隊と道警が共同実動訓練**　自衛隊と北海道警察がテロに備え、初の共同実動訓練を実施した。

10.29　〔基地〕**キャンプ・シュワブ沿岸案で合意**　日米安全保障協議委員会（2+2）がワシン

– 159 –

2005年（平成17年）　　　　　　　　　　　　　　　　　　　　　　　　　　　　　　日本安全保障史事典

トンで開催され、在日米軍再編に関する中間報告「日米同盟―未来のための変革と
再編」を共同発表。沖縄県普天間飛行場代替施設について、名護市辺野古沖海上埋
立案に代わり、辺野古のキャンプ・シュワブ沿岸に一部陸上・一部海上埋立により
1800メートル級滑走路を建設する案で合意した。また、駐沖縄海兵隊員の7000人削
減をはじめとする基地負担軽減策も盛り込まれた。

10.31　〔政治〕**第3次小泉改造内閣発足**　第3次小泉純一郎改造内閣が発足した。額賀福志郎
が防衛庁長官に就任した。

10.31　〔法律〕**「テロ対策特別措置法」改正法公布・施行**　「平成十三年九月十一日のアメリ
カ合衆国において発生したテロリストによる攻撃等に対応して行われる国際連合憲
章の目的達成のための諸外国の活動に対して我が国が実施する措置及び関連する国
際連合決議等に基づく人道的措置に関する特別措置法の一部を改正する法律（テロ対
策特別措置法改正法）」が公布・施行され、同法の効力が1年間再延長された。2006
年10月、1年間の再々延長が行われた。

10.31　〔基地〕**沖縄県知事、名護市長がキャンプ・シュワブ沿岸案に反対**　稲嶺惠一沖縄県
知事と岸本建男名護市長が北原巌男防衛施設庁長官に対し、10月29日に発表された
普天間飛行場代替施設に関するキャンプ・シュワブ沿岸案に反対する意向を伝えた。

11.3　〔国際〕**日朝政府間協議が開幕**　審議官級の日朝政府間協議が北京で開始された。4
日、拉致問題などについての進展がないまま、協議が終了した。

11.9　〔国際〕**第5回六者会合第1次会合**　第5回六者会合第1次会合が北京で開始された。
11日、中国が議長声明を発表して休会。

11.11　〔政治〕**「平成17年10月29日に実施された日米安全保障協議委員会において承認され
た事項に関する当面の政府の取組について」を決定**　「平成17年10月29日に実施さ
れた日米安全保障協議委員会において承認された事項に関する当面の政府の取組につ
いて」が閣議決定された。同委員会で自衛隊および米軍の役割・任務・能力につい
て、また在日米軍基地などが所在する地域の負担軽減を図りつつ抑止力を維持する
ための在日米軍の兵力構成見直しについての勧告が承認されたことを受けての措置。

11.27　〔政治〕**「国民保護法」に基づく初の実動訓練**　政府が福井県敦賀市と美浜町で「国民
保護法」に基づく初の実動訓練を実施した。

11.30　〔基地〕**新横田基地公害訴訟控訴審判決**　東京高裁で新横田基地公害訴訟の控訴審判
決が言い渡された。判決では過去分に限り損害賠償を命じた1審・東京地裁八王子支
部判決を変更し、将来の賠償のうち結審後判決言い渡し日までの1年弱分を認めるな
ど、賠償額が計約32億5000万円に増加。将来の賠償請求が認められたのは初めての
こと。一方、米軍機の夜間早朝の飛行差し止めは認められなかった。

12.1　〔法律〕**防衛庁職員の給与改定**　「防衛庁の職員の給与等に関する法律の一部を改正
する法律」が施行され、給与が改定された。

12.9　〔基地〕**「在日米軍駐留経費負担に係る特別協定」の期間短縮で合意**　在日米軍駐留
経費日本側負担分（「思いやり予算」）について定めた、日米両政府が2006年3月31日
に期限切れとなる「日本国とアメリカ合衆国との間の相互協力及び安全保障条約第
六条に基づく施設及び区域並びに日本国における合衆国軍隊の地位に関する協定第

－ 160 －

日本安全保障史事典　　　　　　　　　　　　　　　　　　　　　　　2006年（平成18年）

二十四条についての新たな特別の措置に関する日本国とアメリカ合衆国との間の協定（在日米軍駐留経費負担に係る特別協定）」について、今後は協定期間を5年間から2年間に短縮することで合意した。

12.9　〔事件〕**立川反戦ビラ配布事件控訴審判決**　東京高裁が、2004年1月から2月にかけて市民団体メンバー3人が東京都立川市の防衛庁官舎内に立ち入って自衛隊イラク派遣反対のビラを配布し、住居侵入罪に問われた裁判の判決を言い渡した。判決では全員無罪とした1審・東京地裁八王子支部判決を破棄し、被告全員に10〜20万円の罰金が科せられた。被告側が即日上告。2008年4月11日、最高裁が上告を棄却し、2審・有罪判決が確定。

12.10　〔国際〕**日豪外相会談を開催**　麻生太郎外務大臣とオーストラリアのアレグザンダー・ダウナー外務大臣による日豪外相会談がマレーシア・クアラルンプールで開催され、イラクに派遣中の自衛隊とオーストラリア軍が緊密に連絡を取り合うことで合意した。

12.24　〔兵器〕**BMDシステム用能力向上型迎撃ミサイルの日米共同開発が決定**　弾道ミサイル防衛（BMD）システム用の能力向上型迎撃ミサイルの日米共同開発を2006年度から開始することが安全保障会議および閣議で決定され、「弾道ミサイル防衛用能力向上型迎撃ミサイルに関する日米共同開発について」が発表された。開発期間は9年間で、費用は日本側負担が10〜12億ドル、米国側が11〜15億ドル。

12.24　〔国際〕**日朝政府間協議を開始**　日朝政府間協議が北京で開始された。拉致問題、安全保障問題、日朝国交正常化交渉について2006年1月末をめどに並行協議に入ることで合意に達し、12月25日に協議が終了した。

2006年
（平成18年）

1.3　〔事件〕**横須賀米兵強盗殺人事件**　神奈川県横須賀市で職務時間外に飲酒した米海軍一等兵の男が女性を殺害し現金を奪う事件が発生。1月7日、「日米地位協定」の運用により起訴前に男の身柄引き渡しが行われ、神奈川県警が男を強盗殺人容疑で逮捕した。

1.23　〔基地〕**「在日米軍駐留経費負担に係る特別協定」に署名**　在日米軍駐留経費日本側負担分（「思いやり予算」）について定めた、「日本国とアメリカ合衆国との間の相互協力及び安全保障条約第六条に基づく施設及び区域並びに日本国における合衆国軍隊の地位に関する協定第二十四条についての新たな特別の措置に関する日本国とアメリカ合衆国との間の協定（在日米軍駐留経費負担に係る特別協定）」が署名された。4月1日公布・発効。

1.27　〔政治〕**自衛隊ゴラン高原派遣を延長**　「国際平和協力法」に基づきシリア・イスラエル国境のゴラン高原に派遣され、国連兵力引き離し監視軍（UNDOF）に参加している自衛隊の活動期限を、3月31日から9月30日まで6ヶ月間延長することが閣議決定

－ 161 －

2006年（平成18年）　　　　　　　　　　　　　　　　　　　　　　　　　　　　日本安全保障史事典

された。

1.30　〔事件〕**防衛施設庁談合事件で同庁幹部3人を逮捕**　防衛施設庁が2004年度に発注した土木・建築工事をめぐる官製談合のうち、自衛隊中央病院と市ヶ谷庁舎の空調設備工事について、東京地検特捜部が生沢守防衛施設技術協会理事長（前同庁技術審議官）、河野孝義同庁技術審議官、松田隆繁同庁施設調査官（元建設企画課長）の3人を競売入札妨害容疑で逮捕した。31日には同庁への強制捜査を実施。

2.4　〔国際〕**第1回日朝包括並行協議**　拉致問題、核・ミサイル開発問題、日朝国交正常化交渉について包括的に協議する第1回日朝包括並行協議が北京で開始された。今後も協議を継続することで合意したものの、いずれも問題でも具体的な進展がみられないまま、2月8日に協議が終了した。

2.11　〔政治〕**社民党が自衛隊違憲論に転向**　社会民主党が第10回定期党大会を開催し、自衛隊が明らかに違憲状態になるなどとする「社民党宣言」を採択。社会党時代の1994年以来続いていた合憲論を放棄し、自衛隊を将来的に解消する方針を表明した。

2.21　〔事件〕**防衛施設庁談合事件で再逮捕**　防衛施設庁が2004年度に発注した土木・建築工事をめぐる官製談合のうち、岩国飛行場と米海軍佐世保基地の土木工事について、東京地検特捜部が生沢守防衛施設技術協会理事長（前同庁技術審議官）、河野孝義同庁技術審議官、松田隆繁同庁施設調査官（元建設企画課長）の3人を競売入札妨害容疑で再逮捕した。

2.23　〔事件〕**拉致事件で工作員2人の逮捕状取得**　1978年に発生した地村保志さん・地村富貴恵さん夫妻と蓮池薫さん・蓮池祐木子さん夫妻の2件の拉致事件について、警視庁、福井県警、新潟県警が、国外移送目的略取などの疑いで北朝鮮工作員2人の逮捕状を取得した。3月3日、国際刑事警察機構を通じて2人を国際手配。

2.23　〔事件〕**自衛隊Winny情報流出問題**　海上自衛隊の護衛艦「あさゆき」通信員の曹長が暗号など秘密文書を含む艦内パソコンのデータを無許可で持ち出し、私用パソコンでファイル交換ソフト「Winny（ウィニー）」を使用した際にそれらの情報がインターネット上に流出していたことが明らかになった。28日に航空自衛隊、3月1日に陸上自衛隊でも同様の情報流出が確認された。

2.28　〔自衛隊〕**海自と海保が共同訓練**　海上自衛隊と海上保安庁が不審船対処についての共同訓練を舞鶴沖で実施した。

3.6　〔国際〕**東シナ海天然ガス田の共同開発を拒否**　東シナ海天然ガス田問題に関する日中局長級協議が開始された。中国側は前回協議で日本側が提示した共同開発案を拒否し、新たな共同開発案を提示。日本側はこれを拒否し、7日に協議が終了した。

3.12　〔基地〕**岩国市で米空母艦載機移駐に関する住民投票**　山口県岩国市で、在日米軍再編に伴う厚木基地から岩国基地への米空母艦載機移駐の賛否を問う住民投票が実施された。反対票は4万3433票で、投票総数の87%。投票率は58.68%だった。

3.14　〔基地〕**在沖縄海兵隊グアム移転費用は100億ドル**　米国防総省が、在日米軍再編に伴う在沖縄海兵隊のグアム移転費用が総額約100億ドルに達すること、移転費用の75%を負担するよう日本側に求めていることを明らかにした。

3.27　〔自衛隊〕**統合幕僚監部が発足**　「防衛庁設置法等の一部を改正する法律」が施行さ

－ 162 －

れた。これに伴い統合幕僚会議および同事務局が廃止され、陸上・海上・航空の各自衛隊を統合運用するための統合幕僚監部が発足した。また、弾道ミサイル等に対する破壊措置の規定も施行された。

3.29 〔基地〕**「在日米軍駐留経費負担に係る特別協定」を2年間延長**　3月31日で期限が切れる「在日米軍駐留経費負担に係る特別協定」の効力を2年間延長することが、参議院本会議で与党および民主党などの賛成多数で承認された。

3.31 〔政治〕**全都道府県の国民保護計画が決定**　24都県の国民保護計画が閣議で決定され、既存の23道府県とあわせて全都道府県の国民保護計画が決定された。

4.1 〔基地〕**「在日米軍駐留経費負担に係る特別協定」が公布、発効**　在日米軍駐留経費日本側負担分（「思いやり予算」）について定めた、「日本国とアメリカ合衆国との間の相互協力及び安全保障条約第六条に基づく施設及び区域並びに日本国における合衆国軍隊の地位に関する協定第二十四条についての新たな特別の措置に関する日本国とアメリカ合衆国との間の協定（在日米軍駐留経費負担に係る特別協定）」が公布、発効した。

4.7 〔基地〕**名護市長が辺野古移設に合意**　2月8日に就任した島袋吉和名護市長と額賀福志郎防衛庁長官が会談し、普天間飛行場代替施設のキャンプ・シュワブ沿岸案について、滑走路を1本から2本に増やすなどの修正を加えたうえで基本合意に達した。

4.14 〔国際〕**韓国が竹島周辺の海洋調査に抗議**　韓国政府が、日本が竹島周辺海域で海洋調査を計画していることに抗議し、調査の即時中止を要求した。22日に日韓外務次官級協議が行われ、日本側が調査を当面実施しないこと、6月に開催される国際会議で韓国側が同海域の海底地形について韓国名の登録提案を行わないことで合意した。

4.20 〔政治〕**自衛隊インド洋派遣期限を延長**　「テロ対策特別措置法」に基づく対応措置に関する基本計画の変更が安全保障会議で了承され、自衛隊インド洋派遣の期限が11月1日まで6ヶ月間延長された。

4.23 〔基地〕**在沖縄海兵隊グアム移転費用負担で合意**　額賀福志郎防衛庁長官とドナルド・ラムズフェルド米国防長官による日米防衛相会談がワシントンで開催された。在日米軍再編に伴う在沖縄米海兵隊グアム移転費用の総額約102億7000万ドルについて、日本側が事業費ベースで59％に相当する約60億9000万ドルを負担することで合意。

4.24 〔事件〕**拉致実行犯の北朝鮮工作員に逮捕状**　1980年に原敕晁さんが宮崎県青島海岸で北朝鮮に拉致された事件について、在日本朝鮮人総連合会（朝鮮総連）傘下団体の元幹部2人とともに拉致を実行したとして、警視庁が国外移送目的略取などの疑いで北朝鮮工作員ら2人の逮捕状を取得した。

4.27 〔事件〕**横田早紀江さんが米下院で証言**　横田めぐみさんの母の横田早紀江さんが米下院国際関係委員会小委員会の公聴会に出席し、拉致問題について証言した。4月28日にはジョージ・W.ブッシュ大統領と面会し、ブッシュ大統領が拉致問題解決に協力することを約束した。

5.1 〔基地〕**「再編実施のための日米のロードマップ」発表**　日米安全保障協議委員会（2＋2）がワシントンで開催され、「再編実施のための日米のロードマップ」が発表された。主な内容は2014年までに在沖縄海兵隊8000人およびその家族9000人のグアム

移転、普天間飛行場代替施設のキャンプ・シュワブ沿岸への建設を実施する、2008年9月までに横田基地の一部空域の航空交通管制権を日本側に返還するなど。

5.3 〔国際〕**日米防衛相会談**　額賀福志郎防衛庁長官とドナルド・ラムズフェルド米国防長官による日米防衛相会談がワシントンで開催され、「日米防衛協力の指針（ガイドライン）」に代わる新たな指針を検討することで合意した。

5.11 〔基地〕**在日米軍再編に関する基本確認書に調印**　稲嶺恵一沖縄県知事と額賀福志郎防衛庁長官が在日米軍再編に関する基本確認書に調印した。

5.16 〔国際〕**日本が国連平和構築委員会組織委員会入り**　国際連合平和構築委員会（PBC）の常設機関である組織委員会の初代メンバー31ヶ国が決定し、日本が組織委員会入りした。PBCは紛争国における平和構築と復興について国連総会および安全保障理事会に助言・提案する機関で、国連改革の一環として創設された。

5.23 〔国際〕**日中外相会談**　麻生太郎外務大臣と李肇星中国外交部長による日中外相会談がカタールで開催された。東シナ海ガス田問題について、日中局長級協議の加速、衝突回避のための連絡体制強化で合意。

5.24 〔法律〕**「防衛庁設置法」改正法成立**　「防衛庁設置法等の一部を改正する法律」が参議院本会議で可決成立した。主な内容は防衛庁の契約本部に管理局原価計算部の業務を統合して装備本部を新設、地方連絡部を地方協力本部へ改編など。

5.27 〔社会〕**ジャワ島中部地震発生**　インドネシアのジャワ島中部でマグニチュード6.3の地震が発生した。6月1日、自衛隊が国際緊急援助活動のためインドネシアへ派遣された。6月22日に帰国完了。

5.29 〔自衛隊〕**P-3Cがオーストラリア初訪問**　海上自衛隊のP-3C哨戒機が初めてオーストラリアを訪問した。

5.29 〔事件〕**政府首脳が韓国人拉致被害者家族と面会**　安倍晋三内閣官房長官と麻生太郎外務大臣が、横田めぐみさんの夫とされる韓国人拉致被害者金英男さんの家族と面会し、拉致問題解決のため日韓両政府の連携を目指す意向を表明した。

6.2 〔国際〕**アジア安全保障会議開催**　イギリスの国際戦略研究所（IISS）が主催する第5回アジア安全保障会議がシンガポールで開催され（4日まで）、額賀福志郎防衛庁長官が参加。日シンガポール防衛首脳会談、日豪防衛首脳会談、日インドネシア防衛首脳会談、日モンゴル防衛首脳会談、日ニュージーランド防衛首脳会談、日比防衛首脳会談なども実施された。

6.15 〔事件〕**防衛施設庁談合事件の処分を発表**　防衛庁が防衛施設庁談合事件についての処分を発表。83人が降格や停職などに処され、競売入札妨害罪で起訴され懲戒免職となった幹部2人とあわせ、処分者は同庁の不祥事としては過去最多の計85人となった。

6.20 〔自衛隊〕**陸自イラク派遣部隊活動終結が決定**　安全保障会議が開催され、陸上自衛隊イラク派遣部隊の活動終結が決定された。航空自衛隊派遣部隊は引き続き国際連合および多国籍軍への支援活動を継続。6月25日に陸自派遣部隊がクウェートへの撤収作業を開始し、7月17日に作業を完了した。

6.26 〔自衛隊〕**リムパック2006に参加**　海上自衛隊が、ハワイ周辺海域で行われる米海軍主催の「環太平洋合同演習（リムパック）2006」に参加。ほかにカナダ、オースト

ラリア、韓国、チリ、ペルー、イギリスの各海軍が参加し、7月28日に終了した。

6.29 〔国際〕**日米首脳会談**　米国訪問中の小泉純一郎首相とジョージ・W.ブッシュ大統領による日米首脳会談が行われ、共同文書「新世紀の日米同盟」が発表された。

6.29 〔事件〕**金英男さんが横田さんは自殺したと主張**　横田めぐみさんの夫とされる金英男さんが北朝鮮で記者会見を開き、横田さんが1994年に自殺した、自身は北朝鮮船に救助されたのであって拉致被害者ではないなどと語った。

7.3 〔国際〕**韓国が竹島周辺海域で海洋調査**　韓国政府の調査船「海洋2000号」が竹島周辺海域の海洋調査を開始した。7月5日、海上保安庁が、同船が日本の領海および排他的経済水域（EEZ）内で14時間以上にわたり航行・調査を行ったことを発表した。

7.5 〔事件〕**北朝鮮が弾道ミサイル発射実験**　北朝鮮がスカッド、ノドン、テポドン2号など弾道ミサイル計7発を日本海に向けて発射した。同日、日本政府が首相官邸に対策室を設置するとともに、「特定船舶の入港の禁止に関する特別措置法（特定船舶入港禁止法）」に基づく「万景峰92号」の入港禁止、北朝鮮当局職員の入国禁止、北朝鮮籍船舶乗員の上陸禁止などの措置を決定した。7月15日、非常任理事国である日本の主導により、ミサイル発射実験を非難するとともに弾道ミサイル開発計画の停止を求める国際連合安全保障理事会決議1695が採択された。

7.11 〔政治〕**自衛隊ゴラン高原派遣を延長**　「国際平和協力法」に基づきシリア・イスラエル国境のゴラン高原に派遣され、国連兵力引き離し監視軍（UNDOF）に参加している自衛隊の活動期限を、9月30日から2007年3月31日まで6ヶ月間延長することが閣議決定された。

7.11 〔国際〕**コンゴ民主共和国に選挙監視団派遣**　コンゴ民主共和国（旧ザイール）で7月30日に実施される大統領選挙および国民議会選挙の選挙監視団として、「国際平和協力法」に基づき外務省職員や民間人計8人を派遣することが閣議決定された。

7.13 〔基地〕**第3次厚木基地騒音訴訟控訴審判決**　東京高裁が第3次厚木基地騒音訴訟の判決を言い渡した。判決では2002年10月の1審・横浜地裁判決に、判決後に生じた損害分を上乗せし、国に対して基地騒音訴訟の賠償としては過去最高となる計約40億4000万円の支払いを命じたが、将来の賠償は棄却した。原告・被告とも上告せず、判決が確定。

7.15 〔社会〕**豪雨で災害派遣**　この日から24日にかけて、梅雨前線の活発化に伴い南九州、山陰地方、北陸地方、長野県などが大雨となり、26人が死亡、1人が行方不明になるなど、西日本を中心に甚大な被害が発生した。この間、19日に防衛庁災害対策連絡室が設置され、同日から23日にかけて福井・長野・京都・鹿児島・宮崎・熊本の1府5県に陸海空自衛隊が災害派遣された。29日、活動を終了。

7.19 〔兵器〕**米国への武器技術供与が決定**　弾道ミサイル防衛（BMD）システムを共同開発するため、米国に武器および武器技術を供与することが決定し、日米両国間で実施覚書が締結された。

7.31 〔事件〕**防衛施設庁談合事件1審判決**　防衛施設庁談合事件について、東京地裁が競売入札妨害の罪で生沢守元同庁技術審議官に懲役1年6ヶ月の実刑判決、河野孝義同庁技術審議官と松田隆繁同庁施設調査官に懲役1年6ヶ月・執行猶予3年を言い渡し

2006年（平成18年）　　　　　　　　　　　　　　　　　　　　　　　　　日本安全保障史事典

た。生沢被告は控訴したが、2007年1月19日に東京高裁が棄却し、判決が確定。

7.31　〔法律〕「防衛庁設置法」改正法施行　「防衛庁設置法等の一部を改正する法律」が施行された。防衛庁の契約本部に管理局原価計算部の業務を統合して装備本部に改組したほか、地方連絡部が地方協力本部へ改編された。

8.1　〔事件〕海自隊員が内部情報持ち出し　海上自衛隊上対馬警備所所属の1等海曹が「識別参考資料」など持ち出し禁止の内部情報をCDにコピーして自宅に持ち帰っていたことが明らかになった。1等海曹は無届けで上海への渡航を繰り返しており、情報が漏えいした可能性もある。

8.3　〔国際〕麻生外相がバグダッド訪問　麻生太郎外務大臣が日本の閣僚としてイラク戦争後初めてバグダッドを訪問し、ヌーリー・マリキ首相、ホシュヤル・ゼバリ外務大臣と個別に会談。航空自衛隊による輸送支援拡大、35億ドルの円借款を含む政府開発援助（ODA）による社会基盤整備継続の意思を伝えた。

8.11　〔事件〕ロンドン旅客機爆破テロ未遂事件　8月9日にロンドン警視庁が大規模な旅客機爆破テロ計画を摘発したことを受け、首相官邸危機管理センターに情報連絡室が設置された。

8.11　〔国際〕日韓局長級協議　竹島周辺など排他的経済水域（EEZ）の境界が画定していない海域での海洋調査に関する日韓局長級協議が東京で開催され、事前通報制度導入に向けた協議を継続することで合意した。

8.16　〔事件〕第31吉進丸事件　歯舞群島の貝殻島付近で北海道根室市花咲港所属の漁船「第31吉進丸」がロシア国境警備局の警備艇に銃撃・拿捕され、乗組員4人のうち1人が死亡、3人が連行される事件が発生した。北方領土海域での銃撃事件で死者が出たのは約50年ぶり。現場海域はロシアの実効支配下にあるが、日本政府は自国領海内で発生した不当な事件であるとしてロシア政府に厳重抗議。19日に死亡した船員の遺体が日本側に返還され、30日に船長を除く船員2人が解放された。

8.24　〔基地〕山口県知事が米空母艦載機移駐を容認　二井関成山口県知事が防衛施設庁および外務省に対し、在日米軍再編に伴う厚木基地から岩国基地への米空母艦載機移駐を事実上容認する意向を伝えた。

8.29　〔国際〕弾道弾迎撃ミサイル搭載イージス艦を横須賀基地に配備　米海軍のタイコンデロガ級ミサイル巡洋艦「シャイロー」がRIM-161スタンダード・ミサイル3（SM-3）弾道弾迎撃ミサイルを搭載したイージス艦として初めて横須賀基地に配備された。

8.29　〔基地〕普天間飛行場の移設に係る措置に関する協議会を設置　普天間飛行場の移設に係る措置に関する協議会が設置され、初会合が開催された。5月30日の閣議決定「在日米軍の兵力構成見直し等に関する政府の取組について」に基づき設置されたもので、関係大臣、沖縄県知事、関係自治体首長で構成される。

9.5　〔事件〕海自ミサイル艇機関砲誤発射事故　青森県むつ市の海上自衛隊大湊基地に停泊していた余市防備隊所属のミサイル艇3号が、20ミリ機関砲の作動確認中に実弾4発、曳光弾2発、訓練弾4発の計10発を誤発射する事故が発生した。同日に行われた訓練で砲弾を撃ち尽くしたと誤認し、マニュアルで定められた残弾の目視確認をせずに機関砲の作動確認を行った人為的ミスが原因だった。

－ 166 －

日本安全保障史事典　　　　　　　　　　　　　　　　　　　　　　　　　　2006年（平成18年）

9.9　〔自衛隊〕陸自のイラク復興支援活動が終了　　陸上自衛隊イラク派遣部隊の撤収作業
　　　を行っていた後送業務隊のクウェートからの帰国が完了し、イラク復興支援に関す
　　　る陸上自衛隊の活動が終了した。

9.10　〔国際〕アジア欧州会議第6回首脳会合　　アジア欧州会議第6回首脳会合（ASEM6）が
　　　ヘルシンキで開幕した。会合にはアジア13ヶ国、EU25ヶ国、欧州委員会の首脳が出
　　　席し、小泉純一郎首相が北朝鮮による核・ミサイル開発問題や拉致問題解決のため
　　　の多国間外交推進を訴えた。9月11日、閉幕。

9.19　〔国際〕対北朝鮮金融制裁を決定　　7月15日成立の国際連合安全保障理事会決議1695
　　　に基づき、核・ミサイル開発に関与している疑いのある北朝鮮の15団体・1個人に対
　　　する金融制裁実施が閣議決定された。

9.22　〔自衛隊〕情報漏えい企業に違約金　　防衛庁が「秘密保全の確保に関する違約金条項
　　　を策定するに当たっての指針について」を発表し、防衛装備品開発などの契約を締
　　　結した企業による秘密情報の漏えいに対し、損害賠償とは別に違約金（契約額の5～
　　　10%）を課す方針を発表した。

9.26　〔政治〕第1次安倍内閣が発足　　第165回国会（臨時国会）が召集され、自民党の安倍
　　　晋三総裁が首相に選出された。これに伴い第1次安倍内閣が発足し、久間章生が防衛
　　　庁長官に就任した。

9.29　〔事件〕拉致問題対策本部を設置　　拉致問題への取り組みを強化するため、首相を本
　　　部長とする拉致問題対策本部を設置することが閣議決定された。

10.3　〔事件〕「第31吉進丸」船長を解放　　8月16日に歯舞群島の貝殻島付近でロシア国境警
　　　備局の警備艇に拿捕された「第31吉進丸」の船長が、事件発生以来約1ヶ月半ぶりに
　　　解放され、根室市に到着。ロシア側の裁判で領海侵犯および密漁の罪で有罪判決を
　　　受けたことについて、違法操業はしていないと釈明した。

10.9　〔事件〕北朝鮮が核実験に成功　　北朝鮮が地下核実験に成功したことを発表した。同
　　　日、安倍晋三首相と盧武鉉大統領による日韓首脳会談が開催され、核実験に対して
　　　断固とした姿勢で対処することで意見が一致。10日に衆議院本会議で、11日に参議
　　　院本会議で、核実験に抗議し、核兵器および核開発計画の放棄を求める決議が全会
　　　一致で採択された。14日、国際連合安全保障理事会が北朝鮮に対する制裁決議（安保
　　　理決議1718）を全会一致で採択した。27日、日本政府は北朝鮮による核実験が事実
　　　であることを認定した。

10.13　〔国際〕対北朝鮮追加制裁を発動　　10月9日の地下核実験を受けて、政府が北朝鮮に
　　　対する日本独自の追加制裁措置発動を決定した。主な内容は北朝鮮籍船舶の全面入
　　　港禁止、北朝鮮からの輸入の全面禁止、北朝鮮国籍保有者の原則入国禁止など。

10.19　〔国際〕日米韓外相会談を開催　　麻生太郎外務大臣、コンドリーザ・ライス米国務長
　　　官、潘基文韓国外交通商部長官による日米韓外相会談がソウルで開催された。北朝
　　　鮮の核実験を受けて10月14日に採択された国際連合安全保障理事会決議1718に基づ
　　　く経済制裁の実効性を高めるため、緊密に連携することで合意。

10.27　〔法律〕自衛隊インド洋派遣期限を延長　　「テロ対策特別措置法」改正法が参議院本
　　　会議で可決成立し、同法の期限が1年間再々延長された。31日、「テロ対策特別措置

－ 167 －

2006年（平成18年）　　　　　　　　　　　　　　　　　　　　　　　　　　　　日本安全保障史事典

法」に基づく対応措置に関する基本計画の変更が閣議決定され、自衛隊インド洋派遣の期限が11月1日から2007年5月1日まで6ヶ月間延長された。

10.27　〔基地〕横田空域の**20％**を返還　米軍横田基地が航空交通管制権を有する横田空域のうち、約20％を2008年9月までに日本側に返還することで日米両政府が合意した。

11.2　〔事件〕拉致実行犯の北朝鮮工作員に逮捕状　1978年に新潟県佐渡島で曽我ミヨシさん・曽我ひとみさん母娘が北朝鮮に拉致された事件について、新潟県警が国外移送目的略取などの疑いで北朝鮮の女工作員1人の逮捕状を取得した。

11.5　〔国際〕六者会合再開に向けて日韓の連携強化　麻生太郎外務大臣と潘基文韓国外交通商部長官による日韓外相会談が東京で開催された。11月6日には、安倍晋三が潘長官と会談。一連の会談で、北朝鮮に核・ミサイル開発計画を放棄させるため、近く再開される六者会合に向けて日韓の連携を強化することで合意した。

11.18　〔国際〕安倍首相が米中露首脳と相次ぎ会談　第14回アジア太平洋経済協力（APEC）首脳会議（APEC2006）に出席するためベトナム・ハノイを訪問中の安倍晋三首相がジョージ・W.ブッシュ米大統領、胡錦濤中国国家主席、ウラジーミル・プーチン露大統領と相次いで会談。ブッシュ大統領とは北朝鮮の核保有を断じて認めないことやミサイル防衛に関する日米協力を強化することなど、胡国家主席とは東シナ海ガス田問題について共同開発の方向で解決を目指すことなど、プーチン大統領とは北方領土に関する協議の継続などで合意した。

11.19　〔基地〕沖縄県知事選挙　沖縄県知事選挙が実施され、経済振興などを争点に据えた新人の仲井真弘多前沖縄電力会長（無所属、自民党・公明党推薦）が、米軍普天間基地県内移設反対などを訴えた糸数慶子前参議院議員（無所属、野党8党推薦）らを破り初当選した。

11.20　〔事件〕17人目の拉致被害者を認定　政府が、1977年に失踪した鳥取県米子市の松本京子さんを「拉致被害者支援法」に基づく北朝鮮による拉致被害者と認定。政府認定の拉致被害者は12件17人となった。

11.21　〔事件〕海自潜水艦接触事故　宮崎県都井岬沖の日向灘で、潜行浮上訓練中の海上自衛隊の潜水艦「あさしお」がパナマ船籍のケミカル・タンカー「スプリング・オースター」の船底に接触する事故が発生。「あさしお」は船体後部の舵を損傷し、「スプリング・オースター」は船底に穴が開いて浸水したが、双方の乗員らに負傷者は出なかった。事故の主因は「あさしお」艦長の判断ミスだった。

11.29　〔事件〕自衛隊Winny情報流出問題　航空自衛隊那覇基地の警備訓練に関する情報や、米軍から提供されたイラクに展開する多国籍軍の人員配置に関する情報などが、同基地所属の幹部隊員の私用パソコンからファイル交換ソフト「Winny（ウィニー）」を介してインターネット上に流出していたことが明らかになった。

12.6　〔事件〕陸自内の予算流用横行を認定　陸上自衛隊古賀駐屯地の予算を流用したとして懲戒免職処分になった元同駐屯地会計隊長が、処分の取り消しを求めた訴訟の判決が東京地裁で言い渡された。判決では訴えを棄却する一方、同様の予算流用が広く行われていたことが事件の背景にあったと認定し、陸自内での不正の横行を指弾した。

12.9　〔国際〕日比首脳会談を開催　安倍晋三首相とフィリピンのグロリア・アロヨ大統領

－ 168 －

| | 日本安全保障史事典 | 2007年（平成19年） |

による日比首脳会談がマニラで開催された。共同声明では北朝鮮問題にも言及し、核実験を非難するとともに核兵器および核開発計画の放棄を要求した。

12.18 〔国際〕**第5回六者会合第2次会合**　第5回六者会合第2次会合が、1年以上の中断を経て北京で再開された。22日で休会。

12.22 〔法律〕**「防衛庁設置法」改正法公布**　「防衛庁設置法等の一部を改正する法律」が公布された。「防衛庁設置法」を「防衛省設置法」と改題し、防衛庁を防衛省に昇格させるほか、国際平和協力活動の本来任務化などを規定する内容。2007年1月9日に施行され、防衛省が発足した。

2007年
（平成19年）

1.9 〔団体〕**防衛省が発足**　「防衛庁設置法等の一部を改正する法律」が施行された。これに伴い防衛庁が防衛省に昇格し、久間章生防衛庁長官が初代防衛大臣に就任。また、国際平和協力活動が本来任務化された。

1.9 〔事件〕**タンカーと米海軍原潜が接触**　ホルムズ海峡付近を航行していた川崎汽船の原油タンカー「最上川」と潜水航行中の米海軍のロサンゼルス級攻撃型原子力潜水艦「ニューポート・ニューズ」が接触する事故が発生。「最上川」は船尾部分の船底、「ニューポート・ニューズ」は船首を損傷したが、双方の乗員に負傷者は出なかった。

1.11 〔基地〕**米軍戦闘機訓練の移転費用負担で合意**　日米両政府による日米合同委員会が開催され、在日米軍再編の一環として米空軍嘉手納基地など3基地の戦闘機訓練を自衛隊の6基地に分散させる計画について、日本側が費用の約75％を負担することで合意した。

1.11 〔国際〕**嘉手納基地に最新鋭ステルス戦闘機を暫定配備**　外務省が、2月10日から米空軍の最新鋭ステルス戦闘機F-22ラプター12機が沖縄県の嘉手納基地に暫定的に配備されることを発表した。

1.26 〔国際〕**国連東ティモール統合ミッションに要員派遣**　国際連合東ティモール統合ミッション（UNMIT）に文民警察官2人と連絡調整員3人を派遣することが閣議決定された。

2.6 〔国際〕**「強制失踪条約」に署名**　「強制失踪からのすべての者の保護に関する国際条約（強制失踪条約）」の署名式がパリで開催され、日本を含む57ヶ国が署名した。2009年7月23日、日本が批准書を国連事務総長へ寄託。2010年12月23日発効。北朝鮮は未署名。

2.8 〔国際〕**第5回六者会合第3次会合**　第5回六者会合第3次会合が北京で開催され、13日に共同声明を発表して閉幕。主な内容は北朝鮮が核放棄に向けた「初期段階の措置」として60日以内に寧辺核施設の停止・封印および国際原子力機関（IAEA）の査察を受け入れ、見返りの緊急エネルギー支援として重油5万トンを受け取るというもの。

– 169 –

2007年（平成19年）		日本安全保障史事典

2.22 〔事件〕**拉致を命じた北朝鮮諜報機関要員に逮捕状** 1978年に発生した蓮池薫さん・蓮池祐木子さん夫妻拉致事件で拉致を指示したとして、警視庁と新潟県警が国外移送目的略取の疑いで、北朝鮮の諜報機関である対外情報調査部の指導員2人の逮捕状を取得した。拉致を命じた者についての逮捕状取得は初めて。

3.2 〔事件〕**「第31吉進丸」船長らを書類送検** 2006年8月16日に歯舞群島の貝殻島付近で「第31吉進丸」がロシア国境警備局の警備艇に拿捕された事件について、同船が許可されていない海域で操業していたとして、根室海上保安部が船長と船員計3人を「北海道海面漁業調整規則」違反の疑いで釧路地検に書類送検した。

3.7 〔事件〕**第1回日朝国交正常化のための作業部会** 六者会合で設置が決まった日朝国交正常化のための作業部会の第1回会合がハノイで開始された。日本側が最重要課題として拉致問題を提起したのに対し、北朝鮮側は解決済みとの姿勢を崩さず、具体的な進展はみられなかった。8日、協議継続で合意して第1回会合が終了。

3.13 〔国際〕**日豪安保共同宣言を発表** 安倍晋三首相とジョン・ハワードオーストラリア首相による日豪首脳会談が東京で開催され、安全保障協力に関する日豪共同宣言（日豪安保共同宣言）が発表された。国境を越える犯罪との戦いに関する法執行、国境の安全、テロ対策、軍縮並びに大量破壊兵器及びその運搬手段の拡散対抗、平和活動、戦略的評価及び関連する情報の交換、海上及び航空の安全確保、災害救援を含む人道支援活動、感染症大流行の発生時を含む緊急事態対応計画の各分野で協力関係を深化させるとの内容。

3.19 〔国際〕**第6回六者会合第1次会合を開始** 第6回六者会合第1次会合が北京で開始された。北朝鮮はマカオの銀行バンコ・デルタ・アジア（BDA）で凍結されている資金が返還されるまで討議を拒否する姿勢を崩さず、実質的な協議が行われないまま22日に休会となった。

3.23 〔政治〕**弾道ミサイル等に対する破壊措置に関する緊急対処要領** 「自衛隊法第82条の2第3項に規定する弾道ミサイル等に対する破壊措置に関する緊急対処要領」が閣議決定された。日本に向けて飛来することが確認された弾道ミサイル、人工衛星打上げ用ロケット、人工衛星などを航空自衛隊のペトリオット・ミサイルPAC-3で破壊するという内容。

3.27 〔国際〕**国連東ティモール統合ミッション派遣要員の任期延長** 国際連合東ティモール統合ミッション（UNMIT）の活動期間延長に伴い、UNMITに派遣している文民警察官2人と連絡調整員3人の任期を8月31日まで5ヶ月間延長することが閣議決定された。また、4月9日に実施される大統領選挙に選挙監視団として外務省職員らを派遣することも決定された。

3.27 〔自衛隊〕**国連ネパール政治ミッションに自衛官派遣** 「国際平和協力法」に基づき、国際連合ネパール政治ミッション（UNMIN）の軍事監視要員として自衛官6人を派遣することが閣議決定された。活動期間は4月1日から2008年3月31日まで。3月30日、自衛官を派遣。その後、活動期間が延長され、2011年1月18日にUNMINが活動を終了するまで派遣は4次を数えた。

3.28 〔自衛隊〕**中央即応集団を新編** 陸上自衛隊に防衛大臣直轄の機動運用部隊である中央即応集団が新編された。司令部所在地は神奈川県相模原市の座間駐屯地。

– 170 –

日本安全保障史事典　　　　　　　　　　　　　　　　　　　　　　　2007年（平成19年）

3.30　〔兵器〕入間基地にPAC-3配備　弾道ミサイル防衛（BMD）システムの一環として、埼玉県の航空自衛隊入間基地に駐屯する第1高射群第4高射隊に、空自部隊として初めてペトリオット・ミサイルPAC-3が配備された。

3.30　〔事件〕徳之島自衛隊ヘリ墜落事故　陸上自衛隊第101飛行隊（那覇基地）所属のCH-47大型輸送ヘリコプターが急病患者を収容するため鹿児島県徳之島へ向かう途中、同島北部の天城岳山頂付近に墜落。乗員4人全員が死亡した。濃霧のため機体の現在位置などを誤認した可能性が高い。

3.31　〔事件〕イージス艦情報漏えい事件　海上自衛隊第1護衛隊群所属の2等海曹によるイージス艦情報漏えい事件が発覚。1月に2曹の中国籍の妻を出入国管理法違反容疑で逮捕した際、自宅官舎から押収したハードディスクなどにイージス艦に関する情報が入っていたもの。4月4日、イージス艦の構造図面や高性能レーダー「イージスシステム」に関する数値などの「特別防衛秘密」が含まれていたことが判明。

4.1　〔事件〕パラグアイ邦人誘拐事件　パラグアイで武装集団が世界基督教統一神霊協会（統一教会）信者で統一教会関連の土地管理会社社長の男性、信者で秘書の女性、居合わせたパラグアイ人2人の計4人を誘拐し、会社に身代金を要求する事件が発生。10日に日本人女性、20日に残る3人が解放された。

4.11　〔国際〕第1回日印防衛政策対話　事務次官・国防次官級の第1回日印防衛政策対話が行われた。

4.11　〔国際〕日中首脳会談を開催　安倍晋三首相と温家宝中国国務院総理による日中首脳会談が東京で開催され、戦略的互恵関係の具体化促進、東シナ海天然ガス田の共同開発に関する具体案策定などで合意した。

4.16　〔国際〕日米印共同3国間訓練　海上自衛隊、米海軍、インド海軍による初の共同訓練が実施された。

4.16　〔基地〕第3・4次小松基地騒音訴訟控訴審判決　石川県小松市の航空自衛隊小松基地をめぐり、周辺住民が国に自衛隊機・米軍機の飛行差し止めと騒音被害に対する損害賠償を求めた第3・4次小松基地騒音訴訟について、名古屋高裁金沢支部が控訴審判決を言い渡した。判決では賠償額が2002年3月の1審金沢地裁判決の計8億1384万円から計11億8806万円に増額された。その一方、1審判決で認められた自衛隊機の民事上の飛行差し止め請求権のほか、将来の賠償請求が却下され、米軍機の飛行差し止め請求も棄却された。また、自衛隊の違憲性についての判断は回避された。

4.20　〔法律〕「海洋基本法」成立　首相を本部長とする総合海洋政策本部を設置して海洋政策を一元的・戦略的に進めるため、「海洋基本法」が参議院本会議で可決成立した。27日に公布され、7月20日に施行。

4.24　〔政治〕自衛隊インド洋派遣期限を延長　「テロ対策特別措置法」に基づく対応措置に関する基本計画の変更が閣議決定され、自衛隊インド洋派遣の期限が5月1日から11月1日まで6ヶ月間延長された。

4.25　〔政治〕安保法制懇を設置　塩崎恭久内閣官房長官が内閣総理大臣の私的諮問機関である安全保障の法的基盤の再構築に関する懇談会（安保法制懇）を設置することを発表した。構成員は岩間陽子、岡崎久彦、北岡伸一ら13人。5月18日、第1回会合が開

－ 171 －

催され、柳井俊二国際海洋法裁判所判事が座長に指名された。

4.27 〔国際〕**日米首脳会談**　安倍晋三首相とジョージ・W.ブッシュ米大統領による日米首脳会談がキャンプ・デービッドで開催され、六者会合で合意した核放棄に向けた「初期段階の措置」を履行するよう北朝鮮に求めることで合意した。

4.27 〔国際〕**東ティモールに選挙監視団を派遣**　5月9日に実施される東ティモール大統領選挙の決選投票について、政府が「国際平和協力法」に基づき選挙監視団8人を派遣することを決定した。

4.30 〔事件〕**イージス艦情報漏えい事件について謝罪**　久間章生防衛大臣とロバート・ゲイツ米国防長官による日米防衛相会談が米国防総省で開催された。久間防衛大臣は3月に報じられた海上自衛隊第1護衛隊群所属の2等海曹によるイージス艦情報漏えい事件について謝罪し、全容解明と再発防止を約束した。

5.1 〔国際〕**「同盟の変革」発表**　日米安全保障協議委員会（2+2）がワシントンで開催され、「同盟の変革―日米の安全保障及び防衛協力の進展」が発表された。

5.18 〔基地〕**横田ラプコンに空自管制官を併置**　米空軍が管制する横田ラプコン（レーダー進入管制）施設で航空自衛隊管制官の併置が開始された。

5.25 〔事件〕**北朝鮮が短距離ミサイルを発射**　北朝鮮が短距離ミサイル数発を日本海や黄海に向けて発射した。北朝鮮によるミサイル発射は2006年7月以来だが、韓国国家情報院（NIS）や防衛省の分析によると、毎年実施されている通常の訓練の一環とみられる。6月7日、再び北朝鮮が日本海と黄海に向けて短距離ミサイルを発射。これらのミサイルは当初は地対艦ミサイルと考えられていたが、7月6日に政府が弾道ミサイルだったことを確認した。

5.30 〔法律〕**「駐留軍等再編特別措置法」公布**　「駐留軍等の再編の円滑な実施に関する特別措置法（駐留軍等再編特別措置法、在日米軍再編推進特別措置法）」が公布された。8月29日に施行。日米両政府が合意した在日米軍再編計画の実施を促進するための法で、2017年3月31日までの時限立法。主な内容は米軍を受け入れる地方自治体への「再編交付金」の支給など。

6.2 〔国際〕**アジア安全保障会議開催**　イギリスの国際戦略研究所（IISS）が主催する第6回アジア安全保障会議がシンガポールで開催され、久間章生防衛大臣が参加。日シンガポール防衛相会談、日比防衛相会談、日ニュージーランド防衛相会談、日印防衛相会談、日韓防衛相会談なども実施された。

6.2 〔国際〕**日米豪防衛相会談**　アジア安全保障会議に出席するためシンガポールを訪問していた久間章生防衛大臣、米国のロバート・ゲイツ国防長官、オーストラリアのブレンダン・ネルソン国防大臣により、初の日米豪防衛相会談が開催された。

6.5 〔事件〕**イージス艦情報漏えい事件で強制捜査**　イージス艦情報漏えい事件について、神奈川県警と海上自衛隊警務隊が「日米相互防衛援助協定等に伴う秘密保護法」違反の疑いで、舞鶴教育隊や岩国航空基地隊などを強制捜査した。

6.6 〔国際〕**日豪防衛・外務閣僚協議**　3月13日発表の安全保障協力に関する日豪共同宣言（日豪安保共同宣言）で設置が決められた、初の日豪防衛・外務閣僚協議（2+2）が東京で開催された。

6.8	〔法律〕「防衛省設置法」・「自衛隊法」改正法公布	「防衛省設置法及び自衛隊法の一部を改正する法律」が公布された。主な内容は官製談合事件を起こした防衛施設庁の廃止および防衛省への統合、防衛監察本部や地方防衛局の新設、陸上・海上・航空の各自衛隊の共同の部隊の設置など。9月1日に、一部の規定については2008年3月26日に施行。

6.8　〔法律〕「防衛省設置法」・「自衛隊法」改正法公布　「防衛省設置法及び自衛隊法の一部を改正する法律」が公布された。主な内容は官製談合事件を起こした防衛施設庁の廃止および防衛省への統合、防衛監察本部や地方防衛局の新設、陸上・海上・航空の各自衛隊の共同の部隊の設置など。9月1日に、一部の規定については2008年3月26日に施行。

6.13　〔事件〕拉致事件でよど号グループメンバーの妻に逮捕状　1980年に石岡亨さんと松木薫さんがスペインで拉致された事件について、警視庁が結婚目的誘拐容疑で、よど号グループメンバーの妻で北朝鮮在住の森順子容疑者と若林佐喜子容疑者の逮捕状を取得した。

6.22　〔事件〕収賄容疑で1等陸佐を逮捕　2004年3月から2006年3月にかけて起きた、陸上自衛隊の装備品である野外炊具1号改良型の調達にからむ汚職事件で、警視庁が陸上幕僚監部開発課に勤務していた1等陸佐を収賄容疑で、防衛専門商社「伸誠商事」の常務を贈賄容疑で逮捕した。

6.27　〔法律〕「イラク人道復興支援特別措置法」改正法公布・施行　「イラクにおける人道復興支援活動及び安全確保支援活動の実施に関する特別措置法の一部を改正する法律（イラク人道復興支援特別措置法改正法）」が公布・施行され、7月31日で期限切れとなる同法の効力が2年間延長された。2009年8月1日、失効。

6.30　〔事件〕久間防衛相「原爆しょうがない」発言　久間章生防衛大臣が麗澤大学比較文明文化研究センター主催の講演会「比較文明学と平和研究」で講演し、米軍による広島・長崎への原爆投下について言及。これが「原爆しょうがない発言」として政治問題化し、7月3日に安倍晋三首相に大臣辞任を申し出、了承された。

7.3　〔法律〕「海洋基本法」施行　4月27日公布の「海洋基本法」を7月20日に施行する政令が閣議決定され、冬柴鉄三国土交通大臣が同法に基づいて新設される初代海洋大臣に任命された。7月20日、同法を施行。

7.4　〔政治〕小池防衛大臣就任　久間章生防衛大臣の「原爆しょうがない発言」をめぐる引責辞任を受け、小池百合子内閣総理大臣補佐官（国家安全保障問題担当）が第2代防衛大臣に就任した。

7.10　〔政治〕自衛隊イラク派遣期限を延長　「イラク人道復興支援特別措置法」に基づく対応措置に関する基本計画の変更が閣議決定され、航空自衛隊のイラク派遣の期限が2008年7月31日まで1年間延長された。

7.18　〔国際〕第6回六者会合首席代表者会合　第6回六者会合首席代表者会合が北京で開幕。9月に第6回六者会合第2次会合を開催することで合意。20日に閉幕。

7.31　〔政治〕自衛隊ゴラン高原派遣の期限延長　「国際平和協力法」に基づきゴラン高原に派遣され、国連兵力引き離し監視軍（UNDOF）に参加している自衛隊の活動期限を、2008年3月31日まで6ヶ月間延長することが決定された。

8.7　〔国際〕「軍事情報包括保護協定」に署名　麻生太郎外務大臣とジョン・トーマス・シーファー駐日米国大使が「軍事情報包括保護協定」に署名した。

8.8　〔国際〕小沢民主党代表が駐日米大使と会談　小沢一郎民主代表とジョン・トーマス・シーファー駐日米大使が東京で会談。シーファー大使が自衛隊インド洋派遣の

根拠となる「テロ対策特別措置法」の期限延長に理解を求めたが、小沢代表は応じず、会談は物別れに終わった。

8.10　〔国際〕日米軍事情報包括保護協定を締結　「秘密軍事情報保護のための秘密保持の措置に関する日本国政府とアメリカ合衆国政府との間の協定（日米軍事情報包括保護協定、GSOMIA）」が締結された。

8.27　〔政治〕第1次安倍改造内閣発足　第1次安倍晋三改造内閣が発足した。小池百合子防衛大臣はイージス艦情報漏えい事件の責任を取って再任を固辞し、高村正彦が第3代防衛大臣に就任した。

8.28　〔事件〕イージス艦情報漏えい事件で護衛艦などを強制捜査　イージス艦情報漏えい事件について、海上自衛隊第1術科学校元教官の1等海尉が特別防衛秘密情報を無断で持ち出したとして、神奈川県警と海自警務隊が「日米相互防衛援助協定等に伴う秘密保護法」違反の疑いで護衛艦「しまかぜ」などを強制捜査した。

8.30　〔国際〕日中防衛相会談　高村正彦防衛大臣と曹剛川中国国防部長により、4年ぶりとなる日中防衛相会談が東京で開催された。両国防衛当局間にホットラインを設置すること、海上自衛隊の自衛艦と中国海軍艦船の相互訪問を年内に開始することなどで合意した。

9.1　〔法律〕「防衛省設置法」・「自衛隊法」改正法施行　6月8日公布の「防衛省設置法及び自衛隊法の一部を改正する法律」が施行された。主な内容は防衛施設庁の廃止および防衛省への統合、装備本部の装備施設本部への改組、防衛監察本部、地方防衛局、地方協力局の新設など。

9.5　〔事件〕第2回日朝国交正常化のための作業部会　日朝国交正常化のための作業部会の第2回会合がウランバートルで開始された。北朝鮮は拉致被害者に関する再調査の実施に否定的な態度を崩さず、進展のないまま6日に会合が終了した。

9.9　〔国際〕日豪安保行動計画を発表　安倍晋三首相とジョン・ハワード豪首相による日豪首脳会談がシドニーで開催され、「安全保障協力に関する日豪共同宣言を実施するための行動計画（日豪安保行動計画）」が発表された。

9.19　〔国際〕インド洋における海洋阻止行動への謝意決議　国際連合安全保障理事会で、アフガニスタンで活動する国際治安支援部隊（ASAF）の任務を2008年10月13日まで1年間延長し、前文でインド洋で多国籍軍が実施する海上阻止行動に謝意を表明する決議（安保理決議1776）を賛成14、棄権1で採択した。ロシアは名指しは避けたものの、「テロ対策特別措置法」延長をめぐり与野党が対立する日本に配慮した決議案であるとして棄権した。

9.26　〔政治〕福田内閣が発足　9月25日、第1次安倍改造内閣の総辞職を受けて第168回国会（臨時国会）で首相指名選挙が行われ、衆議院では福田康夫自民党総裁、参議院で小沢一郎民主党代表が指名された。両院協議会が物別れに終わったため、憲法67条2項の規定により衆議院指名の福田自民党総裁が首相に就任。26日、福田康夫内閣が正式に発足し、石破茂が第4代防衛大臣に就任した。

9.27　〔国際〕第6回六者会合第2次会合　第6回六者会合第2次会合が北京で開催された。30日まで。10月3日、会合の合意文書として「共同声明の実施のための第二段階の措

日本安全保障史事典　　　　　　　　　　　　　　　　　　　　　　　　　　　2007年（平成19年）

置」が発表された。

9.27　〔事件〕ミャンマー反政府デモで邦人ジャーナリスト死亡　ミャンマーの旧首都ヤン
　　　　ゴンなどで始まった僧侶らによる軍事政権を批判するデモは、9月24日には参加者10
　　　　万人に達した。26日、軍が武力鎮圧を開始。27日、デモを取材中の日本人映像
　　　　ジャーナリストが軍の銃撃で死亡。29日に政権が「制圧」を宣言。外国人を含め多
　　　　数の死傷者が出た。

10.9　〔事件〕対北朝鮮制裁の期限延長　2006年10月の核実験を受けて実施中の北朝鮮に対
　　　　する日本独自の制裁措置について、期限を6ヶ月間延長することが閣議決定された。

10.10　〔事件〕燃料転用疑惑について衆議院で説明　石破茂防衛大臣が衆議院予算委員会で、
　　　　2003年に海上自衛隊がインド洋で米艦船に給油した燃料がイラクでの作戦に転用さ
　　　　れたとの疑惑について、燃料転用はなかったと説明した。また、2003年当時内閣官房
　　　　長官だった福田康夫首相が、給油量について誤った説明をしていたことを陳謝した。

10.17　〔国際〕日米豪3ヶ国共同訓練　海上自衛隊、米海軍、オーストラリア空軍による初
　　　　の日米豪3ヶ国共同訓練が実施された。

10.18　〔国際〕核軍縮決議案を提出　政府が、核軍縮決議案「核兵器の全面的廃絶に向けた
　　　　新たな決意」を国連総会第1委員会に提出したことを発表した。決議案提出は1994年
　　　　以来14年連続で、前年に続いて北朝鮮の核開発に言及する内容となった。31日、同委
　　　　員会で賛成165、反対3（米国、インド、北朝鮮）、棄権10で決議が採択された。12月6
　　　　日、国連総会本会議で賛成170、反対3（米国、インド、北朝鮮）、棄権9で採択された。

11.1　〔自衛隊〕海自がインド洋から撤収　石破茂防衛大臣が「テロ対策特別措置法」に基
　　　　づく対応措置の終結に関する命令を発出し、インド洋に展開していた海上自衛隊の
　　　　補給艦「ときわ」と護衛艦「きりさめ」が撤収した。同日24時、「テロ対策特別措置
　　　　法」が失効。

11.6　〔事件〕燃料転用疑惑に関する報告書を発表　海上自衛隊が燃料転用疑惑に関する調
　　　　査報告書「テロ対策特措法に基づく協力支援活動としての艦船用燃料の給油活動に
　　　　関する確認作業について」を発表。海自から補給された燃料は「テロ対策特別措置
　　　　法」の趣旨に沿って使用されており、転用はなかったと結論づけた。

11.15　〔事件〕山田洋行事件で証人喚問　参議院外交防衛委員会で守屋武昌前防衛事務次官
　　　　の証人喚問が行われ、守屋前次官は山田洋行への便宜供与を改めて否定する一方、
　　　　宮崎元伸元山田洋行専務との宴席に久間章生元防衛相や額賀福志郎元防衛庁長官が
　　　　同席していたと証言した。

11.16　〔政治〕防衛省改革会議を設置　政府の有識者会議である防衛省改革会議が設置さ
　　　　れた。

11.16　〔国際〕日米首脳会談を開催　福田康夫首相とジョージ・W.ブッシュ米大統領による
　　　　日米首脳会談がワシントンで開催された。会談では北朝鮮に対するテロ支援国家指
　　　　定解除について緊密に連携することで合意したほか、福田首相が期限切れとなった
　　　　「テロ対策特別措置法」に代わる新法の現国会での成立を目指す意向を表明した。

11.28　〔国際〕中国海軍艦艇が初訪日　中国海軍のミサイル駆逐艦「深圳」が日本を親善訪
　　　　問し、東京都の晴海埠頭に接岸した。中国海軍艦艇の訪日は初めてで、12月1日に離

－ 175 －

日した。

11.28 〔事件〕**山田洋行事件で守屋前防衛事務次官を逮捕**　山田洋行事件に関して、2003年8月から2006年5月にかけて、計12回約389万円相当のゴルフ旅行接待を受けた見返りに防衛装備品の納入で便宜を図った疑いがあるとして、東京地検特捜部が守屋武昌前防衛事務次官と妻を収賄容疑で逮捕し、宮崎元伸元山田洋行専務を贈賄容疑で再逮捕した。

12.12 〔基地〕**思いやり予算削減で合意**　日米両政府が在日米軍駐留経費日本側負担分（「思いやり予算」）のうち光熱費・水道費について、2008年度からの3年間で計8億円削減することで合意した。

12.13 〔事件〕**ロシアが漁船4隻を拿捕**　北海道の羅臼漁協に所属する漁船4隻が、国後島近海でロシア国境警備局に拿捕される事件が発生した。4隻のうち1隻が誤って「北海道海面漁業調整規則」で定められた調整規則ラインを越えてロシアが実効支配する海域に進入し、残る3隻はこれを止めようと追跡したが、ロシア側に停船を命じられた。乗員計11人全員は2008年2月までに解放され、漁船も日本側に返還された。

12.13 〔事件〕**イージス艦情報漏えい事件で3等海佐を逮捕**　イージス艦情報漏えい事件について、特別防衛秘密にあたるイージスシステムの中枢データを含む情報の流出源であるとして、神奈川県警と海上自衛隊警務隊が「日米相互防衛援助協定等に伴う秘密保護法」違反の疑いで海自プログラム業務隊（現・艦艇開発隊）に所属していた松内純隆3等海佐を逮捕した。14日、松内容疑者が横浜地検に書類送検された。1954年の秘密保護法施行以来、同法を適用しての立件は初めてのこと。

12.14 〔事件〕**護衛艦「しらね」火災事故**　海上自衛隊の護衛艦「しらね」は横須賀基地に停泊中に火災事故を起こし、戦闘指揮所内の機器を全損した。横須賀市消防局が消火支援にあたり、翌15日に完全鎮火。

12.18 〔兵器〕**SM-3発射試験に成功**　海上自衛隊のイージス護衛艦「こんごう」がハワイ沖の太平洋でRIM-161スタンダード・ミサイル3（SM-3）弾道弾迎撃ミサイルの発射試験を実施し、標的の迎撃に成功した。

12.19 〔国際〕**米陸軍第1軍団前方司令部を設置**　在日米軍再編の一環として、米陸軍第1軍団新司令部（ワシントン州フォートルイス）の前方司令部が神奈川県座間市のキャンプ座間に設置された。前方司令部の指揮官は在日米陸軍司令官と第1軍団副司令官を兼任。

12.24 〔政治〕**防衛力整備内容などを決定**　「平成20年度における防衛力整備内容のうち主要な事項について」「弾道ミサイル等に対する破壊措置に関する緊急対処要領の変更について」「次期固定翼哨戒機の整備について」が閣議決定された。

12.26 〔事件〕**海自で誤破棄文書105件が発覚**　海上自衛隊が、インド洋に派遣された補給艦「とわだ」の航泊日誌（航海日誌）誤破棄問題を受けて実施した、省内の文書約230万件の管理状況に関する調査結果を発表。退役済み3隻を含む艦艇9隻で誤破棄が確認された。また、統合幕僚監部の文書5件、現役護衛艦1隻と退役済みの艦艇90隻の計91隻の航泊日誌などが行方不明となっており、誤破棄またはその疑いのある文書は公表済みの3件を含め105件に達した。

2008年
（平成20年）

1.16 〔法律〕「補給支援特別措置法」公布・施行　「テロ対策海上阻止活動に対する補給支援活動の実施に関する特別措置法（補給支援特別措置法、新テロ対策特別措置法）」が公布・施行された。「テロ対策特別措置法」が失効することを想定し、海上自衛隊インド洋派遣を再開するための法で、2年間の時限立法。同法案はねじれ国会となっていた参議院で1月11日に否決され、同日に衆議院で再可決されて成立したが、参議院で否決された法案が衆議院で再可決されたのは57年振りのこと。

1.17 〔政治〕自衛隊インド洋派遣再開を命令　石破茂防衛大臣が「補給支援特別措置法」に基づきインド洋での給油活動を再開するため、海上自衛隊に部隊派遣命令を発出した。

1.24 〔自衛隊〕自衛隊インド洋派遣を再開　「補給支援特別措置法」に基づき、海上自衛隊の護衛艦「むらさめ」がインド洋へ向けて出港した。次いで1月25日、補給艦「おうみ」が出港。2月21日、「おうみ」が現地で海上阻止活動に参加する艦艇への補給を開始。6月3日に「おうみ」、6月4日に「むらさめ」が帰港した。

1.25 〔基地〕「在日米軍駐留経費負担に係る特別協定」署名　在日米軍駐留経費日本側負担分（「思いやり予算」）について定めた、「日本国とアメリカ合衆国との間の相互協力及び安全保障条約第六条に基づく施設及び区域並びに日本国における合衆国軍隊の地位に関する協定第二十四条についての新たな特別の措置に関する日本国とアメリカ合衆国との間の協定（在日米軍駐留経費負担に係る特別協定）」が署名された。

2.5 〔国際〕自衛隊インド洋派遣で交換公文を締結　政府が米国、イギリス、フランス、パキスタンの4ヶ国と、インド洋で海上自衛隊が給油する燃料などの使途を定めた交換公文を締結した。

2.10 〔基地〕岩国市長選で空母艦載機移駐容認派が勝利　岩国市長選挙が実施された。争点は在日米軍再編に伴う米海兵隊岩国基地への米空母艦載機移駐で、容認派で新人の福田良彦前自民党衆議院議員（無所属）が現職の井原勝介（無所属）を破り初当選した。

2.10 〔事件〕沖縄で米兵による事件頻発　沖縄県北谷町で米海兵隊キャンプ・コートニー所属の2等軍曹が乗用車内中学3年の少女に暴行する事件が発生。11日、沖縄県警が2等軍曹を強姦の疑いで逮捕した。18日には名護市辺野古で海兵隊キャンプ・シュワブ所属の伍長が酒に酔って民家に入り込み、住居侵入の現行犯で逮捕された。さらに2月29日、20ドル札を偽造・使用したとして、海兵隊牧港補給地区所属の1等兵が外国通貨偽造・同行使の疑いで那覇地検に書類送検された。

2.19 〔事件〕イージス艦衝突事故　千葉県南房総市野島崎沖の太平洋で海上自衛隊のイージス護衛艦「あたご」と新勝浦市漁業協同組合所属の漁船「清徳丸」が衝突する事故が発生。「清徳丸」は沈没し、乗員2人はいずれも行方不明となり、5月20日に認定死亡とされた。2009年1月22日、海難審判で事故の主因は「あたご」側にあるが、「清徳丸」側にも要因があったとする裁決が確定。2013年6月26日、刑事裁判で回避義務

2008年（平成20年）　　　　　　　　　　　　　　　　　　　　日本安全保障史事典

は「清徳丸」側にあり、「あたご」側に回避義務はなかったとする判決が確定した。

2.21　〔自衛隊〕**インド洋で洋上給油再開**　「補給支援特別措置法」に基づきインド洋に派遣された海上自衛隊の補給艦「おうみ」が洋上給油を再開した。2010年1月15日、海自による洋上給油が終了。

2.27　〔基地〕**沖縄不祥事で米国務長官が謝罪**　福田康夫首相とコンドリーザ・ライス米国務長官が東京で会談し、ライス長官が沖縄県で米兵による不祥事が相次いでいることについて謝罪した。

3.7　〔団体〕**緊急事態の速報に関する通達**　イージス艦衝突事故で防衛省内外の通報体制に混乱が生じたことを受け、同省が「緊急事態等が発生した際の速報について」と題する次官通達を出した。主な内容は必要に応じて行われていた首相官邸への速報の義務化、1時間以内とされていた防衛大臣への速報を直ちに行うよう改めるなど。

3.12　〔基地〕**岩国市長が空母艦載機移駐容認を表明**　福田良彦岩国市長と石破茂防衛大臣が会談し、福田市長が米海兵隊岩国基地への米空母艦載機移駐を受け入れる意向を伝え、移駐反対を理由に凍結されていた新市庁舎建設交付金の支給を要請した。

3.18　〔政治〕**海洋基本計画が決定**　「海洋基本計画」が閣議決定された。

3.21　〔事件〕**イージス艦衝突事故で中間報告**　防衛省がイージス艦衝突事故に関する艦船事故調査委員会の中間報告を公表し、「あたご」の監視体制や回避措置が不十分だった可能性が高いとの見解を示した。

3.24　〔自衛隊〕**海上幕僚長を更送**　イージス艦情報漏えい事件、護衛艦「しらね」火災事故、イージス艦衝突事故など一連の不祥事を受け、吉川栄治海上幕僚長が退任、石破茂防衛大臣が2ヶ月分の給与返納、増田好平防衛事務次官が減給2ヶ月など、計88人の処分が行われた。同日、赤星慶治が後任の海上幕僚長に就任。

3.26　〔法律〕**「防衛省設置法」改正法施行**　自衛隊指揮通信システム隊の新編などを定めた「防衛省設置法等の一部を改正する法律」が施行された。

3.28　〔事件〕**北朝鮮が艦対艦ミサイルを発射**　北朝鮮が黄海上で艦対艦ミサイル約3発を発射した。北朝鮮による短距離ミサイル発射は2007年6月27日以来で、性能確認および運用能力向上のための訓練とみられる。

4.11　〔国際〕**対北朝鮮制裁の期限延長**　北朝鮮に対する日本独自の制裁措置の期限を6ヶ月間延長することが決定した。2006年10月の核実験を受けて実施されているもので、延長されるのは3回目。

4.11　〔国際〕**自衛隊インド洋派遣の交換公文締結が完了**　日本とニュージーランドが、インド洋で海上自衛隊が給油する燃料などの使途を定めた交換公文を締結。給油対象7ヶ国全てとの交換公文締結が完了した。

4.17　〔事件〕**自衛隊イラク派遣差し止め訴訟控訴審判決**　自衛隊イラク派遣は違憲だとして、市民団体などが国に派遣差し止めと損害賠償を求めた訴訟について、名古屋高裁で判決が言い渡された。青山邦夫裁判長は違憲確認や派遣差し止めの訴えは不適法とする1審・名古屋地裁判決を支持して原告側の控訴を棄却したが、法的拘束力を持たない傍論で航空自衛隊による多国籍軍の空輸活動は「憲法」9条に違反しているとの判断を示した。同日、町村信孝内閣官房長官、高村正彦外務大臣、石破茂防衛大

－ 178 －

日本安全保障史事典　　　　　　　　　　　　　　　　　　　　　　2008年（平成20年）

臣ら関係閣僚が協議し、判決は空自の活動に影響しないとの認識で一致した。その後、原告側は上告せず、勝訴した国側は上告できないため、控訴審判決が確定した。

4.21　〔事件〕**アデン湾で日本船籍タンカーに銃撃**　イエメン沖のアデン湾で、日本郵船の大型タンカー「高山」が海賊とみられる小型不審船から銃撃を受ける事件が発生。銃弾は船体に命中したが、日本人7人を含む乗員23人に怪我はなかった。警戒活動中のドイツ海軍フリゲート「エムデン」が現場に急行し、不審船は逃走した。

4.22　〔事件〕**鹿児島タクシー運転手殺人事件**　鹿児島県姶良町の国道で、陸上自衛隊練馬駐屯地所属の1等陸士である19歳の少年がタクシー車内で運転手を刺殺する事件が発生。同日、鹿児島県警が少年を殺人容疑で緊急逮捕した。少年は人を殺して死刑になりたかった、相手は誰でもよかったなどと供述した。

5.1　〔基地〕**「在日米軍駐留経費負担に係る特別協定」発効**　在日米軍駐留経費日本側負担分（「思いやり予算」）について定めた、「日本国とアメリカ合衆国との間の相互協力及び安全保障条約第六条に基づく施設及び区域並びに日本国における合衆国軍隊の地位に関する協定第二十四条についての新たな特別の措置に関する日本国とアメリカ合衆国との間の協定（在日米軍駐留経費負担に係る特別協定）」が発効した。期間は3年間。

5.12　〔社会〕**四川大地震発生**　中国・四川省アバ・チベット族チャン族自治州汶川県でマグニチュード7.9の地震が発生。13日、政府が約5億円相当の緊急援助実施を表明した。16日に政府派遣の国際緊急援助隊救助チームが現地での活動を開始し、21日に活動を終え帰国。22日、医療チームが四川省成都市の病院で活動を開始。30日、最大5億円相当の追加支援を発表した。6月1日、医療チームが現地での活動を終了。

5.15　〔基地〕**脱走兵通報で合意**　日米両政府による日米合同委員会が東京で開催され、在日米軍が脱走兵を認定した場合、直ちに日本政府に通報し、都道府県警に逮捕を要請することで合意した。

5.21　〔法律〕**「宇宙基本法」公布**　「宇宙基本法」が参議院本会議で自民党、民主党、公明党など賛成多数で可決成立した。弾道ミサイル防衛（BMD）システム用の早期警戒衛星、防衛目的の衛星の米国との共同開発など、非侵略目的での宇宙の軍事利用を可能とする内容。5月28日公布。8月27日施行。

5.30　〔国際〕**アジア安全保障会議開催**　イギリスの国際戦略研究所（IISS）が主催する第7回アジア安全保障会議がシンガポールで開催され（1日まで）、石破茂防衛大臣が参加。日米防衛相会談、日加防衛相会談、日韓防衛相会談、日仏防衛相会談、日シンガポール防衛相会談、日英防衛相会談、日豪防衛相会談なども実施された。

6.11　〔事件〕**北朝鮮が拉致問題再調査を表明**　拉致問題に関する日朝実務者協議が北京で開幕。北朝鮮が拉致問題は解決済みとの従来の主張を変更し、問題解決に向けて再調査を実施する意向を示した。6月12日、協議が終了。

6.12　〔国際〕**アフガニスタン復興支援国会議**　アフガニスタン復興支援国会議がパリで開催された。会議には67の国と17の国際機関が出席し、5年間で総額約200億ドルの支援を実施する一方、アフガニスタンに汚職撤廃と法順守の強化を求めることで合意した。日本は5億5000万ドルの支援を表明。

— 179 —

2008年（平成20年）　　　　　　　　　　　　　　　　　　　　　　　　　　　日本安全保障史事典

6.13　〔政治〕自衛隊インド洋派遣と自衛隊イラク派遣の期限延長　　「テロ対策海上阻止活動に対する補給支援活動の実施に関する特別措置法（補給支援特別措置法）」に基づく補給支援活動に関する実施計画を変更して海上自衛隊のインド洋派遣の期限を2009年1月15日まで約6ヶ月間延長すること、「イラク人道復興支援特別措置法」に基づく対応措置に関する基本計画を変更して航空自衛隊のイラク派遣の期限を2009年7月31日まで1年間延長することが閣議決定された。

6.14　〔社会〕岩手・宮城内陸地震発生　岩手県内陸南部、宮城県仙台市の北約90キロを震源とするマグニチュード7.2、最大震度6強の地震が発生した。同日、自衛隊が災害派遣され、8月2日に活動を終了した。

6.18　〔国際〕東シナ海の天然ガス田共同開発で合意　日本政府と中国政府が東シナ海の天然ガス田を共同開発することで正式に合意した。主な内容は白樺（中国名・春暁）ガス田開発への日本の参加、翌檜（中国名・龍井）ガス田南側の日中中間線をまたぐ海域での共同開発区域設定など。

6.24　〔国際〕自衛艦が初訪中　海上自衛隊の護衛艦「さざなみ」が中国の湛江を訪問した。5月に開催された日中首脳会談での合意に基づき、日中防衛交流の一環として行われたもので、自衛艦の訪中は初めてのこと。

6.24　〔政治〕安保法制懇が報告書提出　安全保障の法的基盤の再構築に関する懇談会（安保法制懇）が福田康夫首相に報告書を提出した。

6.26　〔国際〕G8京都外相会議を開催　主要8か国（G8）外相会議が京都で開催された。北朝鮮に全ての核兵器および既存の核・ミサイル開発計画放棄を求める項目を盛り込んだ議長声明を発表し、6月27日に終了。

6.26　〔基地〕普天間基地爆音訴訟1審判決　米軍機による騒音で被害を受けたとして、米海兵隊普天間飛行場周辺の住民が国に対して夜間・早朝の飛行差し止めと損害賠償を求めた訴訟について、那覇地裁沖縄支部が判決を言い渡した。判決では国対して原告全員に計約1億4670万円を支払うよう命じる一方で、飛行差し止めと将来の請求は棄却した。

6.26　〔国際〕北朝鮮が核計画申告書を提出　六者会合の議長国である中国が、北朝鮮が協議での合意に基づき核計画の申告書を提出したことを発表した。これを受けて、米国が北朝鮮に対するテロ支援国家指定を20年ぶりに解除する手続きを開始した。なお、申告書はプルトニウム抽出量などが記載されているものの、核兵器や核実験場など軍事分野の詳細な情報が省かれた不完全な内容だった。

6.29　〔自衛隊〕リムパック2008に参加　海上自衛隊が、ハワイ周辺海域で行われる米海軍主催の「環太平洋合同演習（リムパック）2008」に参加。シンガポール海軍が初参加。ほかにカナダ、オーストラリア、韓国、チリ、ペルーの各海軍、米沿岸警備隊が参加した。7月31日に終了した。

6.30　〔国際〕国際連合スーダン・ミッションへの自衛官派遣を表明　福田康夫首相と潘基文国連事務総長が東京で会談し、福田首相が国際連合スーダン・ミッション（UNMIS）の司令部要員として自衛官を派遣する方針を正式に表明した。

7.6　〔国際〕日米首脳会談を開催　福田康夫首相と洞爺湖サミットに参加するため来日し

－ 180 －

たジョージ・W.ブッシュ米大統領による日米首脳会談が北海道洞爺湖町で開催され、北朝鮮が提出した核計画の申告書を厳密に検証し、完全な核放棄を求めることで合意した。

7.10 〔国際〕**第6回六者会合首席代表者会合** 第6回六者会合首席代表者会合が北京で開幕。朝鮮半島の非核化を検証するため、6ヶ国の専門家で構成し非核化作業部会に対し責任を負う検証メカニズムを設置すること、検証メカニズムが核施設への立ち入り、文書の検討、技術者との面談などを行うことで合意し、12日に閉幕。

7.14 〔国際〕**学習指導要領解説書に竹島領有を明記** 文部科学省が2012年度から実施される中学校の新学習指導要領についての解説書を公表した。社会科では竹島が日本領であることを明記しており、7月15日に権哲賢駐日韓国大使が抗議の意思表示として一時帰国した。

7.15 〔政治〕**防衛省改革会議が報告書提出** 防衛省改革会議が報告書を福田康夫首相に提出した。主な内容は防衛官僚（背広組）と自衛官（制服組）のポストの混合など。

7.20 〔国際〕**韓国が竹島占拠状態の強化を表明** 韓国政府と与党ハンナラ党による連絡協議会が開催され、竹島の領土守護対策（占拠状態の強化策）として総合海洋基地や漁民用宿泊施設などを建設する方針を明らかにした。

7.28 〔国際〕**米国地名委員会が竹島の表記を変更** 米政府機関である米国地名委員会が竹島の表記を韓国領から主権未確定に変更した。7月30日、米国国家安全保障会議が、韓国政府の抗議を受けて韓国領に再変更したことを発表した。

8.2 〔政治〕**福田改造内閣発足** 福田康夫改造内閣が発足し、林芳正が第5代防衛大臣に起用された。

8.11 〔事件〕**日朝実務者協議を開始** 拉致問題に関する日朝実務者協議が中国・瀋陽で開始された。日本政府認定の拉致被害者以外も含む全ての拉致被害者について北朝鮮が再調査を行うこと、調査開始と同時に日本が対北朝鮮制裁の解除を開始することで合意し、8月12日に協議が終了。

8.23 〔事件〕**アデン湾で日本企業運航貨物船に銃撃** イエメン沖のアデン湾で、日本郵船の子会社である日之出郵船が運航するパナマ船籍の貨物船「AIZU」が海賊とみられる不審船2隻に銃撃される事件が発生。銃弾は「AIZU」船橋外板に着弾したが、乗員に怪我はなかった。

8.25 〔事件〕**護衛艦「さわぎり」いじめ自殺訴訟控訴審判決** 福岡高裁が、1999年11月に海上自衛隊の護衛艦「さわぎり」艦内で3等海曹が自殺した事件に関する国家賠償請求訴訟について判決を言い渡した。判決では原告の請求を棄却した1審・長崎地裁佐世保支部判決を取り消し、上官によるいじめが自殺の原因と認定。国に対して350万円の支払いが命じられた。

8.26 〔事件〕**アフガニスタン邦人拉致殺害事件** アフガニスタン東部ジャララバード近郊で、人道支援活動を行う非政府組織ペシャワール会の日本人メンバーがタリバンに拉致される事件が発生。27日、アフガニスタン治安当局と犯人グループによる銃撃戦のさなか殺害された。事件後、タリバンが犯行を認めるとともに、全ての外国人が国外に退去するまで、アフガニスタンに軍隊を派遣していない国の人間でも殺し

続けるとの声明を発表した。

8.29 〔兵器〕**XP-1試作1号機を納入**　川崎重工業が次期固定翼哨戒機XP-1試作1号機を海上自衛隊に納入した。

9.9 〔事件〕**特別警備応用課程死亡事故**　広島県江田島市の海上自衛隊第1術科学校で、特殊部隊「特別警備隊」の隊員を養成するための特別警備応用課程に所属する3等海曹が15人を相手にした格闘技訓練で頭部を強打して意識不明となる事故が発生。3等海曹は16日後に死亡した。集団暴行の疑いもあることから、呉地方総監部に事故調査委員会が設置された。

9.11 〔政治〕**自衛隊イラク派遣撤収を表明**　町村信孝内閣官房長官が、イラクに派遣している航空自衛隊イラク復興支援派遣輸送航空隊を年内に撤収させる方針を明らかにした。

9.22 〔事件〕**エチオピア邦人医師誘拐事件**　エチオピア東部で国際医療支援団体「世界の医療団」の日本人女性医師とオランダ人男性看護師が武装勢力に誘拐される事件が発生。10月10日、隣国ソマリアの首都モガディシュで地元記者が誘拐された2人と面会し、無事を確認したことが報じられた。2009年1月7日、2人がソマリア国内で解放された。

9.24 〔政治〕**麻生内閣が発足**　福田康夫内閣の総辞職を受けて第170回国会（臨時国会）で首相指名選挙が行われ、衆議院では麻生太郎自民党総裁、参議院では小沢一郎民主党代表が指名された。両院協議会が物別れに終わったため、憲法67条2項の規定により衆議院指名の麻生自民党総裁が首相に就任。麻生太郎内閣が発足し、浜田靖一が第6代防衛大臣に就任した。

9.25 〔政治〕**自衛隊インド洋派遣継続を表明**　麻生太郎首相が国連総会で一般討論演説を行い、2009年1月に期限を迎える自衛隊インド洋派遣の継続を目指す方針を表明した。

9.25 〔国際〕**ジョージ・ワシントンが横須賀入港**　米海軍の原子力航空母艦「ジョージ・ワシントン」が横須賀基地に入港した。原子力空母が米本土以外に配備されたのは初めてのこと。

10.2 〔事件〕**報道機関への情報漏えいで懲戒免職**　2005年5月31日に『読売新聞』が中国の潜水艦が南シナ海で火災を起こして航行不能になったと報じた件で、同紙記者に防衛秘密を漏えいしたとして、防衛省が当時同省情報本部電波部課長だった1等空佐を懲戒免職処分にした。2008年3月には陸上自衛隊警務隊が「自衛隊法」違反（秘密の漏えい）の疑いで1等空佐を書類送検していた。報道機関への情報漏えいによる書類送検や懲戒免職は、いずれも初めて。

10.3 〔政治〕**国際連合スーダン・ミッションに自衛官派遣**　国際連合スーダン・ミッション（UNMIS）の司令部要員として陸上自衛官2人を派遣することが閣議決定された。派遣期間は2009年6月30日まで。10月24日、自衛官を派遣。

10.10 〔国際〕**対北朝鮮制裁の期限延期**　10月13日に期限を迎える北朝鮮に対する日本独自の制裁措置について、期限を6ヶ月間延長することが閣議決定された。延長は4回目。

10.10 〔国際〕**米国、北朝鮮のテロ支援国家指定解除**　米国が北朝鮮に対するテロ支援国家指定を解除した。

10.17 〔国際〕**日本が安保理非常任理事国に** 国連総会で2008年末に任期満了を迎える安全保障理事会非常任理事国の改選が行われ、日本、ウガンダ、オーストリア、トルコ、メキシコの5ヶ国が選出された。任期は2009年1月から2年間で、日本の非常任理事国就任は加盟国中最多の10回目。

10.19 〔国際〕**中国海軍戦闘艦艇が津軽海峡通過** 中国海軍のソブレメンヌイ駆逐艦など4隻が同国の戦闘艦艇として初めて津軽海峡を通過した。その後、日本列島を周回して中国に帰港した。

10.22 〔国際〕**日印首脳会談を開催** 麻生太郎首相とインドのマンモハン・シン首相による日印首脳会談が東京で開催され、安全保障分野での包括的な協力関係構築で合意。「安全保障協力に関する共同宣言」、「日印戦略的グローバル・パートナーシップの前進に関する共同声明」が署名された。

10.24 〔自衛隊〕**スーダンに自衛官派遣** 国際連合スーダン・ミッション（UNMIS）に陸上自衛官2人が派遣された。派遣は計6次12人を数え、2011年9月30日まで司令部要員として連絡調整などに従事した。

10.28 〔事件〕**イージス艦情報漏えい事件で有罪判決** 横浜地裁がイージス艦情報漏えい事件で「日米相互防衛援助協定等に伴う秘密保護法」違反（漏えい）に問われた松内純隆3等海佐に対し、懲役2年6ヶ月・執行猶予4年の有罪判決を言い渡した。同法に基づく司法判断が示されたのは1954年の施行以来初めてのこと。被告側が控訴。

10.31 〔事件〕**田母神論文問題** アパグループ主催の第1回「真の近現代史観」懸賞論文で田母神俊雄航空幕僚長の応募論文「日本は侵略国家であったのか」が最優秀藤誠志賞を受賞した。同日、同論文の内容が政府見解に反するとして田母神空将が航空幕僚長を更迭され、航空幕僚監部付とされた。航空幕僚長の職を解かれたことで一般の空将として60歳定年が適用され、11月3日に田母神空将が定年退職。7日、外薗健一朗が後任の航空幕僚長に就任した。11日、参議院外交防衛委員会が田母神元空将を参考人招致した。

11.5 〔事件〕**守屋前防衛事務次官に実刑判決** 山田洋行事件について、東京地裁が守屋武昌前防衛事務次官に対し、収賄と議院証言法違反（偽証）の罪で懲役2年6ヶ月、追徴金約1250万円（求刑・懲役3年6ヶ月、追徴金約1250万円）の実刑判決を言い渡した。2009年12月22日、東京高裁が1審の実刑判決を支持し、被告側の控訴を棄却。2010年8月27日に被告側が上告を取り下げ、1・2審の実刑判決が確定した。

11.10 〔事件〕**米原潜が事前通報なしに寄港** 米海軍のロサンゼルス級攻撃型原子力潜水艦「プロビデンス」が日本政府への事前通報なしに沖縄県うるま市のホワイト・ビーチ地区に寄港した。外務省の抗議に対し、米国側は連絡ミスが原因と釈明した。

11.19 〔兵器〕**SM-3発射実験に失敗** 海上自衛隊のイージス護衛艦「ちょうかい」がハワイ沖の太平洋でRIM-161スタンダード・ミサイル3（SM-3）弾道弾迎撃ミサイルの発射試験を実施したが、標的の迎撃に失敗した。

11.22 〔国際〕**日米首脳会談を開催** 第16回アジア太平洋経済協力（APEC）首脳会議（APEC2008）に出席するためペルーの首都リマを訪問中の麻生太郎首相とジョージ・W.ブッシュ米大統領による日米首脳会談が開催され、麻生首相は自衛隊インド洋派遣を継続する方針を、ブッシュ大統領は2009年1月に自らの任期が切れた後も米

2009年（平成21年）   日本安全保障史事典

政府が拉致問題解決に協力する意向を伝えた。

11.22 〔国際〕**日露首脳会談を開催**　麻生太郎首相とドミトリー・メドヴェージェフ露大統領による日露首脳会談がリマで開催され、北方領土の早期解決に向けて、具体的な交渉準備作業に入るよう外交当局に指示することで合意した。

11.28 〔政治〕**自衛隊イラク派遣撤収を正式決定**　安全保障会議が開催され、イラク―クウェート間で空輸活動にあたっている航空自衛隊イラク復興支援派遣輸送航空隊の撤収が正式決定された。

12.3 〔国際〕**「クラスター弾に関する条約」署名式**　オスロで「クラスター弾に関する条約（クラスター爆弾禁止条約、オスロ条約）」署名式が開催され、日本を含む93ヶ国が署名した。2009年7月14日、批准。2010年8月1日発効。

12.8 〔事件〕**中国海洋調査船が領海侵犯**　中国の海洋調査船2隻が尖閣諸島周辺の日本領海に侵入した。

12.8 〔国際〕**第6回六者会合首席代表者会合**　第6回六者会合首席代表者会合が北京で開幕。朝鮮半島の非核化の検証の具体的な枠組みに関し合意は得られず、11日に閉幕した。

12.16 〔法律〕**「補給支援特別措置法」改正法公布・施行**　「テロ対策海上阻止活動に対する補給支援活動の実施に関する特別措置法の一部を改正する法律（補給支援特別措置法改正法）」が公布・施行され、同法の効力が2010年1月15日まで1年間延長された。同法案は12月12日に参議院本会議で否決され、同日に衆議院本会議で再可決されて成立した。

12.17 〔自衛隊〕**イラク復興支援派遣輸送航空隊撤収式典を開催**　「イラク人道復興支援特別措置法」に基づき派遣されていた航空自衛隊第16期イラク復興支援派遣輸送航空隊の撤収式典がクウェートで開催された。23日帰国。

12.20 〔政治〕**17中期防見直しが決定**　「中期防衛力整備計画（平成17年～平成21年度）の見直しについて」が安全保障会議および閣議で決定され、予算総額が約24兆2400億円から約23兆6400億円に減額された。

2009年
（平成21年）

1.7 〔事件〕**エチオピア邦人医師誘拐事件の医師ら解放**　2008年9月にエチオピア東部で武装勢力に拉致された国際医療支援団体「世界の医療団」の日本人女性医師とオランダ人男性看護師が、隣国ソマリアで解放された。

1.8 〔兵器〕**F-15戦闘機を沖縄に配備**　F-15戦闘機を装備する航空自衛隊第204飛行隊が茨城県小美玉市の百里基地から沖縄県の那覇基地に移駐した。

1.9 〔政治〕**アフガニスタンに外務省職員を派遣**　リトアニアからの要請に基づき、外務省がアフガニスタンで活動するリトアニア主導のチャグチャラン地方復興チームに開

発援助調整のための文民支援チーム（同省職員2～3人）を派遣することを決定した。

1.12 〔国際〕**日韓首脳会談を開催**　麻生太郎首相と李明博韓国大統領による日韓首脳会談がソウルで開催され、北朝鮮の核開発問題などについて米国のオバマ新政権との連携を重視することで見解が一致した。

1.15 〔団体〕**「宇宙開発利用に関する基本方針について」決定**　防衛省が「宇宙開発利用に関する基本方針について」を決定した。

1.20 〔事件〕**横田基地で火災**　東京都福生市の米軍横田基地国防財務会計事務所で火災が発生。木造平屋建ての約3700平方メートルが全焼したが、怪我人はなかった。

1.22 〔事件〕**イージス艦衝突事故で海難審判裁決**　横浜地方海難審判所がイージス艦衝突事故に関する海難審判の裁決を言い渡した。裁決では「あたご」側の動静監視不十分が事故の主因であると認定し、「あたご」が所属する第3護衛隊（事故当時は第63護衛隊）に安全教育を徹底するよう勧告した。また、「清徳丸」側にも要因があったと認定した。

1.27 〔事件〕**「第38吉丸」拿捕**　能登半島沖で、鳥取県境港市の鳥取県カニかご漁業組合所属のカニかご漁船「第38吉丸」が違法操業の疑いでロシアの警備艇に拿捕され、ナホトカに連行される事件が発生した。2月7日に乗組員10人全員が解放され、2月9日に境港に帰港した。同船漁労長によると、仮泊中にロシアの排他的経済水域（EEZ）内に流されたが、操業はしていないという。

1.28 〔政治〕**海賊対処に海自派遣を決定**　安全保障会議が開催され、ソマリア沖・アデン湾の海賊対処のため、「自衛隊法」第82条の海上警備行動を発令して海上自衛隊を派遣することが正式決定した。

1.28 〔事件〕**人道支援物資供与事業でロシアが出入国カード提出を要求**　北方領土住民に医薬品などを提供する人道支援物資供与事業のため国後島へ向かった支援物資船が、ロシア当局から出入国カードの提出を求められ、同島上陸を断念して根室港に引き返す事案が発生した。

2.3 〔自衛隊〕**海賊対処に第8護衛隊の護衛艦派遣を決定**　海上自衛隊がソマリア沖・アデン湾の海賊対処のため、海上警備行動発令後に第8護衛隊（呉基地）の護衛艦2隻を派遣することを決定した。

2.10 〔自衛隊〕**自衛隊イラク派遣が終了**　イラク復興支援派遣撤収業務隊による撤収業務の終結に関する命令が発出された。14日、イラク復興支援派遣撤収業務隊が帰国し、自衛隊イラク派遣に関する全任務が終了した。

2.17 〔基地〕**「在沖縄海兵隊のグアム移転に係る協定」署名**　在日米軍再編に伴う米海兵隊のグアム移転に関して、日本側が負担する上限28億ドルの資金を米政府が適切に管理することなどを定めた「在沖縄海兵隊のグアム移転に係る協定」が署名された。

2.24 〔国際〕**日米首脳会談を開催**　麻生太郎首相とバラク・オバマ米大統領による日米首脳会談がワシントンで開催された。アフガニスタン支援の戦略策定に日本が参加することに合意するとともに、北朝鮮が人工衛星打ち上げの名目で弾道ミサイル発射準備をしていることに懸念を表明した。

2.27 〔基地〕**新嘉手納基地爆音訴訟控訴審判決**　福岡高裁那覇支部が新嘉手納基地爆音訴

2009年（平成21年）　　　　　　　　　　　　　　　　　　　　日本安全保障史事典

訟の控訴審判決を言い渡した。判決では騒音被害の認定対象区域を1審・那覇地裁沖縄支部判決のW値（うるささ指数）85以上から75以上に拡大し、賠償額も計約28億円から計約56億円に増額する一方、飛行差し止めと将来の賠償は棄却した。

2.28　〔国際〕**日中外相会談を開催**　中曽根弘文外務大臣と楊潔篪中国外交部長による日中外相会談が北京で開催され、人工衛星打ち上げの名目で弾道ミサイル発射準備を進める北朝鮮に自制を求めることで合意した。

3.13　〔法律〕**「海賊対処法」案が決定**　ソマリア沖・アデン湾における海賊対処を目的とする「海賊行為の処罰及び海賊行為への対処に関する法律（海賊対処法）」案が閣議決定された。

3.13　〔自衛隊〕**海賊対処のため海上警備行動を発令**　ソマリア沖・アデン湾における海賊対処のため、「自衛隊法」第82条の海上警備行動を発令することが安全保障会議および閣議で承認された。同日、浜田靖一防衛大臣から海上自衛隊艦隊司令官に対して海上における警備行動に関する自衛隊行動命令が発出された。3月14日、護衛艦2隻が呉基地を出港。3月30日、オマーンのサラーラ沖合に到着し、日本関係船を対象に警護活動を開始した。

3.17　〔国際〕**日ASEAN諸国防衛当局次官級会合**　初の日ASEAN諸国防衛当局次官級会合が開催された。

3.23　〔事件〕**ソマリア沖で日本企業運航自動車運搬船に銃撃**　ソマリア沖で、商船三井が運航するケイマン諸島船籍の自動車運搬船「JASMINE ACE（ジャスミン・エース）」が海賊とみられる2隻の小型不審船に銃撃される事件が発生。操舵室の窓ガラスなどが損傷したが、乗員（全員外国人）に怪我はなかった。

3.27　〔事件〕**弾道ミサイル等に対する破壊措置の実施に関する自衛隊行動命令を発令**　北朝鮮が3月12日に国際海事機関に対して「試験通信衛星」打ち上げの事前通報を行い、日本海および太平洋の一部に危険区域を設定したことを受け、「自衛隊法」第82条に基づき「弾道ミサイル等に対する破壊措置の実施に関する自衛隊行動命令」が発令された。4月6日、弾道ミサイル等に対する破壊措置の終結に関する自衛隊行動命令が発令された。

3.31　〔政治〕**北朝鮮にミサイル発射自制を求める決議**　衆議院本会議と参議院本会議で、人工衛星打ち上げ名目で弾道ミサイル発射準備を進める北朝鮮に自制を求める決議が全会一致で採択された。

3.31　〔国際〕**日米韓外相会談を開催**　中曽根弘文外務大臣、ヒラリー・クリントン米国務長官、柳明桓韓国外交通商部長官による日米韓外相会談がオランダ・ハーグで開催され、北朝鮮が弾道ミサイル発射を実行した場合は国際連合安全保障理事会で対応策を協議し、必要ならば決議を採択することで合意した。

4.3　〔国際〕**ジブチとの地位協定に署名**　中曽根弘文外務大臣とジブチのムハマッド・アリ・ユスフ外務・国際協力大臣が「ジブチ共和国における日本国の自衛隊等の地位に関する日本国政府とジブチ共和国政府との間の書簡」に署名した。海賊対処に従事する自衛隊等が円滑に活動するための地位協定。

4.4　〔団体〕**弾道ミサイル発射と誤発表**　北朝鮮が人工衛星と称して弾道ミサイル発射準

－ 186 －

| | | 2009年（平成21年） |

備を進めていた問題で、防衛省が2回にわたり「ミサイルが発射された」と誤発表した。省内での連絡内容の取り違えや機材の不具合が原因。

4.5 〔事件〕北朝鮮が弾道ミサイル発射実験　北朝鮮が事実上の弾道ミサイル発射実験として、人工衛星打ち上げ用多段式ロケット「銀河2号」を発射した。1段目は切り離し後に秋田県西方の日本海に落下し、2段目は日本上空を通過して太平洋に落下。自衛隊による迎撃は実施されなかった。同日、日本政府が北朝鮮に厳重に抗議。北朝鮮は人工衛星「光明星2号」の打ち上げに成功したと発表したが、米国やロシアは軌道上に衛星が存在しないことを確認し、打ち上げは失敗したと結論づけた。

4.10 〔国際〕対北朝鮮制裁の期限延長　4月13日に期限を迎える北朝鮮に対する日本独自の制裁措置を1年間延長すること、追加制裁として北朝鮮への送金や現金持ち出しの監視を強化することが閣議決定された。

4.11 〔国際〕日中韓首脳会談　麻生太郎首相、温家宝中国国務院総理、李明博韓国大統領による日中韓首脳会談がタイのパタヤで開催され、北朝鮮の弾道ミサイル発射に対する国際連合安全保障理事会の議長声明を受け入れることで意見が一致した。

4.14 〔国際〕ミサイル発射に対する国連安保理議長声明　国際連合安全保障理事会が開催され、北朝鮮の弾道ミサイル発射が安保理決議1718違反であると非難し、北朝鮮にミサイル再発射の自制、北朝鮮に核・ミサイル開発の完全放棄、六者会合への早期復帰を要求し、加盟各国に制裁決議の履行徹底を求める議長声明が全会一致で採択された。同日、北朝鮮が議長声明採択を非難し、六者会合のボイコット、プルトニウム抽出再開などを表明した。

4.20 〔国際〕日越首脳会談を開催　麻生太郎首相とベトナムのノン・ドク・マイン共産党書記長による日越首脳会談が東京で開催され、国際連合安全保障理事会の非常任理事国である両国が北朝鮮の弾道ミサイル発射に対する議長声明の履行に協力することで意見が一致した。

5.1 〔国際〕北方領土入国に出入国カード提出不要　ロシア政府が北方領土に上陸する日本人に出入国カードの提出を求めていた問題で、日露両政府が従来通り提出せずに上陸可能とすることで合意した。

5.4 〔国際〕核軍縮の「11の指標」を提案　柴山昌彦外務政務官が「核拡散防止条約（NPT）」再検討会議の準備委員会で演説し、核軍縮のための「11の指標」を提案した。主な内容は全核保有国の核兵器削減、「核実験全面禁止条約（CTBT）」の早期発効など。

5.12 〔国際〕日露首脳会談を開催　麻生太郎首相とウラジーミル・プーチン露首相による日露首脳会談が東京で開催され、北方領土の最終的解決のため、双方が受け入れ可能な方策の検討を推進することで意見が一致した。

5.13 〔基地〕「在沖縄海兵隊のグアム移転に係る協定」を承認　「在沖縄海兵隊のグアム移転に係る協定」が国会で承認された。19日発効。

5.15 〔自衛隊〕ジブチにP-3C派遣　ソマリア沖・アデン湾における海賊対処のためP-3C哨戒機2機をジブチに派遣するよう命じる、海上における警備行動に関する自衛隊行動命令が発出された。28日、哨戒機がソマリアの隣国ジブチに向けて出発した。

5.22 〔事件〕イージス艦衝突事故の最終報告書を発表　防衛省の海上自衛隊艦船事故調査委員会がイージス艦衝突事故に関する最終報告書を公表し、見張りが不十分だったなど「あたご」側の責任を認めた。同日、「あたご」前艦長を停職30日とするなど、計38人の処分が発表された。

5.25 〔事件〕北朝鮮が核実験　北朝鮮が2006年10月以来2度目の地下核実験を実施。また、核実験直後に3発、26日1発、29日に1発の短距離ミサイルを日本海に向けて発射した。5月25日、日本政府が首相官邸内閣危機管理センターに官邸対策室を設置するとともに、安全保障会議を開催して麻生太郎首相が北朝鮮を強く非難する声明を発表。26日に衆議院本会議、27日に参議院本会議で、「北朝鮮核実験実施に対する抗議決議」が全会一致で採択された。

5.30 〔国際〕アジア安全保障会議開催　イギリスの国際戦略研究所（IISS）が主催する第8回アジア安全保障会議がシンガポールで開催され、浜田靖一防衛大臣が参加。日越防衛相会談、日豪防衛相会談、日米防衛相会談、日モンゴル防衛相会談、日シンガポール防衛相会談なども実施された。

5.30 〔国際〕日米韓防衛相会談　アジア安全保障会議に出席するためシンガポールを訪問していた浜田靖一防衛大臣、ロバート・ゲイツ米国防長官、李相喜韓国国防相により、初の日米韓防衛相会談が開催され、北朝鮮の核実験やミサイル実験に対し「共通の対応」を取ることで合意した。

6.1 〔国際〕北朝鮮の核実験で日米次官級協議　北朝鮮の核実験実施を受けて緊急の日米次官級協議が東京で開催され、北朝鮮の核保有を認めないこと、六者会合のあり方について検討が必要なことで意見が一致した。

6.2 〔政治〕「宇宙基本計画」が決定　政府の宇宙開発戦略本部が「宇宙基本法」に基づき「宇宙基本計画」を決定した。2009年度から2013年度にかけての宇宙開発利用に関する基本方針と施策を取りまとめた五ヶ年計画で、外交・安全保障分野での宇宙の活用を推進することにも言及。必要な資金は官民合わせて5年間で最大2兆5000億円。

6.11 〔自衛隊〕P-3Cによるアデン湾の警戒監視を開始　ソマリア沖・アデン湾における海賊対処のためジブチに派遣されたP-3C哨戒機が、アデン湾の警戒監視などの任務飛行を開始した。

6.12 〔国際〕安保理が対北朝鮮制裁決議を採択　国際連合安全保障理事会が北朝鮮の核実験に対する制裁決議（安保理決議1874）を全会一致で採択した。13日、北朝鮮が決議受け入れを拒否し、ウラン濃縮作業を開始するとの声明を発表。

6.16 〔国際〕対北朝鮮輸出を全面禁止　北朝鮮に対する日本独自の追加制裁措置として、対北朝鮮輸出の全面禁止が閣議決定された。

6.16 〔政治〕「核兵器廃絶に向けた取り組みの強化を求める決議」を採択　4月5日にバラク・オバマ米大統領が核廃絶への決意を表明したこと、5月25日に北朝鮮が核実験を行ったことを受けて、衆議院本会議で「核兵器廃絶に向けた取り組みの強化を求める決議」が全会一致で採択された。6月17日、参議院本会議でも全会一致で採択。

6.19 〔法律〕「海賊対処法」成立　「海賊行為の処罰及び海賊行為への対処に関する法律（海賊対処法）」が参議院本会議で否決された後、衆議院本会議で再可決され成立し

日本安全保障史事典　　　　　　　　　　　　　　　　　　　　　　　　　2009年（平成21年）

た。6月24日に公布、7月24日に施行された。

7.3　〔法律〕「北方領土問題等解決促進特別措置法」改正　「北方領土問題等の解決の促進
のための特別措置に関する法律の一部を改正する法律（改正北方領土問題等解決促進
特別措置法）」が参議院本会議で全会一致で可決成立した。7月10日施行。2010年4
月1日施行。

7.3　〔政治〕自衛隊インド洋派遣の期限延長　「テロ対策海上阻止活動に対する補給支援
活動の実施に関する特別措置法（補給支援特別措置法）」に基づく補給支援活動に関
する実施計画を変更し、海上自衛隊のインド洋派遣の期限を2010年1月15日まで6ヶ
月間延長することが閣議決定された。

7.4　〔事件〕北朝鮮が弾道ミサイル発射　北朝鮮が弾道ミサイル7発をを日本海に向け発
射した。

7.6　〔基地〕横須賀基地じん肺訴訟判決　米海軍横須賀基地勤務中にアスベストを吸い悪
性胸膜中皮腫で死亡した男性従業員の遺族が国に損害賠償を求めた訴訟について、
横浜地裁横須賀支部が国に7684万円を支払うよう命じる判決を言い渡した。21日、
国が控訴を断念し、判決が確定。

7.8　〔事件〕陸自内に大麻が蔓延　警視庁が陸上自衛隊練馬駐屯地所属の陸士長を「大麻
取締法」違反（所持）の疑いで現行犯逮捕した。7月24日、防衛省が同駐屯地全隊員
に対する検査の結果を公表し、4人から陽性反応が出たことが明らかになった。同
日、陸自警務隊が多賀城駐屯地所属の陸士長を同法違反の疑いで逮捕。28日、警視
庁が練馬駐屯地所属の別の陸士長を同法違反（譲り受け）の疑いで逮捕した。

7.14　〔国際〕「クラスター弾に関する条約」批准　政府が「クラスター弾に関する条約」の
受諾書を国連本部に提出し、批准手続きが完了した。2010年8月1日発効。

7.16　〔国際〕安保理が対北朝鮮制裁対象を指定　国際連合安全保障理事会の制裁委員会が
安保理決議1874に基づき、北朝鮮原子力総局や貿易会社など5団体と同局局長ら5人
を制裁対象に指定した。個人が同制裁対象に指定されたのは初めて。

7.17　〔法律〕「クラスター弾等の製造の禁止及び所持の規制等に関する法律」公布　7月10
日に可決成立した「クラスター弾等の製造の禁止及び所持の規制等に関する法律（ク
ラスター爆弾禁止法）」が公布された。「クラスター弾に関する条約」を的確に実施
するための法。

7.24　〔政治〕自衛隊ゴラン高原派遣の期限延長　「国際平和協力法」に基づきゴラン高原
に派遣され、国連兵力引き離し監視軍（UNDOF）に参加している自衛隊の活動期限
を、2010年3月31日まで6ヶ月間延長することが閣議決定された。

7.24　〔法律〕「海賊対処法」施行　「海賊行為の処罰及び海賊行為への対処に関する法律
（海賊対処法）」が施行され、浜田靖一防衛大臣が海賊対処行動命令を発令した。

8.1　〔法律〕「防衛省設置法」改正法一部施行　「防衛省設置法等の一部を改正する法律」
の一部が施行された。主な内容は防衛会議や防衛大臣補佐官の新設、防衛参事官制
度の廃止など。

8.31　〔事件〕陸自隊員の個人情報流出　陸上自衛隊員の9割以上にあたる約14万人とその
家族の個人情報を外部に流出させたとして、陸自警務隊が鹿児島地方協力本部所属

－ 189 －

2009年（平成21年）　　　　　　　　　　　　　　　　　　　　　日本安全保障史事典

の1等陸尉を「個人情報保護法」違反の疑いで逮捕した。自衛隊員の個人情報流出としては過去最大規模。

9.16　〔政治〕**鳩山内閣が発足**　第172回国会（特別国会）が召集され、鳩山由紀夫民主党代表が首相に指名された。これにより民主党、社会民主党、国民新党の3党連立による鳩山由紀夫内閣が発足し、北沢俊美が第7代防衛大臣に就任した。

9.17　〔基地〕**密約問題について調査を命令**　岡田克也外務大臣が藪中三十二外務次官に対し、核兵器持ち込み密約や沖縄返還密約などについて「国家行政組織法」に基づいて徹底調査し、11月末までに報告書を提出するよう命じた。9月25日、外務省が調査チームを設置。11月27日、調査チームが提出した報告書を検証するための有識者委員会が設置された。

9.23　〔国際〕**日米首脳会談を開催**　国連気候変動首脳級会合に出席するためニューヨークを訪問中の鳩山由紀夫首相とバラク・オバマ米大統領による日米首脳会談が開催され、日米同盟を強化し、北朝鮮の核・ミサイル開発問題や核軍縮で連携することで意見が一致した。

9.23　〔国際〕**日露首脳会談を開催**　鳩山由紀夫首相とドミトリー・メドヴェージェフ露大統領による日露首脳会談がニューヨークで開催され、北方領土を現世代のうちに最終的に解決することで意見が一致した。

9.23　〔国際〕**日韓首脳会談を開催**　鳩山由紀夫首相と李明博韓国大統領による日韓首脳会談がニューヨークで開催され、北朝鮮の核・ミサイル開発を容認しないこと、日米韓が連携して同問題に対処することで意見が一致した。

9.30　〔社会〕**スマトラ沖地震発生**　インドネシアのスマトラ島西部パダン沖を震源とするマグニチュード7.5の地震が発生。10月5日、自衛隊が国際緊急援助隊として派遣された。10月17日、帰国。

10.6　〔団体〕**防衛省がイラク空輸記録を情報開示**　防衛省が「情報公開法」に基づき、航空自衛隊がイラクで実施した空輸活動の記録である「週間空輸実績」を請求者に全面開示した。5月までに計5回行われた請求に対しては、任務に支障が生じる、関係各国・機関との信頼関係を損ねるなどとして、記録のほとんどの部分を不開示としてきたが、政権交代後の9月24日付で開示を決定した。

10.9　〔国際〕**日韓首脳会談を開催**　鳩山由紀夫首相と李明博韓国大統領による日韓首脳会談がソウルで開催され、六者会合再開に向けて連携して北朝鮮に働きかけることで意見が一致した。

10.10　〔国際〕**日中韓首脳会談**　鳩山由紀夫首相、温家宝中国国務院総理、李明博韓国大統領による日中韓首脳会談が北京で開催され、朝鮮半島非核化を追求し六者会合早期再開を目指すことなどを謳った「日中韓協力10周年を記念する共同声明」が発表された。

10.12　〔事件〕**北朝鮮が短距離弾道ミサイル発射**　北朝鮮がKN-02短距離弾道ミサイル5発を日本海に向けて発射した。

10.20　〔団体〕**第1回防衛省政策会議**　第1回防衛省政策会議が開催された。各省政策会議は民主党政権成立に伴い設置されたもので、副大臣が主催し、政府側と与党議員側が政策案などについて意見交換する。

－ 190 －

日本安全保障史事典　　　　　　　　　　　　　　　　　　　　　　2009年（平成21年）

10.21 〔国際〕**日米防衛相会談を開催**　北沢俊美防衛大臣とロバート・ゲイツ米国防長官による日米防衛相会談が東京で開催された。北沢防衛大臣が鳩山内閣発足後に開始した米海兵隊普天間飛行場移設計画の検証作業、先の衆議院選挙で当選した沖縄選出議員全員や沖縄県議会多数派が現計画に反対していることなどを説明したのに対し、ゲイツ長官は現行計画の早期履行を強く求めた。

10.27 〔事件〕**護衛艦「くらま」衝突事故**　関門海峡で海上自衛隊の護衛艦「くらま」が韓国籍コンテナ船「カリナ・スター」に衝突され、双方で火災が発生。「くらま」の艦首部分がほぼ全壊し、乗員6人が負傷した。「カリナ・スター」側に負傷者はなかった。後日、事故の主因は「カリナ・スター」側にあることが明らかになった。

11.7 〔事件〕**沖縄米兵ひき逃げ死亡事故**　沖縄県読谷村で、在沖縄米陸軍所属の2等軍曹によるひき逃げ死亡事故が発生。11月10日、在沖縄米軍が2等軍曹の身柄を拘束し、沖縄県警が「道路交通法」違反と自動車運転過失致死の疑いで2等軍曹が住むマンションを家宅捜索した。2010年1月4日、県警が自動車運転過失致死容疑で2等軍曹を書類送検した。

11.13 〔国際〕**日米首脳会談を開催**　鳩山由紀夫首相とバラク・オバマ米大統領による日米首脳会談が東京で開催され、普天間飛行場移設問題に関する外務・防衛担当閣僚級の作業部会を設置して迅速に解決することで合意した。ただし、オバマ大統領は作業部会は政府間合意の実施に焦点をあてたものと述べた。

11.23 〔自衛隊〕**海賊対処行動部隊がIMO勇敢賞受賞**　ソマリア沖・アデン湾における海賊対処のため派遣された自衛隊の海賊対処行動部隊が、他国部隊と共同で国際海事機関（IMO）勇敢賞を受賞した。

11.28 〔政治〕**情報収集衛星打ち上げに成功**　鹿児島県の種子島宇宙センターで政府の情報収集衛星「光学3号」を搭載したH-2Aロケット16号機が打ち上げられた。「光学3号」は予定通り衛星軌道に投入され、北朝鮮の軍事施設監視などの任務を開始した。

11.30 〔基地〕**首相と沖縄県知事が会談**　鳩山由紀夫首相と仲井真弘多沖縄県知事が東京で会談し、普天間飛行場移設問題について協議した。仲井真知事は政府が早急に結論を出して具体的な工程表を提示するよう求めたが、鳩山首相は明確な方針を示さなかった。

12.3 〔事件〕**イージス艦情報漏えい事件で控訴審判決**　東京高裁は、イージス艦情報漏えい事件で「日米相互防衛援助協定等に伴う秘密保護法」違反（漏えい）に問われた松内純隆元3等海佐について、懲役2年6ヶ月・執行猶予4年とした1審・横浜地裁判決を支持し、被告側控訴を棄却する判決を言い渡した。16日、被告側が控訴。

12.4 〔事件〕**F-15戦闘機が胴体着陸**　石川県小松市の小松飛行場で、航空自衛隊第6航空団第306飛行隊所属のF-15戦闘機が胴体着陸する事故が発生。乗員に怪我はなかったが、民間との共用施設である滑走路が約4時間にわたり閉鎖された。パイロットが着陸時に車輪を出し忘れる人為ミスが原因だった。

12.8 〔事件〕**海自哨戒ヘリコプターが墜落**　海上自衛隊大村航空基地第22航空群・第22航空隊所属のSH-60J哨戒ヘリコプターが、夜間飛行訓練中に長崎県西彼杵半島西方沖約27キロの海上に不時着水。乗員3人のうち1人は救助されたが、2人が死亡した。操縦ミスが原因だった。

― 191 ―

12.15　〔基地〕普天間飛行場移設先決定を先送り　政府が基本政策閣僚委員会を開催し、普天間飛行場移設問題について協議。2006年の日米合意（「再編実施のための日米のロードマップ」）を見直し、2010年5月をめどに新たな移設先を決定する方針を正式決定した。

12.17　〔政治〕「平成22年度の防衛力整備等について」を決定　「平成22年度の防衛力整備等について」が安全保障会議および閣議で決定された。「平成17年度以降に係る防衛計画の大綱について（16大綱）」の見直しや平成22年度の防衛予算の編成の準拠となる方針に関するもので、主な内容は弾道ミサイル攻撃への対処能力向上、厳しさを増す財政事情を勘案しての歳出抑制など。

12.29　〔国際〕日印首脳会談を開催　鳩山由紀夫首相とマンモハン・シン印首相による日印首脳会談がニューデリーで開催され、2008年10月の「安全保障協力に関する共同宣言」に基づく安全保障協力を促進するための「行動計画」が策定された。主な内容は外務・防衛次官による「日印次官級2+2対話」の毎年開催など。

2010年
（平成22年）

1.11　〔国際〕制裁解除なら六者会合復帰　北朝鮮外務省が、朝鮮戦争の休戦協定に署名した各国に対して平和協定締結のための交渉を提案するとともに、制裁解除を条件に六者会合に復帰する用意があるとの声明を発表した。

1.12　〔社会〕ハイチ地震発生　ハイチの首都ポルトープランスの西南西25キロを震源とするマグニチュード7.0の地震が発生した。17日に航空自衛隊がハイチ国際緊急援助空輸隊、20日に陸上自衛隊がハイチ国際緊急医療援助隊を編成し、23日に現地での医療活動を開始。2月14日、現地での活動が終了し、2月18日に帰国が完了した。

1.15　〔自衛隊〕自衛隊インド洋派遣が終了　「テロ対策海上阻止活動に対する補給支援活動の実施に関する特別措置法（補給支援特別措置法）」の期限切れに伴い、海上自衛隊がインド洋における多国籍海軍への給油活動を終了した。

1.19　〔国際〕日米安全保障協議委員会を開催　日米安全保障協議委員会（2+2）がワシントンで開催され、「日米安全保障条約署名50周年に当たっての日米安全保障協議委員会の共同発表」が発表された。

1.24　〔基地〕名護市長選で移設反対派が勝利　名護市長選挙が実施された。争点は普天間飛行場代替施設の受け入れの是非で、反対派で新人の稲嶺進前市教育長（無所属）が容認派で現職の島袋吉和（無所属）を破り初当選した。

2.2　〔国際〕密約問題について米国に報告　日本政府が米国政府に対し、核持ち込み密約や沖縄返還密約などに関する調査・検証について正式に報告した。

2.5　〔自衛隊〕国連ハイチ安定化ミッション　国際連合ハイチ安定化ミッション（MINUSTAH）に参加するためのハイチ国際平和協力業務実施計画が閣議決定され、

ハイチ国際平和協力業務の実施に関する自衛隊行動命令が発出された。派遣部隊は陸上自衛隊の施設部隊を中心とする約350人。6日に第1次ハイチ派遣国際救援隊が出発し、16日に現地での活動を開始。派遣は7次におよび、2013年1月25日に現地での活動を終了し、3月15日に帰国が完了した。

3.5 〔事件〕航空自衛隊事務用品発注官製談合事件　千葉県木更津市の航空自衛隊第1補給処が事務用品の入札をめぐり官製談合を行っていたとして、公正取引委員会が防衛省に対して「官製談合防止法」に基づく改善措置要求を出した。同日、同省が航空自衛隊第1補給処オフィス家具等の事務用品談合事案調査・検討委員会を設置。3月8日、第1回会合が開催された。

3.9 〔国際〕密約の存在を認定　密約問題に関する有識者委員会が岡田克也外務大臣に「いわゆる「密約」問題に関する有識者委員会報告書」を提出し、核持ち込み密約や沖縄返還密約などが存在したと認定。密約は存在しないとの従来の政府主張が覆された。

3.11 〔基地〕百里基地が官民共用化　茨城県小美玉市の航空自衛隊百里基地が官民共用を開始し、茨城空港が開港した。

3.26 〔法律〕「防衛省設置法」改正法施行　「防衛省設置法等の一部を改正する法律」が施行された。主な内容は陸上自衛隊第15旅団の新編、少年工科学校の改編など。

4.1 〔法律〕「防衛省設置法」改正法一部施行　「防衛省設置法等の一部を改正する法律」の一部が施行された。主な内容は人件費削減のため陸上自衛官である陸上自衛隊生徒の募集を終了し、自衛官定数外の陸上自衛隊高等工科学校生徒に代えるなど。

4.2 〔事件〕アフガン武装勢力が邦人ジャーナリストを誘拐　政府関係者が、アフガニスタン北部クンドゥズ州で日本人フリージャーナリストが武装勢力に誘拐されたことを明らかにした。9月4日解放。

4.9 〔国際〕対北朝鮮制裁の期限延長　北朝鮮に対する日本独自の制裁措置のうち、北朝鮮籍船舶の入港禁止、対北朝鮮輸出入の全面禁止の期限を1年間延長することが閣議決定された。

4.25 〔基地〕4.25県民大会を開催　「米軍普天間飛行場の早期閉鎖・返還と県内移設に反対し、国外・県外移設を求める県民大会（4.25県民大会）」が沖縄県読谷村で開催され、主催者発表で約9万人が参加した。

4.26 〔兵器〕第2高射群第6高射隊にPAC-3配備　福岡県遠賀郡芦屋町の航空自衛隊芦屋基地の第2高射群第6高射隊にペトリオット・ミサイルPAC-3が配備された。

5.1 〔社会〕口蹄疫で災害派遣　宮崎県児湯郡川南町で発生した口蹄疫に対処するため、陸上自衛隊第43普通科連隊を中心に約170人・車両約50両が災害派遣された。7月27日、任務を終了。

5.4 〔事件〕中国船が海保の海洋調査を妨害　奄美大島の北西約320キロの日本の排他的経済水域（EEZ）内で、海洋調査をしていた海上保安庁の測量船「昭洋」が中国国家海洋局の海洋調査船「海監51」から調査中止を要求されるとともに追尾され、調査を中断する事件が発生。外務省が中国側に厳重抗議した。

5.19 〔国際〕日豪ACSA署名　「日本国の自衛隊とオーストラリア国防軍との間における物品又は役務の相互の提供に関する日本国政府とオーストラリア政府との間の協定

（日豪物品役務相互提供協定、日豪ACSA）」が東京で署名された。同日、岡田克也外務大臣、北沢俊美防衛大臣、スティーブン・スミス外務大臣、ジョン・フォークナー国防大臣による第3回日豪外務・防衛閣僚協議（2+2）と日豪防衛相会談が開催された。2013年1月31日、日豪ACSAが発効。

5.23 〔自衛隊〕パシフィック・パートナーシップ2010へ参加　米海軍を主体とする艦艇が医療活動・文化交流などを行うことによって関係国との連携強化・災害救援活動の円滑化などを図る「パシフィック・パートナーシップ」に、自衛隊の医療要員、海上自衛隊の輸送艦などが参加。7月15日まで。

5.23 〔基地〕普天間飛行場の辺野古移設を表明　鳩山由紀夫首相が沖縄県を訪問。仲井真弘多沖縄県知事や稲嶺進名護市長と会談し、米軍普天間飛行場の移設先をキャンプ・シュワブがある名護市辺野古とする方針を表明した。これに対し、仲井真知事は抗議し、稲嶺市長は受け入れを拒否した。

5.28 〔国際〕普天間飛行場の辺野古移設で日米合意　日米安全保障協議委員会（2+2）が開催され、名護市辺野古のキャンプ・シュワブ沿岸に1800メートル級滑走路を有する代替施設を建設し、普天間飛行場を日本に返還することを明記した共同文書が発表された。

5.28 〔法律〕「貨物検査特別措置法」成立　「国際連合安全保障理事会決議第1874号等を踏まえ我が国が実施する貨物検査等に関する特別措置法（貨物検査特別措置法）」が参議院本会議で可決成立した。北朝鮮に出入りする船舶や航空機が核・ミサイル開発関連物資を積載している可能性がある場合、海上保安庁や税関による公海上での立ち入り検査を可能とする内容。6月4日に公布され、7月4日に施行。

6.2 〔法律〕「低潮線保全法」公布　「排他的経済水域及び大陸棚の保全及び利用の促進のための低潮線の保全及び拠点施設の整備等に関する法律（低潮線保全法、沖ノ鳥島保全法）」が公布された。24日施行。海洋権益保護のため、排他的経済水域（EEZ）と大陸棚を定める基準となる低潮線を保全する法。

6.5 〔国際〕アジア安全保障会議開催　イギリスの国際戦略研究所（IISS）が主催する第9回アジア安全保障会議がシンガポールで開催され、北沢俊美防衛大臣が参加。日韓防衛相会談、日シンガポール防衛相会談、日英防衛相会談、日米韓防衛相会談なども実施された。

6.6 〔基地〕菅新首相が辺野古移設合意遵守を表明　菅直人新首相とバラク・オバマ米大統領が電話で会談し、菅首相が普天間飛行場移設問題に関する5月28日の日米合意を遵守する意向を表明した。

6.8 〔政治〕菅内閣が発足　6月4日の鳩山由紀夫内閣総辞職を受けて首相に選出されていた菅直人民主党代表が、天皇に任命されて正式に首相に就任。民主党・国民新党連立による菅直人内閣が発足し、北沢俊美が第8代防衛大臣に就任した（鳩山由紀夫内閣からの留任）。

6.23 〔基地〕首相と沖縄県知事が会談　菅直人首相と仲井真弘多沖縄県知事が那覇市で会談し、菅首相が5月28日の日米合意を踏まえたうえで沖縄県の基地負担軽減に全力で取り組む意向を伝えたが、仲井真知事は辺野古への移設は受け入れ困難との認識を示した。

日本安全保障史事典　　　　　　　　　　　　　　　　　　　　　　　2010年（平成22年）

6.23　〔自衛隊〕リムパック2010に参加　海上自衛隊が、ハワイ周辺海域で行われる米海軍主催の「環太平洋合同演習（リムパック）2010」に参加。コロンビア、インドネシア、マレーシア、タイ、フランス、オランダが初参加。ほかにカナダ、オーストラリア、韓国、チリ、ペルー、シンガポールの各海軍、米沿岸警備隊が参加し、8月1日に終了した。

6.25　〔国際〕「日NATO情報保護協定」締結　「情報及び資料の保護に関する日本国政府と北大西洋条約機構との間の協定（日NATO情報保護協定）」がブリュッセルで締結された。

6.26　〔国際〕日露首脳会談を開催　ムスコカG8サミットに出席するためカナダ・ムスコカを訪問中の菅直人首相がドミトリー・メドヴェージェフ露大統領と会談。首脳同士をはじめ高いレベルでの接触を通じ、北方領土を前進させる必要があるとの認識で一致した。

6.26　〔国際〕日韓首脳会談を開催　G20トロント・サミットに出征するためカナダ・トロントを訪問中の菅直人首相が李明博韓国大統領と会談。3月26日の韓国哨戒艦沈没事件や拉致問題などの北朝鮮問題に対処するため、日韓両国および日米韓3国が緊密に連携することで意見が一致した。

7.1　〔法律〕「防衛省設置法」改正法一部施行　「防衛省設置法等の一部を改正する法律」の一部が施行された。主な内容は人件費削減のため、同年から採用を開始する任期制自衛官のうち教育期間中の者に適用する身分として、自衛官定数外である自衛官候補生を新設するなど。

7.13　〔政治〕「低潮線保全基本計画」決定　「排他的経済水域及び大陸棚の保全及び利用の促進のための低潮線の保全及び拠点施設の整備等に関する基本計画（低潮線保全基本計画）」が閣議決定され、沖ノ鳥島と南鳥島が特定離島に指定された。

7.16　〔政治〕海賊対処活動の期限延長　海上自衛隊によるソマリア沖・アデン湾での海賊対処活動について、期限を1年間延長することが閣議決定された。

7.29　〔基地〕普天間基地爆音訴訟控訴審判決　福岡高裁那覇支部が普天間基地爆音訴訟の控訴審判決を言い渡した。判決では過去の被害の損害賠償額算定基準を1審・那覇地裁沖縄支部判決の2倍とし、国に計約3億6900万円支払うよう命じた。飛行差し止めと将来の賠償は1審判決と同じく棄却した。

8.3　〔政治〕対イラン制裁を閣議了解　資産凍結などの対イラン制裁を実施することが閣議で了解された。6月9日に採択された国際連合安全保障理事会の対イラン制裁決議（安保理決議1929）に基づく措置。

8.11　〔基地〕普天間飛行場移設問題の日米合意について沖縄に説明　政府が福山哲郎内閣官房副長官を沖縄県に派遣。米軍普天間飛行場移設問題に関する5月28日の日米合意の内容について、初めて正式に説明した。

8.18　〔事件〕佐柳島沖海保ヘリ墜落事故　香川県多度津町の佐柳島沖の瀬戸内海上空で、第6管区海上保安本部所属のヘリコプター「あきづる」が送電線に接触。「あきづる」は墜落、水没し、乗員5人全員が死亡した。この日、「あきづる」は2度のデモンストレーション飛行を行う予定となっており、事故はデモンストレーションの間の空き

－ 195 －

時間に行ったパトロール飛行中に発生。当初、海上保安庁がデモンストレーションについて公表せず、パトロール中の事故とのみ説明したことが批判を浴びた。

8.20 〔社会〕**パキスタン豪雨災害で自衛隊派遣**　7月下旬にパキスタン北部で豪雨による洪水が発生したことを受け、自衛隊が国際緊急援助隊としてパキスタンに派遣された。派遣部隊は各種ヘリコプターを用いた物資空輸などに従事し、10月10日に現地での任務が終結。10月29日に帰国が完了した。

8.26 〔団体〕**第1回防衛省改革推進会議**　防衛大臣が議長、防衛副大臣と防衛大臣政務官が副議長を務め、防衛大臣補佐官、事務次官、大臣官房長、統合幕僚長、陸上・海上・航空の各幕僚長らが出席する第1回防衛省改革推進会議が開催された。

8.31 〔基地〕**普天間飛行場代替施設案で2案併記**　政府が「普天間飛行場の代替の施設に係る二国間専門家検討会議の報告」を公表した。日米の外務・防衛当局の専門家が代替施設について具体的に検討したもので、工法は埋め立て方式、滑走路の配置はV字案（滑走路2本）とI字案（1本）を併記。

9.5 〔事件〕**インドネシア沖で日本企業運航のタンカーに強盗**　インドネシア・アナンバス諸島沖で、飯野海運が運航するパナマ船籍のケミカルタンカー「CHEMROAD LUNA」が2人組の強盗に襲われ、現金を奪われる事件が発生。乗員20人（全員外国人）に怪我人はなかった。

9.7 〔団体〕**「取得改革の今後の方向性」公表**　防衛省に設置され防衛大臣を委員長とする総合取得改革推進委員会が開催され、「取得改革の今後の方向性―装備品取得の効率化と防衛生産・技術基盤の維持・育成に向けて」が公表された。

9.7 〔事件〕**尖閣諸島中国漁船衝突事件**　尖閣諸島付近の日本領海で違法操業していた中国のトロール漁船が取り締まりにあたった海上保安庁の巡視船に衝突し、漁船の船長が公務執行妨害で逮捕される事件が発生した。同事件は日中両国政府間で外交問題化したほか、11月4日には中国側への配慮から非公開となっていた漁船衝突映像が海上保安官により動画投稿サイトに流出する尖閣諸島中国漁船衝突映像流出事件も発生した。

9.8 〔事件〕**尖閣諸島中国漁船衝突事件で中国が抗議**　胡正躍中国外交部部長助理（次官補）が丹羽宇一郎駐中大使を呼び出し、尖閣諸島中国漁船衝突事件について抗議した。12日、戴秉国国務委員が丹羽大使を呼び出し、漁船や船長の早期返還を要求。13日、仙石由人内閣官房長官が不快感を表明した。

9.11 〔国際〕**東シナ海天然ガス田共同開発の条約交渉を延期**　尖閣諸島中国漁船衝突事件を受けて、中国外交部が9月中旬に予定していた東シナ海天然ガス田の共同開発に関する条約交渉を延期することを発表した。同日、日本政府が抗議。

9.12 〔基地〕**名護市議選で移設反対派が勝利**　名護市議会選挙が実施された。争点は米軍普天間飛行場移設問題で、受け入れに反対する稲嶺進市長支持派が27議席中16議席を獲得した。

9.17 〔政治〕**菅第1次改造内閣が発足**　民主党の菅直人首相の第1次改造内閣が発足した。防衛大臣北沢俊美は留任。

9.18 〔事件〕**尖閣諸島中国漁船衝突事件で反日デモ**　1931年の柳条湖事件から79年目にあ

日本安全保障史事典　　　　　　　　　　　　　　　　　　　　　　　　2010年（平成22年）

たるこの日、北京の日本大使館前、上海の日本総領事館前、香港の日本総領事館前
などで尖閣諸島中国漁船衝突事件に対する抗議デモが行われた。デモは9月16日から
11月にかけて中国各地で行われ、一部では参加者が暴徒化して日本企業のビルの窓
ガラスやシャッターなどが壊される事件も発生したが、2005年4月の反日デモのよう
な大規模な混乱はみられなかった。

9.19　〔事件〕**中国人船長の勾留期間延長**　石垣簡易裁判所が尖閣諸島中国漁船衝突事件で
逮捕された中国人船長の勾留期間を10日間延長した。これに対して中国政府が19日
に日中間の閣僚級交流を停止し、21日にレアアースの対日輸出を事実上停止するな
ど、複数の報復措置を実施。

9.23　〔国際〕**尖閣諸島への「安保条約」適用を明言**　前原誠司外務大臣とヒラリー・クリ
ントン米国務長官による日米外相会談がニューヨークで開催され、クリントン長官
が尖閣諸島中国漁船衝突事件について日本側に理解を示したうえで、米国の対日防
衛義務を定めた「日米安全保障条約」第5条が尖閣諸島に適用されることを明言し
た。また、菅直人首相とバラク・オバマ大統領による日米首脳会談もニューヨーク
で開催され、日米が緊密に連携することで意見が一致した。

9.24　〔団体〕**防衛大学校改革に関する防衛大臣指示を発出**　防衛大学校改革に関する防衛
大臣指示が発出された。これを受けて、10月5日に第1回防衛大学校改革に関する検
討委員会が開催された。2011年5月18日には第8回会合が開催され、6月1日に「防衛
大学校改革に関する報告書」が提出された。

9.27　〔自衛隊〕**東ティモールに自衛官派遣**　国連東ティモール統合ミッション（UNMIT）
へ軍事連絡要員として陸上自衛官2人が派遣された。派遣は「国際平和協力法」に基
づくもので4次・8人を数え、2012年9月24日に第4次要員が帰国報告を行った。

9.30　〔事件〕**尖閣諸島中国漁船衝突事件で集中審議**　衆議院予算委員会で尖閣諸島中国漁
船衝突事件に関する集中審議が行われ、9月24日に中国人船長が処分保留で釈放され
たことについて、菅直人首相が捜査への政治介入を否定した。

10.1　〔法律〕**3士の階級を廃止**　「防衛省設置法等の一部を改正する法律」の一部が施行
され、3士の階級が廃止された。

10.4　〔国際〕**日中首脳会談を開催**　アジア欧州会議第8回首脳会合（ASEM8）に出席する
ためブリュッセルを訪問中の菅直人首相と温家宝中国国務院総理による日中首脳会
談が開催され、尖閣諸島中国漁船衝突事件で日中関係が悪化している現状が好まし
くないとの認識で一致した。

10.10　〔事件〕**ケニア沖で日本企業運航貨物船乗っ取り**　ケニア・モンバサ沖約65キロで、
日本郵船の子会社である日之出郵船が運航するパナマ船籍の貨物船「IZUMI」が海
賊に乗っ取られる事件が発生。2011年2月25日、「IZUMI」と乗員20人（いずれも
フィリピン人）全員が解放された。

10.11　〔国際〕**日中防衛相会談を開催**　第1回拡大ASEAN国防相会議に出席するためハノイ
を訪問中の北沢俊美防衛大臣と梁光烈中国国防部部長が会談。尖閣諸島中国漁船衝
突事件を踏まえ、防衛当局間の海上連絡メカニズムを早期に構築する必要があると
の認識で一致した。

－ 197 －

10.12 〔国際〕**第1回拡大ASEAN国防相会議**　第1回拡大ASEAN国防相会議（ADMMプラス）がハノイで開催された。同会議はアジア太平洋地域における唯一の公式な防衛大臣会合で、ASEAN域外からは米国、インド、オーストラリア、韓国、中国、日本、ニュージーランド、ロシアが参加。ASEAN各国や日米から中国の海洋進出への懸念の声が相次いだ。

10.14 〔国際〕**核軍縮決議案を提出**　政府が核軍縮決議案「核兵器の全面的廃絶に向けた共同行動」を国連総会第1委員会に提出した。26日、同委員会で賛成154、反対1、棄権13で決議を採択。日本提出の核軍縮決議案が採択されるのは17年連続のことだが、過去10年間反対票を投じていたインドが棄権し、反対は北朝鮮のみとなった。

10.16 〔国際〕**太平洋・島サミット中間閣僚会合を開催**　太平洋諸島フォーラム（PIF）加盟国・地域（14ヶ国・2地域）と日本により、初の太平洋・島サミット中間閣僚会合が東京で開催された。議長を務めた前原誠司外務大臣は尖閣諸島中国漁船衝突事件の経緯について説明し、尖閣諸島が日本固有の領土であることに理解を求めた。

10.16 〔事件〕**中国各地で反日デモ**　尖閣諸島中国漁船衝突事件をめぐり、四川省成都、陝西省西安、河南省鄭州で計数万人規模の反日デモが行われた。10月17日には同省綿陽で2～3万人規模の、10月18日には湖北省武漢で1000人規模のデモが発生。中国で大規模な反日デモが行われたのは2005年以来のことで、成都、西安、綿陽では日系スーパーや日本料理店の窓ガラスなどが壊される被害が出た。

10.23 〔自衛隊〕**自衛隊殉職隊員追悼式を挙行**　自衛隊殉職隊員追悼式が防衛省メモリアルゾーンで挙行され、菅直人首相、北沢俊美防衛大臣、遺族約150人らが参列した。2009年9月1日からの1年間の殉職者は9人。

10.24 〔自衛隊〕**平成22年第57回中央観閲式を開催**　平成22年第57回中央観閲式が陸上自衛隊朝霞訓練場で開催され、菅直人首相が訓示の中で、北朝鮮の核・ミサイル開発問題、中国の軍拡や海洋活動活発化など、日本周辺の安全保障環境が厳しさを増しているとの認識を示した。

10.27 〔事件〕**政府が衆院に中国漁船衝突事件のビデオを提出**　政府が横路孝弘衆議院議長に、海上保安庁が撮影した尖閣諸島中国漁船衝突事件に関するビデオを提出した。事件をめぐる中国側の強硬姿勢がおさまらないため、9月30日の衆議院予算委員会で与野党が政府へのビデオ提出要求で合意したことを受けての措置。11月1日、ビデオ映像が衆参両院の予算委員会理事ら国会議員30人に限定公開された。

11.1 〔国際〕**ロシア大統領が北方領土訪問**　ドミトリー・メドヴェージェフ露大統領が北方領土の国後島を訪問した。同日、菅直人首相が遺憾の意を表明。3日、河野雅治中露大使が抗議の意思表示として一時帰国した。

11.4 〔事件〕**尖閣諸島中国漁船衝突映像流出事件**　海上保安庁が撮影した尖閣諸島中国漁船衝突事件のビデオ映像がインターネットの動画投稿サイトに流出。10日、映像を流出させた海上保安庁第5管区海上保安本部所属の海上保安官が出頭し、警視庁が「国家公務員法」違反（守秘義務）の疑いで任意聴取を開始。19日に参議院予算委員会が海保に対するビデオ提出要求を全員一致で決議し、22日に政府が参議院にビデオを提出。24日、参議院予算委員会が与野党各会派にビデオ映像の複製を配布し、自民党がマスコミに映像を公開した。

日本安全保障史事典　　　　　　　　　　　　　　　　　　　　2010年（平成22年）

11.23　〔事件〕**延坪島砲撃事件**　北朝鮮軍が韓国・延坪島を砲撃し、韓国軍が反撃する事件が発生。韓国海兵隊員2人と民間人2人が死亡するなどの被害が出た。同日、仙石由人内閣官房長官が北朝鮮を強く非難する声明を発表。24日、政府が「北朝鮮による砲撃事件対策本部」を設置。菅直人首相が李明博韓国大統領と電話会談し、事件に対する韓国の姿勢を支持することを表明した。

12.3　〔国際〕**日米共同統合演習を開始**　自衛隊と米軍による平成22年度日米共同統合演習が日本各地の基地や周辺海域・空域で開始された。同演習が実施されたのは3年ぶり10回目で、過去最多の約4万5000人が参加し、弾道ミサイル対処、海上作戦、航空作戦、統合輸送、捜索救助活動、基地警備などの演習が行われた。10日、演習が終了。

12.6　〔国際〕**日米韓外相会談を開催**　前原誠司外務大臣、ヒラリー・クリントン米国務長官、金星煥韓国外交通商部長官による日米韓外相会談がワシントンで開催され、延坪島砲撃事件について北朝鮮を非難し、同国に非核化に向けた具体的な行動を求める共同声明が発表された。

12.7　〔政治〕**政府における情報保全に関する検討委員会を設置**　内閣官房長官が委員長、警察庁警備局長、公安調査庁次長、外務省国際情報統括官、海上保安庁海上保安監、防衛省防衛政策局長らが委員を務める「政府における情報保全に関する検討委員会」が設置された。尖閣諸島中国漁船衝突映像流出事件などを受けての措置。

12.14　〔事件〕**航空自衛隊事務用品発注官製談合事件の報告書公表**　航空自衛隊第1補給処オフィス家具等の事務用品談合事案調査・検討委員会が第8回会合を開催し、「航空自衛隊第1補給処におけるオフィス家具等の調達に係る談合事案に関する調査報告書」を公表。2005年4月から2008年3月までの4年間に結ばれた311件・計約75億6000万円の事務用品契約の全てが官製談合だったことが明らかになった。防衛省は同日付で22人を懲戒、28人を訓戒とする処分を発表。12月24日、外薗健一朗航空幕僚長と空自補給本部長が引責辞任。2011年5月17日、防衛省が「入札談合の防止のためのマニュアル」を発表した。

12.14　〔基地〕**思いやり予算の現状維持で合意**　政府が、2011年度からの5年間の在日米軍駐留経費日本側負担分（「思いやり予算」）の総額について、現行水準（2010年度は約1881億円）を維持することで米国と合意したことを発表した。

12.17　〔基地〕**首相と沖縄県知事が会談**　菅直人首相と仲井真弘多沖縄県知事が那覇で会談。菅首相が米軍普天間飛行場移設問題をめぐる民主党政権の迷走を謝罪し、5月28日の日米合意への理解を求めたのに対し、仲井真知事は県外移設を求める姿勢を崩さなかった。

12.17　〔政治〕**22大綱が決定**　「平成23年度以降に係る防衛計画の大綱について（22大綱）」が安全保障会議および閣議で決定され、従来の「基盤的防衛力構想」に代わり、新たに「動的防衛力」を構築する方針が示された。

12.17　〔政治〕**23中期防が決定**　「中期防衛力整備計画（平成23年度～平成27年度）について（23中期防）」が安全保障会議および閣議で決定された。「平成23年度以降に係る防衛計画の大綱について（22大綱）」に基づく内容で、予算総額は約23兆4900億円。

12.20　〔国際〕**「日韓原子力協定」署名**　「原子力の平和的利用における協力のための日本国政府と大韓民国政府との間の協定（日韓原子力協定）」が東京で署名された。主な内

－ 199 －

容は核物質・原子力関連資機材・技術の利用を平和的目的に限定し、それらの日韓両国間での移転を可能とするとともに、第三国への移転を規制するなど。2011年12月9日、国会で承認。月28日公布。2012年1月21日発効。

12.22 〔事件〕尖閣諸島中国漁船衝突映像流出事件で処分　海上保安庁が尖閣諸島中国漁船衝突映像流出事件について、6人を懲戒、18人を訓告または厳重注意とする処分を発表した。海保の処分としては過去最大規模。映像を流出させた海上保安官は停職12ヶ月の懲戒処分となるとともに、12月18日に提出した辞表を受理され辞職。同日、警視庁が「国家公務員法」違反（守秘義務）の疑いで同保安官を東京地検に書類送検した。

12.27 〔団体〕「防衛力の実効性向上のための構造改革の推進に関する大臣指示」を発出　「防衛力の実効性向上のための構造改革の推進に関する大臣指示」が発出された。「平成23年度以降に係る防衛計画の大綱について（22大綱）」および「中期防衛力整備計画（平成23年度〜平成27年度）について（23中期防）」を踏まえ、動的防衛力を構築するため、防衛副大臣を委員長とする「防衛力の構造改革推進委員会」を設置するとの内容。

2011年
（平成23年）

1.14 〔政治〕菅第2次改造内閣が発足　民主党の菅直人首相の第2次改造内閣が発足した。防衛大臣には北沢俊美が留任。

1.20 〔基地〕米軍訓練のグアム移転、日米合意　日米両政府、嘉手納基地所属の「F-15」戦闘機の沖縄周辺での訓練の一部をグアム島へ移転することを正式に合意し、仲井真弘多沖縄県知事に報告した。

1.21 〔基地〕「思いやり予算」協定署名　前原誠司外務大臣と米国のジョン・ルース駐日大使は、2011年度から5年間の在日米軍駐留経費の日本側負担（「思いやり予算」）などを定めた「在日米軍駐留経費負担にかかる新協定」に署名した。4月1日発効。

1.21 〔事件〕尖閣諸島中国漁船衝突映像流出事件で起訴猶予　2010年9月7日の尖閣諸島付近で違法操業していた中国漁船が海上保安庁の巡視船に衝突した尖閣諸島中国漁船衝突事件の際、録画されたビデオ映像が海上保安官によってインターネット動画サイトに公開され流出した事件で、東京地検は国家公務員法の守秘義務違反容疑で書類送検されていた元海上保安官を不起訴処分とした。同日、那覇地検は衝突事件で公務執行妨害容疑で逮捕され、その後釈放され既に帰国している中国漁船の船長を不起訴処分とした。

1.27 〔基地〕新嘉手納爆音訴訟　沖縄県の嘉手納基地の米軍機の騒音で被害を受けたとする周辺住民が起こした「新嘉手納基地爆音訴訟」で、最高裁は騒音被害への損害賠償、夜間・早朝の飛行差し止めともに住民側の上告を棄却、判決が確定した。

2.22 〔社会〕ニュージーランド地震発生　ニュージーランド南島のクライストチャーチ市付近でマグニチュード6.3の地震が発生した。菅直人首相は緊急対策会議を招集、日

日本安全保障史事典　　　　　　　　　　　　　　　　　　　　　　　2011年（平成23年）

　　　　本政府は支援準備調査団を現地へ派遣した。24日には国際協力機構（JICA）の調整
　　　　の下で組織された警察庁・消防庁・海上保安庁の隊員により編成された国際緊急援
　　　　助隊（第一陣）が現地に到着した（第三陣が3月12日まで活動）。死者185人、うち日
　　　　本人は語学専門学校の留学生など28人にのぼった。

3.5　　〔事件〕アラビア海で海賊　　アラビア海のオマーン沖で商船三井のタンカーが海賊に
　　　　襲撃された。6日、米軍が海賊を制圧。11日、拘束したソマリア人を自称する海賊4
　　　　人を海上自衛隊の艦船に移し、「海賊対処法」に基づき逮捕した。13日、海上保安庁
　　　　は4人をジブチから羽田に移送、東京地検に送検。

3.11　　〔社会〕東日本大震災発生　　14時46分ごろ、三陸沖を震源とするマグニチュード9.0
　　　　の地震が発生。宮城県栗原市で最大震度7が観測されたほか、宮城県、福島県、茨城
　　　　県、栃木県などでは震度6強を観測。岩手県、宮城県、福島県を中心とした太平洋沿
　　　　岸部は巨大な津波に襲われ、甚大な被害を受けた。死者1万5000人以上、行方不明者
　　　　は2500人以上。災害の応急対策を強力に推進するため、「災害対策基本法」に基づき、
　　　　菅直人首相を本部長とする緊急災害対策本部が閣議決定により設置された。また、
　　　　東京電力福島第一原子力発電所が被災して放射性物質が漏れ出す深刻な事態になり、
　　　　「原子力災害対策特別措置法」に基づき、政府は初めての「原子力緊急事態宣言」を
　　　　発令した。バラク・オバマ米大統領は菅直人首相と電話会談、犠牲者に哀悼の意を記
　　　　すとともに、支援を表明した。自衛隊は「大規模震災災害派遣」（8月31日まで）、「原
　　　　子力災害派遣」（12月26日まで）を実施。陸海空3自衛隊を一体化させた統合部隊を設
　　　　置して捜索・救助から生活支援、原発事故対応などの活動に10万7000人を動員した。

3.12　　〔事件〕福島第一原発炉心融解事故　　東日本大震災による津波被害を受けた東京電力
　　　　福島第一原子力発電所の1号機で水素爆発が発生。14日、3号機でも水素爆発。15日、
　　　　東京電力は、被災した4号機の原子炉建屋内にある使用済み核燃料を一時貯蔵する
　　　　プール付近で火災が発生、毎時400ミリシーベルト（10万マイクロシーベルト）の放
　　　　射線量を観測したと発表した。17日には原子炉冷却のため自衛隊のヘリが3号機に海
　　　　水の投下を開始、地上からの放水も行う。4月12日、経済産業省原子力安全・保安院
　　　　は、福島第一原発の事故について、原発事故の深刻度を示す「国際原子力事象評価
　　　　尺度（INES）」の暫定評価を、「レベル5」から最悪の「7」に引き上げると発表した。

3.13　　〔国際〕「トモダチ作戦」発動　　米軍が「トモダチ作戦」として、東日本大震災で被害
　　　　を受けた地方への災害救助・救援および復興支援の活動を展開。西太平洋を航行し
　　　　ていた原子力航空母艦「ロナルド・レーガン」が米韓合同演習を中止して仙台沖に
　　　　到着、自衛隊とともに物資の輸送を開始。他に東南アジアから第七艦隊の指揮艦
　　　　「ブルーリッジ」や強襲揚陸艦「エセックス」が、沖縄や神奈川などの在日米軍の基
　　　　地からも輸送機やヘリが作戦に参加。2万4000人の将兵が動員された。4月30日に活
　　　　動はほぼ終了した。

3.16　　〔自衛隊〕予備自衛官の災害招集　　東日本大震災にあたって、自衛隊の予備自衛官お
　　　　よび即応予備自衛官に対する初の災害招集を閣議決定した。同日、陸上自衛隊の即
　　　　応予備自衛官および予備自衛官に対する災害（等）招集命令（8月31日まで）発令、4
　　　　月15日、海上自衛隊・航空自衛隊の予備自衛官に対する災害招集命令（8月31日ま
　　　　で）発令。6月22日に活動は終了した。

4.1　　〔自衛隊〕東北地方沿岸で行方不明者捜索　　自衛隊・米軍・海上保安庁などが協力し

－ 201 －

て、岩手県・宮城県・福島県の沿岸で、東日本大震災での行方不明者の集中捜索を行う。26日までに298人の遺体を収容。

4.6 〔事件〕**在コートジボワール日本大使公邸襲撃事件**　西アフリカのコートジボワールの最大都市アビジャンで、日本大使公邸が武装集団に襲撃され、占拠された。日本政府は米国に岡村善文駐コートジボワール大使らの救援を要請し、これを受けた旧宗主国フランスの部隊がヘリコプターで大使ら職員全員を救出した。

5.11 〔事件〕**イージス艦衝突事故で士官無罪**　2008年2月19日に千葉県房総半島沖で海上自衛隊のイージス艦「あたご」と漁船「清徳丸」が衝突した事故で、横浜地裁は2009年1月の海難審判で責任がイージス艦側にあるとした裁決を覆し、衝突回避義務は漁船にあったとして、業務上過失致死・業務上過失往来危険罪を問われた士官2人を無罪とした。

5.27 〔事件〕**交通事故を起こした米軍属に起訴相当**　沖縄県沖縄市で1月に交通事故を起こした米軍属の男性が公務中の事故として那覇地検が不起訴にした件で、那覇検察審査会は起訴相当と議決した。日米地位協定の運用改善合意を適用した初めてのケースとして、11月25日在宅起訴。

6.1 〔事件〕**ジブチの自衛隊活動拠点運用開始**　ソマリア沖で海賊対処活動を行う海上自衛隊、活動の長期化に備えてアフリカ東部のジブチに活動拠点を開設。司令部庁舎・宿舎のほか、「P-3C」哨戒機の整備用格納庫などを建設。海外での本格的な活動拠点の整備は初めて。

6.3 〔国際〕**アジア安全保障会議開催**　イギリスの国際戦略研究所 (IISS) が主催する第10回アジア安全保障会議がシンガポールで開催され（5日まで）、北沢俊美防衛大臣も参加（4日まで）。

6.13 〔自衛隊〕**パシフィック・パートナーシップ2011へ参加**　米海軍を主体とする艦艇が医療活動・文化交流などを行うことによって関係国との連携強化・災害救援活動の円滑化などを図る「パシフィック・パートナーシップ」に、自衛隊の医療要員、海上自衛隊の掃海母艦、航空自衛隊の輸送機などが参加。7月14日まで。

6.21 〔国際〕**日米安全保障協議委員会開催**　ワシントンの米国務省で、日米安全保障協議委員会（「2+2」）が開催される。軍事的台頭の目立つ中国に対し「共通戦略目標」を策定。「より深化し、拡大する日米同盟に向けて：50年間のパートナーシップの基盤の上に」を発表。普天間飛行場の2014年の移設を正式に断念。

6.27 〔団体〕**防衛庁燃料談合事件で石油元売り会社に賠償命令**　1995～1998年度に旧防衛庁調達実施本部が航空機燃料などの入札で談合していた事件で、東京地裁はJX日鉱日石エネルギー・コスモ石油など石油元売り会社9社に約84億円の賠償を国に支払うよう命じた。

6.29 〔事件〕**台湾活動家が尖閣周辺海域で領有権主張**　尖閣諸島の領有権を主張する台湾の活動家が、漁船に乗船して尖閣周辺の接続水域を航行、海上保安庁第11管区海上保安本部の巡視船が領海侵入しないよう警告。

7.5 〔事件〕**空自機墜落**　航空自衛隊那覇基地所属の「F-15」戦闘機1機が東シナ海上で訓練中に消息を絶ち、乗員1人が行方不明となる。現場付近の海上で海上自衛隊の艦

日本安全保障史事典　　　　　　　　　　　　　　　　　　　　　　　　　2011年（平成23年）

艇が不明機の尾翼を発見、墜落したと断定した。

7.10　〔事件〕**警察庁・防衛省にサイバー攻撃**　警察庁のホームページがサイバー攻撃を受け、閲覧できなくなる事態が発生した。8月26日、攻撃の発信元は中国が90％以上だったと判明。防衛省のホームページも攻撃を受けていた。

7.31　〔事件〕**中国船、無許可で海洋調査**　東シナ海の日本の排他的経済水域（EEZ）内で、中国の海洋調査船が無許可で海洋調査を実施、海上保安庁の巡視艇・航空機で警告・調査中止を要求。

8.5　〔事件〕**中国漁船の船長を逮捕**　石川県輪島市沖の排他的経済水域（EEZ）で違法操業していた中国漁船2隻を、海上保安庁第9管区海上保安本部の巡視船が停船させ、船長2人を「漁業主権法」違反容疑で逮捕した。

8.24　〔事件〕**中国の漁業監視船が尖閣付近の領海侵犯**　中国の漁業監視船「漁政」2隻が尖閣諸島付近の領海に侵入、航行。中国側は自国の領土内のパトロールと主張。

9.2　〔政治〕**野田内閣が発足**　民主党・国民新党の連立による野田佳彦内閣が発足した。防衛大臣には一川保夫が就任。

9.3　〔社会〕**台風12号豪雨災害**　8月25日に発生した台風12号は、10時頃に高知県東部に上陸、18時過ぎに岡山県南部に再上陸した。西日本から北日本にかけて、長時間広い範囲での記録的な大雨となった。和歌山県に続いて4日には三重県・奈良県が自衛隊に派遣要請、陸上自衛隊のほか海上保安庁が救助・捜索、給水支援などの活動を行った。

9.13　〔事件〕**脱北者救助**　石川県能登半島輪島沖で、漁船の通報により海上保安庁の巡視船が木造小型船に乗船していた子どもを含む男女9人を保護。16日、入国管理局は北朝鮮からの脱北者として上陸を許可。10月4日、渡航を希望していた韓国へ移送された。

9.19　〔事件〕**防衛産業に対するサイバー攻撃**　三菱重工業が社内の83台のサーバーやパソコンがコンピューターウイルスに感染していたことが判明したと発表した。潜水艦や原子力発電プラント、ミサイルなどの研究・製造拠点などでウイルス感染が確認された。30日、警視庁公安部に被害届を提出。

9.21　〔国際〕**日米首脳会談開催**　野田佳彦首相は就任後初めてバラク・オバマ米大統領とニューヨークの国連本部で会談し、日米同盟の深化させていくことで一致した。首相は沖縄県の米軍普天間飛行場の移設問題について、名護市辺野古に移す2010年5月の日米合意に沿って、沖縄県の理解を得られるように全力を尽くすと伝えた。

9.23　〔兵器〕**情報収集衛星、打ち上げ成功**　三菱重工業と宇宙航空研究開発機構（JAXA）、鹿児島県南種子町の種子島宇宙センターから情報収集衛星「光学4号機」を搭載したH2Aロケット19号機を打ち上げた。衛星の分離・予定軌道投入が確認され、打ち上げは成功。13回連続の成功となる。事実上の偵察衛星で、北朝鮮などの軍事関連施設の監視を主任務とする。

9.25　〔事件〕**中国船、事前通告と異なる海域で海洋調査**　東シナ海の日本の排他的経済水域（EEZ）内で、中国の海洋調査船が事前通報とは異なる海域で海洋調査を実施、海上保安庁の巡視艇・航空機で警告等を行った。同様の事案が26日と29日、10月7日・11月15日・12月6日にも発生。

－　203　－

2011年（平成23年）   日本安全保障史事典

10.7 〔事件〕**空自機、タンク落下**　石川県小松基地所属の航空自衛隊の「F-15」戦闘機から、燃料タンクと模擬ミサイルの一部が落下し破片が能美市などに飛散した。怪我人はなかった。空自は原因究明のため訓練を中止。12月8日・9日には、茨城県百里基地所属の「F-15」戦闘機から部品が落下する事故があった。

10.10 〔基地〕**グアムへの航空機訓練移転**　在日米軍再編の一環として、グアムなどへの航空機訓練移転が初めて行われた。10月28日まで。

10.14 〔兵器〕**海自次期輸送機の機種決定**　海上自衛隊の「YS-11」の後継となる次期輸送機として「C-130R」を選定した。

10.16 〔自衛隊〕**航空観閲式**　茨城県小美玉市の航空自衛隊百里基地で航空観閲式が行われた。野田佳彦首相は訓示で南スーダンの国連平和維持活動（PKO）への貢献について決意を示した。

10.24 〔国際〕**「日仏情報保護協定」締結**　野田佳彦首相はフランスのフランソワ・フィヨン首相と東京の首相官邸で会談し、原子力の安全性強化などに協力して取り組むための産官学などによる合同委員会の新設などを盛り込んだ共同宣言を発表、軍事機密などを交換する際の管理規則を定めた「日仏情報保護協定」を締結した。

10.24 〔国際〕**日越防衛相会談**　一川保夫防衛大臣はベトナムのフン・クアン・タイン国防大臣と東京で会談し、防衛分野での連携を強化する、日本とベトナムの防衛協力・交流に関する覚書に署名した。南シナ海での領有権問題をめぐって対立する中国を牽制する狙いもある。

11.6 〔事件〕**中国漁船の船長を逮捕**　長崎県五島列島沖の日本の領海内で、立ち入り検査を忌避した中国漁船1隻を海上保安庁・長崎海上保安部が拿捕し、船長を「漁業法」違反容疑で逮捕した。もう1隻は逃走した。違法操業の疑い。8日送検。

11.12 〔国際〕**日米首脳会談**　米国のハワイで開催されたアジア太平洋経済協力会議（APEC）首脳会議に先立ち、野田佳彦首相はバラク・オバマ米大統領と会談し、普天間飛行場の移設への取組、訓練のグアム移転などについて意見を交換した。

11.15 〔自衛隊〕**「南スーダンミッション」司令部要員派遣**　7月に独立した南スーダンの国家建設支援のための平和維持活動（PKO）「国連南スーダンミッション（UNMISS）」へ、司令部要員として自衛官を派遣することが閣議決定された（11月28日出国）。

11.18 〔国際〕**日ASEAN、海洋安全保障推進**　インドネシア・バリ島のヌサドゥアで開かれた日本と東南アジア諸国連合（ASEAN）10カ国による首脳会議で「日ASEAN共同宣言」がとりまとめられ、野田佳彦首相は南シナ海の中国と周辺国の対立を念頭に置いた海洋安全保障分野での協力強化を表明した。

11.24 〔基地〕**日米地位協定、運用見直し**　日米両政府は日米地位協定の運用を見直し、在日米軍で働く米国人軍属が公務中に交通死亡事故のような重大な犯罪を起こした場合、米国側が刑事訴追しなければ日本側が裁判権を行使できるようにすることで合意した。

11.29 〔政治〕**沖縄防衛局長更迭**　一川保夫防衛大臣、28日に行われた非公式な報道機関との懇談会で、普天間飛行場の移設先の環境影響評価（アセスメント）の評価書の提出をめぐって沖縄県民や女性を侮辱するような発言があったとして、沖縄防衛局の田

－ 204 －

中聡局長を更迭し大臣官房付にしたと発表した。

12.9 〔政治〕**防衛大臣問責決議案可決** 第179回国会会期中、参議院で一川保夫防衛大臣の問責決議案が可決された。「安全保障に関しては素人」などの発言やブータン国王歓迎宮中晩餐会より政治資金パーティーへの出席を優先するなど、閣僚としての資質を問われたことによるもの。

12.20 〔兵器〕**次期戦闘機決定** 安全保障会議で「次期戦闘機の整備について」を決定・閣議了解。航空自衛隊の次期主力戦闘機として米国など9カ国が共同開発中の「F-35A」を選定した。

12.20 〔事件〕**中国漁船船長逮捕** 長崎県五島列島沖の日本の領海内でサンゴ漁をしていたとして、逃走した中国漁船1隻を海上保安庁・長崎海上保安部の巡視船が追跡の末つかまえ、船長を「外国人漁業規制法」違反容疑で逮捕した。

12.20 〔自衛隊〕**「南スーダンミッション」施設部隊派遣** 平和維持活動（PKO）「国連南スーダンミッション（UNMISS）」へ、陸上自衛隊施設部隊などを派遣することが閣議決定された（2012年1月11日から派遣）。

12.27 〔兵器〕**武器輸出基準緩和** 安全保障会議で、藤村修内閣官房長官談話として、武器や関連技術の輸出を禁じている「武器輸出三原則」を緩和する「防衛装備品等の海外移転に関する基準」を発表。

12.28 〔基地〕**普天間飛行場の移設先の環境影響評価書提出** 普天間飛行場代替施設建設事業にかかる環境影響評価（アセスメント）の評価書が、未明に沖縄県庁に提出された。27日は移設反対派に阻まれ搬入できなかった。2012年1月6日、沖縄県は全書類受理作業を完了した。

2012年
（平成24年）

1.3 〔事件〕**石垣市議ら、尖閣上陸** 石垣市議ら4人が釣りをすると称して漁船で沖縄県の尖閣諸島魚釣島に接近し、上陸した。

1.11 〔国際〕**日モンゴル防衛相会談** 一川保夫防衛大臣はモンゴルのボルド国防大臣とウランバートルで会談し、日本・モンゴル防衛協力・交流に関する覚書に署名した。防衛次官級協議の実施や自衛隊とモンゴル軍の部隊間交流などを行い、中国を牽制する狙い。

1.11 〔自衛隊〕**「南スーダンミッション」先遣隊出国** 平和維持活動（PKO）「国連南スーダンミッション（UNMISS）」へ、「現地支援調整所」の要員となる、陸上自衛隊先遣隊が出国した。

1.13 〔政治〕**野田第1次改造内閣が発足** 民主党・国民新党の連立による野田佳彦首相の第1次改造内閣が発足した。防衛大臣には田中直紀が就任。

2012年（平成24年）　　　　　　　　　　　　　　　　　　　　　　　　　日本安全保障史事典

2.8　〔基地〕**在日米軍再編計画を見直し**　日米両政府は在日米軍再編計画の見直しに関する基本方針を発表した。在沖縄米海兵隊のグアム移転と米軍普天間飛行場（沖縄県宜野湾市）移設を切り離すことを明記し、海兵隊移転を先送りする方針を正式決定した。普天間飛行場を同県名護市辺野古に移設する方針は堅持することも確認した。

2.19　〔事件〕**中国船、日本の海洋調査に中止要求**　沖縄県久米島周辺の東シナ海の日本の排他的経済水域（EEZ）で海洋調査をしていた海上保安庁の測量船に対し、中国国家海洋局の公船が海洋調査の中止を要求。28日にも同様の事案が発生。

2.20　〔基地〕**沖縄県知事、県外移設の意見書**　辺野古移設のための環境影響評価（アセスメント）の評価書について、仲井真弘多沖縄県知事の「環境保全は不可能」とする意見書が、沖縄県から沖縄防衛局へ提出された。普天間飛行場の県外移設と早期返還を求めるもの。

2.26　〔基地〕**野田首相、沖縄県を初訪問**　野田佳彦首相は、就任後初めて沖縄県を訪問した。27日には仲井真弘多沖縄県知事と会談し、米軍普天間飛行場の辺野古への移設に理解を求めたが、知事は県外移設を主張した。

3.15　〔事件〕**尖閣諸島中国漁船衝突事件で強制起訴**　2010年9月7日の尖閣諸島付近で違法操業していた中国漁船が海上保安庁の巡視船に衝突した事件で、2回検察が不起訴にした中国漁船の船長を、那覇検察審査会の起訴議決に基づき強制起訴した。5月17日、那覇地裁は既に帰国している船長に起訴状が送達できなかったとして公訴棄却を決定。

3.16　〔事件〕**北朝鮮、ミサイル発射予告**　北朝鮮宇宙空間技術委員会の報道官は4月12日から16日の間に、地球観測衛星を打ち上げると発表した。「人工衛星」と称する弾道ミサイルとみられる。4月13日に発射するが失敗。

3.16　〔事件〕**中国船、尖閣領海侵犯**　中国国家海洋局の公船が沖縄県尖閣諸島付近の海域を航行し、一時、日本の領海内に侵入。海上保安庁第11管区海上保安本部は領海内に侵入しないよう警告。

3.26　〔自衛隊〕**空自航空総隊司令部、横田へ移転**　航空自衛隊航空総隊司令部が、府中基地から在日米軍司令部がある横田基地へ移転した。航空総隊司令部は戦闘機部隊や北朝鮮の弾道ミサイル対処などを指揮するもので、自衛隊と米軍の連携強化を目的とする。

3.26　〔事件〕**自衛隊監視訴訟、国に賠償命令**　2007年に行われていた自衛隊のイラク派遣反対集会を陸上自衛隊情報保全隊が監視したのは違法であるとして、東北6県の住民107人が国に監視差し止めと損害賠償を求めた訴訟で、仙台地裁は人格権侵害を認めて5人に計30万円の支払いを命じる判決を出した。監視差し止め請求は却下。2016年2月2日、仙台高裁は5人のうち1人への賠償金10万円の支払いを命令。10月29日、最高裁は住民側の上告を棄却、2審で賠償が認められた1人を除いて住民側の敗訴が確定。

3.30　〔事件〕**弾道ミサイル破壊措置命令**　安全保障会議で北朝鮮のミサイルが領土や領海に落下する場合は迎撃する方針を決定。田中直紀防衛大臣が「弾道ミサイル等に対する破壊措置などの実施に関する自衛隊行動命令」を発令（4月13日に終結）。

3.30　〔基地〕**「沖縄振興特措法」・「駐留軍用地返還特措法」改正法成立**　「沖縄振興特別措

－ 206 －

置法の一部を改正する法律」及び「沖縄県における駐留軍用地の返還に伴う特別措置に関する法律の一部を改正する法律」が可決成立した。10年間の方向性を示す「沖縄振興計画」の策定主体を国から県へ変更するもの。また、返還後の米軍基地の土壌汚染調査は国が行うことなどを定めた。4月1日施行。

4.10 〔国際〕**日英首脳会談**　野田佳彦首相はイギリスのデーヴィッド・キャメロン首相と東京の首相官邸で会談し、日英共同声明を発表した。北朝鮮のミサイル発射についての強力な対応、防衛装備品の共同開発・生産に乗り出すことで合意した。

4.13 〔事件〕**北朝鮮、ミサイル発射失敗**　北朝鮮、「人工衛星」と称する長距離弾道ミサイルを発射したが直後に爆発、黄海に落下した。北朝鮮は発射失敗を認めた。各国が発射自制を求める中での強行で、13日に米国が2月の米朝合意での食糧支援中止を発表、16日には国連安全保障理事会がミサイル発射を非難する議長声明を採択した。

4.16 〔事件〕**尖閣諸島、都が購入表明**　石原慎太郎東京都知事、ワシントンでの講演の中で、沖縄県の尖閣諸島の一部を地権者から東京都が買い取ることで基本合意したことを明らかにした。

4.17 〔自衛隊〕**「東ティモール統合ミッション」への派遣延長**　「国連東ティモール統合ミッション（UNMIT）」への自衛隊の派遣期間を10か月延長（2013年2月28日まで）。

4.20 〔政治〕**防衛大臣問責決議案可決**　第180回国会会期中、参議院で田中直紀防衛大臣の問責決議案が可決された。航空自衛隊のミサイル「PAC-3」と海上自衛隊の哨戒機「P-3C」を混同するなど事実誤認の発言を繰り返し、防衛大臣として安全保障の知識に欠けているとされていた。防衛大臣が問責閣僚となるのは2代連続。

4.27 〔国際〕**日米安全保障協議委員会開催**　日米安全保障協議委員会（「2+2」）が開催され、在日米軍再編計画見直しの中間報告を日米が共同発表した。沖縄の海兵隊は9000人が国外へ、1万人が残留。

4.30 〔国際〕**日米首脳会談**　野田佳彦首相は就任後初めてワシントンを訪れ、民主党首相としてバラク・オバマ米大統領とホワイトハウスで初の公式日米首脳会談を行った。日米同盟を「アジア太平洋地域における平和、安全保障、安定の礎」と位置付け、同盟強化を改めて確認する共同声明を取りまとめた。

5.17 〔国際〕**「日豪情報保護協定」署名**　玄葉光一郎外務大臣はオーストラリアのボブ・カー外務大臣と東京の外務省飯倉公館で会談し、軍事機密などを交換する際の管理規則を定めた「日豪情報保護協定」に署名した。外務・防衛閣僚協議（「2+2」）の早期開催を目指す方針も確認。2013年3月22日発効。

6.1 〔国際〕**アジア安全保障会議開催**　イギリスの国際戦略研究所（IISS）が主催する第11回アジア安全保障会議がシンガポールで開催され、参議院で問責決議を受けた田中直紀防衛大臣は欠席し、2日から渡辺周防衛副大臣が参加（3日まで）。

6.3 〔国際〕**「日英防衛協力に関する覚書」署名**　アジア安全保障会議の開かれているシンガポールで、「日英防衛協力に関する覚書」が取り交わされた。

6.4 〔政治〕**野田第2次改造内閣が発足**　民主党・国民新党の連立による野田佳彦首相の第2次改造内閣が発足した。防衛大臣には元航空自衛官で外交官経験もある森本敏・拓殖大学教授が民間人初の防衛担当閣僚として就任した。

| 6.13 | 〔国際〕日伊防衛相会談　森本敏防衛大臣はイタリアのイニャーツィオ・ラ・ルッサ国防大臣と東京で会談し、日本・イタリア間の防衛交流・協力の意図表明文書に署名した。 |

6.13　〔国際〕日伊防衛相会談　森本敏防衛大臣はイタリアのイニャーツィオ・ラ・ルッサ国防大臣と東京で会談し、日本・イタリア間の防衛交流・協力の意図表明文書に署名した。

6.18　〔自衛隊〕パシフィック・パートナーシップ2012へ参加　米海軍を主体とする艦艇が医療活動・文化交流などを行うことによって関係国との連携強化・災害救援活動の円滑化などを図る「パシフィック・パートナーシップ」に、自衛隊の医療要員、海上自衛隊の輸送艦、航空自衛隊の輸送機などが参加。7月24日まで。

6.23　〔自衛隊〕リムパック2012に参加　海上自衛隊が、ハワイ周辺海域で行われる米海軍主催の「環太平洋合同演習（リムパック）2012」に参加。ロシア海軍が初参加。ほかにカナダ、オーストラリア、ニュージーランド、韓国、チリ、ペルー、メキシコ、コロンビア、インド、シンガポール、マレーシア、インドネシア、タイ、フィリピン、イギリス、フランス、オランダ、ノルウェーの各海軍、トンガ、米沿岸警備隊が参加し、8月3日に終了した。

7.2　〔国際〕日比防衛相会談　森本敏防衛大臣はフィリピンのヴォルテル・ガズミン国防大臣と東京で会談し、日本・フィリピン間の防衛協力・交流に関する意図表明文書に署名した。東シナ海・南シナ海への進出を強めている中国を牽制する狙い。

7.3　〔国際〕PSI航空阻止訓練を初主催　大量破壊兵器・ミサイルなどの移転・輸送を阻止するための「拡散に対する安全保障構想（PSI）」に基づく「PSI航空阻止訓練」が、初めての日本主催のもと、北海道の航空自衛隊千歳基地などで20カ国が参加して行われた。7月5日まで。

7.3　〔事件〕ロシア首相、国後島訪問　ロシアのドミートリー・メドヴェージェフ首相、北方領土の国後島を訪問、実効支配をアピールし、港湾などを見学した。日本政府は駐日ロシア大使に抗議。

7.7　〔事件〕尖閣諸島国有化方針　野田佳彦首相が沖縄県の尖閣諸島を国有化する方針を固め、すでに地権者と購入交渉に入っていることが明らかになった。6日には東京都による尖閣購入の意志を示していた石原慎太郎都知事に政府の方針を伝えた。

7.11　〔事件〕中国の漁業監視船が尖閣付近の領海侵犯　中国の漁業監視船3隻が尖閣諸島付近の領海侵犯。翌12日にも1隻が領海侵犯。日本の尖閣国有化方針を牽制するものとみられる。

8.10　〔事件〕韓国大統領、竹島上陸　李明博韓国大統領が、韓国の大統領として初めて島根県の竹島に上陸した。日本政府は韓国大使を一時帰国させた。21日、日本政府は竹島の領有権問題を国際司法裁判所に共同付託する提案書を韓国政府に送付、30日に韓国政府は共同付託を拒否。

8.15　〔事件〕香港の活動家、尖閣上陸　船で乗りつけた香港の活動家ら14人のうち7人が、中国の領有権を主張して沖縄県の尖閣諸島魚釣島に上陸。14人は「入管難民法」違反で逮捕、17日に強制送還。

8.19　〔事件〕都議ら、尖閣上陸　戦時中の疎開船の犠牲者を弔うための慰霊祭に参加していた東京都議・兵庫県議ら10人が、政府の許可を得ずに沖縄県の尖閣諸島魚釣島に上陸した。

日本安全保障史事典　　　　　　　　　　　　　　　　　　　　　　　2012年（平成24年）

8.27　〔事件〕**中国で大使公用車襲撃**　北京で丹羽宇一郎駐中国大使の乗った公用車が車2台に停車させられ、公用車についている日本国旗を奪われた。9月4日、北京公安局は容疑者を行政拘留処分にしたが刑事責任は問わず。

8.29　〔事件〕**「海上保安庁法」・「外国船舶航行法」改正法成立**　「海上保安庁法及び領海等における外国船舶の航行に関する法律の一部を改正する法律」が可決成立した。外国人などによる不法上陸事件に迅速に対処するため、海上保安庁の警察権を強化し、海上保安官が海上での犯罪以外に、本土から離れた離島で捜査や逮捕ができるようにするもの。また、領海内の外国船に立ち入り検査をせずに退去命令を出せるようになった。9月5日公布、9月25日施行。

9.7　〔事件〕**サイバー防衛隊、新設**　防衛省は、サイバー攻撃に対する防衛省・自衛隊の防護能力を強化するための指針「防衛省・自衛隊によるサイバー空間の安定的・効果的利用に向けて」を策定・公表し、陸海空の各自衛隊員計100人で構成される「サイバー空間防衛隊」を新設する方針を明記した。

9.11　〔事件〕**尖閣諸島国有化**　政府は沖縄県の尖閣諸島国有化のための購入費20億5000万円を閣議決定し、尖閣諸島3島（魚釣島・北小島・南小島）を地権者と売買契約を結んで購入、所有権を獲得した。日本が国有化を表明してから反発した中国国内で大使公用車の襲撃や抗議デモの暴徒化・日系製品の不買運動が起きるほか、尖閣諸島周辺への中国船・中国航空機の侵入も相次ぎ、日中関係は悪化した。

9.14　〔事件〕**中国・台湾船、尖閣領海侵犯**　中国国家海洋局の監視船6隻が、尖閣諸島周辺の領海に侵入した。6隻の同時侵入は過去最多。25日には台湾の漁船約40隻が台湾の巡視船8隻とともに領海に侵入した。

9.23　〔自衛隊〕**「東ティモール統合ミッション」への派遣終了**　延長されていた「国連東ティモール統合ミッション（UNMIT）」への自衛隊の派遣が終了した。

9.26　〔事件〕**日中、尖閣問題で応酬**　ニューヨークでの国際連合の総会の一般討論演説で、野田佳彦首相は中国公船のたび重なる領海侵入を念頭に「主義主張を力や威嚇を用いて実現しようとする試み」を批判した。27日の一般討論演説では中国の楊潔篪外務大臣が尖閣諸島は日清戦争後に「日本が盗んだ」ものと述べ、双方が反論。11月6日のラオスの首都ビエンチャンでのアジア欧州会議（ASEM）首脳会議でも、尖閣問題で日中が激しく応酬。

10.1　〔政治〕**野田第3次改造内閣が発足**　民主党・国民新党の連立による野田佳彦首相の第3次改造内閣が発足した。防衛大臣には森本敏が留任。

10.6　〔基地〕**オスプレイ普天間配備**　山口県の米軍岩国基地に7月23日から一時駐機していた輸送機「MV-22オスプレイ」12機が、沖縄県の普天間飛行場に配備完了した。6月29日に日本配備が通告されていた。9月19日、日米両政府が安全確保策で合意。10月9日、仲井真弘多沖縄県知事は首相官邸で野田佳彦首相と会談し、墜落事故があったことから安全性が問題視されているオスプレイを配備することは沖縄の負担を増すとして、配備撤回・負担分散を求めた。

10.16　〔事件〕**米兵強姦事件**　沖縄県で米海軍の兵士2人が、日本人女性に対する集団強姦致傷容疑で逮捕された。19日、日本滞在の米軍人すべてに対して夜間外出禁止令を発令。

－ 209 －

11.15 〔事件〕**中国船、事前通告と異なる海域で海洋調査** 東シナ海の日本の排他的経済水域（EEZ）内で、中国の海洋調査船が事前通報とは異なる海域で海洋調査を実施、海上保安庁の航空機で警告等を行った。

11.15 〔国際〕**日朝外務省局長級協議** 日本と北朝鮮の外務省局長級協議が、モンゴルの首都ウランバートルで開催された（16日まで）。高官レベル協議は金正恩体制では初めて。日本人拉致問題協議継続で一致した。

11.26 〔法律〕**「自衛隊法」改正公布** 「自衛隊法の一部を改正する法律」が公布、「日米物品役務相互提供協定（日米ACSA）」関係が一部施行。

11.28 〔事件〕**小型船、相次ぎ漂着** 新潟県佐渡市沖で、ハングル表記のある小型の木造船が漂着。船内には複数の遺体があり、北朝鮮からの脱北船とみて海上保安庁などが確認作業を行う。新潟・石川・秋田に12月21日までに相次いで同様の木造船が漂着した。

11.29 〔国際〕**米上院、尖閣に安保適用** 米国上院で、尖閣諸島は日本の施政下にあり、「日米安全保障条約」の適用対象であることを確認する条項を追加した国防権限法案修正を可決した。

12.1 〔事件〕**北朝鮮ミサイル発射予告、日朝政府間協議延期** 北朝鮮宇宙空間技術委員会報道官は10日から22日の間に、地球観測衛星を打ち上げると発表した。「人工衛星」と称する弾道ミサイルとみられる。野田佳彦首相は5〜6日に予定されていた日朝政府間協議の延期を決定した。ミサイルは12月12日に発射。

12.7 〔事件〕**弾道ミサイル破壊措置命令** 安全保障会議で北朝鮮が発射予告したミサイルへの対処方針を決定、森本敏防衛大臣が「弾道ミサイル等に対する破壊措置等の実施に関する自衛隊行動命令」を発令。11日、北朝鮮が発射予告期間を延長したことを受け、破壊措置命令の有効期限を22日から29日に変更（12月12日に終結）。

12.12 〔事件〕**北朝鮮、ミサイル発射** 北朝鮮、「人工衛星」と称する長距離弾道ミサイルを発射した。ミサイルは沖縄地方の上空を通過したが、日本への危険はないと判断して破壊措置は実施しなかった。北朝鮮は「衛星打ち上げ成功」と発表。

12.13 〔事件〕**中国機、尖閣領空侵犯** 中国国家海洋局の航空機1機が沖縄県の尖閣諸島魚釣島周辺の上空を領空侵犯しているのを海上保安庁の巡視船が発見。航空自衛隊の戦闘機が緊急発進（スクランブル）した。中国機の領空侵犯は初めて。

12.26 〔政治〕**第2次安倍内閣が発足** 自民党・公明党の連立による第2次安倍晋三内閣が発足した。安倍首相は5年ぶりの再登板となった。防衛大臣には小野寺五典が就任。

2013年
（平成25年）

1.16 〔事件〕**アルジェリア人質事件** アルジェリア東部の天然ガス関連施設の外国人従業員らの居住区をイスラム武装組織「イスラム聖戦士血盟団」が襲撃、現地で働く日本のプラントメーカー「日揮」の社員らを拘束。17日、アルジェリア軍が空爆など

で攻撃を開始、21日に制圧。30人以上の外国人の人質が犠牲となり、17人の日本人のうち10人が死亡した。航空自衛隊特別航空輸送隊所属の政府専用機が派遣され、生存者と遺体を日本に輸送した。

1.17 〔自衛隊〕**ゴラン高原の自衛隊PKO部隊帰国** イスラエルとシリア国境のゴラン高原で停戦を監視する国連兵力引き離し隊（UNDOF）へ参加していた自衛隊部隊が撤収、帰国した。自衛隊の国連平和維持活動（PKO）としては最長の約17年間の派遣が終了した。20日に隊旗返還式。

1.22 〔国際〕**国連安保理、北朝鮮ミサイルに制裁決議** 国連安全保障理事会、北朝鮮の長距離弾道ミサイル発射を安保理決議違反として非難し、制裁を強化する決議案を全会一致で採択。

1.25 〔政治〕**「防衛力の在り方検討のための委員会」設置** 「平成25年度の防衛力整備について」を閣議決定したのを受け、専門的かつ詳細な検討をして防衛会議に報告する、防衛副大臣を長とする「防衛力の在り方検討のための委員」を設置。

1.30 〔事件〕**中国艦艇が海自護衛艦にレーダー照射** 東シナ海で、中国海軍艦艇が海上自衛隊護衛艦に射撃目標を捉えるための火器管制レーダーを照射した（2月5日、小野寺五典防衛大臣が発表）。19日にも飛行している海自護衛艦搭載ヘリに対してレーダー照射が疑われる事案が発生している。

1.31 〔法律〕**「自衛隊法」改正公布** 「自衛隊法の一部を改正する法律」が公布。「日豪物品役務相互提供協定（日豪ACSA）」の発効に伴い、日豪ACSA関係が一部施行。

2.7 〔事件〕**ロシア軍機、領空侵犯** ロシア空軍の戦闘機2機が北海道利尻島沖の領空を侵犯。航空自衛隊の戦闘機が緊急発進（スクランブル）した。ロシア機による領空侵犯は5年ぶり。外務省は在日ロシア大使館に抗議。

2.8 〔政治〕**安全保障の法的基盤の再構築に関する懇談会、初会合** 安倍晋三首相の私的諮問機関である「安全保障の法的基盤の再構築に関する懇談会」、第2次安倍内閣としては初の会合を開催。集団的自衛権の行使容認などを検討する。

2.12 〔事件〕**北朝鮮、3回目の核実験** 北朝鮮、2006年・2009年に続き3回目、金正恩体制では初めての地下核実験が成功したと発表した。核実験場がある北東部吉州郡で地震波が観測されていた。政府は核実験実施情報の収集・分析を行うため安全保障会議を開催、官邸の情報連絡室を官邸対策室に改組。

2.15 〔政治〕**国家安全保障会議創設への動き** 安倍晋三首相は、外交・安全保障政策の司令塔となる国家安全保障会議の創設に関する有識者会議の初会合を首相官邸で開催した。

2.20 〔基地〕**辺野古アセスのやり直しならず** 沖縄県の米軍普天間飛行場を名護市辺野古に移設するための環境影響評価（アセスメント）の手続きは違法として、周辺住民らがやり直しや損害賠償を国に求めた訴訟で、那覇地裁は住民側の訴えを退ける判決。

3.1 〔兵器〕**武器輸出三原則「例外」認める** 菅義偉官房長官、航空自衛隊の次期主力戦闘機「F-35」の国際共同生産で、日本製部品を米国へ輸出することを武器輸出三原則の「例外」と認めるとの談話を発表。

3.7 〔国際〕**国連安保理、北朝鮮核実験への追加制裁** 国際連合安全保障理事会、北朝鮮

の3度目の核実験に対する追加制裁決議を全会一致で採択。北朝鮮への貨物検査や北朝鮮との金融取引停止などについて「義務化」に踏み切る。

3.15 〔自衛隊〕**ハイチPKO終了**　2010年1月12日に発生した「ハイチ地震」後の復興支援のための「国連ハイチ安定化ミッション（MINUSTAH）」へ参加していた自衛隊部隊などの派遣が終了し、隊旗返還式が行われた。

3.22 〔基地〕**辺野古埋立申請**　政府、沖縄県宜野湾市の米軍普天間飛行場の移設先とされている名護市辺野古沿岸部の埋め立ての許可を、仲井真弘多沖縄県知事に申請。

4.2 〔事件〕**北朝鮮、黒鉛減速炉の再稼働表明**　北朝鮮原子力総局報道官が、六者会合の合意に基づいて2007年から稼働を停止していた黒鉛減速炉の再整備、再稼働を表明した。核兵器に使うプルトニウムの増産が可能となり、核兵器開発を進める方針を採択。

4.5 〔基地〕**米軍施設返還計画**　日米両政府、沖縄県の嘉手納基地以南の米軍施設・区域の返還計画を公表。普天間飛行場は「2022年度またはその後」の名護市辺野古への移設前提。

4.7 〔事件〕**弾道ミサイル破壊措置命令**　北朝鮮による中距離弾道ミサイル発射の可能性が高まっているとして、小野寺五典防衛大臣はミサイルの破壊措置命令を発令、自衛隊にミサイル防衛体制を整えるよう指示。

4.23 〔事件〕**中国船、尖閣周辺領海侵犯**　中国の海洋監視船8隻が、沖縄県の尖閣諸島周辺の領海に侵入。尖閣諸島国有化後の中国公船の領海侵入としては最多。

4.29 〔国際〕**日露首脳会談**　安倍晋三首相はロシアのウラジーミル・プーチン大統領とモスクワのクレムリンで会談し、北方領土交渉を再開し経済協力の拡大を通じて領土交渉を加速させることで一致した。

5.18 〔自衛隊〕**日米豪共同訓練**　オーストラリア陸軍主催で、初めての日米豪射撃訓練（サザン・ジャッカル）がオーストラリアで実施された。5月25日まで。陸上自衛隊、米陸軍、オーストラリア陸軍の関係強化と射撃練度の向上を図る。

5.31 〔国際〕**アジア安全保障会議開催**　イギリスの国際戦略研究所（IISS）が主催する第12回アジア安全保障会議がシンガポールで開催された。小野寺五典防衛大臣も参加（6月1日まで）。

6.1 〔国際〕**日米韓防衛相会談**　アジア安全保障会議の開かれているシンガポールで、小野寺五典防衛大臣と米国のチャック・ヘーゲル国防長官、韓国の金寛鎮国防部長官との日米韓防衛相会談が3年ぶりに行われた。北朝鮮の核開発やミサイル発射を深刻な脅威として圧力をかけ続けることで一致し、共同声明を発表した。

6.7 〔国際〕**米中首脳会談**　バラク・オバマ米大統領は中国の習近平国家主席と米国のパームスプリングス郊外で会談し（8日まで）、沖縄県の尖閣諸島をめぐっての日中間の対立への自制を求めた。

6.11 〔事件〕**イージス艦衝突事故で士官無罪確定**　2008年2月19日に千葉県房総半島沖で海上自衛隊のイージス艦「あたご」と漁船「清徳丸」が衝突した事故で、東京高裁は業務上過失致死・業務上過失往来危険罪を問われた士官2人を無罪とした一審判決を支持。26日、東京高検は上告しないことを決定、士官の無罪が確定した。

日本安全保障史事典　　　　　　　　　　　　　　　　　　　　　　　　2013年（平成25年）

6.12 〔自衛隊〕パシフィック・パートナーシップ**2013**へ参加　米海軍を主体とする艦艇が医療活動・文化交流などを行うことによって関係国との連携強化・災害救援活動の円滑化などを図る「パシフィック・パートナーシップ」に、自衛隊の医療要員、海上自衛隊の護衛艦、航空自衛隊の輸送機などが参加。7月5日まで。

6.16 〔国際〕東欧4カ国首脳と会談　安倍晋三首相はポーランド・チェコ・スロバキア・ハンガリーの4カ国首脳とポーランドの首都ワルシャワで会談し、安全保障分野での連携強化などで一致し共同声明を発表した。

6.17 〔国際〕日英首脳会談　主要8カ国首脳会議（G8サミット）が開かれているイギリス・北アイルランドのロックアーンで、安倍晋三首相はイギリスのデーヴィッド・キャメロン首相と初めて会談し、軍事機密などを交換に関する「日英情報保護協定」の締結で合意した。防衛装備品に関する共同研究の実施でも合意。7月4日「日英情報保護協定」に署名、2014年1月1日発効。

6.27 〔国際〕日比防衛相会談　小野寺五典防衛大臣はフィリピンのヴォルテル・ガズミン国防大臣とマニラ近郊の国防省で会談し、海洋紛争の平和的解決が重要との認識を確認。海洋進出を活発化させる中国を牽制する狙い。

6.27 〔自衛隊〕与那国島に自衛隊配備決定　防衛省、沖縄県与那国島に陸上自衛隊の沿岸監視部隊を配備するため、与那国町と町有地賃貸借契約を締結。駐屯地やレーダー施設を置き、南西諸島の防衛体制を強化する。

7.3 〔国際〕中国、ガス田開発の新設作業　東シナ海の日中中間線の近くでガス田開発とみられる採掘施設の新設作業が確認された。日中両政府が共同開発で合意に至っていない地点付近で、日本政府は中国側に懸念を伝えた。

7.5 〔国際〕日豪防衛相会談　小野寺五典防衛大臣はオーストラリアのスティーブン・スミス国防大臣と東京で会談し、日豪の防衛協力について確認・意見交換を行った。

7.29 〔国際〕米上院、対中牽制決議　米上院で、尖閣諸島周辺海域でのレーダー照射など東シナ海・南シナ海での中国の海洋活動が地域の緊張を高めていると非難し、挑発行為を牽制する決議を採択した。

8.5 〔事件〕米軍ヘリ墜落　沖縄県宜野座村の米海兵隊キャンプ・ハンセン内の訓練場で、嘉手納基地所属の救難ヘリコプターが墜落炎上した。乗員1人死亡。周辺住民に被害はなかった。

8.8 〔政治〕内閣法制局長官に集団的自衛権容認派を起用　政府は閣議で、憲法解釈を担当する内閣法制局の長官に、憲法解釈による集団的自衛権の行使容認に前向きとされる小松一郎駐仏大使を充てる人事を決めた。外務省出身者は初めて。

8.19 〔事件〕北方領土協議再開　日本とロシアの外務次官級協議がモスクワで行われ、両国は、北方領土問題をめぐる政府間交渉を再開させた。

8.22 〔事件〕ロシア空軍機、領空侵犯　ロシア空軍の爆撃機2機が福岡県沖ノ島沖の領空を侵犯。航空自衛隊の戦闘機が緊急発進（スクランブル）した。外務省は在日ロシア大使館に抗議。

8.28 〔国際〕日米防衛相会談　第2回拡大ASEAN国防相会議に先立ち、ブルネイの首都バンダルスリブガワンで、小野寺五典防衛大臣は米国のチャック・ヘーゲル国防長官

－ 213 －

と会談し、「日米防衛協力指針（ガイドライン）」を近く改定することを確認。

8.29 〔国際〕**拡大ASEAN国防相会議開催**　ブルネイの首都バンダルスリブガワンで、第2回拡大ASEAN国防相会議（ADMMプラス）が開催され、日本の小野寺五典防衛大臣も参加。27日からブルネイに入り、各国の国防相等との二国間会談等も行った。

8.30 〔団体〕**「防衛省改革の方向性」公表**　防衛省・自衛隊の不祥事の頻発を受けて設置された「防衛省改革検討委員会」が「防衛省改革の方向性」を取りまとめ、防衛会議に報告・公表した。防衛省内部部局に自衛官ポストを、自衛隊の各幕僚監部・主要部隊などに新たな文官ポストを設けるなど、文官・自衛官双方の意識改革を図る。

9.12 〔政治〕**「安全保障と防衛力に関する懇談会」初会合**　安倍晋三首相の私的懇談会「安全保障と防衛力に関する懇談会（安防懇）」の初会合が首相官邸で開催された。外交・防衛政策を中心とした基本方針となる「国家安全保障戦略」策定へ向けて議論する。

9.13 〔事件〕**「日本船警備特措法」成立**　「海賊多発海域における日本船舶の警備に関する特別措置法」が成立した。「海賊多発海域」に限り、小銃で武装した民間警備員が乗り込むことを認めるもの。20日公布、30日施行。

9.16 〔国際〕**日越防衛相会談**　小野寺五典防衛大臣はベトナムのフン・クアン・タイン国防大臣とベトナムの首都ハノイで会談し、中国を念頭に海洋安全保障分野での連携強化などについて協議。

9.18 〔国際〕**日タイ防衛相会談**　小野寺五典防衛大臣はタイのインラック首相兼国防大臣とタイの首都バンコクで会談し、中国を念頭に海洋安全保障分野での連携強化などについて協議。

10.3 〔国際〕**日米防衛相会談**　日米安全保障協議委員会（「2+2」）に先立ち、小野寺五典防衛大臣は米国のチャック・ヘーゲル国防長官と会談し、サイバー攻撃対策で「サイバー防衛政策作業部会」の設置を確認した。

10.3 〔国際〕**日米安全保障協議委員会開催**　日米安全保障協議委員会（「2+2」）が東京で開催され、「日米防衛協力の指針（ガイドライン）」の2014年末までの改定で合意。中国に地域の安定に努めるよう要求。また、在日米軍再編で「在沖海兵隊のグアム移転にかかる協定を改正する議定書」に署名した（2014年5月14日発効）。

10.8 〔基地〕**日米地位協定、運用見直し**　日米両政府は、在日米軍の法的地位を定めた日米地位協定の運用を見直し、日本国内で罪を犯した米軍人・軍属の処分結果について、米政府が1カ月ごとに日本政府に通知することで合意。犯罪処分に関する通知の見直しは初めて。2014年1月1日以降の犯罪から適用。

10.21 〔国際〕**「核不使用」国連声明に初参加**　国連総会第1委員会で「核兵器の人道上の影響に関する共同声明」が発表され、日本を含む125か国が賛同した。「核不使用」共同声明の国際会議での発表は4回目で、日本が賛同するのは初めて、国連加盟国の約3分の2の賛同は最多。

10.16 〔社会〕**台風26号豪雨土砂災害**　10月11日に発生した台風26号の影響で猛烈な雨が降り、東京都の伊豆大島（大島町）では土石流が発生した。東京都知事からの派遣要請に対し、自衛隊は陸海空の統合部隊を設置して対応。東京消防庁・警視庁・海上保安庁も捜索・救助活動を行った（11月8日まで）。東京都の死者・行方不明者は40

人に及んだ。

11.1 〔国際〕**日露防衛相会談**　日露外務・防衛閣僚協議（「2＋2」）に先立ち、小野寺五典防衛大臣はロシアのセルゲイ・ショイグ国防大臣と東京で会談し、今後の日露防衛協力・交流や双方の防衛政策について意見交換を行った。

11.2 〔国際〕**日露外務・防衛閣僚協議、初開催**　初の日露外務・防衛閣僚協議（「2＋2」）が東京で開催され、海上自衛隊とロシア軍とで海上のテロ・海賊対策の共同訓練を実施すること、日露サイバー安全保障協議新設、「2＋2」の定例化などで合意した。平和条約未締結のロシアとの「2＋2」開催は異例。

11.8 〔社会〕**フィリピンに台風30号上陸**　11月4日に発生した台風30号はフィリピンのサマール島に上陸、レイテ島などフィリピン中部を横断。11日から緊急援助物資の供与とともに、国際協力機構（JICA）の調整の下、陸海空の自衛隊から国際緊急援助隊として医療チーム、早期復旧のための専門家チームなどが派遣された（12月19日まで）。死者6200人以上、行方不明者1700人以上。

11.23 〔事件〕**中国、尖閣含む防空識別区設定**　中国国防省、沖縄県の尖閣諸島上空を含む「東シナ海防空識別区」の設定を発表。日本政府は中国に抗議。米国政府も懸念を表明し、尖閣諸島には「日米安全保障条約」が適用されるとした声明を発表した。12月4日、米国のジョー・バイデン副大統領は中国の習近平国家主席と北京で会談し、防空識別区を認めないことを伝えた。

12.4 〔政治〕**国家安全保障会議設置**　11月27日に「安全保障会議設置法」が改正されて「国家安全保障会議設置法」として成立、国家安全保障会議が設置された。米国の国家安全保障会議（NSC）をモデルとし、外交・安全保障問題について議論し対処方針を決定するためのもの。

12.6 〔法律〕**「特定秘密保護法」成立**　11月26日に衆議院を通過した「特定秘密の保護に関する法律（特定秘密保護法）」が参議院で自民党・公明党の賛成多数で可決成立。安全保障に関わる機密情報を漏洩した公務員や民間業者への罰則を強化するもの。9日、安倍晋三首相は、臨時国会の閉会を受けて記者会見し、特定秘密保護法成立が拙速だとの批判に対し「今後とも丁寧に説明していきたい」と述べた。17日、有識者会議「情報保全諮問会議」で特定秘密対象の55項目を規定した。13日公布、12月10日施行。

12.14 〔国際〕**日ASEAN特別首脳会議**　日本と東南アジア諸国連合（ASEAN）との特別首脳会議が東京で開催された。12月15日まで。各国の首脳と安倍晋三首相との首脳会談も行われた。15日のカンボジアのフン・セン首相との首脳会談では、日本とカンボジアの防衛協力・交流の覚書に署名した。

12.17 〔政治〕**「国家安全保障戦略」決定**　国家安全保障会議と閣議、今後10年の外交・安全保障戦略の指針「国家安全保障戦略について」を決定。「積極的平和主義」を打ち出し中国を牽制するもの。「平成26年度以降に係る防衛計画の大綱について」「中期防衛力整備計画（平成26年度～平成30年度）について」も閣議決定。

12.23 〔自衛隊〕**自衛隊、韓国軍に弾薬提供**　平和維持活動（PKO）「国連南スーダンミッション（UNMISS）」に参加している陸上自衛隊が、国連の要請で韓国軍に弾薬1万発を提供。海外で自衛隊の弾薬を他国軍に提供するのは初めて。武器輸出三原則の

例外とする。

12.25 〔基地〕**沖縄県連国会議員、辺野古移設容認**　自民党沖縄県連に所属する国会議員5人が、沖縄県の普天間飛行場が名護市辺野古を移設先とすることを容認する考えを表明。27日、自民党沖縄県連の県議団も辺野古移設を容認。

12.27 〔基地〕**沖縄県知事、辺野古埋立承認**　仲井真弘多沖縄県知事、普天間飛行場移設先として申請されていた、名護市辺野古沿岸部の埋立を承認し、沖縄防衛局へ承認書を送付した。県民の反発は強く、承認に抗議する市民ら1000人が沖縄県庁に押しかけ座り込みをする騒ぎになった。

12.28 〔事件〕**エクアドルで新婚旅行中の夫妻銃撃**　エクアドルの最大都市グアヤキルで、新婚旅行中の日本人夫婦がタクシーに乗車後、8人の犯行グループに銃撃され、夫が死亡、妻が重傷を負った。

2014年
（平成26年）

1.6 〔国際〕**日印防衛相会談**　小野寺五典防衛大臣はインドのアントニー国防大臣とインドのニューデリーで会談し、自衛隊とインド軍が対テロなどの専門家の交流を行うことや、3回目となる海上自衛隊とインド海軍による共同訓練を実施することで合意した。

1.7 〔政治〕**国家安全保障局の発足**　外交・安全保障政策の司令塔となる国家安全保障会議の事務局として「国家安全保障局」が発足した。安倍晋三首相は谷内正太郎内閣官房参与・元外務事務次官に初代局長・内閣特別顧問の辞令を交付。

1.9 〔国際〕**日仏外務・防衛閣僚会合、初開催**　初の日仏外務・防衛閣僚会合（「2+2」）がパリで開催され、中国の問題を念頭においた公海上空での飛行の自由の尊重や防衛装備品の共同開発・武器に転用可能な民生品の輸出管理などで合意した。

1.15 〔事件〕**輸送艦「おおすみ」衝突事故**　広島県阿多島沖の瀬戸内海で海上自衛隊の輸送艦「おおすみ」と釣り船「とびうお」が衝突、釣り船は転覆し海に投げ出された3人のうち船長と釣り客の2人が死亡した。

1.20 〔基地〕**名護市長選、辺野古移設反対派の市長が再選**　普天間飛行場の移設先とされている沖縄県名護市の市長選挙で、移設反対派である現職の稲嶺進市長が、移設推進を掲げた新人候補を破り再選された。

1.22 〔基地〕**沖縄基地負担軽減推進委員会の設置**　防衛省に「沖縄基地負担軽減推進委員会」が設置された。沖縄における米軍施設・区域の早期返還及び訓練移転を含む負担軽減の推進に関する基本的な方針を検討し、その方針に基づく施策を円滑かつ効果的に促進するため。

1.28 〔政治〕**学習指導要領解説書に尖閣・竹島を領土と明記、自衛隊の災害派遣も**　文部科学省が中学社会科と高校の地理歴史・公民の教科書指針となる学習指導要領解説

書を改訂し、沖縄県の尖閣諸島と島根県の竹島を「固有の領土」と明記。自衛隊の災害派遣についても記述を追加した。中学では2016年度、高校では2017年度から使用される教科書に反映する。

2.14　〔基地〕**普天間飛行場負担軽減推進会議の設置**　政府は「普天間飛行場の五年以内運用停止」の実現を目指して、沖縄関係閣僚会議で「普天間飛行場負担軽減推進会議」を設置。18日には初会合を開催。

2.14　〔基地〕**沖縄県議会、百条委員会設置**　沖縄県議会、仲井真弘多知事が沖縄県の米軍普天間飛行場移設先とする名護市辺野古沿岸部の埋立を承認した経緯について調査する百条委員会を設置した。

3.3　〔事件〕**北朝鮮、ミサイル発射続く**　北朝鮮は日本海に向け短距離弾道ミサイル「スカッド」2発を発射した。26日には中距離弾道ミサイル「ノドン」2発を発射したほか、6月29日・7月9日・13日にはそれぞれ「スカッド」2発、26日にも「スカッド」1発を発射するなど、弾道ミサイルの発射が相次いでいる。

3.8　〔事件〕**マレーシア航空機墜落**　北京行きのマレーシア航空370便がクアラルンプール国際空港を出発後、消息を絶った。マレーシア政府から支援要請を受け、11日に国家安全保障会議で自衛隊を派遣する方針を決定、防衛省や海上保安庁の職員などによる先遣隊が出発した。12日、小野寺五典防衛大臣が国際緊急援助隊として海上自衛隊の哨戒機と航空自衛隊の輸送機に派遣命令（4月28日まで）。2015年1月29日、マレーシア政府はオーストラリア沖のインド洋南部に墜落して乗員乗客239人は全員死亡したと正式発表。7月29日残骸の一部が発見された。

3.16　〔事件〕**横田夫妻、ウンギョンさんと面会**　外務省は、10〜14日に北朝鮮による拉致被害者横田めぐみさんの父の横田滋さんと母の横田早紀江さんが横田さんの娘のキム・ウンギョン（ヘギョン）さんと、モンゴルの首都ウランバートルで初めて面会したと発表。ウンギョンさんの夫と娘が同席し、横田さんの夫とされる金英男さんは同席しなかった。2006年に金英男さんがウンギョンが本名で、ヘギョンは幼名だと説明していた。

3.25　〔国際〕**日米韓首脳会談**　オランダのハーグで開催された核安全保障サミット終了後に、安倍晋三首相とバラク・オバマ米大統領、朴槿恵韓国大統領による日米韓首脳会談が行われた。北朝鮮の核・ミサイル問題での連携強化を確認した。

3.26　〔事件〕**サイバー防衛隊発足**　防衛省は保全監査隊を廃止し、サイバー攻撃から防衛省や自衛隊のネットワークシステムを守る「サイバー防衛隊」を発足させた。

3.30　〔国際〕**日朝外務省局長級協議**　日本と北朝鮮の外務省局長級協議が、中国の北京で開催された（31日まで）。日本人拉致問題を含む協議継続で一致した。

4.1　〔兵器〕**武器輸出新原則閣議決定**　政府は、武器と関連技術の原則輸出禁止を定めた「武器輸出三原則」に代わって、平和貢献や日本の安全保障につながる場合に限って輸出を認める「防衛装備移転三原則」を閣議決定した。

4.4　〔国際〕**小学教科書に尖閣・竹島を領土と明記**　文部科学省が小学校の教科書の検定結果を公表。沖縄県の尖閣諸島と島根県の竹島の記述が増加しており、初めて「固有の領土」と明記する教科書も。2015年度から使用される。同日、韓国外務省は報

道官声明で強く非難。

4.6 〔国際〕**日米防衛相会談**　小野寺五典防衛大臣は米国のチャック・ヘーゲル国防長官と東京で会談し、日本の「集団的自衛権」の行使を可能にする憲法解釈変更などを支持すると明言した。

4.14 〔社会〕**鳥インフルエンザ対応**　熊本県内の養鶏場で鳥インフルエンザの発生が確認された。約102万羽が殺処分、鶏舎・養鶏場に続く道路などでの車両の消毒などが行われた。熊本県の要請で陸上自衛隊が派遣された（4月6日まで）。

4.17 〔国際〕**日モンゴル防衛相会談**　小野寺五典防衛大臣はモンゴルのバトエルデネ国防大臣と東京で会談し、情勢認識、防衛交流等について意見交換を行った。

4.23 〔事件〕**護衛艦「たちかぜ」自衛官いじめ自殺事件、国に責任**　2004年10月27日に海上自衛隊横須賀基地所属の護衛艦「たちかぜ」の自衛官だった男性が自殺した事件について遺族が損害賠償を求めた訴訟で、二審の東京高裁は国の責任を認め、賠償額を一審から大幅に増額する判決を下す。また、海自が実施し保管していた乗員へのアンケートを廃棄したと回答したことを「違法な隠匿」とした。

4.24 〔国際〕**日米首脳会談**　安倍晋三首相はバラク・オバマ米大統領と東京で会談した。沖縄県の尖閣諸島は「日米安全保障条約」が適用される範囲にあること、集団的自衛権の行使容認への取り組みを米国が歓迎すること、環太平洋パートナーシップ協定（TPP）交渉の基本合意などを盛り込んだ共同声明を発表した。

4.28 〔国際〕**日豪防衛相会談**　小野寺五典防衛大臣はオーストラリアのデイビッド・ジョンストン国防大臣とオーストラリアのパースで会談し、アジア太平洋地域の安全保障環境について意見交換を行った。

4.29 〔国際〕**日マレーシア防衛相会談**　小野寺五典防衛大臣はマレーシアのヒシャムディン国防大臣とマレーシアの首都クアラルンプールで会談し、防衛協力・交流の強化に向けて協力することで一致した。

5.7 〔国際〕**日伊防衛相会談**　小野寺五典防衛大臣はイタリアのロベルタ・ピノッティ国防大臣とローマで会談し、「情報保護協定」の早期締結を目指すことで一致した。

5.8 〔国際〕**小野寺防衛相、南スーダン訪問**　小野寺五典防衛大臣は南スーダンの首都ジュバを訪れ、国連平和維持活動（PKO）のため派遣されている自衛隊の部隊の宿営地や活動状況を視察。マニャン国防大臣との会談では南スーダンの国造りに協力していくことで一致した。

5.9 〔国際〕**小野寺防衛相、ジブチ訪問**　小野寺五典防衛大臣はジブチを訪れ、海賊対処のため派遣されている自衛隊の水上部隊の護衛艦や航空隊の活動拠点を視察。ハッサン国防大臣との会談では自衛隊の活動について意見交換を行った。

5.15 〔政治〕**安全保障の法的基盤の再構築に関する懇談会、報告書提出**　安倍晋三首相の私的諮問機関である「安全保障の法的基盤の再構築に関する懇談会」が、憲法解釈を変更して集団的自衛権の行使を限定的に容認するよう求める報告書を提出した。

5.21 〔基地〕**厚木基地騒音訴訟で夜間差し止め**　米軍と海上自衛隊が共同使用している神奈川県の厚木基地の周辺住民が起こした「第4次厚木基地騒音訴訟」で、横浜地裁は国に夜間・早朝の自衛隊機の飛行差し止めと賠償金約70億円の支払いを命じる判決

を下した。飛行差し止め命令が出されるは初めて。26日、国が控訴。

5.24 〔事件〕**中国軍機、自衛隊機異常接近**　東シナ海で中国の戦闘機「Su-27」が海上自衛隊の画像情報収集機と航空自衛隊の電子測定機に異常な接近飛行。

5.29 〔事件〕**日本人拉致被害者の再調査で合意**　安倍晋三首相が、日本人拉致被害者を再調査することで北朝鮮と合意したと記者団に語った。北朝鮮が調査を開始した時点で、日本政府が行っている制裁措置の解除を始めると発表した。

5.30 〔国際〕**アジア安全保障会議開催**　イギリスの国際戦略研究所 (IISS) が主催する第13回アジア安全保障会議がシンガポールで開催された。安倍晋三首相は基調講演を行い、南シナ海で海洋進出を強める中国を暗に批判した。アジア安全保障会議への日本の首相の出席は初めて。小野寺五典防衛大臣も参加 (6月1日まで)。

5.30 〔国際〕**日米豪防衛相会談**　アジア安全保障会議の開かれているシンガポールで、小野寺五典防衛大臣は米国のチャック・ヘーゲル国防長官、オーストラリアのデイビッド・ジョンストン国防大臣と会談し、中国の海洋進出を牽制することで一致。北朝鮮とは拉致被害者の再調査で合意したことを説明し、核やミサイル問題については3カ国の連携を強化することを確認した。

5.31 〔国際〕**日米防衛相会談**　アジア安全保障会議の開かれているシンガポールで、小野寺五典防衛大臣は米国のチャック・ヘーゲル国防長官と会談し、アジア太平洋地域における安全保障環境について意見交換を行い、東南アジア諸国との協力強化で一致した。

5.31 〔国際〕**日米韓防衛相会談**　アジア安全保障会議の開かれているシンガポールで、小野寺五典防衛大臣は米国のチャック・ヘーゲル国防長官、韓国の金寛鎮国防部長官と会談し、北朝鮮と拉致被害者の再調査で合意したことを説明し、核やミサイル問題については3カ国の連携を強化する方針で一致した。

6.6 〔自衛隊〕**パシフィック・パートナーシップ2014へ参加**　米海軍を主体とする艦艇が医療活動・文化交流などを行うことによって関係国との連携強化・災害救援活動の円滑化などを図る「パシフィック・パートナーシップ」に、自衛隊の医療要員、海上自衛隊の輸送艦、航空自衛隊の輸送機、陸上自衛隊の施設要員などが参加。7月15日まで。

6.11 〔事件〕**中国機、自衛隊機異常接近**　東シナ海で中国の戦闘機「Su-27」が航空自衛隊の電子測定機と海上自衛隊の画像情報収集機に相次いで異常な接近飛行。異常接近5月24日に続いて2回目で、政府は中国に抗議。

6.11 〔国際〕**日豪外務・防衛閣僚会議、開催**　岸田文雄外務大臣・小野寺五典防衛大臣とオーストラリアのジュリー・ビショップ外務大臣・デイビッド・ジョンストン国防大臣との日豪外務・防衛閣僚協議 (「2+2」) が東京で開催され、防衛装備品・技術移転に関する協定締結で合意した。船舶の流体力学分野に関する共同研究などを進める。

6.11 〔国際〕**日豪防衛相会談**　小野寺五典防衛大臣はオーストラリアのデイビッド・ジョンストン国防大臣と東京で会談し、日豪防衛協力について意見交換を行った。

6.19 〔政治〕**防衛産業の維持・育成戦略を決定**　防衛省は戦闘機などの防衛装備品に関し、国際共同開発への積極的な参加や協力拡大を含む防衛産業の維持・育成戦略を

－ 219 －

決定した。

6.26 〔自衛隊〕**リムパック2014に参加**　自衛隊がハワイ周辺海域で行われる米海軍主催の「環太平洋合同演習（リムパック）2014」に参加。1980年から参加している海上自衛隊に加え、陸上自衛隊が初めて参加した。中国海軍も初参加。ほかにカナダ、オーストラリア、ニュージーランド、韓国、チリ、メキシコ、コロンビア、ペルー、シンガポール、インドネシア、マレーシア、ブルネイ、フィリピン、インド、イギリス、フランス、オランダ、ノルウェーの各海軍、トンガ、米沿岸警備隊が参加し、8月1日に終了した。

7.1 〔政治〕**集団的自衛権の行使を容認**　政府は臨時閣議で、「国の存立を全うし、国民を守るための切れ目のない安全保障法制の整備について」を発表、憲法の解釈を変更して集団的自衛権の行使を限定的に容認すると決定した。自国防衛以外の目的での武力行使が可能となり、戦後日本の安全保障政策を大きく転換するもの。

7.1 〔事件〕**拉致調査委員会設置**　日本と北朝鮮の外務省局長級協議が中国の北京で行われ、北朝鮮が拉致被害者らの再調査を行う特別委員会について説明。4日、日本政府は委員会の設置を確認したとして制裁の一部の解除を決定した。2006年の制裁開始以来、緩和は初めて。

7.11 〔国際〕**日米防衛相会談**　小野寺五典防衛大臣は米国のチャック・ヘーゲル国防長官とワシントンで会談し、集団的自衛権の行使を容認する閣議決定を説明、「日米防衛協力の指針（ガイドライン）」を再改定することを確認した。

7.17 〔法律〕**「特定秘密」の対象指定**　「特定秘密保護法」の運用ルールを議論する「情報保全諮問会議」で、特定秘密の指定と解除に関する政令と運用基準の素案を了承。行政の恣意的な指定を避けるため、指定基準を55項目に細目化する。

7.29 〔国際〕**日仏防衛相会談**　小野寺五典防衛大臣はフランスのジャン＝イヴ・ル・ドリアン国防大臣とワシントンで会談し、日仏間の防衛協力・交流に関する意図表明文書に署名した。

8.6 〔社会〕**山口県で豪雨災害**　山口県岩国市で豪雨により土砂災害が発生した。山口県は自衛隊に災害派遣を要請、警察・消防とともに救助・捜索に当たった（8月8日まで）。

8.10 〔社会〕**台風11号豪雨災害**　7月29日に発生した台風11号は、高知県安芸市付近に上陸、西日本の広範囲が大雨となった。高知県知事が自衛隊に災害派遣要請、給水支援などを行った（8月14日まで）。

8.12 〔事件〕**ロシア、北方領土で軍事演習**　ロシア軍、北方領土の国後島・択捉島で軍事演習を開始したと発表。ウクライナ問題でロシアへの制裁を強めた日本を牽制するものとみられる。

8.17 〔社会〕**京都府・兵庫県で豪雨災害**　停滞する前線の影響で、近畿地方・北陸地方などで記録的な豪雨となった。京都府・兵庫県知事が自衛隊に災害派遣要請、陸上自衛隊が京都府福知山市、兵庫県丹波市で救助活動を行った。

8.18 〔基地〕**辺野古ボーリング調査開始**　普天間飛行場移設に向けた名護市辺野古沿岸部の埋立のため、沖縄防衛局が海底のボーリング調査を開始した。移設に反対する市民らが、隣接する米軍キャンプ・シュワブのゲート前や海上のカヌー・漁船で声を

日本安全保障史事典　　　　　　　　　　　　　　　　　　　　　　　　　2014年（平成26年）

上げ、抗議活動を展開した。

8.18　〔事件〕**シリアで日本人拘束**　シリア北部アレッポで日本人男性がイスラム過激派組織「IS」に拘束されたことが明らかになった。10月には救出に向かったフリージャーナリストが消息を絶つ。

8.20　〔社会〕**広島市豪雨土砂災害**　広島県広島市北部で、豪雨により大規模な土砂災害が発生した。広島県知事からの要請で自衛隊の災害派遣を決定、陸上自衛隊は警察・緊急消防援助隊等とともに救助・捜索に当たった（9月11日まで）。死者74人、9月18日に最後の行方不明者の遺体が発見された。

9.1　〔国際〕**日印首脳会談**　安倍晋三相はインドのナレンドラ・モディ首相と東京の迎賓館で会談し、日印防衛協力・交流に関する覚書に署名した。外務・防衛閣僚協議（「2＋2」）の創設は先送りとなった。

9.3　〔政治〕**第2次安倍改造内閣が発足**　自民党・公明党の連立による安倍晋三首相の改造内閣が発足した。防衛大臣には防衛副大臣・衆議院安全保障委員長などを務めた江渡聡徳が就任した。

9.26　〔国際〕**安倍首相、国連PKOハイレベル会合に出席**　安倍晋三首相、米国のニューヨークで開催された「国連平和維持活動（PKO）ハイレベル会合」に出席。「積極的平和主義」で貢献度を高めていくと表明。

9.27　〔社会〕**御嶽山噴火**　長野県・岐阜県の県境にある御嶽山が7年ぶりに噴火、噴石などで多くの登山者が死傷した。長野県警察機動隊、愛知県・静岡県・東京都・山梨県の消防本部の山岳救助隊などからなる緊急消防援助隊、陸上自衛隊など、警察・消防・自衛隊が合同体勢で救出・捜索に当たった（10月16日まで）。2015年捜索活動再開、8月6日に終了。死者58人・行方不明者5人という、戦後最悪の火山災害となった。

10.14　〔法律〕**「特定秘密保護法」の運用基準決定**　政府は、「特定秘密保護法」の特定秘密の指定と解除に関するルールを定めた運用基準と政令を閣議決定。「国民の知る権利の尊重」の明記、「拡張解釈」の禁止などを定め、5年後の見直し規定も盛り込む。

10.16　〔国際〕**日豪防衛相会談**　江渡聡徳防衛大臣はオーストラリアのデイビッド・ジョンストン国防大臣と東京で会談し、潜水艦技術の協力議論を加速することで一致。

10.26　〔自衛隊〕**航空観閲式**　茨城県小美玉市の航空自衛隊百里基地で、防衛省・自衛隊60周年記念航空観閲式が行われ、安倍晋三首相は「積極的平和主義」に貢献するよう隊員を激励。

10.28　〔国際〕**日フィンランド防衛相会談**　江渡聡徳防衛大臣はフィンランドのカール・ハグルンド国防大臣と東京で会談し、地域情勢や今後の防衛協力・交流について意見交換を行った。

11.4　〔国際〕**日スペイン防衛相会談**　江渡聡徳防衛大臣はスペインのペドロ・モレネス国防大臣と東京で会談し、日本・スペイン間の防衛協力・交流に関する覚書に署名した。

11.6　〔自衛隊〕**日米豪共同訓練**　東日本大震災における災害派遣活動の教訓を踏まえ、自衛隊と米軍及びオーストラリア軍との連携要領確立のため、日米豪共同訓練（みちのくALERT2014）が実施された。11月9日まで。

－ 221 －

2014年（平成26年）		日本安全保障史事典

11.6 〔事件〕**サイバーセキュリティ基本法成立**　サイバー攻撃に対して国や自治体が安全対策を講じる責務を持つとした「サイバーセキュリティ基本法」成立。政府内に官房長官を本部長とする「サイバーセキュリティ戦略本部」が新設され、国家安全保障会議などとも連携しながら対策の統括役となる。11月12日公布・施行。

11.10 〔国際〕**日中首脳会談**　アジア太平洋経済協力会議（APEC）で北京を訪問中の安倍晋三首相は、中国の習近平国家主席と人民大会堂で会談した。国家主席との首脳会談は2011年12月以来。第2次安倍内閣では初めて。尖閣諸島を含む東シナ海での衝突を避けるため、「海上連絡メカニズム」の運用を早期に開始することで一致。

11.16 〔基地〕**沖縄県知事選、辺野古移設反対派が初当選**　沖縄県の知事選挙で、名護市辺野古への普天間飛行場移設に反対する前那覇市長の新人翁長雄志候補が、現職の仲井真弘多知事を破り当選した。

11.16 〔国際〕**日米豪首脳会談**　G20出席のためオーストラリアのブリスベンを訪問中の安倍晋三首相は、バラク・オバマ米大統領、トニー・アボット豪首相と会談し、3か国による合同軍事演習や防衛技術の協力などを進めることで一致した。

11.19 〔国際〕**日ASEAN防衛担当大臣ラウンドテーブル**　ミャンマーのバガンで、初めての日ASEAN防衛担当大臣ラウンドテーブルが開催され、江渡聡徳防衛大臣が出席した。参加国の国防大臣との二国間会談も行われた。

11.22 〔社会〕**長野県神城断層地震発生**　長野県北部の白馬村を震源としたマグニチュード6.7の地震が発生、震度6弱を観測した。23日、警察の災害派遣隊、緊急消防援助隊、陸上自衛隊が救助活動を行った。

11.24 〔事件〕**韓国軍、竹島近海で防御訓練実施**　韓国海軍、島根県の竹島近海で防御訓練を実施した。5月に続き年内2回目。日本政府は外交ルートを通じて韓国側に抗議した。

11.28 〔社会〕**エボラ出血熱で防護服輸送**　「国連エボラ緊急対処ミッション（UNMEER）」から要請で、エボラ出血熱が流行している西アフリカに個人防護具を輸送するため、国際緊急援助隊法に基づき航空自衛隊の輸送機1機に派遣命令が出された。緊急性を要する医療従事者向けの個人防護具2万着を西アフリカ・ガーナのアクラまで輸送。

12.6 〔社会〕**徳島県の大雪で災害派遣**　5日夜から徳島県西部で大雪となり、約180世帯が孤立した。徳島県知事が自衛隊に災害派遣を要請、陸上自衛隊が除雪作業を行った（12月11日まで）。

12.10 〔法律〕**「特定秘密保護法」施行**　安全保障に関わる機密情報を保護するための「特定秘密保護法」が施行された。政府は秘密の指定・解除の監視にあたる「独立公文書管理監」を発表。防衛省は防衛装備品や部隊運用情報などに関する事柄を「特定秘密」に指定。

12.19 〔国際〕**日米安全保障協議委員会開催**　日米安全保障協議委員会（「2＋2」）が開催され、「日米防衛協力の指針（ガイドライン）」改定を先送りすることを決定、共同文書を発表。

12.24 〔政治〕**第3次安倍内閣が発足**　自民党・公明党の連立による第3次安倍晋三内閣が発足した。防衛大臣には元陸上自衛官で元防衛庁長官の中谷元が就任した。

12.26 〔基地〕**米軍新レーダー運用開始**　ミサイル防衛システムの一部として、「TPY-2

－ 222 －

レーダー」(いわゆる「Xバンドレーダー」)の京都府京丹後市の米軍経ヶ岬通信所への配備が完了し、本格運用が開始された。

12.28 〔事件〕**エアアジア機墜落** シンガポール行きのエアアジア8501便がインドネシアのジャワ島スラバヤを出発後、消息を絶った。30日、カリマンタン島沖で機体の一部と遺体が発見された。31日、機体が海底に沈んでいることが判明。インドネシア政府からの要請に応じ、中谷元防衛大臣は国際緊急援助活動に関する自衛隊行動命令を出し、海上自衛隊の護衛艦2隻とヘリコプター3機が捜索活動にあたった(1月11日まで)。

2015年
(平成27年)

1.9 〔政治〕**新「宇宙基本計画」決定** 政府の宇宙開発戦略本部は、宇宙安全保障の確保を目的とした、新しい「宇宙基本計画」とその工程表を決定した。人工衛星44基の打ち上げ、衛星への衝突が懸念される宇宙ごみなどの監視を日米連携で進めるため必要な施設を整備することなどをめざす。2016年4月1日閣議決定。

1.9 〔法律〕**「特定秘密」指定** 政府は「特定秘密保護法」に基づき、初めて「特定秘密」の指定件数を発表。10省庁で382件の指定、うち防衛省の指定は247件。

1.15 〔社会〕**鳥インフルエンザ対応** 岡山県笠岡市の養鶏場で鳥インフルエンザの発生が確認された。岡山県は自衛隊に派遣を要請(1月19日まで)。約20万羽が殺処分された。18日には佐賀県でも発生し、派遣要請(2月20日まで)。

1.18 〔国際〕**中谷防衛相、ジブチ訪問** 中谷元防衛大臣はジブチを訪れ、ハッサン国防大臣との会談、海賊対処のため派遣されている自衛隊の受け入れ協力に感謝を表明。ハッサン国防大臣はジブチ軍の人材育成への協力を日本側に要請、両国間の防衛分野での関係強化で一致した。航空隊及び活動拠点、ジブチ港の護を視察。

1.19 〔国際〕**中谷防衛相、南スーダン訪問** 中谷元防衛大臣は南スーダンの首都ジュバを訪れ、国連平和維持活動(PKO)のため派遣されている自衛隊の部隊の宿営地や活動状況を視察。マニャン国防大臣との会談では引き続き南スーダンの平和と安定のための取り組みに協力していくことで一致した。

1.20 〔事件〕**ISによる邦人人質事件** イスラム過激派組織「IS」が、日本人2人を拘束しているとの動画をインターネット上に公開し、政府に身代金を要求。1月24日及び2月1日に2人を殺害したとする動画を公開。5月21日、政府は人質事件への対応に誤りはなかったとする報告書を発表したが、情報収集・分析の専門家育成を課題とした。

1.21 〔国際〕**日英防衛相会談** 中谷元防衛大臣はイギリスのマイケル・ファロン国防大臣とロンドンで会談し、ISによる人質事件に関し、協力してテロとの闘いに貢献していく旨を発言。

1.21 〔国際〕**日英外務・防衛閣僚会合、初開催** 初の日英外務・防衛閣僚会合(「2+2」)が

ロンドンで開催され、安全保障と防衛分野の協力を強化していくことで一致。

1.29 〔国際〕**日比防衛相会談**　中谷元防衛大臣はフィリピンのヴォルテル・ガズミン国防大臣と東京で会談し、中国を念頭に海洋安全保障分野での連携をさらに強化することで一致、日本・フィリピン間の防衛協力・交流に関する覚書に署名した。ガズミン国防大臣はISによる人質事件を非難し、日本の対応に支持を表明。

2.1 〔兵器〕**情報収集衛星、打ち上げ成功**　三菱重工業と宇宙航空研究開発機構（JAXA）、鹿児島県南種子町の種子島宇宙センターから情報収集衛星を搭載したH2Aロケット27号機を打ち上げた。北朝鮮の軍事関連施設の監視などが目的。3月26日にも打ち上げ成功。

2.2 〔社会〕**北海道の大雪で災害派遣**　北海道羅臼町で暴風雪により国道が通行止めとなり、町が孤立状態となる。北海道は除雪支援のため自衛隊に災害派遣を要請（2月3日まで）。

2.8 〔自衛隊〕**日米初の共同空挺降下訓練**　陸上自衛隊、矢臼別演習場での米陸軍との日米共同訓練で、初の空挺降下訓練（演習名「ノースウインド2」）を実施した（2月22日まで）。

2.20 〔国際〕**日カタール首脳会談**　安倍晋三首相はカタールのタミーム首長と東京で会談し、日本・カタール間の防衛交流に関する覚書に署名した。

2.22 〔自衛隊〕**与那国島に自衛隊配備賛成**　沖縄県与那国島に陸上自衛隊の沿岸監視部隊を配備することについての住民投票が行われ、受け入れに賛成が過半数を占めた。2016年3月に配備開始。

3.2 〔事件〕**北朝鮮、ミサイル発射**　北朝鮮、短距離弾道ミサイル2発を発射、ミサイルは日本海上に落下。米韓合同軍事演習への反発とみられる。

3.12 〔基地〕**辺野古移設で国と沖縄県が対立**　普天間飛行場移設に向けた名護市辺野古沿岸部の埋立のため、沖縄防衛局が海底のボーリング調査を再開。23日、翁長雄志沖縄県知事は沖縄防衛局に作業停止を指示。30日、林芳正農林水産大臣は知事の指示停止を決定して沖縄県に通知。

3.13 〔国際〕**日仏外務・防衛閣僚会合、開催**　第2回日仏外務・防衛閣僚会合（「2+2」）が東京で開催され、「日仏防衛装備品及び技術の移転に関する協定」に署名した（2016年12月1日発効）。ISによる日本人人質事件とフランスでの連続テロ事件を踏まえ、テロ対策で協力を強化する方針でも一致。

3.14 〔国際〕**日コロンビア防衛相会談**　中谷元防衛大臣はコロンビアのフアン・カルロス・ピンソン国防大臣と東京で会談し、防衛政策や今後の防衛協力・交流について意見交換を行った。

3.19 〔国際〕**日中安保対話**　外務・防衛当局担当者が安全保障政策を巡って協議する「日中安保対話」が、4年ぶりに東京の外務省で開催された。尖閣諸島の国有化に中国が反発して中断していた。

3.20 〔自衛隊〕**安倍首相「我が軍」発言**　参議院予算委員会で安倍晋三内閣総理大臣は、自衛隊と他国との訓練についての説明で、自衛隊について「我が軍」と表現した。30日、国際法上は軍隊であるという考えを採っているが「我が軍」という言葉は使

わないと答弁。

3.20 〔法律〕自公安保法制で合意　自民党・公明党両党は、安全保障法制整備に関する与党協議会で「安全保障法制整備の具体的な方向性について」を提示、安保法制に合意した。自衛隊の活動が集団的自衛権の限定行使など大幅に拡充されるもの。

3.20 〔国際〕日・東ティモール防衛相会談　中谷元防衛大臣は東ティモールのクリストバウン国防大臣と東京で会談し、両国の防衛交流、防衛政策や地域情勢について意見交換を行った。

3.30 〔国際〕日印防衛相会談　中谷元防衛大臣はインドのマノハール・パリカル国防大臣と東京で会談し、防衛政策や今後の防衛協力・交流について意見交換を行った。

4.8 〔国際〕日米防衛相会談　中谷元防衛大臣は米国のアシュトン・カーター国防長官と東京で会談し、日米同盟の強化を確認し、軍備拡張を続ける中国を念頭にアジア太平洋地域における安全保障環境について意見を交換した。

4.17 〔基地〕安倍首相と沖縄県知事が初会談　安倍晋三首相は翁長雄志沖縄県知事と首相官邸で初めて会談。普天間飛行場の辺野古移設について理解を求めた。対話継続の方針で一致。

4.25 〔社会〕ネパール地震発生　ネパール中部でマグニチュード7.8の地震が発生、建物の倒壊のほか、雪崩・土砂災害なども起こった。27日に自衛隊行動命令が発令され（5月22日まで）、29日に現地に入り捜索・救助活動を行った。死者は8000人以上に及んだ。

4.27 〔国際〕「日米防衛協力のための指針」改定　日米両政府は日米安全保障協議委員会（「2+2」）をニューヨークで開き、「日米防衛協力のための指針」（ガイドライン）の18年ぶりの改定に合意した。日本の集団的自衛権の行使、米軍への後方支援の地理的制限の撤廃など、日米同盟の本質を転換するもので、5月に提出される国会未審議の安保法制を既成事実として作成された。

4.28 〔国際〕日米首脳会談　安倍晋三首相はバラク・オバマ米大統領とワシントンのホワイトハウスで会談した。中国の海洋進出を批判し、日米同盟を強めていくことを確認。29日には、日本の首相として初めて米国議会で演説した。

4.28 〔国際〕日米防衛相会談　中谷元防衛大臣は米国のアシュトン・カーター国防長官とワシントンで会談し、アジア太平洋地域における安全保障環境について意見を交換し、東南アジア諸国との協力を引き続き強化させていくことで一致した。また、北朝鮮問題で韓国に3カ国会談を提案することで一致。

5.9 〔事件〕北朝鮮、ミサイル発射　北朝鮮、潜水艦からの弾道ミサイル（SLBM）の水中発射実験に成功したと発表。SLBMの開発を北朝鮮が認めるのは初めて。

5.15 〔法律〕安保法案、国会提出　安倍晋三内閣は、14日閣議決定した現行10法をまとめて改正する一括法「平和安全法制整備法」（「自衛隊法」改正案、「国際平和協力法」改正案、「武力攻撃事態法」から名称変更した「武力攻撃・存立危機事態法」、「周辺事態法」から名称変更した「重要影響事態法」など）と新法「国際平和支援法」の安全保障法制の関連法案を国会に提出した。自衛隊の活動地域の制限を撤廃し、常時派遣や「駆けつけ警護」など戦争中の他国の軍隊への後方支援、米軍以外への支援

も可能となり、集団的自衛権の行使が可能となる。

5.29 〔社会〕**口永良部島噴火**　鹿児島県の口永良部島（屋久島町）で爆発的噴火が発生、初めて噴火警戒レベルで最高の5が発令された。全島民に避難指示、海上保安庁が船舶やヘリを出して対応。自衛隊も災害派遣（6月1日まで）。12月25日に避難指示解除。

5.29 〔国際〕**アジア安全保障会議開催**　イギリスの国際戦略研究所（IISS）が主催する第14回アジア安全保障会議がシンガポールで開催され、30日から中谷元防衛大臣も参加（5月31日まで）。

5.30 〔国際〕**日米防衛相会談**　アジア安全保障会議の開かれているシンガポールで、中谷元防衛大臣は米国のアシュトン・カーター国防長官と会談し、中国の海洋進出に反対する方針を確認。またハワイで起きた輸送機オスプレイの着陸事故についての情報提供を要求。

5.30 〔国際〕**日韓防衛相会談**　アジア安全保障会議の開かれているシンガポールで、中谷元防衛大臣は韓国の韓民求国防部長官と会談し、関係改善に向けて自衛隊と韓国軍との共同訓練など防衛交流の本格的な再開を目指す方針を確認。日韓防衛相会談開催は4年ぶり。

5.30 〔国際〕**日米韓防衛相会談**　アジア安全保障会議の開かれているシンガポールで、中谷元防衛大臣は米国のアシュトン・カーター国防長官、韓国の韓民求国防部長官と会談し、北朝鮮の核開発などに対する連携強化と情報共有を進める方針を確認。

5.30 〔国際〕**日米豪防衛相会談**　アジア安全保障会議の開かれているシンガポールで、中谷元防衛大臣は米国のアシュトン・カーター国防長官、オーストラリアのケビン・アンドリュース国防大臣と会談し、中国を名指して南シナ海での岩礁埋め立てに対し「深刻な懸念」を表明する共同声明を発表した。

5.31 〔自衛隊〕**パシフィック・パートナーシップ2015へ参加**　米海軍を主体とする艦艇が医療活動・文化交流などを行うことによって関係国との連携強化・災害救援活動の円滑化などを図る「パシフィック・パートナーシップ」に、自衛隊の医療要員、海上自衛隊の補給艦、陸上自衛隊の施設要員などが参加。8月14日まで。

6.3 〔国際〕**日豪防衛相会談**　中谷元防衛大臣はオーストラリアのケビン・アンドリュース国防大臣と東京で会談し、日豪の防衛協力を強化する方針で一致。

6.4 〔法律〕**安保法制は違憲見解**　衆議院憲法審査会に参考人として招かれた憲法学者三人が、自民党推薦の一人を含め全員、安保関連法案は憲法違反であるという見解を示した。

6.10 〔団体〕**「防衛省設置法」改正法成立**　防衛官僚（背広組）と自衛官（制服組）が、対等であることを明確にする改正「防衛省設置法」が可決成立した。戦闘機などの防衛装備品の研究開発から輸出までを一元的に担う「防衛装備庁」の新設も盛り込む。

6.11 〔基地〕**普天間基地騒音訴訟、国に賠償命令**　第3次普天間基地騒音訴訟判決、那覇地裁沖縄支部は国に約7億5400万円の支払いを命じる判決。騒音差し止め請求は棄却。

7.23 〔事件〕**サイバー攻撃報告**　政府は、2014年度の国の機関に対するサイバー攻撃は約399万件と前年度から減少したものの、深刻な被害につながる恐れのあったものは264件と前年度からほぼ倍増したと報告した。

| 日本安全保障史事典 | 2015年（平成27年） |

7.26 〔法律〕**首相補佐官、安保関連法案について失言** 礒崎陽輔首相補佐官が講演中で「我が国を守るために必要な措置かどうかで、法的安定性は関係ない。」と発言した。8月3日参議院特別委員会へ参考人として招致され発言を撤回、辞任は否定。

7.30 〔基地〕**厚木基地騒音訴訟、国に賠償命令** 米軍と海上自衛隊が共同使用している神奈川県の厚木基地の周辺住民が起こした「第4次厚木基地騒音訴訟」で、東京高裁は国に自衛隊機の夜間・早朝の飛行差し止めと賠償金約94億円の支払いを命じる判決。

7.31 〔法律〕**自民議員が安保法案反対の学生を非難ツイート** 自民党の武藤貴也衆議院議員は、安保関連法案に反対する学生団体「SEALDs」に対しツイッターで、自分中心で利己的な考えであると非難する内容を投稿していた。8月19日武藤議員は未公開株トラブルが週刊誌で報じられたことを謝罪。同日自民党に離党届を提出、受理された。

8.12 〔事件〕**米軍ヘリ墜落** 沖縄県うるま市の伊計島沖で、米陸軍所属の中型多目的ヘリコプター「H-60」1機が輸送艦への着艦に失敗し艦上に墜落した。17人の乗員のうち、研修で同乗していた自衛隊員2人を含む6人が負傷。

8.22 〔事件〕**ロシア首相、択捉島訪問** ロシアのドミートリー・メドヴェージェフ首相、北方領土の択捉島を訪問、空港・港湾・工場などを視察し、北方領土開発に外資導入の方針を表明。日本政府は駐日ロシア大使に抗議。

9.10 〔社会〕**台風18号豪雨災害** 9月7日に発生した台風18号は、9日愛知県知多半島に上陸後も関東・東北地方に豪雨をもたらし、茨城県常総市の鬼怒川・宮城県大崎市の渋井川の堤防が決壊して広範囲に浸水被害を出した。茨城県は自衛隊に災害派遣を要請、陸上自衛隊のヘリなどによる救助活動が行われた（9月19日まで）。

9.15 〔事件〕**推定ロシア機、領空侵犯** ロシア機とみられる外国機1機が、北海道根室半島沖上空を領空侵犯。航空自衛隊の戦闘機4機が緊急発進（スクランブル）した。

9.19 〔法律〕**安保関連法成立** 7月16日に衆議院本会議を通過した安全保障関連法案（一括改正法「平和安全法制整備法」と新法「国際平和支援法」）が、自民党・公明党・次世代の党・日本を元気にする会・新党改革の賛成多数で参議院本会議で可決成立した。民主党・維新の党・共産党・社民党・生活の党と山本太郎となかまたちほか無所属クラブは反対した。集団的自衛権の行使を可能にし、自衛隊の役割を転換するもの。安倍晋三内閣総理大臣は「国民に粘り強く説明」と表明。国会前では夜を徹して抗議行動が行われ、反対デモは法成立決定後も続いた。9月30日公布。2016年3月29日施行。

9.28 〔国際〕**日露首脳会談** 国連総会が開かれるニューヨークで、安倍晋三首相はロシアのウラジーミル・プーチン大統領と会談した。2013年4月の共同声明に基づき、平和条約締結交渉を進めることを確認。

9.28 〔基地〕**日米、環境補足協定署名** 日米両政府は、日米地位協定の環境補足協定を締結。在日米軍基地内の環境調査を新たに実施できるようにするもの。

10.1 〔団体〕**防衛装備庁発足** 「防衛省設置法」等の一部改正法が施行され、統合幕僚監部の実運用が一元化されるとともに、技術研究本部・装備施設本部が廃止されて、戦闘機などの防衛装備品の研究開発から調達・輸出までを一元的に担う「防衛装備庁」が新設された。

— 227 —

2015年（平成27年）　　　　　　　　　　　　　　　　　　　　　　日本安全保障史事典

10.3　〔事件〕バングラデシュで銃撃事件　バングラデシュ北部ランプル近郊で、日本人男性が銃撃を受けて死亡した。ISバングラデシュ支部を名乗るグループが犯行声明を発表した。

10.7　〔政治〕第3次安倍第1次改造内閣が発足　自民党・公明党の連立による安倍晋三首相の改造内閣が発足した。防衛大臣には中谷元が留任。

10.13　〔基地〕沖縄県知事、辺野古埋立承認取消　翁長雄志沖縄県知事、前知事が出した普天間飛行場移設に向けた名護市辺野古沿岸部の埋立承認を取り消した。14日、防衛省が承認取消を無効とする不服審査請求。27日、承認取消を撤回させるため「代執行」を閣議了解。29日工事着手。

10.15　〔基地〕岩国基地騒音訴訟、国に賠償命令　米軍と海上自衛隊が共同使用している山口県の岩国基地の周辺住民が起こした第1次岩国基地騒音訴訟で、山口地方裁判所岩国支部は国に5億5800万円の支払いを命じる判決。

10.18　〔自衛隊〕自衛隊観艦式　神奈川県沖の相模湾で、海上自衛隊の自衛隊観艦式が行われ、安倍晋三首相が出席。米海兵隊の「オスプレイ」が初参加したほか、韓国海軍が13年ぶりに参加。

10.20　〔国際〕日韓防衛相会談　中谷元防衛大臣は韓国の韓民求国防部長官とソウルで会談し、部隊間の交流の強化や国連平和維持活動（PKO）などでの協力推進で一致し、共同報道文を発表。会談後に共同報道文が出るのは初めて、日本の防衛相の訪韓は4年9カ月ぶり。

11.3　〔国際〕拡大ASEAN国防相会議開催　マレーシアの首都クアラルンプールで、第3回拡大ASEAN国防相会議（ADMMプラス）が開催され、日本の中谷元防衛大臣も参加（11月4日まで）。各国の国防相等との二国間会談等も行った。

11.3　〔国際〕日米防衛相会談　拡大ASEAN国防相会議の開かれているマレーシアの首都クアラルンプールで、中谷元防衛大臣は米国のアシュトン・カーター国防長官と会談し、アジア太平洋地域における安全保障環境について意見を交換し、日米共同訓練の実施、東南アジア諸国との協力強化を確認。

11.4　〔国際〕日中防衛相会談　拡大ASEAN国防相会議の開かれているマレーシアの首都クアラルンプールで、中谷元防衛大臣は中国の常万全国防大臣と会談し、「海空連絡メカニズム」の早期運用開始など防衛交流を発展させていくことを確認、日中間の諸問題について率直に意見を交換した。日中防衛相会談は4年5か月ぶり。

11.6　〔国際〕日越防衛相会談　中谷元防衛大臣はベトナムのフン・クアン・タイン国防大臣とベトナムのハノイで会談し、ベトナムの港へ海上自衛隊の艦船を寄港させることで合意。初の海上合同訓練実施も確認。

11.6　〔基地〕辺野古埋立承認取消への是正勧告拒否　沖縄県は普天間飛行場移設に向けた名護市辺野古沿岸部の埋立承認取消に対する国の是正勧告拒否。17日、政府が翁長雄志沖縄県知事を提訴。

11.12　〔国際〕日ジョージア防衛相会談　中谷元防衛大臣はジョージアのヒダシェリ国防大臣と東京で会談し、両国の防衛政策や今後の防衛交流について意見交換を行った。

11.22　〔国際〕日豪外務・防衛閣僚協議、開催　日豪外務・防衛閣僚協議（「2+2」）がオース

－ 228 －

日本安全保障史事典　　　　　　　　　　　　　　　　　　　　　　　2016年（平成28年）

トラリアのシドニーで開催され、南シナ海で人工島造成を進める中国を念頭に「強い懸念」を示した共同文書を発表。

11.22　〔国際〕**日豪防衛相会談**　中谷元防衛大臣はオーストラリアのマリス・ペイン国防大臣とオーストラリアのシドニーで会談し、日豪の防衛協力について意見交換を行った。

11.26　〔基地〕**辺野古「代執行」訴訟提訴**　普天間飛行場移設に向けた名護市辺野古沿岸部の埋立承認を取り消した翁長雄志沖縄県知事に対して政府が取消撤回を求めた「地方自治法第245条の8第3項の規定に基づく埋立承認処分取消処分取消命令請求事件」（いわゆる「代執行」訴訟）提訴。

12.2　〔基地〕**辺野古「代執行」訴訟口頭弁論**　普天間飛行場移設に向けた名護市辺野古沿岸部の埋立承認を取り消した翁長雄志沖縄県知事に対して政府が取消撤回を求めた訴訟（いわゆる「代執行」訴訟）で、第1回口頭弁論が行われた。25日、沖縄県も埋立承認取消の効力を一時停止した決定に対し、那覇地裁に決定の取消を求めて提訴した。

12.4　〔基地〕**沖縄基地返還前倒し**　菅義偉官房長官とキャロライン・ケネディ駐日米国大使が会談し、沖縄県の在日米軍嘉手納基地より南の普天間飛行場の一部などを前倒しして2017年度中に返還することなどで合意した。

12.4　〔国際〕**日チェコ防衛相会談**　中谷元防衛大臣はチェコのマルチン・ストロプニツキー国防大臣と東京で会談し、両国の防衛政策や今後の防衛交流について意見交換を行った。

12.12　〔国際〕**日印首脳会談**　安倍晋三首相はインドのナレンドラ・モディ首相とニューデリーで会談し、「日印秘密軍事情報保護協定」「日印防衛装備品・技術移転協定」に署名。

12.17　〔国際〕**日インドネシア外務・防衛閣僚会合**　初の日本とインドネシアとの外務・防衛閣僚会合が東京で開催され、南シナ海で人工島造成を進める中国を念頭に、国際法の順守や対話に基づく平和的解決の重要性で一致。

12.26　〔事件〕**武装中国船、尖閣周辺領海侵犯**　機関砲とみられる武器を搭載した1隻を含む中国公船海警局の船3隻が、尖閣諸島付近の日本の領海に侵入した。武装した中国船の領海侵入は初めて。

2016年
（平成28年）

1.6　〔事件〕**北朝鮮、4回目の核実験**　北朝鮮、「初の水爆実験に成功」との「政府声明」を発表。北朝鮮による核実験は4回目となる。事前通報はなかった。放射能特別調査が行われた（1月15日まで）。

1.8　〔国際〕**日英外務・防衛閣僚会合、開催**　第2回日英外務・防衛閣僚会合（「2+2」）が東京で開催され、北朝鮮による核実験を強く非難する共同声明を発表した。

- 229 -

2016年（平成28年）   日本安全保障史事典

1.9　〔国際〕日英防衛相会談　中谷元防衛大臣はイギリスのマイケル・ファロン国防大臣と東京で会談し、中国の海洋進出を念頭に、東南アジア諸国連合（ASEAN）を支援することで一致。

1.22　〔基地〕「思いやり予算」協定署名　岸田文雄外務大臣と米国のキャロライン・ケネディ駐日大使は、2016年度から5年間の在日米軍駐留経費日本側負担分（「思いやり予算」）に関する特別協定に署名した。

1.24　〔基地〕宜野湾市長選、辺野古移設推進の市長が再選　普天間飛行場のある沖縄県宜野湾市の市長選挙で、移設を推進する政府・与党が推す現職の佐喜真淳市長が、移設反対を掲げ翁長雄志沖縄県知事らに支援された新人候補を破り再選された。

1.25　〔社会〕九州・山口の寒波で災害派遣　九州地方・山口地方は強い寒波の影響で水道管の凍結・破裂による断水が広範囲で発生、福岡県など6県の要請を受け自衛隊が給水支援に派遣された（2月1日まで）。

1.27　〔兵器〕ステルス機を公開　防衛装備庁、レーダー探知がされにくいステルス戦闘機の技術を開発する先進技術実証機の型式を「X-2」と制定、愛知県の三菱重工業の工場で公開。部品の9割を国内調達で賄う。4月22日初飛行。

1.28　〔基地〕政府・沖縄県協議会の設置　沖縄県の基地負担軽減や経済振興を協議する対話機関「政府・沖縄県協議会」が設置され、初めての会合が首相官邸で開催された。沖縄県側は「基地問題と振興策はリンクしない」と強調。

2.1　〔基地〕辺野古、沖縄県が国を再提訴　沖縄県の普天間飛行場移設をめぐって、翁長雄志沖縄県知事は名護市辺野古沿岸部の埋立承認取消の効力を一時停止した決定に対し、福岡高裁那覇支部に決定の取消を求めて提訴。

2.7　〔事件〕北朝鮮、ミサイル発射　北朝鮮、2日に発射通告していた「人工衛星」と称する長距離弾道ミサイルを発射した。10日、韓国は「開城工業団地」の操業全面中断を北朝鮮に通知、北朝鮮は韓国側関係者を全員追放。12日、北朝鮮は日本政府が独自制裁を強化したことに対し、日本人拉致被害者再調査全面中止を宣言。19日、日本政府はさらに制裁を強化。

2.29　〔国際〕「日比防衛装備品・技術移転協定」署名　日本・フィリピン両政府は防衛装備品の技術移転に関する協定を締結、中国への警戒のため海上自衛隊の練習機貸与に向け検討。

3.3　〔事件〕北朝鮮、相次ぐミサイル発射　北朝鮮は日本海に向け短距離ミサイル6発を発射した。10日には短距離弾道ミサイル2発、18日には中距離弾道ミサイル1発を発射したほか、21日・29日にも短距離飛翔体を発射した。

3.4　〔基地〕辺野古、国と沖縄県が和解　沖縄県の普天間飛行場移設に向けた名護市辺野古沿岸部の埋立承認を取り消した翁長雄志沖縄県知事に対して政府が取消撤回を求めた訴訟（いわゆる「代執行」訴訟）で、国と沖縄県は福岡高裁那覇支部の和解案を受け入れ、国は埋立工事を中止した。

3.16　〔基地〕辺野古移設、国が是正指示　沖縄県の普天間飛行場の名護市辺野古移設に反対する翁長雄志沖縄県知事に対し、国土交通大臣が埋立承認取消処分についての新たな是正の指示を出した。当初の指示について沖縄県が「十分な理由の記載がない」

－ 230 －

などと反発したことを受け、新たな是正指示を行ったもの。23日、翁長知事は是正指示の適法性について総務省所管の第三者機関「国地方係争処理委員会」へ審査を申し出た。6月21日、国地方係争処理委員会は判断を避け適否両方の和解条項を提示。

3.19 〔国際〕**日伊外相会談**　岸田文雄外務大臣はイタリアのパオロ・ジェンティローニ外務大臣とローマで会談し、安全保障上保護する必要のある秘密情報を保護するための措置について定める「日伊情報保護協定」に署名した。6月7日発効。

3.23 〔基地〕**政府・沖縄県協議会、開催**　沖縄県の普天間飛行場の名護市辺野古への移設を巡る「代執行」訴訟和解後初の政府・沖縄県協議会が開催され、作業部会の設置で合意したが、辺野古移設については両者の主張は平行線をたどった。

3.28 〔自衛隊〕**与那国島に自衛隊配備**　自衛隊の与那国駐屯地の新設などを定めた「防衛省設置法」等の一部改正法が施行され、陸上自衛隊の沿岸監視部隊の駐屯地が開設された。南西諸島地域の防衛力を強化し、中国の動きを監視するため。

4.6 〔事件〕**空自機墜落**　航空自衛隊のジェット機「U-125」が、鹿児島県鹿屋市の基地近くで消息不明となり、8日に鹿屋市の山中に墜落しているのが発見された。乗員6人全員が死亡。

4.14 〔社会〕**熊本地震発生**　熊本県でマグニチュード6.5の地震が発生、益城町では震度7を観測した（前震）。16日にもマグニチュード7.3、震度7を観測する地震が発生した（本震）。震度7が連続して観測されるのは、現在の気象庁震度階級が制定されて以来初めて。死者50人のうち家屋の倒壊によるものが37人、そのうち30人は後の本震時の死亡。阿蘇大橋や熊本城などの建造物も大きな被害を受けた。熊本県知事の要請により陸上自衛隊を災害派遣（5月30日まで）。

4.15 〔事件〕**北朝鮮、ミサイル発射失敗**　北朝鮮、中距離弾道ミサイル「ムスダン」と推定されるミサイルを1発発射したが、発射の数秒後空中爆発し失敗したとみられる。29日に2発、5月31日にも1発発射したがいずれも失敗した。

4.17 〔自衛隊〕**予備自衛官の災害招集**　熊本地震にあたって、自衛隊の即応予備自衛官の災害等招集を閣議決定した。同日、即応予備自衛官に対する災害等招集命令を発令（5月9日まで）。

4.23 〔事件〕**北朝鮮、ミサイル発射失敗**　北朝鮮、日本海上で潜水艦発射の弾道ミサイル（SLBM）とみられる飛翔体1発を発射した。5月1日になって空中爆発していたと発表。7月9日にも1発発射したが失敗した。

4.28 〔事件〕**在日米軍関係者による女性暴行殺害事件**　沖縄県うるま市の女性が行方不明となり遺体で見つかった事件で、5月20日、通行車両記録から浮上した在日米軍の関係者の男が死体遺棄容疑で逮捕された。政府は米国側に再発防止を要求、男が働いていた米空軍嘉手納基地前などでは抗議集会が開かれた。6月9日に死体遺棄、30日に殺人および強姦致死罪で起訴、12月那覇地裁で無期懲役の判決。

4.30 〔国際〕**日中外相会談**　岸田文雄外務大臣は中国の王毅外務大臣と北京で会談し、中国の南シナ海軍事拠点化に懸念を伝え、両国で意思疎通を進めていくという点で一致。

5.6 〔国際〕**日露首脳会談**　安倍晋三首相はロシアのウラジーミル・プーチン大統領とソチで会談し、北方領土問題解決を含む平和条約締結交渉を進めることで合意。9月2

－ 231 －

2016年（平成28年）　　　　　　　　　　　　　　　　　　　　　　　　　日本安全保障史事典

日にはウラジオストクで、11月19日にはペルーのリマでも会談した。

5.12 〔法律〕「海上交通安全法」改正法成立　「海上交通安全法等の一部を改正する法律」が成立した。津波等の非常災害が発生した場合に船舶交通の危険を防止するため、指定海域にある船舶に対して海上保安庁長官が移動を命ずることができるようにするもの。18日公布。

5.25 〔国際〕日米首脳会談　伊勢志摩サミットに先立ち、安倍晋三首相はバラク・オバマ米大統領と三重県志摩市で会談した。安倍首相は沖縄県で起きた在日米軍関係者による女性暴行殺害事件について抗議して再発防止を求め、オバマ大統領は遺憾の意を表明した。

6.3 〔国際〕アジア安全保障会議開催　イギリスの国際戦略研究所（IISS）が主催する第15回アジア安全保障会議がシンガポールで開催され、中谷元防衛大臣も参加（6月5日まで）。

6.3 〔国際〕日印防衛相会談　アジア安全保障会議の開かれているシンガポールで、中谷元防衛大臣はインドのマノハール・パリカル国防大臣と会談し、米印の海上共同訓練「マラバール」に海上自衛隊が毎回参加することを確認。日米印の防衛協力を強化し、中国を牽制する狙い。

6.4 〔国際〕日米防衛相会談　アジア安全保障会議の開かれているシンガポールで、中谷元防衛大臣は米国のアシュトン・カーター国防長官と会談し、沖縄県で起きた在日米軍関係者による女性暴行殺害事件を受け、米軍属に関する日米地位協定の運用状況を精査し適用範囲を明確化することで合意。「相互の防衛調達に関するアメリカ合衆国国防省と日本防衛省との間の覚書」に署名。

6.4 〔国際〕日韓防衛相会談　アジア安全保障会議の開かれているシンガポールで、中谷元防衛大臣は韓国の韓民求国防部長官と会談し、熊本地震での支援に対する謝意を表明、北朝鮮の核・ミサイル問題に関して緊急連絡体制を強化すること、日韓防衛協力・交流を進めていくことで一致。

6.4 〔国際〕日米韓防衛相会談　アジア安全保障会議の開かれているシンガポールで、中谷元防衛大臣は米国のアシュトン・カーター国防長官、韓国の韓民求国防部長官と会談し、北朝鮮の核・ミサイル問題に対する緊密な連絡と協力を継続し、3か国による初のミサイル警戒演習を実施することなどを確認。

6.4 〔国際〕日伊防衛相会談　アジア安全保障会議の開かれているシンガポールで、中谷元防衛大臣はイタリアのロベルタ・ピノッティ国防大臣と会談し、日伊防衛協力・交流を進めていくことを確認。

6.5 〔国際〕日英防衛相会談　アジア安全保障会議の開かれているシンガポールで、中谷元防衛大臣はイギリスのマイケル・ファロン国防大臣と会談し、中国を念頭にした東南アジア諸国連合（ASEAN）の海洋監視能力などの構築を共同で支援することで合意、初の共同戦闘機訓練に向けた部隊間の連携強化も確認。

6.5 〔基地〕沖縄県議選で移設反対派が勝利　沖縄県議会選挙が実施され、米軍普天間飛行場の辺野古移設に反対する翁長雄志知事支持派が48議席中過半数を獲得した。

6.6 〔国際〕中谷防衛相、東南アジア3カ国訪問　中谷元防衛大臣はミャンマー、タイ、

－ 232 －

東ティモールを訪問し、ミャンマーのセイン・ウィン国防大臣、タイのプラウィット副首相兼国防大臣、東ティモールのクリストバウン国防大臣らと会談し、地域の平和と安定のために協力を進めることなどで一致（6月10日まで）。

6.9 〔事件〕**中国軍艦が接続水域内を航行・領海侵犯**　中国軍の艦艇1隻が沖縄県の尖閣周辺の接続水域内を航行したことが確認された。中国海軍の戦闘艦艇として初めての入域確認。その後、海軍の情報収集鑑1隻が15日に鹿児島県沖の領海に侵入、16日に沖縄県の大東島周辺の接続水域内を航行した後、19日から20日にかけて尖閣周辺の接続水域内を航行した。

6.13 〔自衛隊〕**パシフィック・パートナーシップ2016へ参加**　米海軍を主体とする艦艇が医療活動・文化交流などを行うことによって関係国との連携強化・災害救援活動の円滑化などを図る「パシフィック・パートナーシップ」に、自衛隊の医療要員、海上自衛隊の輸送艦、陸上自衛隊の施設要員などが参加。8月24日まで。パラオでの活動については計画から実施までが日本の自衛隊に任され、他国が主導する初めての活動となった。

6.22 〔事件〕**北朝鮮、ミサイル発射**　北朝鮮、中距離弾道ミサイル「ムスダン」とみられるミサイルを2発発射した。うち1発は日本海まで飛んでに落下したと発表。

6.28 〔自衛隊〕**日米韓ミサイル警戒演習**　日米韓3カ国は、北朝鮮のミサイル迎撃を含めた対処能力の向上を図るため、ハワイ沖で初の3カ国合同のミサイル警戒演習「パシフィック・ドラゴン」を実施した。

6.30 〔自衛隊〕**リムパック2016に参加**　海上自衛隊がハワイ周辺海域で行われる米海軍主催の「環太平洋合同演習（リムパック）2014」に参加。デンマーク、ドイツ、イタリアが初参加。ほかにカナダ、オーストラリア、ニュージーランド、韓国、中国、チリ、ペルー、メキシコ、コロンビア、インド、シンガポール、マレーシア、インドネシア、ブルネイ、タイ、フィリピン、イギリス、フランス、オランダ、ノルウェーの各海軍、トンガ、米空軍、米海兵隊、米陸軍、米沿岸警備隊が参加し、8月4日に終了した。

7.2 〔事件〕**バングラデシュでテロ**　バングラデシュの首都ダッカで、武装集団が食堂を襲撃し、人質を取って立て籠もる事件が発生。日本人7人を含む20人が死亡した。イスラム過激派組織「IS」がネット上に犯行声明。航空自衛隊の政府専用機が派遣され、遺体とその家族を日本に輸送した。

7.11 〔自衛隊〕**南スーダンでの在外邦人等輸送のため空自機派遣**　南スーダンで大統領派と副大統領派の部隊の武力衝突が激しくなり、在留日本人退避のため、首都ジュバに航空自衛隊の輸送機を派遣（7月26日まで）。

7.13 〔国際〕**日印防衛相会談**　中谷元防衛大臣はインドのマノハール・パリカル国防大臣とデリーで会談し、自衛隊とインド軍との交流、防衛装備・技術分野における協力などを推進していくことで一致。

7.19 〔事件〕**北朝鮮、ミサイル発射**　北朝鮮、弾道ミサイルを3発発射した。1・2発目は短距離弾道ミサイル「スカッド」、3発目は中距離弾道ミサイル「ノドン」とみられる。

7.22 〔基地〕**辺野古、国と沖縄県が再び対立**　沖縄県の普天間飛行場移設をめぐって、国と沖縄県の和解は不調に終わり、国は翁長雄志知事に対し福岡高裁那覇支部に不作

為の違法確認訴訟を提起。辺野古の埋立工事の再開をめざす。

8.3 〔政治〕第3次安倍第2次改造内閣発足　自民党・公明党の連立による安倍晋三首相の第2次改造内閣が発足した。防衛大臣には稲田朋美が就任。

8.3 〔事件〕北朝鮮、ミサイル発射　北朝鮮が中距離弾道ミサイル「ノドン」とみられる飛翔体を2発発射した。うち1発が秋田県沖の日本の排他的経済水域（EEZ）内に落下。北朝鮮のミサイルが日本のEEZ内に落下するのは初めて。

8.5 〔事件〕中国船の尖閣周辺領海侵犯活発化　沖縄県の尖閣諸島周辺への中国船の領海侵入が活発化。漁船200〜300隻が操業したほか、中国海警局所属の公船が9日までの5日間で延べ15隻、漁船に続いて同一海域で領海侵入した。11日には中国漁船1隻がギリシャ船籍の大型貨物船と衝突して沈没、海上保安庁の巡視船が乗員を救助した。17日にも中国公船4隻が領海侵入。

8.15 〔国際〕日ジブチ防衛相会談　稲田朋美防衛大臣はジブチのバードン国防大臣とジブチで会談し、海賊対策に引き続き協力を進めていくことを確認、自衛隊の活動拠点の各施設・設備を視察した。

8.23 〔自衛隊〕在外邦人等輸送訓練　治安悪化等で待避する在留日本人を輸送する訓練を、自衛隊の海外拠点のジブチで初めて実施。9月1日まで。

8.24 〔事件〕北朝鮮、ミサイル発射　北朝鮮、日本海で潜水艦から弾道ミサイル（SLBM）1発を発射した。日本の防空識別圏内の海上に落下。

8.24 〔国際〕日中韓外相会談　岸田文雄外務大臣は中国の王毅外務大臣、韓国の尹炳世外務大臣とで会談し、対北朝鮮で3カ国で連携して国連安保理の制裁決議の順守を求める方針を確認した。

8.25 〔自衛隊〕「駆けつけ警護」訓練　国連平和維持活動（PKO）で派遣される陸上自衛隊に、安全保障関連法に基づく「駆けつけ警護」のための訓練が行われた。

8.25 〔国際〕日豪防衛相会談　稲田朋美防衛大臣はオーストラリアのマリス・ペイン国防大臣と東京で会談し、日豪の防衛協力について意見交換を行った。

8.30 〔社会〕台風10号豪雨災害　8月21日に発生した台風10号は、迷走しながら30日岩手県大船渡市付近に上陸、東北・北海道地方に豪雨をもたらした。死者23人、行方不明者4人。岩手県は自衛隊に災害派遣を要請、陸上自衛隊・警察・消防などが救助、給水支援、孤立状態の復旧にあたった（9月16日まで）。31日には北海道も災害派遣要請（9月18日まで）。

9.2 〔国際〕日サウジアラビア防衛相会談　稲田朋美防衛大臣はサウジアラビアのムハンマド副皇太子兼国防大臣と東京で会談し、防衛装備分野での協力・交流を推進することで一致。会談に先立ち、日本・サウジアラビア防衛交流覚書が署名された。

9.2 〔国際〕日中首脳会談　主要20カ国・地域（G20）首脳会議の行われる中国の杭州で、安倍晋三首相は、中国の習近平国家主席と1年5か月ぶりに会談した。安倍首相は尖閣諸島での中国公船による相次ぐ領海侵入に自制を要求。両首脳は東シナ海のガス田共同開発について交渉再開に向けて協議することで合意し、日中関係の改善に努める方針で一致した。

－ 234 －

| | 日本安全保障史事典 | 2016年（平成28年）|

9.5 〔事件〕北朝鮮、ミサイル発射　北朝鮮が弾道ミサイルを3発発射した。すべて北海道奥尻島沖の日本の排他的経済水域（EEZ）内に落下。

9.7 〔国際〕日韓首脳会談　東南アジア諸国連合（ASEAN）首脳会議が開かれているラオスの首都ビエンチャンで、安倍晋三首相は朴槿恵韓国大統領と会談し、慰安婦問題での合意の履行、北朝鮮の核・ミサイル問題での連携強化などを改めて確認した。

9.9 〔事件〕北朝鮮、5回目の核実験　北朝鮮の核実験場がある北東部吉州郡で地震波が観測され、5回目となる核実験が実施されたとみられる。爆発規模は過去最大。9日は北朝鮮の建国記念日。

9.15 〔国際〕日米防衛相会談　稲田朋美防衛大臣は米国のアシュトン・カーター国防長官とワシントンで会談し、安全保障関連法に基づく自衛隊の新任務の訓練開始を説明した。

9.21 〔国際〕日ミャンマー防衛相会談　稲田朋美防衛大臣はミャンマーのセイン・ウィン国防大臣と東京で会談し、防衛分野での協力・交流を促進することで一致。

9.22 〔事件〕米軍機墜落　沖縄県東方沖で、嘉手納基地を離陸した米海兵隊ハリアー攻撃機1機が墜落、乗員1人は脱出・救助された。救助要請を受け、海上保安庁第11管区海上保安本部と航空自衛隊も捜索に当たった。

9.26 〔国際〕「日米物品役務相互提供協定」署名　岸田文雄外務大臣とキャロライン・ケネディ駐日大使との間で、自衛隊と米軍との間で物品・役務を相互に提供する際の枠組みを定める新たな「日米物品役務相互提供協定（ACSA）」への署名が東京で行われた。2017年4月25日発効。

10.8 〔国際〕稲田防衛大臣、南スーダン訪問　稲田朋美防衛大臣は南スーダンの首都ジュバを訪れ、国連平和維持活動（PKO）のため派遣されている自衛隊の部隊の宿営地や活動状況を視察したほか、国防副大臣らと会談した。

10.15 〔事件〕北朝鮮、ミサイル発射失敗　北朝鮮、中距離弾道ミサイル「ムスダン」と推定されるミサイルを1発発射したが、発射後空中爆発し失敗したとみられる。20日にも1発発射したが失敗した。

10.21 〔社会〕鳥取県中部地震発生　鳥取県でマグニチュード6.6の地震が発生、最大震度6弱を観測した。倉吉市では断水が発生したため、鳥取県は自衛隊に災害派遣を要請、陸上自衛隊が給水支援を行った（10月28日まで）。

10.22 〔自衛隊〕日米韓共同訓練　海上自衛隊は米海軍と韓国海軍との大量破壊兵器やミサイル関連品を輸送する不審船阻止を目的にした共同訓練を九州西方の公海上で実施。10月23日まで。北朝鮮を牽制する狙い。

10.23 〔自衛隊〕自衛隊観閲式　陸上自衛隊の朝霞駐屯地で観閲式が行われ、安倍晋三首相が出席し、「駆けつけ警護」などの新任務、国連平和維持活動（PKO）などの意義について訓示した。

10.26 〔国際〕日比首脳会談　安倍晋三首相はフィリピンのロドリゴ・ドゥテルテ大統領と東京で会談し、フィリピンと中国が争っている南シナ海問題の平和的解決に向けて連携することで一致した。2月29日に両政府が締結した「日比防衛装備品・技術移転協定」に基づき9月7日に正式合意した、海上自衛隊の練習機「TC-90」を有償貸与

- 235 -

する細目取極などに署名。2017年3月27日「TC-90」2機を引き渡し。

10.27 〔国際〕**日ヨルダン首脳会談**　安倍晋三首相はヨルダンの国王アブドッラー2世と東京で会談し、日本・ヨルダン防衛協力・交流覚書に署名した。

10.28 〔国際〕**日米豪、情報共有迅速化**　日本・米国・オーストラリア3カ国は、中国の軍事力増強を念頭に、防衛当局間の共同訓練や災害救援時の部隊運用に関する情報を迅速に共有するため「日米豪防衛当局間情報共有取決め」に署名した。即日発効。

10.30 〔自衛隊〕**日米共同演習**　安全保障関連法で導入された「重要影響事態」を想定した実動演習、日米共同統合演習「キーンソード」を実施。安保関連法に基づく訓練を他国と実施するのは初めて。11月11日まで。

11.1 〔事件〕**海賊対処ソマリア派遣縮小**　アフリカ東部ソマリア沖・アデン湾で海賊対処活動を行っている海上自衛隊の護衛艦を、2隻から1隻に縮小すると閣議決定。

11.14 〔社会〕**ニュージーランド地震発生**　ニュージーランド南島でマグニチュード7.8の大地震が発生。15日、国際緊急援助活動を実施するため、海上自衛隊の最新鋭の哨戒機1機を被災地に派遣（11月18日まで）。

11.15 〔自衛隊〕**南スーダンでの「駆けつけ警護」閣議決定**　政府は「南スーダン国際平和協力業務実施計画」変更を閣議決定。南スーダンでの国連平和維持活動（PKO）において、派遣する陸上自衛隊の部隊が「駆けつけ警護」と「宿営地の共同防護」ができるようにするもの。これらの任務を担うのは初めてとなる。

11.16 〔国際〕**日ASEAN防衛担当大臣会合**　ラオスの首都ビエンチャンで第2回日ASEAN防衛担当大臣会合が開催され、中国が海洋進出を強めている南シナ海問題などについて意見交換。出席した稲田朋美防衛大臣は、今後の日ASEAN防衛協力の指針として「ビエンチャン・ビジョン」を表明。ラオスの国防大臣との二国間会談も行われた。

11.17 〔基地〕**普天間基地騒音訴訟、国に賠償命令**　第2次普天間基地騒音訴訟で、那覇地裁沖縄支部は国に賠償を命じる判決。第1次訴訟より増額された24億5800万円の支払いを命令。騒音差し止め請求は棄却された。

11.22 〔事件〕**ロシア軍、北方領土へミサイル配備**　ロシア軍、択捉島及び国後島に沿岸防衛のため最新鋭の地対艦ミサイルを配備したと発表。北方領土へのミサイル配備が明らかになったのは初めて。

11.23 〔国際〕**「日韓秘密軍事情報保護協定」署名・発効**　日韓両政府、防衛機密を共有するための「日韓秘密軍事情報保護協定」に署名した。即日発効。北朝鮮に関する機密情報の円滑な交換を可能にするもの。

11.28 〔国際〕**日中安保対話**　外務・防衛当局担当者による「日中安保対話」が北京で開催され、安全保障政策や2国間の防衛交流などについて「率直な意見交換」が行われた。

11.29 〔社会〕**鳥インフルエンザ対応**　青森県の食用アヒル農場、新潟県の養鶏場で鳥インフルエンザの発生が確認され、それぞれ約1万6500羽、約31万羽を殺処分。新潟県では陸上自衛隊に災害派遣を要請（12月4日まで）。

11.30 〔国際〕**「日コロンビア防衛協力・交流覚書」署名**　稲田朋美防衛大臣とコロンビアのヴィジェガス国防大臣は、両国が防衛協力・交流を深めていくための指針となる

「日コロンビア防衛協力・交流覚書」に東京で署名した。

12.1 〔基地〕**普天間基地騒音訴訟、控訴審も国に賠償命令**　第3次普天間基地騒音訴訟で、福岡高裁那覇支部は国に約9億5000万円の支払いを命じる判決。

12.7 〔国際〕**日米防衛相会談**　稲田朋美防衛大臣は米国のアシュトン・カーター国防長官と東京で会談し、日米同盟を引き続き強化していくことで一致。

12.7 〔事件〕**米軍機墜落**　高知県土佐清水沖で、岩国基地所属の米海兵隊戦闘攻撃機1機が墜落、乗員1人は脱出したが行方不明。自衛隊の救難飛行艇や救難捜索機などが捜索。

12.8 〔基地〕**厚木基地騒音訴訟、飛行差し止め棄却**　米軍と海上自衛隊が共同使用している神奈川県の厚木基地の周辺住民が起こした「第4次厚木基地騒音訴訟」で、最高裁は国に飛行差し止めを求める請求を棄却する判決。住民側の逆転敗訴が確定。

12.13 〔国際〕**日蘭防衛相会談**　稲田朋美防衛大臣はオランダのヘニス・プラサハート国防大臣と東京で会談し、日本とオランダの防衛協力・交流及び地域情勢について意見交換を行なった。会談に先立ち、日本・オランダの防衛協力・交流に関する覚書への署名が行われた。

12.13 〔事件〕**オスプレイ不時着**　米軍普天間飛行場所属の輸送機「MV-22オスプレイ」1機が、沖縄県名護市沖に不時着水、大破。乗員5人のうち2人が負傷。オスプレイの国内での事故は初めて。2017年9月11日、米軍は「操縦者ミス」とし、機体の不具合・整備不良ではなかったとする報告書を明らかにした。

12.15 〔国際〕**日露首脳会談**　安倍晋三首相はロシアのウラジーミル・プーチン大統領と安倍首相の地元の山口県長門市で会談し、北方領土の共同経済活動について合意。16日には東京で共同記者会見を開き、「平和条約締結への重要な一歩」と発表。

12.16 〔社会〕**鳥インフルエンザ対応**　北海道清水町の養鶏場で鳥インフルエンザの発生が確認され、約28万羽を殺処分。北海道は陸上自衛隊に災害派遣を要請（12月22日まで）。19日には宮崎県川南町でも発生が確認され、約12万2000羽の殺処分などに自衛隊災害派遣が要請された（12月21日まで）。

12.20 〔基地〕**辺野古訴訟、国が勝訴**　不作為の違法確認訴訟について、最高裁は翁長雄志知事の名護市辺野古の埋立承認取消は違法とした福岡高裁那覇支部の判断を支持して沖縄県の上告を棄却、国の勝訴が確定した。27日工事再開。

12.21 〔政治〕**海上保安体制強化の方針**　「海上保安体制強化に関する関係閣僚会議」が開催され、「海上保安体制強化に関する方針」が決定された。尖閣諸島周辺の領海の警備体制の強化などを目的とする。安倍晋三首相、石井啓一国土交通大臣らが出席。閣僚級の会議での方針決定は海上保安庁発足以来初めて。

12.22 〔基地〕**北部訓練場の返還**　1996年の「沖縄に関する特別行動委員会（SACO）」最終報告に基づき、沖縄県東村・国頭村にまたがる県内最大の米軍施設「北部訓練場」の約半分の4000ヘクタールの敷地が返還された。1972年の本土復帰以後、最大の返還。

12.22 〔事件〕**糸魚川市大火**　新潟県糸魚川市で火災が発生し、23日夕方まで約30時間続いた。新潟県は自衛隊に災害派遣を要請、陸上自衛隊が救助活動（12月23日まで）。

12.22 〔政治〕**国家安全保障会議開催**　国家安全保障会議で、安全保障関連法で可能になっ

た、平時や「グレーゾーン事態」での自衛隊による米艦防護を可能にする指針を了承し、運用を開始。また、弾道ミサイル防衛用の迎撃ミサイルの共同生産・配備も決定した。

12.26 〔社会〕**鳥インフルエンザ対応**　熊本県南関町の養鶏場で鳥インフルエンザの発生が確認され、約10万7000羽を殺処分。27日、熊本県が陸上自衛隊に災害派遣を要請（12月28日まで）。

12.27 〔国際〕**日米首脳会談**　安倍晋三首相はバラク・オバマ米大統領とホノルルの米太平洋軍司令部で会談し、日米同盟の強化が進んだことを確認。真珠湾のアリゾナ記念館を訪れ、戦没者を慰霊した。

2017年
（平成29年）

1.5 〔国際〕**日仏防衛相会談**　稲田朋美防衛大臣はフランスのジャン＝イヴ・ル・ドリアン国防大臣とパリで会談し、両国の防衛政策及び日仏の防衛協力について意見交換を行った。

1.6 〔基地〕**オスプレイ給油訓練再開**　不時着事故を受けて休止していた垂直離着陸輸送機「オスプレイ」の空中給油訓練の再開を発表、翁長雄志沖縄県知事は「大変遺憾だ」と反発。

1.6 〔国際〕**日仏外務・防衛閣僚会合、開催**　第3回日仏外務・防衛閣僚会合（「2＋2」）がパリで開催され、自衛隊とフランス軍が物資や役務を融通し合う「日仏物品役務相互提供協定（ACSA）」の締結交渉を開始する方針で一致した。

1.14 〔国際〕**日豪首脳会談**　安倍晋三首相はオーストラリアのマルコム・ターンブル首相とシドニーで会談し、両首相立ち会いのもと、両国大使の間で新たな「日豪物品役務相互提供協定（ACSA）」が署名された。9月6日発効。

1.14 〔社会〕**鳥インフルエンザ対応**　岐阜県山県市の養鶏場で鳥インフルエンザの発生が確認され、約8万羽を殺処分。岐阜県が陸上自衛隊に災害派遣を要請（1月16日まで）。

1.16 〔基地〕**米軍属の対象縮小**　日米両政府、日米地位協定の補足協定へ署名、即日発効。2016年に沖縄県で起きた在日米軍関係者による女性暴行殺害事件を受け、在日米軍の軍属の対象範囲を縮小するもの。

1.24 〔社会〕**鳥インフルエンザ対応**　宮崎県木城町の養鶏場で鳥インフルエンザの発生が確認され、約16万羽を殺処分。宮崎県が陸上自衛隊に災害派遣を要請（1月26日まで）。

1.24 〔社会〕**鳥取県の大雪で災害派遣**　鳥取県智頭町で大雪により300台以上の車の立ち往生が相次ぎ、鳥取県は自衛隊に災害派遣を要請した。

1.24 〔兵器〕**防衛通信衛星、打ち上げ成功**　三菱重工業と宇宙航空研究開発機構（JAXA）、鹿児島県南種子町の種子島宇宙センターからXバンド防衛通信衛星「きらめき2号」

を搭載したH2Aロケット32号機を打ち上げた。「きらめき2号」は防衛省が初めて独自に運用する通信衛星で、自衛隊部隊間の高速大容量通信を可能とするもの。

1.26 〔国際〕「日英物品役務相互提供協定」署名　日英両政府、自衛隊とイギリス軍が物資や役務を融通し合う「日英物品役務相互提供協定（ACSA）」にロンドンで署名した。8月18日発効。

2.3 〔国際〕マティス長官、尖閣に安保適用明言　ジェームズ・マティス米国防長官が来日して安倍晋三首相と首相官邸で会談し、沖縄県の尖閣諸島は「日米安全保障条約」の適用対象であることを明言した。

2.4 〔国際〕日米防衛相会談　稲田朋美防衛大臣は米国のジェームズ・マティス国防長官と東京で会談し、中国を念頭にアジア太平洋地域の安全保障上の懸念の認識を共有し、日米同盟の重要性を確認。会談後の記者会見でマティス長官は在日米軍駐留経費の負担増を求めない考えを表明した。

2.4 〔兵器〕弾道ミサイルの迎撃実験成功　日米両政府が弾道ミサイル防衛のため共同開発している海上配備型迎撃ミサイルの発射実験が、ハワイ沖の太平洋上で行われた。イージス艦から発射され、標的の迎撃に成功した。

2.4 〔社会〕鳥インフルエンザ対応　佐賀県江北町の養鶏場で鳥インフルエンザの発生が確認され、約6万9000羽を殺処分。佐賀県が陸上自衛隊に災害派遣を要請（2月6日まで）。

2.6 〔基地〕辺野古海上工事着手　沖縄県宜野湾市の米軍普天間飛行場の移設先とされている名護市辺野古沿岸部で、陸上部に続き海上での本体工事に着手した。

2.8 〔自衛隊〕稲田防衛大臣、「戦闘」を弁明　稲田朋美防衛大臣は衆議院予算委員会で、南スーダンの国連平和維持活動（PKO）に派遣された陸上自衛隊部隊の2016年7月の日報に政府軍と反政府勢力との間で「戦闘が生起」と記述されていた問題で、「戦闘行為」ではなく「武力衝突」と説明し、憲法9条との関係で問題となる「戦闘行為」にはあたらないと答弁した。

2.10 〔国際〕日米首脳会談　安倍晋三首相はドナルド・トランプ米大統領とワシントンのホワイトハウスで初めて首脳会談を行った。経済関係強化に向けて「日米経済対話」を設けること、日米同盟を強化することで一致した。

2.12 〔事件〕北朝鮮、ミサイル発射　北朝鮮が日本海に向けて弾道ミサイル1発を発射した。引き続き3月6日に4発、3月22日・4月5日・16日・29日・5月14日・21日・29日に各1発が発射され、3月6日の3発・5月29日の1発は日本の排他的経済水域（EEZ）内に落下した。4月23日には米海軍の原子力航空母艦「カール・ビンソン」と海上自衛隊の護衛艦2隻と西太平洋上で共同訓練を始め、北朝鮮を牽制した。

2.23 〔基地〕第3次嘉手納爆音訴訟、国に賠償命令　沖縄県の嘉手納基地の米軍機の騒音で被害を受けたとする周辺住民が起こした「第3次嘉手納基地爆音訴訟」で、那覇地裁沖縄支部は国に約301億9800万円の支払いを命じる判決。飛行差し止め請求は棄却。

3.9 〔自衛隊〕パシフィック・パートナーシップ2017へ参加　米海軍を主体とする艦艇が医療活動・文化交流などを行うことによって関係国との連携強化・災害救援活動の円滑化などを図る「パシフィック・パートナーシップ」に、自衛隊の医療要員、海

上自衛隊の護衛艦、陸上自衛隊の施設要員などが参加。5月25日まで。

3.10 〔自衛隊〕「南スーダンミッション」への派遣終了決定　政府は国家安全保障会議で、平和維持活動（PKO）「国連南スーダン共和国ミッション（UNMISS）」への自衛隊部隊の派遣終了を決定した。

3.13 〔政治〕稲田防衛大臣、森友学園問題で答弁撤回　稲田朋美防衛大臣は、参議院予算委員会で、大阪市の学校法人「森友学園」の訴訟代理人を務めたのではないかという質問に「森友学園の事案を受任したこともなければ、法律相談を受けたこともない」と否定した。14日、原告側代理人弁護士として出廷していたことを認め、15日に答弁を撤回した。

3.14 〔自衛隊〕日米韓、弾道ミサイル情報共有訓練　日米韓3カ国は、北朝鮮の弾道ミサイルを探知し追跡する訓練を実施。韓国海軍と海上自衛隊は米国の衛星を介してデータを共有する。

3.16 〔国際〕日英、戦闘機開発で協力　防衛装備庁とイギリス国防省は、戦闘機開発について機密を含む情報交換を可能とする取り決めを締結、国際共同開発の可能性を検証。

3.20 〔国際〕日露防衛相会談　稲田朋美防衛大臣はロシアのセルゲイ・ショイグ国防大臣と東京で会談し、両国の防衛政策や日露の防衛交流について意見交換を行った。

3.20 〔国際〕日露外務・防衛閣僚協議、開催　第2回日露外務・防衛閣僚協議（「2+2」）が東京で開催され、ミサイル発射を繰り返す北朝鮮に自制と国連安全保理決議の順守を求める方針を確認。

3.21 〔国際〕日伊首脳会談　安倍晋三首相はイタリアのパオロ・ジェンティローニ首相とローマで会談、「いかなる保護主義にも対抗する強いメッセージ」を出すことで合意し、「日伊防衛装備品・技術移転協定」の締結交渉を開始することで一致した。

3.24 〔社会〕鳥インフルエンザ対応　宮城県栗原市の養鶏場で鳥インフルエンザの発生が確認され、約22万羽を殺処分。宮城県が陸上自衛隊に災害派遣を要請（3月27日まで）。

3.24 〔社会〕鳥インフルエンザ対応　千葉県旭市の養鶏場で鳥インフルエンザの発生が確認され、約6万8000羽を殺処分。千葉県が陸上自衛隊に災害派遣を要請（3月25日まで）。

3.27 〔事件〕那須雪崩事故　栃木県那須町のスキー場で発生した雪崩に登山講習中の県内7高校の生徒・教師らが巻き込まれ、生徒7人と教師1人が死亡。栃木県からの災害派遣要請を受け陸上自衛隊が遭難者の救助活動を行った。

3.27 〔兵器〕空自輸送機開発完了　防衛装備庁は航空自衛隊の使用する次期輸送機「XC-2」の開発が完了したと発表、「C-2」として運用を開始する。川崎重工業が開発を手がけ、機体全体の約7割が国産。

4.3 〔自衛隊〕日米韓、初の対潜水艦戦共同訓練　日米韓3カ国は、北朝鮮の潜水艦発射弾道ミサイル（SLBM）の開発などを牽制するため、九州西方沖で対潜水艦戦の訓練を実施した（4月5日まで）。3カ国による対潜水艦戦訓練は初めて。

4.19 〔国際〕日豪防衛相会談　稲田朋美防衛大臣はオーストラリアのマリス・ペイン国防大臣と東京で会談し、航空自衛隊とオーストラリア空軍の戦闘機による共同訓練実

施を目指すことで一致した。

4.20 〔国際〕**日豪外務・防衛閣僚協議、開催** 第7回日豪外務・防衛閣僚協議（「2+2」）が東京で開催され、北朝鮮に対し核実験とミサイル発射などの挑発的行動を停止するよう求める共同声明を発表。

4.27 〔国際〕**日露首脳会談** 安倍晋三首相はロシアのウラジーミル・プーチン大統領とモスクワで会談し、北方領土の共同経済活動の実現に向けて官民調査団を派遣することで合意。平和条約締結への対話を継続。

5.3 〔自衛隊〕**日仏英米共同訓練** グアムなどで自衛隊が仏英米の軍隊と共同訓練を実施（5月22日まで）。4カ国合同の訓練は初めて。南シナ海での海洋進出を進める中国を牽制する狙い。

5.8 〔国際〕**日印防衛相会談** 稲田朋美防衛大臣はインドのアルン・ジャイトリー財務大臣兼国防大臣兼企業大臣と東京で会談し、日印防衛協力・交流について意見交換を行なった。

5.15 〔事件〕**陸自機墜落** 救急出動していた陸上自衛隊北部方面航空隊所属の双発プロペラ機「LR-2」が、函館空港の西方で消息不明となり、自衛隊のほか北海道警や消防などが捜索。16日に北斗市の山中で機体の一部を発見、乗員4人全員の死亡を確認。

5.18 〔事件〕**尖閣諸島で中国船からドローン飛行** 沖縄県の尖閣諸島周辺の領海に侵入した中国海警局の船の上空を、小型無人機（ドローン）のような物体1機が飛行しているのが確認され、航空自衛隊が戦闘機を緊急発進（スクランブル）させた。

5.22 〔国際〕**日伊防衛相会談** 稲田朋美防衛大臣は、イタリアのロベルタ・ピノッティ国防大臣と東京で会談し、防衛協力・交流に関する覚書への署名が行なわれた。

5.22 〔国際〕**「日伊防衛装備品・技術移転協定」署名** 岸田文雄外務大臣はイタリアのロベルタ・ピノッティ国防大臣と外務省で会談し、日伊2国間の防衛装備品の共同開発を可能にする防衛装備品・技術移転協定に署名した。

5.30 〔自衛隊〕**「南スーダンミッション」への派遣終了** 平和維持活動（PKO）「国連南スーダン共和国ミッション（UNMISS）」への自衛隊部隊の派遣が終了し、帰国した陸上自衛隊施設部隊の隊旗返還式が行われた。

6.2 〔国際〕**アジア安全保障会議開催** イギリスの国際戦略研究所（IISS）が主催する第16回アジア安全保障会議がシンガポールで開催され、3日から稲田朋美防衛大臣も参加（6月4日まで）。北朝鮮問題が焦点となる。

6.3 〔国際〕**日米豪防衛相会談** アジア安全保障会議の開かれているシンガポールで、稲田朋美防衛大臣は米国のジェームズ・マティス国防長官、オーストラリアのマリス・ペイン国防大臣と会談し、北朝鮮の核・ミサイル開発に対して非難し、中国を念頭においた南シナ海での威圧・武力行使に強い反対を表明する共同声明を発表した。

6.3 〔国際〕**日米防衛相会談** アジア安全保障会議の開かれているシンガポールで、稲田朋美防衛大臣は米国のジェームズ・マティス国防長官と会談し、北朝鮮の核・ミサイル開発は容認できないこと、日米同盟を一層強化する必要があること、在日米軍再編計画を着実に進展させることで一致した。

6.3	〔国際〕**日米韓防衛相会談**	アジア安全保障会議の開かれているシンガポールで、稲田朋美防衛大臣は米国のジェームズ・マティス国防長官、韓国の韓民求国防部長官と会談し、北朝鮮の核・ミサイル開発に対して非難する共同声明を発表した。

6.3 〔国際〕**日韓防衛相会談** アジア安全保障会議の開かれているシンガポールで、稲田朋美防衛大臣は韓国の韓民求国防部長官と会談し、北朝鮮情勢、日韓防衛協力・交流について意見交換を行った。

6.3 〔国際〕**日シンガポール防衛相会談** アジア安全保障会議の開かれているシンガポールで、稲田朋美防衛大臣はシンガポールのウン・エンヘン国防大臣と会談し、北朝鮮情勢などについて意見を交換した。

6.3 〔国際〕**日仏防衛相会談** アジア安全保障会議の開かれているシンガポールで、稲田朋美防衛大臣はフランスのシルヴィー・グラール国防大臣と会談し、共同訓練や防衛装備・技術協力を一層強化していくことで一致した。

6.4 〔国際〕**日マレーシア防衛相会談** アジア安全保障会議の開かれているシンガポールで、稲田朋美防衛大臣はマレーシアのヒシャムディン国防大臣と会談し、防衛協力・交流を重視していることを確認、地域情勢に関する認識を共有して緊密に連携することで一致。

6.4 〔国際〕**日ニュージーランド防衛相会談** アジア安全保障会議の開かれているシンガポールで、稲田朋美防衛大臣はニュージーランドのマーク・ミッチェル国防大臣と会談し、防衛協力・交流を促進していくことで一致。

6.5 〔兵器〕**国産初のステルス戦闘機完成** レーダー探知がされにくい最新鋭のステルス戦闘機「F-35A」の国内生産初号機が愛知県の三菱重工業小牧南工場で完成し、日米の関係者に公開された。

6.8 〔事件〕**北朝鮮、ミサイル発射** 北朝鮮は東部の元山一帯からミサイル数発を発射、日本海に落下。地対艦巡航ミサイルとみられる。

6.15 〔法律〕**テロ等準備罪法成立** 「国際組織犯罪防止条約」締結のため必要な「テロ等準備罪」を創設することを中心とした、改正「組織犯罪処罰法」が成立した。定義が不明確で捜査権乱用のおそれありとして廃案になっていた「共謀罪」の創設法案が元になった。6月21日公布。7月11日施行と同時に「国際組織犯罪防止条約」を締結、8月11日条約発効。

6.17 〔事件〕**米イージス艦と貨物船衝突** 伊豆半島沖の太平洋で、米海軍横須賀基地配備のイージス駆逐艦「フィッツジェラルド」と、フィリピン船籍の大型コンテナ船「ACXクリスタル」が衝突。イージス艦の乗組員7人が死亡、艦長など3人が負傷。

6.21 〔事件〕**陸自戦車横転事故** 北海道の演習場で訓練中だった陸上自衛隊の90式戦車が横転し、隊員1人が戦車と地面に挟まれて死亡した。

6.27 〔政治〕**稲田防衛大臣、都議選応援で問題発言** 稲田朋美防衛大臣、東京都議選の自民党候補を応援する集会で演説した際、「防衛省、自衛隊、防衛大臣、自民党としてもお願いしたい」と発言。深夜になってから記者会見を開き、発言を撤回。大臣辞任は否定。

7.2 〔事件〕**中国軍艦が領海侵犯** 中国海軍の情報収集艦1隻が、北海道松前町沖の日本

日本安全保障史事典　　　　　　　　　　　　　　　　　　　　　　　　　　　　2017年（平成29年）

の領海内を約1時間半にわたって航行した。中国軍の艦艇による領海侵入は昨年以来3回目。

7.4 〔事件〕北朝鮮、ミサイル発射　北朝鮮が弾道ミサイル1発を発射、日本の排他的経済水域（EEZ）内に落下。北朝鮮は大陸間弾道ミサイル（ICBM）の発射に初めて成功したと発表、米国もICBMであることを認めた。28日にも1発を発射した。

7.10 〔自衛隊〕日米印海上共同訓練　インド洋ベンガル湾で、海上自衛隊と米海軍・インド海軍による海上共同訓練「マラバール」が実施された。17日まで。海洋進出を進める中国を牽制する狙い。

7.11 〔基地〕米軍基地一部返還決定　2013年の日米合同委員会での返還合意に基づき、沖縄県の米軍基地キャンプ・ハンセンの一部の名護市内の土地約107ヘクタールの返還を閣議決定。

7.24 〔基地〕辺野古工事差し止め、沖縄県が国を提訴　沖縄県宜野湾市の米軍普天間飛行場の名護市辺野古への移設をめぐって、沖縄県は国が県の許可を得ずに工事を進めるのは違法として、移設工事差し止めを要求して提訴。判決までの工事中断を求める仮処分も申請した。

7.26 〔事件〕空自機部品落下事故　航空自衛隊那覇基地所属の戦闘機「F-15」の前脚の部品が那覇空港に落下し、滑走路が一時閉鎖され、旅客機に欠航・遅れなどの影響が出た。

7.26 〔自衛隊〕米艦防護訓練　安全保障関連法に基づき、平時でも自衛隊が米軍の艦艇を防護する訓練が青森県陸奥湾で実施された。海上自衛隊の掃海母艦と米海軍の掃海艦が参加、情報交換の際の通信訓練など、「武器等防護」の手順を確認した。

7.28 〔団体〕日報を防衛省が隠蔽　防衛省が陸上自衛隊南スーダン派遣PKO部隊の日報を組織的に隠蔽していたとする特別防衛観察の結果が公表された。稲田朋美防衛大臣も日報保管の事実を非公表とするとの方針を伝えられ了承していたことが判明。

7.28 〔政治〕稲田防衛大臣辞任　稲田朋美防衛大臣、陸上自衛隊南スーダン派遣PKO部隊の日報隠蔽問題の責任を取るとして辞任。南スーダンでの「戦闘」を「武力衝突」と言い換える発言、教育勅語の精神を擁護する発言、東京都議選での自衛隊としてもお願いしたいとの発言、「森友学園」の訴訟代理人についての答弁なども問題視されていた。岸田文雄外務大臣が防衛大臣を兼務。

8.3 〔政治〕第3次安倍第3次改造内閣が発足　自民党・公明党の連立による安倍晋三首相の第3次改造内閣が発足した。防衛大臣には第2次安倍内閣でも防衛大臣を務めた小野寺五典が再任された。

8.6 〔基地〕オスプレイ飛行自粛要請　小野寺五典防衛相は5日にオーストラリア沖で起きた墜落事故を受け、米国側に日本国内でのオスプレイの飛行自粛を要請した。米軍はこの要請を無視して飛行を継続。

8.9 〔基地〕米艦載機、岩国基地へ移転　神奈川県の米海軍厚木基地から山口県の岩国基地へ、米空母艦載機移駐が開始された。2018年5月まで段階的に実施。

8.17 〔兵器〕陸上イージス導入　防衛省はミサイル防衛強化のため、イージス艦に搭載している迎撃ミサイルを地上に配備する「イージス・アショア」を導入する方針を決

- 243 -

2017年（平成29年）　　　　　　　　　　　　　　　　　　　　　　　　　　　　　日本安全保障史事典

定した。12月19日2基の導入を閣議決定。

8.17　〔国際〕**日米安全保障協議委員会開催**　日米両政府は日米安全保障協議委員会
（「2＋2」）をワシントンで開催し、日米同盟の強化によって北朝鮮の核・ミサイル開
発を抑止する方針で一致。

8.26　〔事件〕**北朝鮮、ミサイル発射失敗**　北朝鮮が短距離弾道ミサイル3発を発射、日本
海に落下したが失敗とみられる。

8.26　〔事件〕**海自ヘリ墜落**　海上自衛隊大湊航空基地所属の哨戒ヘリコプター「SH-60J」
が、青森県沖で訓練中に消息不明となり日本海で機体の一部が発見された。乗員1人
は救助された。10月に海底から機体を引き上げ、行方不明だった3人のうち2人の遺
体を発見。

8.29　〔事件〕**北朝鮮、ミサイル発射**　北朝鮮が弾道ミサイル1発を発射し、北海道上空を
越えて太平洋上に落下した。9月15日にも1発を発射し、再び日本上空を通過した。

8.31　〔自衛隊〕**日米共同訓練**　航空自衛隊の戦闘機2機と、グアムから来た米空軍爆撃機2
機・米海兵隊岩国基地所属の最新鋭ステルス戦闘機4機が参加して、九州周辺の空域
で共同訓練を実施。弾道ミサイルの発射を続ける北朝鮮を牽制する狙い。

9.3　〔事件〕**北朝鮮、6回目の核実験**　北朝鮮は北東部吉州郡の核実験場で6回目となる核
実験を実施、大陸間弾道ミサイル（ICBM）搭載用の水爆実験に成功したと発表した。
9月11日には国連安保理が追加制裁を採択。

9.5　〔国際〕**日印防衛相会談**　小野寺五典防衛大臣はインドのアルン・ジャイトリー国防
大臣と東京で会談し、核・ミサイル開発を進める北朝鮮に対して圧力を強化する重
要性を確認、共同訓練の拡大や装備品開発での協力でも一致。

9.20　〔国際〕**安倍首相、国連演説で北朝鮮への圧力訴え**　安倍晋三首相、ニューヨークで
開かれている国連総会の一般討論演説で、北朝鮮の核・ミサイル開発の脅威を強調
し、制裁などの圧力強化のため国際社会が結束することを求めた。

9.29　〔事件〕**オスプレイ緊急着陸**　米軍普天間飛行場所属の輸送機「オスプレイ」2機が、
沖縄県新石垣空港に相次いで緊急着陸。1機のエンジン付近からオイル漏れが発生し
ていた。滑走路は一時閉鎖され、一部の旅客機は行き先を変更した。

10.5　〔事件〕**空自機部品落下**　北海道千歳基地を緊急発進（スクランブル）していた航空自
衛隊の戦闘機「F-15」から、搭載していたミサイルのウイングが落下。被害の情報
はなかった。

10.11　〔事件〕**米軍ヘリ炎上**　米軍普天間飛行場所属の輸送ヘリコプターが飛行中に出火
し、沖縄県東村の米軍北部訓練場付近に不時着後、大破し炎上した。乗員7人は無
事、周辺住民にも被害はなかった。

10.11　〔基地〕**横田基地訴訟、国に賠償命令**　東京都の横田基地の騒音で被害を受けたとす
る周辺住民が起こした訴訟で、東京地裁立川支部は国に総額約6億2000万円を支払う
よう命じる判決。米軍機などの飛行差し止めと将来分の賠償請求は棄却。

10.17　〔事件〕**空自ヘリ墜落**　航空自衛隊浜松基地所属の救難ヘリコプター「UH-60J」が、
静岡県沖で訓練中に消息不明、11月26日周辺海域から機体回収。乗員4人行方不明。

－ 244 －

5月の陸自機・8月の海自ヘリに続く墜落事故で、小野寺五典防衛大臣が安全管理の徹底・再発防止を指示。

10.23 〔国際〕**日米防衛相会談**　拡大ASEAN国防相会議が開かれるフィリピン北部のクラーク経済特区で、会議に先立ち小野寺五典防衛大臣は米国のジェームズ・マティス国防長官と会談し、核・ミサイル開発を進める北朝鮮に対して圧力をかけ続けていくことなどを確認、東シナ海情勢・南シナ海情勢も踏まえ、東南アジア諸国との防衛協力を推進していくことで一致。

10.23 〔国際〕**日豪防衛相会談**　拡大ASEAN国防相会議が開かれるフィリピン北部のクラーク経済特区で、会議に先立ち小野寺五典防衛大臣はオーストラリアのマリス・ペイン国防大臣と会談し、北朝鮮・南シナ海情勢について意見交換を実施。

10.23 〔国際〕**日韓防衛相会談**　拡大ASEAN国防相会議が開かれるフィリピン北部のクラーク経済特区で、会議に先立ち小野寺五典防衛大臣は韓国の宋永武国防部長官と会談し、核・ミサイル開発を進める北朝鮮に対して連携していくことを確認。

10.23 〔国際〕**日米韓防衛相会談**　拡大ASEAN国防相会議が開かれるフィリピン北部のクラーク経済特区で、会議に先立ち小野寺五典防衛大臣は米国のジェームズ・マティス国防長官、韓国の宋永武国防部長官と会談し、北朝鮮の挑発行動を非難し、その脅威に対して協力していく旨の共同声明を発表。

10.23 〔国際〕**日比防衛相会談**　拡大ASEAN国防相会議が開かれるフィリピン北部のクラーク経済特区で、会議に先立ち小野寺五典防衛大臣はフィリピンのミゲル・デルフォン・ロレンザーナ国防大臣と会談し、共同訓練を含めた防衛協力を推進することを確認。また、海上自衛隊練習機「TC-90」の移転を有償貸付から無償譲渡に変更することを伝達。

10.24 〔国際〕**拡大ASEAN国防相会議開催**　フィリピン北部のクラーク経済特区で、日米中韓露を含む計18カ国の第4回拡大ASEAN国防相会議（ADMMプラス）が開催された。核・ミサイル開発を続ける北朝鮮を非難することで一致。第3回日ASEAN防衛担当大臣会合、各国の国防相等との二国間会談等も行った。

10.24 〔国際〕**日越防衛相会談**　拡大ASEAN国防相会議が開かれているフィリピン北部のクラーク経済特区で、小野寺五典防衛大臣はベトナムのゴ・スアン・リック国防大臣と会談し、防衛協力・交流を推進することを確認。

11.1 〔政治〕**第4次安倍内閣が発足**　自民党・公明党の連立による第4次安倍晋三内閣が発足した。小野寺五典防衛大臣を含め、閣僚全員が留任。

11.3 〔自衛隊〕**日米印合同演習**　海上自衛隊の護衛艦が米海軍の原子力空母とインド海軍の艦艇と日本海で共同訓練を実施した。6日まで。北朝鮮や東シナ海・南シナ海への海洋進出を強める中国を牽制する狙い。

11.6 〔基地〕**辺野古護岸工事開始**　沖縄県宜野湾市の米軍普天間飛行場の移設先とされている名護市辺野古沿岸部で、新たな護岸工事を開始。7月に見つかった希少サンゴについて沖縄防衛局が沖縄県に移植許可を申請中だが、政府はサンゴに影響はないとして着工。

11.12 〔自衛隊〕**日米共同訓練**　海上自衛隊の護衛艦3隻と米海軍の原子力空母3隻が、日本

－ 245 －

2017年（平成29年）   日本安全保障史事典

海で初めて共同で訓練を実施した。核・弾道ミサイル開発を進める北朝鮮を牽制する狙い。28日まで。

11.15　〔基地〕**砂川事件再審棄却**　1957年7月東京都砂川町（現・立川市）の米軍基地内にデモ隊が入り起訴された「砂川事件」で、東京高裁は元被告側の再審請求即時抗告を棄却した。20日、最高裁に特別抗告。

11.15　〔事件〕**小型漁船、相次ぎ漂着**　能登半島沖の日本海で、海上保安庁の巡視船が転覆した小型の木造船から3人を救助。日本海の沿岸では同様の小型の木造船が相次いで漂着しており、遺体が発見される場合もあり、11月中に20件を超えた。北朝鮮から来た違法操業の漁船とみられる。

11.19　〔事件〕**米兵飲酒事故で逮捕**　沖縄県那覇市内の国道で、米海兵隊所属の兵士の運転するトラックが那覇市の会社員の軽トラックと衝突し、会社員は死亡した。沖縄県警那覇署は過失致死と酒気帯び運転の疑いで兵士を逮捕した。20日、在日米軍司令部は日本に駐留する全米軍人に対して基地内外での飲酒を禁止。12月13日付で解除。

11.20　〔国際〕**米国、北朝鮮をテロ支援国家に再指定**　ドナルド・トランプ米大統領は、北朝鮮をテロ支援国家に再指定すると発表した。北朝鮮がテロ支援国家に指定されるのは約9年ぶり。

11.22　〔事件〕**米軍機墜落**　海上自衛隊の演習に参加していた米海軍の原子力航空母艦「ロナルド・レーガン」艦載機の輸送機が沖ノ鳥島沖で墜落。乗員11人のうち3人が行方不明。

11.29　〔事件〕**北朝鮮、ミサイル発射**　北朝鮮が平安南道の平城付近から弾道ミサイルを発射、青森県西方の日本海の日本の排他的経済水域（EEZ）内に着水した。北朝鮮は新型の大陸間弾道ミサイル（ICBM）「火星15」であると発表、これにより核武装が完成し、米国全土を攻撃できるとした。

12.5　〔兵器〕**長距離巡航ミサイル計画**　政府は有事の際の離島防衛のため敵艦船を攻撃するものとして、航空自衛隊の戦闘機に敵基地攻撃も可能な「長距離巡航ミサイル」を搭載するため、関連予算を計上する方針。

12.5　〔事件〕**北朝鮮船員、島から窃盗**　北海道の松前小島に一時避難していた北朝鮮の木造船の乗組員が島から家電製品などを持ち出したことを認める内容の供述をしていることが判明。北海道警が任意で事情聴取をしていたが、8日になって乗組員らが巡視船に横付けされていた船をロープを切断して逃亡を図ったため、9日に乗組員10人のうち3人を窃盗容疑で逮捕した。

12.7　〔事件〕**米軍ヘリから部品落下**　沖縄県宜野湾市の普天間飛行場から約300メートルの距離にある保育園の屋根に、米軍ヘリコプターからの落下物とみられる筒状の物が落ちているのが確認された。けが人などはなかった。米軍はヘリ部品と認めたものの飛行中の落下は否定。

12.13　〔事件〕**米軍ヘリの窓落下**　沖縄県宜野湾市の普天間飛行場に隣接している小学校の校庭に、米軍のヘリコプターから窓枠が落下した。落下物の風圧で飛んだ石で男児1人がけが。沖縄県は全米軍機の点検と安全確認されるまでの飛行中止を要請したが、14日も飛行継続（同型機は18日まで飛行中止）。29日には宜野湾市役所前で抗議大会

－ 246 －

が開かれた。

12.14 〔国際〕**日英外務・防衛閣僚会合、開催**　第3回日英外務・防衛閣僚会合（「2+2」）が
ロンドンで開催され、共同訓練拡大を含む安保分野の行動計画を策定。

分 野 別 索 引

分野別索引　目次

日米安保条約 …………………………………………… 251

政　治 ……………………………………………………… 251

法　律 ……………………………………………………… 256

団　体 ……………………………………………………… 258

自衛隊 ……………………………………………………… 260

兵　器 ……………………………………………………… 267

基　地 ……………………………………………………… 268

事　件 ……………………………………………………… 271

社　会 ……………………………………………………… 277

国　際 ……………………………………………………… 278

日本安全保障史事典　　　　　　分野別索引　　　　　　政治

【日米安保条約】

「日米安保条約」調印	1951.9.8
重光・ダレス会談、日米安保条約改定の共同声明発表	1955.8.31
「日米安保条約」と「国連憲章」との関係に関する公文を交換	1957.9.14
藤山・ダレス会談、「日米安保条約」改定に同意	1958.9.11
「日米安保条約」の改定交渉開始	1958.10.4
中国外交部、「日米安保改定交渉非難声明」を発表	1958.11.19
藤山外相、安保条約問題全国懇話会で演説	1958.12.15
安保改定の藤山試案発表	1959.2.18
安保阻止国民会議結成	1959.3.28
安保阻止国民会議第1次統一行動	1959.4.15
藤山外相、安保条約問題全国懇話会で改定構想発表	1959.5.25
安保阻止国民会議第8次統一行動で国会請願デモ	1959.11.27
警視庁、国会請願デモ事件で全学連等一斉捜索	1959.11.28
「日米安保条約に関する中国外交部声明」発表	1960.1.14
全学連、羽田空港ロビー占拠	1960.1.15
「新安保条約」調印全権団が渡米	1960.1.16
「新安保条約」調印	1960.1.19
ソ連、「新安保条約」を批難する対日覚書を手交	1960.1.27
「新安保条約」等、国会提出	1960.2.5
安保阻止国民会議第15次統一行動	1960.4.26
「新安保条約」強行採決	1960.5.19
安保阻止国民会議第16次統一行動	1960.5.26
安保改定阻止第1次実力行使	1960.6.4
安保阻止国民会議第18次統一行動	1960.6.11
国会請願デモで東大女子学生死亡	1960.6.15
「新安保条約」・「日米地位協定」自然成立	1960.6.19
「新安保条約」・「日米地位協定」発効	1960.6.23
佐藤首相、安保条約長期存続は必要	1966.3.8
外務省、日米安保条約への統一見解	1966.4.16
安保条約延長など安全保障構想の中間報告	1966.5.6
公明党、安保の段階的解消構想	1966.7.14
社会党、安保廃棄と積極中立強調	1966.8.31
米国、安保条約の自動延長を示唆	1967.3.23
「日米安全保障条約」の自動延長案	1968.6.11
ラスク国務長官、安保条約自動延長を表明	1968.9.8

米国上院にて日米安保条約の自動延長示唆	1969.1.28
愛知外相、安全保障条約の自動延長を示唆	1969.3.29
愛知外相、ロジャーズ米国国務長官会談	1969.6.3
自民党、日米安保条約の自動延長を決定	1969.10.9
「日米安全保障条約」の自動延長で声明	1970.5.28
大平外相、安保条約運用協議会新設を合意	1973.1.19
公明党、「日米安保廃棄問題」で補足	1975.8.23
社会党3議員、安保廃棄試論を発表	1975.12.20

【政治】

鈴木内閣総辞職	1945.8.15
天皇、全軍隊即時停戦を下命	1945.8.16
天皇、陸海軍人に勅語	1945.8.17
東久邇宮内閣発足	1945.8.17
下村陸軍大臣就任	1945.8.23
幣原内閣発足	1945.10.9
第1次吉田内閣発足	1946.5.22
辰巳軍事顧問就任	1946.5月
片山内閣発足	1947.5.24
芦田内閣発足	1948.3.10
第2次吉田内閣発足	1948.10.15
第3次吉田内閣発足	1949.2.16
吉田首相、軍事基地承認は日本の義務と答弁	1950.2.13
旧職業軍人初の公職追放解除	1950.11.10
大橋国務大臣、警察予備隊担当に	1951.1.23
吉田首相、再軍備問題につき答弁	1951.1.29
吉田首相、自衛権強化と再軍備問題につき答弁	1951.2.1
吉田首相、米軍駐兵費につき答弁	1951.2.15
第1次公職追放解除	1951.6.20
第2次公職追放解除	1951.8.6
旧陸海軍正規将校の公職追放解除	1951.8.16
中佐以下の旧将校の公職追放解除	1951.10.1
吉田首相、自衛力保持につき答弁	1951.10.16
吉田首相、防衛力漸増問題を協議	1951.11.22
吉田首相、防衛隊新設を言明	1952.1.31
大橋国務相、防衛隊の名称は保安隊が適当と発言	1952.2.1
吉田首相、自衛のための戦力は合憲と答弁	1952.3.6
最終の公職追放解除発表	1952.4.26
吉田首相、衆議院「抜き打ち解散」	1952.8.28
吉田首相、国力培養が先決と演説	1952.9.15
第4次吉田内閣発足	1952.10.30

－ 251 －

政治　　　　　　　　　　　　　分野別索引　　　　　　　　　日本安全保障史事典

吉田首相、自衛力漸増計画につき答弁　1953.2.10
衆議院「バカヤロー解散」　　　　　　1953.3.14
「防衛力整備計画第1次案」策定　　　　1953.3.31
第5次吉田内閣発足　　　　　　　　　　1953.5.21
警備5ヵ年計画案が問題化　　　　　　　1953.6.9
吉田首相、演説で防衛方針不変を表明　1953.6.16
保安院に関し、政府統一見解　　　　　1953.7.20
岡崎外相、保安隊は実質的に自衛軍と
　答弁　　　　　　　　　　　　　　　1953.7.21
吉田首相、保安隊の自衛軍化につき答
　弁　　　　　　　　　　　　　　　　1953.7.30
吉田・重光会談　　　　　　　　　　　1953.9.27
保守3党折衝で自衛隊の任務につき意見
　一致　　　　　　　　　　　　　　　1953.12.15
1954年度防衛増強計画の基本方針決定
　　　　　　　　　　　　　　　　　　1953.12.30
木村保安庁長官、防衛力増強の初年度
　計画を説明　　　　　　　　　　　　1954.1.11
保守3党折衝で国防会議の構成決定　　　1954.5.28
木村防衛庁長官就任　　　　　　　　　1954.7.1
第1次鳩山内閣発足　　　　　　　　　　1954.12.10
「憲法」第9条の解釈に関する政府統一
　見解提示　　　　　　　　　　　　　1954.12.22
鳩山首相、自衛隊合憲は世論と答弁　　1955.1.23
防衛6ヵ年計画の作成決定　　　　　　　1955.3.5
防衛6ヵ年計画案決定　　　　　　　　　1955.3.14
第2次鳩山内閣発足　　　　　　　　　　1955.3.19
鳩山首相、自衛隊につき答弁　　　　　1955.6.11
砂田防衛庁長官就任　　　　　　　　　1955.7.31
防衛閣僚懇談会の設置決定　　　　　　1955.8.2
防衛閣僚懇談会、初会議　　　　　　　1955.8.5
防衛閣僚懇談会、防衛6ヵ年計画を協議　1955.8.9
第3次鳩山内閣発足　　　　　　　　　　1955.11.22
衆議院、原水爆実験禁止要望決議を可決　1956.2.9
国防会議初代理事長が内定　　　　　　1956.6.18
石橋内閣発足　　　　　　　　　　　　1956.12.23
1957年度防衛力整備計画が決定　　　　　1957.1.19
小滝防衛庁長官就任　　　　　　　　　1957.2.2
第1次岸内閣発足　　　　　　　　　　　1957.2.25
参議院、原水爆禁止決議　　　　　　　1957.3.15
岸首相、核兵器保有につき答弁　　　　1957.5.7
「国防の基本方針」決定　　　　　　　1957.5.20
「防衛力整備目標」閣議了解　　　　　1957.6.14
第1次岸改造内閣発足　　　　　　　　　1957.7.10
岸首相、核兵器問題につき答弁　　　　1957.9.2
衆議院、原水爆実験禁止決議　　　　　1958.4.18
第2次岸内閣発足　　　　　　　　　　　1958.6.12
岸首相、沖縄の自衛権につき答弁　　　1958.10.23
伊能防衛庁長官就任　　　　　　　　　1959.1.12

岸首相、自衛隊による敵基地攻撃につ
　き答弁　　　　　　　　　　　　　　1959.3.9
岸首相、自衛のための核武装につき答
　弁　　　　　　　　　　　　　　　　1959.3.12
攻撃的兵器の保有につき、政府統一見
　解　　　　　　　　　　　　　　　　1959.3.19
第2次岸改造内閣発足　　　　　　　　　1959.6.18
日米安保等特別委員会設置　　　　　　1960.2.13
第1次池田内閣発足　　　　　　　　　　1960.7.19
第2次池田内閣発足　　　　　　　　　　1960.12.8
防衛庁、治安行動基準の骨子を提出　　1961.3.15
「第2次防衛力整備計画」決定　　　　　1961.7.18
第2次池田第1次改造内閣発足　　　　　1961.7.18
第2次池田第2次改造内閣発足　　　　　1962.7.18
社会党、自衛隊改編の新構想を発表　　1962.11.14
第2次池田第3次改造内閣発足　　　　　1963.7.18
第3次池田内閣発足　　　　　　　　　　1963.12.9
池田首相、自衛隊の国連警察軍参加は
　合憲と答弁　　　　　　　　　　　　1964.3.5
「国防会議基本計画」策定　　　　　　1964.7.8
第3次池田改造内閣発足　　　　　　　　1964.7.18
第1次佐藤内閣発足　　　　　　　　　　1964.11.9
第1次佐藤第1次改造内閣発足　　　　　1965.6.3
佐藤首相、戦後初の沖縄訪問　　　　　1965.8.19
核の傘論議で統一見解を発表　　　　　1966.2.19
自衛隊の海外派兵に「自衛隊法」を検討
　表明　　　　　　　　　　　　　　　1966.2.24
佐藤首相、沖縄防衛には日本参加　　　1966.3.10
「第3次防衛力整備計画」原案まとめ　　1966.4.5
第1次佐藤第2次改造内閣発足　　　　　1966.8.1
外資審議会、初の武器技術導入認可　　1966.10.25
国防会議議員懇談会開催　　　　　　　1966.11.1
第3次防衛力整備計画大綱を閣議決定　1966.11.29
第1次佐藤第3次改造内閣発足　　　　　1966.12.3
下田外務次官、平和利用の核実験の権
　利主張　　　　　　　　　　　　　　1967.2.9
第2次佐藤内閣発足　　　　　　　　　　1967.2.17
第3次防衛力整備計画の主要項目が決定
　　　　　　　　　　　　　　　　　　1967.3.13
防衛庁長官、戦闘爆撃機の保有は可能
　と答弁　　　　　　　　　　　　　　1967.3.25
佐藤首相、武器禁輸三原則を言明　　　1967.4.21
「わが国の安全保障のあり方」中間報告
　発表　　　　　　　　　　　　　　　1967.8.28
第2次佐藤第1次改造内閣発足　　　　　1967.11.25
佐藤首相、非核三原則を表明　　　　　1967.12.11
倉石農相、現行憲法は他力本願発言　　1968.2.6
漁船保護のための自衛艦出動に言明　　1968.2.11
第2次佐藤第2次改造内閣発足　　　　　1968.11.30

－ 252 －

| 日本安全保障史事典 | 分野別索引 | 政治 |

公明党、米軍基地返還闘争方針　1969.1.18
法制局長官、核兵器保有可能と答弁　1969.2.4
ファントム機追求めぐり衆院予算委審
　議中断　1969.2.17
船田安保調査会長、沖縄返還後の私案　1969.8.9
初の国防白書原案をまとめる　1969.9.16
第3次佐藤内閣が発足　1970.1.14
国会に防衛委員会の新設を提案　1970.1.25
中曽根防衛庁長官、自主防衛5原則を発
　表　1970.3.23
初の『防衛白書』を発表　1970.10.20
空中早期警戒機の開発を4次防から除外　1971.4.1
第3次佐藤改造内閣が発足　1971.7.5
増原防衛庁長官辞任　1971.8.2
衆院本会議で、非核決議　1971.11.24
江崎防衛庁長官就任　1971.12.3
第4次防衛力整備計画大綱決定　1972.2.8
日本の防空識別圏に尖閣諸島を含む　1972.5.3
第1次田中内閣が発足　1972.7.7
第4次防衛力整備5か年計画原案決定　1972.8.1
米軍戦車の修理は問題ないとの統一見
　解　1972.9.19
4次防主要項目、文民統制強化などが決
　定　1972.10.9
「戦力」統一見解　1972.11.13
第2次田中内閣が発足　1972.12.22
沖縄の米軍基地など3年計画で整理縮小　1973.1.8
国防会議付議事項について決定　1973.1.25
増原防衛庁長官、平和時の防衛力を発表　1973.2.1
増原防衛庁長官辞任　1973.5.29
自衛隊への防衛・軍事用石油供給削減　1973.11.7
第2次田中第1次改造内閣が発足　1973.11.25
第2次田中第2次改造内閣が発足　1974.11.11
自衛隊の宗教活動関与を禁止　1974.11.19
三木内閣が発足　1974.12.9
「防衛を考える会」を発足　1975.3.2
防衛関係予算21.43％増　1975.4.2
4次防の主要項目取扱について決定　1975.12.30
共産党、民主連合政府で自衛隊は削減　1976.1.19
第2回『防衛白書』を発表　1976.6.4
三木改造内閣が発足　1976.9.15
「防衛計画の大綱について」決定　1976.10.29
福田内閣が発足　1976.12.24
福田内閣初の国防会議開催　1977.1.7
「沖縄土地境界明確化法」を公布・施行　1977.5.18
衆院議員運営委、防衛特別委を設置　1977.5.26
『防衛白書』閣議了承　1977.7.29
福田改造内閣が発足　1977.11.28

国連軍縮特別総会に向け、軍縮で国会
　決議　1978.5.23
福田首相、防衛庁に有事立法等の研究
　を指示　1978.7.27
『防衛白書』閣議了承　1978.7.28
栗栖統合幕僚会議議長、超法規的行動
　発言　1978.7.28
防衛費が世界7位の予算となる　1978.8.23
第1次大平内閣が発足　1978.12.7
中期業務見積り発表　1979.7.17
第2次大平内閣が発足　1979.11.9
久保田防衛庁長官辞任　1980.2.4
参議院特別委員会の設置　1980.7.17
鈴木内閣が発足　1980.7.17
徴兵制問題に関する閣議決定　1980.8.15
総合安全保障関係閣僚会議の設置　1980.12.1
「北方領土の日」の閣議決定　1981.1.6
鈴木首相、竹田発言で陳謝　1981.2.4
シーレーン防衛の表明　1981.5.8
竹入委員長自衛隊合憲論　1981.6.15
鈴木改造内閣が発足　1981.11.30
総合安保閣僚会議、シーレーン防衛の
　検討　1982.5.20
56中期業務見積りの了承　1982.7.23
第1次中曽根内閣が発足　1982.11.27
対米武器技術供与を決定　1983.1.14
長谷川防衛庁長官、北方領土の視察　1983.6.12
対米武器技術供与了解の書簡交換　1983.10.8
対米武器技術供与の交換公文に署名　1983.11.8
第2次中曽根内閣が発足　1983.12.27
国連平和維持活動へ自衛隊海外派遣　1984.9.17
第2次中曽根第1次改造内閣の発足　1984.11.1
国旗掲揚・国歌斉唱の徹底通知　1985.9.5
中期防衛力整備計画の決定　1985.9.18
対米武器技術供与実施細目取決め締結
　1985.12.27
第2次中曽根第2次改造内閣の発足　1985.12.28
第3次中曽根内閣の発足　1986.7.22
対米武器技術供与第1号の決定　1986.9.5
米SDI研究に参加方針決定　1986.9.9
昭和62年度予算で防衛費1％枠突破　1986.12.30
中曽根首相の防衛費に関する見解表明　1987.1.4
「今後の防衛力整備について」の決定　1987.1.24
米SDI研究参加の政府間協定に署名　1987.7.21
竹下内閣の発足　1987.11.6
洋上防空体制の検討　1987.12.18
防衛分野技術上の知識供与の交換公文
　に署名　1988.4.12
田沢防衛庁長官就任　1988.8.24

－ 253 －

政治	分野別索引		日本安全保障史事典

FS-X共同開発の交換公文・細目取決め
　に署名　　　　　　　　　　　1988.11.29
竹下改造内閣の発足　　　　　　1988.12.27
宇野内閣が発足　　　　　　　　　1989.6.3
海部内閣が発足　　　　　　　　　1989.8.10
第2次海部内閣が発足　　　　　　1990.2.28
湾岸危機に関する支援策発表　　　1990.8.29
湾岸危機に30億ドルの追加　　　　1990.9.14
『防衛白書』閣議了承　　　　　　1990.9.18
「平成3年度以降の防衛計画の基本的考
　え方について」閣議決定　　　1990.12.19
「中期防衛力整備計画について」閣議決
　定　　　　　　　　　　　　　1990.12.20
第2次海部改造内閣が発足　　　　1990.12.29
イラク周辺国の難民救済51億6800万円 1991.1.14
「湾岸危機対策本部」設置　　　　1991.1.17
湾岸地域に90億ドル追加支援決定　1991.1.24
宮沢内閣が発足　　　　　　　　　1991.11.5
衆議院安全保障委員会設置　　　　1991.11.5
カンボジア暫定統治機構の初動経費決
　定　　　　　　　　　　　　　1992.3.14
政府専用機が防衛庁へ所属変更　　1992.4.1
アンゴラ・カンボジアでの国際平和協
　力業務について　　　　　　　1992.9.8
日朝国交正常化交渉開催　　　　　1992.11.5
宮沢改造内閣が発足　　　　　　1992.12.12
「中期防衛力整備計画の修正について」
　閣議決定　　　　　　　　　　1992.12.18
「モザンビーク国際平和協力業務の実施
　について」が決定　　　　　　1993.4.27
細川内閣が発足　　　　　　　　　1993.8.9
中西防衛庁長官辞任　　　　　　　1993.12.2
「防衛問題懇談会」発足　　　　　1994.2.23
羽田内閣が発足　　　　　　　　　1994.4.28
村山内閣が発足　　　　　　　　　1994.6.30
村山首相、自衛隊・日米安保などを容認
　　　　　　　　　　　　　　　1994.7.20
「ルワンダ難民救援国際平和協力業務の
　実施について」を決定　　　　1994.9.13
村山改造内閣が発足　　　　　　　1995.8.8
ゴラン高原へ自衛隊派遣決定　　　1995.8.29
「平成8年度以降に係る防衛計画の大綱
　について」決定　　　　　　　1995.11.28
「ゴラン高原国際平和協力業務実施計
　画」閣議決定　　　　　　　　1995.12.15
第1次橋本内閣が発足　　　　　　1996.1.11
普天間飛行場の返還のための作業委員
　会設置　　　　　　　　　　　1996.5.8
「沖縄政策協議会の設置について」決定 1996.9.17

第2次橋本内閣が発足　　　　　　1996.11.7
日本の領海及び内水で潜没航行する外
　国潜水艦への対処　　　　　　1996.12.24
第2次橋本改造内閣が発足　　　　1997.9.11
中期防衛力整備計画決定　　　　　1997.12.19
小渕内閣が発足　　　　　　　　　1998.7.30
防衛庁長官問責決議案可決　　　　1998.10.16
額賀防衛庁長官辞任　　　　　　　1998.11.20
情報収集衛星の導入決定　　　　　1998.12.22
小渕第1次改造内閣が発足　　　　1999.1.14
重要事態対応会議　　　　　　　　1999.1.21
情報収集衛星推進委員会設置　　　1999.4.1
「周辺事態」への対応計画決定　　1999.8.13
小渕第2次改造内閣が発足　　　　1999.10.5
普天間飛行場の移設に係る方針決定 1999.12.28
第1次森内閣が発足　　　　　　　2000.4.5
第2次森内閣が発足　　　　　　　2000.7.4
第2次森改造内閣が発足　　　　　2000.12.5
「中期防衛力整備計画」決定　　　2000.12.15
第1次小泉内閣が発足　　　　　　2001.4.26
首相官邸対策室を設置　　　　　　2001.9.11
米国同時多発テロ事件に関する当面の
　措置を発表　　　　　　　　　2001.9.19
国会でテロ対策の所信表明演説　　2001.9.27
緊急テロ対策本部を設置　　　　　2001.10.8
小泉首相が対タリバン攻撃を支持　2001.10.8
「テロ対策特別措置法」に基づく対応措
　置に関する基本計画を決定　　2001.11.16
国会が自衛隊インド洋派遣を承認　2001.11.27
有事法制整備を表明　　　　　　　2002.1.4
東ティモール国際平和協力業務実施計
　画が決定　　　　　　　　　　2002.2.15
小泉首相がディリ宿営地を訪問　　2002.4.29
自衛隊インド洋派遣期限を延長　　2002.5.17
東ティモール国際平和協力業務実施計
　画を変更　　　　　　　　　　2002.5.17
ゴラン高原国際平和協力業務実施計画
　を変更　　　　　　　　　　　2002.6.21
第1次小泉第1次改造内閣発足　　2002.9.30
自衛隊インド洋派遣期限を延長　　2002.11.19
「ゴラン高原国際平和協力業務実施計
　画」を変更　　　　　　　　　2003.1.17
「イラク難民救援国際平和協力業務実施
　計画」が決定　　　　　　　　2003.3.28
防衛駐在官制度を改善　　　　　　2003.5.7
自衛隊インド洋派遣期限を延長　　2003.5.9
「東ティモール国際平和協力業務実施計
　画」を変更　　　　　　　　　2003.6.20

－ 254 －

「イラク被災民救援国際平和協力業務実施計画」が決定	2003.7.4	
鳥取県が避難マニュアルを公表	2003.7.9	
ゴラン高原国際平和協力業務実施計画を変更	2003.7.29	
『防衛白書』を了承	2003.8.5	
第1次小泉第2次改造内閣発足	2003.9.22	
危険業務従事者叙勲を新設	2003.9.30	
自衛隊インド洋派遣期限を延長	2003.10.21	
第1回危険業務従事者叙勲	2003.11.3	
第43回総選挙	2003.11.9	
第2次小泉内閣発足	2003.11.19	
国民保護法制整備本部第2回会合	2003.11.21	
「イラク人道復興支援特別措置法」に基づく対応措置に関する基本計画が決定	2003.12.9	
自衛隊イラク派遣命令を発出	2003.12.19	
空自先遣隊がクウェートへ出発	2003.12.24	
ゴラン高原国際平和協力業務実施計画を変更	2004.1.16	
衆議院が自衛隊イラク派遣を承認	2004.1.31	
参議院が自衛隊イラク派遣を承認	2004.2.9	
国連待機部隊を提唱	2004.3.19	
弾道ミサイル防衛システムの導入を可決	2004.3.26	
安全保障と防衛力に関する懇談会を設置	2004.4.20	
自衛隊インド洋派遣期限を延長	2004.4.23	
多国籍軍への参加を閣議了解	2004.6.18	
『防衛白書』を了承	2004.7.6	
岡田民主党代表が自衛隊の武力行使を容認	2004.7.29	
第2次小泉改造内閣発足	2004.9.27	
次期中期防予算を1兆円削減	2004.11.1	
小泉首相が防衛予算削減を表明	2004.12.2	
自衛隊イラク派遣期限を延長	2004.12.9	
16大綱が決定	2004.12.10	
17中期防が決定	2004.12.10	
領水内潜没潜水艦に関する対処方針を策定	2005.1.19	
魚釣島灯台を国有化	2005.2.9	
竹島の日を制定	2005.3.16	
国民保護基本方針を決定	2005.3.25	
帝国石油に東シナ海天然ガス田試掘権を許可	2005.7.14	
福井・島根の国民保護計画が決定	2005.7.22	
『防衛白書』を了承	2005.8.2	
第3次小泉内閣が発足	2005.9.21	
第3次小泉改造内閣発足	2005.10.31	

「平成17年10月29日に実施された日米安全保障協議委員会において承認された事項に関する当面の政府の取組について」を決定	2005.11.11	
「国民保護法」に基づく初の実動訓練	2005.11.27	
自衛隊ゴラン高原派遣を延長	2006.1.27	
社民党が自衛隊違憲論に転向	2006.2.11	
全都道府県の国民保護計画が決定	2006.3.31	
自衛隊インド洋派遣期限を延長	2006.4.20	
自衛隊ゴラン高原派遣を延長	2006.7.11	
第1次安倍内閣が発足	2006.9.26	
弾道ミサイル等に対する破壊措置に関する緊急対処要領	2007.3.23	
自衛隊インド洋派遣期限を延長	2007.4.24	
安保法制懇を設置	2007.4.25	
小池防衛大臣就任	2007.7.4	
自衛隊イラク派遣期限を延長	2007.7.10	
自衛隊ゴラン高原派遣の期限延長	2007.7.31	
第1次安倍改造内閣発足	2007.8.27	
福田内閣が発足	2007.9.26	
防衛省改革会議を設置	2007.11.16	
防衛力整備内容などを決定	2007.12.24	
自衛隊インド洋派遣再開を命令	2008.1.17	
海洋基本計画が決定	2008.3.18	
自衛隊インド洋派遣と自衛隊イラク派遣の期限延長	2008.6.13	
安保法制懇が報告書提出	2008.6.24	
防衛省改革会議が報告書提出	2008.7.15	
福田改造内閣発足	2008.8.2	
自衛隊イラク派遣撤収を表明	2008.9.11	
麻生内閣が発足	2008.9.24	
自衛隊インド洋派遣継続を表明	2008.9.25	
国際連合スーダン・ミッションに自衛官派遣	2008.10.3	
自衛隊イラク派遣撤収を正式決定	2008.11.28	
17中期防見直しが決定	2008.12.20	
アフガニスタンに外務省職員を派遣	2009.1.9	
海賊対処に海自派遣を決定	2009.1.28	
北朝鮮にミサイル発射自制を求める決議	2009.3.31	
「宇宙基本計画」が決定	2009.6.2	
「核兵器廃絶に向けた取り組みの強化を求める決議」を採択	2009.6.16	
自衛隊インド洋派遣の期限延長	2009.7.3	
自衛隊ゴラン高原派遣の期限延長	2009.7.24	
鳩山内閣が発足	2009.9.16	
情報収集衛星打ち上げに成功	2009.11.28	
「平成22年度の防衛力整備等について」を決定	2009.12.17	

政治　　　　　　　　　　　　　分野別索引　　　　　　　　　日本安全保障史事典

菅内閣が発足	2010.6.8
「低潮線保全基本計画」決定	2010.7.13
海賊対処活動の期限延長	2010.7.16
対イラン制裁を閣議了解	2010.8.3
菅第1次改造内閣が発足	2010.9.17
政府における情報保全に関する検討委	
員会を設置	2010.12.7
22大綱が決定	2010.12.17
23中期防が決定	2010.12.17
菅第2次改造内閣が発足	2011.1.14
野田内閣が発足	2011.9.2
沖縄防衛局長更迭	2011.11.29
防衛大臣問責決議案可決	2011.12.9
野田第1次改造内閣が発足	2012.1.13
防衛大臣問責決議案可決	2012.4.20
野田第2次改造内閣が発足	2012.6.4
野田第3次改造内閣が発足	2012.10.1
第2次安倍内閣が発足	2012.12.26
「防衛力の在り方検討のための委員会」	
設置	2013.1.25
安全保障の法的基盤の再構築に関する	
懇談会、初会合	2013.2.8
国家安全保障会議創設への動き	2013.2.15
内閣法制局長官に集団的自衛権容認派	
を起用	2013.8.8
「安全保障と防衛力に関する懇談会」初	
会合	2013.9.12
国家安全保障会議設置	2013.12.4
「国家安全保障戦略」決定	2013.12.17
国家安全保障局の発足	2014.1.7
学習指導要領解説書に尖閣・竹島を領	
土と明記、自衛隊の災害派遣も	2014.1.28
安全保障の法的基盤の再構築に関する	
懇談会、報告書提出	2014.5.15
防衛産業の維持・育成戦略を決定	2014.6.19
集団的自衛権の行使を容認	2014.7.1
第2次安倍改造内閣が発足	2014.9.3
第3次安倍内閣が発足	2014.12.24
新「宇宙基本計画」決定	2015.1.9
第3次安倍第1次改造内閣が発足	2015.10.7
第3次安倍第2次改造内閣発足	2016.8.3
海上保安体制強化の方針	2016.12.21
国家安全保障会議開催	2016.12.22
稲田防衛大臣、森友学園問題で答弁撤	
回	2017.3.13
稲田防衛大臣、都議選応援で問題発言	2017.6.27
稲田防衛大臣辞任	2017.7.28
第3次安倍第3次改造内閣が発足	2017.8.3
第4次安倍内閣が発足	2017.11.1

【法律】

「国防保安法」等廃止	1945.10.13
「国家総動員法」・「戦時緊急措置法」廃	
止	1946.4.1
「日本国憲法」公布	1946.11.3
「日本国憲法」施行	1947.5.3
「警察法」公布	1947.12.17
「海上保安法」公布	1948.4.27
「海上保安庁法」改正要綱が決定	1952.2.19
「琉球政府の設立」公布	1952.2.29
「海上警備隊組織規程」公布	1952.4.30
「駐留軍用地特別措置法」公布・施行	1952.5.15
「破防法」公布・施行	1952.7.21
「保安庁法」公布	1952.7.31
琉球列島米国民政府、「土地収用令」公	
布	1953.4.3
「武器等製造法」公布	1953.8.1
「保安庁法」改正案の要綱決定	1953.12.30
「防衛庁設置法」案・「自衛隊法」案、閣	
議決定	1954.3.9
「防衛庁設置法」・「自衛隊法」成立	1954.6.2
「防衛庁設置法」・「自衛隊法」公布	1954.6.9
「防衛秘密保護法」公布	1954.6.9
「防衛庁組織令」・「自衛隊法施行令」公	
布	1954.6.30
「防衛秘密保護法」・新「警察法」施行	1954.7.1
「国防会議構成法」案が衆院可決	1955.7.27
「防衛秘密保護法」改正案・「恩給法」改	
正案が可決成立	1955.7.27
「自衛隊法」改正（第2次改正）	1955.8.1
「防衛庁設置法」改正（第1次改正）	1955.8.1
「原子力基本法」公布	1955.12.19
「防衛庁設置法」・「自衛隊法」改正案成	
立	1956.4.16
「自衛隊法」改正（第3次改正）	1956.4.20
「防衛庁設置法」改正（第2次改正）	1956.4.20
「防衛庁設置法」改正（第3次改正）	1957.4.30
「自衛隊法」改正（第4次改正）	1957.5.10
「防衛庁設置法」改正（第4次改正）	1958.4.24
「自衛隊法」改正（第5次改正）	1958.5.23
「防衛庁設置法」改正（第5次改正）	1958.5.23
「防衛庁設置法」・「自衛隊法」改正案、	
強行採決	1959.5.1
「自衛隊法」改正（第6次改正）	1959.5.12
「防衛庁設置法」改正（第6次改正）	1959.5.12
「防衛庁設置法」・「自衛隊法」改正案、	
衆議院通過	1961.4.27
「自衛隊法」改正（第7次改正）	1961.6.12
「防衛庁設置法」改正（第7次改正）	1961.6.12

－ 256 －

「防衛庁設置法」・「自衛隊法」改正	1962.5.15	「自衛隊法」の改正	1995.6.16
「自衛隊法」改正	1962.5.16	「国際機関等に派遣される防衛庁の職員	
「自衛隊法」改正	1962.9.15	の処遇等に関する法律」公布	1995.10.27
防衛省昇格の「防衛二法」改正案、閣議		「自衛隊法」改正公布	1996.6.19
決定	1964.6.12	「防衛庁設置法」改正公布	1997.5.9
「自衛隊法」改正	1964.12.28	「防衛庁設置法」改正公布	1998.4.24
「防衛庁設置法」改正	1964.12.28	「国際平和協力法」改正公布・施行	1998.6.12
「防衛施設周辺の整備等に関する法律」		「中央省庁等改革基本法」公布・施行	1998.6.12
を施行	1966.7.26	「周辺事態法」成立	1999.5.24
「防衛庁設置法」・「自衛隊法」改正	1967.7.28	「自衛隊法」改正公布	1999.5.28
「航空機騒音による障害防止に関する法		「防衛庁設置法」・「自衛隊法」改正公布	1999.8.4
律」施行	1967.8.1	「自衛隊員倫理法」公布	1999.8.13
防衛二法案、参院本会議で強行採決	1969.7.23	「原子力災害対策特別措置法」公布	1999.12.17
「沖縄返還協定」を可決・成立	1971.12.30	「駐留軍用地特別措置法」改正法施行	2000.4.1
「防衛庁施設法」・「自衛隊法」の一部を		「原子力災害対策特別措置法」施行	2000.6.16
改正	1973.10.16	「船舶検査活動法」成立	2000.11.30
「環境整備法」の公布・施行	1974.6.27	「船舶検査活動法」公布	2000.12.6
海洋二法を施行	1977.7.1	「情報公開法」施行	2001.4.1
「防衛庁設置法」、「自衛隊法」の一部改		「防衛庁設置法」改正公布	2001.6.8
正	1977.12.27	「防衛省設置法」案提出	2001.6.28
自衛隊に地震防災派遣任務を追加	1978.6.15	「テロ対策特別措置法」案で政府・与党	
福田首相、機密保護立法の検討を表明	1978.10.9	が合意	2001.10.1
「防衛庁設置法」等の一部改正、公布・		「テロ対策特別措置法」案決定	2001.10.5
施行	1980.11.29	「テロ対策特別措置法」成立	2001.10.29
有事法制の法令区分公表	1981.4.22	「テロ対策特別措置法」公布・施行	2001.11.2
「自衛隊法」の改正	1981.6.11	「海上保安庁法」一部改正	2001.11.2
「自衛隊法施行令」等の一部改正	1982.4.30	「自衛隊法」一部改正	2001.11.2
「防衛庁設置法」と「自衛隊法」の一部		「国際平和協力法」改正案を決定	2001.11.20
改正、公布・施行	1983.12.2	「国際平和協力法」改正法公布・施行	2001.12.14
「安全保障会議設置法」の公布	1986.5.27	「防衛庁設置法」改正法施行	2002.3.27
「防衛庁設置法」改正	1986.5.27	有事関連3法案が決定	2002.4.16
「安全保障会議設置法」の施行	1986.7.1	「テロ資金提供処罰法」成立	2002.6.5
「防衛庁設置法」と「自衛隊法」の一部		秘密保全のための罰則の強化を施行	2002.11.1
改正、公布・施行	1986.12.19	防衛庁職員の給与改定	2002.12.1
「国際緊急援助隊派遣法」の成立	1987.8.26	「拉致被害者支援法」成立	2002.12.4
「国際緊急援助隊派遣法」の公布・施行	1987.9.16	自衛官定数を変更	2003.3.27
「防衛庁設置法」と「自衛隊法」の一部		有事関連3法が成立	2003.6.6
改正、公布・施行	1987.12.15	「イラク人道復興支援特別措置法」案を	
「防衛庁設置法」と「自衛隊法」の一部		閣議決定	2003.6.13
改正、公布・施行	1988.11.1	「安全保障会議設置法」改正公布・施行	2003.6.13
「国際連合平和協力法」案提出	1990.10.16	「自衛隊法」・「防衛庁の職員の給与等に	
「湾岸危機に伴う避難民の輸送に関する		関する法律」改正法公布・施行	2003.6.13
暫定措置に関する政令」公布	1991.1.29	「武力攻撃事態対処法」公布・施行	2003.6.13
「国際平和協力法」案、決定	1991.9.11	「イラク人道復興支援特別措置法」公	
「国際平和協力法」案を強行採決	1991.11.27	布・施行	2003.8.1
「国際緊急援助隊派遣法」改正法公布	1992.6.19	「テロ対策特別措置法」改正法成立	2003.10.10
「国際平和協力法」公布	1992.6.19	「防衛省設置法」案廃案	2003.10.10
「自衛隊法」改正公布・施行	1994.11.18	「国民保護法」案要綱を了承	2004.2.24
「軍転特措法」公布	1995.5.26	有事関連7法案が決定	2004.3.9

有事関連7法が成立	2004.6.14	「自衛隊法」改正公布	2012.11.26
「海上輸送規制法」公布	2004.6.18	「自衛隊法」改正公布	2013.1.31
「国際人道法違反処罰法」公布	2004.6.18	「特定秘密保護法」成立	2013.12.6
「国民保護法」公布	2004.6.18	「特定秘密」の対象指定	2014.7.17
「自衛隊法」改正法公布	2004.6.18	「特定秘密保護法」の運用基準決定	2014.10.14
「特定公共施設利用法」公布	2004.6.18	「特定秘密保護法」施行	2014.12.10
「特定船舶入港禁止特別措置法」公布	2004.6.18	「特定秘密」指定	2015.1.9
「米軍行動関連措置法」公布	2004.6.18	自公安保法制で合意	2015.3.20
「捕虜取扱い法」公布	2004.6.18	安保法案、国会提出	2015.5.15
弾道ミサイル防衛のための「自衛隊法」		安保法制は違憲見解	2015.6.4
改正案が決定	2005.2.15	首相補佐官、安保関連法案について失	
ミサイル防衛のための「自衛隊法」改正		言	2015.7.26
法成立	2005.7.22	自民議員が安保法案反対の学生を非難	
「防衛庁設置法」改正法公布	2005.7.29	ツイート	2015.7.31
「テロ対策特別措置法」改正法公布・施		安保関連法成立	2015.9.19
行	2005.10.31	「海上交通安全法」改正法成立	2016.5.12
防衛庁職員の給与改定	2005.12.1	テロ等準備罪法成立	2017.6.15
「防衛庁設置法」改正法成立	2006.5.24		
「防衛庁設置法」改正法施行	2006.7.31	**【団体】**	
自衛隊インド洋派遣期限を延長	2006.10.27	米内海軍大臣、日本海軍の再建を託す	1945.8.15
「防衛庁設置法」改正法公布	2006.12.22	大本営陸軍部・海軍部、即時戦闘行動停	
「海洋基本法」成立	2007.4.20	止を発令	1945.8.16
「駐留軍等再編特別措置法」公布	2007.5.30	日本軍復員開始	1945.8.23
「防衛省設置法」・「自衛隊法」改正法公		終戦連絡中央事務局設置	1945.8.26
布	2007.6.8	大東亜省・軍需省・農商省廃止	1945.8.26
「イラク人道復興支援特別措置法」改正		GHQ、横浜に設置	1945.8.28
法公布・施行	2007.6.27	大本営廃止	1945.9.13
「海洋基本法」施行	2007.7.3	GHQ、東京に本部開設	1945.9.15
「防衛省設置法」・「自衛隊法」改正法施		GHQ/AFPAC、東京に移転	1945.9.17
行	2007.9.1	GHQ/SCAP設置	1945.10.2
「補給支援特別措置法」公布・施行	2008.1.16	軍令部廃止	1945.10.15
「防衛省設置法」改正法施行	2008.3.26	参謀本部廃止	1945.11.30
「宇宙基本法」公布	2008.5.21	陸海軍省廃止	1945.12.1
「補給支援特別措置法」改正法公布・施		極東委員会設置	1946.2.26
行	2008.12.16	対日理事会設置	1946.4.5
「海賊対処法」案が決定	2009.3.13	沖縄民政府発足	1946.4.22
「海賊対処法」成立	2009.6.19	復員庁設置	1946.6.15
「北方領土問題等解決促進特別措置法」		海上保安庁設置	1948.5.1
改正	2009.7.3	民事局別館設置	1950.7.14
「クラスター弾等の製造の禁止及び所持		改進党結成	1952.2.8
の規制等に関する法律」公布	2009.7.17	在日保安顧問部設立	1952.4.27
「海賊対処法」施行	2009.7.24	極東委員会・対日理事会・GHQ廃止	1952.4.28
「防衛省設置法」改正法一部施行	2009.8.1	公安調査庁・公安審査委員会設置	1952.7.21
「防衛省設置法」改正法施行	2010.3.26	保安庁発足	1952.8.1
「防衛省設置法」改正法一部施行	2010.4.1	保安庁保安研修所・保安大学校・技術	
「貨物検査特別措置法」成立	2010.5.28	研究所設置	1952.8.1
「低潮線保全法」公布	2010.6.2	吉田首相、保安庁幹部に訓辞	1952.8.4
「防衛省設置法」改正法一部施行	2010.7.1	経団連、防衛生産委員会を設置	1952.8.13
3士の階級を廃止	2010.10.1	保安庁内に制度調査委員会を設置	1952.9月

保安大学校生・幹部候補生の募集開始	1952.10.25
在日保安顧問部が移転	1952.11月
在日保安顧問団発足	1953.1.1
「経団連試案」策定	1953.2月
保安大学校開校	1953.4.1
保安大学校第1期生入校	1953.4.8
制度調査委員会別室設置	1953.10.5
保安協会設立	1953.11.12
航空準備室発足	1954.2.1
保安庁、海外調査員派遣決定	1954.5.4
在日保安顧問団、在日米軍事援助顧問	
団に改称	1954.6.7
防衛道路整備合同委員会設置に合意	1954.6.24
防衛庁発足	1954.7.1
調達実施本部、2地方支部を設置	1954.8.1
防衛研修所移転	1954.8.15
防衛庁、「調達白書」発表	1955.7.13
部隊編成大要決定	1955.8.2
社会党統一大会	1955.10.13
国防省設置方針が内定	1955.10.15
郷土防衛隊制度要綱案が内定	1955.10.18
自民党発足	1955.11.15
防衛庁が移転開始	1956.3.23
防衛庁霞ヶ関庁舎竣工	1956.3.31
陸自戦史室、防衛研修所に移管	1956.5.16
国防会議発足	1956.7.2
在日米極東軍司令部の廃止・国連軍司	
令部移転を発表	1956.7.18
防衛大第1期生、初統合訓練	1956.7.23
第1回国防会議開催	1956.12.8
防衛研修所戦史室が移転	1956.12.24
防衛大第1期生卒業式	1957.3.26
防衛懇談会、初会合を開催	1957.6.10
防衛研修所が移転	1958.4.27
調達庁を防衛庁に移管	1958.8.1
防衛庁、移転開始	1960.1.11
社会党党員総決起大会開催	1960.3.6
基地問題等閣ров懇談会・基地周辺問題	
対策協議会の設置決定	1961.5.30
防衛庁、民間操縦士の受託教育に合意	1962.5.18
防衛施設庁発足	1962.11.1
自民党国防部会全員が辞表提出	1964.6.5
防衛弘済会設立	1965.10.1
社会党、安全保障長期構想を発表	1966.5.2
水戸射爆場移転、太田飛行場等返還を	
発表	1966.6.27
横須賀と佐世保に米原潜2隻寄港	1966.8.5
共産党、自主防衛権を認める	1968.1.7
共産党、日本の安全保障についての構	
想	1968.6.10
公明党、在日米軍基地99ケ所返還可能	1968.12.5
東京都立大学、自衛官の受験を拒否	1969.3.2
防衛庁本館、落成式を挙行	1969.5.31
防衛医科大学校を開校	1974.4.25
防衛庁、有事法研究を開始	1977.8.10
永野陸上幕僚長辞任	1980.2.12
竹田統合幕僚会議議長発言問題	1981.2.1
「日米共同作戦研究」「防衛研究」の報告	1981.4.8
公明党新基本政策の発表	1981.12.1
内部部局の再編合理化	1984.7.1
防衛庁、有事法制研究の進め方を公表	1984.10.16
防衛研究所の設置	1985.4.6
防衛改革委員会の設置	1986.5.8
FS-X選定資料収集班の欧米派遣	1986.5月
自衛隊地区病院の共同機関化	1988.4.8
防衛力検討委員会設置	1989.1.27
社会党・公明党、防衛費について発表	1990.1.2
社会党、自衛隊の存続を認める	1990.4.3
防衛大に女子学生	1992.4.1
カンボジア派遣命令	1992.9.8
「防衛力の在り方検討会議」発足	1994.2.25
第1回アジア・太平洋安全保障セミナー	
開催	1994.12.1
政府調査団、ゴラン高原へ出発	1995.4.10
第1回安全保障会議、開催	1995.6.9
自衛隊の自主派遣を認める	1995.7.18
「防衛庁設置法」改正公布	1996.5.29
統合幕僚会議に情報本部を新設	1997.1.20
防衛事務次官などの定年延長	1997.9.1
防衛庁調達実施本部を廃止	1998.11.19
調達改革の具体的措置を公表	1999.4.2
防衛庁とロシア国防省で交流の覚書	1999.8.16
村山訪朝団出発	1999.12.1
空中給油機能について	1999.12.17
「不審船にかかる共同対処マニュアル」	
策定	1999.12.27
与党3党「有事法制」に関し政府に申入	
れ	2000.3.16
防衛施設中央審議会発足	2000.4.1
防衛庁、市ヶ谷庁舎へ移転	2000.5.8
「秘密保全体制の見直し・強化につい	
て」発表	2000.10.27
共産党が自衛隊容認	2000.11.20
治安出動に係る協定改正	2000.12.4
中央省庁再編	2001.1.6
防衛力の在り方検討会議が発足	2001.9.21
駐留軍等労働者労務管理機構設立	2002.4.1

統合運用に関する検討に関する長官指
　示を発出　　　　　　　　　　　　2002.4.5
化学兵器禁止機関へ自衛隊員派遣　　2002.10.1
国連PKO局に自衛官派遣　　　　　2002.12.2
「「統合運用に関する検討」の成果報告
　書」を提出　　　　　　　　　　2002.12.19
「「イラク人道復興支援特別措置法」に
　おける実施要項」策定　　　　　　2003.12.18
共産党が綱領全面改定　　　　　　　2004.1.17
防衛庁・自衛隊発足50周年　　　　　2004.7.1
化学兵器禁止機関に自衛官派遣　　　2004.8.1
防衛省が発足　　　　　　　　　　　2007.1.9
緊急事態の速報に関する通達　　　　2008.3.7
「宇宙開発利用に関する基本方針につい
　て」決定　　　　　　　　　　　　2009.1.15
弾道ミサイル発射と誤発表　　　　　2009.4.4
防衛省がイラク空輸記録を情報開示　2009.10.6
第1回防衛省政策会議　　　　　　　2009.10.20
第1回防衛省改革推進会議　　　　　2010.8.26
「取得改革の今後の方向性」公表　　2010.9.7
防衛大学校改革に関する防衛大臣指示
　を発出　　　　　　　　　　　　　2010.9.24
「防衛力の実効性向上のための構造改革
　の推進に関する大臣指示」を発出　2010.12.27
防衛庁燃料談合事件で石油元売り会社
　に賠償命令　　　　　　　　　　　2011.6.27
「防衛省改革の方向性」公表　　　　2013.8.30
「防衛省設置法」改正法成立　　　　2015.6.10
防衛装備庁発足　　　　　　　　　　2015.10.1
日報を防衛省が隠蔽　　　　　　　　2017.7.28

【自衛隊】
警察予備隊創設指令　　　　　　　　1950.7.8
警察予備隊の大綱提示　　　　　　　1950.7.17
警察予備隊総隊の初代幕僚長任命問題
　で紛糾　　　　　　　　　　　　　1950.7月
警察予備隊創設　　　　　　　　　　1950.8.10
警察予備隊一般隊員の募集開始　　　1950.8.13
増原警察予備隊本部長官が就任　　　1950.8.14
警察予備隊、第1回一般隊員入隊　　1950.8.23
警察予備隊江田島・越中島学校設置　1950.8.23
警察予備隊本部が移転　　　　　　　1950.9.7
警察予備隊東京指揮学校設置　　　　1950.9.18
林宮内庁次長、警察監に任命　　　　1950.10.9
警察予備隊、部隊編成を完了　　　　1950.12.29
「海軍再建工作」着手　　　　　　　1951.1.17
新海軍再建研究会が発足　　　　　　1951.1.24
警察予備隊第4管区総監部を設置　　1951.2.5

警察予備隊、旧職業軍人の特別募集を
　開始　　　　　　　　　　　　　　1951.3.1
海軍再建3試案提出　　　　　　　　1951.4.18
警察予備隊総隊学校を設置　　　　　1951.4.30
警察予備隊総隊学校第2部の教育開始　1951.5.15
吉田首相、「士官」養成機関の設立検討
　を指示　　　　　　　　　　　　　1951.5.17
警察予備隊総隊学校第3部の教育開始　1951.5.22
警察予備隊に幹部候補生入隊　　　　1951.6.11
警察予備隊総隊学校第4部の教育開始　1951.7.9
警察予備隊衛生学校が開校　　　　　1951.10.15
Y委員会発足　　　　　　　　　　　1951.10.31
警察予備隊総隊特科学校を設置　　　1951.11.16
警察予備隊総隊施設学校・調査学校が
　開校　　　　　　　　　　　　　　1952.1.7
米極東軍、警察予備隊の増強を要求　1952.1.12
警察予備隊総隊学校第5部の教育開始　1952.1.14
警察予備隊総隊普通科学校を設置　　1952.1.15
海上警察官要員の教育開始　　　　　1952.1.21
警察予備隊総隊武器学校を設置　　　1952.1.21
警察予備隊、一般公募第1回幹部候補生
　採用試験　　　　　　　　　　　　1952.3.10
警察予備隊、幹部候補生隊を編成　　1952.3.18
警察予備隊総隊学校第6部の教育開始　1952.3.24
警察予備隊総隊特別教育隊を設置　　1952.4.1
海上警察官要員の教育開始　　　　　1952.4.18
海上警察官要員募集　　　　　　　　1952.4.25
海上警察隊発足　　　　　　　　　　1952.4.26
警察予備隊総隊特科学校に別科設置　1952.5.15
「空軍兵備要綱」完成　　　　　　　1952.5.18
警察予備隊、特別幹部採用　　　　　1952.7.14
警察予備隊、新隊員教育隊を編成　　1952.7.15
海上警察隊、第1期幹部講習員の入隊講
　習開始　　　　　　　　　　　　　1952.7.18
警察予備隊松戸施設補給廠を設置　　1952.7.20
第1期警備士補講習員の入隊講習開始　1952.8.18
警察予備隊任期満了者が除隊　　　　1952.8.22
警察予備隊総隊武器学校を移転　　　1952.9.5
米空軍立案の日本空軍創設案承認　　1952.9.10
「保安隊の駐とん地の位置および指揮系
　統を定める訓令」施行　　　　　　1952.10.6
保安隊発足　　　　　　　　　　　　1952.10.15
警備隊第2幕僚部、移転開始　　　　1952.10.28
保安隊、第3次編成完了　　　　　　1952.12.12
保安隊、北海道地区補給廠を設置　　1953.3.26
警備隊、第1船艇群を新編　　　　　1953.4.1
警備隊、第1期幹部候補生教育を開始　1953.6.1
保安隊、化学教育隊を編成　　　　　1953.6.15
警備隊、幹部募集開始　　　　　　　1953.7.1

警備隊、第2船隊群を新編	1953.8.16	初の予備自衛官訓練招集	1955.3.20
警備隊、佐世保地方隊等を新編	1953.9.16	第1航空教育隊に第1期新隊員入隊	1955.4.1
警備隊、術科学校を新設	1953.9.16	舞鶴練習隊に第1期自衛生徒入隊	1955.4.4
警備隊、鹿屋航空隊を新編	1953.12.1	臨時空挺練習隊、習志野に移転	1955.4.5
保安隊、航空隊を編成	1954.1.10	海上自衛隊、第1期少年練習員教育を開	
陸上部隊に対するMSA援助期待額決定	1954.1.23	始	1955.4.6
保安庁、予備隊員採用を発表	1954.1.28	陸上自衛隊、第1期自衛生徒入隊	1955.4.7
警備隊、第2船隊群改編・第3船隊群新		海上自衛隊、戦後初の日米共同訓練	1955.4.25
編	1954.4.10	海上自衛隊、東京通信隊ほか新編	1955.5.1
自衛隊、海外出動禁止決議	1954.6.2	第1航空教育隊に第1期自衛生徒入隊	1955.5.2
自衛隊、幹部人事決定	1954.6.17	航空自衛隊、第1期操縦学生入校	1955.6.3
自衛隊、第2次首脳部人事異動内定	1954.6.22	海上自衛隊、舞鶴第1・第2練習隊を編	
自衛隊発足	1954.7.1	成	1955.6.16
陸上自衛隊の北海道移駐を発表	1954.7.9	陸上自衛隊、衛生学校を移転	1955.7.1
木村防衛庁長官、海空防衛力強化方針	1954.7.24	海上自衛隊、訓練飛行隊群を編成	1955.7.15
航空自衛隊幹部学校を設置	1954.8.1	陸上自衛隊、航空学校を移転	1955.7.15
航空自衛隊、留学生を米に派遣	1954.8.9	陸上自衛隊、地方連絡部の編成完了	1955.9.1
陸上自衛隊、婦人自衛官の第1次募集開		航空自衛隊幹部学校を移転	1955.9.20
始	1954.8.10	別府湾のイペリット弾処理開始	1955.9.20
陸上自衛隊第5・第6管区総監部の編成		航空自衛隊、F-86F戦闘機を受領	1955.10.12
完結	1954.8.10	自衛隊員第2次募集の応募状況発表	1955.10.18
陸上自衛隊第5管区総監部が移転	1954.8.12	陸上自衛隊、戦史室を設置	1955.10.20
陸上自衛隊富士学校・高射学校設立	1954.8.20	航空自衛隊操縦学校を改称	1955.11.1
陸上自衛隊第6管区総監部が移転	1954.8.23	自衛隊、中央病院を設置	1955.11.1
自衛隊の航空機帰属問題が決着	1954.8.31	陸上自衛隊高射学校を移転	1955.11.8
陸上自衛隊、北海道に移駐開始	1954.8.31	航空自衛隊、航空団・実験航空隊編成	1955.12.1
「自衛隊の災害派遣に関する訓令」決定	1954.9.1	陸上自衛隊、西部方面隊・第7・8混成団	
海上自衛隊幹部学校を設置	1954.9.1	を編成	1955.12.1
航空自衛隊通信学校・整備学校を設置	1954.9.1	海上自衛隊初の連合出動訓練	1956.1.12
航空自衛隊第1期特別幹部生が入校	1954.9.4	海上自衛隊、呉練習隊を新編	1956.1.16
陸上自衛隊需品学校等3校を設置	1954.9.10	海上自衛隊、術科学校を移転	1956.3.2
航空自衛隊、中部訓練航空警戒隊を編		海上幕僚監部等が移転開始	1956.3.23
成	1954.9.25	航空幕僚監部が移転開始	1956.3.25
海上自衛隊、第1掃海隊群を新編	1954.10.1	航空自衛隊、第1操縦学校を移転	1956.3.26
航空自衛隊、東部・西部・三沢訓練航空		陸上幕僚監部等が移転開始	1956.3.28
警戒隊を編成	1954.10.1	海上自衛隊幹部学校を移転	1956.6.12
航空自衛隊、中部訓練航空警戒隊を移		自衛隊幹部会議を初開催	1956.6.13
転	1954.10.8	自衛隊地方連絡部を設置	1956.8.1
陸上自衛隊、初のパラシュート降下演		航空自衛隊、各訓練警戒隊を訓練航空	
習	1954.10.8	警戒群に改称	1956.9.1
戦後初の国産艦建造契約を締結	1954.11.20	航空自衛隊、第1・第2航空団を編成	1956.10.1
第1期自衛生徒募集開始	1954.11.20	第1回レンジャーコース教官教育を開始	
航空自衛隊第1期幹部生が入校	1954.11.30		1956.10.6
陸上自衛隊第6管区総監部が移転	1954.12.15	航空自衛隊、幹部候補生学校を移転	1956.11.16
航空自衛隊第1航空教育隊が移転	1954.12.23	陸上自衛隊、第9混成団本部の編成完了	1956.12.1
航空自衛隊操縦生募集要領を発表	1955.1.22	航空自衛隊、実験航空隊を移転	1957.3.31
航空自衛隊第2航空教育隊を編成	1955.3.1	海上自衛隊、幹部候補生学校を設置	1957.5.10
予備自衛官の訓練招集計画発表	1955.3.5	海上自衛隊、練習隊群を新編	1957.5.10
自衛隊内神社の創設を禁止	1955.3.16	航空自衛隊、飛行安全検閲を実施	1957.7.8

自衛隊　　　　　　　　　　分野別索引　　　　　　　　日本安全保障史事典

航空自衛隊、航空集団を編成	1957.8.1
航空自衛隊、第2航空団を移転	1957.9.2
自衛隊殉職隊員の合同追悼式	1957.9.30
自衛隊観閲式	1957.10.1
海上自衛隊初の観艦式	1957.10.2
陸上自衛隊化学学校を設置	1957.10.15
航空自衛隊、第3航空団を編成	1957.12.1
航空自衛隊、第1・第2補給処を編成	1958.1.10
海上自衛隊、第1回遠洋練習航海	1958.1.14
海上自衛隊、岩国航空教育派遣隊を改称	1958.2.1
航空自衛隊、対領空侵犯措置を開始	1958.2.17
航空自衛隊、臨時救難航空隊を編成	1958.3.18
平和のための防衛大博覧会開催	1958.3.20
航空自衛隊、臨時第2航空教育隊を編成	1958.3.25
海上自衛隊術科学校を改称	1958.4.1
航空自衛隊にレーダーサイト移管開始	1958.5.31
陸上自衛隊、混成団本部編成完了	1958.6.10
陸上自衛隊、第1空挺団の編成完了	1958.6.25
陸上自衛隊、東北地区補給処を設置	1958.6.26
航空自衛隊、航空総隊を編成	1958.8.1
陸上自衛隊、不発弾処理隊を編成	1958.9.25
航空自衛隊、管制教育団を編成	1958.10.1
航空自衛隊、臨時航空医学実験隊を改称	1958.11.1
航空自衛隊、百里基地隊を編成	1958.12.1
海上自衛隊、館山・鹿屋術科教育隊を新編	1958.12.16
航空自衛隊、西部航空司令所を編成	1959.3.1
陸上自衛隊、第1ヘリコプター隊編成を完了	1959.3.17
航空自衛隊、第3航空団・管制教育団を移転	1959.5.12
「自衛隊法施行令」改正	1959.5.15
航空自衛隊、飛行教育集団を編成	1959.6.1
陸上自衛隊、第10混成団を移転	1959.6.1
陸上自衛隊、東北方面隊準備本部等を設置	1959.8.1
海上自衛隊、横須賀教育隊を編成	1959.9.1
航空自衛隊、第2術科学校分校を設置	1959.10.1
航空自衛隊、3基地隊を基地業務群に改編	1959.11.1
航空自衛隊、第5航空団を編成	1959.12.1
航空自衛隊、幹部学校を移転	1959.12.22
海上自衛隊、幹部学校を移転	1959.12.25
陸上自衛隊、幹部学校を移転	1959.12.26
陸上自衛隊、業務・調査学校を移転	1960.1.6
航空幕僚監部等、移転開始	1960.1.11
陸上幕僚監部等、移転開始	1960.1.13
陸上自衛隊、方面管区制を施行	1960.1.14

海上幕僚監部等、移転開始	1960.1.14
海上自衛隊、鹿屋術科教育隊を廃止	1960.2.16
ブルーインパルス、初展示飛行	1960.3.4
陸上自衛隊、輸送学校を移転	1960.3.15
航空自衛隊に空中機動研究班発足	1960.4月
自衛隊、治安出動要請を拒否	1960.6.15
航空自衛隊、救難航空隊本部を移転	1960.7.1
航空自衛隊に航空警戒管制業務移管	1960.7.1
航空自衛隊、臨時芦屋基地隊を編成	1960.8.1
海上自衛隊、警備艦を護衛艦に改称	1960.10.1
陸上自衛隊、「治安行動草案」を配布	1960.11月
「陸上自衛隊の部隊改編」決定	1961.1.13
自衛隊用語改正	1961.2.22
陸上自衛隊、国産戦車を仮制式化	1961.4.26
第1回航空自衛隊総合演習	1961.5.23
海・空自衛隊指揮官に「司令官」発令	1961.6.12
海上自衛隊、練習隊群を改称	1961.6.12
「自衛官の心がまえ」制定	1961.6.28
陸上自衛隊、第6管区総監部を移転	1961.8.10
自衛隊体育学校を設置	1961.8.17
海上自衛隊、自衛艦隊を改編	1961.9.1
陸上自衛隊、第1特科団本部を移転	1962.1.6
陸上自衛隊、8個師団発足	1962.1.18
自衛隊殉職者慰霊碑の完成披露	1962.5.26
陸上自衛隊、13個師団編成完了	1962.8.15
海上自衛隊、第4航空群を新編	1962.9.1
バッジ・システム調査団を米に派遣	1962.9.16
陸上自衛隊、国産中戦車引渡し式	1962.10.15
航空自衛隊、防空準備態勢強化	1962.10.23
ナイキ部隊創設の米国集団留学第1陣が帰国	1962.11.3
自衛官の階級章改正	1962.12.1
防衛庁、地対空ミサイルの帰属を最終決定	1962.12.26
陸上自衛隊、初のナイキ部隊編成完了	1963.1.17
航空自衛隊、第17飛行教育団を廃止	1963.1.25
航空自衛隊、第14飛行教育団を廃止	1963.3.15
自衛官の定年延長	1963.4.1
航空自衛隊、ナイキ創隊式	1963.5.9
米第5空軍、F105Dジェット戦闘爆撃機を強行配備	1963.5.12
第101高射大隊、防空準備態勢維持任務を開始	1963.6.18
米ヒューズ社製バッジ・システムの採用決定	1963.7.1
海上自衛隊、教育航空集団司令部を移転	1963.9.1
自衛隊統合演習	1963.9.2
陸上自衛隊、少年工科学校開校祝賀式	1963.10.26
第1回自衛隊音楽まつり	1963.10.27

－ 262 －

自衛隊機の愛称発表	1964.1.8	陸自、第1戦車団、第7高射特科群等を	
市ヶ谷会館開館	1964.3.12	新編	1974.8.1
ナイキ部隊、航空自衛隊に移管	1964.4.1	大震災対処のため陸海空自協同の指揮	
航空自衛隊、第11飛行教育団を移転	1964.5.30	所演習	1974.8.26
航空自衛隊、第15飛行教育団を廃止	1964.5.31	海自、婦人自衛官第1期公募幹部特別講	
東京オリンピック支援集団編成	1964.9.15	習	1974.9.12
航空自衛隊、臨時築城航空隊を編成	1964.10.26	4次防後の防衛力整備計画案作成を指示	1975.4.1
海上自衛隊、第1潜水隊群を新編	1965.2.1	海自、自衛艦隊指揮管制システム運用	
砕氷艦「ふじ」竣工	1965.7.15	開始	1975.4.1
自衛隊遺族会設立	1965.7.28	永年勤続者表彰制度の発足	1975.8.10
陸上自衛隊、富士教導団を編成	1965.8.3	ポスト4次防計画の経費試算を提出	1975.11.13
砕氷艦「ふじ」、南極へ出発	1965.11.20	一般曹候補学生教育開始	1976.4.7
航空自衛隊第2高射群を編成	1966.2.1	海自、護衛艦初のハワイ派遣訓練	1976.7.17
自衛隊記念日を制定	1966.9.2	防衛マイクロ回線の建設	1977.4.1
防衛庁、南ベトナムへ軍事使節団	1966.9.22	防衛計画の体系化が確立	1977.4.15
ミサイル基地を朝霞など3ケ所に決定	1966.11.24	防衛医科大学校病院を開設	1977.4.18
吉田元総理国葬の支援	1967.10.31	栗栖陸幕長、統幕議長は認証官である	
陸上自衛隊、中央管制気象隊等を新編	1968.3.1	べき	1977.10.14
「防衛庁設置法」を改正	1968.6.15	金丸防衛庁長官、軍事侵略に対する作	
防衛庁機能維持を図るため檜町警備隊		戦研究指示	1978.6.21
が編成	1968.11.21	防衛庁、有事法制研究に理解を求める	1978.9.21
陸上自衛隊、婦人自衛官の初の入隊式	1969.1.20	指揮所演習による統合演習実働	1979.5.24
海上自衛隊初の練習艦就役	1969.9.10	自衛隊幹部・准尉の定年延長	1979.10.1
海上自衛隊、少年術科学校を新設	1970.3.2	海上自衛隊のリムパック初参加	1980.2.26
航空自衛隊、第3高射群を編成	1970.6.30	自衛隊一佐・一曹の定年延長	1980.10.1
沖縄第1次自衛隊配置を発表	1970.10.7	自衛隊殉職者慰霊碑建替え	1980.10.18
第4次防衛力整備計画の概要まとめる	1970.10.21	自衛隊階級新設	1980.11.29
海上自衛隊、第4護衛隊群を新編	1971.2.1	海上自衛隊、潜水艦隊を新編	1981.2.1
航空救難群を航空救難団に改称	1971.3.1	統合幕僚会議議長更迭	1981.2.16
米原子力潜水艦と初の合同訓練	1971.3.3	陸上自衛隊、師団改編	1981.3.25
移動式3次元レーダー初号機を受領	1971.3.16	沖縄航空隊廃止	1981.7.15
第4次防衛力整備計画原案発表	1971.4.27	自衛隊二佐から准尉までの定年延長	1981.10.1
札幌オリンピック支援集団編成	1972.1.11	日米共同訓練の実施	1981.10.1
自衛隊東部方面航空隊が立川基地に移駐	1972.3.8	防衛記念章制度の新設	1981.11.20
陸海空の沖縄関係自衛隊部隊を新編	1972.5.15	日米共同指揮所訓練の実施	1982.2.15
防衛庁、基地総合調整本部を設置	1972.6.26	リムパック82に参加	1982.3.22
陸自、臨時第1混成群本部を新編	1972.10.3	自衛隊一曹の定年延長	1982.5.1
自衛隊、那覇で部隊編成	1972.10.11	防衛大学校1期生から将補への昇進	1982.7.1
自衛官の住民登録を拒否	1972.11.24	海上自衛隊の少年術科学校廃止	1982.10.1
沖縄の空自が緊急発進体制開始	1973.1.1	日米共同実働訓練の実施	1982.11.10
海上自衛隊の護衛艦はるな竣工	1973.2.22	砕氷艦「しらせ」の竣工	1982.11.12
第1期女性自衛官公募幹部入隊	1973.4.1	自衛隊、二佐から准尉まで1年定年延長	1983.4.1
陸上自衛隊、第2高射団などを新編	1973.8.1	日米共同指揮所訓練の実施	1983.5.16
海自航空集団司令部、厚木に移転	1973.12.25	自衛隊、愛唱歌を披露	1983.11.18
陸上自衛隊、第10、11施設群を新編	1974.3.26	航空自衛隊、日米共同指揮所訓練を実	
航空自衛隊、航空実験団を編成	1974.4.11	施	1983.12.12
航空自衛隊に、婦人自衛官が入隊	1974.5.16	石橋社会党委員長、自衛隊違憲・合法論	
陸上自衛隊、特別不発弾処理隊を編成	1974.6.5	に同調	1983.12.20
		自衛隊、中央指揮システムの運用開始	1984.3.31

| 自衛隊 | 分野別索引 | 日本安全保障史事典 |

リムパック84に参加	1984.5.14
米海軍と日米共同指揮所訓練の実施	1984.6.11
F-15Jの警戒待機を開始	1984.7.16
自衛隊、中央指揮所活用で統合演習	1985.2.12
防衛マイクロ回線の全面運用開始	1985.3.31
初の日米共同統合指揮所演習の実施	1986.2.24
リムパック86に参加	1986.5.18
初の日米共同統合実働演習の実施	1986.10.27
予備自衛官制度の発足	1986.12.19
E-2Cによる対領空侵犯措置の開始	1987.1.31
海上自衛隊、図上演習装置研修の実施	1987.6.15
自衛隊、操縦士民間活用	1987.11.5
海上自衛隊、第22航空群を新編	1987.12.1
航空自衛隊、新バッジの受領完了	1988.3月
リムパック88に参加	1988.6.16
航空自衛隊組織改編	1989.3.16
新バッジ・システム運用を開始	1989.3.30
航空自衛隊、C-130で派米訓練	1989.5.28
自衛隊、曹候補士制度導入	1990.4.7
リムパック90に参加	1990.4.9
「自衛隊法」の改正	1990.6.22
自衛隊若年定年退職者給付金制度の施行	1990.10.1
陸上自衛隊、師団等改編	1991.3.29
掃海艇など、ペルシャ湾へ出港	1991.4.24
ペルシャ湾派遣部隊、掃海作業開始	1991.6.5
ビッグレスキュー’91の実施	1991.8.23
掃海派遣部隊、呉に帰港	1991.10.3
イラク化学兵器調査団に自衛官初参加	1991.10.9
自衛隊に国際貢献プロジェクトチーム設置	1992.3.16
リムパック92に参加	1992.6.19
自衛隊カンボジア派遣、防衛庁長官指示	1992.8.11
カンボジアへ自衛隊派遣	1992.9.17
カンボジア支援空輸業務開始	1992.9.23
第1次カンボジア派遣施設大隊出発	1992.9.23
カンボジア派遣部隊輸送業務について決定	1992.12.3
政府専用機が初運航	1993.2.11
第2次カンボジア停戦監視要員出発	1993.3.16
初のイージス護衛艦	1993.3.25
モザンビークへ派遣準備指示	1993.3.26
第2次カンボジア派遣施設大隊出発	1993.3.29
国連モザンビーク活動へ自衛隊派遣	1993.5.11
防衛庁、特別航空輸送隊を設置	1993.6.1
第2次カンボジア派遣海上輸送部隊出港	1993.8.10
カンボジアPKO終了	1993.9.26

自衛隊モザンビーク派遣を延長	1993.11.12
第2次モザンビーク派遣輸送調整中隊が出発	1993.11.22
航空自衛隊、モザンビーク支援業務開始	1993.12.29
海上自衛隊に女子学生入隊	1994.3.23
航空自衛隊に女子学生入隊	1994.3.24
リムパック94に参加	1994.5.23
自衛隊モザンビーク派遣を再延長	1994.5.31
自衛隊、カナダにPKO調査団派遣	1994.6.4
第3次モザンビーク派遣輸送調整中隊出発	1994.6.8
UNSCOM自衛隊員帰国	1994.6.15
陸海空自衛隊幕僚監部に情報所	1994.7.8
陸上自衛隊にルワンダ難民救援派遣命令	1994.9.16
ザイールへ自衛隊派遣	1994.9.17
ルワンダ難民救援隊第1～3陣出発	1994.9.29
自衛隊、曹長及び一曹などの定年延長	1994.10.1
ルワンダ難民救援隊に撤収命令	1994.12.1
ルワンダ難民救援隊帰国	1994.12.18
オウム事件関連で自衛隊に通達	1995.6.1
韓国軍と偶発事故防止措置の書簡を交換	1995.6.5
「中期防衛力整備計画について」決定	1995.12.14
自衛隊、ゴラン高原へ出発	1996.1.31
リムパック96に参加	1996.5.22
航空自衛隊米本土で空戦演習	1996.7.9
第2次ゴラン高原派遣隊が出発	1996.8.2
自衛隊員の定年延長	1996.10.1
屈斜路湖老朽化化学弾の引揚げ作業	1996.10.8
初の航空観閲式	1996.10.27
第3次ゴラン高原派遣輸送隊が出発	1997.2.2
ゴラン高原の司令部要員第2陣が出発	1997.2.14
レンジャー訓練中の自衛隊員死亡	1997.7.12
自衛隊機をタイ海軍基地に派遣	1997.7.12
第4次ゴラン高原派遣輸送隊が出発	1997.8.1
F-2支援戦闘機1号機を受領	1997.11.28
第5次ゴラン高原派遣輸送隊が出発	1998.1.30
早期警戒管制機を浜松に配備	1998.3.25
即応予備自衛官制度導入	1998.3.26
任期付研究員制度の導入	1998.4.24
即応予備自衛官が初の召集訓練	1998.4.25
自衛隊機をシンガポールに移動	1998.5.18
リムパック98に参加	1998.7.6
第6次ゴラン高原派遣輸送隊が出発	1998.7.31
防衛調達改革本部設置	1998.10.22
ホンジュラスに自衛隊派遣	1998.11.14
硫黄島で初の3自衛隊統合演習	1998.11.15
MOFシステム運用開始	1999.3.1

| 日本安全保障史事典 | 分野別索引 | 自衛隊 |

陸上自衛隊、初の旅団を創設	1999.3.29
戦闘機の初の国外訓練	1999.6.21
自衛隊、韓国軍と共同訓練	1999.8.2
再任用制度導入	1999.8.13
トルコ共和国海上輸送部隊派遣	1999.9.23
自衛隊、東ティモール避難民救援へ	1999.11.22
リムパック2000に参加	2000.5.30
屈斜路湖老朽化化学兵器の廃棄処理支	
援	2000.9.23
F-2の運用試験開始	2000.10.2
航空自衛隊指揮システム	2000.10.31
自衛隊の情報通信技術施策の推進要綱	
公表	2000.12.1
イラク査察に自衛官派遣	2001.2.9
予備自衛官補制度導入が決定	2001.2.16
「えひめ丸」引き揚げ協力のため潜水艦	
救難艦を派遣	2001.8.8
パキスタン派遣について決定	2001.10.5
アフガニスタン難民救援国際平和協力	
業務	2001.10.6
自衛隊インド洋派遣開始	2001.11.9
「テロ対策特別措置法」に基づき自衛艦	
3隻を派遣	2001.11.25
空自が在日米軍基地間の空輸開始	2001.11.29
英艦船へ洋上補給	2002.1.29
自衛隊インド洋第2次派遣	2002.2.12
ゴラン高原派遣輸送隊が交代	2002.2.13
東ティモール派遣施設群が編成完結	2002.2.24
自衛隊東ティモール派遣	2002.3.2
第2回西太平洋潜水艦救難訓練	2002.4.22
東ティモール派遣施設群が業務引継	2002.4.30
リムパック2002に参加	2002.6.24
ゴラン高原派遣輸送隊が交代	2002.8.14
東ティモール派遣施設群が交代	2002.9.20
海上自衛隊創設50周年記念国際観艦式	
	2002.10.13
多国間捜索救難訓練	2002.10.15
平成14年度第49回航空観閲式	2002.10.20
自衛隊と道警が図上共同訓練	2002.11.18
「きりしま」をインド洋へ派遣	2002.12.16
ゴラン高原派遣輸送隊が交代	2003.2.26
UNMOVICに自衛官派遣	2003.3.10
東ティモール派遣施設群が交代	2003.3.13
イラク難民救援国際平和協力業務	2003.3.30
空自が初の空中給油訓練	2003.4.21
コープサンダー演習	2003.5.22
ヨルダン派遣について決定	2003.7.3
イラク被災民救援空輸隊を編成	2003.7.7

イラク被災民救援国際平和協力業務を	
実施	2003.7.17
ゴラン高原派遣輸送隊が交代	2003.9.10
メモリアルゾーン完成披露	2003.9.11
東ティモール派遣施設群が交代	2003.10.23
平成15年度第50回自衛隊観艦式	2003.10.26
専門調査団イラク派遣	2003.11.15
イラク復興支援派遣輸送航空隊が出発	2004.1.9
自衛隊イラク派遣報道に要望	2004.1.9
陸自先遣隊がイラクへ出発	2004.1.9
第1次イラク復興支援群が編成完結	2004.1.26
第1次イラク復興支援群等隊旗授与式	2004.2.1
第1次イラク復興支援群が出発	2004.2.3
海自イラク派遣海上輸送部隊が出発	2004.2.9
イラク復興支援派遣輸送航空隊が輸送	
活動開始	2004.3.3
ゴラン高原派遣輸送隊が交代	2004.3.3
自衛隊イラク派遣の取材ルールを確認	2004.3.11
第1次イラク復興支援群第2派が出発	2004.3.13
海自艦艇がクウェート到着	2004.3.15
空自第2期イラク復興支援派遣輸送航空	
隊が出発	2004.3.16
第1次イラク復興支援群がサマワに到着	
	2004.3.27
特殊作戦群を新編	2004.3.27
サマワ宿営地近くに着弾	2004.4.7
イラク派遣海上輸送部隊が帰港	2004.4.8
初の在外邦人等の輸送	2004.4.15
第2次イラク復興支援群が編成完結	2004.4.21
第1期イラク復興支援派遣輸送航空隊が	
帰国	2004.4.24
イラク復興支援群に交代命令	2004.4.27
第2次イラク復興支援群が出発	2004.5.8
東ティモール派遣施設群の任務終了	2004.5.20
第1次陸自イラク派遣部隊が帰国	2004.5.31
東ティモール司令部要員が帰国	2004.5.31
第1次イラク復興支援群が隊旗返還	2004.6.6
第2次イラク復興業務支援隊が出発	2004.6.25
第4次東ティモール派遣施設群が帰国	2004.6.25
航空自衛隊創設50周年記念式典	2004.6.27
自衛隊が多国籍軍に参加	2004.6.28
リムパック2004に参加	2004.6.29
自衛隊イラク派遣期限延長を表明	2004.10.20
PSI海上阻止訓練	2004.10.25
防衛庁・自衛隊50周年記念観閲式	2004.11.7
第3次イラク復興業務支援隊が出発	2005.1.8
コブラ・ゴールド05	2005.5.2
自衛隊と道警が共同実動訓練	2005.10.20
海自と海保が共同訓練	2006.2.28

統合幕僚監部が発足	2006.3.27	
P-3Cがオーストラリア初訪問	2006.5.29	
陸自イラク派遣部隊活動終結が決定	2006.6.20	
リムパック2006に参加	2006.6.26	
陸自のイラク復興支援活動が終了	2006.9.9	
情報漏えい企業に違約金	2006.9.22	
国連ネパール政治ミッションに自衛官		
派遣	2007.3.27	
中央即応集団を新編	2007.3.28	
海自がインド洋から撤収	2007.11.1	
自衛隊インド洋派遣を再開	2008.1.24	
インド洋で洋上給油再開	2008.2.21	
海上幕僚長を更迭	2008.3.24	
リムパック2008に参加	2008.6.29	
スーダンに自衛官派遣	2008.10.24	
イラク復興支援派遣輸送航空隊撤収式		
典を開催	2008.12.17	
海賊対処に第8護衛隊の護衛艦派遣を決		
定	2009.2.3	
自衛隊イラク派遣が終了	2009.2.10	
海賊対処のため海上警備行動を発令	2009.3.13	
ジブチにP-3C派遣	2009.5.15	
P-3Cによるアデン湾の警戒監視を開始	2009.6.11	
海賊対処行動部隊がIMO勇敢賞受賞	2009.11.23	
自衛隊インド洋派遣が終了	2010.1.15	
国連ハイチ安定化ミッション	2010.2.5	
パシフィック・パートナーシップ2010		
へ参加	2010.5.23	
リムパック2010に参加	2010.6.23	
東ティモールに自衛官派遣	2010.9.27	
自衛隊殉職隊員追悼式を挙行	2010.10.23	
平成22年第57回中央観閲式を開催	2010.10.24	
予備自衛官の災害招集	2011.3.16	
東北地方沿岸で行方不明者捜索	2011.4.1	
パシフィック・パートナーシップ2011		
へ参加	2011.6.13	
航空観閲式	2011.10.16	
「南スーダンミッション」司令部要員派		
遣	2011.11.15	
「南スーダンミッション」施設部隊派遣		
	2011.12.20	
「南スーダンミッション」先遣隊出国	2012.1.11	
空自航空総隊司令部、横田へ移転	2012.3.26	
「東ティモール統合ミッション」への派		
遣延長	2012.4.17	
パシフィック・パートナーシップ2012		
へ参加	2012.6.18	
リムパック2012に参加	2012.6.23	
「東ティモール統合ミッション」への派		
遣終了	2012.9.23	
ゴラン高原の自衛隊PKO部隊帰国	2013.1.17	
ハイチPKO終了	2013.3.15	
日米豪共同訓練	2013.5.18	
パシフィック・パートナーシップ2013		
へ参加	2013.6.12	
与那国島に自衛隊配備決定	2013.6.27	
自衛隊、韓国軍に弾薬提供	2013.12.23	
パシフィック・パートナーシップ2014		
へ参加	2014.6.6	
リムパック2014に参加	2014.6.26	
航空観閲式	2014.10.26	
日米豪共同訓練	2014.11.6	
日米初の共同空挺降下訓練	2015.2.8	
与那国島に自衛隊配備賛成	2015.2.22	
安倍首相「我が軍」発言	2015.3.20	
パシフィック・パートナーシップ2015		
へ参加	2015.5.31	
自衛隊観艦式	2015.10.18	
与那国島に自衛隊配備	2016.3.28	
予備自衛官の災害招集	2016.4.17	
パシフィック・パートナーシップ2016		
へ参加	2016.6.13	
日米韓ミサイル警戒演習	2016.6.28	
リムパック2016に参加	2016.6.30	
南スーダンでの在外邦人等輸送のため		
空自機派遣	2016.7.11	
在外邦人等輸送訓練	2016.8.23	
「駆けつけ警護」訓練	2016.8.25	
日米韓共同訓練	2016.10.22	
自衛隊観閲式	2016.10.23	
日米共同演習	2016.10.30	
南スーダンでの「駆けつけ警護」閣議決		
定	2016.11.15	
稲田防衛大臣、「戦闘」を弁明	2017.2.8	
パシフィック・パートナーシップ2017		
へ参加	2017.3.9	
「南スーダンミッション」への派遣終了		
決定	2017.3.10	
日米韓、弾道ミサイル情報共有訓練	2017.3.14	
日米韓、初の対潜水艦戦共同訓練	2017.4.3	
日仏英米共同訓練	2017.5.3	
「南スーダンミッション」への派遣終了	2017.5.30	
日米印海上共同訓練	2017.7.10	
米艦防護訓練	2017.7.26	
日米共同訓練	2017.8.31	
日米印合同演習	2017.11.3	
日米共同訓練	2017.11.12	

【兵器】

警察予備隊、M1小銃配備	1951.9.15
リッジウェイ、艦艇貸与を正式提案	1951.10.19
警察予備隊、バズーカ砲初演習	1951.12.1
GHQ、兵器製造禁止を緩和	1952.3.8
GHQ、兵器製造を許可制に	1952.3.14
海上警備隊、米国艦艇3隻の保管引受け	1952.5.12
「日米船舶貸借協定」調印	1952.11.12
警備隊、貸与船舶の引渡式を挙行	1953.1.14
警備隊、米船舶の引渡し完了	1953.12.23
「日米艦艇貸与協定」調印	1954.5.14
自衛隊ジェット機2種につき、日米業者間で取り決め	1954.7.29
海上自衛隊員、米駆逐艦受領のため渡米	1954.8.2
海上自衛隊、SNJ練習機5機受領	1954.8.17
T-34練習機の国内組立て第1号機受領	1954.10.28
「日米貸与武器譲渡交換公文」発表	1954.11.19
海上自衛隊員、米潜水艦受領のため渡米	1954.12.26
海上自衛隊、PV-2対潜哨戒機17機受領	1955.1.16
日米艦艇貸与協定の追加貸与に調印	1955.1.18
航空自衛隊、航空機59機受領	1955.1.20
海上自衛隊、小型港内曳船3隻受領	1955.1.23
海上自衛隊、揚陸艇51隻受領	1955.2.15
「あさかぜ」・「はたかぜ」が横須賀入港	1955.2.25
海上自衛隊員、米護衛駆逐艦受領のため渡米	1955.3.29
海上自衛隊、P2V-7対潜哨戒機17機の受領調印式	1955.4.15
防衛庁、米からの供与弾薬数量を発表	1955.7.8
ジェット機生産に関する日米交換公文提出	1955.7.27
F-86F高等操縦学生、米国留学	1955.8.12
国産護衛艦「ゆきかぜ」進水式	1955.8.20
米陸軍オネスト・ジョン中隊、朝霞に到着	1955.8.22
国産敷設艦「つがる」竣工	1955.12.15
国産敷設艇「えりも」竣工	1955.12.28
F-86F戦闘機初飛行	1956.3.1
P2V-7対潜哨戒機2機、羽田に到着	1956.3.7
防衛庁、F-86F戦闘機の製造組立契約等を締結	1956.3.31
初の国産護衛艦「はるかぜ」竣工	1956.4.26
F-86F戦闘機の国内製造組立て第1号機受領	1956.9.20
初の国産駆潜艇「かもめ」竣工	1957.1.14
P2V-7対潜哨戒機42機の国産決定	1957.9.10
航空自衛隊、F-86D戦闘機受領	1958.1.16
国産T1F2練習機、初飛行	1958.1.19

次期戦闘機にグラマンF11 F-1F採用内定	1958.4.12
ミサイル・エリコン、横浜港で荷揚げ拒否	1958.8.17
ミサイル・エリコン、横須賀の自衛隊用岸壁から陸揚げ	1958.8.24
次期戦闘機の機種問題、国会で追及	1958.9.2
防衛庁、サイドワインダー14発発注	1958.9.10
次期戦闘機グラマンF11 F-1Fの内定撤回	1959.6.15
「日米艦艇貸与協定」延長で調印	1959.10.2
次期戦闘機にロッキードF-104J採用決定	1959.11.6
米側、ロッキードF-104J共同生産につき援助を内示	1960.1.12
陸上自衛隊、第2次試作国産中特車完納式	1960.4.7
F-104J国内生産に関する日米取極に署名	1960.4.15
戦後初の国産潜水艦「おやしお」竣工	1960.6.30
F-104J/DJ初号機到着	1962.2.8
F-104J国産初号機引渡し記念式典	1962.4.1
米国より地対空ミサイル供与	1962.9.3
国産初の空対空ミサイル発射実験成功	1963.7.8
福田防衛庁長官、国産兵器開発を語る	1964.1.13
サブロック積載原潜の日本寄港につき、政府統一見解発表	1964.9.2
陸上自衛隊、国産小銃を制式化	1964.10.6
米原潜シードラゴン、佐世保に入港	1964.11.12
戦闘機の追加生産	1965.1.21
航空自衛隊、初のRAPCONの運用	1966.6.16
航空自衛隊、バッジ本器の領収開始	1966.10.15
陸上自衛隊、61式戦車完納式	1966.11.18
ミサイル国産化の日米協定が成立	1967.10.13
航空自衛隊、F-104J戦闘機の後継決定	1968.11.1
次期主力戦闘機F-4Eを104機生産	1969.1.10
OH-6ヘリコプターの引渡式を挙行	1969.3.10
航空自衛隊で、バッジ・システムが始動	1969.3.26
米国、日本海に第71機動艦隊	1969.4.21
米国国防省、沖縄に毒ガス配備を認める	1969.7.22
日本初の自主開発ミサイルを制式化	1969.12.24
横田のガス兵器はCB兵器ではないと答弁	1970.2.26
戦闘機F-4EJ、米国より到着	1971.7.25
国産初の超音速航空機XT-2を納入	1971.12.5
固定式3次元レーダーの運用を開始	1972.8.15
戦闘機輸入で合意	1972.11.21

海自、初の国産輸送艦竣工	1972.11.27
航空自衛隊、T-2練習機量産初号機を受	
領	1975.3.26
74式戦車納入式を挙行	1975.9.26
防衛庁、次期FX候補を米国製にしぼる	1976.1.23
F-4EJ戦闘機の後継、F-15を採用	1976.12.9
防衛庁、次期対潜哨戒機にP-3C導入	1977.8.24
航空自衛隊、F-1を三沢基地に配備	1977.9.26
F-15戦闘機、P-3C哨戒機の導入	1977.12.28
次期戦闘機・次期対潜哨戒機は「非戦	
力」とする見解	1978.2.15
早期警戒機導入疑惑	1979.1.8
早期警戒機導入決定	1979.1.11
要撃機、ミサイル搭載	1980.8.18
実装魚雷、搭載	1980.8.19
空対艦誘導弾、制式化	1980.12.22
米国よりF-15戦闘機到着	1981.3.27
対潜哨戒機P-3C、導入開始	1981.4.29
F-15J戦闘機国産初号機を受領	1981.12.11
P-3C、F-15の取得数変更	1982.7.23
地対空ミサイル「パトリオット」の選定	
	1983.6.30
輸送機C-130H初号機を受領	1984.3.14
F-15DJのライセンス国産へ切り替え	1984.12.28
パトリオットミサイルの導入決定	1984.12.28
CH-47J国産初号機の受領	1986.11.25
F-1後継機の検討結果	1987.10.21
次期支援戦闘機の日米共同開発	1987.10.23
国産T-4、初納入	1988.9.20
陸上自衛隊、89式小銃を制式採用	1989.9.4
FS-X技術対米供与決定	1990.2.20
90式戦車を採用	1990.8.6
90式空対空ミサイルを制式化	1990.12.18
イージス艦進水式	1991.9.26
早期警戒管制機の導入決定	1992.12.18
93式空対艦誘導弾（ASM-2）を制式化	1993.11.30
F-2量産に関して取極め締結	1996.7月
化学兵器禁止機関へ自衛官を派遣	1997.6.9
99式空対空誘導弾を制式化	1999.11.22
対人地雷廃棄スタート	2000.1.17
生物兵器への対処に関する懇談会が報	
告書提出	2001.4.11
空中給油・輸送機の採用が決定	2001.12.14
非核三原則見直し発言	2002.5.31
対人地雷廃棄が完了	2003.2.8
BMDシステムの導入決定	2003.12.19
BMDの第三国供与を否定せず	2005.7.14
PAC-3ライセンス生産が可能に	2005.7.19

BMDシステム用能力向上型迎撃ミサイ	
ルの日米共同開発が決定	2005.12.24
米国への武器技術供与が決定	2006.7.19
入間基地にPAC-3配備	2007.3.30
SM-3発射試験に成功	2007.12.18
XP-1試作1号機を納入	2008.8.29
SM-3発射実験に失敗	2008.11.19
F-15戦闘機を沖縄に配備	2009.1.8
第2高射群第6高射隊にPAC-3配備	2010.4.26
情報収集衛星、打ち上げ成功	2011.9.23
海自次期輸送機の機種決定	2011.10.14
次期戦闘機決定	2011.12.20
武器輸出基準緩和	2011.12.27
武器輸出三原則「例外」認める	2013.3.1
武器輸出新原則閣議決定	2014.4.1
情報収集衛星、打ち上げ成功	2015.2.1
ステルス機を公開	2016.1.27
防衛通信衛星、打ち上げ成功	2017.1.24
弾道ミサイルの迎撃実験成功	2017.2.4
空自輸送機開発完了	2017.3.27
国産初のステルス戦闘機完成	2017.6.5
陸上イージス導入	2017.8.17
長距離巡航ミサイル計画	2017.12.5

【基地】

内灘試射場の無期限使用決定	1953.6.2
アイゼンハワー米大統領、沖縄米軍基	
地の無期限保有を表明	1954.1.7
砂川闘争が始まる	1955.5.8
米軍、北富士演習場で射撃演習強行	1955.5.10
全国軍事基地反対連絡会議結成	1955.6.23
横田基地拡張、閣議決定	1955.10.4
沖縄の軍用地強制収用中止発表	1958.5.29
沖縄軍用地問題につき、米・琉球政府共	
同声明	1958.10.13
東京地裁、砂川事件で無罪判決	1959.3.30
最高裁、砂川事件で伊達判決を破棄	1959.12.16
新島のミサイル道路工事契約調印	1961.3.22
新島のミサイル道路工事完了	1961.7.13
新島試験場設置	1962.3.1
米軍岩国基地の共同使用協定署名	1964.3.14
板付基地移転で合意	1968.6.20
長沼ナイキ事件が発生	1969.7.7
北富士の座り込み小屋撤去	1970.10.27
沖縄の毒ガス移送	1971.1.10
在日米軍基地の一部返還と共同使用で	
合意	1971.6.25
沖縄軍用地賃借料6倍半に引上げ	1971.10.9
自衛隊の沖縄配備に先走り	1972.3.10

国防会議、自衛隊の沖縄配備を決定	1972.4.17
米陸軍根岸兵舎地区全面返還	1972.6.19
公明党、在日米軍基地総点検	1972.8.30
自衛隊の沖縄配備第1陣到着	1972.10.2
在日基地整理統合計画に合意	1973.1.23
陸自東部方面航空部隊、米軍立川基地に移駐	1973.5.2
陸上自衛隊、北富士演習場で返還後初訓練	1973.5.14
自衛隊の沖縄配備が完了	1973.6.30
長沼ナイキ事件で、札幌地裁判決	1973.9.7
沖縄32基地の返還を決定	1974.1.30
小松基地騒音訴訟のための原告団を結成	1975.6.17
小松基地騒音訴訟	1975.9.16
横田基地周辺住民、夜間飛行禁止を訴え	1976.4.28
厚木基地周辺住民、夜間飛行禁止で提訴	1976.9.8
水戸地裁、百里基地訴訟で判決	1977.2.17
沖縄の公用地法による土地使用期限切れ	1977.5.15
米軍立川基地を全面返還	1977.11.30
在日米軍駐留経費負担の決定	1977.12.22
金丸防衛庁長官、思いやり予算増額を約束	1978.6.20
沖縄未契約米軍用地強制使用手続き開始	1980.11.17
未契約米軍用地5年間強制使用申請	1981.3.20
百里基地訴訟の判決	1981.7.7
横田基地騒音訴訟の判決	1981.7.13
嘉手納基地爆音訴訟	1982.2.26
未契約米軍用地強制使用申請	1982.4.1
沖縄所在施設等使用開始	1982.5.15
長沼ナイキ事件の最高裁判決	1982.9.9
厚木基地夜間飛行差し止め訴訟	1982.10.20
未契約米軍用地20年間強制使用申請	1985.8.5
第1次厚木基地騒音訴訟判決	1986.4.9
「在日米軍駐留経費負担特別協定」の署名	1987.1.30
「在日米軍駐留経費負担特別協定」の公布・発行	1987.6.1
「在日米軍駐留経費負担特別協定」の改正	1988.3.2
第3次横田基地騒音訴訟判決	1989.3.15
百里基地訴訟で判決	1989.6.20
厚木基地土地明渡等訴訟判決	1989.6.22
那覇軍用地訴訟で判決	1990.5.29
沖縄の17の米軍施設返還へ	1990.6.19
軍用地の強制使用手続きを開始	1990.6.26

「在日米軍駐留経費負担に係る新特別協定」署名	1991.1.14
小松基地騒音訴訟判決	1991.3.13
厚木基地土地明渡等訴訟判決	1992.4.27
第1・2次横田基地騒音訴訟判決	1993.2.25
嘉手納基地爆音訴訟判決	1994.2.24
第3次横田基地騒音訴訟判決	1994.3.30
防衛施設庁長官、沖縄の基地返還は非現実的と発言	1994.9.9
第1・2次小松基地騒音訴訟判決	1994.12.26
沖縄軍用地の強制使用手続き開始	1995.3.3
日米、沖縄軍港と飛行場の返還で合意	1995.5.11
「在日米軍経費負担に関する特別協定」署名	1995.9.27
沖縄県知事、代理署名拒否	1995.9.28
防衛施設庁長官、村山首相を批判	1995.10.18
沖縄県民総決起大会開催	1995.10.21
沖縄米軍基地問題協議会設置	1995.11.17
大田沖縄県知事を提訴	1995.12.7
「在日米軍駐留経費負担に係る新特別協定」公布	1995.12.11
厚木基地騒音訴訟差戻控訴審判決	1995.12.26
橋本首相、知事に代わって土地調書・物件調書代理署名	1996.3.29
「在日米軍駐留経費負担に係る新特別協定」発効	1996.4.1
「象のオリ」使用期限切れる	1996.4.1
普天間飛行場の全部返還について合意	1996.4.12
SACO中間報告	1996.4.15
「沖縄県における米軍の施設・区域に関連する問題の解決促進について」決定	1996.4.16
「沖縄米軍基地所在市町村に関する懇談会」発足	1996.8.19
代理署名についての職務執行命令訴訟判決	1996.8.28
沖縄県民投票	1996.9.8
橋本首相、大田沖縄県知事と会談	1996.9.10
沖縄県知事、公告・縦覧代行を表明	1996.9.13
普天間実施委員会設置	1997.1.31
「駐留軍用地特別措置法」改正公布・施行	1997.4.25
嘉手納飛行場など暫定使用を開始	1997.5.15
地方分権推進委員会第3次勧告	1997.9.2
普天間飛行場の代替に海上ヘリポート案	1997.11.5
海上ヘリポート建設で市民投票	1997.12.21
海上ヘリポート建設問題で協力要請	1997.12.24
沖縄県知事、海上ヘリポート拒否	1998.2.6

基地　　　　　　　　　　分野別索引　　　　　　　　日本安全保障史事典

嘉手納基地爆音訴訟で飛行差し止め却
　下　　　　　　　　　　　　　　1998.5.22
嘉手納飛行場など土地の使用を開始　　1998.9.3
沖縄県知事選挙で現職知事落選　　1998.11.15
安波訓練場返還　　　　　　　　1998.12.22
第2次厚木基地騒音訴訟判決　　　　1999.7.23
沖縄県知事、辺野古基地建設を表明　1999.11.22
名護市長、基地代替施設の受け入れを
　表明　　　　　　　　　　　　1999.12.27
普天間基地の移設にかかる協議会設置　2000.8.25
「在日米軍駐留経費負担に係る新特別協
　定」に署名　　　　　　　　　　2000.9.11
沖縄県議会が米海兵隊削減を決議　　2001.1.19
浦添市長選で米軍施設容認派が勝利　　2001.2.11
「在日米軍駐留経費負担に係る特別協
　定」が発効　　　　　　　　　　2001.4.1
米軍基地に関する世論調査　　　　　2001.5.19
在日米軍基地等の警護について検討　　2001.12.6
普天間飛行場代替施設の辺野古沖環礁
　上建設で合意　　　　　　　　2001.12.27
名護市長選で現職が再選　　　　　　2002.2.3
第3・4次小松基地騒音訴訟1審判決　　2002.3.6
新横田基地公害訴訟最高裁判決　　　2002.4.12
第5〜第7次横田基地騒音訴訟1審判決　2002.5.30
厚木基地談合訴訟1審判決　　　　　2002.7.15
「普天間飛行場代替施設の基本計画」が
　決定　　　　　　　　　　　　　2002.7.29
米海軍横須賀基地じん肺訴訟1審判決　2002.10.7
第3次厚木基地騒音訴訟1審判決　　2002.10.16
象のオリ訴訟2審判決　　　　　　2002.10.31
第4回那覇港湾施設協議会　　　　　2003.1.23
代替施設建設協議会が発足　　　　　2003.1.28
「第7次北富士演習場使用協定」を締結　2003.3.27
第4・8次横田基地騒音訴訟1審判決　　2003.5.13
横須賀基地じん肺訴訟控訴審判決　　2003.5.27
象のオリ訴訟最高裁判決　　　　　2003.11.27
米兵の身柄引き渡しで合意　　　　　2004.4.2
辺野古沖のボーリング調査開始　　　2004.4.7
米軍施設380ヘクタール返還で合意　　2004.9.2
小泉首相が在沖縄米軍基地の本土移転
　に言及　　　　　　　　　　　2004.10.1
極東条項に関する政府統一見解を発表
　　　　　　　　　　　　　　2004.10.21
新嘉手納基地爆音訴訟1審判決　　　2005.2.17
普天間飛行場の新代替案を希望　　　2005.2.23
辺野古沖ボーリング調査中止　　　　2005.9.2
キャンプ・シュワブ沿岸案で合意　2005.10.29
沖縄県知事、名護市長がキャンプ・シュ
　ワブ沿岸案に反対　　　　　　2005.10.31

新横田基地公害訴訟控訴審判決　　2005.11.30
「在日米軍駐留経費負担に係る特別協
　定」の期間短縮で合意　　　　　2005.12.9
「在日米軍駐留経費負担に係る特別協
　定」に署名　　　　　　　　　　2006.1.23
岩国市で米空母艦載機移駐に関する住
　民投票　　　　　　　　　　　2006.3.12
在沖縄海兵隊グアム移転費用は100億ド
　ル　　　　　　　　　　　　　2006.3.14
「在日米軍駐留経費負担に係る特別協
　定」を2年間延長　　　　　　　2006.3.29
「在日米軍駐留経費負担に係る特別協
　定」が公布、発効　　　　　　　2006.4.1
名護市長が辺野古移設に合意　　　　2006.4.7
在沖縄海兵隊グアム移転費用負担で合
　意　　　　　　　　　　　　　2006.4.23
「再編実施のための日米のロードマッ
　プ」発表　　　　　　　　　　　2006.5.1
在日米軍再編に関する基本確認書に調
　印　　　　　　　　　　　　　2006.5.11
第3次厚木基地騒音訴訟控訴審判決　　2006.7.13
山口県知事が米空母艦載機移駐を容認　2006.8.24
普天間飛行場の移設に係る措置に関す
　る協議会を設置　　　　　　　　2006.8.29
横田空域の20%を返還　　　　　　2006.10.27
沖縄県知事選挙　　　　　　　　2006.11.19
米軍戦闘機訓練の移転費用負担で合意　2007.1.11
第3・4次小松基地騒音訴訟控訴審判決　2007.4.16
横田ラプコンに空自管制官を併置　　2007.5.18
思いやり予算削減で合意　　　　　2007.12.12
「在日米軍駐留経費負担に係る特別協
　定」署名　　　　　　　　　　　2008.1.25
岩国市長選で空母艦載機移駐容認派が
　勝利　　　　　　　　　　　　2008.2.10
沖縄不祥事で米国務長官が謝罪　　　2008.2.27
岩国市長が空母艦載機移駐容認を表明　2008.3.12
「在日米軍駐留経費負担に係る特別協
　定」発効　　　　　　　　　　　2008.5.1
脱走兵通報で合意　　　　　　　　2008.5.15
普天間基地爆音訴訟1審判決　　　　2008.6.26
「在沖縄海兵隊のグアム移転に係る協
　定」署名　　　　　　　　　　　2009.2.17
新嘉手納基地爆音訴訟控訴審判決　　2009.2.27
「在沖縄海兵隊のグアム移転に係る協
　定」を承認　　　　　　　　　　2009.5.13
横須賀基地じん肺訴訟判決　　　　　2009.7.6
密約問題について調査を命令　　　　2009.9.17
首相と沖縄県知事が会談　　　　　2009.11.30
普天間飛行場移設先決定を先送り　　2009.12.15

名護市長選で移設反対派が勝利	2010.1.24
百里基地が官民共用化	2010.3.11
4.25県民大会を開催	2010.4.25
普天間飛行場の辺野古移設を表明	2010.5.23
菅新首相が辺野古移設合意遵守を表明	2010.6.6
首相と沖縄県知事が会談	2010.6.23
普天間基地爆音訴訟控訴審判決	2010.7.29
普天間飛行場移設問題の日米合意につ	
いて沖縄に説明	2010.8.11
普天間飛行場代替施設案で2案併記	2010.8.31
名護市議選で移設反対派が勝利	2010.9.12
思いやり予算の現状維持で合意	2010.12.14
首相と沖縄県知事が会談	2010.12.17
米軍訓練のグアム移転、日米合意	2011.1.20
「思いやり予算」協定署名	2011.1.21
新嘉手納爆音訴訟	2011.2.1
グアムへの航空機訓練移転	2011.10.10
日米地位協定、運用見直し	2011.11.24
普天間飛行場の移設先の環境影響評価	
書提出	2011.12.28
在日米軍再編計画を見直し	2012.2.8
沖縄県知事、県外移設の意見書	2012.2.20
野田首相、沖縄県を初訪問	2012.2.26
「沖縄振興特措法」・「駐留軍用地返還特	
措法」改正法成立	2012.3.30
オスプレイ普天間配備	2012.10.6
辺野古アセスのやり直しならず	2013.2.20
辺野古埋立申請	2013.3.22
米軍施設返還計画	2013.4.5
日米地位協定、運用見直し	2013.10.8
沖縄県連国会議員、辺野古移設容認	2013.12.25
沖縄県知事、辺野古埋立承認	2013.12.27
名護市長選、辺野古移設反対派の市長	
が再選	2014.1.20
沖縄基地負担軽減推進委員会の設置	2014.1.22
沖縄県議会、百条委員会設置	2014.2.14
普天間飛行場負担軽減推進会議の設置	2014.2.14
厚木基地騒音訴訟で夜間差し止め	2014.5.21
辺野古ボーリング調査開始	2014.8.18
沖縄県知事選、辺野古移設反対派が初	
当選	2014.11.16
米軍新レーダー運用開始	2014.12.26
辺野古移設で国と沖縄県が対立	2015.3.12
安倍首相と沖縄県知事が初会談	2015.4.17
普天間基地騒音訴訟、国に賠償命令	2015.6.11
厚木基地騒音訴訟、国に賠償命令	2015.7.30
日米、環境補足協定署名	2015.9.28
沖縄県知事、辺野古埋立承認取消	2015.10.13
岩国基地騒音訴訟、国に賠償命令	2015.10.15

辺野古埋立承認取消への是正勧告拒否	2015.11.6
辺野古「代執行」訴訟提起	2015.11.26
辺野古「代執行」訴訟口頭弁論	2015.12.2
沖縄基地返還前倒し	2015.12.4
「思いやり予算」協定署名	2016.1.22
宜野湾市長選、辺野古移設推進の市長	
が再選	2016.1.24
政府・沖縄県協議会の設置	2016.1.28
辺野古、沖縄県が国を再提訴	2016.2.1
辺野古、国と沖縄県が和解	2016.3.4
辺野古移設、国が是正指示	2016.3.16
政府・沖縄県協議会、開催	2016.3.23
沖縄県議選で移設反対派が勝利	2016.6.5
辺野古、国と沖縄県が再び対立	2016.7.22
普天間基地騒音訴訟、国に賠償命令	2016.11.17
普天間基地騒音訴訟、控訴審も国に賠	
償命令	2016.12.1
厚木基地騒音訴訟、飛行差し止め棄却	2016.12.8
辺野古訴訟、国が勝訴	2016.12.20
北部訓練場の返還	2016.12.22
オスプレイ給油訓練再開	2017.1.6
米軍属の対象縮小	2017.1.16
辺野古海上工事着手	2017.2.6
第3次嘉手納爆音訴訟、国に賠償命令	2017.2.23
米軍基地一部返還決定	2017.7.11
辺野古工事差し止め、沖縄県が国を提	
訴	2017.7.24
オスプレイ飛行自粛要請	2017.8.6
米艦載機、岩国基地へ移転	2017.8.9
横田基地訴訟、国に賠償命令	2017.10.11
辺野古護岸工事開始	2017.11.6
砂川事件再審棄却	2017.11.15

【事件】

ソ連軍、北方領土占領	1945.8.18
ソ連軍、旅順・大連を占領	1945.8.22
ソ連軍、平壌に侵攻	1945.8.24
GHQ、戦争犯罪人の逮捕を命令	1945.9.11
米第8軍軍事法廷開廷	1945.12.17
山下大将の死刑執行	1946.2.23
東京裁判開廷	1946.5.3
南樺太・千島、ソ連領に編入	1947.2.25
東京裁判判決	1948.11.12
東条ら7戦犯の死刑執行	1948.12.23
A級戦犯容疑者19人釈放	1948.12.24
米極東軍管下の軍事裁判終了	1949.10.19
朝鮮戦争勃発	1950.6.25
血のメーデー事件	1952.5.1
「5.30事件」記念の日に全国で騒擾事件	1952.5.30

事件	分野別索引	日本安全保障史事典	

最高裁、警察予備隊違憲訴訟を却下	1952.10.8	流出重油回収のため災害派遣	1974.12.29
政府、領空侵犯機排除に米国の協力要		反戦自衛官裁判で無罪判決	1975.2.22
請	1953.1.13	米兵女子中学生を暴行	1975.4.19
第五福竜丸事件	1954.3.1	潜水艦おやしお、貨物船と衝突	1975.6.19
新発田自衛隊内神社問題	1954.7.15	ソ連機、領空侵犯	1975.9.24
洞爺丸遭難事故	1954.9.26	ベレンコ中尉亡命事件	1976.9.6
北富士演習場デモでトラック転覆事故	1955.6.20	ソ連艦、領海侵犯	1977.7.30
空自練習機墜落事故	1955.8.8	ソ連機、領空侵犯	1977.9.7
ジラード事件発生	1957.1.30	ソ連機、領空侵犯	1978.3.17
青竹事件	1957.2.6	中国漁船団、尖閣諸島海域に領海侵入	1978.4.12
空自輸送機墜落事故	1957.3.4	ソ連機、領空侵犯	1978.12.5
海自対潜哨戒機墜落事故	1957.4.19	自衛官合祀拒否訴訟で違憲判決	1979.3.22
北海道地区領空侵犯	1958.4.28	継続任用拒否処分取り消し請求却下	1979.7.30
西日本地区領空侵犯	1960.7.1	ソ連機、領空侵犯	1979.11.15
三無事件	1961.12.12	宮永スパイ事件	1980.1.18
航空自衛隊機乗り逃げ未遂	1962.9.10	ソ連機、領空侵犯	1980.6.29
恵庭事件	1962.12.11	ソ連機、領空侵犯	1980.8.18
全学連、米原潜寄港阻止集会で警官隊		反戦自衛官裁判差戻審	1981.3.27
と衝突	1964.11.7	米原潜あて逃げ事件	1981.4.9
国会で「三矢研究」につき追究	1965.2.10	ライシャワー発言	1981.5.18
マリアナ海難に災害派遣	1965.10.9	核兵器持込疑惑発言	1981.5.22
三沢市大火	1966.1.11	ソ連機、領空侵犯	1981.6.6
全日空羽田沖墜落事故	1966.2.4	ソ連機、領空侵犯	1982.4.3
札幌地裁、恵庭事件に無罪判決	1967.3.29	自衛官合祀拒否訴訟の控訴審で違憲判決	1982.6.1
日米合同演習中、ソ連軍艦と接触	1967.5.10	中曽根首相、浮沈空母発言	1983.1.19
ソ連機、初の領空侵犯	1967.8.19	箕面忠魂碑慰霊祭住民訴訟	1983.3.1
バッジ関連秘密漏洩事件が発生	1968.3.2	ソ連機、領空侵犯	1983.10.15
米ファントム戦闘機、九州大学構内に		第十八富士山丸事件	1983.11.11
墜落	1968.6.2	ソ連機、領空侵犯	1983.11.15
陸上自衛隊少年工科学校生訓練中に水死	1968.7.2	ソ連機、領空侵犯	1984.11.12
嘉手納基地でベトナムに向かう米爆撃		日航機墜落事故	1985.8.12
機爆発	1968.11.19	ソ連機、領空侵犯	1986.2.6
空自機墜落	1969.5.11	三井物産マニラ支店長誘拐事件	1986.11.15
よど号事件が発生	1970.3.31	東芝機械ココム違反事件	1987.5.27
防衛庁、准尉制度を新設	1970.5.25	予算委員会で東芝機械ココム違反事件	
三島由紀夫、割腹自殺	1970.11.25	を論議	1987.7.13
コザ事件が発生	1970.12.20	ソ連機、領空侵犯	1987.8.27
航空自衛隊機、ソ連艦を誤認攻撃	1971.4.20	ソ連機の領空侵犯に初の信号射撃	1987.12.9
ばんだい号墜落事故	1971.7.3	自衛官合祀拒否訴訟の控訴審で合憲判決	1988.6.1
雫石事件	1971.7.30	なだしお事件	1988.7.23
朝霞自衛官殺害事件	1971.8.21	ソ連機、領空侵犯	1989.4.21
自衛官合祀拒否訴訟	1973.1.22	なだしお事件で裁判	1989.7.25
航空自衛隊、国産ファントム機空中爆発	1973.5.1	自衛隊施設の情報公開訴訟	1989.9.28
自衛隊機乗り逃げ事件	1973.6.24	重油流出で災害派遣	1990.2.1
ソ連機、領空侵犯	1974.2.7	なだしお事件で双方の過失と裁決	1990.8.10
自衛隊機、民家に墜落	1974.7.8	北朝鮮抑留のスパイ容疑の船員釈放	1990.10.11
沖縄の米兵、住民に発砲・負傷させる	1974.7.10	イラク在留邦人救出	1990.12.1
自衛隊機、墜落	1974.8.27	ソ連機、領空侵犯	1991.7.6
第十雄洋丸事件	1974.11.23	ソ連機、領空侵犯	1991.8.15

- 272 -

中国、尖閣諸島を自国領と明記	1992.2.25
ロシア機、領空侵犯	1992.4.10
ロシア機、領空侵犯	1992.5.7
ロシア機、領空侵犯	1992.7.28
横浜地裁、なだしお事件で潜水艦側に	
主因を認める判決	1992.12.10
カンボジア日本人国連ボランティア殉職	1993.4.8
カンボジア日本人文民警察官殉職	1993.5.4
北朝鮮、日本海にミサイル発射	1993.5.29
ロシア機、領空侵犯	1993.8.31
池子米軍家族住宅建設工事続行禁止訴	
訟判決	1993.9.9
東京高裁、なだしお事件で潜水艦側に	
主因を認める判決	1994.2.28
台湾機、領空侵犯	1994.3.25
地下鉄サリン事件	1995.3.20
ロシア機、領空侵犯	1995.3.23
沖縄米兵少女暴行事件	1995.9.4
豊浜トンネル岩盤崩落事故	1996.2.10
在ペルー日本大使公邸占拠事件	1996.12.17
ナホトカ号重油流出事故	1997.1.2
北朝鮮がミサイル発射	1998.8.31
政府、KEDOの調印を拒否	1998.8.31
防衛庁調達実施本部背任事件	1998.9.3
KEDO署名	1998.10.21
能登半島沖に不審船	1999.3.23
「能登半島沖不審船事案における教訓・	
反省について」	1999.6.5
空自戦闘機墜落	1999.8.15
東海村JCO臨界事故	1999.9.30
空自機墜落	1999.11.22
自衛隊機墜落	2000.3.22
自衛隊機墜落	2000.6.28
ブルーインパルス2機墜落	2000.7.4
ロシア・スパイ事件	2000.9.8
えひめ丸事故	2001.2.10
陸自ヘリが衝突	2001.2.14
えひめ丸事故の審問委員会を開始	2001.3.5
ロシア・スパイ事件で実刑判決	2001.3.7
「グリーンビル」前艦長に減給処分	2001.4.13
海上自衛隊横須賀通信隊員覚せい剤使	
用事件	2001.5.14
戦闘機機関砲誤発射事故	2001.6.25
沖縄米兵婦女暴行事件	2001.6.29
機関銃暴発事故	2001.7.7
那覇自衛隊施設資料公開訴訟最高裁判	
決	2001.7.13
器物損壊罪で米兵逮捕	2001.7.21
りゅう弾砲演習場外着弾事故	2001.9.7

米国同時多発テロ事件	2001.9.11
海自練習機墜落事故	2001.9.14
「えひめ丸」から8遺体収容	2001.10.16
タリバンが邦人ジャーナリストを拘束	
	2001.10.22
「えひめ丸」船内捜索打ち切り	2001.11.7
九州南西海域工作船事件	2001.12.22
北朝鮮が拘束邦人を解放	2002.2.12
沈没工作船を発見	2002.2.25
陸自ヘリ2機が衝突・墜落	2002.3.7
工作船の潜水調査を開始	2002.5.1
防衛庁情報公開開示請求者リスト事件	
報道	2002.5.28
内局、陸幕、空幕もリスト作成	2002.6.3
防衛庁情報公開開示請求者リスト事件	
の報告書公表	2002.6.11
日中が工作船引き上げで合意	2002.6.17
能登半島沖に不審船	2002.9.4
北朝鮮工作船を引き揚げ	2002.9.11
北朝鮮が日本人拉致を認める	2002.9.17
よど号メンバーに拉致事件で逮捕状	2002.9.25
拉致問題に関する事実調査チームを派	
遣	2002.9.28
寺越さんが一時帰国	2002.10.3
九州南西海域工作船事件の調査結果を	
公表	2002.10.4
土井社民党党首が拉致事件について陳	
謝	2002.10.7
拉致被害者が15人に	2002.10.8
拉致被害者が帰国	2002.10.15
拉致被害者5人の永住帰国方針を決定	2002.10.23
キム・ヘギョンさんが横田さんの娘で	
あると確認	2002.10.24
第12回日朝国交正常化交渉を開始	2002.10.29
松木さんの「遺骨」は偽物	2002.11.11
えひめ丸事故で33家族が和解	2002.11.14
「グリーンビル」元艦長が来日	2002.12.15
工作船引き上げで中国に協力金	2002.12.27
宇出津事件で北朝鮮工作員に逮捕状	2003.1.8
新たな拉致被害者の氏名を公表	2003.2.10
北朝鮮が連続で地対艦ミサイル発射実	
験	2003.2.25
被害者家族連絡会が訪米	2003.3.5
自衛官募集で個人情報提供	2003.4.22
拉致被害者救出を求める集会開催	2003.5.7
防衛庁調達実施本部背任事件1審判決	2003.5.8
日本飛行機が水増し請求	2003.5.9
海自訓練機が墜落	2003.5.21
拉致はテロであると表明	2003.6.5

| 事件 | 分野別索引 | 日本安全保障史事典 |

対戦車ヘリコプター墜落事故で賠償請		
求	2003.6.20	
拉致被害者の子どもから手紙	2003.8.2	
外務次官が拉致問題に関する発言を修正	2003.8.4	
沖縄自衛官爆死事件	2003.8.31	
国連総会で拉致問題解決について演説	2003.9.23	
イラク邦人外交官射殺事件	2003.11.29	
日朝ハイレベル協議	2004.2.11	
中国人活動家尖閣諸島上陸事件	2004.3.24	
イラク邦人人質事件	2004.4.7	
自衛隊Winny情報流出問題	2004.4.30	
拉致問題で日朝政府間協議	2004.5.4	
拉致被害者家族が帰国	2004.5.22	
拉致問題についての政府方針を表明	2004.5.25	
イラク邦人ジャーナリスト殺害事件	2004.5.27	
曽我ひとみさん一家が帰国	2004.7.9	
米軍独立法務官がジェンキンスさんと		
面会	2004.8.5	
第1回日朝実務者協議	2004.8.11	
沖国大米軍ヘリ墜落事件	2004.8.13	
ジェンキンスさんが出頭	2004.9.11	
第2回日朝実務者協議	2004.9.25	
米軍戦闘機空中接触事故	2004.10.4	
イラク日本人青年殺害事件	2004.10.26	
護衛艦「たちかぜ」自衛官いじめ自殺事		
件	2004.10.27	
第3回日朝実務者協議を開始	2004.11.9	
漢級原子力潜水艦領海侵犯事件	2004.11.10	
ジェンキンスさんが釈放	2004.11.27	
北朝鮮提供の遺骨が別人の骨と判明	2004.12.8	
神崎公明党が対北朝鮮経済制裁に言及	2005.1.2	
北朝鮮が遺骨鑑定結果をねつ造と批判	2005.1.24	
遺骨問題で応酬	2005.2.10	
マラッカ海峡で海賊が日本船を襲撃	2005.3.14	
空自の捜索救難機が墜落	2005.4.14	
JR福知山線脱線事故	2005.4.25	
16人目の拉致被害者を認定	2005.4.27	
北朝鮮が新型短距離弾道ミサイルを発射	2005.5.1	
イスラム過激派がイラクで日本人を拘束	2005.5.9	
爆弾でサマワの陸自車両に被害	2005.6.23	
拉致問題で元北朝鮮工作員を参考人招		
致	2005.7.28	
ロシア潜水艇事故	2005.8.4	
9ヶ月ぶりに日朝公式協議	2005.8.7	
アフガニスタン邦人男女殺害事件	2005.9.3	
拉致問題で国連が北朝鮮に勧告	2005.9.27	
立川反戦ビラ配布事件控訴審判決	2005.12.9	
横須賀米兵強盗殺人事件	2006.1.3	

防衛施設庁談合事件で同庁幹部3人を逮		
捕	2006.1.30	
防衛施設庁談合事件で再逮捕	2006.2.21	
自衛隊Winny情報流出問題	2006.2.23	
拉致事件で工作員2人の逮捕状取得	2006.2.23	
拉致実行犯の北朝鮮工作員に逮捕状	2006.4.24	
横田早紀江さんが米下院で証言	2006.4.27	
政府首脳が韓国人拉致被害者家族と面		
会	2006.5.29	
防衛施設庁談合事件の処分を発表	2006.6.15	
金英男さんが横田さんは自殺したと主		
張	2006.6.29	
北朝鮮が弾道ミサイル発射実験	2006.7.5	
防衛施設庁談合事件1審判決	2006.7.31	
海自隊員が内部情報持ち出し	2006.8.1	
ロンドン旅客機爆破テロ未遂事件	2006.8.11	
第31吉進丸事件	2006.8.16	
海自ミサイル艇機関砲誤発射事故	2006.9.5	
拉致問題対策本部を設置	2006.9.29	
「第31吉進丸」船長を解放	2006.10.3	
北朝鮮が核実験に成功	2006.10.9	
拉致実行犯の北朝鮮工作員に逮捕状	2006.11.2	
17人目の拉致被害者を認定	2006.11.20	
海自潜水艦接触事故	2006.11.21	
自衛隊Winny情報流出問題	2006.11.29	
陸自内の予算流用横行を認定	2006.12.6	
タンカーと米海軍原潜が接触	2007.1.9	
拉致を命じた北朝鮮諜報機関要員に逮		
捕状	2007.2.22	
「第31吉進丸」船長らを書類送検	2007.3.2	
第1回日朝国交正常化のための作業部会	2007.3.7	
徳之島自衛隊ヘリ墜落事故	2007.3.30	
イージス艦情報漏えい事件	2007.3.31	
パラグアイ邦人誘拐事件	2007.4.1	
イージス艦情報漏えい事件について謝		
罪	2007.4.30	
北朝鮮が短距離ミサイルを発射	2007.5.25	
イージス艦情報漏えい事件で強制捜査	2007.6.5	
拉致事件でよど号グループメンバーの		
妻に逮捕状	2007.6.13	
収賄容疑で1等陸佐を逮捕	2007.6.22	
久間防衛相「原爆しょうがない」発言	2007.6.30	
イージス艦情報漏えい事件で護衛艦な		
どを強制捜査	2007.8.28	
第2回日朝国交正常化のための作業部会	2007.9.5	
ミャンマー反政府デモで邦人ジャーナ		
リスト死亡	2007.9.27	
対北朝鮮制裁の期限延長	2007.10.9	
燃料転用疑惑について衆議院で説明	2007.10.10	

－ 274 －

燃料転用疑惑に関する報告書を発表	2007.11.6	陸自隊員の個人情報流出	2009.8.31
山田洋行事件で証人喚問	2007.11.15	北朝鮮が短距離弾道ミサイル発射	2009.10.12
山田洋行事件で守屋前防衛事務次官を		護衛艦「くらま」衝突事故	2009.10.27
逮捕	2007.11.28	沖縄米兵ひき逃げ死亡事故	2009.11.7
イージス艦情報漏えい事件で3等海佐を		イージス艦情報漏えい事件で控訴審判	
逮捕	2007.12.13	決	2009.12.3
ロシアが漁船4隻を拿捕	2007.12.13	F-15戦闘機が胴体着陸	2009.12.4
護衛艦「しらね」火災事故	2007.12.14	海自哨戒ヘリコプターが墜落	2009.12.8
海自で誤破棄文書105件が発覚	2007.12.26	航空自衛隊事務用品発注官製談合事件	2010.3.5
沖縄で米兵による事件頻発	2008.2.10	アフガン武装勢力が邦人ジャーナリス	
イージス艦衝突事故	2008.2.19	トを誘拐	2010.4.2
イージス艦衝突事故で中間報告	2008.3.21	中国船が海保の海洋調査を妨害	2010.5.4
北朝鮮が艦対艦ミサイルを発射	2008.3.28	佐柳島沖海保ヘリ墜落事故	2010.8.18
自衛隊イラク派遣差し止め訴訟控訴審		インドネシア沖で日本企業運航のタン	
判決	2008.4.17	カーに強盗	2010.9.5
アデン湾で日本船籍タンカーに銃撃	2008.4.21	尖閣諸島中国漁船衝突事件	2010.9.7
鹿児島タクシー運転手殺人事件	2008.4.22	尖閣諸島中国漁船衝突事件で中国が抗議	2010.9.8
北朝鮮が拉致問題再調査を表明	2008.6.11	尖閣諸島中国漁船衝突事件で反日デモ	2010.9.18
日朝実務者協議を開始	2008.8.11	中国人船長の勾留期間延長	2010.9.19
アデン湾で日本企業運航貨物船に銃撃	2008.8.23	尖閣諸島中国漁船衝突事件で集中審議	2010.9.30
護衛艦「さわぎり」いじめ自殺訴訟控訴		ケニア沖で日本企業運航貨物船乗っ取	
審判決	2008.8.25	り	2010.10.10
アフガニスタン邦人拉致殺害事件	2008.8.26	中国各地で反日デモ	2010.10.16
特別警備応用課程死亡事故	2008.9.9	政府が衆院に中国漁船衝突事件のビデ	
エチオピア邦人医師誘拐事件	2008.9.22	オを提出	2010.10.27
報道機関への情報漏えいで懲戒免職	2008.10.2	尖閣諸島中国漁船衝突映像流出事件	2010.11.4
イージス艦情報漏えい事件で有罪判決		延坪島砲撃事件	2010.11.23
	2008.10.28	航空自衛隊事務用品発注官製談合事件	
田母神論文問題	2008.10.31	の報告書公表	2010.12.14
守屋前防衛事務次官に実刑判決	2008.11.5	尖閣諸島中国漁船衝突映像流出事件で	
米原潜が事前通報なしに寄港	2008.11.10	処分	2010.12.22
中国海洋調査船が領海侵犯	2008.12.8	尖閣諸島中国漁船衝突映像流出事件で	
エチオピア邦人医師誘拐事件の医師ら		起訴猶予	2011.1.21
解放	2009.1.7	アラビア海で海賊	2011.3.5
横田基地で火災	2009.1.20	福島第一原発炉心融解事故	2011.3.12
イージス艦衝突事故で海難審判裁決	2009.1.22	在コートジボワール日本大使公邸襲撃	
「第38吉丸」拿捕	2009.1.27	事件	2011.4.6
人道支援物資供与事業でロシアが出入		イージス艦衝突事故で士官無罪	2011.5.11
国カード提出を要求	2009.1.28	交通事故を起こした米軍属に起訴相当	2011.5.27
ソマリア沖で日本企業運航自動車運搬		ジブチの自衛隊活動拠点運用開始	2011.6.1
船に銃撃	2009.3.23	台湾活動家が尖閣周辺海域で領有権主	
弾道ミサイル等に対する破壊措置の実		張	2011.6.29
施に関する自衛隊行動命令を発令	2009.3.27	空自機墜落	2011.7.5
北朝鮮が弾道ミサイル発射実験	2009.4.5	警察庁・防衛省にサイバー攻撃	2011.7.10
イージス艦衝突事故の最終報告書を発		中国船、無許可で海洋調査	2011.7.31
表	2009.5.22	中国漁船の船長を逮捕	2011.8.5
北朝鮮が核実験	2009.5.25	中国の漁業監視船が尖閣付近の領海侵	
北朝鮮が弾道ミサイル発射	2009.7.4	犯	2011.8.24
陸自内に大麻が蔓延	2009.7.8	脱北者救助	2011.9.13

防衛産業に対するサイバー攻撃	2011.9.19
中国船、事前通告と異なる海域で海洋調査	2011.9.25
空自機、タンク落下	2011.10.7
中国漁船の船長を逮捕	2011.11.6
中国漁船船長逮捕	2011.12.20
石垣市議ら、尖閣上陸	2012.1.3
中国船、日本の海洋調査に中止要求	2012.2.19
尖閣諸島中国漁船衝突事件で強制起訴	2012.3.15
中国船、尖閣領海侵犯	2012.3.16
北朝鮮、ミサイル発射予告	2012.3.16
自衛隊監視訴訟、国に賠償命令	2012.3.26
弾道ミサイル破壊措置命令	2012.3.30
北朝鮮、ミサイル発射失敗	2012.4.13
尖閣諸島、都が購入表明	2012.4.16
ロシア首相、国後島訪問	2012.7.3
尖閣諸島国有化方針	2012.7.7
中国の漁業監視船が尖閣付近の領海侵犯	2012.7.11
韓国大統領、竹島上陸	2012.8.10
香港の活動家、尖閣上陸	2012.8.15
都議ら、尖閣上陸	2012.8.19
中国で大使公用車襲撃	2012.8.27
「海上保安庁法」・「外国船舶航行法」改正法成立	2012.8.29
サイバー防衛隊、新設	2012.9.7
尖閣諸島国有化	2012.9.11
中国・台湾船、尖閣領海侵犯	2012.9.14
日中、尖閣問題で応酬	2012.9.26
米兵強姦事件	2012.10.16
中国船、事前通告と異なる海域で海洋調査	2012.11.15
小型船、相次ぎ漂着	2012.11.28
北朝鮮ミサイル発射予告、日朝政府間協議延期	2012.12.1
弾道ミサイル破壊措置命令	2012.12.7
北朝鮮、ミサイル発射	2012.12.12
中国機、尖閣領空侵犯	2012.12.13
アルジェリア人質事件	2013.1.16
中国艦艇が海自護衛艦にレーダー照射	2013.1.30
ロシア軍機、領空侵犯	2013.2.7
北朝鮮、3回目の核実験	2013.2.12
北朝鮮、黒鉛減速炉の再稼働表明	2013.4.2
弾道ミサイル破壊措置命令	2013.4.7
中国船、尖閣周辺領海侵犯	2013.4.23
イージス艦衝突事故で士官無罪確定	2013.6.11
米軍ヘリ墜落	2013.8.5
北方領土協議再開	2013.8.19
ロシア空軍機、領空侵犯	2013.8.22
「日本船警備特措法」成立	2013.9.13
中国、尖閣含む防空識別区設定	2013.11.23
エクアドルで新婚旅行中の夫妻銃撃	2013.12.28
輸送艦「おおすみ」衝突事故	2014.1.15
北朝鮮、ミサイル発射続く	2014.3.3
マレーシア航空機墜落	2014.3.8
横田夫妻、ウンギョンさんと面会	2014.3.16
サイバー防衛隊発足	2014.3.26
護衛艦「たちかぜ」自衛官いじめ自殺事件、国に責任	2014.4.23
中国軍機、自衛隊機異常接近	2014.5.24
日本人拉致被害者の再調査で合意	2014.5.29
中国機、自衛隊機異常接近	2014.6.11
拉致調査委員会設置	2014.7.1
ロシア、北方領土で軍事演習	2014.8.12
シリアで日本人拘束	2014.8.18
サイバーセキュリティ基本法成立	2014.11.6
韓国軍、竹島近海で防御訓練実施	2014.11.24
エアアジア機墜落	2014.12.28
ISによる邦人人質事件	2015.1.20
北朝鮮、ミサイル発射	2015.3.2
北朝鮮、ミサイル発射	2015.5.9
サイバー攻撃報告	2015.7.23
米軍ヘリ墜落	2015.8.12
ロシア首相、択捉島訪問	2015.8.22
推定ロシア機、領空侵犯	2015.9.15
バングラデシュで銃撃事件	2015.10.3
武装中国船、尖閣周辺領海侵犯	2015.12.26
北朝鮮、4回目の核実験	2016.1.6
北朝鮮、ミサイル発射	2016.2.7
北朝鮮、相次ぐミサイル発射	2016.3.3
空自機墜落	2016.4.6
北朝鮮、ミサイル発射失敗	2016.4.15
北朝鮮、ミサイル発射失敗	2016.4.23
在日米軍関係者による女性暴行殺害事件	2016.4.28
中国軍艦が接続水域内を航行・領海侵犯	2016.6.9
北朝鮮、ミサイル発射	2016.6.22
バングラデシュでテロ	2016.7.2
北朝鮮、ミサイル発射	2016.7.19
北朝鮮、ミサイル発射	2016.8.3
中国船の尖閣周辺領海侵犯活発化	2016.8.5
北朝鮮、ミサイル発射	2016.8.24
北朝鮮、ミサイル発射	2016.9.5
北朝鮮、5回目の核実験	2016.9.9
米軍機墜落	2016.9.22
北朝鮮、ミサイル発射失敗	2016.10.15
海賊対処ソマリア派遣縮小	2016.11.1
ロシア軍、北方領土へミサイル配備	2016.11.22

米軍機墜落	2016.12.7	即位の礼	1990.11.12
オスプレイ不時着	2016.12.13	雲仙普賢岳噴火	1991.6.3
糸魚川市大火	2016.12.22	北海道南西沖地震発生	1993.7.12
北朝鮮、ミサイル発射	2017.2.12	阪神・淡路大震災発生	1995.1.17
那須雪崩事故	2017.3.27	長野オリンピック開幕	1998.2.7
陸自機墜落	2017.5.15	有珠山噴火	2000.3.29
尖閣諸島で中国船からドローン飛行	2017.5.18	三宅島噴火	2000.6.26
北朝鮮、ミサイル発射	2017.6.8	九州・沖縄サミット開幕	2000.7.21
米イージス艦と貨物船衝突	2017.6.17	鳥取県西部地震発生	2000.10.6
陸自戦車横転事故	2017.6.21	インド西部地震発生	2001.1.26
中国軍艦が領海侵犯	2017.7.2	芸予地震発生	2001.3.24
北朝鮮、ミサイル発射	2017.7.4	九州豪雨に災害派遣	2003.7.18
空自機部品落下事故	2017.7.26	宮城県北部地震発生	2003.7.26
海自ヘリ墜落	2017.8.26	十勝沖地震発生	2003.9.26
北朝鮮、ミサイル発射失敗	2017.8.26	イラン大地震で国際緊急援助空輸業務	
北朝鮮、ミサイル発射	2017.8.29		2003.12.26
北朝鮮、6回目の核実験	2017.9.3	鳥インフルエンザで災害派遣	2004.3.4
オスプレイ緊急着陸	2017.9.29	新潟県中越地震発生	2004.10.23
空自機部品落下	2017.10.5	スマトラ島沖地震発生	2004.12.26
米軍ヘリ炎上	2017.10.11	パキスタン地震発生	2005.10.8
空自ヘリ墜落	2017.10.17	ジャワ島中部地震発生	2006.5.27
小型漁船、相次ぎ漂着	2017.11.15	豪雨で災害派遣	2006.7.15
米兵飲酒事故で逮捕	2017.11.19	四川大地震発生	2008.5.12
米軍機墜落	2017.11.22	岩手・宮城内陸地震発生	2008.6.14
北朝鮮、ミサイル発射	2017.11.29	スマトラ沖地震発生	2009.9.30
北朝鮮船員、島から窃盗	2017.12.5	ハイチ地震発生	2010.1.12
米軍ヘリから部品落下	2017.12.7	口蹄疫で災害派遣	2010.5.1
米軍ヘリの窓落下	2017.12.13	パキスタン豪雨災害で自衛隊派遣	2010.8.20
		ニュージーランド地震発生	2011.2.22
【社会】		東日本大震災発生	2011.3.11
第二次世界大戦終結	1945.8.15	台風12号豪雨災害	2011.9.3
東久邇宮首相、「一億総懺悔」発言	1945.8.28	台風26号豪雨土砂災害	2013.10.16
ルース台風に伴う災害派遣	1951.10.20	フィリピンに台風30号上陸	2013.11.8
第1回原水爆禁止世界大会広島大会開催	1955.8.6	鳥インフルエンザ対応	2014.4.14
狩野川台風に伴う災害派遣	1958.9.26	山口県で豪雨災害	2014.8.6
伊勢湾台風に伴う災害派遣	1959.9.26	台風11号豪雨災害	2014.8.10
チリ地震津波に伴う災害派遣	1960.5.24	京都府・兵庫県で豪雨災害	2014.8.17
豪雪に伴う災害派遣	1963.1.18	広島市豪雨土砂災害	2014.8.20
新潟地震発生	1964.6.16	御嶽山噴火	2014.9.27
東京オリンピック開幕	1964.10.10	長野県神城断層地震発生	2014.11.22
第2回日米関係民間会議を開催	1969.9.4	エボラ出血熱で防護服輸送	2014.11.28
統合幕僚会議議長らが宮中拝謁	1969.9.24	徳島県の大雪で災害派遣	2014.12.6
桜田日経連代表理事、自主防衛へ改憲		鳥インフルエンザ対応	2015.1.15
必要	1969.10.16	北海道の大雪で災害派遣	2015.2.2
国産初の人工衛星打ち上げ成功	1970.2.11	ネパール地震発生	2015.4.25
札幌オリンピック開幕	1972.2.3	口永良部島噴火	2015.5.29
防衛庁、防衛に関する意識調査を発表	1977.10.30	台風18号豪雨災害	2015.9.10
三原山噴火	1986.11.15	九州・山口の寒波で災害派遣	2016.1.25
昭和天皇没、平成と改元	1989.1.7	熊本地震発生	2016.4.14

| 社会 | 分野別索引 | 日本安全保障史事典 |

台風10号豪雨災害	2016.8.30
鳥取県中部地震発生	2016.10.21
ニュージーランド地震発生	2016.11.14
鳥インフルエンザ対応	2016.11.29
鳥インフルエンザ対応	2016.12.16
鳥インフルエンザ対応	2016.12.26
鳥インフルエンザ対応	2017.1.14
鳥インフルエンザ対応	2017.1.24
鳥取県の大雪で災害派遣	2017.1.24
鳥インフルエンザ対応	2017.2.4
鳥インフルエンザ対応	2017.3.24
鳥インフルエンザ対応	2017.3.24

【国際】

マッカーサー、戦闘停止を命令	1945.8.16
全権委員、連合国軍と停戦交渉	1945.8.20
連合国軍、日本進駐開始	1945.8.28
マッカーサー、厚木に到着	1945.8.30
GHQ、「一般命令第1号」発令	1945.9.2
日本、「降伏文書」調印	1945.9.2
日本船舶、米太平洋艦隊司令官の指揮下へ	1945.9.3
マッカーサー、日本管理方針の声明発表	1945.9.9
南方軍、「降伏文書」調印	1945.9.12
天皇、マッカーサーを訪問	1945.9.27
公職追放指令	1946.1.4
琉球列島・小笠原群島の日本行政権停止	1946.1.29
ソ連・中国、日本進駐に不参加	1946.1.31
駐日米軍兵力、20万人にのぼる	1946.3.31
「日本非武装化条約」案発表	1946.6.21
マッカーサー、早期講和を提唱	1947.3.17
英本国軍、引揚げを発表	1947.10.4
ロイヤル米陸軍長官、「反共の防壁」の演説	1948.1.6
駐日英連邦占領軍の指揮権、オーストラリアに移管	1948.1.12
駐日英連邦占領軍、削減へ	1948.2.11
極東委員会、日本非武装化指令を採択	1948.2.12
英・ソ・中3国代表、海上保安庁設置を批判	1948.4.28
「NSC13/2文書」承認	1948.10.7
米国務省・陸軍省、日本再軍備を進言	1948.11.22
マッカーサー、「NSC13/2文書」を拒否	1948.12.18
ロイヤル米陸軍長官、警察隊武装を示唆	1949.2.25
吉田首相、米軍駐留継続を希望	1949.5.7
マッカーサー、「反共の防壁」の声明	1949.7.4

コリンズ米陸軍参謀総長来日	1949.10.11
米国務省、対日講和を検討中と発表	1949.11.1
マッカーサー、年頭声明で自衛権を肯定	1950.1.1
アチソン国務長官、米国の防衛線を言明	1950.1.12
ブラッドレー米統合参謀本部議長来日	1950.1.31
GHQ、沖縄に恒久的基地の建設発表	1950.2.10
対日理事会ソ連代表、日本の軍事基地化を批判	1950.5.2
ダレス特使、日本の再軍備を要求	1950.6.22
国連軍の米国指揮決定	1950.7.7
国連軍司令部設置	1950.7.25
対日講和の予備交渉開始指令	1950.9.14
海上保安庁、日本特別掃海隊を編成	1950.10.2
「対日講和7原則」発表	1950.11.24
琉球列島米国民政府に関する指令通達	1950.12.5
マッカーサー、年頭声明で日本再軍備を強調	1951.1.1
スペンダー豪外相、日本再軍備に反対表明	1951.1.11
ダレス米講和特使来日	1951.1.25
対日理事会、日本非軍事化問題で米ソ論争	1951.2.14
ダレス顧問、再軍備禁止条項につき発言	1951.2.19
琉球臨時中央政府設立	1951.4.1
マッカーサー解任	1951.4.11
ダレス・リッジウェイ・吉田会談	1951.4.18
ダレス顧問、「対日講和条約」・「日米安保条約」の同時締結を発表	1951.7.11
対日講和会議開会	1951.9.4
「対日講和条約」調印	1951.9.8
衆議院で「対日講和条約」・「日米安保条約」承認	1951.10.26
吉田・リッジウェイ会談	1952.1.5
1952年度防衛分担金協議	1952.1.9
吉田・リッジウェイ会談	1952.2.8
「日米行政協定」調印	1952.2.28
日本防衛空軍の新設発表	1952.3.1
「対日講和条約」・「日米安保条約」発効	1952.4.28
「日華平和条約」調印	1952.4.28
「日米施設区域協定」調印	1952.7.26
ダレス国務長官、対日MSA援助を示唆	1953.5.5
対日MSA援助に関する日米交換公文発表	1953.6.26
「朝鮮休戦協定」調印	1953.7.27
米、MSA交渉で経済要請の削除を要求	1953.8.19
池田・ロバートソン会談、自衛力漸増の共同声明	1953.10.30

– 278 –

ニクソン米副大統領、保安隊の増強援助を表明	1953.11.19
「赤十字協定」によるソ連引揚げ第1次船・興安丸、舞鶴入港	1953.12.1
政府首脳、ロバートソン米国務次官補と会談	1953.12.23
奄美群島復帰	1953.12.25
在日米軍事顧問団につき、日米間で了解	1954.3.2
MSA協定調印	1954.3.8
木村保安庁長官、MSA援助につき国会説明	1954.3.19
岡崎・アリソン両代表、防衛分担金削減に合意	1954.4.6
北海道の米軍撤退	1954.9.24
防衛分担金削減につき、一万田・アリソン会談	1954.12.30
アリソン米大使、防衛分担金削減に関する覚書を手交	1955.2.3
防衛分担金削減に関する日米正式交渉開始	1955.3.25
防衛分担金削減につき、一万田・アリソン会談	1955.4.5
防衛分担金削減に関する日米共同声明発表	1955.4.19
「日米原子力協定」調印	1955.11.14
防衛分担金削減に関する日米共同声明発表	1956.1.30
「日米技術協定」調印	1956.3.22
「日米技術協定」公布・発効	1956.6.6
「日ソ共同宣言」調印	1956.10.19
「日ソ共同宣言」公布・発効	1956.12.12
国連安保理、日本の国連加盟案採択	1956.12.12
日本、国連に加盟	1956.12.18
防衛分担金問題で、石橋・アリソン会談	1957.1.16
岸・アイゼンハワー会談、在日米軍早期引揚げ等の共同声明発表	1957.6.21
在日米極東軍司令部を廃止・国連軍司令部を移転	1957.7.1
在日米軍陸上部隊の撤退開始発表	1957.8.1
日米安保委員会発足	1957.8.6
日米安保委員会、初会合を開催	1957.8.16
第2回日米安保委員会	1957.9.4
第3回日米安保委員会	1957.11.27
第4回日米安保委員会	1957.12.19
日本、国連安保理事会非常任理事国に初就任	1958.1.1
第6回日米安保委員会	1958.8.27
「北朝鮮帰還協定」調印	1959.8.13
北朝鮮帰還第1船、新潟港を出港	1959.12.14

「日米地位協定」調印	1960.1.19
アイゼンハワー米大統領、訪日延期	1960.6.16
第1回日米安保協議委員会	1960.9.8
第2回日米安保協議委員会	1962.8.1
現職防衛庁長官、初訪米	1962.11.9
ライシャワー米大使、原潜の日本寄港を申入れ	1963.1.9
外務省、米原潜の日本寄港問題で質問書を手交	1963.2.2
池田首相、米原潜の日本寄港につき答弁	1963.4.26
日本、「部分的核実験禁止条約」に調印	1963.8.14
日米、沖縄の経済援助に関する公文を交換	1964.4.25
日本で「部分的核実験禁止条約」が発効	1964.6.15
第5回日米安保協議委員会	1964.8.31
バッジ・システム設置に関する日米交換公文に署名	1964.12.4
米軍、北ベトナムを爆撃	1965.2.7
「日韓基本条約」調印	1965.6.22
米軍機、沖縄からベトナムに発進	1965.7.29
第6回日米協議委員会	1965.9.1
日本、国連安保理事会非常任理事国に当選	1965.12.10
安保体制下の核政策で協議	1966.2.23
米原潜、横須賀に初入港	1966.5.30
第7回日米安全保障協議委員会を開催	1967.5.15
日米共同声明で小笠原諸島返還約束	1967.11.15
米原子力空母エンタープライズ初寄港	1968.1.19
小笠原諸島返還協定に署名	1968.4.5
第8回日米安全保障協議委員会を開催	1968.5.13
「核不拡散条約」に最初の62か国が署名	1968.7.1
防衛庁、在日米軍、協議会の設置で合意	1968.10.10
第9回日米安全保障協議委員会開催	1968.12.23
軍事援助顧問団を相互防衛援助事務所に改称	1969.7.4
在日米軍、立川基地の飛行停止	1969.10.3
社会党、訪日ソ連党代表団と合意メモ発表	1969.10.22
佐藤・ニクソン共同声明で、沖縄返還合意	1969.11.21
社党委員長、アジア太平洋地域集団安保構想	1969.12.9
「核兵器不拡散条約」に署名	1970.2.3
在日基地を自衛隊管理の意向表明	1970.2.9
日米安保協議委員会、沖縄防衛に合意	1970.5.19
沖縄毒ガス早期撤去を確約	1970.5.29

防衛施設庁、沖縄米軍基地の現地調査	1970.7.2	日米安保協議委員会、極東有事研究の	
中曽根防衛庁長官、訪米し米国防長官		開始	1982.1.8
と会談	1970.9.10	米国防長官、1000海里防衛を要請	1982.3.27
日米安保協議委、在日米軍を韓国に移		「生物兵器禁止条約」の発効	1982.6.8
駐	1970.12.21	CCW本体、第Ⅰ～Ⅲ議定書の締結	1982.6.9
日本、国連安保理非常任理事国に	1971.1.1	シーレーン1000海里防衛共同研究で日	
「沖縄返還協定」に署名	1971.6.17	米合意	1982.9.1
第13回日米安全保障協議委員会	1971.6.29	シーレーン防衛の研究開始	1983.3.12
日米首脳共同声明で沖縄返還日決まる	1972.1.7	米原子力空母、佐世保に入港	1983.3.21
「生物兵器禁止条約」に署名	1972.4.10	CCW本体、第Ⅰ～Ⅲ議定書の発効	1983.12.2
沖縄の返還、沖縄県の発足	1972.5.15	米軍、F-16三沢基地に配備	1985.4.2
日中共同声明に調印	1972.9.29	日米防衛首脳会談の開催	1985.6.10
在日米軍司令部、水戸射爆場を返還	1973.3.10	現職防衛庁長官の初訪中	1987.5.29
米軍、横浜港へM48戦車搬送を再開	1973.4.1	日米防衛首脳会談の開催	1987.10.2
米空母ミッドウェー、横須賀基地に入		日米ココム協議の開催	1987.10.6
港	1973.10.5	核弾頭つきミサイル持ち込み問題	1988.8.31
日中航空協定に署名	1974.4.20	FS-Xの作業分担決まる	1989.1.10
日中国際対抗射撃大会で、自衛官初の		安全保障関係閣僚会議設置へ	1990.6.21
訪中	1974.6.15	北朝鮮訪問団、平壌入り	1990.9.24
米退役将校、米軍艦に核兵器搭載と発		国連安保理非常任理事国当選	1991.10.16
言	1974.9.10	北朝鮮に国際原子力機関の特定査察	1992.5.25
「生物兵器禁止条約」を発効	1975.3.26	カンボジア停戦監視要員出発	1992.9.19
日米安保はアジア太平洋の安定の定石		陸上自衛隊員、監視要員として出発	1993.1.3
と発言	1975.4.23	「化学兵器禁止条約」に署名	1993.1.13
日米防衛首脳会談を開催	1975.8.29	北朝鮮、核拡散防止条約脱退	1993.3.12
ソ連、沖縄南東海域で海空合同演習	1976.7.7	日露海上事故防止協定、署名	1993.10.13
日米安保協議委の下部に防衛協力小委		第1回日中安保対話、開催	1994.3.1
を組織	1976.7.8	第1回日韓防衛実務者対話開催	1994.11.9
第4回日米防衛協力小委員会	1977.4.18	韓国海軍練習艦隊が初来日	1994.12.20
第5回日米防衛協力小委員会	1977.8.16	「化学兵器禁止条約」批准	1995.9.15
第2回日米防衛首脳会談	1977.9.14	起訴前の米兵容疑者の身柄引き渡しで	
米国防長官、日本海周辺軍事力でソ連		合意	1995.10.25
を牽制	1978.6.6	沖縄に関する特別行動委員会設置で合	
「日中平和友好条約」調印	1978.8.12	意	1995.11.19
「日米防衛協力のための指針」に了承	1978.11.27	1978年の「ガイドライン」の見直しで	
空自、初の日米共同訓練	1978.11.27	合意	1996.4.14
山下防衛庁長官が初訪韓	1979.7.25	日米物品役務相互提供協定及び手続取	
日米安保事務レベル協議	1979.7.31	極、署名	1996.4.15
日米防衛首脳会談	1979.8.16	「日米安全保障共同宣言」発表	1996.4.17
米軍による沖縄上陸大演習開始	1979.8.18	日米物品役務相互提供協定公布	1996.6.28
「北方領土におけるソ連軍の動向」発表	1979.10.2	「国連海洋法」条約、発効	1996.7.20
ブラウン米国国防長官来日	1980.1.13	海上自衛隊艦艇の初の訪ロ	1996.7.23
大来外務大臣とブラウン国務長官が会		海上自衛隊艦艇、初の訪韓	1996.9.2
談	1980.3.20	第1回アジア・太平洋地域防衛当局者	
大平首相とカーター大統領が会談	1980.5.1	フォーラム開催	1996.10.29
日米装備・技術定期協議開催で合意	1980.5.28	SACO最終報告	1996.12.2
日米装備・技術定期協議の開催	1980.9.3	第1回日露防衛当局間協議	1996.12.13
鈴木首相とレーガン大統領が会談	1981.5.7	「化学兵器禁止条約」公布	1997.4.21
日米秋田県沖合同演習	1981.5.12	CCW改正議定書2締結	1997.6.10

沖縄駐留米兵、実弾演習で初の本土移	
転射撃	1997.7.3
新「日米防衛協力のための指針」了承	1997.9.23
「対人地雷禁止条約」に署名	1997.12.3
日米物品役務相互提供協定を改正する	
協定、署名	1998.4.28
第1回日韓安保対話開催	1998.6.26
日ロ初の共同訓練	1998.7.29
戦域ミサイル防衛共同技術研究実施で	
合意	1998.9.20
「対人地雷禁止条約」公布	1998.10.28
CCW改正議定書2発効	1998.12.3
「弾道ミサイル防衛に係る日米共同技術	
研究について」を了承	1998.12.25
「対人地雷禁止条約」発効	1999.3.1
日米物品役務相互提供協定を改正する	
協定公布	1999.6.2
弾道ミサイル防衛に係る日米間の交換	
公文及び了解覚書、署名	1999.8.16
日米物品役務相互提供協定を改正する	
協定発効	1999.9.25
北朝鮮チャーター便運行停止解除	1999.11.2
日米同盟強化を確認	2001.1.26
海洋調査船通報で日中合意	2001.2.8
ロシア軍機が領空侵犯	2001.2.14
森首相が訪米	2001.3.19
日ソ共同宣言の有効性を確認	2001.3.25
ロシア軍機が領空侵犯	2001.4.11
田中外相が安保体制からの自立を主張	2001.6.5
日米地位協定運用改善で合意	2001.7.18
「サンフランシスコ講和条約」調印50周	
年記念式典	2001.9.8
日米首脳会談を開催	2001.9.25
日米首脳会談を開催	2001.10.20
日露首脳会談を開催	2001.10.21
日中韓首脳会談を開催	2001.11.5
日印首脳会談を開催	2001.12.10
第22回日米装備・技術定期協議	2002.1.15
アフガニスタン復興支援会議を開催	2002.1.21
日米防衛審議官級協議を開催	2002.2.8
日仏防衛相会談	2002.2.20
日露外務次官級協議を開催	2002.3.13
日韓首脳会談を開催	2002.3.22
日加防衛相会談	2002.3.28
ボアオ・アジア・フォーラム第1回年次	
総会	2002.4.12
日韓防衛相会談	2002.4.20
日米韓防衛実務者協議	2002.5.13
日米韓防衛審議官級協議	2002.5.14

日英防衛相会談	2002.5.28
アジア安全保障会議	2002.6.1
G8外相会議を開催	2002.6.12
日印防衛相会談	2002.7.9
第1回日英防衛当局間協議	2002.7.29
竹島国立公園化を懸念	2002.8.12
中谷防衛庁長官がオーストラリア・東	
ティモール訪問	2002.8.16
第6回日朝赤十字会談が閉幕	2002.8.19
日朝外務省局長級協議が閉幕	2002.8.26
第2回日韓捜索・救難共同訓練	2002.9.11
北朝鮮が核兵器開発を認める	2002.10.16
APEC2002が開幕	2002.10.26
日米韓首脳会談を開催	2002.10.27
日韓防衛相会談	2002.11.14
北朝鮮が日朝安全保障協議の無期延期	
を警告	2002.11.14
北朝鮮が核開発再開を宣言	2002.12.12
日米安全保障協議委員会を開催	2002.12.16
日米防衛相会談	2002.12.17
尖閣諸島民有地を政府が賃借	2003.1.1
北朝鮮がNPT脱退	2003.1.10
日露防衛相会談	2003.1.14
バグダッド退避勧告	2003.2.14
第23回日米装備・技術定期協議	2003.2.20
イラクへ首相特使派遣	2003.3.3
日韓防衛相会談	2003.3.29
日中首脳会談	2003.4.6
日露防衛相会談	2003.4.11
復興人道支援室に要員派遣	2003.4.18
米国務次官補が来日	2003.4.26
日印防衛相会談	2003.5.4
イラク復興に4600万ドルを追加支援	2003.5.21
米中と相次いで首脳会談	2003.5.23
アジア安全保障会議を開催	2003.5.31
米国防副長官が来日	2003.6.2
日韓首脳会談を開催	2003.6.7
六者会合開催で合意	2003.7.31
六者会合での日中連携で合意	2003.8.9
日ニュージーランド防衛相会談	2003.8.26
第1回六者会合	2003.8.27
日中防衛相会談	2003.9.3
中東へ政府調査団派遣	2003.9.14
日豪防衛相会談	2003.9.29
「日中韓三国間協力の促進に関する共同	
宣言」	2003.10.7
日モンゴル防衛相会談	2003.10.7
イラク復興に15億ドル拠出	2003.10.15
イラク復興に総額50億ドル拠出	2003.10.24

| 国際 | 分野別索引 | 日本安全保障史事典 |

日米防衛相会談	2003.11.15	第4回六者会合第1次会合	2005.7.26
日韓防衛相会談	2003.11.26	東シナ海天然ガス田に中国軍艦	2005.9.9
イランが自衛隊イラク派遣を支持	2004.1.6	第4回六者会合第2次会合	2005.9.13
中国が自衛隊イラク派遣へ理解	2004.1.12	中国が東シナ海天然ガス田で生産開始	2005.9.20
第159回国会を召集	2004.1.19	東シナ海天然ガス田の共同開発を提案	2005.10.1
アナン国連事務総長が来日	2004.2.23	日朝政府間協議が開幕	2005.11.3
第2回六者会合	2004.2.25	第5回六者会合第1次会合	2005.11.9
日米ACSA改正協定に署名	2004.2.27	日豪外相会談を開催	2005.12.10
自民党議員が拉致問題で北朝鮮当局者		日朝政府間協議を開始	2005.12.24
と会談	2004.4.1	第1回日朝包括並行協議	2006.2.4
尖閣諸島不法上陸再発防止を要求	2004.4.3	東シナ海天然ガス田の共同開発を拒否	2006.3.6
第24回日米装備・技術定期協議	2004.4.23	韓国が竹島周辺の海洋調査に抗議	2006.4.14
自民・公明両党幹事長が米国防長官と		日米防衛相会談	2006.5.3
会談	2004.4.29	日本が国連平和構築委員会組織委員会	
防衛庁副長官が東ティモール訪問	2004.5.18	入り	2006.5.16
自衛隊の多国籍軍参加を表明	2004.6.1	日中外相会談	2006.5.23
アジア安全保障会議開催	2004.6.4	アジア安全保障会議開催	2006.6.2
小泉首相、多国籍軍参加を表明	2004.6.8	日米首脳会談	2006.6.29
東シナ海天然ガス田問題で開発データ		韓国が竹島周辺海域で海洋調査	2006.7.3
を要求	2004.6.21	コンゴ民主共和国に選挙監視団派遣	2006.7.11
第3回六者会合	2004.6.23	麻生外相がバグダッド訪問	2006.8.3
安保理改革の意見書を提出	2004.7.6	日韓局長級協議	2006.8.11
東シナ海天然ガス田の地質調査を開始	2004.7.7	弾道弾迎撃ミサイル搭載イージス艦を	
日米ACSA改正協定公布	2004.7.20	横須賀基地に配備	2006.8.29
脱北者が日本人学校に駆け込む	2004.9.1	アジア欧州会議第6回首脳会合	2006.9.10
小泉首相が北方領土を視察	2004.9.2	対北朝鮮金融制裁を決定	2006.9.19
「ジュネーブ諸条約第1追加議定書」公布	2004.9.3	対北朝鮮追加制裁を発動	2006.10.13
「ジュネーブ諸条約第2追加議定書」公布	2004.9.3	日米韓外相会談を開催	2006.10.19
日イラク首脳会談を開催	2004.9.20	六者会合再開に向けて日韓の連携強化	2006.11.5
日米首脳会談を開催	2004.9.21	安倍首相が米中露首脳と相次ぎ会談	2006.11.18
対北朝鮮経済制裁に慎重姿勢	2004.10.9	日比首脳会談を開催	2006.12.9
イラク復興支援信託基金東京会合	2004.10.13	第5回六者会合第2次会合	2006.12.18
国連安保理非常任理事国に選出	2004.10.15	嘉手納基地に最新鋭ステルス戦闘機を	
日米外相会談を開催	2004.10.24	暫定配備	2007.1.11
日米首脳会談を開催	2004.11.20	国連東ティモール統合ミッションに要	
日中首脳会談を開催	2004.11.21	員派遣	2007.1.26
日中韓首脳会談を開催	2004.11.29	「強制失踪条約」に署名	2007.2.6
沖縄上空の航空交通管制返還で合意	2004.12.10	第5回六者会合第3次会合	2007.2.8
六者会合再開で日米首脳が同意	2005.2.3	日豪安保共同宣言を発表	2007.3.13
北朝鮮が核兵器保有を表明	2005.2.10	第6回六者会合第1次会合を開始	2007.3.19
東シナ海天然ガス田に越境の可能性	2005.2.18	国連東ティモール統合ミッション派遣	
日米安全保障協議委員会を開催	2005.2.19	要員の任期延長	2007.3.27
スーダンへ調査団派遣	2005.3.8	第1回日印防衛政策対話	2007.4.11
東シナ海天然ガス田問題で日中局長級		日中首脳会談を開催	2007.4.11
協議	2005.3.28	日米印共同3国間訓練	2007.4.16
日韓外相会談を開催	2005.4.7	東ティモールに選挙監視団を派遣	2007.4.27
東シナ海天然ガス田の試掘権設定処理		日米首脳会談	2007.4.27
手続き開始	2005.4.13	「同盟の変革」発表	2007.5.1
アジア安全保障会議開催	2005.6.3	アジア安全保障会議開催	2007.6.2

- 282 -

日米豪防衛相会談	2007.6.2	対北朝鮮制裁の期限延長	2009.4.10
日豪防衛・外務閣僚協議	2007.6.6	日中首脳会談	2009.4.11
第6回六者会合首席代表者会合	2007.7.18	ミサイル発射に対する国連安保理議長	
「軍事情報包括保護協定」に署名	2007.8.7	声明	2009.4.14
小沢民主党代表が駐日米大使と会談	2007.8.8	日越首脳会談を開催	2009.4.20
日米軍事情報包括保護協定を締結	2007.8.10	北方領土入国に出入国カード提出不要	2009.5.1
日中防衛相会談	2007.8.30	核軍縮の「11の指標」を提案	2009.5.4
日豪安保行動計画を発表	2007.9.9	日露首脳会談を開催	2009.5.12
インド洋における海洋阻止行動への謝		アジア安全保障会議開催	2009.5.30
意決議	2007.9.19	日米韓防衛相会談	2009.5.30
第6回六者会合第2次会合	2007.9.27	北朝鮮の核実験で日米次官級協議	2009.6.1
日米豪3ヶ国共同訓練	2007.10.17	安保理が対北朝鮮制裁決議を採択	2009.6.12
核軍縮決議案を提出	2007.10.18	対北朝鮮輸出を全面禁止	2009.6.16
日米首脳会談を開催	2007.11.16	「クラスター弾に関する条約」批准	2009.7.14
中国海軍艦艇が初訪日	2007.11.28	安保理が対北朝鮮制裁対象を指定	2009.7.16
米陸軍第1軍団前方司令部を設置	2007.12.19	日韓首脳会談を開催	2009.9.23
自衛隊インド洋派遣で交換公文を締結	2008.2.5	日米首脳会談を開催	2009.9.23
対北朝鮮制裁の期限延長	2008.4.11	日露首脳会談を開催	2009.9.23
自衛隊インド洋派遣の交換公文締結が		日韓首脳会談を開催	2009.10.9
完了	2008.4.11	日中韓首脳会談	2009.10.10
アジア安全保障会議開催	2008.5.30	日米防衛相会談を開催	2009.10.21
アフガニスタン復興支援国会議	2008.6.12	日米首脳会談を開催	2009.11.13
東シナ海の天然ガス田共同開発で合意	2008.6.18	日印首脳会談を開催	2009.12.29
自衛艦が初訪中	2008.6.24	制裁解除なら六者会合復帰	2010.1.11
G8京都外相会議を開催	2008.6.26	日米安全保障協議委員会を開催	2010.1.19
北朝鮮が核計画申告書を提出	2008.6.26	密約問題について米国に報告	2010.2.2
国際連合スーダン・ミッションへの自		密約の存在を認定	2010.3.9
衛官派遣を表明	2008.6.30	対北朝鮮制裁の期限延長	2010.4.9
日米首脳会談を開催	2008.7.6	日豪ACSA署名	2010.5.19
第6回六者会合首席代表者会合	2008.7.10	普天間飛行場の辺野古移設で日米合意	2010.5.28
学習指導要領解説書に竹島領有を明記	2008.7.14	アジア安全保障会議開催	2010.6.5
韓国が竹島占拠状態の強化を表明	2008.7.20	「日NATO情報保護協定」締結	2010.6.25
米国地名委員会が竹島の表記を変更	2008.7.28	日韓首脳会談を開催	2010.6.26
ジョージ・ワシントンが横須賀入港	2008.9.25	日露首脳会談を開催	2010.6.26
対北朝鮮制裁の期限延期	2008.10.10	東シナ海天然ガス田共同開発の条約交	
米国、北朝鮮のテロ支援国家指定解除	2008.10.10	渉を延期	2010.9.11
日本が安保理非常任理事国に	2008.10.17	尖閣諸島への「安保条約」適用を明言	2010.9.23
中国海軍戦闘艦艇が津軽海峡通過	2008.10.19	日中首脳会談を開催	2010.10.4
日印首脳会談を開催	2008.10.22	日中防衛相会談を開催	2010.10.11
日米首脳会談を開催	2008.11.22	第1回拡大ASEAN国防相会議	2010.10.12
日露首脳会談を開催	2008.11.22	核軍縮決議案を提出	2010.10.14
「クラスター弾に関する条約」署名式	2008.12.3	太平洋・島サミット中間閣僚会合を開	
第6回六者会合首席代表者会合	2008.12.8	催	2010.10.16
日韓首脳会談を開催	2009.1.12	ロシア大統領が北方領土訪問	2010.11.1
日米首脳会談を開催	2009.2.24	日米共同統合演習を開始	2010.12.3
日中外相会談を開催	2009.2.28	日米韓外相会談を開催	2010.12.6
日ASEAN諸国防衛当局次官級会合	2009.3.17	「日韓原子力協定」署名	2010.12.20
日米韓外相会議を開催	2009.3.31	「トモダチ作戦」発動	2011.3.13
ジブチとの地位協定に署名	2009.4.3	アジア安全保障会議開催	2011.6.3

国際	分野別索引	日本安全保障史事典

日米安全保障協議委員会開催	2011.6.21
日米首脳会談開催	2011.9.21
「日仏情報保護協定」締結	2011.10.24
日越防衛相会談	2011.10.24
日米首脳会談	2011.11.12
日ASEAN、海洋安全保障推進	2011.11.18
日モンゴル防衛相会談	2012.1.11
日英首脳会談	2012.4.10
日米安全保障協議委員会開催	2012.4.27
日米首脳会談	2012.4.30
「日豪情報保護協定」署名	2012.5.17
アジア安全保障会議開催	2012.6.1
「日英防衛協力に関する覚書」署名	2012.6.3
日伊防衛相会談	2012.6.13
日比防衛相会談	2012.7.2
PSI航空阻止訓練を初主催	2012.7.3
日朝外務省局長級協議	2012.11.15
米上院、尖閣に安保適用	2012.11.29
国連安保理、北朝鮮ミサイルに制裁決議	2013.1.22
国連安保理、北朝鮮核実験への追加制裁	2013.3.7
日露首脳会談	2013.4.29
アジア安全保障会議開催	2013.5.31
日米韓防衛相会談	2013.6.1
米中首脳会談	2013.6.7
東欧4カ国首脳と会談	2013.6.16
日英首脳会談	2013.6.17
日比防衛相会談	2013.6.27
中国、ガス田開発の新設作業	2013.7.3
日豪防衛相会談	2013.7.5
米上院、対中牽制決議	2013.7.29
日米防衛相会談	2013.8.28
拡大ASEAN国防相会議開催	2013.8.29
日越防衛相会談	2013.9.16
日タイ防衛相会談	2013.9.18
日米安全保障協議委員会開催	2013.10.3
日米防衛相会談	2013.10.3
「核不使用」国連声明に初参加	2013.10.21
日露防衛相会談	2013.11.1
日露外務・防衛閣僚協議、初開催	2013.11.2
日ASEAN特別首脳会議	2013.12.14
日印防衛相会談	2014.1.6
日仏外務・防衛閣僚会合、初開催	2014.1.9
日米韓首脳会談	2014.3.25
日朝外務省局長級協議	2014.3.30
小学教科書に尖閣・竹島を領土と明記	2014.4.4
日米防衛相会談	2014.4.6
日モンゴル防衛相会談	2014.4.17
日米首脳会談	2014.4.24

日豪防衛相会談	2014.4.28
日マレーシア防衛相会談	2014.4.29
日伊防衛相会談	2014.5.7
小野寺防衛相、南スーダン訪問	2014.5.8
小野寺防衛相、ジブチ訪問	2014.5.9
アジア安全保障会議開催	2014.5.30
日米豪防衛相会談	2014.5.30
日米韓防衛相会談	2014.5.31
日米防衛相会談	2014.5.31
日豪外務・防衛閣僚会議、開催	2014.6.11
日豪防衛相会談	2014.6.11
日米防衛相会談	2014.7.11
日仏防衛相会談	2014.7.29
日印首脳会談	2014.9.1
安倍首相、国連PKOハイレベル会合に出席	2014.9.26
日豪防衛相会談	2014.10.16
日フィンランド防衛相会談	2014.10.28
日スペイン防衛相会談	2014.11.4
日中首脳会談	2014.11.10
日米豪首脳会談	2014.11.16
日ASEAN防衛担当大臣ラウンドテーブル	2014.11.19
日米安全保障協議委員会開催	2014.12.19
中谷防衛相、ジブチ訪問	2015.1.18
中谷防衛相、南スーダン訪問	2015.1.19
日英外務・防衛閣僚会合、初開催	2015.1.21
日英首脳会談	2015.1.21
日比防衛相会談	2015.1.29
日カタール首脳会談	2015.2.20
日仏外務・防衛閣僚会合、開催	2015.3.13
日コロンビア防衛相会談	2015.3.14
日中安保対話	2015.3.19
日・東ティモール防衛相会談	2015.3.20
日印防衛相会談	2015.3.30
日米防衛相会談	2015.4.8
「日米防衛協力のための指針」改定	2015.4.27
日米首脳会談	2015.4.28
日米防衛相会談	2015.4.28
アジア安全保障会議開催	2015.5.29
日韓防衛相会談	2015.5.30
日米韓防衛相会談	2015.5.30
日米豪防衛相会談	2015.5.30
日豪防衛相会談	2015.6.3
日露首脳会談	2015.9.28
日韓防衛相会談	2015.10.20
拡大ASEAN国防相会議開催	2015.11.3
日米防衛相会談	2015.11.3

日中防衛相会談	2015.11.4	日豪首脳会談	2017.1.14
日越防衛相会談	2015.11.6	「日英物品役務相互提供協定」署名	2017.1.26
日ジョージア防衛相会談	2015.11.12	マティス長官、尖閣に安保適用明言	2017.2.3
日豪外務・防衛閣僚協議、開催	2015.11.22	日米防衛相会談	2017.2.4
日豪防衛相会談	2015.11.22	日米首脳会談	2017.2.10
日チェコ防衛相会談	2015.12.4	日英、戦闘機開発で協力	2017.3.16
日印首脳会談	2015.12.12	日露外務・防衛閣僚協議、開催	2017.3.20
日インドネシア外務・防衛閣僚会合	2015.12.17	日露防衛相会談	2017.3.20
日英外務・防衛閣僚会合、開催	2016.1.8	日伊首脳会談	2017.3.21
日英防衛相会談	2016.1.9	日豪防衛相会談	2017.4.19
「日比防衛装備品・技術移転協定」署名	2016.2.29	日豪外務・防衛閣僚協議、開催	2017.4.20
日伊外相会談	2016.3.19	日露首脳会談	2017.4.27
日中外相会談	2016.4.30	日印防衛相会談	2017.5.8
日露首脳会談	2016.5.6	「日伊防衛装備品・技術移転協定」署名	2017.5.22
日米首脳会談	2016.5.25	日伊防衛相会談	2017.5.22
アジア安全保障会議開催	2016.6.3	アジア安全保障会議開催	2017.6.2
日印防衛相会談	2016.6.3	日シンガポール防衛相会談	2017.6.3
日伊防衛相会談	2016.6.4	日韓防衛相会談	2017.6.3
日韓防衛相会談	2016.6.4	日仏防衛相会談	2017.6.3
日米韓防衛相会談	2016.6.4	日米韓防衛相会談	2017.6.3
日米防衛相会談	2016.6.4	日米豪防衛相会談	2017.6.3
日英防衛相会談	2016.6.5	日米防衛相会談	2017.6.3
中谷防衛相、東南アジア3カ国訪問	2016.6.6	日ニュージーランド防衛相会談	2017.6.4
日印防衛相会談	2016.7.13	日マレーシア防衛相会談	2017.6.4
日ジブチ防衛相会談	2016.8.15	日米安全保障協議委員会開催	2017.8.17
日中韓外相会談	2016.8.24	日印防衛相会談	2017.9.5
日豪防衛相会談	2016.8.25	安倍首相、国連演説で北朝鮮への圧力	
日サウジアラビア防衛相会談	2016.9.2	訴え	2017.9.20
日中首脳会談	2016.9.2	日韓防衛相会談	2017.10.23
日韓首脳会談	2016.9.7	日豪防衛相会談	2017.10.23
日米防衛相会談	2016.9.15	日比防衛相会談	2017.10.23
日ミャンマー防衛相会談	2016.9.21	日米韓防衛相会談	2017.10.23
「日米物品役務相互提供協定」署名	2016.9.26	日米防衛相会談	2017.10.23
稲田防衛大臣、南スーダン訪問	2016.10.8	拡大ASEAN国防相会議開催	2017.10.24
日比首脳会談	2016.10.26	日越防衛相会談	2017.10.24
日ヨルダン首脳会談	2016.10.27	米国、北朝鮮をテロ支援国家に再指定	2017.11.20
日米豪、情報共有迅速化	2016.10.28	日英外務・防衛閣僚会合、開催	2017.12.14
日ASEAN防衛担当大臣会合	2016.11.16		
「日韓秘密軍事情報保護協定」署名・発効	2016.11.23		
日中安保対話	2016.11.28		
「日コロンビア防衛協力・交流覚書」署名	2016.11.30		
日米防衛相会談	2016.12.7		
日蘭防衛相会談	2016.12.13		
日露首脳会談	2016.12.15		
日米首脳会談	2016.12.27		
日仏防衛相会談	2017.1.5		
日仏外務・防衛閣僚会合、開催	2017.1.6		

事 項 名 索 引

【あ】

逢沢 一郎
　イラク邦人人質事件　　　　　　2004.4.7
アイゼンハワー, ドワイト・D.
　アイゼンハワー米大統領、沖縄米軍
　　基地の無期限保有を表明　　　1954.1.7
　岸・アイゼンハワー会談、在日米軍
　　早期引揚げ等の共同声明発表　1957.6.21
　アイゼンハワー米大統領、訪日延期　1960.6.16
愛知 和夫
　中西防衛庁長官辞任　　　　　　1993.12.2
愛知 揆一
　愛知外相、安全保障条約の自動延長
　　を示唆　　　　　　　　　　　1969.3.29
　愛知外相、ロジャーズ米国国務長官
　　会談　　　　　　　　　　　　1969.6.3
　軍事援助顧問団を相互防衛援助事務
　　所に改称　　　　　　　　　　1969.7.4
青木 盛久
　在ペルー日本大使公邸占拠事件　1996.12.17
あおくも
　米原潜あて逃げ事件　　　　　　1981.4.9
青竹事件
　青竹事件　　　　　　　　　　　1957.2.6
青森県
　三沢市大火　　　　　　　　　　1966.1.11
　鳥インフルエンザ対応　　　　　2016.11.29
青森県久六島
　ロシア軍機が領空侵犯　　　　　2001.4.11
亜音速ジェット機
　国産T-4、初納入　　　　　　　1988.9.20
赤城 宗徳
　第2次岸改造内閣発足　　　　　1959.6.18
　自衛隊、治安出動要請を拒否　　1960.6.15
赤星 慶治
　海上幕僚長を更迭　　　　　　　2008.3.24
あきぐも
　米原潜あて逃げ事件　　　　　　1981.4.9
あきづる
　佐柳島沖海保ヘリ墜落事故　　　2010.8.18
秋山 一郎
　化学兵器禁止機関へ自衛官を派遣　1997.6.9
秋山 収
　自衛隊の多国籍軍参加を表明　　2004.6.1

朝霞自衛官殺害事件
　朝霞自衛官殺害事件　　　　　　1971.8.21
あさかぜ
　海上自衛隊員、米駆逐艦受領のため
　　渡米　　　　　　　　　　　　1954.8.2
　「あさかぜ」・「はたかぜ」が横須賀入
　　港　　　　　　　　　　　　　1955.2.25
あさしお
　海自潜水艦接触事故　　　　　　2006.11.21
浅沼 稲次郎
　社会党統一大会　　　　　　　　1955.10.13
あさひ
　海上自衛隊員、米護衛駆逐艦受領の
　　ため渡米　　　　　　　　　　1955.3.29
『朝日ジャーナル』
　朝霞自衛官殺害事件　　　　　　1971.8.21
あさゆき
　自衛隊Winny情報流出問題　　　2006.2.23
アジア安全保障会議
　アジア安全保障会議　　　　　　2002.6.1
　アジア安全保障会議を開催　　　2003.5.31
　アジア安全保障会議開催　　　　2004.6.4
　アジア安全保障会議開催　　　　2005.6.3
　アジア安全保障会議開催　　　　2006.6.2
　アジア安全保障会議開催　　　　2007.6.2
　アジア安全保障会議開催　　　　2008.5.30
　アジア安全保障会議開催　　　　2009.5.30
　アジア安全保障会議開催　　　　2010.6.5
　アジア安全保障会議開催　　　　2011.6.3
　アジア安全保障会議開催　　　　2012.6.1
　アジア安全保障会議開催　　　　2013.5.31
　アジア安全保障会議開催　　　　2014.5.30
　アジア安全保障会議開催　　　　2015.5.29
　アジア安全保障会議開催　　　　2016.6.3
　アジア安全保障会議開催　　　　2017.6.2
アジア欧州会議
　アジア欧州会議第6回首脳会合　2006.9.10
アジア集団安全保障構想
　社会党、訪日ソ連党代表団と合意メ
　　モ発表　　　　　　　　　　　1969.10.22
アジア・太平洋安全保障セミナー
　第1回アジア・太平洋安全保障セミ
　　ナー開催　　　　　　　　　　1994.12.1
アジア太平洋経済協力首脳会議
　APEC2002が開幕　　　　　　　2002.10.26
アジア太平洋地域集団安全保障構想
　社会委員長、アジア太平洋地域集団
　　安保構想　　　　　　　　　　1969.12.9

アジア・太平洋地域防衛当局者フォーラム

第1回アジア・太平洋地域防衛当局者フォーラム開催	1996.10.29

アジズ, タリク

イラクへ首相特使派遣	2003.3.3

芦田 均

芦田内閣発足	1948.3.10
吉田首相、保安隊の自衛軍化につき答弁	1953.7.30

アスベスト

米海軍横須賀基地じん肺訴訟1審判決	2002.10.7
横須賀基地じん肺訴訟判決	2009.7.6

アセスメント → 環境影響評価を見よ

麻生 太郎

日豪外相会談を開催	2005.12.10
日中外相会談	2006.5.23
政府首脳が韓国人拉致被害者家族と面会	2006.5.29
麻生外相がバグダッド訪問	2006.8.3
日米韓外相会談を開催	2006.10.19
六者会合再開に向けて日韓の連携強化	2006.11.5
「軍事情報包括保護協定」に署名	2007.8.7
麻生内閣が発足	2008.9.24
自衛隊インド洋派遣継続を表明	2008.9.25
日印首脳会談を開催	2008.10.22
日米首脳会談を開催	2008.11.22
日露首脳会談を開催	2008.11.22
日韓首脳会談を開催	2009.1.12
日米首脳会談を開催	2009.2.24
日中韓首脳会談	2009.4.11
日越首脳会談を開催	2009.4.20
日露首脳会談を開催	2009.5.12
北朝鮮が核実験	2009.5.25

あたご

イージス艦衝突事故	2008.2.19
イージス艦衝突事故で中間報告	2008.3.21
イージス艦衝突事故で海難審判裁決	2009.1.22
イージス艦衝突事故の最終報告書を発表	2009.5.22
イージス艦衝突事故で士官無罪	2011.5.11
イージス艦衝突事故で士官無罪確定	2013.6.11

アチソン, ディーン

アチソン国務長官、米国の防衛線を言明	1950.1.12

アチソン・ライン → 不後退防衛線を見よ

厚木海軍飛行場

第1次厚木基地騒音訴訟判決	1986.4.9

厚木基地

マッカーサー、厚木に到着	1945.8.30
海自航空集団司令部、厚木に移転	1973.12.25
岩国市で米空母艦載機移駐に関する住民投票	2006.3.12
山口県知事が米空母艦載機移駐を容認	2006.8.24
米艦載機、岩国基地へ移転	2017.8.9

厚木基地騒音訴訟

厚木基地周辺住民、夜間飛行禁止で提訴	1976.9.8
第1次厚木基地騒音訴訟判決	1986.4.9
厚木基地騒音訴訟差戻控訴審判決	1995.12.26
第2次厚木基地騒音訴訟判決	1999.7.23
第3次厚木基地騒音訴訟1審判決	2002.10.16
第3次厚木基地騒音訴訟控訴審判決	2006.7.13
厚木基地騒音訴訟で夜間差し止め	2014.5.21
厚木基地騒音訴訟、国に賠償命令	2015.7.30
厚木基地騒音訴訟、飛行差し止め棄却	2016.12.8

厚木基地談合訴訟

厚木基地談合訴訟1審判決	2002.7.15

厚木基地土地明渡等訴訟

厚木基地土地明渡等訴訟判決	1989.6.22
厚木基地土地明渡等訴訟判決	1992.4.27

厚木基地夜間飛行差し止め訴訟

厚木基地夜間飛行差し止め訴訟	1982.10.20

あつみ

海自、初の国産輸送艦竣工	1972.11.27

アデン湾

アデン湾で日本船籍タンカーに銃撃	2008.4.21
アデン湾で日本企業運航貨物船に銃撃	2008.8.23
海賊対処に海自派遣を決定	2009.1.28
海賊対処に第8護衛隊の護衛艦派遣を決定	2009.2.3
「海賊対処法」案が決定	2009.3.13
海賊対処のため海上警備行動を発令	2009.3.13
ジブチにP-3C派遣	2009.5.15
P-3Cによるアデン湾の警戒監視を開始	2009.6.11
海賊対処行動部隊がIMO勇敢賞受賞	2009.11.23
海賊対処活動の期限延長	2010.7.16

海賊対処ソマリア派遣縮小　2016.11.1

アナン, コフィー
アナン国連事務総長が来日　2004.2.23
安保理改革の意見書を提出　2004.7.6

阿南 惟幾
鈴木内閣総辞職　1945.8.15

アパグループ
田母神論文問題　2008.10.31

安波訓練場
SACO最終報告　1996.12.2
安波訓練場返還　1998.12.22

アフガニスタン
アフガニスタン難民救援国際平和協
　力業務　2001.10.6
日米首脳会談を開催　2001.10.20
タリバンが邦人ジャーナリストを拘
　束　2001.10.22
自衛隊インド洋派遣開始　2001.11.9
アフガニスタン復興支援会議を開催　2002.1.21
インド洋における海洋阻止行動への
　謝意決議　2007.9.19
アフガニスタン復興支援国際会議　2008.6.12
アフガニスタン邦人拉致殺害事件　2008.8.26
アフガニスタンに外務省職員を派遣　2009.1.9
日米首脳会談を開催　2009.2.24
アフガン武装勢力が邦人ジャーナリ
　ストを誘拐　2010.4.2

アフガニスタン邦人男女殺害事件
アフガニスタン邦人男女殺害事件　2005.9.3

アフガニスタン邦人拉致殺害事件
アフガニスタン邦人拉致殺害事件　2008.8.26

アブドッラー2世
日ヨルダン首脳会談　2016.10.27

安倍 晋三
自民・公明両党幹事長が米国防長官
　と会談　2004.4.29
政府首脳が韓国人拉致被害者家族と
　面会　2006.5.29
第1次安倍内閣が発足　2006.9.26
北朝鮮が核実験に成功　2006.10.9
六者会合再開に向けて日韓の連携強
　化　2006.11.5
安倍首相が米中露首脳と相次ぎ会談　2006.11.18
日比首脳会談を開催　2006.12.9
日豪安保共同宣言を発表　2007.3.13
日中首脳会談を開催　2007.4.11
日米首脳会談　2007.4.27

久間防衛相「原爆しょうがない」発言　2007.6.30
第1次安倍改造内閣発足　2007.8.27
日豪安保行動計画を発表　2007.9.9
第2次安倍内閣が発足　2012.12.26
安全保障の法的基盤の再構築に関す
　る懇談会、初会合　2013.2.8
国家安全保障会議創設への動き　2013.2.15
日露首脳会談　2013.4.29
東欧4カ国首脳と会談　2013.6.16
日英首脳会談　2013.6.17
「安全保障と防衛力に関する懇談会」
　初会合　2013.9.12
「特定秘密保護法」成立　2013.12.6
日ASEAN特別首脳会議　2013.12.14
国家安全保障局の発足　2014.1.7
日米韓首脳会談　2014.3.25
日米首脳会談　2014.4.24
安全保障の法的基盤の再構築に関す
　る懇談会、報告書提出　2014.5.15
日本人拉致被害者の再調査で合意　2014.5.29
アジア安全保障会議開催　2014.5.30
日印首脳会談　2014.9.1
第2次安倍改造内閣が発足　2014.9.3
安倍首相、国連PKOハイレベル会合
　に出席　2014.9.26
航空観閲式　2014.10.26
日中首脳会談　2014.11.10
日米豪首脳会談　2014.11.16
第3次安倍内閣が発足　2014.12.24
日カタール首脳会談　2015.2.20
安倍首相「我が軍」発言　2015.3.20
安倍首相と沖縄県知事が初会談　2015.4.17
日米首脳会談　2015.4.28
安保法案、国会提出　2015.5.15
安保関連法成立　2015.9.19
日露首脳会談　2015.9.28
第3次安倍第1次改造内閣が発足　2015.10.7
自衛隊観艦式　2015.10.18
日印首脳会談　2015.12.12
日露首脳会談　2016.5.6
日米首脳会談　2016.5.25
第3次安倍第2次改造内閣発足　2016.8.3
日中首脳会談　2016.9.2
日韓首脳会談　2016.9.7
自衛隊観閲式　2016.10.23
日比首脳会談　2016.10.26
日ヨルダン首脳会談　2016.10.27
日露首脳会談　2016.12.15

海上保安体制強化の方針 2016.12.21
日米首脳会談 2016.12.27
日豪首脳会談 2017.1.14
マティス長官、尖閣に安保適用明言 2017.2.3
日米首脳会談 2017.2.10
日伊首脳会談 2017.3.21
日露首脳会談 2017.4.27
第3次安倍第3次改造内閣が発足 2017.8.3
安倍首相、国連演説で北朝鮮への圧
力訴え 2017.9.20
第4次安倍内閣が発足 2017.11.1

アボット, トニー
日米豪首脳会談 2014.11.16

奄美大島
中国船が海保の海洋調査を妨害 2010.5.4

奄美群島
琉球列島・小笠原群島の日本行政権
停止 1946.1.29
奄美群島復帰 1953.12.25

奄美群島返還の日米協定
奄美群島復帰 1953.12.25

アーミテージ, リチャード
被害者家族連絡会が訪米 2003.3.5

アメリカ〜 ⇔ 日米〜、米〜をも見よ

アメリカの対日政策に関する勧告
「NSC13/2文書」承認 1948.10.7
マッカーサー、「NSC13/2文書」を拒
否 1948.12.18

アメリカの対日平和条約に関する7原則
→ 対日講和7原則を見よ

アラウィ, イヤド
日イラク首脳会談を開催 2004.9.20

荒木 貞夫
東京裁判判決 1948.11.12

荒木 浩
安全保障と防衛力に関する懇談会を
設置 2004.4.20

アラビア海
アラビア海で海賊 2011.3.5

アリソン, ジョン・ムーア
岡崎・アリソン両代表、防衛分担金
削減に合意 1954.4.6
防衛分担金削減につき、一万田・ア
リソン会談 1954.12.30
アリソン米大使、防衛分担金削減に
関する覚書を手交 1955.2.3
防衛分担金削減に関する日米正式交
渉開始 1955.3.25

防衛分担金削減につき、一万田・ア
リソン会談 1955.4.5
防衛分担金問題で、石橋・アリソン
会談 1957.1.16

有田 喜一
第2次佐藤第2次改造内閣発足 1968.11.30

有本 恵子
よど号メンバーに拉致事件で逮捕状 2002.9.25

アリューシャン列島
アチソン国務長官、米国の防衛線を
言明 1950.1.12

アルカイダ
イラク日本人青年殺害事件 2004.10.26

アルジェリア人質事件
アルジェリア人質事件 2013.1.16

アル・ジャジーラ
イラク邦人人質事件 2004.4.7

アルゼンチン
国連安保理非常任理事国に選出 2004.10.15

アロヨ, グロリア
日比首脳会談を開催 2006.12.9

安 明進
拉致問題で元北朝鮮工作員を参考人
招致 2005.7.28

アンゴラ
アンゴラ・カンボジアでの国際平和
協力業務について 1992.9.8

アンサール・スンナ軍
イスラム過激派がイラクで日本人を
拘束 2005.5.9

**安全保障及び沖縄・北方問題に関する
特別委員会**
参議院特別委員会の設置 1980.7.17

安全保障会議
国防会議発足 1956.7.2
「安全保障会議設置法」の公布 1986.5.27
「安全保障会議設置法」の施行 1986.7.1
昭和62年度予算で防衛費1%枠突破 1986.12.30
「今後の防衛力整備について」の決定 1987.1.24
次期支援戦闘機の日米共同開発 1987.10.23
洋上防空体制の検討 1987.12.18
「平成3年度以降の防衛計画の基本的
考え方について」閣議決定 1990.12.19
「中期防衛力整備計画について」閣議
決定 1990.12.20
カンボジア派遣部隊輸送業務につい
て決定 1992.12.3

「中期防衛力整備計画の修正につい
　て」閣議決定　　　　　　　1992.12.18
自衛隊モザンビーク派遣を延長　1993.11.12
自衛隊モザンビーク派遣を再延長　1994.5.31
第1回安全保障会議、開催　　　1995.6.9
「平成8年度以降に係る防衛計画の大
　綱について」決定　　　　　　1995.11.28
「中期防衛力整備計画について」決定
　　　　　　　　　　　　　　1995.12.14
日本の領海及び内水で潜没航行する
　外国潜水艦への対処　　　　　1996.12.24
中期防衛力整備計画決定　　　　1997.12.19
「周辺事態」への対応計画決定　1999.8.13
空中給油機能について　　　　　1999.12.17
「中期防衛力整備計画」決定　　2000.12.15
首相官邸対策室を設置　　　　　2001.9.11
パキスタン派遣について決定　　2001.10.5
空中給油・輸送機の採用が決定　2001.12.14
ヨルダン派遣について決定　　　2003.7.3
BMDシステムの導入決定　　　2003.12.19
16大綱が決定　　　　　　　　2004.12.10
17中期防が決定　　　　　　　2004.12.10
BMDシステム用能力向上型迎撃ミサ
　イルの日米共同開発が決定　　2005.12.24
自衛隊インド洋派遣期限を延長　2006.4.20
陸自イラク派遣部隊活動終結が決定　2006.6.20
自衛隊イラク派遣撤収を正式決定　2008.11.28
17中期防見直しが決定　　　　2008.12.20
海賊対処に海自派遣を決定　　　2009.1.28
海賊対処のため海上警備行動を発令　2009.3.13
北朝鮮が核実験　　　　　　　2009.5.25
「平成22年度の防衛力整備等につい
　て」を決定　　　　　　　　2009.12.17
22大綱が決定　　　　　　　　2010.12.17
23中期防が決定　　　　　　　2010.12.17
次期戦闘機決定　　　　　　　2011.12.20
武器輸出基準緩和　　　　　　2011.12.27
弾道ミサイル破壊措置命令　　　2012.3.30
弾道ミサイル破壊措置命令　　　2012.12.7
北朝鮮、3回目の核実験　　　　2013.2.12

安全保障会議設置法

「安全保障会議設置法」の公布　1986.5.27
「安全保障会議設置法」の施行　1986.7.1
有事関連3法案が決定　　　　　2002.4.16
有事関連3法が成立　　　　　　2003.6.6
「安全保障会議設置法」改正公布・施
　行　　　　　　　　　　　　2003.6.13
国家安全保障会議設置　　　　　2013.12.4

安全保障関係閣僚会議

安全保障関係閣僚会議設置へ　　1990.6.21

安全保障協力に関する共同宣言

日印首脳会談を開催　　　　　　2009.12.29

安全保障条約　→　日米安保条約を見よ

安全保障長期構想

社会党、安全保障長期構想を発表　1966.5.2

安全保障調査会

安保条約延長など安全保障構想の中
　間報告　　　　　　　　　　1966.5.6
「わが国の安全保障のあり方」中間報
　告発表　　　　　　　　　　1967.8.28

安全保障と防衛力に関する懇談会

安全保障と防衛力に関する懇談会を
　設置　　　　　　　　　　　2004.4.20
「安全保障と防衛力に関する懇談会」
　初会合　　　　　　　　　　2013.9.12

安全保障の法的基盤の再構築に関する
懇談会

安保法制懇を設置　　　　　　　2007.4.25
安保法制懇が報告書提出　　　　2008.6.24
安全保障の法的基盤の再構築に関す
　る懇談会、初会合　　　　　2013.2.8
安全保障の法的基盤の再構築に関す
　る懇談会、報告書提出　　　2014.5.15

安全保障法制

集団的自衛権の行使を容認　　　2014.7.1
自公安保法制で合意　　　　　　2015.3.20
安保法案、国会提出　　　　　　2015.5.15
安保法制は違憲見解　　　　　　2015.6.4
首相補佐官、安保関連法案について
　失言　　　　　　　　　　　2015.7.26
自民議員が安保法案反対の学生を非
　難ツイート　　　　　　　　2015.7.31
安保関連法成立　　　　　　　　2015.9.19
「駆けつけ警護」訓練　　　　　2016.8.25
日米防衛相会談　　　　　　　　2016.9.15
国家安全保障会議開催　　　　　2016.12.22
米艦防護訓練　　　　　　　　　2017.7.26

アントニー

日印防衛相会談　　　　　　　　2014.1.6

アントニオ・猪木

イラク在留邦人救出　　　　　　1990.12.1

アンドリュース, ケビン

日米豪防衛相会談　　　　　　　2015.5.30
日豪防衛相会談　　　　　　　　2015.6.3

安防懇　→　安全保障と防衛力に関する懇
　談会を見よ

あんほ　　　　　　　　　　事項名索引　　　　　　　　日本安全保障史事典

安保改定阻止国民会議　→　安保阻止国
　民会議を見よ
安保改定阻止第1次実力行使
　安保改定阻止第1次実力行使　　　　1960.6.4
安保改定阻止第2次実力行使
　国会請願デモで東大女子学生死亡　1960.6.15
安保条約　→　日米安保条約を見よ
安保条約運用協議会
　大平外相、安保条約運用協議会新設
　　を合意　　　　　　　　　　　　1973.1.19
安保条約改定阻止国民会議　→　安保阻
　止国民会議を見よ
安保条約問題全国懇話会
　藤山外相、安保条約問題全国懇話会
　　で演説　　　　　　　　　　　1958.12.15
　藤山外相、安保条約問題全国懇話会
　　で改定構想発表　　　　　　　　1959.5.25
安保阻止国民会議
　安保阻止国民会議結成　　　　　　1959.3.28
　安保阻止国民会議第1次統一行動　1959.4.15
　安保阻止国民会議第8次統一行動で国
　　会請願デモ　　　　　　　　　1959.11.27
　安保阻止国民会議第15次統一行動　1960.4.26
　安保阻止国民会議第16次統一行動　1960.5.26
　安保阻止国民会議第18次統一行動　1960.6.11
　国会請願デモで東大女子学生死亡　1960.6.15
安保法制懇　→　安全保障の法的基盤の再
　構築に関する懇談会を見よ

【い】

李 相喜
　日米韓防衛相会談　　　　　　　　2009.5.30
李 俊
　日韓防衛相会談　　　　　　　　　2002.11.14
李 明博
　日韓首脳会談を開催　　　　　　　2009.1.12
　日中韓首脳会談　　　　　　　　　2009.4.11
　日韓首脳会談を開催　　　　　　　2009.9.23
　日韓首脳会談を開催　　　　　　　2009.10.9
　日中韓首脳会談　　　　　　　　2009.10.10
　日韓首脳会談を開催　　　　　　　2010.6.26
　延坪島砲撃事件　　　　　　　　2010.11.23
　韓国大統領、竹島上陸　　　　　　2012.8.10

飯野海運
　インドネシア沖で日本企業運航のタ
　　ンカーに強盗　　　　　　　　　2010.9.5
硫黄島
　硫黄島で初の3自衛隊統合演習　　1998.11.15
イギリス　⇔　日英〜をも見よ
　極東委員会設置　　　　　　　　　1946.2.26
　対日理事会設置　　　　　　　　　1946.4.5
　英本国軍、引揚げを発表　　　　　1947.10.4
　駐日英連邦占領軍、削減へ　　　　1948.2.11
　英・ソ・中3国代表、海上保安庁設置
　　を批判　　　　　　　　　　　　1948.4.28
　リムパック86に参加　　　　　　　1986.5.18
　リムパック2000に参加　　　　　　2000.5.30
　リムパック2002に参加　　　　　　2002.6.24
　リムパック2004に参加　　　　　　2004.6.29
　リムパック2006に参加　　　　　　2006.6.26
　自衛隊インド洋派遣で交換公文を締
　　結　　　　　　　　　　　　　　2008.2.5
　リムパック2012に参加　　　　　　2012.6.23
　リムパック2014に参加　　　　　　2014.6.26
　リムパック2016に参加　　　　　　2016.6.30
　「日英物品役務相互提供協定」署名　2017.1.26
　日仏英米共同訓練　　　　　　　　2017.5.3
イギリス国防省
　日英、戦闘機開発で協力　　　　　2017.3.16
生沢 守
　防衛施設庁談合事件で同庁幹部3人を
　　逮捕　　　　　　　　　　　　　2006.1.30
　防衛施設庁談合事件で再逮捕　　　2006.2.21
　防衛施設庁談合事件1審判決　　　2006.7.31
池子住宅地区
　米軍施設380ヘクタール返還で合意　2004.9.2
池田 勇人
　1952年度防衛分担金協議　　　　　1952.1.9
　池田・ロバートソン会談、自衛力漸
　　増の共同声明　　　　　　　　1953.10.30
　第1次池田内閣発足　　　　　　　1960.7.19
　第2次池田内閣発足　　　　　　　1960.12.8
　第2次池田第1次改造内閣発足　　　1961.7.18
　第2次池田第2次改造内閣発足　　　1962.7.18
　池田首相、米原潜の日本寄港につき
　　答弁　　　　　　　　　　　　　1963.4.26
　第2次池田第3次改造内閣発足　　　1963.7.18
　第3次池田内閣発足　　　　　　　1963.12.9
　池田首相、自衛隊の国連警察軍参加
　　は合憲と答弁　　　　　　　　　1964.3.5
　第3次池田改造内閣発足　　　　　1964.7.18

－ 294 －

池田 行彦
第2次海部改造内閣が発足 1990.12.29

池田・ロバートソン会談
池田・ロバートソン会談、自衛力漸
増の共同声明 1953.10.30

違憲・合憲
吉田首相、自衛のための戦力は合憲
と答弁 1952.3.6
最高裁、警察予備隊違憲訴訟を却下 1952.10.8
新発田自衛隊内神社問題 1954.7.15
「憲法」第9条の解釈に関する政府統
一見解提示 1954.12.22
鳩山首相、自衛隊合憲は世論と答弁 1955.1.23
岸首相、自衛隊による敵基地攻撃に
つき答弁 1959.3.9
岸首相、自衛のための核武装につき
答弁 1959.3.12
攻撃的兵器の保有につき、政府統一
見解 1959.3.19
東京地裁、砂川事件で無罪判決 1959.3.30
最高裁、砂川事件で伊達判決を破棄 1959.12.16
恵庭事件 1962.12.11
池田首相、自衛隊の国連警察軍参加
は合憲と答弁 1964.3.5
札幌地裁、恵庭事件に無罪判決 1967.3.29
法制局長官、核兵器保有可能と答弁 1969.2.4
長沼ナイキ事件が発生 1969.7.7
長沼ナイキ事件で、札幌地裁判決 1973.9.7
反戦自衛官裁判で無罪判決 1975.2.22
水戸地裁、百里基地訴訟で判決 1977.2.17
自衛官合祀拒否訴訟で違憲判決 1979.3.22
徴兵制問題に関する閣議決定 1980.8.15
竹田統合幕僚会議議長発言問題 1981.2.1
鈴木首相、竹田発言で陳謝 1981.2.4
統合幕僚会議議長更迭 1981.2.16
反戦自衛官裁判差戻審 1981.3.27
竹入委員長自衛隊合憲論 1981.6.15
百里基地訴訟の判決 1981.7.7
公明党新基本政策の発表 1981.12.1
自衛官合祀拒否訴訟の控訴審で違憲
判決 1982.6.1
長沼ナイキ事件の最高裁判決 1982.9.9
箕面忠魂碑慰霊祭住民訴訟 1983.3.1
石橋社会党委員長、自衛隊違憲・合
法論に同調 1983.12.20
自衛官合祀拒否訴訟の控訴審で合憲
判決 1988.6.1
百里基地訴訟で判決 1989.6.20
那覇軍用地訴訟で判決 1990.5.29

「国際連合平和協力法」案提出 1990.10.16
村山首相、自衛隊・日米安保などを
容認 1994.7.20
代理署名についての職務執行命令訴
訟判決 1996.8.28
象のオリ訴訟2審判決 2002.10.31
象のオリ訴訟最高裁判決 2003.11.27
社民党が自衛隊違憲論に転向 2006.2.11
第3・4次小松基地騒音訴訟控訴審判
決 2007.4.16
自衛隊イラク派遣差し止め訴訟控訴
審判決 2008.4.17
安保法制は違憲見解 2015.6.4
稲田防衛大臣、「戦闘」を弁明 2017.2.8

遺骨
拉致問題に関する事実調査チームを
派遣 2002.9.28
松木さんの「遺骨」は偽物 2002.11.11
第3回日朝実務者協議を開始 2004.11.9
北朝鮮提供の遺骨が別人の骨と判明 2004.12.8
北朝鮮が遺骨鑑定結果をねつ造と批
判 2005.1.24
遺骨問題で応酬 2005.2.10

石井 啓一
海上保安体制強化の方針 2016.12.21

石岡 亨
拉致事件でよど号グループメンバー
の妻に逮捕状 2007.6.13

石川 貫之
増原防衛庁長官辞任 1971.8.2

石川 要三
第2次海部内閣が発足 1990.2.28

石川県
豪雪に伴う災害派遣 1963.1.18

意識調査
防衛庁、防衛に関する意識調査を発
表 1977.10.30

イージス・アショア → 陸上イージス
を見よ

イージス艦
イージス艦進水式 1991.9.26
初のイージス護衛艦 1993.3.25
「きりしま」をインド洋へ派遣 2002.12.16
弾道弾迎撃ミサイル搭載イージス艦
を横須賀基地に配備 2006.8.29
SM-3発射試験に成功 2007.12.18
SM-3発射実験に失敗 2008.11.19

イージス艦衝突事故

イージス艦衝突事故	2008.2.19
緊急事態の速報に関する通達	2008.3.7
イージス艦衝突事故で中間報告	2008.3.21
海上幕僚長を更迭	2008.3.24
イージス艦衝突事故で海難審判裁決	2009.1.22
イージス艦衝突事故の最終報告書を発表	2009.5.22
イージス艦衝突事故で士官無罪	2011.5.11
イージス艦衝突事故で士官無罪確定	2013.6.11

イージス艦情報漏えい事件

イージス艦情報漏えい事件	2007.3.31
イージス艦情報漏えい事件について謝罪	2007.4.30
イージス艦情報漏えい事件で強制捜査	2007.6.5
第1次安倍改造内閣発足	2007.8.27
イージス艦情報漏えい事件で護衛艦などを強制捜査	2007.8.28
イージス艦情報漏えい事件で3等海佐を逮捕	2007.12.13
海上幕僚長を更迭	2008.3.24
イージス艦情報漏えい事件で有罪判決	2008.10.28
イージス艦情報漏えい事件で控訴審判決	2009.12.3

石田 幸四郎

「国際連合平和協力法」案提出	1990.10.16

石破 茂

第1次小泉第1次改造内閣発足	2002.9.30
日韓防衛相会談	2002.11.14
日米防衛相会談	2002.12.17
日露防衛相会談	2003.1.14
日韓防衛相会談	2003.3.29
日露防衛相会談	2003.4.11
日印防衛相会談	2003.5.4
アジア安全保障会議を開催	2003.5.31
米国防副長官が来日	2003.6.2
日ニュージーランド防衛相会談	2003.8.26
日中防衛相会談	2003.9.3
第1次小泉第2次改造内閣発足	2003.9.22
日豪防衛相会談	2003.9.29
日モンゴル防衛相会談	2003.10.7
日米防衛相会談	2003.11.15
第2次小泉内閣発足	2003.11.19
日韓防衛相会談	2003.11.26
自衛隊イラク派遣命令を発出	2003.12.19
自衛隊イラク派遣報道に要望	2004.1.9
福田内閣が発足	2007.9.26

燃料転用疑惑について衆議院で説明	2007.10.10
海自がインド洋から撤収	2007.11.1
自衛隊インド洋派遣再開を命令	2008.1.17
岩国市長が空母艦載機移駐容認を表明	2008.3.12
海上幕僚長を更迭	2008.3.24
自衛隊イラク派遣差し止め訴訟控訴審判決	2008.4.17
アジア安全保障会議開催	2008.5.30

石橋 湛山

第1次公職追放解除	1951.6.20
石橋内閣発足	1956.12.23
防衛分担金問題で、石橋・アリソン会談	1957.1.16
第1次岸内閣発足	1957.2.25

石橋 政嗣

石橋社会党委員長、自衛隊違憲・合法論に同調	1983.12.20

石橋・アリソン会談

防衛分担金問題で、石橋・アリソン会談	1957.1.16

石原 慎太郎

尖閣諸島、都が購入表明	2012.4.16
尖閣諸島国有化方針	2012.7.7

異常接近

中国軍機、自衛隊機異常接近	2014.5.24
中国機、自衛隊機異常接近	2014.6.11

維新の党

安保関連法成立	2015.9.19

いず

沈没工作船を発見	2002.2.25

伊豆大島

台風26号豪雨土砂災害	2013.10.16

伊豆諸島

ソ連機、領空侵犯	1975.9.24

イスラエル

自衛隊、ゴラン高原へ出発	1996.1.31
自衛隊ゴラン高原派遣を延長	2006.1.27
自衛隊ゴラン高原派遣を延長	2006.7.11

イスラム過激派

米国同時多発テロ事件	2001.9.11
イスラム過激派がイラクで日本人を拘束	2005.5.9

イスラム国 → ISを見よ

イスラム聖戦士血盟団

アルジェリア人質事件	2013.1.16

伊勢湾台風
伊勢湾台風に伴う災害派遣　　　　1959.9.26

礒崎 陽輔
首相補佐官、安保関連法案について
　失言　　　　　　　　　　　　　2015.7.26

板垣 征四郎
南方軍、「降伏文書」調印　　　　1945.9.12
東条ら7戦犯の死刑執行　　　　　1948.12.23

板付基地
板付基地移転で合意　　　　　　　1968.6.20

板谷 隆一
統合幕僚会議議長らが宮中拝謁　　1969.9.24

イタリア　⇔　日伊～をも見よ
リムパック2016に参加　　　　　　2016.6.30

一億総懺悔論
東久邇宮首相、「一億総懺悔」発言　1945.8.28

市ヶ谷会館
市ヶ谷会館開館　　　　　　　　　1964.3.12

一川 保夫
野田内閣が発足　　　　　　　　　2011.9.2
日越防衛相会談　　　　　　　　　2011.10.24
沖縄防衛局長更迭　　　　　　　　2011.11.29
防衛大臣問責決議案可決　　　　　2011.12.9
日モンゴル防衛相会談　　　　　　2012.1.11

1次防　→　防衛力整備計画（第1次）を見よ

一万田 尚登
防衛分担金削減につき、一万田・ア
　リソン会談　　　　　　　　　　1954.12.30
防衛分担金削減に関する日米正式交
　渉開始　　　　　　　　　　　　1955.3.25
防衛分担金削減につき、一万田・ア
　リソン会談　　　　　　　　　　1955.4.5

一万田・アリソン会談
防衛分担金削減につき、一万田・ア
　リソン会談　　　　　　　　　　1954.12.30
防衛分担金削減につき、一万田・ア
　リソン会談　　　　　　　　　　1955.4.5

一般命令第1号
全権委員、連合国軍と停戦交渉　　1945.8.20
GHQ、「一般命令第1号」発令　　1945.9.2

糸魚川市大火
糸魚川市大火　　　　　　　　　　2016.12.22

伊藤 宗一郎
鈴木改造内閣が発足　　　　　　　1981.11.30
56中期業務見積りの了承　　　　　1982.7.23

糸数 慶子
沖縄県知事選挙　　　　　　　　　2006.11.19

稲田 朋美
第3次安倍第2次改造内閣発足　　　2016.8.3
日ジブチ防衛相会談　　　　　　　2016.8.15
日豪防衛相会談　　　　　　　　　2016.8.25
日サウジアラビア防衛相会談　　　2016.9.2
日米防衛相会談　　　　　　　　　2016.9.15
日ミャンマー防衛相会談　　　　　2016.9.21
稲田防衛大臣、南スーダン訪問　　2016.10.8
日ASEAN防衛担当大臣会合　　　 2016.11.16
「日コロンビア防衛協力・交流覚書」
　署名　　　　　　　　　　　　　2016.11.30
日米防衛相会談　　　　　　　　　2016.12.7
日蘭防衛相会談　　　　　　　　　2016.12.13
日仏防衛相会談　　　　　　　　　2017.1.5
日米防衛相会談　　　　　　　　　2017.2.4
稲田防衛大臣、「戦闘」を弁明　　 2017.2.8
稲田防衛大臣、森友学園問題で答弁
　撤回　　　　　　　　　　　　　2017.3.13
日露防衛相会談　　　　　　　　　2017.3.20
日豪防衛相会談　　　　　　　　　2017.4.19
日印防衛相会談　　　　　　　　　2017.5.8
日伊防衛相会談　　　　　　　　　2017.5.22
アジア安全保障会議開催　　　　　2017.6.2
日シンガポール防衛相会談　　　　2017.6.3
日韓防衛相会談　　　　　　　　　2017.6.3
日仏防衛相会談　　　　　　　　　2017.6.3
日米韓防衛相会談　　　　　　　　2017.6.3
日米豪防衛相会談　　　　　　　　2017.6.3
日米防衛相会談　　　　　　　　　2017.6.3
日ニュージーランド防衛相会談　　2017.6.4
日マレーシア防衛相会談　　　　　2017.6.4
稲田防衛大臣、都議選応援で問題発
　言　　　　　　　　　　　　　　2017.6.27
稲田防衛大臣辞任　　　　　　　　2017.7.28
日報を防衛省が隠蔽　　　　　　　2017.7.28

稲葉 誠一
徴兵制問題に関する閣議決定　　　1980.8.15

稲嶺 恵一
沖縄県知事選挙で現職知事落選　　1998.11.15
沖縄県知事、辺野古沖建設を表明　1999.11.22
沖縄県知事、名護市長がキャンプ・
　シュワブ沿岸案に反対　　　　　2005.10.31
在日米軍再編に関する基本確認書に
　調印　　　　　　　　　　　　　2006.5.11

稲嶺 進
名護市長選で移設反対派が勝利　　2010.1.24
普天間飛行場の辺野古移設を表明　2010.5.23
名護市議選で移設反対派が勝利　　2010.9.12

伊能 繁次郎

名護市長選、辺野古移設反対派の市
長が再選 2014.1.20

岸首相、自衛隊による敵基地攻撃に
つき答弁 1959.3.9

伊能防衛庁長官就任 1959.1.12

井ノ上 正盛

イラク邦人外交官射殺事件 2003.11.29

井原 勝介

岩国市長選で空母艦載機移駐容認派
が勝利 2008.2.10

茨城空港

百里基地が官民共用化 2010.3.11

茨城県

台風18号豪雨災害 2015.9.10

違法操業

「第31吉進丸」船長を解放 2006.10.3
「第31吉進丸」船長らを書類送検 2007.3.2
ロシアが漁船4隻を拿捕 2007.12.13
尖閣諸島中国漁船衝突事件 2010.9.7
尖閣諸島中国漁船衝突映像流出事件
で起訴猶予 2011.1.21
中国漁船の船長を逮捕 2011.8.5
中国漁船の船長を逮捕 2011.11.6
中国漁船船長逮捕 2011.12.20
小型漁船、相次ぎ漂着 2017.11.15

イラク

湾岸危機に関する支援策発表 1990.8.29
イラク在留邦人救出 1990.12.1
イラク周辺国の難民救済51億6800万
円 1991.1.14
イラク化学兵器調査団に自衛官初参
加 1991.10.9
陸上自衛隊員、監視要員として出発 1993.1.3
UNSCOM自衛隊員帰国 1994.6.15
イラク査察に自衛官派遣 2001.2.9
バグダッド退避勧告 2003.2.14
イラクへ首相特使派遣 2003.3.3
「イラク難民救援国際平和協力業務実
施計画」が決定 2003.3.28
イラク難民救援国際平和協力業務 2003.3.30
復興人道支援室に要員派遣 2003.4.18
イラク復興に4600万ドルを追加支援 2003.5.21
「イラク人道復興支援特別措置法」案
を閣議決定 2003.6.13
「イラク被災民救援国際平和協力業務
実施計画」が決定 2003.7.4
イラク被災民救援空輸隊を編成 2003.7.7

イラク被災民救援国際平和協力業務
を実施 2003.7.17
「イラク人道復興支援特別措置法」公
布・施行 2003.8.1
中東へ政府調査団派遣 2003.9.14
イラク復興に15億ドル拠出 2003.10.15
イラク復興に総額50億ドル拠出 2003.10.24
第43回総選挙 2003.11.9
専門調査団イラク派遣 2003.11.15
「イラク人道復興支援特別措置法」に
基づく対応措置に関する基本計画
が決定 2003.12.9
「「イラク人道復興支援特別措置法」
における実施要項」策定 2003.12.18
自衛隊イラク派遣命令を発出 2003.12.19
空自先遣隊がクウェートへ出発 2003.12.24
イランが自衛隊イラク派遣を支持 2004.1.6
イラク復興支援派遣輸送航空隊が出
発 2004.1.9
自衛隊イラク派遣報道に要望 2004.1.9
陸自先遣隊がイラクへ出発 2004.1.9
中国が自衛隊イラク派遣へ理解 2004.1.12
第159回国会を召集 2004.1.19
第1次イラク復興支援群が編成完結 2004.1.26
衆議院が自衛隊イラク派遣を承認 2004.1.31
第1次イラク復興支援群等隊旗授与式 2004.2.1
第1次イラク復興支援群が出発 2004.2.3
海自イラク派遣海上輸送部隊が出発 2004.2.9
参議院が自衛隊イラク派遣を承認 2004.2.9
アナン国連事務総長が来日 2004.2.23
イラク復興支援派遣輸送航空隊が輸
送活動開始 2004.3.3
自衛隊イラク派遣の取材ルールを確
認 2004.3.11
第1次イラク復興支援群第2派が出発 2004.3.13
空自第2期イラク復興支援派遣輸送航
空隊が出発 2004.3.16
第1次イラク復興支援群がサマワに到
着 2004.3.27
サマワ宿営地近くに着弾 2004.4.7
イラク派遣海上輸送部隊が帰港 2004.4.8
初の在外邦人等の輸送 2004.4.15
第2次イラク復興支援群が編成完結 2004.4.21
第1期イラク復興支援派遣輸送航空隊
が帰国 2004.4.24
イラク復興支援群に交代命令 2004.4.27
第2次イラク復興支援群が出発 2004.5.8
第1次陸自イラク派遣部隊が帰国 2004.5.31
自衛隊の多国籍軍参加を表明 2004.6.1

日本安全保障史事典　　　　　　事項名索引　　　　　　　　　いわく

第1次イラク復興支援群が隊旗返還　2004.6.6
小泉首相、多国籍軍参加を表明　2004.6.8
多国籍軍への参加を閣議了解　2004.6.18
第2次イラク復興業務支援隊が出発　2004.6.25
自衛隊が多国籍軍に参加　2004.6.28
日イラク首脳会談を開催　2004.9.20
イラク復興支援信託基金東京会合　2004.10.13
自衛隊イラク派遣期限延長を表明　2004.10.20
日米首脳会談を開催　2004.11.20
日中韓首脳会談を開催　2004.11.29
自衛隊イラク派遣期限を延長　2004.12.9
第3次イラク復興業務支援隊が出発　2005.1.8
イスラム過激派がイラクで日本人を
　拘束　2005.5.9
爆弾でサマワの陸自車両に被害　2005.6.23
日豪外相会談を開催　2005.12.10
陸自イラク派遣部隊活動終結が決定　2006.6.20
麻生外相がバグダッド訪問　2006.8.3
陸自のイラク復興支援活動が終了　2006.9.9
自衛隊Winny情報流出問題　2006.11.29
「イラク人道復興支援特別措置法」改
　正法公布・施行　2007.6.27
自衛隊イラク派遣期限を延長　2007.7.10
燃料転用疑惑について衆議院で説明
　2007.10.10
自衛隊イラク派遣差し止め訴訟控訴
　審判決　2008.4.17
自衛隊インド洋派遣と自衛隊イラク
　派遣の期限延長　2008.6.13
自衛隊イラク派遣撤収を表明　2008.9.11
自衛隊イラク派遣撤収を正式決定　2008.11.28
イラク復興支援派遣輸送航空隊撤収
　式典を開催　2008.12.17
自衛隊イラク派遣が終了　2009.2.10
防衛省がイラク空輸記録を情報開示　2009.10.6
自衛隊監視訴訟、国に賠償命令　2012.3.26

イラク・イスラム聖職者協会
イラク邦人人質事件　2004.4.7

イラク人道復興支援特別措置法
「イラク人道復興支援特別措置法」案
　を閣議決定　2003.6.13
「イラク人道復興支援特別措置法」公
　布・施行　2003.8.1
「イラク人道復興支援特別措置法」に
　基づく対応措置に関する基本計画
　が決定　2003.12.9
「「イラク人道復興支援特別措置法」
　における実施要項」策定　2003.12.18
自衛隊イラク派遣命令を発出　2003.12.19

参議院が自衛隊イラク派遣を承認　2004.2.9
自衛隊イラク派遣期限を延長　2004.12.9
「イラク人道復興支援特別措置法」改
　正法公布・施行　2007.6.27
自衛隊イラク派遣期限を延長　2007.7.10
自衛隊インド洋派遣と自衛隊イラク
　派遣の期限延長　2008.6.13
イラク復興支援派遣輸送航空隊撤収
　式典を開催　2008.12.17

イラク総合情報局
イラク邦人外交官射殺事件　2003.11.29

イラクにおける人道復興支援活動及び
安全確保支援活動の実施に関する特
別措置法　→　イラク人道復興支援特別
措置法を見よ

イラク日本人青年殺害事件
イラク日本人青年殺害事件　2004.10.26

イラク被災民救援国際平和協力業務
イラク被災民救援国際平和協力業務
　を実施　2003.7.17

イラク復興支援特別措置法
自衛隊が多国籍軍に参加　2004.6.28

イラク邦人外交官射殺事件
イラク邦人外交官射殺事件　2003.11.29

イラク邦人ジャーナリスト殺害事件
イラク邦人ジャーナリスト殺害事件　2004.5.27

イラク邦人人質事件
イラク邦人人質事件　2004.4.7

イラン
イラン大地震で国際緊急援助空輸業
　務　2003.12.26
イランが自衛隊イラク派遣を支持　2004.1.6
対イラン制裁を閣議了解　2010.8.3

岩国基地
米軍岩国基地の共同使用協定署名　1964.3.14
岩国市で米空母艦載機移駐に関する
　住民投票　2006.3.12
山口県知事が米空母艦載機移駐を容
　認　2006.8.24
岩国市長選で空母艦載機移駐容認派
　が勝利　2008.2.10
岩国市長が空母艦載機移駐容認を表
　明　2008.3.12
米艦載機、岩国基地へ移転　2017.8.9

岩国基地騒音訴訟
岩国基地騒音訴訟、国に賠償命令　2015.10.15

－ 299 －

いわく　　　　　　　　　　　　事項名索引　　　　　　　　　日本安全保障史事典

岩国市長選挙
岩国市長選で空母艦載機移駐容認派
　が勝利　　　　　　　　　　　　2008.2.10
岩手県
岩手・宮城内陸地震発生　　　　　2008.6.14
東北地方沿岸で行方不明者捜索　　2011.4.1
台風10号豪雨災害　　　　　　　　2016.8.30
岩手・宮城内陸地震
岩手・宮城内陸地震発生　　　　　2008.6.14
イワノフ, セルゲイ
日露防衛相会談　　　　　　　　　2003.1.14
日露防衛相会談　　　　　　　　　2003.4.11
岩間 陽子
安保法制懇を設置　　　　　　　　2007.4.25
インガソル, ロバート・S.
大平外相, 安保条約運用協議会新設
　を合意　　　　　　　　　　　　1973.1.19
インド　⇔　日印〜をも見よ
英本国軍, 引揚げを発表　　　　　1947.10.4
日米印共同3国間訓練　　　　　　2007.4.16
核軍縮決議案を提出　　　　　　　2007.10.18
第1回拡大ASEAN国防相会議　　　2010.10.12
核軍縮決議案を提出　　　　　　　2010.10.14
リムパック2012に参加　　　　　　2012.6.23
日印防衛相会談　　　　　　　　　2014.1.6
リムパック2014に参加　　　　　　2014.6.26
リムパック2016に参加　　　　　　2016.6.30
日印防衛相会談　　　　　　　　　2016.7.13
日米印海上共同訓練　　　　　　　2017.7.10
日米印合同演習　　　　　　　　　2017.11.3
インド西部地震
インド西部地震発生　　　　　　　2001.1.26
インドネシア　⇔　日インドネシア〜をも
　見よ
自衛隊機をシンガポールに移動　　1998.5.18
自衛隊, 東ティモール避難民救援へ　1999.11.22
スマトラ島沖地震発生　　　　　　2004.12.26
ジャワ島中部地震発生　　　　　　2006.5.27
スマトラ沖地震発生　　　　　　　2009.9.30
リムパック2010に参加　　　　　　2010.6.23
インドネシア沖で日本企業運航のタ
　ンカーに強盗　　　　　　　　　2010.9.5
リムパック2012に参加　　　　　　2012.6.23
リムパック2014に参加　　　　　　2014.6.26
エアアジア機墜落　　　　　　　　2014.12.28
リムパック2016に参加　　　　　　2016.6.30
インド洋
自衛隊インド洋派遣開始　　　　　2001.11.9

「テロ対策特別措置法」に基づく対応
　措置に関する基本計画を決定　　2001.11.16
「テロ対策特別措置法」に基づき自衛
　艦3隻を派遣　　　　　　　　　2001.11.25
国会が自衛隊インド洋派遣を承認　2001.11.27
英艦船へ洋上補給　　　　　　　　2002.1.29
自衛隊インド洋第2次派遣　　　　2002.2.12
自衛隊インド洋派遣期限を延長　　2002.5.17
自衛隊インド洋派遣期限を延長　　2002.11.19
「きりしま」をインド洋へ派遣　　2002.12.16
自衛隊インド洋派遣期限を延長　　2003.5.9
自衛隊インド洋派遣期限を延長　　2003.10.21
自衛隊インド洋派遣期限を延長　　2004.4.23
自衛隊インド洋派遣期限を延長　　2006.4.20
自衛隊インド洋派遣期限を延長　　2006.10.27
自衛隊インド洋派遣期限を延長　　2007.4.24
小沢民主党代表が駐日米大使と会談　2007.8.8
インド洋における海洋阻止行動への
　謝意決議　　　　　　　　　　　2007.9.19
燃料転用疑惑について衆議院で説明
　　　　　　　　　　　　　　　　2007.10.10
海自がインド洋から撤収　　　　　2007.11.1
海自で誤破棄文書105件が発覚　　2007.12.26
「補給支援特別措置法」公布・施行　2008.1.16
自衛隊インド洋派遣再開を命令　　2008.1.17
自衛隊インド洋派遣を再開　　　　2008.1.24
自衛隊インド洋派遣で交換公文を締
　結　　　　　　　　　　　　　　2008.2.5
インド洋で洋上給油再開　　　　　2008.2.21
自衛隊インド洋派遣の交換公文締結
　が完了　　　　　　　　　　　　2008.4.11
自衛隊インド洋派遣と自衛隊イラク
　派遣の期限延長　　　　　　　　2008.6.13
自衛隊インド洋派遣継続を表明　　2008.9.25
日米首脳会談を開催　　　　　　　2008.11.22
自衛隊インド洋派遣の期限延長　　2009.7.3
自衛隊インド洋派遣が終了　　　　2010.1.15
インラック
日タイ防衛相会談　　　　　　　　2013.9.18

【 う 】

ヴィジェガス
「日コロンビア防衛協力・交流覚書」
　署名　　　　　　　　　　　　　2016.11.30
ウィティット・ムンタポーン
拉致問題で国連が北朝鮮に勧告　　2005.9.27

日本安全保障史事典　　　　　事項名索引　　　　　えくあ

ウィニー　→　Winnyを見よ
ウィロビー, チャールズ
　警察予備隊総隊の初代幕僚長任命問
　　題で紛糾　　　　　　　　　　1950.7月
上田 泰弘
　増原防衛庁長官辞任　　　　　　1971.8.2
上野 憲一
　防衛庁調達実施本部背任事件　　1998.9.3
　防衛庁調達実施本部背任事件1審判決　2003.5.8
魚本 公博
　よど号メンバーに拉致事件で逮捕状　2002.9.25
ウォルフォウィッツ, ポール
　米国防副長官が来日　　　　　　2003.6.2
ウガンダ
　日本が安保理非常任理事国に　　2008.10.17
宇出津事件
　宇出津事件で北朝鮮工作員に逮捕状　2003.1.8
臼井 日出男
　第1次橋本内閣が発足　　　　　1996.1.11
有珠山噴火
　有珠山噴火　　　　　　　　　　2000.3.29
内灘試射場
　内灘試射場の無期限使用決定　　1953.6.2
宇宙開発戦略本部
　「宇宙基本計画」が決定　　　　2009.6.2
　新「宇宙基本計画」決定　　　　2015.1.9
宇宙開発利用
　「宇宙開発利用に関する基本方針につ
　　いて」決定　　　　　　　　　2009.1.15
宇宙科学研究所
　国産初の人工衛星打ち上げ成功　1970.2.11
宇宙基本計画
　「宇宙基本計画」が決定　　　　2009.6.2
　新「宇宙基本計画」決定　　　　2015.1.9
宇宙基本法
　「宇宙基本法」公布　　　　　　2008.5.21
　「宇宙基本計画」が決定　　　　2009.6.2
宇宙航空研究開発機構
　情報収集衛星、打ち上げ成功　　2011.9.23
　情報収集衛星、打ち上げ成功　　2015.2.1
　防衛通信衛星、打ち上げ成功　　2017.1.24
宇宙の軍事利用
　「宇宙基本法」公布　　　　　　2008.5.21
ウッドランド, ティモシー
　沖縄米兵婦女暴行事件　　　　　2001.6.29
内海 倫
　自衛隊の沖縄配備に先走り　　　1972.3.10

宇野 宗佑
　第2次田中第2次改造内閣が発足　1974.11.11
　第十雄洋丸事件　　　　　　　　1974.11.23
　宇野内閣が発足　　　　　　　　1989.6.3
右派社会党
　衆議院「バカヤロー解散」　　　1953.3.14
うめ
　警備隊、第2船隊群改編・第3船隊群
　　新編　　　　　　　　　　　　1954.4.10
梅津 美治郎
　日本、「降伏文書」調印　　　　1945.9.2
うらが
　「テロ対策特別措置法」に基づき自衛
　　艦3隻を派遣　　　　　　　　2001.11.25
　ロシア潜水艇事故　　　　　　　2005.8.4
浦賀船渠
　国産敷設艇「えりも」竣工　　　1955.12.28
　初の国産駆潜艇「かもめ」竣工　1957.1.14
浦添市
　自衛官の住民登録を拒否　　　　1972.11.24
　第4回那覇港湾施設協議会　　　2003.1.23
浦添市長選挙
　浦添市長選で米軍施設容認派が勝利　2001.2.11
ウン・エンヘン
　日シンガポール防衛相会談　　　2017.6.3
雲仙普賢岳噴火
　雲仙普賢岳噴火　　　　　　　　1991.6.3
運輸省
　海上保安庁設置　　　　　　　　1948.5.1
　自衛隊、操縦士民間活用　　　　1987.11.5

【 え 】

エアアジア機墜落
　エアアジア機墜落　　　　　　　2014.12.28
永年勤続者表彰制度
　永年勤続者表彰制度の発足　　　1975.8.10
英連邦占領軍
　英本国軍、引揚げを発表　　　　1947.10.4
　駐日英連邦占領軍の指揮権、オース
　　トラリアに移管　　　　　　　1948.1.12
　駐日英連邦占領軍、削減へ　　　1948.2.11
エクアドル
　エクアドルで新婚旅行中の夫妻銃撃
　　　　　　　　　　　　　　　　2013.12.28

－ 301 －

えくる　　　　　　　　　　　　　　事項名索引　　　　　　　　　　　日本安全保障史事典

エグルトン, アーサー
日加防衛相会談　　　　　　　　　　2002.3.28

江崎 真澄
第1次池田内閣発足　　　　　　　　1960.7.19
第1回日米安保協議委員会　　　　　1960.9.8
江崎防衛庁長官就任　　　　　　　　1971.12.3

枝幸
ロシア機、領空侵犯　　　　　　　　1992.5.7

エジプト
湾岸危機に30億ドルの追加　　　　　1990.9.14

エセックス
「トモダチ作戦」発動　　　　　　　2011.3.13

エチオピア邦人医師誘拐事件
エチオピア邦人医師誘拐事件　　　　2008.9.22
エチオピア邦人医師誘拐事件の医師
ら解放　　　　　　　　　　　　　2009.1.7

江渡 聡徳
第2次安倍改造内閣が発足　　　　　2014.9.3
日豪防衛相会談　　　　　　　　　　2014.10.16
日フィンランド防衛相会談　　　　　2014.10.28
日スペイン防衛相会談　　　　　　　2014.11.4
日ASEAN防衛担当大臣ラウンドテー
ブル　　　　　　　　　　　　　　2014.11.19

衛藤 征士郎
村山改造内閣が発足　　　　　　　　1995.8.8

択捉島
ソ連軍、北方領土占領　　　　　　　1945.8.18
日露首脳会談を開催　　　　　　　　2001.10.21
日露外務次官級協議を開催　　　　　2002.3.13
ロシア、北方領土で軍事演習　　　　2014.8.12
ロシア首相、択捉島訪問　　　　　　2015.8.22
ロシア軍、北方領土へミサイル配備　2016.11.22

恵庭事件
恵庭事件　　　　　　　　　　　　　1962.12.11
札幌地裁、恵庭事件に無罪判決　　　1967.3.29

えひめ丸事故
えひめ丸事故　　　　　　　　　　　2001.2.10
えひめ丸事故の審問委員会を開始　　2001.3.5
森首相が訪米　　　　　　　　　　　2001.3.19
「グリーンビル」前艦長に減給処分　2001.4.13
「えひめ丸」引き揚げ協力のため潜水
艦救難艦を派遣　　　　　　　　　2001.8.8
「えひめ丸」から8遺体収容　　　　2001.10.16
「えひめ丸」船内捜索打ち切り　　　2001.11.7
えひめ丸事故で33家族が和解　　　　2002.11.14
「グリーンビル」元艦長が来日　　　2002.12.15

愛媛県立宇和島水産高校
えひめ丸事故　　　　　　　　　　　2001.2.10

「グリーンビル」元艦長が来日　　　2002.12.15

エボラ出血熱
エボラ出血熱で防護服輸送　　　　　2014.11.28

エリコン
ミサイル・エリコン、横浜港で荷揚
げ拒否　　　　　　　　　　　　　1958.8.17
ミサイル・エリコン、横須賀の自衛
隊用岸壁から陸揚げ　　　　　　　1958.8.24

えりも
国産敷設艇「えりも」竣工　　　　　1955.12.28

エレメンドルフ基地
米軍戦闘機空中接触事故　　　　　　2004.10.4

沿岸監視部隊
与那国島に自衛隊配備決定　　　　　2013.6.27
与那国島に自衛隊配備賛成　　　　　2015.2.22
与那国島に自衛隊配備　　　　　　　2016.3.28

エンタープライズ
米原子力空母エンタープライズ初寄
港　　　　　　　　　　　　　　　1968.1.19
米原子力空母、佐世保に入港　　　　1983.3.21

遠洋練習航海
海上自衛隊、第1回遠洋練習航海　　1958.1.14

【 お 】

王 毅
日中外相会談　　　　　　　　　　　2016.4.30
日中韓外相会談　　　　　　　　　　2016.8.24

扇 千景
北朝鮮工作船を引き揚げ　　　　　　2002.9.11

おうみ
自衛隊インド洋派遣を再開　　　　　2008.1.24
インド洋で洋上給油再開　　　　　　2008.2.21

オウム真理教
地下鉄サリン事件　　　　　　　　　1995.3.20
オウム事件関連で自衛隊に通達　　　1995.6.1

大泉飛行場
水戸射爆場移転、太田飛行場等返還
を発表　　　　　　　　　　　　　1966.6.27

大内 啓伍
「国際連合平和協力法」案提出　　　1990.10.16

大型上陸支援艇
海上警備隊、米国艦艇3隻の保管引受
け　　　　　　　　　　　　　　　1952.5.12
「日米船舶貸借協定」調印　　　　　1952.11.12
警備隊、貸与船舶の引渡式を挙行　　1953.1.14

－ 302 －

警備隊、第1船隊群を新編 1953.4.1
警備隊、第2船隊群を新編 1953.8.16
警備隊、第2船隊群改編・第3船隊群
新編 1954.4.10
海上自衛隊、練習隊群を新編 1957.5.10

大型輸送ヘリコプター
沖縄大米軍ヘリ墜落事件 2004.8.13
徳之島自衛隊ヘリ墜落事故 2007.3.30

大来 佐武郎
大来外務大臣とブラウン国務長官が
会談 1980.3.20

大久保 武雄
海上保安庁設置 1948.5.1
海上保安庁、日本特別掃海隊を編成 1950.10.2

大阪新聞社
平和のための防衛大博覧会開催 1958.3.20

おおすみ
国産初の人工衛星打ち上げ成功 1970.2.11
輸送艦「おおすみ」衝突事故 2014.1.15

大田 昌秀
沖縄米兵少女暴行事件 1995.9.4
沖縄県知事、代理署名拒否 1995.9.28
防衛施設庁長官、村山首相を批判 1995.10.18
大田沖縄県知事を提訴 1995.12.7
橋本首相、知事に代わって土地調書・
物件調書代理署名 1996.3.29
橋本首相、大田沖縄県知事と会談 1996.9.10
沖縄県知事、公告・縦覧代行を表明 1996.9.13
海上ヘリポート建設問題で協力要請
1997.12.24
沖縄県知事、海上ヘリポート拒否 1998.2.6
沖縄県知事選挙で現職知事落選 1998.11.15

太田飛行場
水戸射爆場移転、太田飛行場等返還
を発表 1966.6.27

大野 功統
第2次小泉改造内閣発足 2004.9.27
アジア安全保障会議開催 2005.6.3
BMDの第三国供与を否定せず 2005.7.14
PAC-3ライセンス生産が可能に 2005.7.19
第3次小泉内閣が発足 2005.9.21

大橋 武夫
大橋国務大臣、警察予備隊担当に 1951.1.23
大橋国務相、防衛隊の名称は保安隊
が適当と発言 1952.2.1

大平 正芳
第2回日米安保協議委員会 1962.8.1

ライシャワー米大使、原潜の日本寄
港を申入れ 1963.1.9
米軍戦車の修理は問題ないとの統一
見解 1972.9.19
大平外相、安保条約運用協議会新設
を合意 1973.1.19
第1次大平内閣が発足 1978.12.7
第2次大平内閣が発足 1979.11.9
ブラウン米国国防長官来日 1980.1.13
大平首相とカーター大統領が会談 1980.5.1

大村 襄治
鈴木内閣が発足 1980.7.17
統合幕僚会議議長更迭 1981.2.16

大村 清一
第1次鳩山内閣発足 1954.12.10
「憲法」第9条の解釈に関する政府統
一見解提示 1954.12.22

大雪
豪雪に伴う災害派遣 1963.1.18
徳島県の大雪で災害派遣 2014.12.6
北海道の大雪で災害派遣 2015.2.2
鳥取県の大雪で災害派遣 2017.1.24

岡崎 勝男
終戦連絡中央事務局設置 1945.8.26
政府、領空侵犯機排除に米国の協力
要請 1953.1.13
岡崎外相、保安隊は実質的に自衛軍
と答弁 1953.7.21
岡崎・アリソン両代表、防衛分担金
削減に合意 1954.4.6

岡崎 久彦
安保法制懇を設置 2007.4.25

小笠原諸島
琉球列島・小笠原群島の日本行政権
停止 1946.1.29
日米共同声明で小笠原諸島返還約束
1967.11.15

小笠原諸島返還協定
小笠原諸島返還協定に署名 1968.4.5

岡田 克也
岡田民主党代表が自衛隊の武力行使
を容認 2004.7.29
密約問題について調査を命令 2009.9.17
密約の存在を認定 2010.3.9
日豪ACSA署名 2010.5.19

岡田 春夫
国会で「三矢研究」につき追究 1965.2.10

岡村 善文

在コートジボワール日本大使公邸襲
　撃事件　　　　　　　　　　　2011.4.6

岡山県

流出重油回収のため災害派遣　1974.12.29
鳥インフルエンザ対応　　　　2015.1.15

沖国大米軍ヘリ墜落事件

沖国大米軍ヘリ墜落事件　　　2004.8.13

沖縄

アチソン国務長官、米国の防衛線を
　言明　　　　　　　　　　　1950.1.12
ブラッドレー米統合参謀本部議長来
　日　　　　　　　　　　　　1950.1.31
GHQ、沖縄に恒久的基地の建設発表　1950.2.10
アイゼンハワー米大統領、沖縄米軍
　基地の無期限保有を表明　　　1954.1.7
沖縄の軍用地強制収用中止発表　1958.5.29
岸首相、沖縄の自衛権につき答弁　1958.10.23
日米、沖縄の経済援助に関する公文
　を交換　　　　　　　　　　1964.4.25
米軍機、沖縄からベトナムに発進　1965.7.29
佐藤首相、沖縄防衛には日本参加　1966.3.10
愛知外相、ロジャーズ米国国務長官
　会談　　　　　　　　　　　1969.6.3
米国国防省、沖縄に毒ガス配備を認
　める　　　　　　　　　　　1969.7.22
船田安保調査会長、沖縄返還後の私案　1969.8.9
日米安保協議委員会、沖縄防衛に合
　意　　　　　　　　　　　　1970.5.19
沖縄毒ガス早期撤去を確約　　1970.5.29
防衛施設庁、沖縄米軍基地の現地調査　1970.7.2
中曽根防衛庁長官、訪米し米国防長
　官と会談　　　　　　　　　1970.9.10
コザ事件が発生　　　　　　　1970.12.20
日米安保協議委、在日米軍を韓国に
　移駐　　　　　　　　　　　1970.12.21
沖縄の毒ガス移送　　　　　　1971.1.10
第13回日米安全保障協議委員会　1971.6.29
沖縄の空自が緊急発進体制開始　1973.1.1
沖縄の米軍基地など3年計画で整理縮
　小　　　　　　　　　　　　1973.1.8
沖縄32基地の返還を決定　　　1974.1.30
沖縄の米兵、住民に発砲・負傷させ
　る　　　　　　　　　　　　1974.7.10
沖縄の公用地法による土地使用期限
　切れ　　　　　　　　　　　1977.5.15
沖縄の17の米軍施設返還へ　　1990.6.19
防衛施設庁長官、沖縄の基地返還は
　非現実的と発言　　　　　　1994.9.9

「沖縄県における米軍の施設・区域に
　関連する問題の解決促進について」
　決定　　　　　　　　　　　1996.4.16
沖縄上空の航空交通管制返還で合意
　　　　　　　　　　　　　　2004.12.10
首相と沖縄県知事が会談　　　2010.6.23

沖縄基地負担軽減推進委員会

沖縄基地負担軽減推進委員会の設置　2014.1.22

沖縄軍用地

沖縄軍用地問題につき、米・琉球政
　府共同声明　　　　　　　　1958.10.13
沖縄軍用地賃借料6倍半に引上げ　1971.10.9

沖縄県

沖縄の返還、沖縄県の発足　　1972.5.15
ソ連機の領空侵犯に初の信号射撃　1987.12.9
代理署名についての職務執行命令訴
　訟判決　　　　　　　　　　1996.8.28
第4回那覇港湾施設協議会　　2003.1.23
辺野古沖のボーリング調査開始　2004.4.7
小泉首相が在沖縄米軍基地の本土移
　転に言及　　　　　　　　　2004.10.1
沖縄不祥事で米国務長官が謝罪　2008.2.27
普天間飛行場移設問題の日米合意に
　ついて沖縄に説明　　　　　2010.8.11
普天間飛行場の移設先の環境影響評
　価書提出　　　　　　　　　2011.12.28
沖縄県知事、県外移設の意見書　2012.2.20
辺野古移設で国と沖縄県が対立　2015.3.12
辺野古「代執行」訴訟口頭弁論　2015.12.2
沖縄基地返還前倒し　　　　　2015.12.4
辺野古、国と沖縄県が和解　　2016.3.4
辺野古、国と沖縄県が再び対立　2016.7.22
辺野古工事差し止め、沖縄県が国を
　提訴　　　　　　　　　　　2017.7.24

沖縄県議会

沖縄県議会が米海兵隊削減を決議　2001.1.19
沖縄県議会、百条委員会設置　2014.2.14

沖縄県議会選挙

沖縄県議選で移設反対派が勝利　2016.6.5

沖縄県収用委員会

未契約米軍用地5年間強制使用申請　1981.3.20
未契約米軍用地強制使用申請　1982.4.1
未契約米軍用地20年間強制使用申請　1985.8.5
橋本首相、知事に代わって土地調書・
　物件調書代理署名　　　　　1996.3.29
嘉手納飛行場など土地の使用を開始　1998.9.3

沖縄県民世論調査

米軍基地に関する世論調査　　2001.5.19

沖縄県知事選挙
沖縄県知事選挙で現職知事落選　　1998.11.15
沖縄県知事選挙　　　　　　　　　2006.11.19
沖縄県知事選、辺野古移設反対派が
　初当選　　　　　　　　　　　　2014.11.16

沖縄県土地収用委員会
軍用地の強制使用手続きを開始　　1990.6.26

沖縄県における駐留軍用地の返還に伴う特別措置に関する法律 → 軍転特措法を見よ

沖縄県の区域内における位置境界不明地域内の各筆の土地の位置境界の明確化等に関する特別措置法 → 沖縄土地境界明確化法を見よ

沖縄県民投票
沖縄県民投票　　　　　　　　　　1996.9.8
沖縄県知事、公告・縦覧代行を表明　1996.9.13

沖縄国際大学
沖国大米軍ヘリ墜落事件　　　　　2004.8.13

沖縄自衛官爆死事件
沖縄自衛官爆死事件　　　　　　　2003.8.31

沖縄諮詢会
沖縄民政府発足　　　　　　　　　1946.4.22

沖縄上陸大演習
米軍による沖縄上陸大演習開始　　1979.8.18

沖縄振興計画
「沖縄振興特措法」・「駐留軍用地返還
　特措法」改正法成立　　　　　　2012.3.30

沖縄振興特措法
「沖縄振興特措法」・「駐留軍用地返還
　特措法」改正法成立　　　　　　2012.3.30

沖縄政策協議会
橋本首相、大田沖縄県知事と会談　1996.9.10
「沖縄政策協議会の設置について」決
　定　　　　　　　　　　　　　　1996.9.17

沖縄土地境界明確化法
「沖縄土地境界明確化法」を公布・施
　行　　　　　　　　　　　　　　1977.5.18

沖縄に関する特別行動委員会
沖縄に関する特別行動委員会設置で
　合意　　　　　　　　　　　　　1995.11.19
SACO中間報告　　　　　　　　　1996.4.15
SACO最終報告　　　　　　　　　1996.12.2
普天間実施委員会設置　　　　　　1997.1.31
安波訓練場返還　　　　　　　　　1998.12.22
北部訓練場の返還　　　　　　　　2016.12.22

沖縄配備
沖縄第1次自衛隊配置を発表　　　1970.10.7

自衛隊の沖縄配備に先走り　　　　1972.3.10
国防会議、自衛隊の沖縄配備を決定　1972.4.17
陸海空の沖縄関係自衛隊部隊を新編　1972.5.15
自衛隊の沖縄配備第1陣到着　　　1972.10.2
自衛隊の沖縄配備が完了　　　　　1973.6.30

沖縄米軍基地所在市町村に関する懇談会
「沖縄米軍基地所在市町村に関する懇
　談会」発足　　　　　　　　　　1996.8.19

沖縄米軍基地問題協議会
沖縄米軍基地問題協議会設置　　　1995.11.17

沖縄米兵少女暴行事件
沖縄米兵少女暴行事件　　　　　　1995.9.4
沖縄県民総決起大会開催　　　　　1995.10.21

沖縄米兵ひき逃げ死亡事故
沖縄米兵ひき逃げ死亡事故　　　　2009.11.7

沖縄米兵婦女暴行事件
沖縄米兵婦女暴行事件　　　　　　2001.6.29

沖縄返還
佐藤首相、戦後初の沖縄訪問　　　1965.8.19
佐藤・ニクソン共同声明で、沖縄返
　還合意　　　　　　　　　　　　1969.11.21
日米首脳共同声明で沖縄返還日決ま
　る　　　　　　　　　　　　　　1972.1.7
沖縄の返還、沖縄県の発足　　　　1972.5.15

沖縄返還協定
「沖縄返還協定」に署名　　　　　1971.6.17
「沖縄返還協定」を可決・成立　　1971.12.30
沖縄の返還、沖縄県の発足　　　　1972.5.15

沖縄返還密約
密約問題について調査を命令　　　2009.9.17
密約問題について米国に報告　　　2010.2.2
密約の存在を認定　　　　　　　　2010.3.9

沖縄防衛局
沖縄防衛局長更迭　　　　　　　　2011.11.29
沖縄県知事、県外移設の意見書　　2012.2.20
沖縄県知事、辺野古埋立承認　　　2013.12.27
辺野古ボーリング調査開始　　　　2014.8.18
辺野古移設で国と沖縄県が対立　　2015.3.12

沖縄民政府
沖縄民政府発足　　　　　　　　　1946.4.22

沖ノ島
ソ連機、領空侵犯　　　　　　　　1983.11.15
ソ連機、領空侵犯　　　　　　　　1984.11.12
ロシア空軍機、領空侵犯　　　　　2013.8.22

沖ノ鳥島
「低潮線保全基本計画」決定　　　2010.7.13

沖ノ鳥島保全法 → 低潮線保全法、を見よ

おく

奥 克彦
イラク邦人外交官射殺事件　　　　2003.11.29
奥尻島
北海道南西沖地震発生　　　　　　1993.7.12
小沢 一郎
国連待機部隊を提唱　　　　　　　2004.3.19
小沢民主党代表が駐日米大使と会談　2007.8.8
福田内閣が発足　　　　　　　　　2007.9.26
麻生内閣が発足　　　　　　　　　2008.9.24
小沢 佐重喜
日米安保等特別委員会設置　　　　1960.2.13
オーストラリア　⇔　日豪～、日米豪～を
も見よ
英本国軍、引揚げを発表　　　　　1947.10.4
駐日英連邦占領軍の指揮権、オース
トラリアに移管　　　　　　　　1948.1.12
海上自衛隊のリムパック初参加　　1980.2.26
リムパック82に参加　　　　　　1982.3.22
リムパック84に参加　　　　　　1984.5.14
リムパック86に参加　　　　　　1986.5.18
リムパック88に参加　　　　　　1988.6.16
リムパック90に参加　　　　　　1990.4.9
リムパック92に参加　　　　　　1992.6.19
リムパック94に参加　　　　　　1994.5.23
リムパック96に参加　　　　　　1996.5.22
リムパック98に参加　　　　　　1998.7.6
リムパック2000に参加　　　　　2000.5.30
リムパック2002に参加　　　　　2002.6.24
中谷防衛庁長官がオーストラリア・
東ティモール訪問　　　　　　　2002.8.16
リムパック2004に参加　　　　　2004.6.29
日豪外相会談を開催　　　　　　　2005.12.10
P-3Cがオーストラリア初訪問　　2006.5.29
リムパック2006に参加　　　　　2006.6.26
日豪安保共同宣言を発表　　　　　2007.3.13
日米豪3ヶ国共同訓練　　　　　　2007.10.17
リムパック2008に参加　　　　　2008.6.29
リムパック2010に参加　　　　　2010.6.23
第1回拡大ASEAN国防相会議　　2010.10.12
リムパック2012に参加　　　　　2012.6.23
日米豪共同訓練　　　　　　　　　2013.5.18
日豪外務・防衛閣僚会議、開催　　2014.6.11
リムパック2014に参加　　　　　2014.6.26
日米豪共同訓練　　　　　　　　　2014.11.6
リムパック2016に参加　　　　　2016.6.30
日米豪、情報共有迅速化　　　　　2016.10.28
日豪防衛相会談　　　　　　　　　2017.4.19

オーストリア
日本が安保理非常任理事国に　　　2008.10.17
オスプレイ
オスプレイ普天間配備　　　　　　2012.10.6
日米防衛相会談　　　　　　　　　2015.5.30
自衛隊観艦式　　　　　　　　　　2015.10.18
オスプレイ不時着　　　　　　　　2016.12.13
オスプレイ給油訓練再開　　　　　2017.1.6
オスプレイ飛行自粛要請　　　　　2017.8.6
オスプレイ緊急着陸　　　　　　　2017.9.29
オスロ条約　→　クラスター爆弾禁止条約
を見よ
オタワ条約　→　対人地雷禁止条約を見よ
翁長 雄志
沖縄県知事選、辺野古移設反対派が
初当選　　　　　　　　　　　　2014.11.16
辺野古移設で国と沖縄県が対立　　2015.3.12
安倍首相と沖縄県知事が初会談　　2015.4.17
沖縄県知事、辺野古埋立承認取消　2015.10.13
辺野古埋立承認取消への是正勧告拒
否　　　　　　　　　　　　　　2015.11.6
辺野古「代執行」訴訟提訴　　　　2015.11.26
辺野古「代執行」訴訟口頭弁論　　2015.12.2
宜野湾市長選、辺野古移設推進の市
長が再選　　　　　　　　　　　2016.1.24
辺野古、沖縄県が国を再提訴　　　2016.2.1
辺野古、国と沖縄県が和解　　　　2016.3.4
辺野古移設、国が是正指示　　　　2016.3.16
沖縄県議選で移設反対派が勝利　　2016.6.5
辺野古、国と沖縄県が再び対立　　2016.7.22
辺野古訴訟、国が勝訴　　　　　　2016.12.20
オスプレイ給油訓練再開　　　　　2017.1.6
オネスト・ジョン
米陸軍オネスト・ジョン中隊、朝霞
に到着　　　　　　　　　　　　1955.8.22
岸首相、自衛隊による敵基地攻撃に
つき答弁　　　　　　　　　　　1959.3.9
小野寺 五典
第2次安倍内閣が発足　　　　　　2012.12.26
中国艦艇が海自護衛艦にレーダー照
射　　　　　　　　　　　　　　2013.1.30
弾道ミサイル破壊措置命令　　　　2013.4.7
アジア安全保障会議開催　　　　　2013.5.31
日米韓防衛相会談　　　　　　　　2013.6.1
日比防衛相会談　　　　　　　　　2013.6.27
日豪防衛相会談　　　　　　　　　2013.7.5
日米防衛相会談　　　　　　　　　2013.8.28
拡大ASEAN国防相会議開催　　　2013.8.29

日越防衛相会談	2013.9.16
日タイ防衛相会談	2013.9.18
日米防衛相会談	2013.10.3
日露防衛相会談	2013.11.1
日印防衛相会談	2014.1.6
マレーシア航空機墜落	2014.3.8
日米防衛相会談	2014.4.6
日モンゴル防衛相会談	2014.4.17
日豪防衛相会談	2014.4.28
日マレーシア防衛相会談	2014.4.29
日伊防衛相会談	2014.5.7
小野寺防衛相、南スーダン訪問	2014.5.8
小野寺防衛相、ジブチ訪問	2014.5.9
アジア安全保障会議開催	2014.5.30
日米豪防衛相会談	2014.5.30
日米韓防衛相会談	2014.5.31
日米防衛相会談	2014.5.31
日豪外務・防衛閣僚会議、開催	2014.6.11
日豪防衛相会談	2014.6.11
日米防衛相会談	2014.7.11
日仏防衛相会談	2014.7.29
第3次安倍第3次改造内閣が発足	2017.8.3
オスプレイ飛行自粛要請	2017.8.6
日印防衛相会談	2017.9.5
空自ヘリ墜落	2017.10.17
日韓防衛相会談	2017.10.23
日豪防衛相会談	2017.10.23
日比防衛相会談	2017.10.23
日米韓防衛相会談	2017.10.23
日米防衛相会談	2017.10.23
日越防衛相会談	2017.10.24
第4次安倍内閣が発足	2017.11.1

オバマ，バラク

日米首脳会談を開催	2009.2.24
「核兵器廃絶に向けた取り組みの強化	
を求める決議」を採択	2009.6.16
日米首脳会談を開催	2009.9.23
日米首脳会談を開催	2009.11.13
菅新首相が辺野古移設合意遵守を表	
明	2010.6.6
尖閣諸島への「安保条約」適用を明言	
	2010.9.23
東日本大震災発生	2011.3.11
日米首脳会談開催	2011.9.21
日米首脳会談	2011.11.12
日米首脳会談	2012.4.30
米中首脳会談	2013.6.7
日米韓首脳会談	2014.3.25
日米首脳会談	2014.4.24

日米豪首脳会談	2014.11.16
日米首脳会談	2015.4.28
日米首脳会談	2016.5.25
日米首脳会談	2016.12.27

小渕 恵三

小渕内閣が発足	1998.7.30
小渕第1次改造内閣が発足	1999.1.14
小渕第2次改造内閣が発足	1999.10.5

オマー

海賊対処のため海上警備行動を発令	2009.3.13

「思いやり予算」 → 在日米軍駐留経費
日本側負担分を見よ

おやしお

戦後初の国産潜水艦「おやしお」竣工	
	1960.6.30
潜水艦おやしお、貨物船と衝突	1975.6.19

オランダ ⇔ 日蘭〜をも見よ

リムパック2010に参加	2010.6.23
リムパック2012に参加	2012.6.23
リムパック2014に参加	2014.6.26
リムパック2016に参加	2016.6.30

オリンピック

自衛隊体育学校を設置	1961.8.17
東京オリンピック支援集団編成	1964.9.15
東京オリンピック開幕	1964.10.10
札幌オリンピック支援集団編成	1972.1.11
札幌オリンピック開幕	1972.2.3
長野オリンピック開幕	1998.2.7

温 家宝

「日中韓三国間協力の促進に関する共	
同宣言」	2003.10.7
尖閣諸島不法上陸再発防止を要求	2004.4.3
日中韓首脳会談を開催	2004.11.29
日中首脳会談を開催	2007.4.11
日中首脳会談	2009.4.11
日中首脳会談	2009.10.10
日中首脳会談を開催	2010.10.4

恩給法

「防衛秘密保護法」改正案・「恩給法」	
改正案が可決成立	1955.7.27

御嶽山噴火

御嶽山噴火	2014.9.27

【 か 】

カー, ボブ
「日豪情報保護協定」署名　2012.5.17

海外出動禁止決議
自衛隊、海外出動禁止決議　1954.6.2

海外調査員
保安庁、海外調査員派遣決定　1954.5.4

海外派兵
重光・ダレス会談、日米安保条約改
定の共同声明発表　1955.8.31
自衛隊の海外派兵に「自衛隊法」を検
討表明　1966.2.24

階級章
自衛官の階級章改正　1962.12.1

階級新設
自衛隊階級新設　1980.11.29

海空連絡メカニズム
日中防衛相会談　2015.11.4

海軍軍令部
軍令部廃止　1945.10.15

海軍再建
米内海軍大臣、日本海軍の再建を託
す　1945.8.15
「海軍再建工作」着手　1951.1.17
新海軍再建研究会が発足　1951.1.24
海軍再建3試案提出　1951.4.18
リッジウェイ、艦艇貸与を正式提案　1951.10.19
Y委員会発足　1951.10.31

海軍省
陸海軍省廃止　1945.12.1

海軍兵学校
旧職業軍人初の公職追放解除　1950.11.10
警察予備隊、旧職業軍人の特別募集
を開始　1951.3.1
警察予備隊に幹部候補生入隊　1951.6.11

戒厳令
三無事件　1961.12.12

外国為替法
東芝機械ココム違反事件　1987.5.27

外国人漁業規制法
中国漁船船長逮捕　2011.12.20

外国船舶航行法
「海上保安庁法」・「外国船舶航行法」
改正法成立　2012.8.29

外国貿易法
東芝機械ココム違反事件　1987.5.27

外資審議会
外資審議会、初の武器技術導入認可
　1966.10.25

海自潜水艦接触事故
海自潜水艦接触事故　2006.11.21

海自ミサイル艇機関砲誤発射事故
海自ミサイル艇機関砲誤発射事故　2006.9.5

海上警備官
海上警備官要員の教育開始　1952.1.21
海上警備官要員の教育開始　1952.4.18
海上警備官要員募集　1952.4.25

海上警備行動
日本の領海及び内水で潜没航行する
外国潜水艦への対処　1996.12.24
能登半島沖に不審船　1999.3.23
漢級原子力潜水艦領海侵犯事件　2004.11.10
領水内潜没潜水艦に関する対処方針
を策定　2005.1.19
海賊対処に海自派遣を決定　2009.1.28
海賊対処に第8護衛隊の護衛艦派遣を
決定　2009.2.3
海賊対処のため海上警備行動を発令　2009.3.13
ジブチにP-3C派遣　2009.5.15

海上警備隊
Y委員会発足　1951.10.31
「海上保安庁法」改正要綱が決定　1952.2.19
海上警備隊発足　1952.4.26
「海上警備隊組織規程」公布　1952.4.30
海上警備隊、米国艦艇3隻の保管引受
け　1952.5.12
海上警備隊、第1期幹部講習員の入隊
講習開始　1952.7.18
保安庁発足　1952.8.1

海上警備隊組織規程
「海上警備隊組織規程」公布　1952.4.30

海上交通安全法
「海上交通安全法」改正法成立　2016.5.12

海上作戦部隊指揮管制支援システム
MOFシステム運用開始　1999.3.1

海上自衛隊
海上警備隊発足　1952.4.26
自衛隊発足　1954.7.1
海上自衛隊員、米駆逐艦受領のため
渡米　1954.8.2
海上自衛隊、SNJ練習機5機受領　1954.8.17
自衛隊の航空機帰属問題が決着　1954.8.31

海上自衛隊幹部学校を設置	1954.9.1
洞爺丸遭難事故	1954.9.26
海上自衛隊、第1掃海隊群を新編	1954.10.1
海上自衛隊員、米潜水艦受領のため渡米	1954.12.26
海上自衛隊、PV-2対潜哨戒機17機受領	1955.1.16
海上自衛隊、小型港内曳船3隻受領	1955.1.23
海上自衛隊、揚陸艇51隻受領	1955.2.15
「あさかぜ」・「はたかぜ」が横須賀入港	1955.2.25
海上自衛隊員、米護衛駆逐艦受領のため渡米	1955.3.29
舞鶴練習隊に第1期自衛隊生徒入隊	1955.4.4
海上自衛隊、第1期少年練習員教育を開始	1955.4.6
海上自衛隊、P2V-7対潜哨戒機17機の受領調印式	1955.4.15
海上自衛隊、戦後初の日米共同訓練	1955.4.25
海上自衛隊、東京通信隊ほか新編	1955.5.1
海上自衛隊、舞鶴第1・第2練習隊を編成	1955.6.16
海上自衛隊、訓練飛行隊群を編成	1955.7.15
国産護衛艦「ゆきかぜ」進水式	1955.8.20
別府湾のイペリット弾処理開始	1955.9.20
国産敷設艦「つがる」竣工	1955.12.15
国産敷設艇「えりも」竣工	1955.12.28
海上自衛隊初の連合出動訓練	1956.1.1
海上自衛隊、呉練習隊を新編	1956.1.16
海上自衛隊、術科学校を移転	1956.3.2
初の国産護衛艦「はるかぜ」竣工	1956.4.26
海上自衛隊幹部学校を移転	1956.6.12
初の国産駆潜艇「かもめ」竣工	1957.1.14
海自対潜哨戒機墜落事故	1957.4.19
「自衛隊法」改正（第4次改正）	1957.5.10
海上自衛隊、幹部候補生学校を設置	1957.5.10
海上自衛隊、練習隊群を新編	1957.5.10
「防衛力整備目標」閣議了解	1957.6.14
海上自衛隊初の観艦式	1957.10.2
海上自衛隊、第1回遠洋練習航海	1958.1.14
海上自衛隊、岩国航空教育派遣隊を改称	1958.2.1
海上自衛隊術科学校を改称	1958.4.1
ミサイル・エリコン、横須賀の自衛隊用岸壁から陸揚げ	1958.8.24
海上自衛隊、館山・鹿屋術科教育隊を新編	1958.12.16
海上自衛隊、横須賀教育隊を編成	1959.9.1
海上自衛隊、幹部学校を移転	1959.12.25
海上自衛隊、鹿屋術科教育隊を廃止	1960.2.16
チリ地震津波に伴う災害派遣	1960.5.24
戦後初の国産潜水艦「おやしお」竣工	1960.6.30
海上自衛隊、警備艦を護衛艦に改称	1960.10.1
「自衛隊法」改正（第7次改正）	1961.6.12
海・空自衛隊指揮官に「司令官」発令	1961.6.12
海上自衛隊、練習隊群を改称	1961.6.12
「第2次防衛力整備計画」決定	1961.7.18
海上自衛隊、自衛艦隊を改編	1961.9.1
海上自衛隊、第4航空群を新編	1962.9.1
海上自衛隊、教育航空集団司令部を移転	1963.9.1
海上自衛隊、第1潜水隊群を新編	1965.2.1
砕氷艦「ふじ」竣工	1965.7.15
マリアナ海難に災害派遣	1965.10.9
小笠原諸島返還協定に署名	1968.4.5
防衛二法案、参院本会議で強行採決	1969.7.23
海上自衛隊初の練習艦就役	1969.9.10
海上自衛隊、少年術科学校を新設	1970.3.2
防衛庁、准尉制度を新設	1970.5.25
沖縄第1次自衛隊配置を発表	1970.10.7
第4次防衛力整備計画の概要まとめる	1970.10.21
海上自衛隊、第4護衛隊群を新編	1971.2.1
米原子力潜水艦と初の合同訓練	1971.3.3
自衛隊の沖縄配備第1陣到着	1972.10.2
4次防主要項目、文民統制強化などが決定	1972.10.9
海自、初の国産輸送艦竣工	1972.11.27
海上自衛隊の護衛艦はるな竣工	1973.2.22
「防衛庁施設法」・「自衛隊法」の一部を改正	1973.10.16
海自航空集団司令部、厚木に移転	1973.12.25
大震災対処のため陸海空自協同の指揮所演習	1974.8.26
海自、婦人自衛官第1期公募幹部特別講習	1974.9.12
第十雄洋丸事件	1974.11.23
流出重油回収のため災害派遣	1974.12.29
海自、自衛艦隊指揮管制システム運用開始	1975.4.1
潜水艦おやしお、貨物船と衝突	1975.6.19
海自、護衛艦初のハワイ派遣訓練	1976.7.17
「日米防衛協力のための指針」に了承	1978.11.27
中期業務見積り発表	1979.7.17
海上自衛隊のリムパック初参加	1980.2.26
実装魚雷、搭載	1980.8.19

「防衛庁設置法」等の一部改正、公布・施行	1980.11.29
海上自衛隊、潜水艦隊を新編	1981.2.10
米原潜あて逃げ事件	1981.4.9
対潜哨戒機P-3C、導入開始	1981.4.29
日米秋田県沖合同演習	1981.5.12
沖縄航空隊廃止	1981.7.15
リムパック82に参加	1982.3.22
防衛大学校1期生から将補への昇進	1982.7.1
海上自衛隊の少年術科学校廃止	1982.10.1
砕氷艦「しらせ」の竣工	1982.11.12
「防衛庁設置法」と「自衛隊法」の一部改正、公布・施行	1983.12.2
リムパック84に参加	1984.5.14
米海軍と日米共同指揮所訓練の実施	1984.6.11
リムパック86に参加	1986.5.18
三原山噴火	1986.11.15
海上自衛隊、図上演習装置研修の実施	1987.6.15
海上自衛隊、第22航空群を新編	1987.12.1
リムパック88に参加	1988.6.16
なだしお事件	1988.7.23
なだしお事件で裁決	1989.7.25
重油流出で災害派遣	1990.2.1
リムパック90に参加	1990.4.9
なだしお事件で双方の過失と裁決	1990.8.10
「中期防衛力整備計画について」閣議決定	1990.12.20
掃海艇など、ペルシャ湾へ出港	1991.4.24
ペルシャ湾派遣部隊、掃海作業開始	1991.6.5
イージス艦進水式	1991.9.26
掃海派遣部隊、呉に帰港	1991.10.3
リムパック92に参加	1992.6.19
横浜地裁、なだしお事件で潜水艦側に主因を認める判決	1992.12.10
初のイージス護衛艦	1993.3.25
東京高裁、なだしお事件で潜水艦側に主因を認める判決	1994.2.28
海上自衛隊に女子学生入隊	1994.3.23
リムパック94に参加	1994.5.23
「中期防衛力整備計画について」決定	1995.12.14
リムパック96に参加	1996.5.22
海上自衛隊艦艇の初の訪ロ	1996.7.23
海上自衛隊艦艇、初の訪韓	1996.9.2
屈斜路湖老朽化化学弾の引揚げ作業	1996.10.8
ナホトカ号重油流出事故	1997.1.2
「防衛庁設置法」改正公布	1998.4.24
リムパック98に参加	1998.7.6

日ロ初の共同訓練	1998.7.29
MOFシステム運用開始	1999.3.1
能登半島沖に不審船	1999.3.23
自衛隊、韓国軍と共同訓練	1999.8.2
トルコ共和国海上輸送部隊派遣	1999.9.23
東海村JCO臨界事故	1999.9.30
リムパック2000に参加	2000.5.30
三宅島噴火	2000.6.26
「中期防衛力整備計画」決定	2000.12.15
予備自衛官補制度導入が決定	2001.2.16
芸予地震発生	2001.3.24
海上自衛隊横須賀通信隊員覚せい剤使用事件	2001.5.14
那覇自衛隊施設資料公開訴訟最高裁判決	2001.7.13
「えひめ丸」引き揚げ協力のため潜水艦救難艦を派遣	2001.8.8
海自練習機墜落事故	2001.9.14
「テロ対策特別措置法」公布・施行	2001.11.2
自衛隊インド洋派遣開始	2001.11.9
「テロ対策特別措置法」に基づき自衛艦3隻を派遣	2001.11.25
九州南西海域工作船事件	2001.12.22
英艦船へ洋上補給	2002.1.29
「防衛庁設置法」改正法施行	2002.3.27
リムパック2002に参加	2002.6.24
第2回日韓捜索・救難共同訓練	2002.9.11
海上自衛隊創設50周年記念国際観艦式	2002.10.13
「きりしま」をインド洋へ派遣	2002.12.16
海自訓練機が墜落	2003.5.21
海自イラク派遣海上輸送部隊が出発	2004.2.9
海自艦艇がクウェート到着	2004.3.15
イラク派遣海上輸送部隊が帰港	2004.4.8
リムパック2004に参加	2004.6.29
護衛艦「たちかぜ」自衛官いじめ自殺事件	2004.10.27
漢級原子力潜水艦領海侵犯事件	2004.11.10
スマトラ島沖地震発生	2004.12.26
ロシア潜水艇事故	2005.8.4
東シナ海天然ガス田に中国軍艦	2005.9.9
自衛隊Winny情報流出問題	2006.2.23
海自と海保が共同訓練	2006.2.28
P-3Cがオーストラリア初訪問	2006.5.29
リムパック2006に参加	2006.6.26
海自隊員が内部情報持ち出し	2006.8.1
海自ミサイル艇機関砲誤射発事故	2006.9.5
海自潜水艦接触事故	2006.11.21
イージス艦情報漏えい事件	2007.3.31

日米印共同3国間訓練	2007.4.16	予備自衛官の災害招集	2011.3.16
イージス艦情報漏えい事件について		イージス艦衝突事故で士官無罪	2011.5.11
謝罪	2007.4.30	ジブチの自衛隊活動拠点運用開始	2011.6.1
イージス艦情報漏えい事件で強制捜		パシフィック・パートナーシップ	
査	2007.6.5	2011へ参加	2011.6.13
イージス艦情報漏えい事件で護衛艦		空自機墜落	2011.7.5
などを強制捜査	2007.8.28	海自次期輸送機の機種決定	2011.10.14
日中防衛相会談	2007.8.30	パシフィック・パートナーシップ	
燃料転用疑惑について衆議院で説明		2012へ参加	2012.6.18
	2007.10.10	リムパック2012に参加	2012.6.23
日米豪3ヶ国共同訓練	2007.10.17	中国艦艇が海自護衛艦にレーダー照	
海自がインド洋から撤収	2007.11.1	射	2013.1.30
燃料転用疑惑に関する報告書を発表	2007.11.6	イージス艦衝突事故で士官無罪確定	2013.6.11
イージス艦情報漏えい事件で3等海佐		パシフィック・パートナーシップ	
を逮捕	2007.12.13	2013へ参加	2013.6.12
護衛艦「しらね」火災事故	2007.12.14	日露外務・防衛閣僚協議、初開催	2013.11.2
SM-3発射試験に成功	2007.12.18	輸送艦「おおすみ」衝突事故	2014.1.15
海自で誤破棄文書105件が発覚	2007.12.26	マレーシア航空機墜落	2014.3.8
「補給支援特別措置法」公布・施行	2008.1.16	護衛艦「たちかぜ」自衛官いじめ自殺	
自衛隊インド洋派遣再開を命令	2008.1.17	事件、国に責任	2014.4.23
自衛隊インド洋派遣を再開	2008.1.24	厚木基地騒音訴訟で夜間差し止め	2014.5.21
自衛隊インド洋派遣で交換公文を締		中国軍機、自衛隊機異常接近	2014.5.24
結	2008.2.5	パシフィック・パートナーシップ	
イージス艦衝突事故	2008.2.19	2014へ参加	2014.6.6
インド洋で洋上給油再開	2008.2.21	中国機、自衛隊機異常接近	2014.6.11
自衛隊インド洋派遣の交換公文締結		リムパック2014に参加	2014.6.26
が完了	2008.4.11	エアアジア機墜落	2014.12.28
自衛隊インド洋派遣と自衛隊イラク		パシフィック・パートナーシップ	
派遣の期限延長	2008.6.13	2015へ参加	2015.5.31
自衛艦が初訪中	2008.6.24	厚木基地騒音訴訟、国に賠償命令	2015.7.30
リムパック2008に参加	2008.6.29	岩国基地騒音訴訟、国に賠償命令	2015.10.15
護衛艦「さわぎり」いじめ自殺訴訟控		自衛隊観艦式	2015.10.18
訴審判決	2008.8.25	日越防衛相会談	2015.11.6
XP-1試作1号機を納入	2008.8.29	「日比防衛装備品・技術移転協定」署	
特別警備応用課程死亡事故	2008.9.9	名	2016.2.29
SM-3発射実験に失敗	2008.11.19	日印防衛相会談	2016.6.3
海賊対処に海自派遣を決定	2009.1.28	パシフィック・パートナーシップ	
海賊対処に第8護衛隊の護衛艦派遣を		2016へ参加	2016.6.13
決定	2009.2.3	リムパック2016に参加	2016.6.30
海賊対処のため海上警備行動を発令	2009.3.13	日米韓共同訓練	2016.10.22
自衛隊インド洋派遣の期限延長	2009.7.3	日比首脳会談	2016.10.26
護衛艦「くらま」衝突事故	2009.10.27	海賊対処ソマリア派遣縮小	2016.11.1
海自哨戒ヘリコプターが墜落	2009.12.8	ニュージーランド地震発生	2016.11.14
自衛隊インド洋派遣が終了	2010.1.15	厚木基地騒音訴訟、飛行差し止め棄	
パシフィック・パートナーシップ		却	2016.12.8
2010へ参加	2010.5.23	北朝鮮、ミサイル発射	2017.2.12
リムパック2010に参加	2010.6.23	パシフィック・パートナーシップ	
海賊対処活動の期限延長	2010.7.16	2017へ参加	2017.3.9
アラビア海で海賊	2011.3.5	日米韓、弾道ミサイル情報共有訓練	2017.3.14

日米韓、初の対潜水艦戦共同訓練	2017.4.3
日米印海上共同訓練	2017.7.10
米艦防護訓練	2017.7.26
海自ヘリ墜落	2017.8.26
日比防衛相会談	2017.10.23
日米印合同演習	2017.11.3
日米共同訓練	2017.11.12
米軍機墜落	2017.11.22

海上自衛隊艦船事故調査委員会

イージス艦衝突事故の最終報告書を発表	2009.5.22

海上自衛隊横須賀通信隊員覚せい剤使用事件

海上自衛隊横須賀通信隊員覚せい剤使用事件	2001.5.14

海上幕僚監部

防衛庁発足	1954.7.1
海上幕僚監部等が移転開始	1956.3.23
海上幕僚監部等、移転開始	1960.1.14
陸海空自衛隊幕僚監部に情報所	1994.7.8
防衛庁情報公開開示請求者リスト事件報道	2002.5.28
内局、陸幕、空幕もリスト作成	2002.6.3

海上ヘリポート

普天間飛行場の代替に海上ヘリポート案	1997.11.5
海上ヘリポート建設で市民投票	1997.12.21
海上ヘリポート建設問題で協力要請	1997.12.24
沖縄県知事、海上ヘリポート拒否	1998.2.6

海上保安体制強化に関する方針

海上保安体制強化の方針	2016.12.21

海上保安庁

英・ソ・中3国代表、海上保安庁設置を批判	1948.4.28
海上保安庁設置	1948.5.1
警察予備隊創設指令	1950.7.8
海上保安庁、日本特別掃海隊を編成	1950.10.2
Y委員会発足	1951.10.31
海上警備官要員の教育開始	1952.1.21
海上警備官要員の教育開始	1952.4.18
海上警備隊発足	1952.4.26
「海上警備隊組織規程」公布	1952.4.30
保安庁発足	1952.8.1
警備隊第2幕僚部、移転開始	1952.10.28
全日空羽田沖墜落事故	1966.2.4
第十雄洋丸事件	1974.11.23
三原山噴火	1986.11.15
ナホトカ号重油流出事故	1997.1.2

「不審船にかかる共同対処マニュアル」策定	1999.12.27
九州南西海域工作船事件	2001.12.22
沈没工作船を発見	2002.2.25
工作船の潜水調査を開始	2002.5.1
能登半島沖に不審船	2002.9.4
北朝鮮工作船を引き揚げ	2002.9.11
九州南西海域工作船事件の調査結果を公表	2002.10.4
小泉首相が北方領土を視察	2004.9.2
魚釣島灯台を国有化	2005.2.9
海自と海保が共同訓練	2006.2.28
韓国が竹島周辺海域で海洋調査	2006.7.3
中国船が海保の海洋調査を妨害	2010.5.4
「貨物検査特別措置法」成立	2010.5.28
佐柳島沖海保ヘリ墜落事故	2010.8.18
尖閣諸島中国漁船衝突事件	2010.9.7
政府が衆院に中国漁船衝突事件のビデオを提出	2010.10.27
尖閣諸島中国漁船衝突映像流出事件	2010.11.4
尖閣諸島中国漁船衝突映像流出事件で処分	2010.12.22
尖閣諸島中国漁船衝突映像流出事件で起訴猶予	2011.1.21
ニュージーランド地震発生	2011.2.22
アラビア海で海賊	2011.3.5
東北地方沿岸で行方不明者捜索	2011.4.1
台湾活動家が尖閣周辺海域で領有権主張	2011.6.29
中国船、無許可で海洋調査	2011.7.31
中国漁船の船長を逮捕	2011.8.5
台風12号豪雨災害	2011.9.3
脱北者救助	2011.9.13
中国船、事前通告と異なる海域で海洋調査	2011.9.25
中国漁船の船長を逮捕	2011.11.6
中国漁船船長逮捕	2011.12.20
中国船、日本の海洋調査に中止要求	2012.2.19
尖閣諸島中国漁船衝突事件で強制起訴	2012.3.15
中国船、尖閣領海侵犯	2012.3.16
「海上保安庁法」・「外国船舶航行法」改正法成立	2012.8.29
中国船、事前通告と異なる海域で海洋調査	2012.11.15
小型船、相次ぎ漂着	2012.11.28
中国機、尖閣領空侵犯	2012.12.13
台風26号豪雨土砂災害	2013.10.16
マレーシア航空機墜落	2014.3.8

口永良部島噴火	2015.5.29		海賊対処活動の期限延長	2010.7.16

口永良部島噴火　2015.5.29
「海上交通安全法」改正法成立　2016.5.12
中国船の尖閣周辺領海侵犯活発化　2016.8.5
米軍機墜落　2016.9.22
海上保安体制強化の方針　2016.12.21
小型漁船、相次ぎ漂着　2017.11.15

海上保安庁ヘリ墜落
佐柳島沖海保ヘリ墜落事故　2010.8.18

海上保安庁法
「海上保安庁法」公布　1948.4.27
海上保安庁設置　1948.5.1
「海上保安庁法」改正要綱が決定　1952.2.19
海上警備隊発足　1952.4.26
「海上保安庁法」一部改正　2001.11.2
「海上保安庁法」・「外国船舶航行法」
　改正法成立　2012.8.29

海上輸送規制法
有事関連7法案が決定　2004.3.9
有事関連7法が成立　2004.6.14
「海上輸送規制法」公布　2004.6.18

海上連絡メカニズム
日中防衛相会談を開催　2010.10.11
日中首脳会談　2014.11.10

改進党
改進党結成　1952.2.8
吉田・重光会談　1953.9.27
保守3党折衝で自衛隊の任務につき意
　見一致　1953.12.15
保守3党折衝で国防会議の構成決定　1954.5.28

海賊
マラッカ海峡で海賊が日本船を襲撃　2005.3.14
アデン湾で日本船籍タンカーに銃撃　2008.4.21
アデン湾で日本企業運航貨物船に銃
　撃　2008.8.23
海賊対処に海自派遣を決定　2009.1.28
海賊対処に第8護衛隊の護衛艦派遣を
　決定　2009.2.3
「海賊対処法」案が決定　2009.3.13
海賊対処のため海上警備行動を発令　2009.3.13
ソマリア沖で日本企業運航自動車運
　搬船に銃撃　2009.3.23
ジブチとの地位協定に署名　2009.4.3
ジブチにP-3C派遣　2009.5.15
P-3Cによるアデン湾の警戒監視を開
　始　2009.6.11
「海賊対処法」成立　2009.6.19
「海賊対処法」施行　2009.7.24
海賊対処行動部隊がIMO勇敢賞受賞
　2009.11.23

海賊対処活動の期限延長　2010.7.16
ケニア沖で日本企業運航貨物船乗っ
　取り　2010.10.10
アラビア海で海賊　2011.3.5
ジブチの自衛隊活動拠点運用開始　2011.6.1
小野寺防衛相、ジブチ訪問　2014.5.9
中谷防衛相、ジブチ訪問　2015.1.18
日ジブチ防衛相会談　2016.8.15
海賊対処ソマリア派遣縮小　2016.11.1

海賊行為の処罰及び海賊行為への対処
　に関する法律　→　海賊対処法を見よ

海賊対処法
「海賊対処法」案が決定　2009.3.13
「海賊対処法」成立　2009.6.19
「海賊対処法」施行　2009.7.24
アラビア海で海賊　2011.3.5

海賊多発海域における日本船舶の警備
　に関する特別措置法　→　日本船警備
　特措法を見よ

ガイドライン　→　日米防衛協力のための
　指針を見よ

海部 俊樹
海部内閣が発足　1989.8.10
第2次海部内閣が発足　1990.2.28
湾岸危機に関する支援策発表　1990.8.29
第2次海部改造内閣が発足　1990.12.29
「湾岸危機対策本部」設置　1991.1.17

外務省
終戦連絡中央事務局設置　1945.8.26
中国外交部、「日米安保改定交渉非難
　声明」を発表　1958.11.19
外務省、米原潜の日本寄港問題で質
　問書を手交　1963.2.2
佐藤首相、安保条約長期存続は必要　1966.3.8
外務省、日米安保条約への統一見解　1966.4.16
第5回日米防衛協力小委員会　1977.8.16
竹島国立公園化を懸念　2002.8.12
バグダッド退避勧告　2003.2.14
防衛駐在官制度を改善　2003.5.7
スーダンへ調査団派遣　2005.3.8
中国が東シナ海天然ガス田で生産開
　始　2005.9.20
コンゴ民主共和国に選挙監視団派遣　2006.7.11
山口県知事が米空母艦載機移駐を容
　認　2006.8.24
嘉手納基地に最新鋭ステルス戦闘機
　を暫定配備　2007.1.11

かいよ　　　　　　　　　　　　　事項名索引　　　　　　　　　日本安全保障史事典

国連東ティモール統合ミッション派
　遣要員の任期延長　　　　　2007.3.27
米原潜が事前通報なしに寄港　2008.11.10
アフガニスタンに外務省職員を派遣　2009.1.9
密約問題について調査を命令　2009.9.17
中国船が海保の海洋調査を妨害　2010.5.4
横田夫妻、ウンギョンさんと面会　2014.3.16

海洋安全保障
日ASEAN、海洋安全保障推進　2011.11.18

海洋基本計画
海洋基本計画が決定　　　　　2008.3.18

海洋基本法
「海洋基本法」成立　　　　　2007.4.20
「海洋基本法」施行　　　　　2007.7.3

海洋調査
中国船が海保の海洋調査を妨害　2010.5.4
中国船、無許可で海洋調査　　2011.7.31
中国船、事前通告と異なる海域で海
　洋調査　　　　　　　　　　2011.9.25
中国船、日本の海洋調査に中止要求　2012.2.19
中国船、事前通告と異なる海域で海
　洋調査　　　　　　　　　　2012.11.15

海洋調査船
海洋調査船通報で日中合意　　2001.2.8
中国海洋調査船が領海侵犯　　2008.12.8

海洋法
「国連海洋法」条約、発効　　1996.7.20

火炎ビン騒擾
「5.30事件」記念の日に全国で騒擾事
　件　　　　　　　　　　　　1952.5.30

科学警察研究所
地下鉄サリン事件　　　　　　1995.3.20

化学弾引揚げ
屈斜路湖老朽化化学弾の引揚げ作業　1996.10.8

化学兵器禁止機関
化学兵器禁止機関へ自衛官を派遣　1997.6.9
屈斜路湖老朽化化学兵器の廃棄処理
　支援　　　　　　　　　　　2000.9.23
化学兵器禁止機関へ自衛隊員派遣　2002.10.1
化学兵器禁止機関に自衛官派遣　2004.8.1

化学兵器禁止条約
「化学兵器禁止条約」に署名　1993.1.13
「化学兵器禁止条約」批准　　1995.9.15
「化学兵器禁止条約」公布　　1997.4.21

化学兵器の開発、生産、貯蔵及び使用の禁止並びに廃棄に関する条約　→　化
学兵器禁止条約を見よ

香川県
流出重油回収のため災害派遣　1974.12.29

核開発
日朝国交正常化交渉開催　　　1992.11.5
北朝鮮が核兵器開発を認める　2002.10.16
日米韓首脳会談を開催　　　　2002.10.27
第12回日朝国交正常化交渉を開始　2002.10.29
北朝鮮が核開発再開を宣言　　2002.12.12
日中首脳会談　　　　　　　　2003.4.6
米国務次官補が来日　　　　　2003.4.26
米中と相次いで首脳会談　　　2003.5.23
日韓首脳会談を開催　　　　　2003.6.7
六者会合開催で合意　　　　　2003.7.31
六者会合での日中連携で合意　2003.8.9
国連総会で拉致問題解決について演
　説　　　　　　　　　　　　2003.9.23
「特定船舶入港禁止特別措置法」公布　2004.6.18
日米首脳会談を開催　　　　　2004.11.20
六者会合再開で日米首脳が同意　2005.2.3
第1回日朝包括並行協議　　　2006.2.4
アジア欧州会議第6回首脳会合　2006.9.10
対北朝鮮金融制裁を決定　　　2006.9.19
六者会合再開に向けて日韓の連携強
　化　　　　　　　　　　　　2006.11.5
安倍首相が米中露首脳と相次ぎ会談
　　　　　　　　　　　　　　2006.11.18
日比首脳会談を開催　　　　　2006.12.9
第5回六者会合第3次会合　　　2007.2.8
核軍縮決議案を提出　　　　　2007.10.18
G8京都外相会議を開催　　　　2008.6.26
北朝鮮が核計画申告書を提出　2008.6.26
日米首脳会談を開催　　　　　2008.7.6
第6回六者会合首席代表者会合　2008.7.10
日韓首脳会談を開催　　　　　2009.1.12
日韓首脳会談を開催　　　　　2009.9.23
日米首脳会談を開催　　　　　2009.9.23
「貨物検査特別措置法」成立　2010.5.28
北朝鮮、黒鉛減速炉の再稼働表明　2013.4.2
日米韓防衛相会談　　　　　　2013.6.1
日米韓首脳会談　　　　　　　2014.3.25
日米豪防衛相会談　　　　　　2014.5.30
日米韓防衛相会談　　　　　　2014.5.31
日米韓防衛相会談　　　　　　2015.5.30
日韓防衛相会談　　　　　　　2016.6.4
日米韓防衛相会談　　　　　　2016.6.4
日韓首脳会談　　　　　　　　2016.9.7
日豪外務・防衛閣僚協議、開催　2017.4.20
日米韓防衛相会談　　　　　　2017.6.3
日米豪防衛相会談　　　　　　2017.6.3

－ 314 －

日本安全保障史事典　　　　　　事項名索引　　　　　　かくへ

日米防衛相会談　　　　　　　　2017.6.3
日印防衛相会談　　　　　　　　2017.9.5
安倍首相、国連演説で北朝鮮への圧
　力訴え　　　　　　　　　　　2017.9.20
日韓防衛相会談　　　　　　　　2017.10.23
日米防衛相会談　　　　　　　　2017.10.23
拡大ASEAN国防相会議開催　　2017.10.24
日米共同訓練　　　　　　　　　2017.11.12

核拡散防止条約
外務省、日米安保条約への統一見解　1966.4.16
下田外務次官、平和利用の核実験の
　権利主張　　　　　　　　　　1967.2.9
北朝鮮、核拡散防止条約脱退　　1993.3.12
北朝鮮がNPT脱退　　　　　　　2003.1.10
第4回六者会合第2次会合　　　　2005.9.13
核軍縮の「11の指標」を提案　　2009.5.4

核軍縮
核軍縮決議案を提出　　　　　　2007.10.18
核軍縮の「11の指標」を提案　　2009.5.4
日米首脳会談を開催　　　　　　2009.9.23
核軍縮決議案を提出　　　　　　2010.10.14

拡散に対する安全保障構想
PSI海上阻止訓練　　　　　　　2004.10.25
PSI航空阻止訓練を初主催　　　2012.7.3

核実験
下田外務次官、平和利用の核実験の
　権利主張　　　　　　　　　　1967.2.9
北朝鮮が核実験に成功　　　　　2006.10.9
対北朝鮮追加制裁を発動　　　　2006.10.13
日米韓外相会談を開催　　　　　2006.10.19
日比首脳会談を開催　　　　　　2006.12.9
対北朝鮮制裁の期限延長　　　　2007.10.9
対北朝鮮制裁の期限延長　　　　2008.4.11
北朝鮮が核実験　　　　　　　　2009.5.25
日米韓防衛相会談　　　　　　　2009.5.30
北朝鮮の核実験で日米次官級協議　2009.6.1
安保理が対北朝鮮制裁決議を採択　2009.6.12
「核兵器廃絶に向けた取り組みの強化
　を求める決議」を採択　　　　2009.6.16
北朝鮮、3回目の核実験　　　　2013.2.12
国連安保理、北朝鮮核実験への追加
　制裁　　　　　　　　　　　　2013.3.7
北朝鮮、4回目の核実験　　　　2016.1.6
日英外務・防衛閣僚会合、開催　2016.1.8
北朝鮮、5回目の核実験　　　　2016.9.9
北朝鮮、6回目の核実験　　　　2017.9.3

核実験全面禁止条約
核軍縮の「11の指標」を提案　　2009.5.4

学習指導要領
学習指導要領解説書に竹島領有を明
　記　　　　　　　　　　　　　2008.7.14
学習指導要領解説書に尖閣・竹島を
　領土と明記、自衛隊の災害派遣も　2014.1.28

覚せい剤
海上自衛隊横須賀通信隊員覚せい剤
　使用事件　　　　　　　　　　2001.5.14

核政策
安保体制下の核政策で協議　　　1966.2.23

拡大ASEAN国防相会議
第1回拡大ASEAN国防相会議　　2010.10.12
拡大ASEAN国防相会議開催　　　2013.8.29
拡大ASEAN国防相会議開催　　　2015.11.3
拡大ASEAN国防相会議開催　　　2017.10.24

核テロ防止条約
G8外相会議を開催　　　　　　　2002.6.12

核によるテロリズム行為の防止に関す
る条約　→　核テロ防止条約を見よ

核の傘
核の傘論議で統一見解を発表　　1966.2.19

核不拡散条約
「核不拡散条約」に最初の62か国が署
　名　　　　　　　　　　　　　1968.7.1

核兵器
岸首相、核兵器保有につき答弁　1957.5.7
岸首相、核兵器問題につき答弁　1957.9.2
ミサイル・エリコン、横浜港で荷揚
　げ拒否　　　　　　　　　　　1958.8.17
岸首相、自衛隊による敵基地攻撃に
　つき答弁　　　　　　　　　　1959.3.9
岸首相、自衛のための核武装につき
　答弁　　　　　　　　　　　　1959.3.12
サブロック積載原潜の日本寄港につ
　き、政府統一見解発表　　　　1964.9.2
「核不拡散条約」に最初の62か国が署
　名　　　　　　　　　　　　　1968.7.1
法制局長官、核兵器保有可能と答弁　1969.2.4
中曽根防衛庁長官、訪米し米国防長
　官と会談　　　　　　　　　　1970.9.10
米退役将校、米軍艦に核兵器搭載と
　発言　　　　　　　　　　　　1974.9.10
ライシャワー発言　　　　　　　1981.5.18
核兵器持込疑惑発言　　　　　　1981.5.22
北朝鮮が核兵器保有を表明　　　2005.2.10
第4回六者会合第2次会合　　　　2005.9.13

核兵器の人道上の影響に関する共同声明
「核不使用」国連声明に初参加　2013.10.21

－ 315 －

核兵器の不拡散に関する条約 → 核兵器不拡散条約を見よ

核兵器廃絶決議
「核兵器廃絶に向けた取り組みの強化を求める決議」を採択　　　2009.6.16

核兵器不拡散条約
「核兵器不拡散条約」に署名　　1970.2.3

核兵器持ち込み密約
密約問題について調査を命令　　2009.9.17
密約問題について米国に報告　　2010.2.2

核持ち込み密約
密約の存在を認定　　　　　　　2010.3.9

駆けつけ警護
安保法案、国会提出　　　　　　2015.5.15
「駆けつけ警護」訓練　　　　　2016.8.25
自衛隊観閲式　　　　　　　　　2016.10.23
南スーダンでの「駆けつけ警護」閣議決定　　　　　　　　　　　2016.11.15

鹿児島宇宙空間観測所
国産初の人工衛星打ち上げ成功　1970.2.11

鹿児島県
九州豪雨に災害派遣　　　　　　2003.7.18
豪雨で災害派遣　　　　　　　　2006.7.15

鹿児島タクシー運転手殺人事件
鹿児島タクシー運転手殺人事件　2008.4.22

火災
糸魚川市大火　　　　　　　　　2016.12.22

火砕流
雲仙普賢岳噴火　　　　　　　　1991.6.3

香椎キャンプ
陸上自衛隊、初のパラシュート降下演習　　　　　　　　　　　1954.10.8
臨時空挺練習隊、習志野に移転　1955.4.5

ガス田開発
東シナ海天然ガス田問題で開発データを要求　　　　　　　　　2004.6.21
東シナ海天然ガス田の地質調査を開始　　　　　　　　　　　　2004.7.7
日中首脳会談を開催　　　　　2004.11.21
東シナ海天然ガス田に越境の可能性 2005.2.18
東シナ海天然ガス田問題で日中局長級協議　　　　　　　　　　2005.3.28
東シナ海天然ガス田の試掘権設定処理手続き開始　　　　　　　2005.4.13
帝国石油に東シナ海天然ガス田試掘権を許可　　　　　　　　　2005.7.14
東シナ海天然ガス田に中国軍艦　2005.9.9

中国が東シナ海天然ガス田で生産開始　　　　　　　　　　　　2005.9.20
東シナ海天然ガス田の共同開発を提案　　　　　　　　　　　　2005.10.1
東シナ海天然ガス田の共同開発を拒否　　　　　　　　　　　　2006.3.6
日中外相会談　　　　　　　　　2006.5.23
安倍首相が米中露首脳と相次ぎ会談　　　　　　　　　　　　　2006.11.18
日中首脳会談を開催　　　　　　2007.4.11
東シナ海の天然ガス田共同開発で合意　　　　　　　　　　　　2008.6.18
東シナ海天然ガス田共同開発の条約交渉を延期　　　　　　　　2010.9.11
中国、ガス田開発の新設作業　　2013.7.3
日中首脳会談　　　　　　　　　2016.9.2

ガス兵器
横田のガス兵器はCB兵器ではないと答弁　　　　　　　　　　　1970.2.26

ガズミン, ヴォルテル
日比防衛相会談　　　　　　　　2012.7.2
日比防衛相会談　　　　　　　　2013.6.27
日比防衛相会談　　　　　　　　2015.1.29

カーター, アシュトン
日米防衛相会談　　　　　　　　2015.4.8
日米防衛相会談　　　　　　　　2015.4.28
日米韓防衛相会談　　　　　　　2015.5.30
日米豪防衛相会談　　　　　　　2015.5.30
日米防衛相会談　　　　　　　　2015.5.30
日米防衛相会談　　　　　　　　2015.11.3
日米韓防衛相会談　　　　　　　2016.6.4
日米防衛相会談　　　　　　　　2016.6.4
日米防衛相会談　　　　　　　　2016.9.15
日米防衛相会談　　　　　　　　2016.12.7

カーター, ジミー
大平首相とカーター大統領が会談　1980.5.1

片山 哲
片山内閣発足　　　　　　　　　1947.5.24

カタール → 日カタール〜を見よ

嘉手納基地
嘉手納基地でベトナムに向かう米爆撃機爆発　　　　　　　　　1968.11.19
米軍立川基地を全面返還　　　　1977.11.30
嘉手納飛行場など暫定使用を開始　1997.5.15
嘉手納飛行場など土地の使用を開始 1998.9.3

嘉手納基地爆音訴訟
嘉手納基地爆音訴訟　　　　　　1982.2.26
嘉手納基地爆音訴訟判決　　　　1994.2.24

日本安全保障史事典　　　　　　事項名索引　　　　　　かわら

嘉手納基地爆音訴訟で飛行差し止め
　却下　　　　　　　　　　　　　　1998.5.22
新嘉手納基地爆音訴訟1審判決　　　2005.2.17
新嘉手納基地爆音訴訟控訴審判決　　2009.2.27
新嘉手納爆音訴訟　　　　　　　　　2011.1.27
第3次嘉手納爆音訴訟、国に賠償命令　2017.2.23

加藤 紘一
第2次中曽根第1次改造内閣の発足　　1984.11.1
日米防衛首脳会談の開催　　　　　　1985.6.10
第2次中曽根第2次改造内閣の発足　　1985.12.28

かとり
海上自衛隊初の練習艦就役　　　　　1969.9.10

ガーナ
エボラ出血熱で防護服輸送　　　　　2014.11.28

神奈川県横須賀市
横須賀米兵強盗殺人事件　　　　　　2006.1.3

カナダ　⇔　日加～をも見よ
海上自衛隊のリムパック初参加　　　1980.2.26
リムパック82に参加　　　　　　　1982.3.22
リムパック84に参加　　　　　　　1984.5.14
リムパック86に参加　　　　　　　1986.5.18
リムパック88に参加　　　　　　　1988.6.16
リムパック90に参加　　　　　　　1990.4.9
リムパック92に参加　　　　　　　1992.6.19
リムパック94に参加　　　　　　　1994.5.23
自衛隊、カナダにPKO調査団派遣　　1994.6.4
リムパック96に参加　　　　　　　1996.5.22
リムパック98に参加　　　　　　　1998.7.6
リムパック2000に参加　　　　　　2000.5.30
リムパック2002に参加　　　　　　2002.6.24
リムパック2004に参加　　　　　　2004.6.29
リムパック2006に参加　　　　　　2006.6.26
リムパック2008に参加　　　　　　2008.6.29
リムパック2010に参加　　　　　　2010.6.23
リムパック2012に参加　　　　　　2012.6.23
リムパック2014に参加　　　　　　2014.6.26
リムパック2016に参加　　　　　　2016.6.30

金丸 信
福田改造内閣が発足　　　　　　　　1977.11.28
在日米軍駐留経費負担の決定　　　　1977.12.22
金丸防衛庁長官、思いやり予算増額
　を約束　　　　　　　　　　　　　1978.6.20
金丸防衛庁長官、軍事侵略に対する
　作戦研究指示　　　　　　　　　　1978.6.21
北朝鮮訪問団、平壌入り　　　　　　1990.9.24

狩野川台風
狩野川台風に伴う災害派遣　　　　　1958.9.26

河辺 虎四郎
全権委員、連合国軍と停戦交渉　　　1945.8.20

貨物検査特別措置法
「貨物検査特別措置法」成立　　　　2010.5.28

かもめ
初の国産駆潜艇「かもめ」竣工　　　1957.1.14

カリナ・スター
護衛艦「くらま」衝突事故　　　　　2009.10.27

カルカッタ協定　→　北朝鮮帰還協定を
　見よ

カール・ビンソン
米原子力空母、佐世保に入港　　　　1983.3.21
北朝鮮、ミサイル発射　　　　　　　2017.2.12

カルプ、ジム
米軍独立法務官がジェンキンスさん
　と面会　　　　　　　　　　　　　2004.8.5

川口 順子
日中首脳会談　　　　　　　　　　　2003.4.6
復興人道支援室に要員派遣　　　　　2003.4.18
イラク復興に4600万ドルを追加支援　2003.5.21
国連総会で拉致問題解決について演
　説　　　　　　　　　　　　　　　2003.9.23
イラク復興に総額50億ドル拠出　　2003.10.24
イランが自衛隊イラク派遣を支持　　2004.1.6
尖閣諸島不法上陸再発防止を要求　　2004.4.3
東シナ海天然ガス田問題で開発デー
　タを要求　　　　　　　　　　　　2004.6.21

川崎 健吉
バッジ関連秘密漏洩事件が発生　　　1968.3.2

川崎汽船
タンカーと米海軍原潜が接触　　　　2007.1.9

川崎重工業
戦後初の国産潜水艦「おやしお」竣工
　　　　　　　　　　　　　　　　　1960.6.30
日本飛行機が水増し請求　　　　　　2003.5.9
対戦車ヘリコプター墜落事故で賠償
　請求　　　　　　　　　　　　　　2003.6.20
XP-1試作1号機を納入　　　　　　　2008.8.29
空自輸送機開発完了　　　　　　　　2017.3.27

川島 正次郎
ラスク国務長官、安保条約自動延長
　を表明　　　　　　　　　　　　　1968.9.8

川南 豊作
三無事件　　　　　　　　　　　　　1961.12.12

瓦 力
竹下内閣の発足　　　　　　　　　　1987.11.6
田沢防衛庁長官就任　　　　　　　　1988.8.24
小渕第2次改造内閣が発足　　　　　1999.10.5

－ 317 －

かん　　　　　　　　　　　　　　　事項名索引　　　　　　　　　　日本安全保障史事典

第1次森内閣が発足　　　　　　　2000.4.5
菅 直人
菅新首相が辺野古移設合意遵守を表
　明　　　　　　　　　　　　　　2010.6.6
菅内閣が発足　　　　　　　　　　2010.6.8
首相と沖縄県知事が会談　　　　　2010.6.23
日韓首脳会談を開催　　　　　　　2010.6.26
日露首脳会談を開催　　　　　　　2010.6.26
菅第1次改造内閣が発足　　　　　2010.9.17
尖閣諸島への「安保条約」適用を明言
　　　　　　　　　　　　　　　　2010.9.23
尖閣諸島中国漁船衝突事件で集中審
　議　　　　　　　　　　　　　　2010.9.30
日中首脳会談を開催　　　　　　　2010.10.4
自衛隊殉職隊員追悼式を挙行　　　2010.10.23
平成22年第57回中央観閲式を開催　2010.10.24
ロシア大統領が北方領土訪問　　　2010.11.1
延坪島砲撃事件　　　　　　　　　2010.11.23
首相と沖縄県知事が会談　　　　　2010.12.17
菅第2次改造内閣が発足　　　　　2011.1.14
ニュージーランド地震発生　　　　2011.2.22
東日本大震災発生　　　　　　　　2011.3.11
観閲式
自衛隊観閲式　　　　　　　　　　1957.10.1
防衛庁・自衛隊50周年記念観閲式　2004.11.7
平成22年第57回中央観閲式を開催　2010.10.24
自衛隊観閲式　　　　　　　　　　2016.10.23
観艦式
海上自衛隊初の観艦式　　　　　　1957.10.2
海上自衛隊艦艇の初の訪ロ　　　　1996.7.23
海上自衛隊創設50周年記念国際観艦
　式　　　　　　　　　　　　　　2002.10.13
平成15年度第50回自衛隊観艦式　　2003.10.26
自衛隊観艦式　　　　　　　　　　2015.10.18
漢級原子力潜水艦領海侵犯事件
漢級原子力潜水艦領海侵犯事件　　2004.11.10
日中首脳会談を開催　　　　　　　2004.11.21
領水内潜没潜水艦に関する対処方針
　を策定　　　　　　　　　　　　2005.1.19
環境影響評価
沖縄防衛局長更迭　　　　　　　　2011.11.29
普天間飛行場の移設先の環境影響評
　価書提出　　　　　　　　　　　2011.12.28
沖縄県知事、県外移設の意見書　　2012.2.20
辺野古アセスのやり直しならず　　2013.2.20
環境整備法
「防衛施設周辺の整備等に関する法
　律」を施行　　　　　　　　　　1966.7.26

「航空機騒音による障害防止に関する
　法律」施行　　　　　　　　　　1967.8.1
「環境整備法」の公布・施行　　　1974.6.27
環境補足協定
日米、環境補足協定署名　　　　　2015.9.28
韓国　⇔　日韓～、日米韓～をも見よ
在日米極東軍司令部の廃止・国連軍
　司令部移転を発表　　　　　　　1956.7.18
在日米極東軍司令部を廃止・国連軍
　司令部を移転　　　　　　　　　1957.7.1
「日韓基本条約」調印　　　　　　1965.6.22
日米安保協議委、在日米軍を韓国に
　移駐　　　　　　　　　　　　　1970.12.21
リムパック90に参加　　　　　　　1990.4.9
リムパック92に参加　　　　　　　1992.6.19
リムパック94に参加　　　　　　　1994.5.23
韓国海軍練習艦隊が初来日　　　　1994.12.20
韓国軍と偶発事故防止措置の書簡を
　交換　　　　　　　　　　　　　1995.6.5
リムパック96に参加　　　　　　　1996.5.22
海上自衛隊艦艇、初の訪韓　　　　1996.9.2
リムパック98に参加　　　　　　　1998.7.6
自衛隊、韓国軍と共同訓練　　　　1999.8.2
リムパック2000に参加　　　　　　2000.5.30
リムパック2002に参加　　　　　　2002.6.24
竹島国立公園化を懸念　　　　　　2002.8.12
第2回日韓捜索・救難共同訓練　　2002.9.11
六者会合開催で合意　　　　　　　2003.7.31
リムパック2004に参加　　　　　　2004.6.29
韓国が竹島周辺の海洋調査に抗議　2006.4.14
リムパック2006に参加　　　　　　2006.6.29
韓国が竹島周辺海域で海洋調査　　2006.7.3
リムパック2008に参加　　　　　　2008.6.29
韓国が竹島占拠状態の強化を表明　2008.7.20
米国地名委員会が竹島の表記を変更　2008.7.28
リムパック2010に参加　　　　　　2010.6.23
第1回拡大ASEAN国防相会議　　　2010.10.12
延坪島砲撃事件　　　　　　　　　2010.11.23
リムパック2012に参加　　　　　　2012.6.23
韓国大統領、竹島上陸　　　　　　2012.8.10
自衛隊、韓国軍に弾薬提供　　　　2013.12.23
リムパック2014に参加　　　　　　2014.6.26
韓国軍、竹島近海で防御訓練実施　2014.11.24
日米防衛相会談　　　　　　　　　2015.4.28
日韓防衛相会談　　　　　　　　　2015.5.30
自衛隊観艦式　　　　　　　　　　2015.10.18
日米韓ミサイル警戒演習　　　　　2016.6.28
リムパック2016に参加　　　　　　2016.6.30
日米韓共同訓練　　　　　　　　　2016.10.22

－ 318 －

「日韓秘密軍事情報保護協定」署名・発効 2016.11.23
日米韓、弾道ミサイル情報共有訓練 2017.3.14
日米韓、初の対潜水艦戦共同訓練 2017.4.3

韓国外務省
小学教科書に尖閣・竹島を領土と明記 2014.4.4

韓国国家情報院
北朝鮮が短距離ミサイルを発射 2007.5.25

韓国哨戒艦沈没事件
日韓首脳会談を開催 2010.6.26

看護師 → 女性自衛官を見よ

神崎 武法
神崎公明党が対北朝鮮経済制裁に言及 2005.1.2

官製談合
防衛施設庁談合事件で同庁幹部3人を逮捕 2006.1.30
防衛施設庁談合事件で再逮捕 2006.2.21
「防衛省設置法」・「自衛隊法」改正法公布 2007.6.8
航空自衛隊事務用品発注官製談合事件 2010.3.5
航空自衛隊事務用品発注官製談合事件の報告書公表 2010.12.14

官製談合防止法
航空自衛隊事務用品発注官製談合事件 2010.3.5

艦船事故調査委員会
イージス艦衝突事故で中間報告 2008.3.21

観測ヘリコプター
陸自ヘリが衝突 2001.2.14
陸自ヘリ2機が衝突・墜落 2002.3.7

神田 厚
羽田内閣が発足 1994.4.28

艦対艦ミサイル
北朝鮮が艦対艦ミサイルを発射 2008.3.28

艦隊訓練支援機
海自訓練機が墜落 2003.5.21

環太平洋合同演習
海上自衛隊のリムパック初参加 1980.2.26
リムパック82に参加 1982.3.22
リムパック84に参加 1984.5.14
リムパック86に参加 1986.5.18
リムパック88に参加 1988.6.16
リムパック90に参加 1990.4.9
リムパック92に参加 1992.6.19
リムパック94に参加 1994.5.23
リムパック96に参加 1996.5.22
リムパック98に参加 1998.7.6
リムパック2000に参加 2000.5.30
リムパック2002に参加 2002.6.24
リムパック2004に参加 2004.6.29
リムパック2006に参加 2006.6.26
リムパック2008に参加 2008.6.29
リムパック2010に参加 2010.6.23
リムパック2012に参加 2012.6.23
リムパック2014に参加 2014.6.26
リムパック2016に参加 2016.6.30

艦艇貸与
リッジウェイ、艦艇貸与を正式提案 1951.10.19
「日米船舶貸借協定」調印 1952.11.12
警備隊、貸与船舶の引渡式を挙行 1953.1.14
警備隊、米船舶の引渡し完了 1953.12.23
「日米艦艇貸与協定」調印 1954.5.14
海上自衛隊員、米駆逐艦受領のため渡米 1954.8.2
海上自衛隊員、米潜水艦受領のため渡米 1954.12.26
日米艦艇貸与協定の追加貸与に調印 1955.1.18
「あさかぜ」・「はたかぜ」が横須賀入港 1955.2.25
海上自衛隊員、米護衛駆逐艦受領のため渡米 1955.3.29
「日米艦艇貸与協定」延長で調印 1959.10.2

寒波
九州・山口の寒波で災害派遣 2016.1.25

樺 美智子
国会請願デモで東大女子学生死亡 1960.6.15

上林山 栄吉
第1次佐藤第2次改造内閣発足 1966.8.1

カンボジア
カンボジア暫定統治機構の初動経費決定 1992.3.14
自衛隊カンボジア派遣、防衛庁長官指示 1992.8.11
アンゴラ・カンボジアでの国際平和協力業務について 1992.9.8
カンボジア派遣命令 1992.9.8
カンボジアへ自衛隊派遣 1992.9.17
カンボジア停戦監視要員出発 1992.9.19
カンボジア支援空輸業務開始 1992.9.23
第1次カンボジア派遣施設大隊出発 1992.9.23
カンボジア派遣部隊輸送業務について決定 1992.12.3
第2次カンボジア停戦監視要員出発 1993.3.16
第2次カンボジア派遣施設大隊出発 1993.3.29

かんほ　　　　　　　　　　　事項名索引　　　　　　　　日本安全保障史事典

カンボジア日本人国連ボランティア
殉職　　　　　　　　　　　　1993.4.8
カンボジア日本人文民警察官殉職　1993.5.4
第2次カンボジア派遣海上輸送部隊出
港　　　　　　　　　　　　1993.8.10
カンボジアPKO終了　　　　　　1993.9.26
自衛隊機をタイ海軍基地に派遣　1997.7.12
日ASEAN特別首脳会議　　　　2013.12.14

カンボディア国際平和協力隊の設置等に関する政令
アンゴラ・カンボジアでの国際平和
協力業務について　　　　　　1992.9.8

管理方針
マッカーサー、日本管理方針の声明
発表　　　　　　　　　　　　1945.9.9

【 き 】

機関銃暴発事故
機関銃暴発事故　　　　　　　　2001.7.7

危険業務従事者叙勲
危険業務従事者叙勲を新設　　　2003.9.30
第1回危険業務従事者叙勲　　　2003.11.3

寄港反対運動
米原子力空母エンタープライズ初寄
港　　　　　　　　　　　　1968.1.19

岸 信介
A級戦犯容疑者19人釈放　　　1948.12.24
最終の公職追放解除発表　　　　1952.4.26
重光・ダレス会談、日米安保条約改
定の共同声明発表　　　　　　1955.8.31
石橋内閣発足　　　　　　　1956.12.23
第1次岸内閣発足　　　　　　1957.2.25
岸首相、核兵器保有につき答弁　1957.5.7
岸・アイゼンハワー会談、在日米軍
早期引揚げ等の共同声明発表　1957.6.21
第1次岸改造内閣発足　　　　　1957.7.10
岸首相、核兵器問題につき答弁　1957.9.2
海上自衛隊初の観艦式　　　　　1957.10.2
第2次岸内閣発足　　　　　　　1958.6.12
岸首相、沖縄の自衛権につき答弁　1958.10.23
岸首相、自衛隊による敵基地攻撃に
つき答弁　　　　　　　　　1959.3.9
岸首相、自衛のための核武装につき
答弁　　　　　　　　　　　1959.3.12
第2次岸改造内閣発足　　　　　1959.6.18
「新安保条約」調印全権団が渡米　1960.1.16

自衛隊、治安出動要請を拒否　　1960.6.15
米国、安保条約の自動延長を示唆　1967.3.23
早期警戒機導入疑惑　　　　　　1979.1.8

岸・アイゼンハワー会談
岸・アイゼンハワー会談、在日米軍
早期引揚げ等の共同声明発表　1957.6.21

岸田 文雄
日豪外務・防衛閣僚会議、開催　2014.6.11
「思いやり予算」協定署名　　　2016.1.22
日伊外相会談　　　　　　　　　2016.3.19
日中外相会談　　　　　　　　　2016.4.30
日中韓外相会談　　　　　　　　2016.8.24
「日米物品役務相互提供協定」署名　2016.9.26
「日伊防衛装備品・技術移転協定」署
名　　　　　　　　　　　　2017.5.22
稲田防衛大臣辞任　　　　　　　2017.7.28

岸本 建男
名護市長、基地代替施設の受け入れ
を表明　　　　　　　　　1999.12.27
名護市長選で現職が再選　　　　2002.2.3
沖縄県知事、名護市長がキャンプ・
シュワブ沿岸案に反対　　　2005.10.31

技術研究所
保安庁保安研修所・保安大学校・技
術研究所設置　　　　　　　　1952.8.1
防衛庁発足　　　　　　　　　　1954.7.1
「防衛庁設置法」改正（第5次改正）　1958.5.23

技術研究本部
「防衛庁設置法」改正（第5次改正）　1958.5.23

キースラ空軍基地
航空自衛隊、留学生を米に派遣　1954.8.9

北岡 伸一
安保法制懇を設置　　　　　　　2007.4.25

北側 一雄
中国が自衛隊イラク派遣へ理解　2004.1.12

北沢 俊美
鳩山内閣が発足　　　　　　　　2009.9.16
日米防衛相会談を開催　　　　2009.10.21
日豪ACSA署名　　　　　　　2010.5.19
アジア安全保障会議開催　　　　2010.6.5
菅内閣が発足　　　　　　　　　2010.6.8
菅第1次改造内閣が発足　　　　2010.9.17
日中防衛相会談を開催　　　　2010.10.11
自衛隊殉職隊員追悼式を挙行　2010.10.23
菅第2次改造内閣が発足　　　　2011.1.14
アジア安全保障会議開催　　　　2011.6.3

北大西洋条約機構
「日NATO情報保護協定」締結　2010.6.25

日本安全保障史事典　　　事項名索引　　　きたち

北朝鮮　⇔　日朝～をも見よ

朝鮮戦争勃発	1950.6.25
国連軍の米国指揮決定	1950.7.7
よど号事件が発生	1970.3.31
第十八富士山丸事件	1983.11.11
北朝鮮訪問団、平壌入り	1990.9.24
北朝鮮抑留のスパイ容疑の船員釈放	
	1990.10.11
北朝鮮に国際原子力機関の特定査察	1992.5.25
日朝国交正常化交渉開催	1992.11.5
北朝鮮、核拡散防止条約脱退	1993.3.12
北朝鮮、日本海にミサイル発射	1993.5.29
北朝鮮がミサイル発射	1998.8.31
政府、KEDOの調印を拒否	1998.8.31
KEDO署名	1998.10.21
情報収集衛星の導入決定	1998.12.22
能登半島沖に不審船	1999.3.23
北朝鮮チャーター便運行停止解除	1999.11.2
村山訪問団出発	1999.12.1
九州南西海域工作船事件	2001.12.22
北朝鮮が拘束邦人を解放	2002.2.12
沈没工作船を発見	2002.2.25
工作船の潜水調査を開始	2002.5.1
日中が工作船引き上げで合意	2002.6.17
第6回日朝赤十字会談が閉幕	2002.8.19
能登半島沖に不審船	2002.9.4
北朝鮮工作船を引き揚げ	2002.9.11
北朝鮮が日本人拉致を認める	2002.9.17
よど号メンバーに拉致事件で逮捕状	2002.9.25
拉致問題に関する事実調査チームを	
派遣	2002.9.28
寺越さんが一時帰国	2002.10.3
九州南西海域工作船事件の調査結果	
を公表	2002.10.4
土井社民党党首が拉致事件について	
陳謝	2002.10.7
拉致被害者が15人に	2002.10.8
拉致被害者が帰国	2002.10.15
北朝鮮が核兵器開発を認める	2002.10.16
拉致被害者5人の永住帰国方針を決定	
	2002.10.23
キム・ヘギョンさんが横田さんの娘	
であると確認	2002.10.24
APEC2002が開幕	2002.10.26
日米韓首脳会談を開催	2002.10.27
第12回日朝国交正常化交渉を開始	2002.10.29
松木さんの「遺骨」は偽物	2002.11.11
工作船引き上げで中国に協力金	2002.12.27
宇出津事件で北朝鮮工作員に逮捕状	2003.1.8

北朝鮮がNPT脱退	2003.1.10
新たな拉致被害者の氏名を公表	2003.2.10
北朝鮮が連続で地対艦ミサイル発射	
実験	2003.2.25
被害者家族連絡会が訪米	2003.3.5
日中首脳会談	2003.4.6
米国務次官補が来日	2003.4.26
米中と相次いで首脳会談	2003.5.23
拉致はテロであると表明	2003.6.5
日韓首脳会談を開催	2003.6.7
六者会合開催で合意	2003.7.31
拉致被害者の子どもから手紙	2003.8.2
六者会合での日中連携で合意	2003.8.9
国連総会で拉致問題解決について演	
説	2003.9.23
自民党議員が拉致問題で北朝鮮当局	
者と会談	2004.4.1
拉致被害者家族が帰国	2004.5.22
「特定船舶入港禁止特別措置法」公布	2004.6.18
第1回日朝実務者協議	2004.8.11
第2回日朝実務者協議	2004.9.25
第3回日朝実務者協議を開始	2004.11.9
日米首脳会談を開催	2004.11.20
北朝鮮提供の遺骨が別人の骨と判明	2004.12.8
神崎公明党が対北朝鮮経済制裁に言	
及	2005.1.2
北朝鮮が遺骨鑑定結果をねつ造と批	
判	2005.1.24
六者会合再開で日米首脳が同意	2005.2.3
遺骨問題で応酬	2005.2.10
16人目の拉致被害者を認定	2005.4.27
北朝鮮が新型短距離弾道ミサイルを	
発射	2005.5.1
第4回六者会合第2次会合	2005.9.13
拉致問題で国連が北朝鮮に勧告	2005.9.27
拉致実行犯の北朝鮮工作員に逮捕状	2006.4.24
金英男さんが横田さんは自殺したと	
主張	2006.6.29
北朝鮮が弾道ミサイル発射実験	2006.7.5
アジア欧州会議第6回首脳会合	2006.9.10
対北朝鮮金融制裁を決定	2006.9.19
北朝鮮が核実験に成功	2006.10.9
対北朝鮮追加制裁を発動	2006.10.13
日米韓外相会談を開催	2006.10.19
拉致実行犯の北朝鮮工作員に逮捕状	2006.11.2
六者会合再開に向けて日韓の連携強	
化	2006.11.5
安倍首相が米中露首脳と相次ぎ会談	
	2006.11.18

– 321 –

17人目の拉致被害者を認定	2006.11.20	日韓首脳会談を開催	2009.9.23
日比首脳会談を開催	2006.12.9	日米首脳会談を開催	2009.9.23
「強制失踪条約」に署名	2007.2.6	日韓首脳会談を開催	2009.10.9
第5回六者会合第3次会合	2007.2.8	北朝鮮が短距離弾道ミサイル発射	2009.10.12
拉致を命じた北朝鮮諜報機関要員に		対北朝鮮制裁の期限延長	2010.4.9
逮捕状	2007.2.22	「貨物検査特別措置法」成立	2010.5.28
第6回六者会合第1次会合を開始	2007.3.19	日韓首脳会談を開催	2010.6.26
日米首脳会談	2007.4.27	核軍縮決議案を提出	2010.10.14
北朝鮮が短距離ミサイルを発射	2007.5.25	延坪島砲撃事件	2010.11.23
拉致事件でよど号グループメンバー		日米韓外相会談を開催	2010.12.6
の妻に逮捕状	2007.6.13	脱北者救助	2011.9.13
第2回日朝国交正常化のための作業部		情報収集衛星、打ち上げ成功	2011.9.23
会	2007.9.5	北朝鮮、ミサイル発射予告	2012.3.16
対北朝鮮制裁の期限延長	2007.10.9	弾道ミサイル破壊措置命令	2012.3.30
核軍縮決議案を提出	2007.10.18	日英首脳会談	2012.4.10
日米首脳会談を開催	2007.11.16	北朝鮮、ミサイル発射失敗	2012.4.13
北朝鮮が艦対艦ミサイルを発射	2008.3.28	日朝外務省局長級協議	2012.11.15
対北朝鮮制裁の期限延長	2008.4.11	小型船、相次ぎ漂着	2012.11.28
北朝鮮が拉致問題再調査を表明	2008.6.11	北朝鮮ミサイル発射予告、日朝政府	
G8京都外相会議を開催	2008.6.26	間協議延期	2012.12.1
北朝鮮が核計画申告書を提出	2008.6.26	弾道ミサイル破壊措置命令	2012.12.7
日米首脳会談を開催	2008.7.6	北朝鮮、ミサイル発射	2012.12.12
対北朝鮮制裁の期限延期	2008.10.10	国連安保理、北朝鮮ミサイルに制裁	
米国、北朝鮮のテロ支援国家指定解		決議	2013.1.22
除	2008.10.10	北朝鮮、3回目の核実験	2013.2.12
日韓首脳会談を開催	2009.1.12	国連安保理、北朝鮮核実験への追加	
日米首脳会談を開催	2009.2.24	制裁	2013.3.7
日中外相会談を開催	2009.2.28	北朝鮮、黒鉛減速炉の再稼働表明	2013.4.2
弾道ミサイル等に対する破壊措置の実		弾道ミサイル破壊措置命令	2013.4.7
施に関する自衛隊行動命令を発令	2009.3.27	日米韓防衛相会談	2013.6.1
日米韓外相会談を開催	2009.3.31	北朝鮮、ミサイル発射続く	2014.3.3
北朝鮮にミサイル発射自制を求める		横田夫妻、ウンギョンさんと面会	2014.3.16
決議	2009.3.31	日米韓首脳会談	2014.3.25
弾道ミサイル発射と誤発表	2009.4.4	日朝外務省局長級協議	2014.3.30
北朝鮮が弾道ミサイル発射実験	2009.4.5	日本人拉致被害者の再調査で合意	2014.5.29
対北朝鮮制裁の期限延長	2009.4.10	日米豪防衛相会談	2014.5.30
日中韓首脳会談	2009.4.11	日米韓防衛相会談	2014.5.31
ミサイル発射に対する国連安保理議		拉致調査委員会設置	2014.7.1
長声明	2009.4.14	情報収集衛星、打ち上げ成功	2015.2.1
日越首脳会談を開催	2009.4.20	北朝鮮、ミサイル発射	2015.3.2
北朝鮮が核実験	2009.5.25	日米防衛相会談	2015.4.28
日米韓防衛相会談	2009.5.30	北朝鮮、ミサイル発射	2015.5.9
北朝鮮の核実験で日米次官級協議	2009.6.1	日米韓防衛相会談	2015.5.30
安保理が対北朝鮮制裁決議を採択	2009.6.12	北朝鮮、4回目の核実験	2016.1.6
「核兵器廃絶に向けた取り組みの強化		日英外務・防衛閣僚会合、開催	2016.1.8
を求める決議」を採択	2009.6.16	北朝鮮、ミサイル発射	2016.2.7
対北朝鮮輸出を全面禁止	2009.6.16	北朝鮮、相次ぐミサイル発射	2016.3.3
北朝鮮が弾道ミサイル発射	2009.7.4	北朝鮮、ミサイル発射失敗	2016.4.15
安保理が対北朝鮮制裁対象を指定	2009.7.16	北朝鮮、ミサイル発射失敗	2016.4.23

日韓防衛相会談	2016.6.4
日米韓防衛相会談	2016.6.4
北朝鮮、ミサイル発射	2016.6.22
日米韓ミサイル警戒演習	2016.6.28
北朝鮮、ミサイル発射	2016.7.19
北朝鮮、ミサイル発射	2016.8.3
日中韓外相会談	2016.8.24
北朝鮮、ミサイル発射	2016.8.24
北朝鮮、ミサイル発射	2016.9.5
日韓首脳会談	2016.9.7
北朝鮮、5回目の核実験	2016.9.9
北朝鮮、ミサイル発射失敗	2016.10.15
日米韓共同訓練	2016.10.22
「日韓秘密軍事情報保護協定」署名・発効	2016.11.23
北朝鮮、ミサイル発射	2017.2.12
日米韓、弾道ミサイル情報共有訓練	2017.3.14
日露外務・防衛閣僚協議、開催	2017.3.20
日米韓、初の対潜水艦戦共同訓練	2017.4.3
日豪外務・防衛閣僚協議、開催	2017.4.20
アジア安全保障会議開催	2017.6.2
日シンガポール防衛相会談	2017.6.3
日韓防衛相会談	2017.6.3
日米韓防衛相会談	2017.6.3
日米豪防衛相会談	2017.6.3
日米防衛相会談	2017.6.3
北朝鮮、ミサイル発射	2017.6.8
北朝鮮、ミサイル発射	2017.7.4
日米安全保障協議委員会開催	2017.8.17
北朝鮮、ミサイル発射失敗	2017.8.26
北朝鮮、ミサイル発射	2017.8.29
日米共同訓練	2017.8.31
北朝鮮、6回目の核実験	2017.9.3
日印防衛相会談	2017.9.5
安倍首相、国連演説で北朝鮮への圧力訴え	2017.9.20
日韓防衛相会談	2017.10.23
日豪防衛相会談	2017.10.23
日米韓防衛相会談	2017.10.23
日米防衛相会談	2017.10.23
拡大ASEAN国防相会議開催	2017.10.24
日米印合同演習	2017.11.3
日米共同訓練	2017.11.12
小型漁船、相次ぎ漂着	2017.11.15
米国、北朝鮮をテロ支援国家に再指定	2017.11.20
北朝鮮、ミサイル発射	2017.11.29

北朝鮮外務省
北朝鮮が日朝安全保障協議の無期延期を警告	2002.11.14
北朝鮮が核開発再開を宣言	2002.12.12
北朝鮮が核兵器保有を表明	2005.2.10
制裁解除なら六者会合復帰	2010.1.11

北朝鮮帰還協定
「北朝鮮帰還協定」調印	1959.8.13
北朝鮮帰還第1船、新潟港を出港	1959.12.14

北朝鮮工作員
宇出津事件で北朝鮮工作員に逮捕状	2003.1.8
拉致問題で元北朝鮮工作員を参考人招致	2005.7.28
拉致事件で工作員2人の逮捕状取得	2006.2.23
拉致実行犯の北朝鮮工作員に逮捕状	2006.4.24
拉致実行犯の北朝鮮工作員に逮捕状	2006.11.2

北朝鮮船窃盗
北朝鮮船員、島から窃盗	2017.12.5

北朝鮮当局によって拉致された被害者等の支援に関する法律 → 拉致被害者支援法を見よ

北朝鮮による砲撃事件対策本部
延坪島砲撃事件	2010.11.23

北朝鮮による拉致被害者家族連絡会
拉致被害者5人の永住帰国方針を決定	2002.10.23
被害者家族連絡会が訪米	2003.3.5
外務次官が拉致問題に関する発言を修正	2003.8.4

北朝鮮に拉致された日本人を救出するための全国協議会
拉致被害者救出を求める集会開催	2003.5.7

北朝鮮訪問団
北朝鮮訪問団、平壌入り	1990.9.24
北朝鮮抑留のスパイ容疑の船員釈放	1990.10.11

北原 歳男
沖縄県知事、名護市長がキャンプ・シュワブ沿岸案に反対	2005.10.31

北富士演習場
米軍、北富士演習場で射撃演習強行	1955.5.10
北富士演習場デモでトラック転覆事故	1955.6.20
北富士の座り込み小屋撤去	1970.10.27
陸上自衛隊、北富士演習場で返還後初訓練	1973.5.14
沖縄駐留米兵、実弾演習で初の本土移転射撃	1997.7.3

きち　　　　　　　事項名索引　　　　　日本安全保障史事典

「第7次北富士演習場使用協定」を締
　結　　　　　　　　　　　　　2003.3.27
基地
ブラッドレー米統合参謀本部議長来
　日　　　　　　　　　　　　　1950.1.31
GHQ、沖縄に恒久的基地の建設発表　1950.2.10
吉田首相、軍事基地承認は日本の義
　務と答弁　　　　　　　　　　1950.2.13
対日理事会ソ連代表、日本の軍事基
　地化を批判　　　　　　　　　1950.5.2
「日米行政協定」調印　　　　　1952.2.28
「駐留軍用地特別措置法」公布・施行　1952.5.15
アイゼンハワー米大統領、沖縄米軍
　基地の無期限保有を表明　　　1954.1.7
砂川闘争が始まる　　　　　　　1955.5.8
米軍、北富士演習場で射撃演習強行　1955.5.10
全国軍事基地反対連絡会議結成　1955.6.23
横田基地拡張、閣議決定　　　　1955.10.4
「防衛施設周辺の整備等に関する法
　律」を施行　　　　　　　　　1966.7.26
日米首脳共同声明で沖縄返還日決ま
　る　　　　　　　　　　　　　1972.1.7
自衛官の住民登録を拒否　　　　1972.11.24
沖縄32基地の返還を決定　　　　1974.1.30
防衛施設庁長官、沖縄の基地返還は
　非現実的と発言　　　　　　　1994.9.9
小泉首相が在沖縄米軍基地の本土移
　転に言及　　　　　　　　　　2004.10.1
基地周辺問題対策協議会
基地問題等閣僚懇談会・基地周辺問
　題対策協議会の設置決定　　　1961.5.30
基地負担軽減
自民・公明両党幹事長が米国防長官
　と会談　　　　　　　　　　　2004.4.29
日米首脳会談を開催　　　　　　2004.9.21
小泉首相が在沖縄米軍基地の本土移
　転に言及　　　　　　　　　　2004.10.1
キャンプ・シュワブ沿岸案で合意　2005.10.29
「平成17年10月29日に実施された日米
　安全保障協議委員会において承認
　された事項に関する当面の政府の
　取組について」を決定　　　　2005.11.11
首相と沖縄県知事が会談　　　　2010.6.23
沖縄基地負担軽減推進委員会の設置　2014.1.22
普天間飛行場負担軽減推進会議の設
　置　　　　　　　　　　　　　2014.2.14
政府・沖縄県協議会の設置　　　2016.1.28

基地問題等閣僚懇談会
基地問題等閣僚懇談会・基地周辺問
　題対策協議会の設置決定　　　1961.5.30
議長声明
日越首脳会談を開催　　　　　　2009.4.20
機動揚陸艇
海上自衛隊、揚陸艇51隻受領　　1955.2.15
宜野湾市長選挙
宜野湾市長選、辺野古移設推進の市
　長が再選　　　　　　　　　　2016.1.24
基盤的防衛力構想
4次防後の防衛力整備計画案作成を指
　示　　　　　　　　　　　　　1975.4.1
岐阜県
鳥インフルエンザ対応　　　　　2017.1.14
器物損壊罪
器物損壊罪で米兵逮捕　　　　　2001.7.21
基本政策閣僚委員会
普天間飛行場移設先決定を先送り　2009.12.15
基本的人権
「日本国憲法」公布　　　　　　1946.11.3
儀間 光男
浦添市長選で米軍施設容認派が勝利　2001.2.11
機密保護立法
福田首相、機密保護立法の検討を表
　明　　　　　　　　　　　　　1978.10.9
キム・ウンギョン
キム・ヘギョンさんが横田さんの娘
　であると確認　　　　　　　　2002.10.24
横田夫妻、ウンギョンさんと面会　2014.3.16
金 寛鎮
日米韓防衛相会談　　　　　　　2013.6.1
日米韓防衛相会談　　　　　　　2014.5.31
金 桂寛
9ヶ月ぶりに日朝公式協議　　　　2005.8.7
金 正日
北朝鮮が日本人拉致を認める　　2002.9.17
拉致被害者家族が帰国　　　　　2004.5.22
金 正恩
日朝外務省局長級協議　　　　　2012.11.15
北朝鮮、3回目の核実験　　　　　2013.2.12
金 世鎬
宇出津事件で北朝鮮工作員に逮捕状　2003.1.8
金 星煥
日米韓外相会談を開催　　　　　2010.12.6
金 大中
日中韓首脳会談を開催　　　　　2001.11.5

－ 324 －

日韓首脳会談を開催　　　　　　2002.3.22
日米韓首脳会談を開催　　　　　2002.10.27

キム・ドンジン
日韓防衛相会談　　　　　　　　2002.4.20

キム ヘギョン　→　キム ウンギョンを
見よ

金 英男
政府首脳が韓国人拉致被害者家族と
面会　　　　　　　　　　　　2006.5.29
金英男さんが横田さんは自殺したと
主張　　　　　　　　　　　　2006.6.29
横田夫妻、ウンギョンさんと面会　2014.3.16

木村 篤太郎
第4次吉田内閣発足　　　　　　1952.10.30
第5次吉田内閣発足　　　　　　1953.5.21
警備5ヵ年計画案が問題化　　　　1953.6.9
木村保安庁長官、防衛力増強の初年
度計画を説明　　　　　　　　1954.1.11
木村保安庁長官、MSA援助につき国
会説明　　　　　　　　　　　1954.3.19
防衛道路整備合同委員会設置に合意　1954.6.24
木村防衛庁長官就任　　　　　　1954.7.1
陸上自衛隊の北海道移駐を発表　　1954.7.9
木村防衛庁長官、海空防衛力強化方
針　　　　　　　　　　　　　1954.7.24

木村 兵太郎
東条ら7戦犯の死刑執行　　　　　1948.12.23

キャメロン, デーヴィッド
日英首脳会談　　　　　　　　　2012.4.10
日英首脳会談　　　　　　　　　2013.6.17

キャンプ座間
極東条項に関する政府統一見解を発
表　　　　　　　　　　　　　2004.10.21
米陸軍第1軍団前方司令部を設置　2007.12.19

キャンプ・シュワブ
キャンプ・シュワブ沿岸案で合意　2005.10.29
沖縄県知事、名護市長がキャンプ・
シュワブ沿岸案に反対　　　　2005.10.31
名護市長が辺野古移設に合意　　　2006.4.7
「再編実施のための日米のロードマッ
プ」発表　　　　　　　　　　2006.5.1
普天間飛行場の辺野古移設を表明　2010.5.23
普天間飛行場の辺野古移設で日米合
意　　　　　　　　　　　　　2010.5.28
辺野古ボーリング調査開始　　　　2014.8.18

キャンプ・ハンセン
米軍ヘリ墜落　　　　　　　　　2013.8.5
米軍基地一部返還決定　　　　　2017.7.11

旧安保条約　→　日米安保条約を見よ

救急出動
陸自機墜落　　　　　　　　　　2017.5.15

九州・沖縄サミット
九州・沖縄サミット開幕　　　　2000.7.21

九州経済産業局
東シナ海天然ガス田の試掘権設定処
理手続き開始　　　　　　　　2005.4.13

九州豪雨
九州豪雨に災害派遣　　　　　　2003.7.18

九州大学
米ファントム戦闘機、九州大学構内
に墜落　　　　　　　　　　　1968.6.2

九州南西海域工作船事件
九州南西海域工作船事件　　　　2001.12.22
沈没工作船を発見　　　　　　　2002.2.25
工作船の潜水調査を開始　　　　2002.5.1
日中が工作船引き上げで合意　　　2002.6.17
北朝鮮工作船を引き揚げ　　　　2002.9.11
九州南西海域工作船事件の調査結果
を公表　　　　　　　　　　　2002.10.4
工作船引き上げで中国に協力金　2002.12.27

休戦ライン　→　軍事境界線を見よ

救難ヘリコプター
米軍ヘリ墜落　　　　　　　　　2013.8.5
空自ヘリ墜落　　　　　　　　　2017.10.17

久間 章生
第2次橋本内閣が発足　　　　　1996.11.7
第2次橋本改造内閣が発足　　　1997.9.11
第1次安倍内閣が発足　　　　　2006.9.26
防衛省が発足　　　　　　　　　2007.1.9
イージス艦情報漏えい事件について
謝罪　　　　　　　　　　　　2007.4.30
アジア安全保障会議開催　　　　2007.6.2
日米豪防衛相会談　　　　　　　2007.6.2
久間防衛相「原爆しょうがない」発言
2007.6.30
小池防衛大臣就任　　　　　　　2007.7.4
山田洋行事件で証人喚問　　　　2007.11.15

久六島
ロシア機、領空侵犯　　　　　　1993.8.31

キューバ危機
航空自衛隊、防空準備態勢強化　1962.10.23

教科書
小学教科書に尖閣・竹島を領土と明記　2014.4.4

共産党
安保阻止国民会議結成　　　　　1959.3.28
共産党、自主防衛権を認める　　　1968.1.7

きよう　　　　　　　　　　　事項名索引　　　　　　　　日本安全保障史事典

共産党、日本の安全保障についての
　　構想　　　　　　　　　　　　1968.6.10
共産党、民主連合政府で自衛隊は削
　　減　　　　　　　　　　　　　1976.1.19
「国際連合平和協力法」案提出　1990.10.16
共産党が自衛隊容認　　　　　　2000.11.20
第43回総選挙　　　　　　　　　2003.11.9
共産党が綱領全面改定　　　　　2004.1.17
安保関連法成立　　　　　　　　2015.9.19
行政機関の保有する情報の公開に関す
る法律　→　情報公開法を見よ
行政協定に基く日本国政府とアメリカ
合衆国政府との間の協定　→　日米施
設区域協定を見よ
行政権停止
琉球列島・小笠原群島の日本行政権
　　停止　　　　　　　　　　　　1946.1.29
行政事件訴訟法
自衛隊法改正　　　　　　　　　1962.5.16
強制失踪からのすべての者の保護に関す
る国際条約　→　強制失踪条約を見よ
強制失踪条約
「強制失踪条約」に署名　　　　2007.2.6
行政不服審査法
「自衛隊法」改正　　　　　　　1962.9.15
共同訓練　⇔　合同演習をも見よ
海上自衛隊、戦後初の日米共同訓練　1955.4.25
空自、初の日米共同訓練　　　　1978.11.27
日米共同訓練の実施　　　　　　1981.10.1
日米共同指揮所訓練の実施　　　1982.2.15
日米共同実働訓練の実施　　　　1982.11.10
日米共同指揮所訓練の実施　　　1983.5.16
航空自衛隊、日米共同指揮所訓練を
　　実施　　　　　　　　　　　　1983.12.12
米海軍と日米共同指揮所訓練の実施　1984.6.11
日ロの共同訓練　　　　　　　　1998.7.29
自衛隊、韓国軍と共同訓練　　　1999.8.2
第2回西太平洋潜水艦救難訓練　　2002.4.22
第2回日韓捜索・救難共同訓練　　2002.9.11
多国間捜索救難訓練　　　　　　2002.10.15
日米印共同3国間訓練　　　　　2007.4.16
日米豪3ヶ国共同訓練　　　　　2007.10.17
日米豪共同訓練　　　　　　　　2013.5.18
日露外務・防衛閣僚協議、初開催　2013.11.2
日印防衛相会談　　　　　　　　2014.1.6
日米豪共同訓練　　　　　　　　2014.11.6
日米初の共同空挺降下訓練　　　2015.2.8
日韓防衛相会談　　　　　　　　2015.5.30

日米防衛相会談　　　　　　　　2015.11.3
日越防衛相会談　　　　　　　　2015.11.6
日印防衛相会談　　　　　　　　2016.6.3
日英防衛相会談　　　　　　　　2016.6.5
日米韓共同訓練　　　　　　　　2016.10.22
日米共同演習　　　　　　　　　2016.10.30
北朝鮮、ミサイル発射　　　　　2017.2.12
日米韓、弾道ミサイル情報共有訓練　2017.3.14
日米韓、初の対潜水艦戦共同訓練　　2017.4.3
日豪防衛相会談　　　　　　　　2017.4.19
日仏英米共同訓練　　　　　　　2017.5.3
日仏防衛相会談　　　　　　　　2017.6.3
日米印海上共同訓練　　　　　　2017.7.10
米艦防護訓練　　　　　　　　　2017.7.26
日米共同訓練　　　　　　　　　2017.8.31
日米印合同演習　　　　　　　　2017.11.3
日米共同訓練　　　　　　　　　2017.11.12
日英外務・防衛閣僚会合、開催　2017.12.14
京都府
鳥インフルエンザで災害派遣　　2004.3.4
豪雨で災害派遣　　　　　　　　2006.7.15
京都府・兵庫県で豪雨災害　　　2014.8.17
郷土防衛隊制度
郷土防衛隊制度要綱案が内定　　1955.10.18
共謀罪
テロ等準備罪法成立　　　　　　2017.6.15
漁業主権法
中国漁船の船長を逮捕　　　　　2011.8.5
漁業法
九州南西海域工作船事件　　　　2001.12.22
中国漁船の船長を逮捕　　　　　2011.11.6
極東委員会
極東委員会設置　　　　　　　　1946.2.26
極東委員会、日本非武装化指令を採
　　択　　　　　　　　　　　　　1948.2.12
英・ソ・中3国代表、海上保安庁設置
　　を批判　　　　　　　　　　　1948.4.28
極東委員会・対日理事会・GHQ廃止　1952.4.28
極東国際軍事裁判
東京裁判開廷　　　　　　　　　1946.5.3
東京裁判判決　　　　　　　　　1948.11.12
東条ら7戦犯の死刑執行　　　　1948.12.23
極東有事研究
日米安保協議委員会、極東有事研究
　　の開始　　　　　　　　　　　1982.1.8
漁船保護
漁船保護のための自衛艦出動に言明　1968.2.11

－ 326 －

日本安全保障史事典　　　　　　事項名索引　　　　　　くなし

魚雷
実装魚雷、搭載　　　　　　　　1980.8.19

きりさめ
自衛隊インド洋派遣開始　　　　2001.11.9
海自がインド洋から撤収　　　　2007.11.1

きりしま
「きりしま」をインド洋へ派遣　2002.12.16
スマトラ島沖地震発生　　　　　2004.12.26

ギリシャ
国連安保理非常任理事国に選出　2004.10.15

緊急医療支援訓練
ビッグレスキュー'91の実施　　1991.8.23

緊急対応措置
緊急テロ対策本部を設置　　　　2001.10.8

緊急テロ対策本部
緊急テロ対策本部を設置　　　　2001.10.8

緊急発進
沖縄の空自が緊急発進体制開始　1973.1.1
F-15Jの警戒待機を開始　　　　1984.7.16
中国機、尖閣領空侵犯　　　　　2012.12.13
ロシア軍機、領空侵犯　　　　　2013.2.7
ロシア空軍機、領空侵犯　　　　2013.8.22
推定ロシア機、領空侵犯　　　　2015.9.15
尖閣諸島で中国船からドローン飛行　2017.5.18
空自機部品落下　　　　　　　　2017.10.5

【く】

グアム移転
在沖縄海兵隊グアム移転費用は100億
ドル　　　　　　　　　　　　2006.3.14
在沖縄海兵隊グアム移転費用負担で
合意　　　　　　　　　　　　2006.4.23
「再編実施のための日米のロードマッ
プ」発表　　　　　　　　　　2006.5.1
「在沖縄海兵隊のグアム移転に係る協
定」署名　　　　　　　　　　2009.2.17
「在沖縄海兵隊のグアム移転に係る協
定」を承認　　　　　　　　　2009.5.13
米軍訓練のグアム移転、日米合意　2011.1.20
グアムへの航空機訓練移転　　　2011.10.10
日米首脳会談　　　　　　　　　2011.11.12
在日米軍再編計画を見直し　　　2012.2.8
日米安全保障協議委員会開催　　2013.10.3

クウェート
湾岸危機に関する支援策発表　　1990.8.29

ペルシャ湾派遣部隊、掃海作業開始　1991.6.5
海自艦艇がクウェート到着　　　2004.3.15
初の在外邦人等の輸送　　　　　2004.4.15

空軍兵備要綱
「空軍兵備要綱」完成　　　　　1952.5.18

空対艦ミサイル
93式空対艦誘導弾（ASM-2）を制式化
　　　　　　　　　　　　　　1993.11.30

空対艦誘導弾
空対艦誘導弾、制式化　　　　　1980.12.22

空対空ミサイル
第4回日米安保委員会で、サイドワイ
ンダー供与決定　　　　　　　1957.12.19
防衛庁、サイドワインダー14発発注　1958.9.10
国産初の空対空ミサイル発射実験成
功　　　　　　　　　　　　　1963.7.8
90式空対空ミサイルを制式化　　1990.12.18
99式空対空誘導弾を制式化　　　1999.11.22

空中給油
空中給油機能について　　　　　1999.12.17
空中給油・輸送機の採用が決定　2001.12.14
空自が初の空中給油訓練　　　　2003.4.21
コープサンダー演習　　　　　　2003.5.22
オスプレイ給油訓練再開　　　　2017.1.6

空中警戒管制機
空自が初の空中給油訓練　　　　2003.4.21

空挺降下訓練
日米初の共同空挺降下訓練　　　2015.2.8

権 哲賢
学習指導要領解説書に竹島領有を明
記　　　　　　　　　　　　　2008.7.14

駆潜艇
初の国産駆潜艇「かもめ」竣工　1957.1.14

駆逐艦
海上自衛隊員、米駆逐艦受領のため
渡米　　　　　　　　　　　　1954.8.2
「あさかぜ」・「はたかぜ」が横須賀入
港　　　　　　　　　　　　　1955.2.25

口永良部島噴火
口永良部島噴火　　　　　　　　2015.5.29

クーデター計画
三無事件　　　　　　　　　　　1961.12.12

国後島
ソ連軍、北方領土占領　　　　　1945.8.18
日露首脳会談を開催　　　　　　2001.10.21
日露外務次官級協議を開催　　　2002.3.13
ロシアが漁船4隻を拿捕　　　　2007.12.13

－ 327 －

くほ 事項名索引 日本安全保障史事典

人道支援物資供与事業でロシアが出
　入国カード提出を要求　　　2009.1.28
ロシア大統領が北方領土訪問　2010.11.1
ロシア首相、国後島訪問　　　2012.7.3
ロシア、北方領土で軍事演習　2014.8.12
ロシア軍、北方領土へミサイル配備 2016.11.22

久保 卓也
防衛庁、次期FX候補を米国製にしぼ
　る　　　　　　　　　　　　1976.1.23

久保・カーチス協定
第13回日米安全保障協議委員会　1971.6.29

久保田 円次
第2次大平内閣が発足　　　　1979.11.9
久保田防衛庁長官辞任　　　　1980.2.4

久保山 愛吉
第五福竜丸事件　　　　　　　1954.3.1

熊本県
九州豪雨に災害派遣　　　　　2003.7.18
豪雨で災害派遣　　　　　　　2006.7.15
鳥インフルエンザ対応　　　　2014.4.14
鳥インフルエンザ対応　　　　2016.12.26

熊本地震
熊本地震発生　　　　　　　　2016.4.14
予備自衛官の災害招集　　　　2016.4.17

久米 裕
宇出津事件で北朝鮮工作員に逮捕状　2003.1.8

倉石 忠雄
倉石農相、現行憲法は他力本願発言　1968.2.6

クラーク, マーク・ウェイン
政府、領空侵犯機排除に米国の協力
　要請　　　　　　　　　　　1953.1.13

クラスター弾等の製造の禁止及び所持の規制等に関する法律　→　クラスター爆弾禁止法を見よ

クラスター弾に関する条約　→　クラスター爆弾禁止条約を見よ

クラスター爆弾禁止条約
「クラスター弾に関する条約」署名式　2008.12.3
「クラスター弾に関する条約」批准　2009.7.14
「クラスター弾等の製造の禁止及び所
　持の規制に関する法律」公布　2009.7.17

クラスター爆弾禁止法
「クラスター弾等の製造の禁止及び所
　持の規制等に関する法律」公布　2009.7.17

くらま
海上自衛隊艦艇の初の訪ロ　　1996.7.23
自衛隊インド洋派遣開始　　　2001.11.9
漢級原子力潜水艦領海侵犯事件　2004.11.10

護衛艦「くらま」衝突事故　　2009.10.27

グラマン
次期戦闘機にグラマンF11 F-1F採用
　内定　　　　　　　　　　　1958.4.12
次期戦闘機の機種問題、国会で追及　1958.9.2
次期戦闘機グラマンF11 F-1Fの内定
　撤回　　　　　　　　　　　1959.6.15
早期警戒機導入疑惑　　　　　1979.1.8

グラマン社
早期警戒機導入決定　　　　　1979.1.11

グラール, シルヴィー
日仏防衛相会談　　　　　　　2017.6.3

クリストバウン
日・東ティモール防衛相会談　2015.3.20
中谷防衛相、東南アジア3カ国訪問　2016.6.6

栗原 祐幸
第2次中曽根内閣が発足　　　1983.12.27
第3次中曽根内閣の発足　　　1986.7.22
現職防衛庁長官の初訪中　　　1987.5.29
日米防衛首脳会談の開催　　　1987.10.2

クリリオン号
北朝鮮帰還第1船、新潟港を出港　1959.12.14

クリントン, ヒラリー
日米韓外相会談を開催　　　　2009.3.31
尖閣諸島への「安保条約」適用を明言
　　　　　　　　　　　　　　2010.9.23
日米韓外相会談を開催　　　　2010.12.6

クリントン, ビル
「日米安全保障共同宣言」発表　1996.4.17
九州・沖縄サミット開幕　　　2000.7.21

グリーンビル
えひめ丸事故　　　　　　　　2001.2.10
えひめ丸事故の審問委員会を開始　2001.3.5
「グリーンビル」前艦長に減給処分　2001.4.13
「グリーンビル」元艦長が来日　2002.12.15

栗栖 弘臣
栗栖陸幕長、統幕議長は認証官であ
　るべき　　　　　　　　　　1977.10.14
栗栖統合幕僚会議議長、超法規的行
　動発言　　　　　　　　　　1978.7.28

くろしお
海上自衛隊員、米潜水艦受領のため
　渡米　　　　　　　　　　　1954.12.26

軍機保護法
「国防保安法」等廃止　　　　1945.10.13

軍事援助顧問団
軍事援助顧問団を相互防衛援助事務
　所に改称　　　　　　　　　1969.7.4

日本安全保障史事典　　　　事項名索引　　　　けいさ

軍事境界線
「朝鮮休戦協定」調印　　　　　　1953.7.27
軍事裁判
米第8軍軍事法廷開廷　　　　　　1945.12.17
山下大将の死刑執行　　　　　　　1946.2.23
米極東軍管下の軍事裁判終了　　　1949.10.19
軍事情報包括保護協定
「軍事情報包括保護協定」に署名　　2007.8.7
軍事部軍事計画課
国連PKO局に自衛官派遣　　　　　2002.12.2
軍縮決議
国連軍縮特別総会に向け、軍縮で国
会決議　　　　　　　　　　　　1978.5.23
軍需工業
経団連、防衛生産委員会を設置　　1952.8.13
軍需省
大東亜省・軍需省・農商省廃止　　1945.8.26
軍人
旧職業軍人初の公職追放解除　　　1950.11.10
警察予備隊、旧職業軍人の特別募集
を開始　　　　　　　　　　　　1951.3.1
警察予備隊に幹部候補生入隊　　　1951.6.11
第2次公職追放解除　　　　　　　1951.8.6
旧陸海軍正規将校の公職追放解除　1951.8.16
中佐以下の旧将校の公職追放解除　1951.10.1
「海上警備隊組織規程」公布　　　1952.4.30
警察予備隊、特別幹部採用　　　　1952.7.14
軍転特措法
「軍転特措法」公布　　　　　　　1995.5.26
群馬県
日航機墜落事故　　　　　　　　　1985.8.12
軍用資源秘密保護法
「国防保安法」等廃止　　　　　　1945.10.13
軍用地強制収用
沖縄の軍用地強制収用中止発表　　1958.5.29
軍令海第8号
軍令部廃止　　　　　　　　　　　1945.10.15

【け】

警戒待機
F-15Jの警戒待機を開始　　　　　1984.7.16
経済産業省
東シナ海天然ガス田の地質調査を開
始　　　　　　　　　　　　　　2004.7.7

東シナ海天然ガス田の試掘権設定処
理手続き開始　　　　　　　　　2005.4.13
経済産業省原子力安全・保安院
福島第一原発炉心融解事故　　　　2011.3.12
経済制裁
「特定船舶入港禁止特別措置法」公布　2004.6.18
経済措置協定
MSA協定調印　　　　　　　　　　1954.3.8
経済団体連合会
経団連、防衛生産委員会を設置　　1952.8.13
「経団連試案」策定　　　　　　　1953.2月
経済的措置に関する日本国とアメリカ
合衆国との間の協定　→　経済措置協
定を見よ
警察
「警察法」公布　　　　　　　　　1947.12.17
「NSC13/2文書」承認　　　　　　1948.10.7
警察予備隊創設指令　　　　　　　1950.7.8
警察予備隊創設　　　　　　　　　1950.8.10
警察隊
ロイヤル米陸軍長官、警察隊武装を
示唆　　　　　　　　　　　　　1949.2.25
警察庁
地下鉄サリン事件　　　　　　　　1995.3.20
ニュージーランド地震発生　　　　2011.2.22
警察庁・防衛省にサイバー攻撃　　2011.7.10
警察法
「警察法」公布　　　　　　　　　1947.12.17
「防衛秘密保護法」・新「警察法」施行　1954.7.1
警察予備隊
警察予備隊創設指令　　　　　　　1950.7.8
民事局別館設置　　　　　　　　　1950.7.14
警察予備隊の大綱提示　　　　　　1950.7.17
警察予備隊総隊の初代幕僚長任命問
題で紛糾　　　　　　　　　　　1950.7月
警察予備隊創設　　　　　　　　　1950.8.10
警察予備隊一般隊員の募集開始　　1950.8.13
増原警察予備隊本部長官が就任　　1950.8.14
警察予備隊、第1回一般隊員入隊　　1950.8.23
警察予備隊江田島・越中島学校設置　1950.8.23
警察予備隊本部が移転　　　　　　1950.9.7
警察予備隊東京指揮学校設置　　　1950.9.18
林宮内庁次長、警察監に任命　　　1950.10.9
警察予備隊、部隊編成を完了　　　1950.12.29
大橋国務大臣、警察予備隊担当に　1951.1.23
吉田首相、再軍備問題につき答弁　1951.1.29
警察予備隊第4管区総監部を設置　　1951.2.5

－ 329 －

けいさ 事項名索引 日本安全保障史事典

警察予備隊、旧職業軍人の特別募集
　を開始　　　　　　　　　　1951.3.1
警察予備隊総隊学校を設置　　1951.4.30
警察予備隊総隊学校第2部の教育開始
　　　　　　　　　　　　　　1951.5.15
吉田首相、「士官」養成機関の設立検
　討を指示　　　　　　　　　1951.5.17
警察予備隊総隊学校第3部の教育開始
　　　　　　　　　　　　　　1951.5.22
警察予備隊に幹部候補生入隊　1951.6.11
警察予備隊総隊学校第4部の教育開始　1951.7.9
第2次公職追放解除　　　　　　1951.8.6
警察予備隊、M1小銃配備　　1951.9.15
警察予備隊衛生学校が開校　　1951.10.15
ルース台風に伴う災害派遣　　1951.10.20
警察予備隊総隊特科学校を設置　1951.11.16
警察予備隊、バズーカ砲初演習　1951.12.1
警察予備隊総隊施設学校・調査学校
　が開校　　　　　　　　　　　1952.1.7
米極東軍、警察予備隊の増強を要求　1952.1.12
警察予備隊総隊学校第5部の教育開始
　　　　　　　　　　　　　　1952.1.14
警察予備隊総隊普通科学校を設置　1952.1.15
警察予備隊総隊武器学校を設置　1952.1.21
吉田首相、防衛隊新設を言明　1952.1.31
警察予備隊、一般公募第1回幹部候補
　生採用試験　　　　　　　　1952.3.10
警察予備隊、幹部候補生隊を編成　1952.3.18
警察予備隊総隊学校第6部の教育開始
　　　　　　　　　　　　　　1952.3.24
警察予備隊総隊特別教育隊を設置　1952.4.1
在日保安顧問部設立　　　　　1952.4.27
警察予備隊総隊特科学校に別科設置　1952.5.15
「5.30事件」記念の日に全国で騒擾事
　件　　　　　　　　　　　　1952.5.30
警察予備隊、特別幹部採用　　1952.7.14
警察予備隊、新隊員教育隊を編成　1952.7.15
警察予備隊松戸施設補給廠を設置　1952.7.20
保安庁発足　　　　　　　　　　1952.8.1
警察予備隊任期満了者が除隊　1952.8.22
警察予備隊総隊武器学校を移転　1952.9.5
保安隊発足　　　　　　　　　1952.10.15
警察予備隊違憲訴訟
最高裁、警察予備隊違憲訴訟を却下　1952.10.8
警察予備隊の部隊の編成及び組織に関
する規程
警察予備隊、部隊編成を完了　1950.12.29
警察予備隊令
警察予備隊創設　　　　　　　1950.8.10

警視庁
台風26号豪雨土砂災害　　　2013.10.16
経団連 → 経済団体連合会を見よ
経団連試案 → 防衛力整備に関する一試
　案を見よ
ゲイツ, ロバート
イージス艦情報漏えい事件について
　謝罪　　　　　　　　　　　2007.4.30
日米豪防衛相会談　　　　　　2007.6.2
日米韓防衛相会談　　　　　　2009.5.30
日米防衛相会談を開催　　　　2009.10.21
警備艦
国産護衛艦「ゆきかぜ」進水式　1955.8.20
初の国産護衛艦「はるかぜ」竣工　1956.4.26
海上自衛隊、第1回遠洋練習航海　1958.1.14
海上自衛隊、警備艦を護衛艦に改称　1960.10.1
警備5カ年計画
警備5ヵ年計画案が問題化　　1953.6.9
警備隊
保安庁発足　　　　　　　　　　1952.8.1
第1期警備士補講習員の入隊講習開始
　　　　　　　　　　　　　　1952.8.18
警備隊第2幕僚部、移転開始　1952.10.28
警備隊、貸与船舶の引渡式を挙行　1953.1.14
警備隊、第1船隊群を新編　　1953.4.1
警備隊、第1期幹部候補生教育を開始　1953.6.1
警備隊、幹部募集開始　　　　1953.7.1
警備隊、第2船隊群を新編　　1953.8.16
警備隊、佐世保地方隊等を新編　1953.9.16
警備隊、術科学校を新設　　　1953.9.16
保安協会設立　　　　　　　　1953.11.12
警備隊、鹿屋航空隊を新編　　1953.12.1
警備隊、米艦船の引渡し完了　1953.12.23
警備隊、第2船隊群改編・第3船隊群
　新編　　　　　　　　　　　1954.4.10
自衛隊発足　　　　　　　　　1954.7.1
芸予地震
芸予地震発生　　　　　　　　2001.3.24
撃沈処分
第十雄洋丸事件　　　　　　　1974.11.23
『月刊社会党』
石橋社会党委員長、自衛隊違憲・合
　法論に同調　　　　　　　　1983.12.20
ケニア
ケニア沖で日本企業運航貨物船乗っ
　取り　　　　　　　　　　　2010.10.10
ケネディ, キャロライン
沖縄基地返還前倒し　　　　　2015.12.4

－ 330 －

日本安全保障史事典　　　　　　事項名索引　　　　　　けんほ

「思いやり予算」協定署名　　　　2016.1.22
「日米物品役務相互提供協定」署名　2016.9.26

ケリー, ジェームズ
米国務次官補が来日　　　　　　　2003.4.26

元自衛官継続任用拒否処分
継続任用拒否処分取り消し請求却下　1979.7.30

原子力基本法
「原子力基本法」公布　　　　　　1955.12.19

原子力航空母艦
米原子力空母エンタープライズ初寄
港　　　　　　　　　　　　　　1968.1.19
米原子力空母、佐世保に入港　　　1983.3.21
ジョージ・ワシントンが横須賀入港　2008.9.25
「トモダチ作戦」発動　　　　　　2011.3.13
北朝鮮、ミサイル発射　　　　　　2017.2.12
米軍機墜落　　　　　　　　　　　2017.11.22

原子力災害対策特別措置法
「原子力災害対策特別措置法」公布　1999.12.17
「原子力災害対策特別措置法」施行　2000.6.16
東日本大震災発生　　　　　　　　2011.3.11

原子力潜水艦
ライシャワー米大使、原潜の日本寄
港を申入れ　　　　　　　　　　1963.1.9
外務省、米原潜の日本寄港問題で質
問書を手交　　　　　　　　　　1963.2.2
池田首相、米原潜の日本寄港につき
答弁　　　　　　　　　　　　　1963.4.26
サブロック積載原潜の日本寄港につ
き、政府統一見解発表　　　　　1964.9.2
全学連、米原潜寄港阻止集会で警官
隊と衝突　　　　　　　　　　　1964.11.7
米原潜シードラゴン、佐世保に入港　1964.11.12
米原潜、横須賀に初入港　　　　　1966.5.30
横須賀と佐世保に米原潜2隻寄港　　1966.8.5
米原子力潜水艦と初の合同訓練　　1971.3.3
米原潜あて逃げ事件　　　　　　　1981.4.9
えひめ丸事故　　　　　　　　　　2001.2.10
漢級原子力潜水艦領海侵犯事件　　2004.11.10
タンカーと米海軍原潜が接触　　　2007.1.9
米原潜が事前通報なしに寄港　　　2008.11.10

原子力の非軍事的利用に関する協力の
ための日本国政府とアメリカ合衆国
政府との間の協定　→　日米原子力協
定を見よ

原子力の平和的利用における協力のた
めの日本国政府と大韓民国政府との
間の協定　→　日韓原子力協定を見よ

原水爆
第五福竜丸事件　　　　　　　　　1954.3.1
鳩山首相、自衛隊につき答弁　　　1955.6.11

原水爆禁止世界大会広島大会
第1回原水爆禁止世界大会広島大会開
催　　　　　　　　　　　　　　1955.8.6

原水爆実験禁止決議
衆議院、原水爆実験禁止要望決議を
可決　　　　　　　　　　　　　1956.2.9
参議院、原水爆禁止決議　　　　　1957.3.15
衆議院、原水爆実験禁止決議　　　1958.4.18

建設本部
防衛庁発足　　　　　　　　　　　1954.7.1

原潜寄港阻止闘争
全学連、米原潜寄港阻止集会で警官
隊と衝突　　　　　　　　　　　1964.11.7

源田 実
次期戦闘機グラマンF11 F-1Fの内定
撤回　　　　　　　　　　　　　1959.6.15

源田検閲　→　飛行安全検閲を見よ
源田調査団
次期戦闘機にロッキードF-104J採用
決定　　　　　　　　　　　　　1959.11.6

玄葉 光一郎
「日豪情報保護協定」署名　　　　2012.5.17

原爆しょうがない発言
久間防衛相「原爆しょうがない」発言
　　　　　　　　　　　　　　　2007.6.30
小池防衛大臣就任　　　　　　　　2007.7.4

憲法
「日本国憲法」公布　　　　　　　1946.11.3
「日本国憲法」施行　　　　　　　1947.5.3
マッカーサー、年頭声明で自衛権を
肯定　　　　　　　　　　　　　1950.1.1
ニクソン米副大統領、保安隊の増強
援助を表明　　　　　　　　　　1953.11.19
「憲法」第9条の解釈に関する政府統
一見解提示　　　　　　　　　　1954.12.22
倉石農相、現行憲法は他力本願発言　1968.2.6
中曽根防衛庁長官、自主防衛5原則を
発表　　　　　　　　　　　　　1970.3.23
共産党が綱領全面改定　　　　　　2004.1.17
自衛隊イラク派遣差し止め訴訟控訴
審判決　　　　　　　　　　　　2008.4.17

憲法改正
自民党発足　　　　　　　　　　　1955.11.15
桜田日経連代表理事、自主防衛へ改
憲必要　　　　　　　　　　　　1969.10.16
中西防衛庁長官辞任　　　　　　　1993.12.2

－ 331 －

言論・出版・集会・結社等臨時取締法
「国防保安法」等廃止 　　　　　　 1945.10.13
言論の自由
反戦自衛官裁判差戻審 　　　　　　 1981.3.27

【こ】

胡 錦濤
米中と相次いで首脳会談 　　　　　 2003.5.23
六者会合での日中連携で合意 　　　 2003.8.9
日中首脳会談を開催 　　　　　　 2004.11.21
安倍首相が米中露首脳と相次ぎ会談
　　　　　　　　　　　　　　　　 2006.11.18
胡 正躍
尖閣諸島中国漁船衝突事件で中国が
　抗議 　　　　　　　　　　　　　 2010.9.8
ゴア, アル
沖縄に関する特別行動委員会設置で
　合意 　　　　　　　　　　　　 1995.11.19
小池 百合子
小池防衛大臣就任 　　　　　　　　 2007.7.4
第1次安倍改造内閣発足 　　　　　 2007.8.27
小泉 純一郎
第1次小泉内閣が発足 　　　　　　 2001.4.26
米国同時多発テロ事件に関する当面
　の措置を発表 　　　　　　　　　 2001.9.19
日米首脳会談を開催 　　　　　　　 2001.9.25
国会でテロ対策の所信表明演説 　　 2001.9.27
小泉首相が対タリバン攻撃を支持 　 2001.10.8
日米首脳会談を開催 　　　　　　 2001.10.20
日露首脳会談を開催 　　　　　　 2001.10.21
日中韓首脳会談を開催 　　　　　　 2001.11.5
日印首脳会談を開催 　　　　　　 2001.12.10
有事法制整備を表明 　　　　　　　 2002.1.4
日韓首脳会談を開催 　　　　　　 2002.3.22
ボアオ・アジア・フォーラム第1回年
　次総会 　　　　　　　　　　　 2002.4.12
小泉首相がディリ宿営地を訪問 　　 2002.4.29
北朝鮮が日本人拉致を認める 　　　 2002.9.17
第1次小泉第1次改造内閣発足 　　 2002.9.30
日米韓首脳会談を開催 　　　　　 2002.10.27
北朝鮮がNPT脱退 　　　　　　 2003.1.10
イラクへ首相特使派遣 　　　　　　 2003.3.3
拉致被害者救出を求める集会開催 　 2003.5.7
米中と相次いで首脳会談 　　　　　 2003.5.23
拉致はテロであると表明 　　　　　 2003.6.5
日韓首脳会談を開催 　　　　　　　 2003.6.7

第1次小泉第2次改造内閣発足 　　 2003.9.22
「日中韓三国間協力の促進に関する共
　同宣言」 　　　　　　　　　　 2003.10.7
「防衛省設置法」案廃案 　　　　 2003.10.10
第43回総選挙 　　　　　　　　 2003.11.9
第2次小泉内閣発足 　　　　　　 2003.11.19
「「イラク人道復興支援特別措置法」
　における実施要項」策定 　　　 2003.12.18
第159回国会を召集 　　　　　　 2004.1.19
アナン国連事務総長が来日 　　　　 2004.2.23
自民党議員が拉致問題で北朝鮮当局
　者と会談 　　　　　　　　　　　 2004.4.1
拉致問題で日朝政府間協議 　　　　 2004.5.4
拉致被害者家族が帰国 　　　　　 2004.5.22
拉致問題についての政府方針を表明 2004.5.25
小泉首相、多国籍軍参加を表明 　　 2004.6.8
小泉首相が北方領土を視察 　　　　 2004.9.2
日イラク首脳会談を開催 　　　　 2004.9.20
日米首脳会談を開催 　　　　　　 2004.9.21
第2次小泉改造内閣発足 　　　　 2004.9.27
小泉首相が在沖縄米軍基地の本土移
　転に言及 　　　　　　　　　　 2004.10.1
対北朝鮮経済制裁に慎重姿勢 　　 2004.10.9
自衛隊イラク派遣期限延長を表明 2004.10.20
日米首脳会談を開催 　　　　　　 2004.11.20
日中首脳会談を開催 　　　　　　 2004.11.21
日中韓首脳会談を開催 　　　　　 2004.11.29
小泉首相が防衛予算削減を表明 　　 2004.12.2
六者会合再開で日米首脳が同意 　　 2005.2.3
第3次小泉内閣が発足 　　　　　 2005.9.21
第3次小泉改造内閣発足 　　　　 2005.10.31
日米首脳会談 　　　　　　　　　 2006.6.29
アジア欧州会議第6回首脳会合 　　 2006.9.10
小泉 純也
第5回日米安保協議委員会 　　　 1964.8.31
第1次佐藤内閣発足 　　　　　　 1964.11.9
第3次池田改造内閣発足 　　　　 1964.7.18
公安審査委員会
公安調査庁・公安審査委員会設置 　 1952.7.21
公安審査委員会設置法
公安調査庁・公安審査委員会設置 　 1952.7.21
公安調査庁
公安調査庁・公安審査委員会設置 　 1952.7.21
公安調査庁設置法
公安調査庁・公安審査委員会設置 　 1952.7.21
豪雨
九州豪雨に災害派遣 　　　　　　 2003.7.18
豪雨で災害派遣 　　　　　　　　 2006.7.15

台風12号豪雨災害	2011.9.3
台風26号豪雨土砂災害	2013.10.16
山口県で豪雨災害	2014.8.6
台風11号豪雨災害	2014.8.10
京都府・兵庫県で豪雨災害	2014.8.17
広島市豪雨土砂災害	2014.8.20
台風18号豪雨災害	2015.9.10
台風10号豪雨災害	2016.8.30

公共用飛行場周辺における航空機騒音による障害の防止等に関する法律 →
航空機騒音による障害防止に関する法律
を見よ

航空観閲式
初の航空観閲式	1996.10.27
平成14年度第49回航空観閲式	2002.10.20
航空観閲式	2011.10.16
航空観閲式	2014.10.26

航空機帰属問題
自衛隊の航空機帰属問題が決着	1954.8.31

航空機騒音による障害防止に関する法律
「航空機騒音による障害防止に関する法律」施行	1967.8.1

航空警戒管制業務
航空自衛隊に航空警戒管制業務移管	1960.7.1

航空交通安全緊急対策要綱
雫石事件	1971.7.30

航空交通管制
沖縄上空の航空交通管制返還で合意	2004.12.10
「再編実施のための日米のロードマップ」発表	2006.5.1
横田空域の20%を返還	2006.10.27

航空自衛隊
「空軍兵備要綱」完成	1952.5.18
米空軍立案の日本空軍創設案承認	1952.9.10
制度調査委員会別室設置	1953.10.5
航空自衛隊幹部学校を設置	1954.8.1
航空自衛隊、留学生を米に派遣	1954.8.9
自衛隊の航空機帰属問題が決着	1954.8.31
航空自衛隊通信学校・整備学校を設置	1954.9.1
航空自衛隊第1期特別幹部生が入校	1954.9.4
航空自衛隊、中部訓練航空警戒隊を編成	1954.9.25
航空自衛隊、東部・西部・三沢訓練航空警戒隊を編成	1954.10.1
航空自衛隊、中部訓練航空警戒隊を移転	1954.10.8
T-34練習機の国内組立て第1号機受領	1954.10.28
第1期自衛隊生徒募集開始	1954.11.20
航空自衛隊第1期幹部生が入校	1954.11.30
航空自衛隊第1航空教育隊が移転	1954.12.23
航空自衛隊、航空機59機受領	1955.1.20
航空自衛隊操縦生募集要領を発表	1955.1.22
航空自衛隊第2航空教育隊を編成	1955.3.1
第1航空教育隊に第1期新隊員入隊	1955.4.1
第1航空教育隊に第1期自衛隊生徒入隊	1955.5.2
航空自衛隊、第1期操縦学生入校	1955.6.3
「自衛隊法」改正（第2次改正）	1955.8.1
空自練習機墜落事故	1955.8.8
F-86F高等操縦学生、米国留学	1955.8.12
航空自衛隊幹部学校を移転	1955.9.20
航空自衛隊、F-86F戦闘機を受領	1955.10.12
航空自衛隊操縦学校を改称	1955.11.1
航空自衛隊、航空団・実験航空隊編成	1955.12.1
F-86F戦闘機初飛行	1956.3.1
P2V-7対潜哨戒機2機、羽田に到着	1956.3.7
航空自衛隊、第1操縦学校を移転	1956.3.26
「自衛隊法」改正（第3次改正）	1956.4.20
航空自衛隊、各訓練警戒隊を訓練航空警戒群に改称	1956.9.1
F-86F戦闘機の国内製造組立て第1号機受領	1956.9.20
航空自衛隊、第1・第2航空団を編成	1956.10.1
航空自衛隊、幹部候補生学校を移転	1956.11.16
空自輸送機墜落事故	1957.3.4
航空自衛隊、実験航空隊を移転	1957.3.31
「自衛隊法」改正（第4次改正）	1957.5.10
「防衛力整備目標」閣議了解	1957.6.14
航空自衛隊、飛行安全検閲を実施	1957.7.8
航空自衛隊、航空集団を編成	1957.8.1
航空自衛隊、第2航空団を移転	1957.9.2
航空自衛隊、第3航空団を編成	1957.12.1
航空自衛隊、第1・第2補給処を編成	1958.1.10
航空自衛隊、F-86D戦闘機受領	1958.1.16
航空自衛隊、対領空侵犯措置を開始	1958.2.17
航空自衛隊、臨時救難航空隊を編成	1958.3.18
航空自衛隊、臨時第2航空教育隊を編成	1958.3.25
北海道地区領空侵犯	1958.4.28
「自衛隊法」改正（第5次改正）	1958.5.23
航空自衛隊にレーダーサイト移管開始	1958.5.31
航空自衛隊、航空総隊を編成	1958.8.1

こうく　　　　　　　　　　　　　事項名索引　　　　　　　　日本安全保障史事典

次期戦闘機の機種問題、国会で追及　1958.9.2
航空自衛隊、管制教育団を編成　1958.10.1
航空自衛隊、臨時航空医学実験隊を
　改称　　　　　　　　　　　　　1958.11.1
航空自衛隊、百里基地隊を編成　1958.12.1
航空自衛隊、西部航空司令所を編成　1959.3.1
「自衛隊法」改正（第6次改正）　1959.5.12
航空自衛隊、第3航空団・管制教育団
　を移転　　　　　　　　　　　　1959.5.12
「自衛隊法施行令」改正　　　　　1959.5.15
航空自衛隊、飛行教育集団を編成　1959.6.1
航空自衛隊、第2術科学校分校を設置　1959.10.1
航空自衛隊、3基地隊を基地業務群に
　改編　　　　　　　　　　　　　1959.11.1
航空自衛隊、第5航空団を編成　1959.12.1
航空自衛隊、幹部学校を移転　1959.12.22
米側、ロッキードF-104J共同生産に
　つき援助を内示　　　　　　　　1960.1.12
ブルーインパルス、初展示飛行　1960.3.4
航空自衛隊に空中機動研究班発足　1960.4月
航空自衛隊、救難航空隊本部を移転　1960.7.1
航空自衛隊に航空警戒管制業務移管　1960.7.1
西日本地区領空侵犯　　　　　　　1960.7.1
航空自衛隊、臨時芦屋基地隊を編成　1960.8.1
第1回航空自衛隊総合演習　　　　1961.5.23
「自衛隊法」改正（第7次改正）　1961.6.12
海・空自衛隊指揮官に「司令官」発令
　　　　　　　　　　　　　　　　1961.6.12
「第2次防衛力整備計画」決定　1961.7.18
F-104J/DJ初号機到着　　　　　　1962.2.8
F-104J国産初号機引渡し記念式典　1962.4.1
「防衛庁設置法」・「自衛隊法」改正　1962.5.15
航空自衛隊機乗り逃げ未遂　　　　1962.9.10
バッジ・システム調査団を米に派遣　1962.9.16
航空自衛隊、防空準備態勢強化　1962.10.23
防衛庁、地対空ミサイルの帰属を最
　終決定　　　　　　　　　　　1962.12.26
航空自衛隊、第17飛行教育団を廃止　1963.1.25
航空自衛隊、第14飛行教育団を廃止　1963.3.15
航空自衛隊、ナイキ創隊式　　　　1963.5.9
米ヒューズ社製バッジ・システムの
　採用決定　　　　　　　　　　　1963.7.1
ナイキ部隊、航空自衛隊に移管　1964.4.1
航空自衛隊、第11飛行教育団を移転　1964.5.30
航空自衛隊、第15飛行教育団を廃止　1964.5.31
東京オリンピック開幕　　　　　1964.10.10
航空自衛隊、臨時築城航空隊を編成　1964.10.26
三沢市大火　　　　　　　　　　　1966.1.11
航空自衛隊第2高射群を編成　　　1966.2.1

全日空羽田沖墜落事故　　　　　　1966.2.4
航空自衛隊、初のRAPCONの運用　1966.6.16
航空自衛隊、バッジ本器の領収開始　1966.10.15
「防衛庁設置法」・「自衛隊法」改正　1967.7.28
航空自衛隊、F-104J戦闘機の後継決
　定　　　　　　　　　　　　　　1968.11.1
航空自衛隊で、バッジ・システムが
　始動　　　　　　　　　　　　　1969.3.26
空自機墜落　　　　　　　　　　　1969.5.11
日本初の自主開発ミサイルを制式化
　　　　　　　　　　　　　　　1969.12.24
航空自衛隊、第3高射群を編成　1970.6.30
沖縄第1次自衛隊配置を発表　1970.10.7
第4次防衛力整備計画の概要まとめる
　　　　　　　　　　　　　　　1970.10.21
航空救難群を航空救難団に改称　1971.3.1
移動式3次元レーダー初号機を受領　1971.3.16
航空自衛隊機、ソ連艦を誤認攻撃　1971.4.20
戦闘機F-4EJ、米国より到着　1971.7.25
雫石事件　　　　　　　　　　　　1971.7.30
国産初の超音速航空機XT-2を納入　1971.12.5
自衛隊の沖縄配備に先走り　1972.3.10
固定式3次元レーダーの運用を開始　1972.8.15
自衛隊の沖縄配備第1陣到着　1972.10.2
4次防主要項目、文民統制強化などが
　決定　　　　　　　　　　　　　1972.10.9
自衛隊、那覇で部隊編成　1972.10.11
沖縄の空自が緊急発進体制開始　1973.1.1
航空自衛隊、国産ファントム機空中
　爆発　　　　　　　　　　　　　1973.5.1
「防衛庁施設法」・「自衛隊法」の一部
　を改正　　　　　　　　　　　1973.10.16
航空自衛隊、航空実験団を編成　1974.4.11
航空自衛隊に、婦人自衛官が入隊　1974.5.16
大震災対処のため陸海空自協同の指
　揮所演習　　　　　　　　　　　1974.8.26
航空自衛隊、T-2練習機量産初号機を
　受領　　　　　　　　　　　　　1975.3.26
小松基地騒音訴訟のための原告団を
　結成　　　　　　　　　　　　　1975.6.17
小松基地騒音訴訟　　　　　　　　1975.9.16
水戸地裁、百里基地訴訟で判決　1977.2.17
航空自衛隊、F-1を三沢基地に配備　1977.9.26
「防衛庁設置法」、「自衛隊法」の一部
　改正　　　　　　　　　　　　1977.12.27
空自、初の日米共同訓練　1978.11.27
中期業務見積り発表　　　　　　　1979.7.17
要撃機、ミサイル搭載　　　　　　1980.8.18

－ 334 －

「防衛庁設置法」等の一部改正、公布・施行	1980.11.29	「中期防衛力整備計画について」決定	1995.12.14
空対艦誘導弾、制式化	1980.12.22	自衛隊、ゴラン高原へ出発	1996.1.31
米国よりF-15戦闘機到着	1981.3.27	航空自衛隊米本土で空戦演習	1996.7.9
F-15J戦闘機国産初号機を受領	1981.12.11	初の航空観閲式	1996.10.27
防衛大学校1期生から将補への昇進	1982.7.1	自衛隊機をタイ海軍基地に派遣	1997.7.12
長沼ナイキ事件の最高裁判決	1982.9.9	F-2支援戦闘機1号機を受領	1997.11.28
地対空ミサイル「ペトリオット」の選定	1983.6.30	長野オリンピック開幕	1998.2.7
「防衛庁設置法」と「自衛隊法」の一部改正、公布・施行	1983.12.2	早期警戒管制機を浜松に配備	1998.3.25
航空自衛隊、日米共同指揮所訓練を実施	1983.12.12	自衛隊機をシンガポールに移動	1998.5.18
輸送機C-130H初号機を受領	1984.3.14	日ロ初の共同訓練	1998.7.29
F-15Jの警戒待機を開始	1984.7.16	戦闘機の初の国外訓練	1999.6.21
F-15DJのライセンス国産へ切り替え	1984.12.28	空自戦闘機墜落	1999.8.15
日航機墜落事故	1985.8.12	東海村JCO臨界事故	1999.9.30
「防衛庁設置法」と「自衛隊法」の一部改正、公布・施行	1986.12.19	自衛隊、東ティモール避難民救援へ	1999.11.22
予備自衛官制度の発足	1986.12.19	99式空対空誘導弾を制式化	1999.11.22
E-2Cによる対領空侵犯措置の開始	1987.1.31	空自墜落	1999.11.22
F-1後継機の検討結果	1987.10.21	自衛隊機墜落	2000.3.22
ソ連機の領空侵犯に初の信号射撃	1987.12.9	三宅島噴火	2000.6.26
航空自衛隊、新バッジの受領完了	1988.3月	自衛隊機墜落	2000.6.28
「防衛庁設置法」と「自衛隊法」の一部改正、公布・施行	1988.11.1	ブルーインパルス2機墜落	2000.7.4
FS-Xの作業分担決まる	1989.1.10	F-2の運用試験開始	2000.10.2
航空自衛隊組織改編	1989.3.16	航空自衛隊指揮システム	2000.10.31
新バッジ・システム運用を開始	1989.3.30	「中期防衛力整備計画」決定	2000.12.15
航空自衛隊、C-130で派米訓練	1989.5.28	インド西部地震発生	2001.1.26
FS-X技術対米供与決定	1990.2.20	戦闘機機関砲誤発射事故	2001.6.25
90式空対空ミサイルを制式化	1990.12.18	アフガニスタン難民救援国際平和協力業務	2001.10.6
「中期防衛力整備計画について」閣議決定	1990.12.20	空自が在日米軍基地間の空輸開始	2001.11.29
政府専用機が防衛庁へ所属変更	1992.4.1	第3・4次小松基地騒音訴訟1審判決	2002.3.6
カンボジア支援空輸業務開始	1992.9.23	平成14年度第49回航空観閲式	2002.10.20
早期警戒管制機の導入決定	1992.12.18	「イラク難民救援国際平和協力業務実施計画」が決定	2003.3.28
政府専用機が初運航	1993.2.11	イラク難民救援国際平和協力業務	2003.3.30
防衛庁、特別航空輸送隊を設置	1993.6.1	空自が初の空中給油訓練	2003.4.21
北海道南西沖地震発生	1993.7.12	コープサンダー演習	2003.5.22
93式空対艦誘導弾（ASM-2）を制式化	1993.11.30	イラク被災民救援空輸隊を編成	2003.7.7
航空自衛隊、モザンビーク支援業務開始	1993.12.29	イラク被災民救援国際平和協力業務を実施	2003.7.17
航空自衛隊に女子学生入隊	1994.3.24	沖縄自衛官爆死事件	2003.8.31
ザイールへ自衛隊派遣	1994.9.17	空自先遣隊がクウェートへ出発	2003.12.24
韓国軍と偶発事故防止措置の書簡を交換	1995.6.5	イラン大地震で国際緊急援助空輸業務	2003.12.26
		イラク復興支援派遣輸送航空隊が出発	2004.1.9
		イラク復興支援派遣輸送航空隊が輸送活動開始	2004.3.3
		空自第2期イラク復興支援派遣輸送航空隊が出発	2004.3.16

こうく　　　　　　　　　　　　　　事項名索引　　　　　　　　　　　　日本安全保障史事典

初の在外邦人等の輸送　　　　　2004.4.15
第1期イラク復興支援派遣輸送航空隊
　が帰国　　　　　　　　　　　　2004.4.24
航空自衛隊創設50周年記念式典　2004.6.27
スマトラ島沖地震発生　　　　　2004.12.26
空自の捜索救難機が墜落　　　　2005.4.14
自衛隊Winny情報流出問題　　　 2006.2.23
陸自イラク派遣部隊活動終結が決定 2006.6.20
麻生外相がバグダッド訪問　　　2006.8.3
自衛隊Winny情報流出問題　　　 2006.11.29
弾道ミサイル等に対する破壊措置に
　関する緊急対処要領　　　　　2007.3.23
入間基地にPAC-3配備　　　　　 2007.3.30
第3・4次小松基地騒音訴訟控訴審判
　決　　　　　　　　　　　　　2007.4.16
横田ラプコンに空自管制官を併置　2007.5.18
自衛隊イラク派遣期限を延長　　2007.7.10
自衛隊イラク派遣差し止め訴訟控訴
　審判決　　　　　　　　　　　2008.4.17
自衛隊インド洋派遣と自衛隊イラク
　派遣の期限延長　　　　　　　2008.6.13
自衛隊イラク派遣撤収を表明　　2008.9.11
自衛隊イラク派遣撤収を正式決定 2008.11.28
イラク復興支援派遣輸送航空隊撤収
　式典を開催　　　　　　　　　2008.12.17
F-15戦闘機を沖縄に配備　　　　2009.1.8
防衛省がイラク空輸記録を情報開示 2009.10.6
F-15戦闘機が胴体着陸　　　　　2009.12.4
ハイチ地震発生　　　　　　　　2010.1.12
航空自衛隊事務用品発注官製談合事
　件　　　　　　　　　　　　　2010.3.5
百里基地が官民共用化　　　　　2010.3.11
第2高射群第6高射隊にPAC-3配備 2010.4.26
航空自衛隊事務用品発注官製談合事
　件の報告書公表　　　　　　　2010.12.14
予備自衛官の災害招集　　　　　2011.3.16
パシフィック・パートナーシップ
　2011へ参加　　　　　　　　　2011.6.13
空自機墜落　　　　　　　　　　2011.7.5
空自機、タンク落下　　　　　　2011.10.7
航空観閲式　　　　　　　　　　2011.10.16
次期戦闘機決定　　　　　　　　2011.12.20
空自航空総隊司令部、横田へ移転 2012.3.26
パシフィック・パートナーシップ
　2012へ参加　　　　　　　　　2012.6.18
PSI航空阻止訓練を初主催　　　 2012.7.3
中国機、尖閣領空侵犯　　　　　2012.12.13
アルジェリア人質事件　　　　　2013.1.16
ロシア軍機、領空侵犯　　　　　2013.2.7

武器輸出三原則「例外」認める　2013.3.1
パシフィック・パートナーシップ
　2013へ参加　　　　　　　　　2013.6.12
ロシア空軍機、領空侵犯　　　　2013.8.22
マレーシア航空機墜落　　　　　2014.3.8
中国軍機、自衛隊機異常接近　　2014.5.24
パシフィック・パートナーシップ
　2014へ参加　　　　　　　　　2014.6.6
中国機、自衛隊機異常接近　　　2014.6.11
航空観閲式　　　　　　　　　　2014.10.26
エボラ出血熱で防護服輸送　　　2014.11.28
推定ロシア機、領空侵犯　　　　2015.9.15
空自機墜落　　　　　　　　　　2016.4.6
バングラデシュでテロ　　　　　2016.7.2
南スーダンでの在外邦人等輸送のた
　め空自機派遣　　　　　　　　2016.7.11
米軍機墜落　　　　　　　　　　2016.9.22
空自輸送機開発完了　　　　　　2017.3.27
日豪防衛相会談　　　　　　　　2017.4.19
尖閣諸島で中国船からドローン飛行 2017.5.18
空自機部品落下事故　　　　　　2017.7.26
空自機部品落下　　　　　　　　2017.10.5
空自ヘリ墜落　　　　　　　　　2017.10.17
長距離巡航ミサイル計画　　　　2017.12.5

航空自衛隊事務用品発注官製談合事件
航空自衛隊事務用品発注官製談合事
　件　　　　　　　　　　　　　2010.3.5
航空自衛隊事務用品発注官製談合事
　件の報告書公表　　　　　　　2010.12.14

航空自衛隊第1補給処オフィス家具等の事務用品談合事案調査・検討委員会
航空自衛隊事務用品発注官製談合事
　件　　　　　　　　　　　　　2010.3.5

航空準備室
航空準備室発足　　　　　　　　1954.2.1

航空幕僚監部
防衛庁発足　　　　　　　　　　1954.7.1
航空幕僚監部が移転開始　　　　1956.3.25
航空幕僚監部等、移転開始　　　1960.1.11
バッジ関連秘密漏洩事件が発生　1968.3.2
陸海空自衛隊幕僚監部に情報所　1994.7.8
内局、陸幕、空幕もリスト作成　2002.6.3

航空幕僚システム
航空自衛隊指揮システム　　　　2000.10.31

攻撃的兵器
攻撃的兵器の保有につき、政府統一
　見解　　　　　　　　　　　　1959.3.19

－ 336 －

郷古 潔
経団連、防衛生産委員会を設置 1952.8.13

工作船
九州南西海域工作船事件 2001.12.22
沈没工作船を発見 2002.2.25
工作船の潜水調査を開始 2002.5.1
日中が工作船引き上げで合意 2002.6.17
北朝鮮工作船を引き揚げ 2002.9.11
九州南西海域工作船事件の調査結果
を公表 2002.10.4
工作船引き上げで中国に協力金 2002.12.27

公衆等脅迫目的の犯罪行為のための資
金の提供等の処罰に関する法律 →
テロ資金提供処罰法を見よ

公職追放
公職追放指令 1946.1.4

公職追放解除
旧職業軍人初の公職追放解除 1950.11.10
警察予備隊、旧職業軍人の特別募集
を開始 1951.3.1
第1次公職追放解除 1951.6.20
第2次公職追放解除 1951.8.6
旧陸海軍正規将校の公職追放解除 1951.8.16
中佐以下の旧将校の公職追放解除 1951.10.1
最終の公職追放解除発表 1952.4.26
吉田首相、衆議院「抜き打ち解散」 1952.8.28

公正取引委員会
航空自衛隊事務用品発注官製談合事
件 2010.3.5

高知県
台風11号豪雨災害 2014.8.10

交通事故
コザ事件が発生 1970.12.20
沖縄米兵ひき逃げ死亡事故 2009.11.7
交通事故を起こした米軍属に起訴相
当 2011.5.27
米兵飲酒事故で逮捕 2017.11.19

口蹄疫
口蹄疫で災害派遣 2010.5.1

強盗
インドネシア沖で日本企業運航のタ
ンカーに強盗 2010.9.5

合同演習 ⇔ 共同訓練をも見よ
日米合同演習中、ソ連軍艦と接触 1967.5.10
米原子力潜水艦と初の合同訓練 1971.3.3
米軍による沖縄上陸大演習開始 1979.8.18
海上自衛隊のリムパック初参加 1980.2.26
日米秋田県沖合同演習 1981.5.12
リムパック82に参加 1982.3.22
リムパック84に参加 1984.5.14
初の日米共同統合指揮所演習の実施 1986.2.24
リムパック86に参加 1986.5.18
初の日米共同統合実働演習の実施 1986.10.27
リムパック88に参加 1988.6.16
リムパック90に参加 1990.4.9
リムパック92に参加 1992.6.19
リムパック94に参加 1994.5.23
リムパック96に参加 1996.5.22
航空自衛隊米本土で空戦演習 1996.7.9
リムパック98に参加 1998.7.6
リムパック2000に参加 2000.5.30
リムパック2002に参加 2002.6.24
コープサンダー演習 2003.5.22
リムパック2004に参加 2004.6.29
コブラ・ゴールド05 2005.5.2
リムパック2006に参加 2006.6.26
リムパック2008に参加 2008.6.29
リムパック2010に参加 2010.6.23
日米共同統合演習を開始 2010.12.3
リムパック2012に参加 2012.6.23
リムパック2014に参加 2014.6.26
日米豪首脳会談 2014.11.16
日米韓ミサイル警戒演習 2016.6.28
リムパック2016に参加 2016.6.30

河野 一郎
重光・ダレス会談、日米安保条約改
定の共同声明発表 1955.8.31

河野 孝義
防衛施設庁談合事件で同庁幹部3人を
逮捕 2006.1.30
防衛施設庁談合事件で再逮捕 2006.2.21
防衛施設庁談合事件1審判決 2006.7.31

河野 雅治
ロシア大統領が北方領土訪問 2010.11.1

河野 洋平
日米同盟強化を確認 2001.1.26

航泊日誌誤破棄問題
海自で誤破棄文書105件が発覚 2007.12.26

降伏文書
全権委員、連合国軍と停戦交渉 1945.8.20
日本、「降伏文書」調印 1945.9.2
南方軍、「降伏文書」調印 1945.9.12

高村 正彦
第1次安倍改造内閣発足 2007.8.27
日中防衛相会談 2007.8.30

こうめ　　　　　　　　　　事項名索引　　　　　　　　日本安全保障史事典

自衛隊イラク派遣差し止め訴訟控訴
　審判決　　　　　　　　　　2008.4.17
公明党
公明党、安保の段階的解消構想　　1966.7.14
公明党、在日米軍基地99ケ所返還可
　能　　　　　　　　　　　　1968.12.5
公明党、米軍基地返還闘争方針　　1969.1.18
公明党、在日米軍基地総点検　　　1972.8.30
公明党、「日米安保廃棄問題」で補足 1975.8.23
福田首相、防衛庁に有事立法等の研
　究を指示　　　　　　　　　　1978.7.27
竹入委員長自衛隊合憲論　　　　　1981.6.15
公明党新基本政策の発表　　　　　1981.12.1
社会党・公明党、防衛費について発表 1990.1.2
「国際連合平和協力法」案提出　　1990.10.16
小渕第2次改造内閣が発足　　　　1999.10.5
与党3党「有事法制」に関し政府に申
　入れ　　　　　　　　　　　　2000.3.16
国会が自衛隊インド洋派遣を承認　2001.11.27
名護市長選で現職が再選　　　　　2002.2.3
有事関連3法が成立　　　　　　　2003.6.6
第43回総選挙　　　　　　　　　2003.11.9
衆議院が自衛隊イラク派遣を承認　2004.1.31
参議院が自衛隊イラク派遣を承認　2004.2.9
自民・公明両党幹事長が米国防長官
　と会談　　　　　　　　　　　2004.4.29
神崎公明党が対北朝鮮経済制裁に言
　及　　　　　　　　　　　　　2005.1.2
沖縄県知事選挙　　　　　　　　2006.11.19
「宇宙基本法」公布　　　　　　　2008.5.21
第2次安倍内閣が発足　　　　　　2012.12.26
「特定秘密保護法」成立　　　　　2013.12.6
第2次安倍改造内閣が発足　　　　2014.9.3
第3次安倍内閣が発足　　　　　　2014.12.24
自公安保法制で合意　　　　　　　2015.3.20
安保関連法成立　　　　　　　　　2015.9.19
第3次安倍第1次改造内閣が発足　2015.10.7
第3次安倍第2次改造内閣発足　　2016.8.3
第3次安倍第3次改造内閣が発足　2017.8.3
第4次安倍内閣が発足　　　　　　2017.11.1
公用地暫定使用法
沖縄所在施設等使用開始　　　　　1982.5.15
公用地法
沖縄の公用地法による土地使用期限
　切れ　　　　　　　　　　　　1977.5.15
航路標識法
魚釣島灯台を国有化　　　　　　　2005.2.9
護衛艦「くらま」衝突事故
護衛艦「くらま」衝突事故　　　　2009.10.27

護衛艦「さわぎり」いじめ自殺訴訟
護衛艦「さわぎり」いじめ自殺訴訟控
　訴審判決　　　　　　　　　　2008.8.25
護衛艦「しらね」火災事故
護衛艦「しらね」火災事故　　　　2007.12.14
海上幕僚長を更迭　　　　　　　　2008.3.24
護衛艦「たちかぜ」自衛官いじめ自殺
事件
護衛艦「たちかぜ」自衛官いじめ自殺
　事件　　　　　　　　　　　　2004.10.27
護衛艦「たちかぜ」自衛官いじめ自殺
　事件、国に責任　　　　　　　2014.4.23
護衛駆逐艦
海上自衛隊員、米護衛駆逐艦受領の
　ため渡米　　　　　　　　　　1955.3.29
小型港内曳船
海上自衛隊、小型港内曳船3隻受領　1955.1.23
小型ヘリコプター
OH-6ヘリコプターの引渡式を挙行　1969.3.10
小型無人機
尖閣諸島で中国船からドローン飛行 2017.5.18
国外訓練
戦闘機の初の国外訓練　　　　　　1999.6.21
国際海事機関
弾道ミサイル等に対する破壊措置の実
　施に関する自衛隊行動命令を発令 2009.3.27
海賊対処行動部隊がIMO勇敢賞受賞
　　　　　　　　　　　　　　　2009.11.23
国際機関等に派遣される防衛庁の職員
の処遇等に関する法律
「国際機関等に派遣される防衛庁の職
　員の処遇等に関する法律」公布　1995.10.27
国際協力機構
ニュージーランド地震発生　　　　2011.2.22
フィリピンに台風30号上陸　　　　2013.11.8
国際緊急援助活動
「国際緊急援助隊派遣法」の成立　1987.8.26
「国際緊急援助隊派遣法」の公布・施
　行　　　　　　　　　　　　　1987.9.16
ホンジュラスに自衛隊派遣　　　　1998.11.14
トルコ共和国海上輸送部隊派遣　　1999.9.23
インド西部地震発生　　　　　　　2001.1.26
イラン大地震で国際緊急援助空輸業
　務　　　　　　　　　　　　　2003.12.26
スマトラ島沖地震発生　　　　　　2004.12.26
ロシア潜水艇事故　　　　　　　　2005.8.4
パキスタン地震発生　　　　　　　2005.10.8
ジャワ島中部地震発生　　　　　　2006.5.27

日本安全保障史事典　　　　　事項名索引　　　　　こくさ

四川大地震発生　　　　　　　　2008.5.12
スマトラ沖地震発生　　　　　　2009.9.30
ハイチ地震発生　　　　　　　　2010.1.12
パキスタン豪雨災害で自衛隊派遣　2010.8.20
ニュージーランド地震発生　　　2011.2.22
フィリピンに台風30号上陸　　　2013.11.8
マレーシア航空機墜落　　　　　　2014.3.8
エボラ出血熱で防護服輸送　　　2014.11.28
エアアジア機墜落　　　　　　　2014.12.28
ネパール地震発生　　　　　　　2015.4.25
ニュージーランド地震発生　　　2016.11.14

国際緊急援助隊派遣法
「国際緊急援助隊派遣法」の成立　1987.8.26
「国際緊急援助隊派遣法」の公布・施
　行　　　　　　　　　　　　　1987.9.16
「国際平和協力法」案、決定　　　1991.9.11
「国際緊急援助隊派遣法」改正法公布 1992.6.19

国際刑事警察機構
拉致事件で工作員2人の逮捕状取得　2006.2.23

国際原子力機関
北朝鮮に国際原子力機関の特定査察　1992.5.25
北朝鮮が核開発再開を宣言　　　2002.12.12
第4回六者会合第2次会合　　　　2005.9.13
第5回六者会合第3次会合　　　　2007.2.8

国際人道法違反処罰法
有事関連7法案が決定　　　　　　2004.3.9
有事関連7法が成立　　　　　　　2004.6.14
「国際人道法違反処罰法」公布　　2004.6.18

国際人道法の重大な違反行為の処罰に
関する法律　→　国際人道法違反処罰法
を見よ

国際戦略研究所
アジア安全保障会議　　　　　　　2002.6.1
アジア安全保障会議を開催　　　　2003.5.31
アジア安全保障会議開催　　　　　2004.6.4
アジア安全保障会議開催　　　　　2005.6.3
アジア安全保障会議開催　　　　　2006.6.2
アジア安全保障会議開催　　　　　2007.6.2
アジア安全保障会議開催　　　　　2008.5.30
アジア安全保障会議開催　　　　　2009.5.30
アジア安全保障会議開催　　　　　2010.6.5
アジア安全保障会議開催　　　　　2011.6.3
アジア安全保障会議開催　　　　　2012.6.1
アジア安全保障会議開催　　　　　2013.5.31
アジア安全保障会議開催　　　　　2014.5.30
アジア安全保障会議開催　　　　　2015.5.29
アジア安全保障会議開催　　　　　2016.6.3
アジア安全保障会議開催　　　　　2017.6.2

国際組織犯罪防止条約
テロ等準備罪法成立　　　　　　2017.6.15

国際治安支援部隊
インド洋における海洋阻止行動への
　謝意決議　　　　　　　　　　2007.9.19

国際テロリズムに対する包括条約　→
包括テロ防止条約を見よ

国際平和協力法
「国際平和協力法」案、決定　　　1991.9.11
「国際平和協力法」案を強行採決　1991.11.27
「国際平和協力法」公布　　　　　1992.6.19
「国際平和協力法」改正公布・施行　1998.6.12
「国際平和協力法」改正案を決定　2001.11.20
「国際平和協力法」改正法公布・施行
　　　　　　　　　　　　　　　2001.12.14
自衛隊東ティモール派遣　　　　　2002.3.2
「イラク難民救援国際平和協力業務実
　施計画」が決定　　　　　　　2003.3.28
自衛隊ゴラン高原派遣を延長　　　2006.1.27
コンゴ民主共和国に選挙監視団派遣　2006.7.11
自衛隊ゴラン高原派遣を延長　　　2006.7.11
国連ネパール政治ミッションに自衛
　官派遣　　　　　　　　　　　2007.3.27
東ティモールに選挙監視団を派遣　2007.4.27
自衛隊ゴラン高原派遣の期限延長　2007.7.31
自衛隊ゴラン高原派遣の期限延長　2009.7.24
東ティモールに自衛官派遣　　　　2010.9.27
安保法案、国会提出　　　　　　　2015.5.15
安保関連法成立　　　　　　　　　2015.9.19

国際平和支援法
安保法案、国会提出　　　　　　　2015.5.15
安保関連法成立　　　　　　　　　2015.9.19

国際連合
国連安保理、日本の国連加盟案採択
　　　　　　　　　　　　　　　1956.12.12
日本、国連に加盟　　　　　　　1956.12.18
「核不拡散条約」に最初の62か国が署
　名　　　　　　　　　　　　　　1968.7.1
「生物兵器禁止条約」を発効　　　1975.3.26
国連軍縮特別総会に向け、軍縮で国
　会決議　　　　　　　　　　　1978.5.23
「国連海洋法」条約、発効　　　　1996.7.20
イラクへ首相特使派遣　　　　　　2003.3.3
「イラク被災民救援国際平和協力業務
　実施計画」が決定　　　　　　　2003.7.4
国連総会で拉致問題解決について演
　説　　　　　　　　　　　　　2003.9.23
アナン国連事務総長が来日　　　2004.2.23
拉致問題で国連が北朝鮮に勧告　2005.9.27

－ 339 －

こくさ　　　　　　　　　　　　　事項名索引　　　　　　　　日本安全保障史事典

核軍縮決議案を提出　　　　　　　　2007.10.18
自衛隊インド洋派遣継続を表明　　　2008.9.25
「クラスター弾に関する条約」批准　2009.7.14
核軍縮決議案を提出　　　　　　　　2010.10.14
「核不使用」国連声明に初参加　　　2013.10.21
安倍首相、国連演説で北朝鮮への圧
　力訴え　　　　　　　　　　　　　2017.9.20

国際連合安全保障理事会
国連軍の米国指揮決定　　　　　　　1950.7.7
国連安保理、日本の国連加盟案採択　1956.12.12
日本、国連安保理事会非常任理事国
　に初就任　　　　　　　　　　　　1958.1.1
日本、国連安保理事会非常任理事国
　に当選　　　　　　　　　　　　　1965.12.10
日本、国連安保理非常任理事国に　　1971.1.1
国連安保理非常任理事国当選　　　　1991.10.16
安保理改革の意見書を提出　　　　　2004.7.6
岡田民主党代表が自衛隊の武力行使
　を容認　　　　　　　　　　　　　2004.7.29
国連安保理非常任理事国に選出　　　2004.10.15
日本が国連平和構築委員会組織委員
　会入り　　　　　　　　　　　　　2006.5.16
北朝鮮が弾道ミサイル発射実験　　　2006.7.5
対北朝鮮金融制裁を決定　　　　　　2006.9.19
北朝鮮が核実験に成功　　　　　　　2006.10.9
日米韓外相会談を開催　　　　　　　2006.10.19
インド洋における海洋阻止行動への
　謝意決議　　　　　　　　　　　　2007.9.19
日本が安保理非常任理事国に　　　　2008.10.17
日米韓外相会談を開催　　　　　　　2009.3.31
日中韓首脳会談　　　　　　　　　　2009.4.11
ミサイル発射に対する国連安保理議
　長声明　　　　　　　　　　　　　2009.4.14
日越首脳会談を開催　　　　　　　　2009.4.20
安保理が対北朝鮮制裁決議を採択　　2009.6.12
安保理が対北朝鮮制裁対象を指定　　2009.7.16
対イラン制裁を閣議了解　　　　　　2010.8.3
北朝鮮、ミサイル発射失敗　　　　　2012.4.13
国連安保理、北朝鮮ミサイルに制裁
　決議　　　　　　　　　　　　　　2013.1.22
国連安保理、北朝鮮核実験への追加
　制裁　　　　　　　　　　　　　　2013.3.7
北朝鮮、6回目の核実験　　　　　　2017.9.3

国際連合安全保障理事会決議第1874号
等を踏まえ我が国が実施する貨物検
査等に関する特別措置法　→　貨物検
査特別措置法を見よ

国際連合イラク化学兵器調査団
イラク化学兵器調査団に自衛官初参
　加　　　　　　　　　　　　　　　1991.10.9

国際連合イラク化学兵器廃棄特別委員会
陸上自衛隊員、監視要員として出発　1993.1.3
UNSCOM自衛隊員帰国　　　　　　1994.6.15

国際連合エボラ緊急対処ミッション
エボラ出血熱で防護服輸送　　　　　2014.11.28

国際連合監視検証査察委員会
イラク査察に自衛官派遣　　　　　　2001.2.9
UNMOVICに自衛官派遣　　　　　　2003.3.10

国際連合カンボジア暫定統治機構
カンボジア暫定統治機構の初動経費
　決定　　　　　　　　　　　　　　1992.3.14
カンボジアへ自衛隊派遣　　　　　　1992.9.17

国際連合軍
国連軍の米国指揮決定　　　　　　　1950.7.7
国連軍司令部設置　　　　　　　　　1950.7.25
海上保安庁、日本特別掃海隊を編成　1950.10.2
「朝鮮休戦協定」調印　　　　　　　1953.7.27
在日米極東軍司令部の廃止・国連軍
　司令部移転を発表　　　　　　　　1956.7.18
在日米極東軍司令部を廃止・国連軍
　司令部を移転　　　　　　　　　　1957.7.1
池田首相、自衛隊の国連警察軍参加
　は合憲と答弁　　　　　　　　　　1964.3.5

国際連合憲章
第2回日米安保委員会　　　　　　　1957.9.4
「日米安保条約」と「国連憲章」との
　関係に関する公文を交換　　　　　1957.9.14

国際連合災害救済調整官事務所
イラク周辺国の難民救済51億6800万
　円　　　　　　　　　　　　　　　1991.1.14

国際連合事務局平和維持活動局
国連PKO局に自衛官派遣　　　　　　2002.12.2

国際連合スーダン・ミッション
国際連合スーダン・ミッションへの
　自衛官派遣を表明　　　　　　　　2008.6.30
国際連合スーダン・ミッションに自
　衛官派遣　　　　　　　　　　　　2008.10.3
スーダンに自衛官派遣　　　　　　　2008.10.24

国際連合待機部隊
国連待機部隊を提唱　　　　　　　　2004.3.19

国際連合難民高等弁務官事務所
自衛隊、東ティモール避難民救援へ
　　　　　　　　　　　　　　　　　1999.11.22
アフガニスタン難民救援国際平和協
　力業務　　　　　　　　　　　　　2001.10.6

－ 340 －

事項名索引　こくさ

イラク難民救援国際平和協力業務　2003.3.30

国際連合ネパール政治ミッション
国連ネパール政治ミッションに自衛
官派遣　2007.3.27

国際連合ハイチ安定化ミッション
国連ハイチ安定化ミッション　2010.2.5
ハイチPKO終了　2013.3.15

国際連合東ティモール暫定行政機構
自衛隊東ティモール派遣　2002.3.2

国際連合東ティモール支援団
東ティモール派遣施設群の任務終了　2004.5.20
東ティモール司令部要員が帰国　2004.5.31

国際連合東ティモール統合ミッション
国連東ティモール統合ミッションに
要員派遣　2007.1.26
国連東ティモール統合ミッション派
遣要員の任期延長　2007.3.27
東ティモールに自衛官派遣　2010.9.27
「東ティモール統合ミッション」への
派遣延長　2012.4.17
「東ティモール統合ミッション」への
派遣終了　2012.9.23

国際連合兵力引き離し監視隊
政府調査団、ゴラン高原へ出発　1995.4.10
ゴラン高原へ自衛隊派遣決定　1995.8.29
自衛隊、ゴラン高原へ出発　1996.1.31
ゴラン高原の司令部要員第2陣が出発
　1997.2.14
自衛隊ゴラン高原派遣を延長　2006.1.27
自衛隊ゴラン高原派遣を延長　2006.7.11
自衛隊ゴラン高原派遣の期限延長　2007.7.31
自衛隊ゴラン高原派遣の期限延長　2009.7.24
ゴラン高原の自衛隊PKO部隊帰国　2013.1.17

国際連合平和維持活動
国連平和維持活動へ自衛隊海外派遣　1984.9.17
「国際平和協力法」公布　1992.6.19
自衛隊カンボジア派遣、防衛庁長官
指示　1992.8.11
アンゴラ・カンボジアでの国際平和
協力業務について　1992.9.8
カンボジア派遣命令　1992.9.8
カンボジアへ自衛隊派遣　1992.9.17
カンボジア停戦監視要員出発　1992.9.19
カンボジア支援空輸業務開始　1992.9.23
第1次カンボジア派遣施設大隊出発　1992.9.23
カンボジア派遣部隊輸送業務につい
て決定　1992.12.3
第2次カンボジア停戦監視要員出発　1993.3.16
モザンビークへ派遣準備指示　1993.3.26

第2次カンボジア派遣施設大隊出発　1993.3.29
カンボジア日本人国連ボランティア
殉職　1993.4.8
「モザンビーク国際平和協力業務の実
施について」が決定　1993.4.27
カンボジア日本人文民警察官殉職　1993.5.4
国連モザンビーク活動へ自衛隊派遣　1993.5.11
第2次カンボジア派遣海上輸送部隊出
港　1993.8.10
カンボジアPKO終了　1993.9.26
自衛隊モザンビーク派遣を延長　1993.11.12
第2次モザンビーク派遣輸送調整中隊
が出発　1993.11.22
航空自衛隊、モザンビーク支援業務
開始　1993.12.29
自衛隊モザンビーク派遣を再延長　1994.5.31
自衛隊、カナダにPKO調査団派遣　1994.6.4
第3次モザンビーク派遣輸送調整中隊
出発　1994.6.8
政府調査団、ゴラン高原へ出発　1995.4.10
ゴラン高原へ自衛隊派遣決定　1995.8.29
「ゴラン高原国際平和協力業務実施計
画」閣議決定　1995.12.15
自衛隊、ゴラン高原へ出発　1996.1.31
第2次ゴラン高原派遣隊が出発　1996.8.2
第3次ゴラン高原派遣輸送隊が出発　1997.2.2
ゴラン高原の司令部要員第2陣が出発
　1997.2.14
第4次ゴラン高原派遣輸送隊が出発　1997.8.1
第5次ゴラン高原派遣輸送隊が出発　1998.1.30
第6次ゴラン高原派遣輸送隊が出発　1998.7.31
自衛隊、東ティモール避難民救援へ　1999.11.22
パキスタン派遣について決定　2001.10.5
ゴラン高原派遣輸送隊が交代　2002.2.13
東ティモール国際平和協力業務実施
計画が決定　2002.2.15
東ティモール派遣施設群が編成完結　2002.2.24
自衛隊東ティモール派遣　2002.3.2
小泉首相がディリ宿営地を訪問　2002.4.29
東ティモール派遣施設群が業務引継　2002.4.30
東ティモール国際平和協力業務実施
計画を変更　2002.5.17
ゴラン高原国際平和協力業務実施計
画を変更　2002.6.21
ゴラン高原派遣輸送隊が交代　2002.8.14
中谷防衛庁長官がオーストラリア・
東ティモール訪問　2002.8.16
東ティモール派遣施設群が交代　2002.9.20

こくさ　　　　　　　　　　　　　　事項名索引　　　　　　　　　日本安全保障史事典

「ゴラン高原国際平和協力業務実施計
　画」を変更　　　　　　　　　　2003.1.17
ゴラン高原派遣輸送隊が交代　　　2003.2.26
東ティモール派遣施設群が交代　　2003.3.13
「東ティモール国際平和協力業務実施
　計画」を変更　　　　　　　　　2003.6.20
ゴラン高原国際平和協力業務実施計
　画を変更　　　　　　　　　　　2003.7.29
ゴラン高原派遣輸送隊が交代　　　2003.9.10
東ティモール派遣施設群が交代　　2003.10.23
ゴラン高原国際平和協力業務実施計
　画を変更　　　　　　　　　　　2004.1.16
ゴラン高原派遣輸送隊が交代　　　2004.3.3
防衛庁副長官が東ティモール訪問　2004.5.18
東ティモール派遣施設群の任務終了　2004.5.20
東ティモール司令部要員が帰国　　2004.5.31
第4次東ティモール派遣施設群が帰国
　　　　　　　　　　　　　　　　2004.6.25
16大綱が決定　　　　　　　　　2004.12.10
自衛隊ゴラン高原派遣を延長　　　2006.1.27
自衛隊ゴラン高原派遣を延長　　　2006.7.11
「防衛庁設置法」改正法公布　　　2006.12.22
防衛省が発足　　　　　　　　　　2007.1.9
国連ネパール政治ミッションに自衛
　官派遣　　　　　　　　　　　　2007.3.27
東ティモールに選挙監視団を派遣　2007.4.27
自衛隊ゴラン高原派遣の期限延長　2007.7.31
国際連合スーダン・ミッションへの
　自衛官派遣を表明　　　　　　　2008.6.30
国際連合スーダン・ミッションに自
　衛官派遣　　　　　　　　　　　2008.10.3
スーダンに自衛官派遣　　　　　　2008.10.24
自衛隊ゴラン高原派遣の期限延長　2009.7.24
国連ハイチ安定化ミッション　　　2010.2.5
東ティモールに自衛官派遣　　　　2010.9.27
航空観閲式　　　　　　　　　　　2011.10.16
「南スーダンミッション」司令部要員
　派遣　　　　　　　　　　　　　2011.11.15
「南スーダンミッション」施設部隊派
　遣　　　　　　　　　　　　　　2011.12.20
「南スーダンミッション」先遣隊出国　2012.1.11
「東ティモール統合ミッション」への
　派遣延長　　　　　　　　　　　2012.4.17
「東ティモール統合ミッション」への
　派遣終了　　　　　　　　　　　2012.9.23
ゴラン高原の自衛隊PKO部隊帰国　2013.1.17
ハイチPKO終了　　　　　　　　2013.3.15
自衛隊、韓国軍に弾薬提供　　　　2013.12.23
小野寺防衛相、南スーダン訪問　　2014.5.8

安倍首相、国連PKOハイレベル会合
　に出席　　　　　　　　　　　　2014.9.26
中谷防衛相、南スーダン訪問　　　2015.1.19
日韓防衛相会談　　　　　　　　　2015.10.20
「駆けつけ警護」訓練　　　　　　2016.8.25
稲田防衛大臣、南スーダン訪問　　2016.10.8
自衛隊観閲式　　　　　　　　　　2016.10.23
南スーダンでの「駆けつけ警護」閣議
　決定　　　　　　　　　　　　　2016.11.15
稲田防衛大臣、「戦闘」を弁明　　2017.2.8
「南スーダンミッション」への派遣終
　了決定　　　　　　　　　　　　2017.3.10
「南スーダンミッション」への派遣終
　了　　　　　　　　　　　　　　2017.5.30
稲田防衛大臣辞任　　　　　　　　2017.7.28
日報を防衛省が隠蔽　　　　　　　2017.7.28
**国際連合平和維持活動等に対する協力に
　関する法律　→　国際平和協力法を見よ**
国際連合平和協力法
「国際連合平和協力法」案提出　　1990.10.16
国際連合平和構築委員会
日本が国連平和構築委員会組織委員
　会入り　　　　　　　　　　　　2006.5.16
国際連合ボランティア
カンボジア日本人国連ボランティア
　殉職　　　　　　　　　　　　　1993.4.8
国際連合南スーダン共和国ミッション
「南スーダンミッション」司令部要員
　派遣　　　　　　　　　　　　　2011.11.15
「南スーダンミッション」施設部隊派
　遣　　　　　　　　　　　　　　2011.12.20
「南スーダンミッション」先遣隊出国　2012.1.11
自衛隊、韓国軍に弾薬提供　　　　2013.12.23
小野寺防衛相、南スーダン訪問　　2014.5.8
中谷防衛相、南スーダン訪問　　　2015.1.19
稲田防衛大臣、南スーダン訪問　　2016.10.8
「南スーダンミッション」への派遣終
　了決定　　　　　　　　　　　　2017.3.10
「南スーダンミッション」への派遣終
　了　　　　　　　　　　　　　　2017.5.30
国際連合モザンビーク活動
国連モザンビーク活動へ自衛隊派遣　1993.5.11
国史会
三無事件　　　　　　　　　　　　1961.12.12
国体護持
東久邇宮首相、「一億総懺悔」発言　1945.8.28
国鉄労組
安保改定阻止第1次実力行使　　　1960.6.4

－ 342 －

国土交通省
海上保安庁設置　　　　　　　　　1948.5.1
沖縄上空の航空交通管制返還で合意
　　　　　　　　　　　　　　　　2004.12.10

国防会議
保守3党折衝で国防会議の構成決定　1954.5.28
防衛閣僚懇談会の設置決定　　　　　1955.8.2
国防会議初代理事長が内定　　　　　1956.6.18
国防会議発足　　　　　　　　　　　1956.7.2
第1回国防会議開催　　　　　　　　1956.12.8
1957年度防衛力整備計画が決定　　　1957.1.19
「国防の基本方針」決定　　　　　　1957.5.20
「防衛力整備目標」閣議了解　　　　1957.6.14
P2V-7対潜哨戒機42機の国産決定　　1957.9.10
次期戦闘機にグラマンF11 F-1F採用
　内定　　　　　　　　　　　　　　1958.4.12
次期戦闘機グラマンF11 F-1Fの内定
　撤回　　　　　　　　　　　　　　1959.6.15
次期戦闘機にロッキードF-104J採用
　決定　　　　　　　　　　　　　　1959.11.6
「陸上自衛隊の部隊改編」決定　　　1961.1.13
「第2次防衛力整備計画」決定　　　　1961.7.18
「国防会議基本計画」策定　　　　　1964.7.8
戦闘機の追加生産　　　　　　　　　1965.1.21
国防会議議員懇談会開催　　　　　　1966.11.1
第3次防衛力整備計画大綱を閣議決定
　　　　　　　　　　　　　　　　1966.11.29
第3次防衛力整備計画の主要項目が決
　定　　　　　　　　　　　　　　　1967.3.13
次期主力戦闘機F-4Eを104機生産　　1969.1.10
第4次防衛力整備計画大綱決定　　　　1972.2.8
自衛隊の沖縄配備に先走り　　　　　1972.3.10
国防会議、自衛隊の沖縄配備を決定　1972.4.17
国防会議付議事項について決定　　　1973.1.25
ポスト4次防計画の経費試算を提出　1975.11.13
4次防の主要項目取扱について決定　1975.12.30
「防衛計画の大綱について」決定　　1976.10.29
F-4EJ戦闘機の後継、F-15を採用　　1976.12.9
福田内閣初の国防会議開催　　　　　1977.1.7
F-15戦闘機、P-3C哨戒機の導入　　1977.12.28
福田首相、防衛庁に有事立法等の研
　究を指示　　　　　　　　　　　　1978.7.27
「日米防衛協力のための指針」に了承
　　　　　　　　　　　　　　　　1978.11.27
早期警戒機導入決定　　　　　　　　1979.1.11
中期業務見積り発表　　　　　　　　1979.7.17
総合安全保障関係閣僚会議の設置　　1980.12.1
P-3C、F-15の取得数変更　　　　　1982.7.23
56中期業務見積りの了承　　　　　　1982.7.23

ペトリオットミサイルの導入決定　1984.12.28
中期防衛力整備計画の決定　　　　　1985.9.18
「安全保障会議設置法」の公布　　　1986.5.27
「安全保障会議設置法」の施行　　　1986.7.1

国防会議基本計画
「国防会議基本計画」策定　　　　　1964.7.8

国防会議構成法
「国防会議構成法」案が衆院可決　　1955.7.27
防衛閣僚懇談会の設置決定　　　　　1955.8.2
国防会議発足　　　　　　　　　　　1956.7.2

国防会議の構成等に関する法律　→　国
防会議構成法を見よ

国防の基本方針
「国防の基本方針」決定　　　　　　1957.5.20

国防保安法
「国防保安法」等廃止　　　　　　1945.10.13

国民協同党
片山内閣発足　　　　　　　　　　　1947.5.24
芦田内閣発足　　　　　　　　　　　1948.3.10

国民警察隊
社会党、自衛隊改編の新構想を発表
　　　　　　　　　　　　　　　　1962.11.14
社会党、安全保障長期構想を発表　　1966.5.2

国民主権
「日本国憲法」公布　　　　　　　　1946.11.3

国民新党
鳩山内閣が発足　　　　　　　　　　2009.9.16
菅内閣が発足　　　　　　　　　　　2010.6.8
野田内閣が発足　　　　　　　　　　2011.9.2
野田第1次改造内閣が発足　　　　　2012.1.13
野田第2次改造内閣が発足　　　　　2012.6.4
野田第3次改造内閣が発足　　　　　2012.10.1

国民保護基本方針
国民保護基本方針を決定　　　　　　2005.3.25

国民保護計画
福井・島根の国民保護計画が決定　　2005.7.22
全都道府県の国民保護計画が決定　　2006.3.31

国民保護法
国民保護法制整備本部第2回会合　2003.11.21
「国民保護法」案要綱を了承　　　　2004.2.24
有事関連7法案が決定　　　　　　　2004.3.9
有事関連7法が成立　　　　　　　　2004.6.14
「国民保護法」公布　　　　　　　　2004.6.18
「国民保護法」に基づく初の実動訓練
　　　　　　　　　　　　　　　　2005.11.27

国有保安林指定解除
長沼ナイキ事件が発生　　　　　　　1969.7.7
長沼ナイキ事件で、札幌地裁判決　　1973.9.7

こくれ　　　　　　　　　　　　事項名索引　　　　　　　　　　日本安全保障史事典

長沼ナイキ事件の最高裁判決　　1982.9.9
国連　→　国際連合を見よ
護国神社
自衛官合祀拒否訴訟　　　　　　1973.1.22
自衛官合祀拒否訴訟で違憲判決　1979.3.22
小坂 善太郎
第1回日米安保協議委員会　　　　1960.9.8
コザ事件
コザ事件が発生　　　　　　　　1970.12.20
5.30事件
「5.30事件」記念の日に全国で騒擾事
件　　　　　　　　　　　　1952.5.30
個人情報
自衛官募集で個人情報提供　　　2003.4.22
陸自隊員の個人情報流出　　　　2009.8.31
個人情報保護法
陸自隊員の個人情報流出　　　　2009.8.31
ゴ・スアン・リック
日越防衛相会談　　　　　　　　2017.10.24
コスモ石油
防衛庁燃料談合事件で石油元売り会
社に賠償命令　　　　　　　2011.6.27
コズロフ, ユーリー・N.
宮永スパイ事件　　　　　　　　1980.1.18
小滝 彬
小滝防衛庁長官就任　　　　　　1957.2.2
第1次岸内閣発足　　　　　　　1957.2.25
国歌
国旗掲揚・国歌斉唱の徹底通知　1985.9.5
村山首相、自衛隊・日米安保などを
容認　　　　　　　　　　　1994.7.20
国家安全保障会議
衆議院安全保障委員会設置　　　1991.11.5
国家安全保障会議創設への動き　2013.2.15
国家安全保障会議設置　　　　　2013.12.4
「国家安全保障戦略」決定　　　　2013.12.17
国家安全保障局の発足　　　　　2014.1.7
マレーシア航空機墜落　　　　　2014.3.8
サイバーセキュリティ基本法成立　2014.11.6
国家安全保障会議開催　　　　　2016.12.22
「南スーダンミッション」への派遣終
了決定　　　　　　　　　　2017.3.10
国家安全保障会議設置法
国家安全保障会議設置　　　　　2013.12.4
国家安全保障局
国家安全保障局の発足　　　　　2014.1.7

国家安全保障戦略
「安全保障と防衛力に関する懇談会」
初会合　　　　　　　　　　2013.9.12
「国家安全保障戦略」決定　　　　2013.12.17
国会請願デモ
安保阻止国民会議第8次統一行動で国
会請願デモ　　　　　　　　1959.11.27
警視庁、国会請願デモ事件で全学連
等一斉捜索　　　　　　　　1959.11.28
安保阻止国民会議第18次統一行動　1960.6.11
国家行政組織法
密約問題について調査を命令　　2009.9.17
国家公安委員会
治安出動に係る協定改正　　　　2000.12.4
国家公務員法
尖閣諸島中国漁船衝突映像流出事件　2010.11.4
尖閣諸島中国漁船衝突映像流出事件
で処分　　　　　　　　　　2010.12.22
国家総動員体制
国会で「三矢研究」につき追究　1965.2.10
国家総動員法
「国家総動員法」・「戦時緊急措置法」
廃止　　　　　　　　　　　1946.4.1
国家地方警察
「警察法」公布　　　　　　　　1947.12.17
警察予備隊創設　　　　　　　　1950.8.10
国旗
国旗掲揚・国歌斉唱の徹底通知　1985.9.5
村山首相、自衛隊・日米安保などを
容認　　　　　　　　　　　1994.7.20
五島列島
ソ連機、領空侵犯　　　　　　　1977.9.7
ソ連機、領空侵犯　　　　　　　1980.8.18
コートジボワール
在コートジボワール日本大使公邸襲
撃事件　　　　　　　　　　2011.4.6
小西 誠
反戦自衛官裁判で無罪判決　　　1975.2.22
反戦自衛官裁判差戻審　　　　　1981.3.27
小林 直樹
石橋社会党委員長、自衛隊違憲・合
法論に同調　　　　　　　　1983.12.20
小松 一郎
内閣法制局長官に集団的自衛権容認
派を起用　　　　　　　　　2013.8.8
小松基地騒音訴訟
小松基地騒音訴訟のための原告団を
結成　　　　　　　　　　　1975.6.17

- 344 -

小松基地騒音訴訟	1975.9.16
小松基地騒音訴訟判決	1991.3.13
第1・2次小松基地騒音訴訟判決	1994.12.26
第3・4次小松基地騒音訴訟1審判決	2002.3.6
第3・4次小松基地騒音訴訟控訴審判決	2007.4.16

ゴラン高原

自衛隊、カナダにPKO調査団派遣	1994.6.4
政府調査団、ゴラン高原へ出発	1995.4.10
ゴラン高原へ自衛隊派遣決定	1995.8.29
「ゴラン高原国際平和協力業務実施計画」閣議決定	1995.12.15
自衛隊、ゴラン高原へ出発	1996.1.31
第2次ゴラン高原派遣隊が出発	1996.8.2
第3次ゴラン高原派遣輸送隊が出発	1997.2.2
ゴラン高原の司令部要員第2陣が出発	1997.2.14
第4次ゴラン高原派遣輸送隊が出発	1997.8.1
第5次ゴラン高原派遣輸送隊が出発	1998.1.30
第6次ゴラン高原派遣輸送隊が出発	1998.7.31
ゴラン高原派遣輸送隊が交代	2002.2.13
ゴラン高原国際平和協力業務実施計画を変更	2002.6.21
ゴラン高原派遣輸送隊が交代	2002.8.14
「ゴラン高原国際平和協力業務実施計画」を変更	2003.1.17
ゴラン高原派遣輸送隊が交代	2003.2.26
ゴラン高原国際平和協力業務実施計画を変更	2003.7.29
ゴラン高原派遣輸送隊が交代	2003.9.10
ゴラン高原国際平和協力業務実施計画を変更	2004.1.16
ゴラン高原派遣輸送隊が交代	2004.3.3
自衛隊ゴラン高原派遣を延長	2006.1.27
自衛隊ゴラン高原派遣を延長	2006.7.11
自衛隊ゴラン高原派遣の期限延長	2007.7.31
自衛隊ゴラン高原派遣の期限延長	2009.7.24
自衛隊のゴラン高原PKO部隊帰国	2013.1.17

ゴラン高原国際平和協力隊の設置等に関する政令

ゴラン高原へ自衛隊派遣決定	1995.8.29

コリンズ, ジョーゼフ・ロートン

コリンズ米陸軍参謀総長来日	1949.10.11

コロンビア

リムパック2010に参加	2010.6.23
リムパック2012に参加	2012.6.23
リムパック2014に参加	2014.6.26
リムパック2016に参加	2016.6.30

こんごう

初のイージス護衛艦	1993.3.25
SM-3発射試験に成功	2007.12.18

今後の防衛力整備について

「今後の防衛力整備について」の決定	1987.1.24

コンゴ民主共和国　⇔　ザイールをも見よ

コンゴ民主共和国に選挙監視団派遣	2006.7.11

【さ】

在イラク邦人人質事件対策本部

イラク邦人人質事件	2004.4.7

在沖縄海兵隊

在沖縄海兵隊グアム移転費用は100億ドル	2006.3.14
在沖縄海兵隊グアム移転費用負担で合意	2006.4.23
「再編実施のための日米のロードマップ」発表	2006.5.1
「在沖縄海兵隊のグアム移転に係る協定」署名	2009.2.17
「在沖縄海兵隊のグアム移転に係る協定」を承認	2009.5.13

在沖縄海兵隊のグアム移転に係る協定

「在沖縄海兵隊のグアム移転に係る協定」署名	2009.2.17
「在沖縄海兵隊のグアム移転に係る協定」を承認	2009.5.13

在沖縄米軍

器物損壊罪で米兵逮捕	2001.7.21
沖縄米兵ひき逃げ死亡事故	2009.11.7

災害招集

予備自衛官の災害招集	2011.3.16
予備自衛官の災害招集	2016.4.17

災害対策基本法

「自衛隊法」の改正	1995.6.16
東日本大震災発生	2011.3.11

災害派遣

ルース台風に伴う災害派遣	1951.10.20
「自衛隊の災害派遣に関する訓令」決定	1954.9.1
洞爺丸遭難事故	1954.9.26
狩野川台風に伴う災害派遣	1958.9.26
伊勢湾台風に伴う災害派遣	1959.9.26
チリ地震津波に伴う災害派遣	1960.5.24
豪雪に伴う災害派遣	1963.1.18

さいか　　　　　　　　　　　　　　　事項名索引　　　　　　　　　　　　　日本安全保障史事典

新潟地震発生	1964.6.16
マリアナ海難に災害派遣	1965.10.9
三沢市大火	1966.1.11
全日空羽田沖墜落事故	1966.2.4
ばんだい号墜落事故	1971.7.3
大震災対処のため陸海空自協同の指	
揮所演習	1974.8.26
第十雄洋丸事件	1974.11.23
流出重油回収のため災害派遣	1974.12.29
自衛隊に地震防災派遣任務を追加	1978.6.15
三原山噴火	1986.11.15
重油流出で災害派遣	1990.2.1
雲仙普賢岳噴火	1991.6.3
北海道南西沖地震発生	1993.7.12
阪神・淡路大震災発生	1995.1.17
地下鉄サリン事件	1995.3.20
豊浜トンネル岩盤崩落事故	1996.2.10
ナホトカ号重油流出事故	1997.1.2
東海村JCO臨界事故	1999.9.30
有珠山噴火	2000.3.29
三宅島噴火	2000.6.26
鳥取県西部地震発生	2000.10.6
芸予地震発生	2001.3.24
「えひめ丸」引き揚げ協力のため潜水	
艦救難艦を派遣	2001.8.8
九州豪雨に災害派遣	2003.7.18
宮城県北部地震発生	2003.7.26
十勝沖地震発生	2003.9.26
鳥インフルエンザで災害派遣	2004.3.4
新潟県中越地震発生	2004.10.23
JR福知山線脱線事故	2005.4.25
豪雨で災害派遣	2006.7.15
岩手・宮城内陸地震発生	2008.6.14
口蹄疫で災害派遣	2010.5.1
東日本大震災発生	2011.3.11
福島第一原発炉心融解事故	2011.3.12
「トモダチ作戦」発動	2011.3.13
東北地方沿岸で行方不明者捜索	2011.4.1
台風12号豪雨災害	2011.9.3
台風26号豪雨土砂災害	2013.10.16
学習指導要領解説書に尖閣・竹島を	
領土と明記、自衛隊の災害派遣も	2014.1.28
鳥インフルエンザ対応	2014.4.14
山口県で豪雨災害	2014.8.6
台風11号豪雨災害	2014.8.10
京都府・兵庫県で豪雨災害	2014.8.17
広島市豪雨土砂災害	2014.8.20
御嶽山噴火	2014.9.27
日米豪共同訓練	2014.11.6

長野県神城断層地震発生	2014.11.22
徳島県の大雪で災害派遣	2014.12.6
鳥インフルエンザ対応	2015.1.15
北海道の大雪で災害派遣	2015.2.2
口永良部島噴火	2015.5.29
台風18号豪雨災害	2015.9.10
九州・山口の寒波で災害派遣	2016.1.25
熊本地震発生	2016.4.14
台風10号豪雨災害	2016.8.30
鳥取県中部地震発生	2016.10.21
鳥インフルエンザ対応	2016.11.29
鳥インフルエンザ対応	2016.12.16
糸魚川市大火	2016.12.22
鳥インフルエンザ対応	2016.12.26
鳥インフルエンザ対応	2017.1.14
鳥インフルエンザ対応	2017.1.24
鳥取県の大雪で災害派遣	2017.1.24
鳥インフルエンザ対応	2017.2.4
鳥インフルエンザ対応	2017.3.24
那須雪崩事故	2017.3.27

在外邦人輸送

初の在外邦人等の輸送	2004.4.15
アルジェリア人質事件	2013.1.16
バングラデシュでテロ	2016.7.2
南スーダンでの在外邦人等輸送のた	
め空自機派遣	2016.7.11

在外邦人輸送訓練

在外邦人等輸送訓練	2016.8.23

在韓米軍

米軍独立法務官がジェンキンスさん	
と面会	2004.8.5

細菌兵器

「生物兵器禁止条約」に署名	1972.4.10
「生物兵器禁止条約」を発効	1975.3.26
生物兵器禁止条約の発効	1982.6.8

再軍備

辰巳軍事顧問就任	1946.5月
英・ソ・中3国代表、海上保安庁設置	
を批判	1948.4.28
米国務省・陸軍省、日本再軍備を進	
言	1948.11.22
ダレス特使、日本の再軍備を要求	1950.6.22
マッカーサー、年頭声明で日本再軍	
備を強調	1951.1.1
スペンダー豪外相、日本再軍備に反	
対表明	1951.1.11
新海軍再建研究会が発足	1951.1.24
吉田首相、再軍備問題につき答弁	1951.1.29

吉田首相、自衛権強化と再軍備問題
　につき答弁　　　　　　　　　1951.2.1
ダレス顧問、再軍備禁止条項につき
　発言　　　　　　　　　　　1951.2.19
吉田首相、自衛のための戦力は合憲
　と答弁　　　　　　　　　　1952.3.6
経団連、防衛生産委員会を設置　1952.8.13
吉田首相、国力培養が先決と演説　1952.9.15
保安庁内に制度調査委員会を設置　1952.9月
「経団連試案」策定　　　　　　1953.2月

在コートジボワール日本大使公邸襲撃事件

在コートジボワール日本大使公邸襲
　撃事件　　　　　　　　　　2011.4.6

在中華人民共和国日本国大使館附属北京日本人学校

脱北者が日本人学校に駆け込む　2004.9.1

サイト　→　レーダー基地を見よ

斉藤 斗志二

第2次森改造内閣が発足　　　　2000.12.5

サイドワインダー

第4回日米安保委員会で、サイドワイ
　ンダー供与決定　　　　　　1957.12.19
防衛庁、サイドワインダー14発発注　1958.9.10

在日朝鮮人

北朝鮮帰還第1船、新潟港を出港　1959.12.14

在日朝鮮人の帰還に関する日朝赤十字

協定　→　北朝鮮帰還協定を見よ

在日朝鮮人の北朝鮮帰国に関する協定

　→　北朝鮮帰還協定を見よ

在日米軍

駐日米軍兵力、20万人にのぼる　1946.3.31
吉田首相、米軍駐留継続を希望　1949.5.7
コリンズ米陸軍参謀総長来日　1949.10.11
警察予備隊創設指令　　　　　1950.7.8
ダレス米講和特使来日　　　　1951.1.25
「日米行政協定」調印　　　　1952.2.28
「駐留軍用地特別措置法」公布・施行　1952.5.15
「日米施設区域協定」調印　　1952.7.26
政府、領空侵犯機排除に米国の協力
　要請　　　　　　　　　　　1953.1.13
内灘試射場の無期限使用決定　1953.6.2
防衛庁発足　　　　　　　　　1954.7.1
北海道の米軍撤退　　　　　　1954.9.24
防衛6ヵ年計画案決定　　　　1955.3.14
米軍、北富士演習場で射撃演習強行　1955.5.10
鳩山首相、自衛隊につき答弁　1955.6.11

岸・アイゼンハワー会談、在日米軍
　早期引揚げ等の共同声明発表　1957.6.21
在日米軍陸上部隊の撤退開始発表　1957.8.1
日米安保委員会、初会合を開催　1957.8.16
第3回日米安保委員会　　　　1957.11.27
東京地裁、砂川事件で無罪判決　1959.3.30
最高裁、砂川事件で伊達判決を破棄　1959.12.16
防衛施設庁発足　　　　　　　1962.11.1
水戸射爆場移転、太田飛行場等返還
　を発表　　　　　　　　　　1966.6.27
「防衛施設周辺の整備等に関する法
　律」を施行　　　　　　　　1966.7.26
防衛庁、在日米軍、協議会の設置で合
　意　　　　　　　　　　　　1968.10.10
在日米軍、立川基地の飛行停止　1969.10.3
日米安保協議委、在日米軍を韓国に
　移駐　　　　　　　　　　　1970.12.21
米陸軍根岸兵舎地区全面返還　1972.6.19
在日米軍司令部、水戸射爆場を返還　1973.3.10
日米秋田県沖合同演習　　　　1981.5.12
初の日米共同統合指揮所演習の実施　1986.2.24
沖縄の17の米軍施設返還へ　　1990.6.19
「沖縄県における米軍の施設・区域に
　関連する問題の解決促進について」
　決定　　　　　　　　　　　1996.4.16
空自が在日米軍基地間の空輸開始　2001.11.29
在日米軍基地等の警護について検討　2001.12.6
九州南西海域工作船事件　　　2001.12.22
駐留軍等労働者労務管理機構設立　2002.4.1
ジェンキンスさんが出頭　　　2004.9.11
脱走兵通報で合意　　　　　　2008.5.15
交通事故を起こした米軍属に起訴相
　当　　　　　　　　　　　　2011.5.27
日米地位協定、運用見直し　　2011.11.24
日米地位協定、運用見直し　　2013.10.8
在日米軍関係者による女性暴行殺害
　事件　　　　　　　　　　　2016.4.28
日米首脳会談　　　　　　　　2016.5.25
日米防衛相会談　　　　　　　2016.6.4
米軍属の対象縮小　　　　　　2017.1.16

在日米軍基地

公明党、在日米軍基地99ケ所返還可
　能　　　　　　　　　　　　1968.12.5
第9回日米安全保障協議委員会開催　1968.12.23
公明党、米軍基地返還闘争方針　1969.1.18
在日基地を自衛隊管理の意向表明　1970.2.9
防衛施設庁、沖縄米軍基地の現地調査　1970.7.2
中曽根防衛庁長官、訪米し米国防長
　官と会談　　　　　　　　　1970.9.10

- 347 -

在日米軍基地の一部返還と共同使用
で合意 1971.6.25
公明党、在日米軍基地総点検 1972.8.30
沖縄の米軍基地など3年計画で整理縮
小 1973.1.8
在日基地整理統合計画に合意 1973.1.23
米軍基地に関する世論調査 2001.5.19
在日米軍基地等の警護について検討 2001.12.6
「平成17年10月29日に実施された日米
安全保障協議委員会において承認
された事項に関する当面の政府の
取組について」を決定 2005.11.11
「沖縄振興特措法」・「駐留軍用地返還
特措法」改正法成立 2012.3.30
日米、環境補足協定署名 2015.9.28

在日米軍再編
自民・公明両党幹事長が米国防長官
と会談 2004.4.29
米軍施設380ヘクタール返還で合意 2004.9.2
日米首脳会談を開催 2004.9.21
小泉首相が在沖縄米軍基地の本土移
転に言及 2004.10.1
極東条項に関する政府統一見解を発
表 2004.10.21
日米外相会談を開催 2004.10.24
日米首脳会談を開催 2004.11.20
日米安全保障協議委員会を開催 2005.2.19
キャンプ・シュワブ沿岸案で合意 2005.10.29
岩国市で米空母艦載機移駐に関する
住民投票 2006.3.12
在沖縄海兵隊グアム移転費用は100億
ドル 2006.3.14
在沖縄海兵隊グアム移転費用負担で
合意 2006.4.23
「再編実施のための日米のロードマッ
プ」発表 2006.5.1
在日米軍再編に関する基本確認書に
調印 2006.5.11
山口県知事が米空母艦載機移駐を容
認 2006.8.24
普天間飛行場の移設に係る措置に関
する協議会を設置 2006.8.29
米軍戦闘機訓練の移転費用負担で合
意 2007.1.11
「駐留軍等再編特別措置法」公布 2007.5.30
米陸軍第1軍団前方司令部を設置 2007.12.19
岩国市長選で空母艦載機移駐容認派
が勝利 2008.2.10
「在沖縄海兵隊のグアム移転に係る協
定」署名 2009.2.17

普天間飛行場移設先決定を先送り 2009.12.15
米軍訓練のグアム移転、日米合意 2011.1.20
グアムへの航空機訓練移転 2011.10.10
在日米軍再編計画を見直し 2012.2.8
日米安全保障協議委員会開催 2012.4.27
米軍施設返還計画 2013.4.5
日米安全保障協議委員会開催 2013.10.3
沖縄基地返還前倒し 2015.12.4
北部訓練場の返還 2016.12.22
日米防衛相会談 2017.6.3
米軍基地一部返還決定 2017.7.11
米艦載機、岩国基地へ移転 2017.8.9

在日米軍再編推進特別措置法 → 駐留
軍等再編特別措置法を見よ

在日米軍事援助顧問団
在日保安顧問団、在日米軍事援助顧
問団に改称 1954.6.7

在日米軍事顧問団
在日米軍事顧問団につき、日米間で
了解 1954.3.2

在日米軍駐留経費
吉田首相、米軍駐兵費につき答弁 1951.2.15

在日米軍駐留経費日本側負担分
在日米軍駐留経費負担の決定 1977.12.22
金丸防衛庁長官、思いやり予算増額
を約束 1978.6.20
「在日米軍駐留経費負担特別協定」の
署名 1987.1.30
「在日米軍駐留経費負担特別協定」の
公布・発行 1987.6.1
「在日米軍駐留経費負担特別協定」の
改正 1988.3.2
「在日米軍駐留経費負担に係る新特別
協定」署名 1991.1.14
「在日米軍経費負担に関する特別協
定」署名 1995.9.27
「在日米軍駐留経費負担に係る新特別
協定」公布 1995.12.11
「在日米軍駐留経費負担に係る新特別
協定」発効 1996.4.1
「在日米軍駐留経費負担に係る新特別
協定」に署名 2000.9.11
「在日米軍駐留経費負担に係る特別協
定」が発効 2001.4.1
「在日米軍駐留経費負担に係る特別協
定」の期間短縮で合意 2005.12.9
「在日米軍駐留経費負担に係る特別協
定」に署名 2006.1.23

「在日米軍駐留経費負担に係る特別協		
定」を2年間延長	2006.3.29	
「在日米軍駐留経費負担に係る特別協		
定」が公布、発効	2006.4.1	
思いやり予算削減で合意	2007.12.12	
「在日米軍駐留経費負担に係る特別協		
定」署名	2008.1.25	
「在日米軍駐留経費負担に係る特別協		
定」発効	2008.5.1	
思いやり予算の現状維持で合意	2010.12.14	
「思いやり予算」協定署名	2011.1.21	
「思いやり予算」協定署名	2016.1.22	
日米防衛相会談	2017.2.4	

在日米国大使館
在日保安顧問団、在日米軍事援助顧
問団に改称 　　　　　　　1954.6.7

在日保安顧問団
在日保安顧問団発足 　　　　1953.1.1
在日保安顧問団、在日米軍事援助顧
問団に改称 　　　　　　　1954.6.7

在日保安顧問部
在日保安顧問部設立 　　　　1952.4.27
在日保安顧問部が移転 　　　1952.11月
在日保安顧問団発足 　　　　1953.1.1

在日本朝鮮人総連合会
拉致実行犯の北朝鮮工作員に逮捕状　2006.4.24

再任用制度
再任用制度導入 　　　　　　1999.8.13

サイバー空間防衛隊
サイバー防衛隊、新設 　　　2012.9.7

サイバー攻撃
警察庁・防衛省にサイバー攻撃 　2011.7.10
防衛産業に対するサイバー攻撃 　2011.9.19
日米防衛相会談 　　　　　　2013.10.3
サイバー防衛隊発足 　　　　2014.3.26
サイバーセキュリティ基本法成立 　2014.11.6
サイバー攻撃報告 　　　　　2015.7.23

サイバーセキュリティ基本法
サイバーセキュリティ基本法成立 　2014.11.6

サイバーセキュリティ戦略本部
サイバーセキュリティ基本法成立 　2014.11.6
サイバー攻撃報告 　　　　　2015.7.23

サイバー防衛隊
サイバー防衛隊発足 　　　　2014.3.26

裁判権
「日米行政協定」調印 　　　1952.2.28
ジラード事件発生 　　　　　1957.1.30

沖縄の米兵、住民に発砲・負傷させ		
る	1974.7.10	
日米地位協定、運用見直し	2011.11.24	

砕氷艦
砕氷艦「ふじ」竣工 　　　　1965.7.15
砕氷艦「ふじ」、南極へ出発 　1965.11.20
砕氷艦「しらせ」の竣工 　　1982.11.12

在ペルー日本大使公邸占拠事件
在ペルー日本大使公邸占拠事件 　1996.12.17

財務省
次期中期防予算を1兆円削減 　2004.11.1

ザイール　⇔　コンゴ民主共和国をも見よ
ザイールへ自衛隊派遣 　　　1994.9.17

サウジアラビア　→　日サウジアラビア
〜を見よ

佐賀県
鳥インフルエンザ対応 　　　2015.1.15
鳥インフルエンザ対応 　　　2017.2.4

坂田 道太
三木内閣が発足 　　　　　　1974.12.9
「防衛を考える会」を発足 　1975.3.2
4次防後の防衛力整備計画案作成を指
示 　　　　　　　　　　　1975.4.1
日米防衛首脳会談を開催 　　1975.8.29
防衛庁、次期FX候補を米国製にしぼ
る 　　　　　　　　　　　1976.1.23
三木改造内閣が発足 　　　　1976.9.15

佐喜真 淳
宜野湾市長選、辺野古移設推進の市
長が再選 　　　　　　　　2016.1.24

桜井 徳太郎
三無事件 　　　　　　　　　1961.12.12

桜田 武
桜田日経連代表理事、自主防衛へ改
憲必要 　　　　　　　　　1969.10.16

佐々江 賢一郎
9ヶ月ぶりに日朝公式協議 　2005.8.7

さざなみ
自衛艦が初訪中 　　　　　　2008.6.24

笹森 順造
片山内閣発足 　　　　　　　1947.5.24

札幌オリンピック
札幌オリンピック支援集団編成 　1972.1.11
札幌オリンピック開幕 　　　1972.2.3

札幌オリンピック支援集団
札幌オリンピック支援集団編成 　1972.1.11
札幌オリンピック開幕 　　　1972.2.3

さつま

第2次カンボジア派遣海上輸送部隊出港	1993.8.10

佐藤 栄作

第1次佐藤内閣発足	1964.11.9
第1次佐藤第1次改造内閣発足	1965.6.3
佐藤首相、戦後初の沖縄訪問	1965.8.19
佐藤首相、安保条約長期存続は必要	1966.3.8
佐藤首相、沖縄防衛には日本参加	1966.3.10
第1次佐藤第2次改造内閣発足	1966.8.1
第1次佐藤第3次改造内閣発足	1966.12.3
第2次佐藤内閣発足	1967.2.17
佐藤首相、武器禁輸三原則を言明	1967.4.21
日米共同声明で小笠原諸島返還約束	1967.11.15
第2次佐藤第1次改造内閣発足	1967.11.25
佐藤首相、非核三原則を表明	1967.12.11
「日米安全保障条約」の自動延長案	1968.6.11
第2次佐藤第2次改造内閣発足	1968.11.30
佐藤・ニクソン共同声明で、沖縄返還合意	1969.11.21
第3次佐藤内閣が発足	1970.1.14
「日米安全保障条約」の自動延長で声明	1970.5.28
沖縄毒ガス早期撤去を確約	1970.5.29
第3次佐藤改造内閣が発足	1971.7.5
日米首脳共同声明で沖縄返還日決まる	1972.1.7

左藤 義詮

第2次岸内閣発足	1958.6.12

佐渡島

拉致実行犯の北朝鮮工作員に逮捕状	2006.11.2

佐柳島沖海保ヘリ墜落事故

佐柳島沖海保ヘリ墜落事故	2010.8.18

左派社会党

最高裁、警察予備隊違憲訴訟を却下	1952.10.8

サブロック

サブロック積載原潜の日本寄港につき、政府統一見解発表	1964.9.2

サミット　→　主要国首脳会議を見よ

サラヤ・ムジャヒディン

イラク邦人人質事件	2004.4.7

サラーラ

海賊対処のため海上警備行動を発令	2009.3.13

サリン

地下鉄サリン事件	1995.3.20

さわかぜ

自衛隊インド洋第2次派遣	2002.2.12

さわぎり

「テロ対策特別措置法」に基づき自衛艦3隻を派遣	2001.11.25
護衛艦「さわぎり」いじめ自殺訴訟控訴審判決	2008.8.25

参議院外交防衛委員会

自衛隊の多国籍軍参加を表明	2004.6.1
山田洋行事件で証人喚問	2007.11.15
田母神論文問題	2008.10.31

産経新聞社

平和のための防衛大博覧会開催	1958.3.20

サンゴ

辺野古護岸工事開始	2017.11.6

3次防　→　防衛力整備計画（第3次）を見よ

38年度統合防衛図上研究実施計画　→　三矢研究を見よ

三八豪雪

豪雪に伴う災害派遣	1963.1.18

サンフランシスコ講和条約　→　対日講和条約を見よ

参謀本部条例

参謀本部廃止	1945.11.30

三無事件

三無事件	1961.12.12

【し】

椎名 悦三郎

第5回日米安保協議委員会	1964.8.31
第6回日米安保協議委員会	1965.9.1
核の傘論議で統一見解を発表	1966.2.19
自衛隊の海外派兵に「自衛隊法」を検討表明	1966.2.24

自衛官

国会で「三矢研究」につき追究	1965.2.10
日中国際対抗射撃大会で、自衛官初の訪中	1974.6.15
自衛官募集で個人情報提供	2003.4.22
防衛省改革会議が報告書提出	2008.7.15
「防衛省設置法」改正法成立	2015.6.10

自衛官合祀拒否訴訟

自衛官合祀拒否訴訟	1973.1.22
自衛官合祀拒否訴訟で違憲判決	1979.3.22
自衛官合祀拒否訴訟の控訴審で違憲判決	1982.6.1

自衛官合祀拒否訴訟の控訴審で合憲	
判決	1988.6.1

自衛官候補生

「防衛省設置法」改正法一部施行	2010.7.1

自衛官住民登録拒否

自衛官の住民登録を拒否	1972.11.24

自衛官受験拒否

東京都立大学、自衛官の受験を拒否	1969.3.2

自衛艦隊指揮管制システム

海自、自衛艦隊指揮管制システム運	
用開始	1975.4.1
自衛隊、中央指揮所活用で統合演習	1985.2.12
MOFシステム運用開始	1999.3.1

自衛軍

岡崎外相、保安隊は実質的に自衛軍	
と答弁	1953.7.21
吉田首相、保安隊の自衛軍化につき	
答弁	1953.7.30
自民党発足	1955.11.15

自衛権

マッカーサー、年頭声明で自衛権を	
肯定	1950.1.1
吉田首相、自衛権強化と再軍備問題	
につき答弁	1951.2.1
改進党結成	1952.2.8
「憲法」第9条の解釈に関する政府統	
一見解提示	1954.12.22
岸首相、沖縄の自衛権につき答弁	1958.10.23

自衛隊

吉田・重光会談	1953.9.27
保守3党折衝で自衛隊の任務につき意	
見一致	1953.12.15
自衛隊、海外出動禁止決議	1954.6.2
自衛隊、幹部人事決定	1954.6.17
自衛隊、第2次首脳部人事異動内定	1954.6.22
自衛隊発足	1954.7.1
防衛庁発足	1954.7.1
自衛隊ジェット機2種につき、日米業	
者間で取り決め	1954.7.29
自衛隊の航空機帰属問題が決着	1954.8.31
「憲法」第9条の解釈に関する政府統	
一見解提示	1954.12.22
鳩山首相、自衛隊合憲は世論と答弁	1955.1.23
自衛隊内神社の創設を禁止	1955.3.16
鳩山首相、自衛隊につき答弁	1955.6.11
自衛隊員第2次募集の応募状況発表	1955.10.18
自衛隊、中央病院を設置	1955.11.1
自衛隊幹部会議を初開催	1956.6.13
自衛隊地方連絡部を設置	1956.8.1

自衛隊殉職隊員の合同追悼式	1957.9.30
自衛隊観閲式	1957.10.1
第4回日米安保委員会で、サイドワイ	
ンダー供与決定	1957.12.19
平和のための防衛大博覧会開催	1958.3.20
「自衛隊法」改正（第5次改正）	1958.5.23
岸首相、自衛隊による敵基地攻撃に	
つき答弁	1959.3.9
伊勢湾台風に伴う災害派遣	1959.9.26
自衛隊、治安出動要請を拒否	1960.6.15
「自衛官の心がまえ」制定	1961.6.28
三無事件	1961.12.12
自衛隊殉職者慰霊碑の完成披露	1962.5.26
第2回日米安保協議委員会	1962.8.1
防衛施設庁発足	1962.11.1
社会党、自衛隊改編の新構想を発表	1962.11.14
恵庭事件	1962.12.11
自衛官の定年延長	1963.4.1
自衛隊統合演習	1963.9.2
池田首相、自衛隊の国連警察軍参加	
は合憲と答弁	1964.3.5
新潟地震発生	1964.6.16
東京オリンピック開幕	1964.10.10
「自衛隊法」改正	1964.12.28
国会で「三矢研究」につき追究	1965.2.10
自衛隊の海外派兵に「自衛隊法」を検	
討表明	1966.2.24
社会党、安全保障長期構想を発表	1966.5.2
自衛隊記念日を制定	1966.9.2
札幌地裁、恵庭事件に無罪判決	1967.3.29
「航空機騒音による障害防止に関する	
法律」施行	1967.8.1
吉田元総理国葬の支援	1967.10.31
漁船保護のための自衛艦出動に言明	1968.2.11
軍事援助顧問団を相互防衛援助事務	
所に改称	1969.7.4
長沼ナイキ事件が発生	1969.7.7
在日基地を自衛隊管理の意向表明	1970.2.9
防衛施設庁、沖縄米軍基地の現地調査	1970.7.2
沖縄第1次自衛隊配置を発表	1970.10.7
自衛隊東部方面航空隊が立川基地に	
移駐	1972.3.8
自衛隊の沖縄配備に先走り	1972.3.10
国防会議、自衛隊の沖縄配備を決定	1972.4.17
陸海空の沖縄関係自衛隊部隊を新編	1972.5.15
自衛隊の沖縄配備第1陣到着	1972.10.2
戦闘機輸入で合意	1972.11.21
第1期女性自衛官公募幹部入隊	1973.4.1
自衛隊の沖縄配備が完了	1973.6.30

長沼ナイキ事件で、札幌地裁判決	1973.9.7	自衛隊若年定年退職者給付金制度の	
自衛隊への防衛・軍事用石油供給削		施行	1990.10.1
減	1973.11.7	「国際連合平和協力法」案提出	1990.10.16
自衛隊機、民家に墜落	1974.7.8	即位の礼	1990.11.12
自衛隊機、墜落	1974.8.27	掃海艇など、ペルシャ湾へ出港	1991.4.24
自衛隊の宗教活動関与を禁止	1974.11.19	イラク化学兵器調査団に自衛官初参	
共産党、民主連合政府で自衛隊は削		加	1991.10.9
減	1976.1.19	「国際平和協力法」公布	1992.6.19
一般曹候補学生教育開始	1976.4.7	自衛隊カンボジア派遣、防衛庁長官	
水戸地裁、百里基地訴訟で判決	1977.2.17	指示	1992.8.11
防衛マイクロ回線の建設	1977.4.1	アンゴラ・カンボジアでの国際平和	
防衛庁、防衛に関する意識調査を発		協力業務について	1992.9.8
表	1977.10.30	カンボジア派遣命令	1992.9.8
次期戦闘機・次期対潜哨戒機は「非		カンボジアへ自衛隊派遣	1992.9.17
戦力」とする見解	1978.2.15	カンボジア派遣部隊輸送業務につい	
自衛隊に地震防災派遣任務を追加	1978.6.15	て決定	1992.12.3
金丸防衛庁長官、軍事侵略に対する		モザンビークへ派遣準備指示	1993.3.26
作戦研究指示	1978.6.21	国連モザンビーク活動へ自衛隊派遣	1993.5.11
自衛隊幹部・准尉の定年延長	1979.10.1	カンボジアPKO終了	1993.9.26
宮永スパイ事件	1980.1.18	自衛隊モザンビーク派遣を延長	1993.11.12
自衛隊一佐・一曹の定年延長	1980.10.1	自衛隊モザンビーク派遣を再延長	1994.5.31
自衛隊殉職者慰霊碑建替え	1980.10.18	自衛隊、カナダにPKO調査団派遣	1994.6.4
自衛隊階級新設	1980.11.29	村山首相、自衛隊・日米安保などを	
有事法制の法令区分公表	1981.4.22	容認	1994.7.20
竹入委員長自衛隊合憲論	1981.6.15	ザイールへ自衛隊派遣	1994.9.17
百里基地訴訟の判決	1981.7.7	自衛隊、曹長及び一曹などの定年延	
自衛隊二佐から准尉までの定年延長	1981.10.1	長	1994.10.1
防衛記念章制度の新設	1981.11.20	「自衛隊法」改正公布・施行	1994.11.18
公明党新基本政策の発表	1981.12.1	阪神・淡路大震災発生	1995.1.17
自衛隊一曹の定年延長	1982.5.1	オウム事件関連で自衛隊に通達	1995.6.1
自衛隊、二佐から准尉まで1年定年延		自衛隊の自主派遣を認める	1995.7.18
長	1983.4.1	ゴラン高原へ自衛隊派遣決定	1995.8.29
自衛隊、愛唱歌を披露	1983.11.18	「ゴラン高原国際平和協力業務実施計	
石橋社会党委員長、自衛隊違憲・合		画」閣議決定	1995.12.15
法論に同調	1983.12.20	自衛隊、ゴラン高原へ出発	1996.1.31
自衛隊、中央指揮システムの運用開		日米物品役務相互提供協定及び手続	
始	1984.3.31	取極、署名	1996.4.15
国連平和維持活動へ自衛隊海外派遣	1984.9.17	「防衛庁設置法」改正公布	1996.5.29
自衛隊、中央指揮所活用で統合演習	1985.2.12	自衛隊員の定年延長	1996.10.1
防衛マイクロ回線の全面運用開始	1985.3.31	日本の領海及び内水で潜没航行する	
日航機墜落事故	1985.8.12	外国潜水艦への対処	1996.12.24
初の日米共同統合指揮所演習の実施	1986.2.24	統合幕僚会議に情報本部を新設	1997.1.20
初の日米共同統合実働演習の実施	1986.10.27	任期付研究員制度の導入	1998.4.24
自衛隊、操縦士民間活用	1987.11.5	ホンジュラスに自衛隊派遣	1998.11.14
百里基地訴訟で判決	1989.6.20	硫黄島で初の3自衛隊統合演習	1998.11.15
自衛隊施設の情報公開訴訟	1989.9.28	「自衛隊法」改正公布	1999.5.28
社会党、自衛隊の存続を認める	1990.4.3	「自衛隊員倫理法」公布	1999.8.13
自衛隊、曹候補士制度導入	1990.4.7	再任用制度導入	1999.8.13
		自衛隊、東ティモール避難民救援へ	1999.11.22

「原子力災害対策特別措置法」公布	1999.12.17	第159回国会を召集	2004.1.19
鳥取県西部地震発生	2000.10.6	衆議院が自衛隊イラク派遣を承認	2004.1.31
共産党が自衛隊容認	2000.11.20	参議院が自衛隊イラク派遣を承認	2004.2.9
「船舶検査活動法」成立	2000.11.30	アナン国連事務総長が来日	2004.2.23
自衛隊の情報通信技術施策の推進要		自衛隊イラク派遣の取材ルールを確	
綱公表	2000.12.1	認	2004.3.11
「船舶検査活動法」公布	2000.12.6	国連待機部隊を提唱	2004.3.19
イラク査察に自衛官派遣	2001.2.9	自衛隊インド洋派遣期限を延長	2004.4.23
米国同時多発テロ事件に関する当面		自衛隊の多国籍軍参加を表明	2004.6.1
の措置を発表	2001.9.19	小泉首相、多国籍軍参加を表明	2004.6.8
「テロ対策特別措置法」案で政府・与		多国籍軍への参加を閣議了解	2004.6.18
党が合意	2001.10.1	自衛隊が多国籍軍に参加	2004.6.28
「テロ対策特別措置法」案決定	2001.10.5	防衛庁・自衛隊発足50周年	2004.7.1
パキスタン派遣について決定	2001.10.5	岡田民主党代表が自衛隊の武力行使	
自衛隊インド洋派遣開始	2001.11.9	を容認	2004.7.29
「テロ対策特別措置法」に基づく対応		化学兵器禁止機関に自衛官派遣	2004.8.1
措置に関する基本計画を決定	2001.11.16	日イラク首脳会談を開催	2004.9.20
国会が自衛隊インド洋派遣を承認	2001.11.27	自衛隊イラク派遣期限延長を表明	2004.10.20
自衛隊インド洋第2次派遣	2002.2.12	新潟県中越地震発生	2004.10.23
統合運用に関する検討に関する長官		イラク日本人青年殺害事件	2004.10.26
指示を発出	2002.4.5	防衛庁・自衛隊50周年記念観閲式	2004.11.7
小泉首相がディリ宿営地を訪問	2002.4.29	自衛隊イラク派遣期限を延長	2004.12.9
自衛隊インド洋派遣期限を延長	2002.5.17	スマトラ島沖地震発生	2004.12.26
防衛庁情報公開示請求者リスト事		コブラ・ゴールド05	2005.5.2
件報道	2002.5.28	パキスタン地震発生	2005.10.8
化学兵器禁止機関へ自衛隊員派遣	2002.10.1	自衛隊と道警が共同実動訓練	2005.10.20
自衛隊と道警が図上共同訓練	2002.11.18	立川反戦ビラ配布事件控訴審判決	2005.12.9
自衛隊インド洋派遣期限を延長	2002.11.19	日豪外相会談を開催	2005.12.10
国連PKO局に自衛官派遣	2002.12.2	自衛隊ゴラン高原派遣を延長	2006.1.27
UNMOVICに自衛官派遣	2003.3.10	社民党が自衛隊違憲論に転向	2006.2.11
自衛官定数を変更	2003.3.27	統合幕僚監部が発足	2006.3.27
自衛隊インド洋派遣期限を延長	2003.5.9	自衛隊インド洋派遣期限を延長	2006.4.20
「自衛隊法」・「防衛庁の職員の給与等		ジャワ島中部地震発生	2006.5.27
に関する法律」改正法公布・施行	2003.6.13	自衛隊ゴラン高原派遣を延長	2006.7.11
ヨルダン派遣について決定	2003.7.3	豪雨で災害派遣	2006.7.15
九州豪雨に災害派遣	2003.7.18	自衛隊インド洋派遣期限を延長	2006.10.27
十勝沖地震発生	2003.9.26	米軍戦闘機訓練の移転費用負担で合	
自衛隊インド洋派遣期限を延長	2003.10.21	意	2007.1.11
平成15年度第50回自衛隊観艦式	2003.10.26	国連ネパール政治ミッションに自衛	
第43回総選挙	2003.11.9	官派遣	2007.3.27
専門調査団イラク派遣	2003.11.15	自衛隊インド洋派遣期限を延長	2007.4.24
「イラク人道復興支援特別措置法」に		「防衛省設置法」・「自衛隊法」改正法	
基づく対応措置に関する基本計画		公布	2007.6.8
が決定	2003.12.9	自衛隊イラク派遣期限を延長	2007.7.10
自衛隊イラク派遣命令を発出	2003.12.19	自衛隊ゴラン高原派遣の期限延長	2007.7.31
イランが自衛隊イラク派遣を支持	2004.1.6	小沢民主党代表が駐日米大使と会談	2007.8.8
自衛隊イラク派遣報道に要望	2004.1.9	自衛隊インド洋派遣再開を命令	2008.1.17
中国が自衛隊イラク派遣へ理解	2004.1.12	自衛隊インド洋派遣を再開	2008.1.24
共産党が綱領全面改定	2004.1.17		

自衛隊インド洋派遣で交換公文を締
　結　　　　　　　　　　　　　　2008.2.5
「防衛省設置法」改正法施行　　　2008.3.26
自衛隊インド洋派遣の交換公文締結
　が完了　　　　　　　　　　　　2008.4.11
自衛隊イラク派遣差し止め訴訟控訴
　審判決　　　　　　　　　　　　2008.4.17
自衛隊インド洋派遣と自衛隊イラク
　派遣の期限延長　　　　　　　　2008.6.13
岩手・宮城内陸地震発生　　　　　2008.6.14
国際連合スーダン・ミッションへの
　自衛官派遣を表明　　　　　　　2008.6.30
自衛隊イラク派遣撤収を表明　　　2008.9.11
自衛隊インド洋派遣継続を表明　　2008.9.25
国際連合スーダン・ミッションに自
　衛官派遣　　　　　　　　　　　2008.10.3
スーダンに自衛官派遣　　　　　2008.10.24
日米首脳会談を開催　　　　　　2008.11.22
自衛隊イラク派遣撤収を正式決定　2008.11.28
自衛隊イラク派遣が終了　　　　　2009.2.10
自衛隊インド洋派遣の期限延長　　2009.7.3
自衛隊ゴラン高原派遣の期限延長　2009.7.24
スマトラ沖地震発生　　　　　　　2009.9.30
海賊対処行動部隊がIMO勇敢賞受賞
　　　　　　　　　　　　　　　2009.11.23
自衛隊インド洋派遣が終了　　　　2010.1.15
国連ハイチ安定化ミッション　　　2010.2.5
パシフィック・パートナーシップ
　2010へ参加　　　　　　　　　2010.5.23
パキスタン豪雨災害で自衛隊派遣　2010.8.20
東ティモールに自衛官派遣　　　　2010.9.27
3士の階級を廃止　　　　　　　　2010.10.1
自衛隊殉職隊員追悼式を挙行　　2010.10.23
日米共同統合演習を開始　　　　　2010.12.3
東日本大震災発生　　　　　　　　2011.3.11
福島第一原発炉心融解事故　　　　2011.3.12
「トモダチ作戦」発動　　　　　　2011.3.13
予備自衛官の災害招集　　　　　　2011.3.16
東北地方沿岸で行方不明者捜索　　2011.4.1
パシフィック・パートナーシップ
　2011へ参加　　　　　　　　　2011.6.13
台風12号豪雨災害　　　　　　　　2011.9.3
「南スーダンミッション」司令部要員
　派遣　　　　　　　　　　　　2011.11.15
「南スーダンミッション」施設部隊派
　遣　　　　　　　　　　　　　2011.12.20
「南スーダンミッション」先遣隊出国　2012.1.11
日モンゴル防衛相会談　　　　　　2012.1.11
空自航空総隊司令部、横田へ移転　2012.3.26

自衛隊監視訴訟、国に賠償命令　　2012.3.26
弾道ミサイル破壊措置命令　　　　2012.3.30
「東ティモール統合ミッション」への
　派遣延長　　　　　　　　　　　2012.4.17
パシフィック・パートナーシップ
　2012へ参加　　　　　　　　　2012.6.18
サイバー防衛隊、新設　　　　　　2012.9.7
「東ティモール統合ミッション」への
　派遣終了　　　　　　　　　　　2012.9.23
弾道ミサイル破壊措置命令　　　　2012.12.7
ゴラン高原の自衛隊PKO部隊帰国　2013.1.17
ハイチPKO終了　　　　　　　　　2013.3.15
弾道ミサイル破壊措置命令　　　　2013.4.7
パシフィック・パートナーシップ
　2013へ参加　　　　　　　　　2013.6.12
与那国島に自衛隊配備決定　　　　2013.6.27
「防衛省改革の方向性」公表　　　2013.8.30
台風26号豪雨土砂災害　　　　　2013.10.16
フィリピンに台風30号上陸　　　　2013.11.8
自衛隊、韓国軍に弾薬提供　　　2013.12.23
日印防衛相会談　　　　　　　　　2014.1.6
学習指導要領解説書に尖閣・竹島を
　領土と明記、自衛隊の災害派遣も　2014.1.28
マレーシア航空機墜落　　　　　　2014.3.8
サイバー防衛隊発足　　　　　　　2014.3.26
鳥インフルエンザ対応　　　　　　2014.4.14
小野寺防衛相、南スーダン訪問　　2014.5.8
小野寺防衛相、ジブチ訪問　　　　2014.5.9
パシフィック・パートナーシップ
　2014へ参加　　　　　　　　　2014.6.6
リムパック2014に参加　　　　　　2014.6.26
山口県で豪雨災害　　　　　　　　2014.8.6
台風11号豪雨災害　　　　　　　　2014.8.10
京都府・兵庫県で豪雨災害　　　　2014.8.17
広島市豪雨土砂災害　　　　　　　2014.8.20
御嶽山噴火　　　　　　　　　　　2014.9.27
航空観閲式　　　　　　　　　　2014.10.26
日米豪共同訓練　　　　　　　　　2014.11.6
長野県神城断層地震発生　　　　2014.11.22
徳島県の大雪で災害派遣　　　　　2014.12.6
エアアジア機墜落　　　　　　　2014.12.28
鳥インフルエンザ対応　　　　　　2015.1.15
中谷防衛相、ジブチ訪問　　　　　2015.1.18
中谷防衛相、南スーダン訪問　　　2015.1.19
北海道の大雪で災害派遣　　　　　2015.2.2
与那国島に自衛隊配備賛成　　　　2015.2.22
安倍首相「我が軍」発言　　　　　2015.3.20
自公安保法制で合意　　　　　　　2015.3.20
ネパール地震発生　　　　　　　　2015.4.25

日本安全保障史事典　　　　　　事項名索引　　　　　　しえい

安保法案、国会提出　　　　　　　2015.5.15
口永良部島噴火　　　　　　　　　2015.5.29
日韓防衛相会談　　　　　　　　　2015.5.30
パシフィック・パートナーシップ
　2015へ参加　　　　　　　　　　2015.5.31
米軍ヘリ墜落　　　　　　　　　　2015.8.12
台風18号豪雨災害　　　　　　　　2015.9.10
安保関連法成立　　　　　　　　　2015.9.19
自衛隊観艦式　　　　　　　　　　2015.10.18
与那国島に自衛隊配備　　　　　　2016.3.28
熊本地震発生　　　　　　　　　　2016.4.14
予備自衛官の災害招集　　　　　　2016.4.17
パシフィック・パートナーシップ
　2016へ参加　　　　　　　　　　2016.6.13
日印防衛相会談　　　　　　　　　2016.7.13
日ジブチ防衛相会談　　　　　　　2016.8.15
在外邦人等輸送訓練　　　　　　　2016.8.23
「駆けつけ警護」訓練　　　　　　2016.8.25
台風10号豪雨災害　　　　　　　　2016.8.30
日米防衛相会談　　　　　　　　　2016.9.15
「日米物品役務相互提供協定」署名 2016.9.26
稲田防衛大臣、南スーダン訪問　　2016.10.8
鳥取県中部地震発生　　　　　　　2016.10.21
自衛隊観閲式　　　　　　　　　　2016.10.23
日米共同演習　　　　　　　　　　2016.10.30
南スーダンでの「駆けつけ警護」閣議
　決定　　　　　　　　　　　　　2016.11.15
鳥インフルエンザ対応　　　　　　2016.11.29
米軍機墜落　　　　　　　　　　　2016.12.7
鳥インフルエンザ対応　　　　　　2016.12.16
国家安全保障会議開催　　　　　　2016.12.22
糸魚川市大火　　　　　　　　　　2016.12.22
鳥インフルエンザ対応　　　　　　2016.12.26
日仏外務・防衛閣僚会合、開催　　2017.1.6
鳥インフルエンザ対応　　　　　　2017.1.14
鳥インフルエンザ対応　　　　　　2017.1.24
鳥取県の大雪で災害派遣　　　　　2017.1.24
防衛通信衛星、打ち上げ成功　　　2017.1.24
「日英物品役務相互提供協定」署名 2017.1.26
鳥インフルエンザ対応　　　　　　2017.2.4
パシフィック・パートナーシップ
　2017へ参加　　　　　　　　　　2017.3.9
「南スーダンミッション」への派遣終
　了決定　　　　　　　　　　　　2017.3.10
鳥インフルエンザ対応　　　　　　2017.3.24
那須雪崩事故　　　　　　　　　　2017.3.27
日仏英米共同訓練　　　　　　　　2017.5.3
陸自機墜落　　　　　　　　　　　2017.5.15

「南スーダンミッション」への派遣終
　了　　　　　　　　　　　　　　2017.5.30
　米艦防護訓練　　　　　　　　　2017.7.26

自衛隊遺族会
　自衛隊遺族会設立　　　　　　　1965.7.28

自衛隊イラク派遣差し止め訴訟
　自衛隊イラク派遣差し止め訴訟控訴
　　審判決　　　　　　　　　　　2008.4.17

自衛隊員倫理法
　「自衛隊員倫理法」公布　　　　1999.8.13

自衛隊Winny情報流出問題
　自衛隊Winny情報流出問題　　　2004.4.30
　自衛隊Winny情報流出問題　　　2006.2.23
　自衛隊Winny情報流出問題　　　2006.11.29

自衛隊音楽隊
　昭和天皇没、平成と改元　　　　1989.1.7

自衛隊音楽祭り
　第1回自衛隊音楽まつり　　　　1963.10.27
　自衛隊、愛唱歌を披露　　　　　1983.11.18

自衛隊監視訴訟
　自衛隊監視訴訟、国に賠償命令　2012.3.26

自衛隊幹部会議
　自衛隊幹部会議を初開催　　　　1956.6.13

自衛隊機事故
　空自練習機墜落事故　　　　　　1955.8.8
　空自輸送機墜落事故　　　　　　1957.3.4
　海自対潜哨戒機墜落事故　　　　1957.4.19
　空自機墜落　　　　　　　　　　1969.5.11
　航空自衛隊、国産ファントム機空中
　　爆発　　　　　　　　　　　　1973.5.1
　自衛隊機、民家に墜落　　　　　1974.7.8
　自衛隊機、墜落　　　　　　　　1974.8.27
　空自戦闘機墜落　　　　　　　　1999.8.15
　空自機墜落　　　　　　　　　　1999.11.22
　自衛隊機墜落　　　　　　　　　2000.3.22
　自衛隊機墜落　　　　　　　　　2000.6.18
　ブルーインパルス2機墜落　　　2000.7.4
　海自練習機墜落事故　　　　　　2001.9.14
　海自訓練機が墜落　　　　　　　2003.5.21
　空自の捜索救難機が墜落　　　　2005.4.14
　F-15戦闘機が胴体着陸　　　　　2009.12.4
　空自機墜落　　　　　　　　　　2011.7.5
　空自機墜落　　　　　　　　　　2016.4.6
　陸自機墜落　　　　　　　　　　2017.5.15

自衛隊技術研究本部
　保安庁保安研修所・保安大学校・技
　　術研究所設置　　　　　　　　1952.8.1

－ 355 －

しえい　　　　　　　　　　　　　　　事項名索引　　　　　　　　　　　日本安全保障史事典

自衛隊機乗り逃げ事件
自衛隊機乗り逃げ事件　　　　　　　1973.6.24

自衛隊機部品落下事故
空自機、タンク落下　　　　　　　　2011.10.7
空自機部品落下事故　　　　　　　　2017.7.26
空自機部品落下　　　　　　　　　　2017.10.5

自衛隊高級幹部会同
自衛隊幹部会議を初開催　　　　　　1956.6.13

自衛隊体育学校
自衛隊体育学校を設置　　　　　　　1961.8.17
日中国際対抗射撃大会で、自衛官初
　の訪中　　　　　　　　　　　　　1974.6.15

自衛隊地区病院
自衛隊地区病院の共同機関化　　　　1988.4.8

自衛隊の災害派遣に関する訓令
「自衛隊の災害派遣に関する訓令」決
　定　　　　　　　　　　　　　　　1954.9.1

自衛隊ヘリ事故
陸自ヘリが衝突　　　　　　　　　　2001.2.14
陸自ヘリ2機が衝突・墜落　　　　　2002.3.7
徳之島自衛隊ヘリ墜落事故　　　　　2007.3.30
海自哨戒ヘリコプターが墜落　　　　2009.12.8
海自ヘリ墜落　　　　　　　　　　　2017.8.26
空自ヘリ墜落　　　　　　　　　　　2017.10.17

自衛隊法
「防衛庁設置法」案・「自衛隊法」案、
　閣議決定　　　　　　　　　　　　1954.3.9
「防衛庁設置法」・「自衛隊法」成立　1954.6.2
「防衛庁設置法」・「自衛隊法」公布　1954.6.9
自衛隊発足　　　　　　　　　　　　1954.7.1
「自衛隊法」改正（第2次改正）　　　1955.8.1
「防衛庁設置法」・「自衛隊法」改正案
　成立　　　　　　　　　　　　　　1956.4.16
「自衛隊法」改正（第3次改正）　　　1956.4.20
「自衛隊法」改正（第4次改正）　　　1957.5.10
「自衛隊法」改正（第5次改正）　　　1958.5.23
「防衛庁設置法」・「自衛隊法」改正案、
　強行採決　　　　　　　　　　　　1959.5.1
「自衛隊法」改正（第6次改正）　　　1959.5.12
「防衛庁設置法」・「自衛隊法」改正案、
　衆議院通過　　　　　　　　　　　1961.4.27
「自衛隊法」改正（第7次改正）　　　1961.6.12
「防衛庁設置法」・「自衛隊法」改正　1962.5.15
自衛隊法改正　　　　　　　　　　　1962.5.16
「自衛隊法」改正　　　　　　　　　1962.9.15
恵庭事件　　　　　　　　　　　　　1962.12.11
自民党国防部会全員が辞表提出　　　1964.6.5

防衛省昇格の「防衛二法」改正案、閣
　議決定　　　　　　　　　　　　　1964.6.12
「自衛隊法」改正　　　　　　　　　1964.12.28
自衛隊の海外派兵に「自衛隊法」を検
　討表明　　　　　　　　　　　　　1966.2.24
「防衛庁設置法」・「自衛隊法」改正　1967.7.28
防衛二法案、参院本会議で強行採決　1969.7.23
国防会議付議事項について決定　　　1973.1.25
「防衛庁施設法」・「自衛隊法」の一部
　を改正　　　　　　　　　　　　　1973.10.16
反戦自衛官裁判で無罪判決　　　　　1975.2.22
「防衛庁設置法」、「自衛隊法」の一部
　改正　　　　　　　　　　　　　　1977.12.27
自衛隊に地震防災派遣任務を追加　　1978.6.15
栗栖統合幕僚会議議長、超法規的行
　動発言　　　　　　　　　　　　　1978.7.28
自衛隊階級新設　　　　　　　　　　1980.11.29
「自衛隊法」の改正　　　　　　　　1981.6.11
「防衛庁設置法」と「自衛隊法」の一
　部改正、公布・施行　　　　　　　1983.12.2
「防衛庁設置法」と「自衛隊法」の一
　部改正、公布・施行　　　　　　　1986.12.19
「防衛庁設置法」と「自衛隊法」の一
　部改正、公布・施行　　　　　　　1987.12.15
「防衛庁設置法」と「自衛隊法」の一
　部改正、公布・施行　　　　　　　1988.11.1
航空自衛隊組織改編　　　　　　　　1989.3.16
「自衛隊法」の改正　　　　　　　　1990.6.22
「自衛隊法」改正公布・施行　　　　1994.11.18
「自衛隊法」の改正　　　　　　　　1995.6.16
「自衛隊法」改正公布　　　　　　　1996.6.19
「自衛隊法」改正公布　　　　　　　1999.5.28
「防衛庁設置法」・「自衛隊法」改正公
　布　　　　　　　　　　　　　　　1999.8.4
ロシア・スパイ事件　　　　　　　　2000.9.8
ロシア・スパイ事件で実刑判決　　　2001.3.7
「テロ対策特別措置法」案決定　　　2001.10.5
「自衛隊法」一部改正　　　　　　　2001.11.2
有事関連3法案が決定　　　　　　　2002.4.16
秘密保全のための罰則の強化を施行　2002.11.1
有事関連3法が成立　　　　　　　　2003.6.6
「自衛隊法」・「防衛庁の職員の給与等
　に関する法律」改正法公布・施行　2003.6.13
有事関連7法案が決定　　　　　　　2004.3.9
初の在外邦人等の輸送　　　　　　　2004.4.15
有事関連7法が成立　　　　　　　　2004.6.14
「自衛隊法」改正法公布　　　　　　2004.6.18
弾道ミサイル防衛のための「自衛隊
　法」改正案が決定　　　　　　　　2005.2.15

－ 356 －

ミサイル防衛のための「自衛隊法」改
　正法成立　　　　　　　　　　2005.7.22
弾道ミサイル等に対する破壊措置に
　関する緊急対処要領　　　　　2007.3.23
「防衛省設置法」・「自衛隊法」改正法
　公布　　　　　　　　　　　　2007.6.8
「防衛省設置法」・「自衛隊法」改正法
　施行　　　　　　　　　　　　2007.9.1
報道機関への情報漏えいで懲戒免職 2008.10.2
海賊対処に海自派遣を決定　　　2009.1.28
海賊対処のため海上警備行動を発令 2009.3.13
弾道ミサイル等に対する破壊措置の実
　施に関する自衛隊行動命令を発令 2009.3.27
「自衛隊法」改正公布　　　　2012.11.26
「自衛隊法」改正公布　　　　　2013.1.31
安保法案、国会提出　　　　　　2015.5.15
安保関連法成立　　　　　　　　2015.9.19

自衛隊法施行令
「防衛庁組織令」・「自衛隊法施行令」
　公布　　　　　　　　　　　　1954.6.30
「自衛隊法施行令」改正　　　　1959.5.15
「自衛隊法施行令」等の一部改正 1982.4.30

自衛隊用語検討委員会
自衛隊用語改正　　　　　　　　1961.2.22

G8外相会議　→　周辺事態法を見よ

自衛力
吉田首相、自衛力保持につき答弁 1951.10.16

自衛力漸増計画
吉田首相、自衛力漸増計画につき答
　弁　　　　　　　　　　　　　1953.2.10

ジェット機
自衛隊ジェット機2種につき、日米業
　者間で取り決め　　　　　　　1954.7.29
ジェット機生産に関する日米交換公
　文提出　　　　　　　　　　　1955.7.27
空自機墜落　　　　　　　　　　2016.4.6

シェパード, ウィンフィールド
民事局別館設置　　　　　　　　1950.7.14

ジェンキンス, チャールズ・ロバート
曽我ひとみさん一家が帰国　　　2004.7.9
米軍独立法務官がジェンキンスさん
　と面会　　　　　　　　　　　2004.8.5
ジェンキンスさんが出頭　　　　2004.9.11
ジェンキンスさんが釈放　　　2004.11.27

ジェンティローニ, パオロ
日伊外相会談　　　　　　　　　2016.3.19
日伊首脳会談　　　　　　　　　2017.3.21

塩崎 恭久
安保法制懇を設置　　　　　　　2007.4.25

志賀 健次郎
第2次池田第2次改造内閣発足　　1962.7.18
現職防衛庁長官、初訪米　　　　1962.11.9

次期支援戦闘機　→　FS-Xを見よ

志喜屋 孝信
沖縄民政府発足　　　　　　　　1946.4.22

重光 葵
日本、「降伏文書」調印　　　　　1945.9.2
東京裁判判決　　　　　　　　1948.11.12
改進党結成　　　　　　　　　　1952.2.8
吉田・重光会談　　　　　　　　1953.9.27
防衛分担金削減に関する日米正式交
　渉開始　　　　　　　　　　　1955.3.25
鳩山首相、自衛隊につき答弁　　1955.6.11
重光・ダレス会談、日米安保条約改
　定の共同声明発表　　　　　　1955.8.31

重光・ダレス会談
重光・ダレス会談、日米安保条約改
　定の共同声明発表　　　　　　1955.8.31

資源エネルギー庁
東シナ海天然ガス田の地質調査を開
　始　　　　　　　　　　　　　2004.7.7

色丹島
ソ連軍、北方領土占領　　　　　1945.8.18
「日ソ共同宣言」調印　　　　　1956.10.19
ソ連、「新安保条約」を批難する対日
　覚書を手交　　　　　　　　　1960.1.27
日ソ共同宣言の有効性を確認　　2001.3.25
日露首脳会談を開催　　　　　　2001.10.21
日露外務次官級協議を開催　　　2002.3.13

自主防衛5原則
中曽根防衛庁長官、自主防衛5原則を
　発表　　　　　　　　　　　　1970.3.23

地震防災
大震災対処のため陸海空自協同の指
　揮所演習　　　　　　　　　　1974.8.26
自衛隊に地震防災派遣任務を追加 1978.6.15

静岡県
狩野川台風に伴う災害派遣　　　1958.9.26
伊勢湾台風に伴う災害派遣　　　1959.9.26

雫石事件
雫石事件　　　　　　　　　　　1971.7.30
増原防衛庁長官辞任　　　　　　1971.8.2

施政方針演説
第159回国会を召集　　　　　　2004.1.19

－ 357 －

次世代の党
安保関連法成立 2015.9.19

四川大地震
四川大地震発生 2008.5.12

事前協議
サブロック積載原潜の日本寄港につ
き、政府統一見解発表 1964.9.2
日米安全保障協議委員会を開催 1967.5.15
ライシャワー発言 1981.5.18
日米安保協議委員会、極東有事研究
の開始 1982.1.8

事前通報制度
日韓局長級協議 2006.8.11

事態対処関連7法 → 有事関連7法を
見よ

事態対処専門委員会
「安全保障会議設置法」改正公布・施
行 2003.6.13

自治体警察
「警察法」公布 1947.12.17
警察予備隊創設 1950.8.10

実弾演習
米軍、北富士演習場で射撃演習強行 1955.5.10
沖縄駐留米兵、実弾演習で初の本土
移転射撃 1997.7.3

幣原 喜重郎
幣原内閣発足 1945.10.9
復員庁設置 1946.6.15

自動防空警戒管制組織 → バッジ・シ
ステムを見よ

シードラゴン
米原潜シードラゴン、佐世保に入港
1964.11.12
横須賀と佐世保に米原潜2隻寄港 1966.8.5

死の行軍事件 → 青竹事件を見よ

新発田自衛隊内神社問題
新発田自衛隊内神社問題 1954.7.15

柴山 昌彦
核軍縮の「11の指標」を提案 2009.5.4

シーファー, ジョン・トーマス
「軍事情報包括保護協定」に署名 2007.8.7
小沢民主党代表が駐米大使と会談 2007.8.8

ジブチ
ジブチにP-3C派遣 2009.5.15
P-3Cによるアデン湾の警戒監視を開
始 2009.6.11
ジブチの自衛隊活動拠点運用開始 2011.6.1
小野寺防衛相、ジブチ訪問 2014.5.9

中谷防衛相、ジブチ訪問 2015.1.18
日ジブチ防衛相会談 2016.8.15
在外邦人等輸送訓練 2016.8.23

しまかぜ
イージス艦情報漏えい事件で護衛艦
などを強制捜査 2007.8.28

島田 豊
自衛隊の沖縄配備に先走り 1972.3.10

島根県
豪雪に伴う災害派遣 1963.1.18
竹島の日を制定 2005.3.16
福井・島根の国民保護計画が決定 2005.7.22

島袋 吉和
名護市長が辺野古移設に合意 2006.4.7
名護市長選で移設反対派が勝利 2010.1.24

自民党
自民党発足 1955.11.15
「新安保約」強行採決 1960.5.19
安保条約延長など安全保障構想の中
間報告 1966.5.6
「わが国の安全保障のあり方」中間報
告発表 1967.8.28
「日米安全保障約」の自動延長案 1968.6.11
船田安保調査会長、沖縄返還後の私案 1969.8.9
自民党、日米安保約の自動延長を
決定 1969.10.9
「沖縄返還協定」を可決・成立 1971.12.30
長沼ナイキ事件で、札幌地裁判決 1973.9.7
北朝鮮訪問団、平壌入り 1990.9.24
湾岸地域に90億ドル追加支援決定 1991.1.24
村山内閣が発足 1994.6.30
村山改造内閣が発足 1995.8.8
沖縄県知事選挙で現職知事落選 1998.11.15
小渕第2次改造内閣が発足 1999.10.5
与党3党「有事法制」に関し政府に申
入れ 2000.3.16
第1次森内閣が発足 2000.4.5
第1次小泉内閣が発足 2001.4.26
国会が自衛隊インド洋派遣を承認 2001.11.27
名護市長選で現職が再選 2002.2.3
有事関連3法が成立 2003.6.6
第43回総選挙 2003.11.9
第2次小泉内閣発足 2003.11.19
衆議院が自衛隊イラク派遣を承認 2004.1.31
参議院が自衛隊イラク派遣を承認 2004.2.9
自民党議員が拉致問題で北朝鮮当局
者と会談 2004.4.1
自民・公明両党幹事長が米国防長官
と会談 2004.4.29

対北朝鮮経済制裁に慎重姿勢	2004.10.9
第3次小泉内閣が発足	2005.9.21
第1次安倍内閣が発足	2006.9.26
沖縄県知事選挙	2006.11.19
福田内閣が発足	2007.9.26
「宇宙基本法」公布	2008.5.21
麻生内閣が発足	2008.9.24
尖閣諸島中国漁船衝突映像流出事件	2010.11.4
第2次安倍内閣が発足	2012.12.26
「特定秘密保護法」成立	2013.12.6
沖縄県連国会議員、辺野古移設容認	2013.12.25
第2次安倍改造内閣が発足	2014.9.3
第3次安倍内閣が発足	2014.12.24
自公安保法制で合意	2015.3.20
自民議員が安保法案反対の学生を非	
難ツイート	2015.7.31
安保関連法成立	2015.9.19
第3次安倍第1次改造内閣が発足	2015.10.7
第3次安倍第2次改造内閣発足	2016.8.3
第3次安倍第3次改造内閣が発足	2017.8.3
第4次安倍内閣が発足	2017.11.1

自民党国防部会
自民党国防部会全員が辞表提出	1964.6.5

下甑島レーダーサイト
航空自衛隊にレーダーサイト移管開	
始	1958.5.31

下田 武三
安保体制下の核政策で協議	1966.2.23
外務省、日米安保条約への統一見解	1966.4.16
下田外務次官、平和利用の核実験の	
権利主張	1967.2.9

下村 定
下村陸軍大臣就任	1945.8.23
幣原内閣発足	1945.10.9

ジャイトリー, アルン
日印防衛相会談	2017.5.8
日印防衛相会談	2017.9.5

シャイロー
弾道弾迎撃ミサイル搭載イージス艦	
を横須賀基地に配備	2006.8.29

社会党
片山内閣発足	1947.5.24
芦田内閣発足	1948.3.10
社会党統一大会	1955.10.13
安保阻止国民会議結成	1959.3.28
社会党党員総決起大会開催	1960.3.6
「新安保条約」強行採決	1960.5.19
社会党、自衛隊改編の新構想を発表	1962.11.14

国会で「三矢研究」につき追究	1965.2.10
社会党、安全保障長期構想を発表	1966.5.2
社会党、安保廃棄と積極中立強調	1966.8.31
社会党、訪日ソ連党代表団と合意メ	
モ発表	1969.10.22
米空母ミッドウェー、横須賀基地に	
入港	1973.10.5
社会党3議員、安保廃棄試論を発表	1975.12.20
次期戦闘機・次期対潜哨戒機は「非	
戦力」とする見解	1978.2.15
石橋社会党委員長、自衛隊違憲・合	
法論に同調	1983.12.20
社会党・公明党、防衛費について発表	1990.1.2
社会党、自衛隊の存続を認める	1990.4.3
北朝鮮訪問団、平壌入り	1990.9.24
「国際連合平和協力法」案提出	1990.10.16
村山内閣が発足	1994.6.30
村山改造内閣が発足	1995.8.8
土井社民党党首が拉致事件について	
陳謝	2002.10.7

社会民主党 → 社民党を見よ

若年定年退職者給付金制度
「自衛隊法」の改正	1990.6.22
自衛隊若年定年退職者給付金制度の	
施行	1990.10.1

シャヌート空軍基地
航空自衛隊、留学生を米に派遣	1954.8.9

シャープ, ユリシーズ
第5回日米安保協議委員会	1964.8.31
第6回日米安保協議委員会	1965.9.1

社民党
「テロ資金提供処罰法」成立	2002.6.5
土井社民党党首が拉致事件について	
陳謝	2002.10.7
第43回総選挙	2003.11.9
社民党が自衛隊違憲論に転向	2006.2.11
鳩山内閣が発足	2009.9.16
安保関連法成立	2015.9.19

車両人員揚陸艇
海上自衛隊、揚陸艇51隻受領	1955.2.15

ジャワ島中部地震
ジャワ島中部地震発生	2006.5.27

シャングリラ・ダイアローグ → アジ
ア安全保障会議を見よ

朱 鎔基
日中韓首脳会談を開催	2001.11.5

周 恩来
日中共同声明に調印	1972.9.29

習 近平
米中首脳会談	2013.6.7
中国、尖閣含む防空識別区設定	2013.11.23
日中首脳会談	2014.11.10
日中首脳会談	2016.9.2

『週刊プレイボーイ』
朝霞自衛官殺害事件	1971.8.21

衆議院安全保障委員会
衆議院安全保障委員会設置	1991.11.5
中国人活動家尖閣諸島上陸事件	2004.3.24

衆議院予算委員会防衛図上研究問題等に関する予算小委員会
国会で「三矢研」につき追究	1965.2.10

衆議院拉致問題特別委員会
拉致問題で元北朝鮮工作員を参考人招致	2005.7.28

宗教活動禁止
自衛隊の宗教活動関与を禁止	1974.11.19

終戦連絡中央事務局
終戦連絡中央事務局設置	1945.8.26

終戦連絡中央事務局官制
終戦連絡中央事務局設置	1945.8.26

集団安全保障
ダレス米講和特使来日	1951.1.25

集団安全保障体制
マッカーサー、年頭声明で日本再軍備を強調	1951.1.1
改進党結成	1952.2.8
自民党発足	1955.11.15

集団的自衛権
安全保障の法的基盤の再構築に関する懇談会、初会合	2013.2.8
内閣法制局長官に集団的自衛権容認派を起用	2013.8.8
日米防衛相会談	2014.4.6
日米首脳会談	2014.4.24
安全保障の法的基盤の再構築に関する懇談会、報告書提出	2014.5.15
集団的自衛権の行使を容認	2014.7.1
日米防衛相会談	2014.7.11
自公安保法制で合意	2015.3.20
「日米防衛協力のための指針」改定	2015.4.27
安保法案、国会提出	2015.5.15
安保関連法成立	2015.9.19

自由党
吉田・重光会談	1953.9.27
保守3党折衝で自衛隊の任務につき意見一致	1953.12.15

木村保安庁長官、防衛力増強の初年度計画を説明	1954.1.11
保守3党折衝で国防会議の構成決定	1954.5.28
自民党発足	1955.11.15
小渕第2次改造内閣が発足	1999.10.5
有事関連3法が成立	2003.6.6

周辺事態
「周辺事態法」成立	1999.5.24
「周辺事態」への対応計画決定	1999.8.13
「船舶検査活動法」成立	2000.11.30
「船舶検査活動法」公布	2000.12.6

周辺事態安全確保法 → 周辺事態法を見よ

周辺事態に際して実施する船舶検査活動に関する法律 → 船舶検査活動法を見よ

周辺事態に際して我が国の平和及び安全を確保するための措置に関する法律 → 周辺事態法を見よ

周辺事態法
「周辺事態法」成立	1999.5.24
安保法案、国会提出	2015.5.15

自由民主党 → 自民党を見よ

重油回収
流出重油回収のため災害派遣	1974.12.29
重油流出で災害派遣	1990.2.1

重要影響事態法
安保法案、国会提出	2015.5.15
安保関連法成立	2015.9.19

重要事態対応会議
重要事態対応会議	1999.1.21

ジュグデルデミディーン・グルラクチャー
日モンゴル防衛相会談	2003.10.7

主権回復
「対日講和条約」調印	1951.9.8

首相官邸危機管理センター
首相官邸対策室を設置	2001.9.11
ロンドン旅客機爆破テロ未遂事件	2006.8.11

首相官邸内閣危機管理センター
北朝鮮が核実験	2009.5.25

出入国カード
人道支援物資供与事業でロシアが出入国カード提出を要求	2009.1.28
北方領土入国に出入国カード提出不要	2009.5.1

出入国管理・難民認定法
中国人活動家尖閣諸島上陸事件 2004.3.24
ジュネーブ議定書
生物兵器禁止条約の発効 1982.6.8
ジュネーブ諸条約第1追加議定書
有事関連7法案が決定 2004.3.9
有事関連7法が成立 2004.6.14
「ジュネーブ諸条約第1追加議定書」
公布 2004.9.3
ジュネーブ諸条約第2追加議定書
有事関連7法案が決定 2004.3.9
有事関連7法が成立 2004.6.14
「ジュネーブ諸条約第2追加議定書」
公布 2004.9.3
ジュネーブ諸条約の国際的な武力紛争の犠牲者の保護に関する追加議定書（議定書I） → ジュネーブ諸条約第1追加議定書を見よ
ジュネーブ諸条約の国際的な武力紛争の犠牲者の保護に関する追加議定書（議定書II） → ジュネーブ諸条約第2追加議定書を見よ
占守島
ソ連軍、北方領土占領 1945.8.18
主要国首脳会議
九州・沖縄サミット開幕 2000.7.21
主要8か国外相会議
日米地位協定運用改善で合意 2001.7.18
G8外相会議を開催 2002.6.12
G8京都外相会議を開催 2008.6.26
シュレシンジャー, ジェームズ・R.
日米防衛首脳会談を開催 1975.8.29
准尉制度
防衛庁、准尉制度を新設 1970.5.25
殉職自衛官慰霊碑
自衛隊殉職者慰霊碑の完成披露 1962.5.26
自衛隊殉職者慰霊碑建替え 1980.10.18
メモリアルゾーン完成披露 2003.9.11
ショイグ, セルゲイ
日露防衛相会談 2013.11.1
日露防衛相会談 2017.3.20
常 万全
日中防衛相会談 2015.11.4
哨戒機
九州南西海域工作船事件 2001.12.22
漢級原子力潜水艦領海侵犯事件 2004.11.10
P-3Cがオーストラリア初訪問 2006.5.29

防衛力整備内容などを決定 2007.12.24
XP-1試作1号機を納入 2008.8.29
ジブチにP-3C派遣 2009.5.15
P-3Cによるアデン湾の警戒監視を開始 2009.6.11
ジブチの自衛隊活動拠点運用開始 2011.6.1
哨戒ヘリコプター
海自哨戒ヘリコプターが墜落 2009.12.8
海自ヘリ墜落 2017.8.26
商工省
大東亜省・軍需省・農商省廃止 1945.8.26
小銃
警察予備隊、M1小銃配備 1951.9.15
陸上自衛隊、国産小銃を制式化 1964.10.6
陸上自衛隊、89式小銃を制式採用 1989.9.4
商船三井
ソマリア沖で日本企業運航自動車運搬船に銃撃 2009.3.23
アラビア海で海賊 2011.3.5
象徴天皇制
「日本国憲法」公布 1946.11.3
証人喚問
山田洋行事件で証人喚問 2007.11.15
常任理事国
安保理改革の意見書を提出 2004.7.6
情報及び資料の保護に関する日本国政府と北大西洋条約機構との間の協定 → 日NATO情報保護協定を見よ
情報公開法
「情報公開法」施行 2001.4.1
防衛庁情報公開開示請求者リスト事件報道 2002.5.28
防衛省がイラク空輸記録を情報開示 2009.10.6
情報収集衛星
情報収集衛星の導入決定 1998.12.22
情報収集衛星推進委員会設置 1999.4.1
情報収集衛星打ち上げに成功 2009.11.28
情報収集衛星、打ち上げ成功 2011.9.23
情報収集衛星、打ち上げ成功 2015.2.1
消防庁
ニュージーランド地震発生 2011.2.22
情報通信技術施策
自衛隊の情報通信技術施策の推進要綱公表 2000.12.1
情報保全諮問会議
「特定秘密保護法」成立 2013.12.6
情報流出
自衛隊Winny情報流出問題 2004.4.30

情報漏えい

自衛隊Winny情報流出問題	2006.2.23
自衛隊Winny情報流出問題	2006.11.29

情報漏えい

海自隊員が内部情報持ち出し	2006.8.1
情報漏えい企業に違約金	2006.9.22

昭和石油

新潟地震発生	1964.6.16

昭和天皇

第二次世界大戦終結	1945.8.15
鈴木内閣総辞職	1945.8.15
マッカーサー、戦闘停止を命令	1945.8.16
天皇、全軍隊即時停戦を下命	1945.8.16
天皇、陸海軍人に勅語	1945.8.17
天皇、マッカーサーを訪問	1945.9.27
統合幕僚会議議長らが宮中拝謁	1969.9.24
増原防衛庁長官辞任	1973.5.29
昭和天皇没、平成と改元	1989.1.7

ジョージア → 日ジョージア～を見よ

女子学生

防衛大に女子学生	1992.4.1
海上自衛隊に女子学生入隊	1994.3.23
航空自衛隊に女子学生入隊	1994.3.24

女子中学生暴行事件

米兵女子中学生を暴行	1975.4.19

ジョージ・ワシントン

米原潜あて逃げ事件	1981.4.9
ジョージ・ワシントンが横須賀入港	2008.9.25

女性自衛官

陸上自衛隊、婦人自衛官の第1次募集開始	1954.8.10
陸上自衛隊、婦人自衛官の初の入隊式	1969.1.20
第1期女性自衛官公募幹部入隊	1973.4.1
航空自衛隊に、婦人自衛官が入隊	1974.5.16
海自、婦人自衛官第1期公募幹部特別講習	1974.9.12
防衛大学校1期生から将補への昇進	1982.7.1

女性暴行殺害事件

在日米軍関係者による女性暴行殺害事件	2016.4.28
日米首脳会談	2016.5.25
日米防衛相会談	2016.6.4
米軍属の対象縮小	2017.1.16

ジョンストン, デイビッド

日豪防衛相会談	2014.4.28
日米豪防衛相会談	2014.5.30
日豪外務・防衛閣僚会議、開催	2014.6.11
日豪防衛相会談	2014.6.11

日豪防衛相会談	2014.10.16

ジョンソン, アレクシス

米国上院にて日米安保条約の自動延長示唆	1969.1.28
核兵器持込疑惑発言	1981.5.22

ジョンソン, リンドン

日米共同声明で小笠原諸島返還約束	1967.11.15

しらせ

砕氷艦「しらせ」の竣工	1982.11.12

ジラード, ウィリアム・S.

ジラード事件発生	1957.1.30

ジラード事件

ジラード事件発生	1957.1.30

しらね

護衛艦「しらね」火災事故	2007.12.14
海上幕僚長を更迭	2008.3.24

シリア

自衛隊、ゴラン高原へ出発	1996.1.31
自衛隊ゴラン高原派遣を延長	2006.1.27
自衛隊ゴラン高原派遣を延長	2006.7.11

知床岬

ソ連機、領空侵犯	1983.10.15

シーレーン防衛

「日米防衛協力のための指針」に了承	1978.11.27
シーレーン防衛の表明	1981.5.8
米国防長官、1000海里防衛を要請	1982.3.27
総合安保閣僚会議、シーレーン防衛の検討	1982.5.20
シーレーン1000海里防衛共同研究で日米合意	1982.9.1
シーレーン防衛の研究開始	1983.3.12

シン, マンモハン

日印首脳会談を開催	2008.10.22
日印首脳会談を開催	2009.12.29

新安保条約 → 日米安保条約を見よ

新海軍再建研究会

新海軍再建研究会が発足	1951.1.24
海軍再建3試案提出	1951.4.18

人格権侵害

自衛隊監視訴訟、国に賠償命令	2012.3.26

シンガポール ⇔ 日シンガポール～をも見よ

自衛隊機をシンガポールに移動	1998.5.18
リムパック2008に参加	2008.6.29
リムパック2010に参加	2010.6.23
リムパック2012に参加	2012.6.23

リムパック2014に参加		2014.6.26
リムパック2016に参加		2016.6.30

新行政協定 → 日米地位協定を見よ

人工衛星

国産初の人工衛星打ち上げ成功	1970.2.11

信号射撃

ソ連機の領空侵犯に初の信号射撃	1987.12.9

新国軍の土台

吉田首相、保安庁幹部に訓辞	1952.8.4

神社

新発田自衛隊内神社問題	1954.7.15
自衛隊内神社の創設を禁止	1955.3.16

新人民軍

三井物産マニラ支店長誘拐事件	1986.11.15

伸誠商事

収賄容疑で1等陸佐を逮捕	2007.6.22

新生党

細川内閣が発足	1993.8.9
中西防衛庁長官辞任	1993.12.2
羽田内閣が発足	1994.4.28

新三菱重工業

国産護衛艦「ゆきかぜ」進水式	1955.8.20

進駐

連合国軍、日本進駐開始	1945.8.28
ソ連・中国、日本進駐に不参加	1946.1.31

新テロ対策特別措置法 → 補給支援特
別措置法を見よ

新党改革

安保関連法成立	2015.9.19

新党さきがけ

村山内閣が発足	1994.6.30
村山改造内閣が発足	1995.8.8

新日米安全保障条約 → 日米安保条約
を見よ

じん肺

米海軍横須賀基地じん肺訴訟1審判決	
	2002.10.7
横須賀基地じん肺訴訟控訴審判決	2003.5.27
横須賀基地じん肺訴訟判決	2009.7.6

【 す 】

水上艦

海上自衛隊、第1潜水隊群を新編	1965.2.1

水爆実験

第五福竜丸事件	1954.3.1

ズィバーリ, フーシュヤール

イラク邦人外交官射殺事件	2003.11.29

ズオン・バンミン

日米安保はアジア太平洋の安定の定	
石と発言	1975.4.23

菅 義偉

武器輸出三原則「例外」認める	2013.3.1
沖縄基地返還前倒し	2015.12.4

スカッド

北朝鮮が弾道ミサイル発射実験	2006.7.5
北朝鮮、ミサイル発射続く	2014.3.3
北朝鮮、ミサイル発射	2016.7.19

杉田 一次

陸上自衛隊、「治安行動草案」を配布	1960.11月

杉原 荒太

第2次鳩山内閣発足	1955.3.19
砂田防衛庁長官就任	1955.7.31

救う会 → 北朝鮮に拉致された日本人を
救出するための全国協議会を見よ

スクランブル → 緊急発進を見よ

スクランブル発進

北海道地区領空侵犯	1958.4.28

図上演習装置研修

海上自衛隊、図上演習装置研修の実	
施	1987.6.15

図上共同訓練

自衛隊と道警が図上共同訓練	2002.11.18

鈴木 貫太郎

鈴木内閣総辞職	1945.8.15

鈴木 善幸

鈴木内閣が発足	1980.7.17
鈴木首相、竹田発言で陳謝	1981.2.4
「日米共同作戦研究」「防衛研究」の報	
告	1981.4.8
鈴木首相とレーガン大統領が会談	1981.5.7
シーレーン防衛の表明	1981.5.8
鈴木改造内閣が発足	1981.11.30
米国防長官、1000海里防衛を要請	1982.3.27

鈴木 敏通

永野陸上幕僚長辞任	1980.2.12

鈴木 茂三郎

最高裁、警察予備隊違憲訴訟を却下	1952.10.8
社会党統一大会	1955.10.13

スターウォーズ計画

米SDI研究参加の政府間協定に署名	1987.7.21

スーダン

スーダンへ調査団派遣	2005.3.8

すてる　　　　　　　　　　事項名索引　　　　　　　日本安全保障史事典

国際連合スーダン・ミッションへの
　自衛官派遣を表明　　　　　　　2008.6.30
国際連合スーダン・ミッションに自
　衛官派遣　　　　　　　　　　　2008.10.3
スーダンに自衛官派遣　　　　　　2008.10.24

ステルス戦闘機
嘉手納基地に最新鋭ステルス戦闘機
　を暫定配備　　　　　　　　　　2007.1.11
ステルス機を公開　　　　　　　　2016.1.27
国産初のステルス戦闘機完成　　　2017.6.5

ストロプニツキー, マルチン
日チェコ防衛相会談　　　　　　　2015.12.4

砂川事件
砂川闘争が始まる　　　　　　　　1955.5.8
東京地裁、砂川事件で無罪判決　　1959.3.30
最高裁、砂川事件で伊達判決を破棄　1959.12.16
砂川事件再審棄却　　　　　　　　2017.11.15

砂田 重政
砂田防衛庁長官就任　　　　　　　1955.7.31

スヌーク
横須賀と佐世保に米原潜2隻寄港　　1966.8.5

スパイ
宮永スパイ事件　　　　　　　　　1980.1.18
第十八富士山丸事件　　　　　　　1983.11.11
北朝鮮抑留のスパイ容疑の船員釈放
　　　　　　　　　　　　　　　　1990.10.11
ロシア・スパイ事件　　　　　　　2000.9.8
ロシア・スパイ事件で実刑判決　　2001.3.7
北朝鮮が拘束邦人を解放　　　　　2002.2.12

スプリング・オースター
海自潜水艦接触事故　　　　　　　2006.11.21

スペイン　→　日スペイン〜を見よ

スペンダー, パーシー
スペンダー豪外相、日本再軍備に反
　対表明　　　　　　　　　　　　1951.1.11

スマトラ沖地震
スマトラ沖地震発生　　　　　　　2009.9.30

スマトラ島沖地震
スマトラ島沖地震発生　　　　　　2004.12.26

スミス, スティーブン
日豪ACSA署名　　　　　　　　　2010.5.19
日豪防衛相会談　　　　　　　　　2013.7.5

スミス, フレデリック・H.
日米安保委員会、初会合を開催　　1957.8.16

スロバキア　⇔　ビシェグラード4をも
　見よ
東欧4カ国首脳と会談　　　　　　2013.6.16

【 せ 】

生活の党と山本太郎となかまたち
安保関連法成立　　　　　　　　　2015.9.19

青函連絡船
洞爺丸遭難事故　　　　　　　　　1954.9.26

政教分離違反
箕面忠魂碑慰霊祭住民訴訟　　　　1983.3.1

制裁委員会
安保理が対北朝鮮制裁対象を指定　2009.7.16

製造物責任法
対戦車ヘリコプター墜落事故で賠償
　請求　　　　　　　　　　　　　2003.6.20

清徳丸
イージス艦衝突事故　　　　　　　2008.2.19
イージス艦衝突事故で海難審判裁決　2009.1.22
イージス艦衝突事故で士官無罪　　2011.5.11
イージス艦衝突事故で士官無罪確定　2013.6.11

制度調査委員会
保安庁内に制度調査委員会を設置　1952.9月
「防衛力整備計画第1次案」策定　1953.3.31
制度調査委員会別室設置　　　　　1953.10.5

制度調査委員会別室
制度調査委員会別室設置　　　　　1953.10.5
航空準備室発足　　　　　　　　　1954.2.1

政府・沖縄県協議会
政府・沖縄県協議会の設置　　　　2016.1.28
政府・沖縄県協議会、開催　　　　2016.3.23

政府開発援助
麻生外相がバグダッド訪問　　　　2006.8.3

制服組　→　自衛官を見よ

政府専用機
政府専用機が防衛庁へ所属変更　　1992.4.1
政府専用機が初運航　　　　　　　1993.2.11
防衛庁、特別航空輸送隊を設置　　1993.6.1
「自衛隊法」改正公布・施行　　　1994.11.18
アルジェリア人質事件　　　　　　2013.1.16

政府対処方針
首相官邸対策室を設置　　　　　　2001.9.11

政府調査団
政府調査団、ゴラン高原へ出発　　1995.4.10
中東へ政府調査団派遣　　　　　　2003.9.14

生物兵器禁止条約
「生物兵器禁止条約」に署名　　　1972.4.10

－ 364 －

「生物兵器禁止条約」を発効	1975.3.26
生物兵器禁止条約の発効	1982.6.8

生物兵器への対処に関する懇談会
生物兵器への対処に関する懇談会が
報告書提出 2001.4.11

政府における情報保全に関する検討委員会
政府における情報保全に関する検討
委員会を設置 2010.12.7

セイン・ウィン
中谷防衛相、東南アジア3カ国訪問 2016.6.6
日ミャンマー防衛相会談 2016.9.21

世界基督教統一神霊協会
パラグアイ邦人誘拐事件 2007.4.1

世界食糧計画
「イラク被災民救援国際平和協力業務
実施計画」が決定 2003.7.4

世界の医療団
エチオピア邦人医師誘拐事件 2008.9.22
エチオピア邦人医師誘拐事件の医師
ら解放 2009.1.7

赤衛軍
朝霞自衛官殺害事件 1971.8.21

赤軍派
よど号事件が発生 1970.3.31

赤十字協定
「赤十字協定」によるソ連引揚げ第1
次船・興安丸、舞鶴入港 1953.12.1

積極的平和主義
「国家安全保障戦略」決定 2013.12.17
安倍首相、国連PKOハイレベル会合
に出席 2014.9.26
航空観閲式 2014.10.26

瀬戸内海
輸送艦「おおすみ」衝突事故 2014.1.15

ゼバリ,ホシュヤル
麻生外相がバグダッド訪問 2006.8.3

背広組 → 防衛官僚を見よ

戦域ミサイル防衛
戦域ミサイル防衛共同技術研究実施
で合意 1998.9.20

尖閣諸島
日本の防空識別圏に尖閣諸島を含む 1972.5.3
中国漁船団、尖閣諸島海域に領海侵
入 1978.4.12
ソ連機、領空侵犯 1979.11.15
中国、尖閣諸島を自国領と明記 1992.2.25
台湾機、領空侵犯 1994.3.25

尖閣諸島民有地を政府が賃借	2003.1.1
中国人活動家尖閣諸島上陸事件	2004.3.24
尖閣諸島不法上陸再発防止を要求	2004.4.3
魚釣島灯台を国有化	2005.2.9
中国海洋調査船が領海侵犯	2008.12.8

尖閣諸島への「安保条約」適用を明言
2010.9.23
台湾活動家が尖閣周辺海域で領有権
主張 2011.6.29
中国の漁業監視船が尖閣付近の領海
侵犯 2011.8.24

石垣市議ら、尖閣上陸	2012.1.3
中国船、尖閣領海侵犯	2012.3.16
尖閣諸島、都が購入表明	2012.4.16
尖閣諸島国有化方針	2012.7.7

中国の漁業監視船が尖閣付近の領海
侵犯 2012.7.11

香港の活動家、尖閣上陸	2012.8.15
都議ら、尖閣上陸	2012.8.19

「海上保安庁法」・「外国船舶航行法」
改正法成立 2012.8.29

尖閣諸島国有化	2012.9.11
中国・台湾船、尖閣領海侵犯	2012.9.14
日中、尖閣問題で応酬	2012.9.26
米上院、尖閣に安保適用	2012.11.29
中国機、尖閣領空侵犯	2012.12.13
中国船、尖閣周辺領海侵犯	2013.4.23
米中首脳会談	2013.6.7
米上院、対中牽制決議	2013.7.29
中国、尖閣含む防空識別区設定	2013.11.23

学習指導要領解説書に尖閣・竹島を
領土と明記、自衛隊の災害派遣も 2014.1.28
小学教科書に尖閣・竹島を領土と明記 2014.4.4

日米首脳会談	2014.4.24
武装中国船、尖閣周辺領海侵犯	2015.12.26

中国軍艦が接続水域内を航行・領海
侵犯 2016.6.9

中国船の尖閣周辺領海侵犯活発化	2016.8.5
日中首脳会談	2016.9.2
海上保安体制強化の方針	2016.12.21
マティス長官、尖閣に安保適用明言	2017.2.3
尖閣諸島で中国船からドローン飛行	2017.5.18

尖閣諸島中国漁船衝突映像流出事件
尖閣諸島中国漁船衝突事件 2010.9.7
尖閣諸島中国漁船衝突映像流出事件 2010.11.4
政府における情報保全に関する検討
委員会を設置 2010.12.7
尖閣諸島中国漁船衝突映像流出事件
で処分 2010.12.22

せんか　　　　　　　　　　　　　　事項名索引　　　　　　　　日本安全保障史事典

尖閣諸島中国漁船衝突映像流出事件
　　で起訴猶予　　　　　　　　　　2011.1.21
尖閣諸島中国漁船衝突事件
　尖閣諸島中国漁船衝突事件　　　　2010.9.7
　尖閣諸島中国漁船衝突事件で中国が
　　抗議　　　　　　　　　　　　　2010.9.8
　東シナ海天然ガス田共同開発の条約
　　交渉を延期　　　　　　　　　　2010.9.11
　尖閣諸島中国漁船衝突事件で反日デ
　　モ　　　　　　　　　　　　　　2010.9.18
　中国人船長の勾留期間延長　　　　2010.9.19
　尖閣諸島への「安保条約」適用を明言
　　　　　　　　　　　　　　　　　2010.9.23
　尖閣諸島中国漁船衝突事件で集中審
　　議　　　　　　　　　　　　　　2010.9.30
　日中首脳会談を開催　　　　　　　2010.10.4
　日中防衛相会談を開催　　　　　　2010.10.11
　太平洋・島サミット中間閣僚会合を
　　開催　　　　　　　　　　　　　2010.10.16
　中国各地で反日デモ　　　　　　　2010.10.16
　政府が衆院に中国漁船衝突事件のビ
　　デオを提出　　　　　　　　　　2010.10.27
　尖閣諸島中国漁船衝突映像流出事件 2010.11.4
　尖閣諸島中国漁船衝突映像流出事件
　　で起訴猶予　　　　　　　　　　2011.1.21
　尖閣諸島中国漁船衝突事件で強制起
　　訴　　　　　　　　　　　　　　2012.3.15
全学連　→　全日本学生自治会総連合を
　見よ
1949年8月12日のジュネーブ諸条約の
　国際的な武力紛争の犠牲者の保護に
　関する追加議定書（議定書I）　→
　ジュネーブ諸条約第1追加議定書を見よ
1949年8月12日のジュネーブ諸条約の
　非国際的な武力紛争の犠牲者の保護
　に関する追加議定書（議定書II）　→
　ジュネーブ諸条約第2追加議定書を見よ
選挙監視団
　コンゴ民主共和国に選挙監視団派遣 2006.7.11
　国連東ティモール統合ミッション派
　　遣要員の任期延長　　　　　　　2007.3.27
　東ティモールに選挙監視団を派遣　2007.4.27
仙石 由人
　尖閣諸島中国漁船衝突事件で中国が
　　抗議　　　　　　　　　　　　　2010.9.8
　延坪島砲撃事件　　　　　　　　　2010.11.23
全国革新市長会基地対策委員会
　自衛官の住民登録を拒否　　　　　1972.11.24

全国軍事基地反対連絡会議
　全国軍事基地反対連絡会議結成　　1955.6.23
戦時緊急措置法
　「国家総動員法」・「戦時緊急措置法」
　　廃止　　　　　　　　　　　　　1946.4.1
戦車
　陸上自衛隊、第2次試作国産中特車完
　　納式　　　　　　　　　　　　　1960.4.7
　自衛隊用語改正　　　　　　　　　1961.2.22
　陸上自衛隊、国産戦車を仮制式化　1961.4.26
　陸上自衛隊、国産中戦車引渡し式　1962.10.15
　陸上自衛隊、61式戦車完納式　　　1966.11.18
　米軍戦車の修理は問題ないとの統一
　　見解　　　　　　　　　　　　　1972.9.19
　米軍、横浜港へM48戦車搬送を再開 1973.4.1
　74式戦車納入式を挙行　　　　　　1975.9.26
　90式戦車を採用　　　　　　　　　1990.8.6
戦車横転事故
　陸自戦車横転事故　　　　　　　　2017.6.21
戦術指揮通信システム
　航空自衛隊で、バッジ・システムが
　　始動　　　　　　　　　　　　　1969.3.26
　航空自衛隊、新バッジの受領完了　1988.3月
戦術輸送機
　自衛隊機をタイ海軍基地に派遣　　1997.7.12
　自衛隊機をシンガポールに移動　　1998.5.18
潜水艦
　海上自衛隊員、米潜水艦受領のため
　　渡米　　　　　　　　　　　　　1954.12.26
　日米艦艇貸与協定の追加貸与に調印 1955.1.18
　戦後初の国産潜水艦「おやしお」竣工
　　　　　　　　　　　　　　　　　1960.6.30
　海上自衛隊、第1潜水隊群を新編　　1965.2.1
　潜水艦おやしお、貨物船と衝突　　1975.6.19
　なだしお事件　　　　　　　　　　1988.7.23
　なだしお事件で裁決　　　　　　　1989.7.25
　なだしお事件で双方の過失と裁決　1990.8.10
　横浜地裁、なだしお事件で潜水艦側
　　に主因を認める判決　　　　　　1992.12.10
　東京高裁、なだしお事件で潜水艦側
　　に主因を認める判決　　　　　　1994.2.28
　日本の領海及び内水で潜没航行する
　　外国潜水艦への対処　　　　　　1996.12.24
　領水内潜没潜水艦に関する対処方針
　　を策定　　　　　　　　　　　　2005.1.19
　海自潜水艦接触事故　　　　　　　2006.11.21
　報道機関への情報漏えいで懲戒免職 2008.10.2
　日豪防衛相会談　　　　　　　　　2014.10.16

日本安全保障史事典　　　　事項名索引　　　　せんと

潜水艦救難艦
「えひめ丸」引き揚げ協力のため潜水
艦救難艦を派遣　　　　　　　　2001.8.8
潜水艦救難母艦
ロシア潜水艇事故　　　　　　　2005.8.4
潜水艇
ロシア潜水艇事故　　　　　　　2005.8.4
戦争犯罪人　→　戦犯を見よ
戦争放棄
「日本国憲法」公布　　　　　　1946.11.3
戦闘機
F-86F高等操縦学生、米国留学　　1955.8.12
航空自衛隊、F-86F戦闘機を受領　1955.10.12
F-86F戦闘機初飛行　　　　　　　1956.3.1
防衛庁、F-86F戦闘機の製造組立契約
等を締結　　　　　　　　　　1956.3.31
F-86F戦闘機の国内製造組立て第1号
機受領　　　　　　　　　　　1956.9.20
航空自衛隊、F-86D戦闘機受領　　1958.1.16
次期戦闘機にグラマンF11 F-1F採用
内定　　　　　　　　　　　　1958.4.12
北海道地区領空侵犯　　　　　　1958.4.28
次期戦闘機の機種問題、国会で追及　1958.9.2
次期戦闘機グラマンF11 F-1Fの内定
撤回　　　　　　　　　　　　1959.6.15
次期戦闘機にロッキードF-104J採用
決定　　　　　　　　　　　　1959.11.6
米側、ロッキードF-104J共同生産に
つき援助を内示　　　　　　　1960.1.12
F-104J国内生産に関する日米取極に
署名　　　　　　　　　　　　1960.4.15
F-104J/DJ初号機到着　　　　　　1962.2.8
F-104J国産初号機引渡し記念式典　1962.4.1
戦闘機の追加生産　　　　　　　1965.1.21
米ファントム戦闘機、九州大学構内
に墜落　　　　　　　　　　　1968.6.2
航空自衛隊、F-104J戦闘機の後継決
定　　　　　　　　　　　　　1968.11.1
次期主力戦闘機F-4Eを104機生産　1969.1.10
ファントム機追求めぐり衆院予算委
審議中断　　　　　　　　　　1969.2.17
沖縄第1次自衛隊配置を発表　　　1970.10.7
戦闘機F-4EJ、米国より到着　　　1971.7.25
戦闘機輸入で合意　　　　　　　1972.11.21
防衛庁、次期FX候補を米国製にしぼ
る　　　　　　　　　　　　　1976.1.23
F-4EJ戦闘機の後継、F-15を採用　1976.12.9
航空自衛隊、F-1を三沢基地に配備　1977.9.26
F-15戦闘機、P-3C哨戒機の導入　　1977.12.28

次期戦闘機・次期対潜哨戒機は「非
戦力」とする見解　　　　　　1978.2.15
米国よりF-15戦闘機到着　　　　1981.3.27
F-15J戦闘機国産初号機を受領　　1981.12.11
P-3C、F-15の取得数変更　　　　1982.7.23
F-15Jの警戒待機を開始　　　　　1984.7.16
F-15DJのライセンス国産へ切り替え
　　　　　　　　　　　　　　1984.12.28
米軍、F-16三沢基地に配備　　　　1985.4.2
FS-X選定資料収集班の欧米派遣　1986.5月
日米防衛首脳会談の開催　　　　1987.10.2
次期支援戦闘機の日米共同開発　1987.10.23
FS-X共同開発の交換公文・細目取決
めに署名　　　　　　　　　　1988.11.29
FS-Xの作業分担決まる　　　　　1989.1.10
FS-X技術対米供与決定　　　　　1990.2.20
F-2量産に関して取極め締結　　　1996.7月
F-2支援戦闘機1号機を受領　　　1997.11.28
空自戦闘機墜落　　　　　　　　1999.8.15
F-2の運用試験開始　　　　　　　2000.10.2
戦闘機機関砲誤発射事故　　　　2001.6.25
空自が初の空中給油訓練　　　　2003.4.21
コープサンダー演習　　　　　　2003.5.22
米軍戦闘機空中接触事故　　　　2004.10.4
米軍戦闘機訓練の移転費用負担で合
意　　　　　　　　　　　　　2007.1.11
F-15戦闘機を沖縄に配備　　　　2009.1.8
F-15戦闘機が胴体着陸　　　　　2009.12.4
米軍訓練のグアム移転、日米合意　2011.1.20
空自機墜落　　　　　　　　　　2011.7.5
空自機、タンク落下　　　　　　2011.10.7
次期戦闘機決定　　　　　　　　2011.12.20
武器輸出三原則「例外」認める　2013.3.1
中国軍機、自衛隊機異常接近　　2014.5.24
中国機、自衛隊機異常接近　　　2014.6.11
日英、戦闘機開発で協力　　　　2017.3.16
空自機部品落下事故　　　　　　2017.7.26
空自機部品落下　　　　　　　　2017.10.5
戦闘機機関砲誤発射事故
戦闘機機関砲誤発射事故　　　　2001.6.25
戦闘攻撃機
米軍機墜落　　　　　　　　　　2016.12.7
戦闘停止
マッカーサー、戦闘停止を命令　1945.8.16
大本営陸軍部・海軍部、即時戦闘行
動停止を発令　　　　　　　　1945.8.16
天皇、全軍即時停戦を下命　　　1945.8.16
ソ連軍、北方領土占領　　　　　1945.8.18
全権委員、連合国軍と停戦交渉　1945.8.20

－ 367 －

GHQ、「一般命令第1号」発令	1945.9.2

戦闘爆撃機

米第5空軍、F105Dジェット戦闘爆撃機を強行配備	1963.5.12
防衛庁長官、戦闘爆撃機の保有は可能と答弁	1967.3.25
ロシア軍機が領空侵犯	2001.4.11

全日空

全日空羽田沖墜落事故	1966.2.4
雫石事件	1971.7.30

全日空羽田沖墜落事故

全日空羽田沖墜落事故	1966.2.4

全日本学生自治会総連合

安保阻止国民会議第8次統一行動で国会請願デモ	1959.11.27
警視庁、国会請願デモ事件で全学連等一斉捜索	1959.11.28
全学連、羽田空港ロビー占拠	1960.1.15
安保阻止国民会議第15次統一行動	1960.4.26
国会請願デモで東大女子学生死亡	1960.6.15
全学連、米原潜寄港阻止集会で警官隊と衝突	1964.11.7
米原子力空母エンタープライズ初寄港	1968.1.19
防衛庁機能維持を図るため檜町警備隊が編成	1968.11.21

全日本空輸 → 早期警戒管制機を見よ

船舶検査活動法

「船舶検査活動法」成立	2000.11.30
「船舶検査活動法」公布	2000.12.6

戦犯

GHQ、戦争犯罪人の逮捕を命令	1945.9.11
山下大将の死刑執行	1946.2.23
東京裁判開廷	1946.5.3
東京裁判判決	1948.11.12
A級戦犯容疑者19人釈放	1948.12.24
米極東軍管下の軍事裁判終了	1949.10.19

戦略防衛構想 → SDIを見よ

占領政策

ロイヤル米陸軍長官、「反共の防壁」の演説	1948.1.6

戦力

吉田首相、自衛のための戦力は合憲と答弁	1952.3.6
「戦力」統一見解	1972.11.13
次期戦闘機・次期対潜哨戒機は「非戦力」とする見解	1978.2.15

【そ】

曽 慶紅

中国が自衛隊イラク派遣へ理解	2004.1.12

曹 剛川

日中防衛相会談	2003.9.3
日中防衛相会談	2007.8.30

騒音被害

「防衛施設周辺の整備等に関する法律」を施行	1966.7.26
「航空機騒音による障害防止に関する法律」施行	1967.8.1
小松基地騒音訴訟のための原告団を結成	1975.6.17
小松基地騒音訴訟	1975.9.16
横田基地周辺住民、夜間飛行禁止を訴え	1976.4.28
厚木基地周辺住民、夜間飛行禁止で提訴	1976.9.8
横田基地騒音訴訟の判決	1981.7.13
嘉手納基地爆音訴訟	1982.2.26
厚木基地夜間飛行差し止め訴訟	1982.10.20
第1次厚木基地騒音訴訟判決	1986.4.9
第3次横田基地騒音訴訟判決	1989.3.15
小松基地騒音訴訟判決	1991.3.13
第1・2次横田基地騒音訴訟判決	1993.2.25
嘉手納基地爆音訴訟判決	1994.2.24
第3次横田基地騒音訴訟判決	1994.3.30
第1・2次小松基地騒音訴訟判決	1994.12.26
厚木基地騒音訴訟差戻控訴審判決	1995.12.26
嘉手納基地爆音訴訟で飛行差し止め却下	1998.5.22
第2次厚木基地騒音訴訟判決	1999.7.23
第3・4次小松基地騒音訴訟1審判決	2002.3.6
新横田基地公害訴訟最高裁判決	2002.4.12
第5～第7次横田基地騒音訴訟1審判決	2002.5.30
第3次厚木基地騒音訴訟1審判決	2002.10.16
第4・8次横田基地騒音訴訟1審判決	2003.5.13
新嘉手納基地爆音訴訟1審判決	2005.2.17
新横田基地公害訴訟控訴審判決	2005.11.30
第3次厚木基地騒音訴訟控訴審判決	2006.7.13
第3・4次小松基地騒音訴訟控訴審判決	2007.4.16
普天間基地爆音訴訟1審判決	2008.6.26
新嘉手納基地爆音訴訟控訴審判決	2009.2.27

普天間基地爆音訴訟控訴審判決　2010.7.29
新嘉手納爆音訴訟　2011.1.27
厚木基地騒音訴訟で夜間差し止め　2014.5.21
普天間基地騒音訴訟、国に賠償命令　2015.6.11
厚木基地騒音訴訟、国に賠償命令　2015.7.30
岩国基地騒音訴訟、国に賠償命令　2015.10.15
普天間基地騒音訴訟、国に賠償命令　2016.11.17
普天間基地騒音訴訟、控訴審も国に
　賠償命令　2016.12.1
厚木基地騒音訴訟、飛行差し止め棄
　却　2016.12.8
第3次嘉手納爆音訴訟、国に賠償命令　2017.2.23
横田基地訴訟、国に賠償命令　2017.10.11

掃海訓練
海上自衛隊、戦後初の日米共同訓練　1955.4.25

掃海作業
掃海艇など、ペルシャ湾へ出港　1991.4.24
ペルシャ湾派遣部隊、掃海作業開始　1991.6.5
掃海派遣部隊、呉に帰港　1991.10.3

掃海艇
日米艦艇貸与協定の追加貸与に調印　1955.1.18

掃海船
海上警備隊発足　1952.4.26

掃海母艦
ロシア潜水艇事故　2005.8.4

早期警戒衛星
「宇宙基本法」公布　2008.5.21

早期警戒管制機
早期警戒管制機の導入決定　1992.12.18
早期警戒管制機を浜松に配備　1998.3.25

早期警戒機
早期警戒機導入疑惑　1979.1.8
早期警戒機導入決定　1979.1.11
E-2Cによる対領空侵犯措置の開始　1987.1.31

相互安全保障計画
ダレス国務長官、対日MSA援助を示
　唆　1953.5.5

相互安全保障法
ダレス国務長官、対日MSA援助を示
　唆　1953.5.5

総合安全保障関係閣僚会議
総合安全保障関係閣僚会議の設置　1980.12.1
総合安保閣僚会議、シーレーン防衛
　の検討　1982.5.20

総合演習
第1回航空自衛隊総合演習　1961.5.23

総合海洋政策本部
「海洋基本法」成立　2007.4.20

総合取得改革推進委員会
「取得改革の今後の方向性」公表　2010.9.7

曹候補士制度
自衛隊、曹候補士制度導入　1990.4.7

相互防衛援助協定
対米武器技術供与の交換公文に署名　1983.11.8

相互防衛援助事務所
軍事援助顧問団を相互防衛援助事務
　所に改称　1969.7.4

捜索救難機
空自の捜索救難機が墜落　2005.4.14

操縦士民間活用
自衛隊、操縦士民間活用　1987.11.5

騒擾罪
血のメーデー事件　1952.5.1

象のオリ　→　楚辺通信所を見よ

象のオリ訴訟
象のオリ訴訟2審判決　2002.10.31
象のオリ訴訟最高裁判決　2003.11.27

双発プロペラ機
陸自機墜落　2017.5.15

総評　→　日本労働組合総評議会を見よ

相馬ヶ原演習場
ジラード事件発生　1957.1.30

総理府
警察予備隊創設　1950.8.10
保安庁発足　1952.8.1
防衛庁発足　1954.7.1
調達庁を防衛庁に移管　1958.8.1
基地問題等閣僚懇談会・基地周辺問
　題対策協議会の設置決定　1961.5.30
政府専用機が防衛庁へ所属変更　1992.4.1

曽我 ひとみ
拉致被害者が15人に　2002.10.8
拉致被害者が帰国　2002.10.15
拉致被害者家族が帰国　2004.5.22
曽我ひとみさん一家が帰国　2004.7.9
米軍独立法務官がジェンキンスさん
　と面会　2004.8.5
ジェンキンスさんが出頭　2004.9.11
ジェンキンスさんが釈放　2004.11.27
拉致実行犯の北朝鮮工作員に逮捕状　2006.11.2

曽我 ミヨシ
拉致被害者が15人に　2002.10.8
拉致実行犯の北朝鮮工作員に逮捕状　2006.11.2

即位の礼
即位の礼　1990.11.12

即応予備自衛官
即応予備自衛官が初の召集訓練　1998.4.25
予備自衛官の災害招集　2011.3.16
予備自衛官の災害招集　2016.4.17

即応予備自衛官制度
即応予備自衛官制度導入　1998.3.26

組織犯罪処罰法
テロ等準備罪法成立　2017.6.15

ソビエト連邦　→　ソ連を見よ

楚辺通信所
沖縄軍用地の強制使用手続き開始　1995.3.3
橋本首相、知事に代わって土地調書・
　物件調査代理署名　1996.3.29
「象のオリ」使用期限切れる　1996.4.1
「駐留軍用地特別措置法」改正公布・
　施行　1997.4.25
「駐留軍用地特別措置法」改正法施行　2000.4.1
象のオリ訴訟2審判決　2002.10.31
象のオリ訴訟最高裁判決　2003.11.27

ソマリア
エチオピア邦人医師誘拐事件　2008.9.22
エチオピア邦人医師誘拐事件の医師
　ら解放　2009.1.7

ソマリア沖
海賊対処に海自派遣を決定　2009.1.28
海賊対処に第8護衛隊の護衛艦派遣を
　決定　2009.2.3
「海賊対処法」案が決定　2009.3.13
海賊対処のため海上警備行動を発令　2009.3.13
ソマリア沖で日本企業運航自動車運
　搬船に銃撃　2009.3.23
ジブチにP-3C派遣　2009.5.15
P-3Cによるアデン湾の警戒監視を開
　始　2009.6.11
海賊対処行動部隊がIMO勇敢賞受賞　2009.11.23
海賊対処活動の期限延長　2010.7.16
ジブチの自衛隊活動拠点運用開始　2011.6.1
海賊対処ソマリア派遣縮小　2016.11.1

ソ連　⇔　日ソ～をも見よ
ソ連軍、北方領土占領　1945.8.18
ソ連軍、旅順・大連を占領　1945.8.22
ソ連軍、平壌に侵攻　1945.8.24
ソ連・中国、日本進駐に不参加　1946.1.31
極東委員会設置　1946.2.26
対日理事会設置　1946.4.5
南樺太・千島、ソ連領に編入　1947.2.25
英・ソ・中3国代表、海上保安庁設置
　を批判　1948.4.28
対日理事会、日本非軍事化問題で米
　ソ論争　1951.2.14
「対日講和条約」調印　1951.9.8
政府、領空侵犯機排除に米国の協力
　要請　1953.1.13
「赤十字協定」によるソ連引揚げ第1
　次船・興安丸、舞鶴入港　1953.12.1
「日ソ共同宣言」調印　1956.10.19
ソ連、「新安保条約」を批難する対日
　覚書を手交　1960.1.27
国会で「三矢研究」につき追究　1965.2.10
日米合同演習中、ソ連軍艦と接触　1967.5.10
ソ連機、初の領空侵犯　1967.8.19
社会党、訪日ソ連党代表団と合意メ
　モ発表　1969.10.22
航空自衛隊機、ソ連艦を誤認攻撃　1971.4.20
ソ連機、領空侵犯　1974.2.7
ソ連機、領空侵犯　1975.9.24
ソ連、沖縄南東海域で海空合同演習　1976.7.7
ベレンコ中尉亡命事件　1976.9.6
ソ連艦、領海侵犯　1977.7.30
ソ連機、領空侵犯　1977.9.7
ソ連機、領空侵犯　1978.3.17
米国防長官、日本海周辺軍事力でソ
　連を牽制　1978.6.6
ソ連機、領空侵犯　1978.12.5
「北方領土におけるソ連軍の動向」発
　表　1979.10.2
ソ連機、領空侵犯　1979.11.15
ソ連機、領空侵犯　1980.6.29
ソ連機、領空侵犯　1980.8.18
シーレーン防衛の表明　1981.5.8
ソ連機、領空侵犯　1981.6.6
ソ連機、領空侵犯　1982.4.3
中曽根首相、浮沈空母発言　1983.1.19
ソ連機、領空侵犯　1983.10.15
ソ連機、領空侵犯　1983.11.15
ソ連機、領空侵犯　1984.11.12
ソ連機、領空侵犯　1986.2.6
予算委員会で東芝機械ココム違反事
　件を論議　1987.7.13
ソ連機、領空侵犯　1987.8.27
ソ連機の領空侵犯に初の信号射撃　1987.12.9
ソ連機、領空侵犯　1989.4.21
『防衛白書』閣議了承　1990.9.18
ソ連機、領空侵犯　1991.7.6
ソ連機、領空侵犯　1991.8.15

宋 永武
日韓防衛相会談　2017.10.23

日本安全保障史事典　　　　事項名索引　　　　たいせ

日米韓防衛相会談　　　　　　　2017.10.23

【た】

タイ　⇔　日タイ〜をも見よ
自衛隊機をタイ海軍基地に派遣　　1997.7.12
コブラ・ゴールド05　　　　　　2005.5.2
リムパック2010に参加　　　　　2010.6.23
リムパック2012に参加　　　　　2012.6.23
リムパック2016に参加　　　　　2016.6.30

戴 秉国
尖閣諸島中国漁船衝突事件で中国が
抗議　　　　　　　　　　　　2010.9.8

第1復員省
陸海軍省廃止　　　　　　　　　1945.12.1
復員庁設置　　　　　　　　　　1946.6.15

第一富士丸
なだしお事件　　　　　　　　　1988.7.23
なだしお事件で裁決　　　　　　1989.7.25
なだしお事件で双方の過失と裁決　1990.8.10
横浜地裁、なだしお事件で潜水艦側
に主因を認める判決　　　　　1992.12.10
東京高裁、なだしお事件で潜水艦側
に主因を認める判決　　　　　1994.2.28

対外情報調査部
拉致を命じた北朝鮮諜報機関要員に
逮捕状　　　　　　　　　　　2007.2.22

大韓民国　→　韓国を見よ

大気圏内、宇宙空間及び水中における
核兵器実験を禁止する条約　→　部分
的核実験禁止条約を見よ

対北朝鮮制裁
対北朝鮮経済制裁に慎重姿勢　　2004.10.9
神崎公明党が対北朝鮮経済制裁に言
及　　　　　　　　　　　　　2005.1.2
対北朝鮮金融制裁を決定　　　　2006.9.19
対北朝鮮追加制裁を発動　　　　2006.10.13
対北朝鮮制裁の期限延長　　　　2007.10.9
対北朝鮮制裁の期限延長　　　　2008.4.11
日朝実務者協議を開始　　　　　2008.8.11
対北朝鮮制裁の期限延期　　　　2008.10.10
対北朝鮮制裁の期限延長　　　　2009.4.10
対北朝鮮輸出を全面禁止　　　　2009.6.16
制裁解除なら六者会合復帰　　　2010.1.11
対北朝鮮制裁の期限延長　　　　2010.4.9
日本人拉致被害者の再調査で合意　2014.5.29

拉致調査委員会設置　　　　　　2014.7.1
北朝鮮、ミサイル発射　　　　　2016.2.7

大規模地震対策特別措置法
自衛隊に地震防災派遣任務を追加　1978.6.15

対共産圏輸出統制委員会　→　COCOM
を見よ

第五福竜丸事件
第五福竜丸事件　　　　　　　　1954.3.1

第31吉進丸事件
第31吉進丸事件　　　　　　　　2006.8.16
「第31吉進丸」船長を解放　　　2006.10.3
「第31吉進丸」船長らを書類送検　2007.3.2

第38吉丸
「第38吉丸」拿捕　　　　　　　2009.1.27

大使公用車襲撃
中国で大使公用車襲撃　　　　　2012.8.27

「代執行」訴訟
辺野古「代執行」訴訟提訴　　　2015.11.26
辺野古「代執行」訴訟口頭弁論　2015.12.2
辺野古、国と沖縄県が和解　　　2016.3.4

第十八富士山丸事件
第十八富士山丸事件　　　　　　1983.11.11
北朝鮮抑留のスパイ容疑の船員釈放
1990.10.11

第十雄洋丸事件
第十雄洋丸事件　　　　　　　　1974.11.23

対人地雷
対人地雷廃棄スタート　　　　　2000.1.17
対人地雷廃棄が完了　　　　　　2003.2.8

対人地雷禁止条約
「対人地雷禁止条約」に署名　　1997.12.3
「対人地雷禁止条約」公布　　　1998.10.28
「対人地雷禁止条約」発効　　　1999.3.1
対人地雷廃棄スタート　　　　　2000.1.17
対人地雷廃棄が完了　　　　　　2003.2.8

対人地雷の使用、貯蔵、生産及び移譲の
禁止並びに廃棄に関する条約　→　対
人地雷禁止条約を見よ

対戦車ヘリコプター
陸自ヘリが衝突　　　　　　　　2001.2.14
対戦車ヘリコプター墜落事故で賠償
請求　　　　　　　　　　　　2003.6.20

対潜哨戒機
海上自衛隊、PV-2対潜哨戒機17機受
領　　　　　　　　　　　　　1955.1.16
海上自衛隊、P2V-7対潜哨戒機17機
の受領調印式　　　　　　　　1955.4.15
海自対潜哨戒機墜落事故　　　　1957.4.19

－ 371 －

たいせ　　　　　　　　　　　　事項名索引　　　　　　　　日本安全保障史事典

防衛庁、次期対潜哨戒機にP-3C導入　1977.8.24
F-15戦闘機、P-3C哨戒機の導入　1977.12.28
次期戦闘機・次期対潜哨戒機は「非
　戦力」とする見解　　　　　　1978.2.15
対潜哨戒機P-3C、導入開始　　　1981.4.29
P-3C、F-15の取得数変更　　　　1982.7.23
リムパック84に参加　　　　　　1984.5.14

対潜水艦ヘリコプター
海上自衛隊の護衛艦はるな竣工　1973.2.22

対潜飛行艇
海上自衛隊の護衛艦はるな竣工　1973.2.22

大喪の礼
昭和天皇没、平成と改元　　　　1989.1.7

代替施設協議会
普天間基地の移設にかかる協議会設
　置　　　　　　　　　　　　　2000.8.25
普天間飛行場代替施設の辺野古沖環
　礁上建設で合意　　　　　　2001.12.27
「普天間飛行場代替施設の基本計画」
　が決定　　　　　　　　　　　2002.7.29

代替施設建設協議会
代替施設建設協議会が発足　　　2003.1.28

大東亜省
大東亜省・軍需省・農商省廃止　1945.8.26

第二次世界大戦
第二次世界大戦終結　　　　　　1945.8.15

対日講和
マッカーサー、早期講和を提唱　1947.3.17
「NSC13/2文書」承認　　　　　1948.10.7
米国務省、対日講和を検討中と発表　1949.11.1
対日講和の予備交渉開始指令　　1950.9.14
「対日講和7原則」発表　　　　1950.11.24
マッカーサー、年頭声明で日本再軍
　備を強調　　　　　　　　　　1951.1.1
ダレス米講和特使来日　　　　　1951.1.25
ダレス顧問、再軍備禁止条項につき
　発言　　　　　　　　　　　　1951.2.19
ダレス・リッジウェイ・吉田会談　1951.4.18

対日講和会議
対日講和会議開会　　　　　　　1951.9.4

対日講和条約
米国務省、対日講和を検討中と発表　1949.11.1
対日講和の予備交渉開始指令　　1950.9.14
ダレス顧問、「対日講和条約」・「日米
　安保条約」の同時締結を発表　1951.7.11
「対日講和条約」調印　　　　　1951.9.8
衆議院で「対日講和条約」・「日米安保
　条約」承認　　　　　　　　1951.10.26

最終の公職追放解除発表　　　　1952.4.26
在日保安顧問部設立　　　　　　1952.4.27
「対日講和条約」・「日米安保条約」発
　効　　　　　　　　　　　　　1952.4.28
極東委員会・対日理事会・GHQ廃止　1952.4.28
血のメーデー事件　　　　　　　1952.5.1
「サンフランシスコ講和条約」調印50
　周年記念式典　　　　　　　　2001.9.8

対日講和7原則
「対日講和7原則」発表　　　　1950.11.24
ダレス米講和特使来日　　　　　1951.1.25

対日占領政策
極東委員会設置　　　　　　　　1946.2.26

対日平和条約　→　対日講和条約を見よ

大日本帝国及「ソヴイエト」社会主義共
和国連邦間中立条約　→　日ソ中立条
約を見よ

対日理事会
対日理事会設置　　　　　　　　1946.4.5
英・ソ・中3国代表、海上保安庁設置
　を批判　　　　　　　　　　　1948.4.28
対日理事会ソ連代表、日本の軍事基
　地化を批判　　　　　　　　　1950.5.2
対日理事会、日本非軍事化問題で米
　ソ論争　　　　　　　　　　　1951.2.14
極東委員会・対日理事会・GHQ廃止　1952.4.28

第2復員省
陸海軍省廃止　　　　　　　　　1945.12.1
復員庁設置　　　　　　　　　　1946.6.15

退避勧告
バグダッド退避勧告　　　　　　2003.2.14

台風10号（2016）
台風10号豪雨災害　　　　　　　2016.8.30

台風11号（2014）
台風11号豪雨災害　　　　　　　2014.8.10

台風12号（2011）
台風12号豪雨災害　　　　　　　2011.9.3

台風15号（1951）
ルース台風に伴う災害派遣　　1951.10.20

台風15号（1954）
洞爺丸遭難事故　　　　　　　　1954.9.26

台風15号（1959）
伊勢湾台風に伴う災害派遣　　　1959.9.26

台風18号（2015）
台風18号豪雨災害　　　　　　　2015.9.10

台風22号（1958）
狩野川台風に伴う災害派遣　　　1958.9.26

－ 372 －

台風26号（2013）
台風26号豪雨土砂災害 2013.10.16
台風29号（1965）
マリアナ海難に災害派遣 1965.10.9
台風30号（2013）
フィリピンに台風30号上陸 2013.11.8
対米武器技術供与
対米武器技術供与を決定 1983.1.14
対米武器技術供与了解の書簡交換 1983.10.8
対米武器技術供与の交換公文に署名 1983.11.8
対米武器技術供与実施細目取決め締
結 1985.12.27
対米武器技術供与第1号の決定 1986.9.5
FS-Xの作業分担決まる 1989.1.10
FS-X技術対米供与決定 1990.2.20
太平洋
ダレス顧問、再軍備禁止条項につき
発言 1951.2.19
太平洋・島サミット中間閣僚会合
太平洋・島サミット中間閣僚会合を
開催 2010.10.16
太平洋諸島フォーラム
太平洋・島サミット中間閣僚会合を
開催 2010.10.16
大本営
マッカーサー、戦闘停止を命令 1945.8.16
大本営陸軍部・海軍部、即時戦闘行
動停止を発令 1945.8.16
大本営廃止 1945.9.13
大本営復員並廃止要領
大本営廃止 1945.9.13
大麻
陸自内に大麻が蔓延 2009.7.8
大陸間弾道ミサイル
北朝鮮、ミサイル発射 2017.7.4
北朝鮮、6回目の核実験 2017.9.3
北朝鮮、ミサイル発射 2017.11.29
代理署名
沖縄県知事、代理署名拒否 1995.9.28
防衛施設庁長官、村山首相を批判 1995.10.18
大田沖縄県知事を提訴 1995.12.7
橋本首相、知事に代わって土地調書・
物件調書代理署名 1996.3.29
代理署名についての職務執行命令訴
訟判決 1996.8.28
大量破壊兵器
PSI海上阻止訓練 2004.10.25

大連
ソ連軍、旅順・大連を占領 1945.8.22
台湾
「日華平和条約」調印 1952.4.28
台湾機、領空侵犯 1994.3.25
尖閣諸島民有地を政府が賃借 2003.1.1
台湾活動家が尖閣周辺海域で領有権
主張 2011.6.29
中国・台湾船、尖閣領海侵犯 2012.9.14
ダウナー, アレグザンダー
日豪外相会談を開催 2005.12.10
高品 武彦
栗栖統合幕僚会議議長、超法規的行
動発言 1978.7.28
高辻 正己
法制局長官、核兵器保有可能と答弁 1969.2.4
高山
アデン湾で日本船籍タンカーに銃撃 2008.4.21
竹入 義勝
竹入委員長自衛隊合憲論 1981.6.15
竹内 行夫
外務次官が拉致問題に関する発言を
修正 2003.8.4
竹下 登
竹下内閣の発足 1987.11.6
竹下改造内閣の発足 1988.12.27
竹島
竹島国立公園化を懸念 2002.8.12
竹島の日を制定 2005.3.16
日韓外相会談を開催 2005.4.7
韓国が竹島周辺の海洋調査に抗議 2006.4.14
韓国が竹島周辺海域で海洋調査 2006.7.3
日韓局長級協議 2006.8.11
学習指導要領解説書に竹島領有を明
記 2008.7.14
韓国が竹島占拠状態の強化を表明 2008.7.20
米地名委員会が竹島の表記を変更 2008.7.28
韓国大統領、竹島上陸 2012.8.10
学習指導要領解説書に尖閣・竹島を
領土と明記、自衛隊の災害派遣も 2014.1.28
小学校教科書に尖閣・竹島を領土と明記 2014.4.4
韓国軍、竹島近海で防御訓練実施 2014.11.24
竹田 五郎
竹田統合幕僚会議議長発言問題 1981.2.1
鈴木首相、竹田発言で陳謝 1981.2.4
統合幕僚会議議長更迭 1981.2.16
多国間捜索救難訓練
多国間捜索救難訓練 2002.10.15

多国籍軍
湾岸危機に関する支援策発表	1990.8.29
湾岸危機に30億ドルの追加	1990.9.14
自衛隊の多国籍軍参加を表明	2004.6.1
小泉首相、多国籍軍参加を表明	2004.6.8
多国籍軍への参加を閣議了解	2004.6.18
自衛隊が多国籍軍に参加	2004.6.28
自衛隊Winny情報流出問題	2006.11.29
インド洋における海洋阻止行動への謝意決議	2007.9.19
自衛隊イラク派遣差し止め訴訟控訴審判決	2008.4.17
自衛隊インド洋派遣が終了	2010.1.15

田沢 吉郎
田沢防衛庁長官就任	1988.8.24
竹下改造内閣の発足	1988.12.27

立ち入り検査
「貨物検査特別措置法」成立	2010.5.28

たちかぜ
護衛艦「たちかぜ」自衛官いじめ自殺事件	2004.10.27
護衛艦「たちかぜ」自衛官いじめ自殺事件、国に責任	2014.4.23

立川基地
砂川闘争が始まる	1955.5.8
在日米軍、立川基地の飛行停止	1969.10.3
米軍立川基地を全面返還	1977.11.30

立川市
自衛官の住民登録を拒否	1972.11.24

立川反戦ビラ配布事件
立川反戦ビラ配布事件控訴審判決	2005.12.9

脱走兵
脱走兵通報で合意	2008.5.15

脱北
脱北者が日本人学校に駆け込む	2004.9.1
脱北者救助	2011.9.13
小型船、相次ぎ漂着	2012.11.28

辰巳 栄一
辰巳軍事顧問就任	1946.5月
米極東軍、警察予備隊の増強を要求	1952.1.12

伊達 秋雄
東京地裁、砂川事件で無罪判決	1959.3.30

楯の会
三島由紀夫、割腹自殺	1970.11.25

伊達判決
東京地裁、砂川事件で無罪判決	1959.3.30
最高裁、砂川事件で伊達判決を破棄	1959.12.16

田中 角栄
第1次田中内閣が発足	1972.7.7
日中共同声明に調印	1972.9.29
第2次田中内閣が発足	1972.12.22
増原防衛庁長官、平和時の防衛力を発表	1973.2.1
第2次田中第1次改造内閣が発足	1973.11.25
第2次田中第2次改造内閣が発足	1974.11.11

田中 耕太郎
最高裁、砂川事件で伊達判決を破棄	1959.12.16

田中 聡
沖縄防衛局長更迭	2011.11.29

田中 直紀
野田第1次改造内閣が発足	2012.1.13
弾道ミサイル破壊措置命令	2012.3.30
防衛大臣問責決議案可決	2012.4.20

田中 均
北朝鮮が日朝安全保障協議の無期延期を警告	2002.11.14

田中 真紀子
田中外相が安保体制からの自立を主張	2001.6.5
日米地位協定運用改善で合意	2001.7.18
「サンフランシスコ講和条約」調印50周年記念式典	2001.9.8

田中 実
16人目の拉致被害者を認定	2005.4.27

田辺 誠
北朝鮮訪問団、平壌入り	1990.9.24

谷川 和穂
第1次中曽根内閣が発足	1982.11.27

種子島宇宙センター
情報収集衛星打ち上げに成功	2009.11.28

玉沢 徳一郎
村山内閣が発足	1994.6.30

タミーム
日カタール首脳会談	2015.2.20

田母神 俊雄
田母神論文問題	2008.10.31

田母神論文問題
田母神論文問題	2008.10.31

多目的ヘリコプター
米軍ヘリ墜落	2015.8.12

タリバン
小泉首相が対タリバン攻撃を支持	2001.10.8
タリバンが邦人ジャーナリストを拘束	2001.10.22

アフガニスタン邦人拉致殺害事件　2008.8.26

ダレス, ジョン・フォスター
ダレス特使、日本の再軍備を要求　1950.6.22
ダレス米講和特使来日　1951.1.25
ダレス顧問、再軍備禁止条項につき
　発言　1951.2.19
ダレス・リッジウェイ・吉田会談　1951.4.18
ダレス顧問、「対日講和条約」・「日米
　安保条約」の同時締結を発表　1951.7.11
ダレス国務長官、対日MSA援助を示
　唆　1953.5.5
重光・ダレス会談、日米安保条約改
　定の共同声明発表　1955.8.31
藤山・ダレス会談、「日米安保条約」
　改定に同意　1958.9.11

ダレス・リッジウェイ・吉田会談
ダレス・リッジウェイ・吉田会談　1951.4.18

タンカー
第十雄洋丸事件　1974.11.23
ナホトカ号重油流出事故　1997.1.2
海自潜水艦接触事故　2006.11.21
タンカーと米海軍原潜が接触　2007.1.9
アデン湾で日本船籍タンカーに銃撃　2008.4.21
インドネシア沖で日本企業運航のタ
　ンカーに強盗　2010.9.5
アラビア海で海賊　2011.3.5

短距離弾道ミサイル
北朝鮮が新型短距離弾道ミサイルを
　発射　2005.5.1

談合
厚木基地談合訴訟1審判決　2002.7.15

タンザニア
国連安保理非常任理事国に選出　2004.10.15

男女群島
ソ連機、領空侵犯　1982.4.3

団体等規正令
「破防法」公布・施行　1952.7.21

弾道弾迎撃ミサイル
弾道弾迎撃ミサイル搭載イージス艦
　を横須賀基地に配備　2006.8.29
SM-3発射試験に成功　2007.12.18
SM-3発射実験に失敗　2008.11.19

弾道ミサイル
北朝鮮がミサイル発射　1998.8.31
「弾道ミサイル防衛に係る日米共同技
　術研究について」を了承　1998.12.25
村山訪朝団出発　1999.12.1
「防衛庁設置法」改正法公布　2005.7.29

統合幕僚監部が発足　2006.3.27
北朝鮮が弾道ミサイル発射実験　2006.7.5
弾道ミサイル等に対する破壊措置に
　関する緊急対処要領　2007.3.23
北朝鮮が短距離ミサイルを発射　2007.5.25
防衛力整備内容などを決定　2007.12.24
日米首脳会談を開催　2009.2.24
日中外相会談を開催　2009.2.28
日米韓外相会談を開催　2009.3.31
北朝鮮にミサイル発射自制を求める
　決議　2009.3.31
弾道ミサイル発射と誤発表　2009.4.4
北朝鮮が弾道ミサイル発射実験　2009.4.5
日中韓首脳会談　2009.4.11
ミサイル発射に対する国連安保理議
　長声明　2009.4.14
日越首脳会談を開催　2009.4.20
北朝鮮が弾道ミサイル発射　2009.7.4
北朝鮮が短距離弾道ミサイル発射　2009.10.12
日米共同統合演習を開始　2010.12.3
空自航空総隊司令部、横田へ移転　2012.3.26
弾道ミサイル破壊措置命令　2012.3.30
北朝鮮、ミサイル発射失敗　2012.4.13
北朝鮮ミサイル発射予告、日朝政府
　間協議延期　2012.12.1
弾道ミサイル破壊措置命令　2012.12.7
北朝鮮、ミサイル発射　2012.12.12
国連安保理、北朝鮮ミサイルに制裁
　決議　2013.1.22
弾道ミサイル破壊措置命令　2013.4.7
北朝鮮、ミサイル発射続く　2014.3.3
北朝鮮、ミサイル発射　2015.3.2
北朝鮮、ミサイル発射　2016.2.7
北朝鮮、相次ぐミサイル発射　2016.3.3
北朝鮮、ミサイル発射失敗　2016.4.15
北朝鮮、ミサイル発射　2016.6.22
北朝鮮、ミサイル発射　2016.7.19
北朝鮮、ミサイル発射　2016.8.3
北朝鮮、ミサイル発射　2016.9.5
北朝鮮、ミサイル発射失敗　2016.10.15
国家安全保障会議開催　2016.12.22
弾道ミサイルの迎撃実験成功　2017.2.4
北朝鮮、ミサイル発射　2017.2.12
日米韓、弾道ミサイル情報共有訓練　2017.3.14
北朝鮮、ミサイル発射　2017.7.4
北朝鮮、ミサイル発射失敗　2017.8.26
北朝鮮、ミサイル発射　2017.8.29
日米共同訓練　2017.8.31
日米共同訓練　2017.11.12

弾道ミサイル（SLBM）

北朝鮮、ミサイル発射	2015.5.9
北朝鮮、ミサイル発射失敗	2016.4.23
北朝鮮、ミサイル発射	2016.8.24
日米韓、初の対潜水艦戦共同訓練	2017.4.3

弾道ミサイル防衛

弾道ミサイル防衛に係る日米間の交換公文及び了解覚書、署名	1999.8.16
BMDシステムの導入決定	2003.12.19
弾道ミサイル防衛システムの導入を可決	2004.3.26
弾道ミサイル防衛のための「自衛隊法」改正案が決定	2005.2.15
BMDの第三国供与を否定せず	2005.7.14
PAC-3ライセンス生産が可能に	2005.7.19
ミサイル防衛のための「自衛隊法」改正法成立	2005.7.22
BMDシステム用能力向上型迎撃ミサイルの日米共同開発が決定	2005.12.24
米国への武器技術供与が決定	2006.7.19
入間基地にPAC-3配備	2007.3.30
「宇宙基本法」公布	2008.5.21

ターンブル、マルコム

日豪首脳会談	2017.1.14

弾薬供与

防衛庁、米からの供与弾薬数量を発表	1955.7.8

【ち】

治安出動

自衛隊、治安出動要請を拒否	1960.6.15
陸上自衛隊、「治安行動草案」を配布	1960.11月
防衛庁、治安行動基準の骨子を提出	1961.3.15
治安出動に係る協定改正	2000.12.4

チェコ ⇔ ビシェグラード4をも見よ

東欧4カ国首脳と会談	2013.6.16

チェコ

日チェコ防衛相会談	2015.12.4

チェコスロバキア

「対日講和条約」調印	1951.9.8

地下鉄サリン事件

地下鉄サリン事件	1995.3.20

千島列島

ソ連軍、北方領土占領	1945.8.18
南樺太・千島、ソ連領に編入	1947.2.25

地籍明確化法

沖縄所在施設等使用開始	1982.5.15

地対艦ミサイル

北朝鮮が連続で地対艦ミサイル発射実験	2003.2.25

地対空ミサイル

ミサイル・エリコン、横浜港で荷揚げ拒否	1958.8.17
ミサイル・エリコン、横須賀の自衛隊用岸壁から陸揚げ	1958.8.24
米国より地対空ミサイル供与	1962.9.3
ナイキ部隊創設の米国集団留学第1陣が帰国	1962.11.3
防衛庁、地対空ミサイルの帰属を最終決定	1962.12.26
地対空ミサイル「ペトリオット」の選定	1983.6.30
ペトリオットミサイルの導入決定	1984.12.28

地対地ロケット弾

米陸軍オネスト・ジョン中隊、朝霞に到着	1955.8.22

チータム，トーマス・P.

早期警戒機導入疑惑	1979.1.8

血のメーデー事件

血のメーデー事件	1952.5.1

千葉県

鳥インフルエンザ対応	2017.3.24

ちはや

「えひめ丸」引き揚げ協力のため潜水艦救難艦を派遣	2001.8.8

地方分権推進委員会

地方分権推進委員会第3次勧告	1997.9.2

地村 富貴恵

拉致被害者が帰国	2002.10.15
拉致被害者家族が帰国	2004.5.22
拉致事件で工作員2人の逮捕状取得	2006.2.23

地村 保志

拉致被害者が帰国	2002.10.15
拉致被害者家族が帰国	2004.5.22
拉致事件で工作員2人の逮捕状取得	2006.2.23

北谷町

沖縄で米兵による事件頻発	2008.2.10

中央指揮システム

自衛隊、中央指揮システムの運用開始	1984.3.31
自衛隊、中央指揮所活用で統合演習	1985.2.12

中央指揮所
中央指揮所
自衛隊、中央指揮システムの運用開
始 1984.3.31

中央省庁再編
中央省庁再編 2001.1.6

中央省庁等改革基本法
「中央省庁等改革基本法」公布・施行 1998.6.12

中央防災会議
自衛隊の自主派遣を認める 1995.7.18

中華人民共和国 → 中国を見よ

中華民国 → 台湾を見よ

中期業務見積り
中期業務見積り発表 1979.7.17
大来外務大臣とブラウン国務長官が
会談 1980.3.20
大平首相とカーター大統領が会談 1980.5.1
56中期業務見積りの了承 1982.7.23

中期防衛力整備計画
中期防衛力整備計画の決定 1985.9.18
「今後の防衛力整備について」の決定 1987.1.24
「中期防衛力整備計画について」閣議
決定 1990.12.20
「中期防衛力整備計画の修正につい
て」閣議決定 1992.12.18
「中期防衛力整備計画について」決定
1995.12.14
中期防衛力整備計画決定 1997.12.19
空中給油機能について 1999.12.17
「中期防衛力整備計画」決定 2000.12.15
防衛力の在り方検討会議が発足 2001.9.21
次期中期防予算を1兆円削減 2004.11.1
17中期防が決定 2004.12.10
17中期防見直しが決定 2008.12.20
「平成22年度の防衛力整備等につい
て」を決定 2009.12.17
23中期防が決定 2010.12.17
「防衛力の実効性向上のための構造改
革の推進に関する大臣指示」を発
出 2010.12.27
「国家安全保障戦略」決定 2013.12.17

中国 ⇔ 日中～をも見よ
ソ連・中国、日本進駐に不参加 1946.1.31
対日理事会設置 1946.4.5
英・ソ・中3国代表、海上保安庁設置
を批判 1948.4.28
中国外交部、「日米安保改定交渉非難
声明」を発表 1958.11.19
「日米安保条約に関する中国外交部声
明」発表 1960.1.14

日中共同声明に調印 1972.9.29
日中国際対抗射撃大会で、自衛官初
の訪中 1974.6.15
中国漁船団、尖閣諸島海域に領海侵
入 1978.4.12
中国、尖閣諸島を自国領と明記 1992.2.25
海洋調査船通報で日中合意 2001.2.8
九州南西海域工作船事件 2001.12.22
ボアオ・アジア・フォーラム第1回年
次総会 2002.4.12
日中が工作船引き上げで合意 2002.6.17
工作船引き上げで中国に協力金 2002.12.27
尖閣諸島民有地を政府が賃借 2003.1.1
六者会合開催で合意 2003.7.31
中国が自衛隊イラク派遣へ理解 2004.1.12
中国人活動家尖閣諸島上陸事件 2004.3.24
尖閣諸島不法上陸再発防止を要求 2004.4.3
東シナ海天然ガス田の地質調査を開
始 2004.7.7
漢級原子力潜水艦領海侵犯事件 2004.11.10
東シナ海天然ガス田に越境の可能性 2005.2.18
東シナ海天然ガス田問題で日中局長
級協議 2005.3.28
東シナ海天然ガス田の試掘権設定処
理手続き開始 2005.4.13
帝国石油に東シナ海天然ガス田試掘
権を許可 2005.7.14
東シナ海天然ガス田に中国軍艦 2005.9.9
中国が東シナ海天然ガス田で生産開
始 2005.9.20
第5回六者会合第1次会合 2005.11.9
東シナ海天然ガス田の共同開発を拒
否 2006.3.6
日中防衛相会談 2007.8.30
中国海軍艦艇が初訪日 2007.11.28
四川大地震発生 2008.5.12
東シナ海の天然ガス田共同開発で合
意 2008.6.18
自衛艦が初訪中 2008.6.24
北朝鮮が核計画申告書を提出 2008.6.26
報道機関への情報漏えいで懲戒免職 2008.10.2
中国海軍戦闘艦艇が津軽海峡通過 2008.10.19
中国海洋調査船が領海侵犯 2008.12.8
中国船が海保の海洋調査を妨害 2010.5.4
尖閣諸島中国漁船衝突事件 2010.9.7
東シナ海天然ガス田共同開発の条約
交渉を延期 2010.9.11
尖閣諸島中国漁船衝突事件で反日デ
モ 2010.9.18

中国人船長の勾留期間延長	2010.9.19
第1回拡大ASEAN国防相会議	2010.10.12
中国各地で反日デモ	2010.10.16
平成22年第57回中央観閲式を開催	2010.10.24
尖閣諸島中国漁船衝突映像流出事件	
で起訴猶予	2011.1.21
日米安全保障協議委員会開催	2011.6.21
警察庁・防衛省にサイバー攻撃	2011.7.10
中国船、無許可で海洋調査	2011.7.31
中国漁船の船長を逮捕	2011.8.5
中国の漁業監視船が尖閣付近の領海	
侵犯	2011.8.24
中国船、事前通告と異なる海域で海	
洋調査	2011.9.25
日越防衛相会談	2011.10.24
中国漁船の船長を逮捕	2011.11.6
日ASEAN、海洋安全保障推進	2011.11.18
中国漁船船長逮捕	2011.12.20
日モンゴル防衛相会談	2012.1.11
中国船、日本の海洋調査に中止要求	2012.2.19
尖閣諸島中国漁船衝突事件で強制起	
訴	2012.3.15
中国船、尖閣領海侵犯	2012.3.16
日比防衛相会談	2012.7.2
中国の漁業監視船が尖閣付近の領海	
侵犯	2012.7.11
香港の活動家、尖閣上陸	2012.8.15
中国で大使公用車襲撃	2012.8.27
尖閣諸島国有化	2012.9.11
中国・台湾船、尖閣領海侵犯	2012.9.14
日中、尖閣問題で応酬	2012.9.26
中国船、事前通告と異なる海域で海	
洋調査	2012.11.15
中国機、尖閣領空侵犯	2012.12.13
中国艦艇が海自護衛艦にレーダー照	
射	2013.1.30
中国船、尖閣周辺領海侵犯	2013.4.23
日比防衛相会談	2013.6.27
米上院、対中牽制決議	2013.7.29
日越防衛相会談	2013.9.16
日タイ防衛相会談	2013.9.18
日米安全保障協議委員会開催	2013.10.3
中国、尖閣含む防空識別区設定	2013.11.23
「国家安全保障戦略」決定	2013.12.17
日仏外務・防衛閣僚会合、初開催	2014.1.9
中国軍機、自衛隊機異常接近	2014.5.24
アジア安全保障会議開催	2014.5.30
日米豪防衛相会談	2014.5.30
中国機、自衛隊機異常接近	2014.6.11

リムパック2014に参加	2014.6.26
日比防衛相会談	2015.1.29
日米防衛相会談	2015.4.8
日米首脳会談	2015.4.28
日米豪防衛相会談	2015.5.30
日米防衛相会談	2015.5.30
日豪外務・防衛閣僚協議、開催	2015.11.22
日インドネシア外務・防衛閣僚会合	2015.12.17
武装中国船、尖閣周辺領海侵犯	2015.12.26
日英防衛相会談	2016.1.9
「日比防衛装備品・技術移転協定」署	
名	2016.2.29
与那国島に自衛隊配備	2016.3.28
日中外相会談	2016.4.30
日印防衛相会談	2016.6.3
日英防衛相会談	2016.6.5
中国軍艦が接続水域内を航行・領海	
侵犯	2016.6.9
リムパック2016に参加	2016.6.30
中国船の尖閣周辺領海侵犯活発化	2016.8.5
日中首脳会談	2016.9.2
日米豪、情報共有迅速化	2016.10.28
日ASEAN防衛担当大臣会合	2016.11.16
日米防衛相会談	2017.2.4
日仏英米共同訓練	2017.5.3
尖閣諸島で中国船からドローン飛行	2017.5.18
日米豪防衛相会談	2017.6.3
中国軍艦が領海侵犯	2017.7.2
日米印海上共同訓練	2017.7.10
日米印合同演習	2017.11.3

中国人民志願軍

「朝鮮休戦協定」調印	1953.7.27

中東支援策

湾岸危機に関する支援策発表	1990.8.29
湾岸危機に30億ドルの追加	1990.9.14

中東諸国

中東へ政府調査団派遣	2003.9.14

中立化

共産党、日本の安全保障についての	
構想	1968.6.10

中立労働組合連絡会議

安保阻止国民会議第8次統一行動で国	
会請願デモ	1959.11.27
安保改定阻止第1次実力行使	1960.6.4

中立労連 → 中立労働組合連絡会議を
見よ

駐留軍等再編特別措置法

「駐留軍等再編特別措置法」公布	2007.5.30

日本安全保障史事典　　　　　　事項名索引　　　　　　ちょう

駐留軍等の再編の円滑な実施に関する
　特別措置法　→　駐留軍等再編特別措置
　法を見よ
駐留軍等労働者労務管理機構
　駐留軍等労働者労務管理機構設立　　2002.4.1
駐留軍用地特別措置法
　「駐留軍用地特別措置法」公布・施行　1952.5.15
　沖縄未契約米軍用地強制使用手続き
　　開始　　　　　　　　　　　　　　1980.11.17
　沖縄所在施設等使用開始　　　　　　1982.5.15
　那覇軍用地訴訟で判決　　　　　　　1990.5.29
　沖縄県知事、代理署名拒否　　　　　1995.9.28
　代理署名についての職務執行命令訴
　　訟判決　　　　　　　　　　　　　1996.8.28
　沖縄県知事、公告・縦覧代行を表明　1996.9.13
　「駐留軍用地特別措置法」改正公布・
　　施行　　　　　　　　　　　　　　1997.4.25
　地方分権推進委員会第3次勧告　　　1997.9.2
　「駐留軍用地特別措置法」改正法施行　2000.4.1
　防衛施設中央審議会発足　　　　　　2000.4.1
　象のオリ訴訟2審判決　　　　　　　2002.10.31
　象のオリ訴訟最高裁判決　　　　　　2003.11.27
駐留軍用地返還特措法
　「沖縄振興特措法」・「駐留軍用地返還
　　特措法」改正法成立　　　　　　　2012.3.30
駐留米軍　→　在日米軍を見よ
チョ・ヨンギル
　日韓防衛相会談　　　　　　　　　　2003.3.29
　日韓防衛相会談　　　　　　　　　　2003.11.26
張 富士夫
　安全保障と防衛力に関する懇談会を
　　設置　　　　　　　　　　　　　　2004.4.20
超音速航空機
　国産初の超音速航空機XT-2を納入　1971.12.5
超音速ジェット機
　航空自衛隊、T-2練習機量産初号機を
　　受領　　　　　　　　　　　　　　1975.3.26
ちょうかい
　SM-3発射実験に失敗　　　　　　　2008.11.19
朝鮮休戦協定
　「朝鮮休戦協定」調印　　　　　　　1953.7.27
　制裁解除なら六者会合復帰　　　　　2010.1.11
朝鮮・元山上陸作戦
　海上保安庁、日本特別掃海隊を編成　1950.10.2
朝鮮国連軍
　国連軍の米国指揮決定　　　　　　　1950.7.7
朝鮮人帰還協定　→　北朝鮮帰還協定を
　見よ

朝鮮人民軍
　「朝鮮休戦協定」調印　　　　　　　1953.7.27
朝鮮赤十字社
　「北朝鮮帰還協定」調印　　　　　　1959.8.13
朝鮮戦争
　朝鮮戦争勃発　　　　　　　　　　　1950.6.25
　警察予備隊創設指令　　　　　　　　1950.7.8
　制裁解除なら六者会合復帰　　　　　2010.1.11
朝鮮戦争休戦協定　→　朝鮮休戦協定を
　見よ
朝鮮総連　→　在日本朝鮮人総連合会を
　見よ
朝鮮中央通信社
　北朝鮮が遺骨鑑定結果をねつ造と批
　　判　　　　　　　　　　　　　　　2005.1.24
朝鮮派遣掃海隊　→　日本特別掃海隊を
　見よ
朝鮮半島
　ソ連軍、平壌に侵攻　　　　　　　　1945.8.24
　朝鮮戦争勃発　　　　　　　　　　　1950.6.25
　警察予備隊創設指令　　　　　　　　1950.7.8
　国会で「三矢研究」につき追究　　　1965.2.10
　「日韓基本条約」調印　　　　　　　1965.6.22
　第6回六者会合首席代表者会合　　　2008.7.10
朝鮮半島エネルギー開発機構
　政府、KEDOの調印を拒否　　　　　1998.8.31
　KEDO署名　　　　　　　　　　　　1998.10.21
　北朝鮮がNPT脱退　　　　　　　　　2003.1.10
朝鮮半島非核化
　日中韓首脳会談　　　　　　　　　　2009.10.10
朝鮮民主主義人民共和国　→　北朝鮮を
　見よ
朝鮮労働党
　北朝鮮訪問団、平壌入り　　　　　　1990.9.24
　村山訪朝団出発　　　　　　　　　　1999.12.1
調達改革
　調達改革の具体的措置を公表　　　　1999.4.2
調達実施本部
　防衛庁発足　　　　　　　　　　　　1954.7.1
　調達実施本部、2地方支部を設置　　1954.8.1
　中央省庁再編　　　　　　　　　　　2001.1.6
調達庁
　「防衛庁設置法」改正（第4次改正）　1958.4.24
　調達庁を防衛庁に移管　　　　　　　1958.8.1
　「防衛庁設置法」・「自衛隊法」改正　1962.5.15
　防衛施設庁発足　　　　　　　　　　1962.11.1

－ 379 －

ちょう　　　　　　　　　　　事項名索引　　　　　　　日本安全保障史事典

超党派議員団
普天間飛行場の新代替案を希望　2005.2.23

徴兵制
徴兵制問題に関する閣議決定　1980.8.15
竹田統合幕僚会議議長発言問題　1981.2.1
鈴木首相、竹田発言で陳謝　1981.2.4
統合幕僚会議議長更迭　1981.2.16

超法規発言
栗栖統合幕僚会議議長、超法規的行
　動発言　1978.7.28

ちよだ
ロシア潜水艇事故　2005.8.4

鄭 泰和
自民党議員が拉致問題で北朝鮮当局
　者と会談　2004.4.1

チリ
リムパック96に参加　1996.5.22
リムパック98に参加　1998.7.6
リムパック2000に参加　2000.5.30
リムパック2002に参加　2002.6.24
リムパック2004に参加　2004.6.29
リムパック2006に参加　2006.6.26
リムパック2008に参加　2008.6.29
リムパック2010に参加　2010.6.23
リムパック2012に参加　2012.6.23
リムパック2014に参加　2014.6.26
リムパック2016に参加　2016.6.30

チリ地震津波
チリ地震津波に伴う災害派遣　1960.5.24

陳 毅
中国外交部、「日米安保改定交渉非難
　声明」を発表　1958.11.19

【つ】

通商産業省
「自衛隊法」改正（第5次改正）　1958.5.23
自衛隊への防衛・軍事用石油供給削
　減　1973.11.7

つがる
国産敷設艦「つがる」竣工　1955.12.15

津軽海峡
中国海軍戦闘艦艇が津軽海峡通過　2008.10.19

対馬
ソ連機、領空侵犯　1978.3.17
ロシア機、領空侵犯　1992.7.28

津島 寿一
第1次岸改造内閣発足　1957.7.10
日米安保委員会、初会合を開催　1957.8.16
北海道地区領空侵犯　1958.4.28

円谷 幸吉
東京オリンピック開幕　1964.10.10

【て】

程 永華
漢級原子力潜水艦領海侵犯事件　2004.11.10

帝国石油
東シナ海天然ガス田の試掘権設定処
　理手続き開始　2005.4.13
帝国石油に東シナ海天然ガス田試掘
　権を許可　2005.7.14

低潮線保全基本計画
「低潮線保全基本計画」決定　2010.7.13

低潮線保全法
「低潮線保全法」公布　2010.6.2

定年延長
自衛官の定年延長　1963.4.1
自衛隊幹部・准尉の定年延長　1979.10.1
自衛隊一佐・一曹の定年延長　1980.10.1
自衛隊二佐から准尉までの定年延長　1981.10.1
自衛隊一曹の定年延長　1982.5.1
自衛隊、二佐から准尉まで1年定年延
　長　1983.4.1
自衛隊若年定年退職者給付金制度の
　施行　1990.10.1
自衛隊、曹長及び一曹などの定年延
　長　1994.10.1
自衛隊員の定年延長　1996.10.1
防衛事務次官などの定年延長　1997.9.1

定年制
「自衛隊法」の改正　1981.6.11

敵基地攻撃
岸首相、自衛隊による敵基地攻撃に
　つき答弁　1959.3.9

テポドン
北朝鮮がミサイル発射　1998.8.31
村山訪朝団出発　1999.12.1
北朝鮮が弾道ミサイル発射実験　2006.7.5

寺内 寿一
南方軍、「降伏文書」調印　1945.9.12

－ 380 －

寺越 武志
寺越さんが一時帰国 2002.10.3

デレヴィヤンコ, クズマ
対日理事会ソ連代表、日本の軍事基
地化を批判 1950.5.2

テロ支援国家
日米首脳会談を開催 2007.11.16
北朝鮮が核計画申告書を提出 2008.6.26
米国、北朝鮮のテロ支援国家指定解
除 2008.10.10
米国、北朝鮮をテロ支援国家に再指
定 2017.11.20

テロ資金提供処罰法
「テロ資金提供処罰法」成立 2002.6.5

テロ対策
日仏外務・防衛閣僚会合、開催 2015.3.13

テロ対策海上阻止活動に対する補給支
援活動の実施に関する特別措置法 →
補給支援特別措置法を見よ

テロ対策特別措置法
「テロ対策特別措置法」案で政府・与
党が合意 2001.10.1
「テロ対策特別措置法」案決定 2001.10.5
「テロ対策特別措置法」成立 2001.10.29
「テロ対策特別措置法」公布・施行 2001.11.2
「テロ対策特別措置法」に基づく対応
措置に関する基本計画を決定 2001.11.16
「テロ対策特別措置法」に基づき自衛
艦3隻を派遣 2001.11.25
国会が自衛隊インド洋派遣を承認 2001.11.27
空自が在日米軍基地間の空輸開始 2001.11.29
英艦船へ洋上補給 2002.1.29
自衛隊インド洋第2次派遣 2002.2.12
自衛隊インド洋派遣期限を延長 2002.5.17
自衛隊インド洋派遣期限を延長 2002.11.19
「きりしま」をインド洋へ派遣 2002.12.16
自衛隊インド洋派遣期限を延長 2003.5.9
「テロ対策特別措置法」改正法成立 2003.10.10
自衛隊インド洋派遣期限を延長 2003.10.21
自衛隊インド洋派遣期限を延長 2004.4.23
「テロ対策特別措置法」改正法公布・
施行 2005.10.31
自衛隊インド洋派遣期限を延長 2006.4.20
自衛隊インド洋派遣期限を延長 2006.10.27
自衛隊インド洋派遣期限を延長 2007.4.24
小沢民主党代表が駐日米大使と会談 2007.8.8
インド洋における海洋阻止行動への
謝意決議 2007.9.19

海自がインド洋から撤収 2007.11.1
燃料転用疑惑に関する報告書を発表 2007.11.6
日米首脳会談を開催 2007.11.16
「補給支援特別措置法」公布・施行 2008.1.16

テロ等準備罪
テロ等準備罪法成立 2017.6.15

テロ防止委員会
衆議院が自衛隊イラク派遣を承認 2004.1.31

テロリズムとの闘い
APEC2002が開幕 2002.10.26

テロリズムに対する資金供与の防止に
関する国際条約 → テロ資金供与防
止条約を見よ

田 英夫
社会党3議員、安保廃棄試論を発表 1975.12.20

天皇
昭和天皇没、平成と改元 1989.1.7
即位の礼 1990.11.12

デンマーク
国連安保理非常任理事国に選出 2004.10.15
リムパック2016に参加 2016.6.30

【 と 】

土井 たか子
「国際連合平和協力法」案提出 1990.10.16
土井社民党党首が拉致事件について
陳謝 2002.10.7

ドイツ ⇔ 日独～をも見よ
アデン湾で日本船籍タンカーに銃撃 2008.4.21
リムパック2016に参加 2016.6.30

土肥原 賢二
東京裁判判決 1948.11.12
東条ら7戦犯の死刑執行 1948.12.23

東亜国内航空
ばんだい号墜落事故 1971.7.3

統一教会 → 世界基督教統一神霊協会を
見よ

東海村JCO臨界事故
東海村JCO臨界事故 1999.9.30
「原子力災害対策特別措置法」施行 2000.6.16

東京オリンピック
自衛隊体育学校を設置 1961.8.17
東京オリンピック支援集団編成 1964.9.15
東京オリンピック開幕 1964.10.10

とうき　　　　　　　　　　　　　　　事項名索引　　　　　　　　　　　日本安全保障史事典

東京オリンピック支援集団
東京オリンピック支援集団編成　　1964.9.15
東京オリンピック開幕　　　　　　1964.10.10
東京裁判　→　極東国際軍事裁判を見よ
東京消防庁
台風26号豪雨土砂災害　　　　　　2013.10.16
東京大学宇宙航空研究所
国産初の人工衛星打ち上げ成功　　1970.2.11
東京地方裁判所
警視庁、国会請願デモ事件で全学連
　等一斉捜索　　　　　　　　　　1959.11.28
東京電力
東日本大震災発生　　　　　　　　2011.3.11
福島第一原発炉心融解事故　　　　2011.3.12
東京都
尖閣諸島、都が購入表明　　　　　2012.4.16
尖閣諸島国有化方針　　　　　　　2012.7.7
東京都議会議員選挙
稲田防衛大臣、都議選応援で問題発
　言　　　　　　　　　　　　　　2017.6.27
東京都立大学
東京都立大学、自衛官の受験を拒否　1969.3.2
東郷 茂徳
東京裁判判決　　　　　　　　　　1948.11.12
統合運用
統合運用に関する検討に関する長官
　指示を発出　　　　　　　　　　2002.4.5
「「統合運用に関する検討」の成果報
　告書」を提出　　　　　　　　　2002.12.19
統合幕僚監部が発足　　　　　　　2006.3.27
統合演習
自衛隊統合演習　　　　　　　　　1963.9.2
指揮所演習による統合演習実働　　1979.5.24
自衛隊、中央指揮所活用で統合演習　1985.2.12
硫黄島で初の3自衛隊統合演習　　1998.11.15
統合幕僚会議
防衛庁発足　　　　　　　　　　　1954.7.1
「防衛庁設置法」改正公布　　　　1996.5.29
統合幕僚会議に情報本部を新設　　1997.1.20
「防衛庁設置法」改正公布　　　　1998.4.24
統合運用に関する検討に関する長官
　指示を発出　　　　　　　　　　2002.4.5
「「統合運用に関する検討」の成果報
　告書」を提出　　　　　　　　　2002.12.19
統合幕僚監部が発足　　　　　　　2006.3.27
統合幕僚学校
「防衛庁設置法」改正（第7次改正）　1961.6.12
「防衛庁設置法」改正公布　　　　1998.4.24

統合幕僚監部
「防衛庁設置法」改正法公布　　　2005.7.29
統合幕僚監部が発足　　　　　　　2006.3.27
海自で誤破棄文書105件が発覚　　2007.12.26
防衛装備庁発足　　　　　　　　　2015.10.1
投資の保証に関する日本国とアメリカ
合衆国との間の協定　→　投資保障協
定を見よ
東芝機械
東芝機械ココム違反事件　　　　　1987.5.27
予算委員会で東芝機械ココム違反事
　件を論議　　　　　　　　　　　1987.7.13
東芝機械ココム違反事件
東芝機械ココム違反事件　　　　　1987.5.27
予算委員会で東芝機械ココム違反事
　件を論議　　　　　　　　　　　1987.7.13
投資保障協定
MSA協定調印　　　　　　　　　1954.3.8
東条 英機
GHQ、戦争犯罪人の逮捕を命令　　1945.9.11
東京裁判開廷　　　　　　　　　　1946.5.3
東京裁判判決　　　　　　　　　　1948.11.12
東条ら7戦犯の死刑執行　　　　　1948.12.23
統治行為論
水戸地裁、百里基地訴訟で判決　　1977.2.17
ドゥテルテ,ロドリゴ
日比首脳会談　　　　　　　　　　2016.10.26
東南アジア諸国連合
日ASEAN諸国防衛当局次官級会合　2009.3.17
第1回拡大ASEAN国防相会議　　2010.10.12
日ASEAN、海洋安全保障推進　　2011.11.18
拡大ASEAN国防相会議開催　　　2013.8.29
日ASEAN特別首脳会議　　　　　2013.12.14
日ASEAN防衛担当大臣ラウンドテー
　ブル　　　　　　　　　　　　　2014.11.19
拡大ASEAN国防相会議開催　　　2015.11.3
日英防衛相会談　　　　　　　　　2016.1.9
日英防衛相会談　　　　　　　　　2016.6.5
日ASEAN防衛担当大臣会合　　　2016.11.16
拡大ASEAN国防相会議開催　　　2017.10.24
トゥパク・アマル革命運動
在ペルー日本大使公邸占拠事件　　1996.12.17
洞爺丸遭難事故
洞爺丸遭難事故　　　　　　　　　1954.9.26
道路交通法
沖縄米兵ひき逃げ死亡事故　　　　2009.11.7
十勝沖地震
十勝沖地震発生　　　　　　　　　2003.9.26

ときわ

自衛隊インド洋第2次派遣	2002.2.12
海自がインド洋から撤収	2007.11.1

毒ガス

米国国防省、沖縄に毒ガス配備を認める	1969.7.22
沖縄毒ガス早期撤去を確約	1970.5.29
中曽根防衛庁長官、訪米し米国防長官と会談	1970.9.10
沖縄の毒ガス移送	1971.1.10

毒ガス弾処理

別府湾のイペリット弾処理開始	1955.9.20

徳島県

流出重油回収のため災害派遣	1974.12.29
徳島県の大雪で災害派遣	2014.12.6

特車

陸上自衛隊、第2次試作国産中特車完納式	1960.4.7
自衛隊用語改正	1961.2.22

特定公共施設利用法

有事関連7法案が決定	2004.3.9
有事関連7法が成立	2004.6.14
「特定公共施設利用法」公布	2004.6.18

特定失踪者問題調査会

新たな拉致被害者の氏名を公表	2003.2.10

特定船舶入港禁止特別措置法

「特定船舶入港禁止特別措置法」公布	2004.6.18
北朝鮮が弾道ミサイル発射実験	2006.7.5

特定船舶の入港の禁止に関する特別措置法 → 特定船舶入港禁止特別措置法を見よ

特定通常兵器使用禁止制限条約

CCW本体、第I～III議定書の締結	1982.6.9
CCW本体、第I～III議定書の発効	1983.12.2
CCW改正議定書2締結	1997.6.10
CCW改正議定書2発効	1998.12.3

特定秘密の保護に関する法律 → 特定秘密保護法を見よ

特定秘密保護法

「特定秘密保護法」成立	2013.12.6
「特定秘密」の対象指定	2014.7.17
「特定秘密保護法」の運用基準決定	2014.10.14
「特定秘密保護法」施行	2014.12.10
「特定秘密」指定	2015.1.9

特定離島

「低潮線保全基本計画」決定	2010.7.13

特別警備応用課程死亡事故

特別警備応用課程死亡事故	2008.9.9

特別防衛観察

日報を防衛省が隠蔽	2017.7.28

栃木県

那須雪崩事故	2017.3.27

土地収用令

琉球列島米国民政府、「土地収用令」公布	1953.4.3

鳥取県

豪雪に伴う災害派遣	1963.1.18
鳥取県が避難マニュアルを公表	2003.7.9
鳥取県の大雪で災害派遣	2017.1.24

鳥取県西部地震

鳥取県西部地震発生	2000.10.6

鳥取県中部地震

鳥取県中部地震発生	2016.10.21

とびうお

輸送艦「おおすみ」衝突事故	2014.1.15

トボルスク号

北朝鮮帰還第1船、新潟港を出港	1959.12.14

トマホーク

核弾頭つきミサイル持ち込み問題	1988.8.31

トモダチ作戦

「トモダチ作戦」発動	2011.3.13

富山県

豪雪に伴う災害派遣	1963.1.18

豊浜トンネル岩盤崩落事故

豊浜トンネル岩盤崩落事故	1996.2.10

虎島 和夫

第2次森内閣が発足	2000.7.4

トランプ, ドナルド

日米首脳会談	2017.2.10
米国、北朝鮮をテロ支援国家に再指定	2017.11.20

鳥インフルエンザ

鳥インフルエンザで災害派遣	2004.3.4
鳥インフルエンザ対応	2014.4.14
鳥インフルエンザ対応	2015.1.15
鳥インフルエンザ対応	2016.11.29
鳥インフルエンザ対応	2016.12.16
鳥インフルエンザ対応	2016.12.26
鳥インフルエンザ対応	2017.1.14
鳥インフルエンザ対応	2017.1.24
鳥インフルエンザ対応	2017.2.4
鳥インフルエンザ対応	2017.3.24

トルコ

湾岸危機に30億ドルの追加	1990.9.14
トルコ共和国海上輸送部隊派遣	1999.9.23

日本が安保理非常任理事国に　2008.10.17

トルーマン, ハリー・S.

国連軍の米国指揮決定　1950.7.7
対日講和の予備交渉開始指令　1950.9.14
マッカーサー解任　1951.4.11

ドローン　→　小型無人機を見よ

とわだ

「テロ対策特別措置法」に基づき自衛
艦3隻を派遣　2001.11.25
海自で誤破棄文書105件が発覚　2007.12.26

トンガ

リムパック2012に参加　2012.6.23
リムパック2014に参加　2014.6.26
リムパック2016に参加　2016.6.30

【 な 】

内閣府

警察予備隊創設　1950.8.10
保安庁発足　1952.8.1
防衛庁発足　1954.7.1
米軍基地に関する世論調査　2001.5.19
スーダンへ調査団派遣　2005.3.8

ナイキ

米国より地対空ミサイル供与　1962.9.3
ナイキ部隊創設の米国集団留学第1陣
が帰国　1962.11.3
防衛庁、地対空ミサイルの帰属を最
終決定　1962.12.26
ミサイル国産化の日米協定が成立　1967.10.13
地対空ミサイル「ペトリオット」の選
定　1983.6.30

仲井真 弘多

沖縄県知事選挙　2006.11.19
首相と沖縄県知事が会談　2009.11.30
普天間飛行場の辺野古移設を表明　2010.5.23
首相と沖縄県知事が会談　2010.6.23
首相と沖縄県知事が会談　2010.12.17
米軍訓練のグアム移転、日米合意　2011.1.20
沖縄県知事、県外移設の意見書　2012.2.20
野田首相、沖縄県を初訪問　2012.2.26
オスプレイ普天間配備　2012.10.6
辺野古埋立申請　2013.3.22
沖縄県知事、辺野古埋立承認　2013.12.27
沖縄県議会、百条委員会設置　2014.2.14

沖縄県知事選、辺野古移設反対派が
初当選　2014.11.16

中川 昭一

東シナ海天然ガス田に越境の可能性　2005.2.18
帝国石油に東シナ海天然ガス田試掘
権を許可　2005.7.14
中国が東シナ海天然ガス田で生産開
始　2005.9.20

中曽根 弘文

日中外相会談を開催　2009.2.28
日米韓外相会談を開催　2009.3.31
ジブチとの地位協定に署名　2009.4.3

中曽根 康弘

第3次佐藤内閣が発足　1970.1.14
国会に防衛委員会の新設を提案　1970.1.25
横田のガス兵器はCB兵器ではないと
答弁　1970.2.26
中曽根防衛庁長官、自主防衛5原則を
発表　1970.3.23
中曽根防衛庁長官、訪米し米国防長
官と会談　1970.9.10
沖縄第1次自衛隊配置を発表　1970.10.7
空中早期警戒機の開発を4次防から除
外　1971.4.1
早期警戒機導入疑惑　1979.1.8
第1次中曽根内閣が発足　1982.11.27
中曽根首相、浮沈空母発言　1983.1.19
第2次中曽根内閣が発足　1983.12.27
第2次中曽根第1次改造内閣の発足　1984.11.1
第2次中曽根第2次改造内閣の発足　1985.12.28
第3次中曽根内閣の発足　1986.7.22
中曽根首相の防衛費に関する見解表
明　1987.1.4

中谷 元

第1次小泉内閣が発足　2001.4.26
日仏防衛相会談　2002.2.20
日加防衛相会談　2002.3.28
日韓防衛相会談　2002.4.20
日英防衛相会談　2002.5.28
アジア安全保障会議　2002.6.1
内局、陸幕、空幕もリスト作成　2002.6.3
日印防衛相会談　2002.7.9
中谷防衛庁長官がオーストラリア・
東ティモール訪問　2002.8.16
第3次安倍内閣が発足　2014.12.24
エアアジア機墜落　2014.12.28
中谷防衛相、ジブチ訪問　2015.1.18
中谷防衛相、南スーダン訪問　2015.1.19
日英防衛相会談　2015.1.21

日比防衛相会談	2015.1.29
日コロンビア防衛相会談	2015.3.14
日・東ティモール防衛相会談	2015.3.20
日印防衛相会談	2015.3.30
日米防衛相会談	2015.4.8
日米防衛相会談	2015.4.28
アジア安全保障会議開催	2015.5.29
日韓防衛相会談	2015.5.30
日米韓防衛相会談	2015.5.30
日米豪防衛相会談	2015.5.30
日米防衛相会談	2015.5.30
日豪防衛相会談	2015.6.3
第3次安倍第1次改造内閣が発足	2015.10.7
日韓防衛相会談	2015.10.20
拡大ASEAN国防相会議開催	2015.11.3
日米防衛相会談	2015.11.3
日中防衛相会談	2015.11.4
日越防衛相会談	2015.11.6
日ジョージア防衛相会談	2015.11.12
日豪防衛相会談	2015.11.22
日チェコ防衛相会談	2015.12.4
日英防衛相会談	2016.1.9
アジア安全保障会議開催	2016.6.3
日印防衛相会談	2016.6.3
日伊防衛相会談	2016.6.4
日韓防衛相会談	2016.6.4
日米韓防衛相会談	2016.6.4
日米防衛相会談	2016.6.4
日英防衛相会談	2016.6.5
中谷防衛相、東南アジア3カ国訪問	2016.6.6
日米防衛相会談	2016.7.13

中西 啓介
細川内閣が発足	1993.8.9
中西防衛庁長官辞任	1993.12.2

長沼ナイキ事件
長沼ナイキ事件が発生	1969.7.7
長沼ナイキ事件で、札幌地裁判決	1973.9.7
長沼ナイキ事件の最高裁判決	1982.9.9

永野 茂門
永野陸上幕僚長辞任	1980.2.12

長野オリンピック
長野オリンピック開幕	1998.2.7

長野県
豪雨で災害派遣	2006.7.15

長野県神城断層地震
長野県神城断層地震発生	2014.11.22

中山 利生
宮沢改造内閣が発足	1992.12.12

名護市
九州・沖縄サミット開幕	2000.7.21

名護市議会選挙
名護市議選で移設反対派が勝利	2010.9.12

名護市長選挙
名護市長選で現職が再選	2002.2.3
名護市長選で移設反対派が勝利	2010.1.24
名護市長選、辺野古移設反対派の市	
長が再選	2014.1.20

なだしお事件
なだしお事件	1988.7.23
田沢防衛庁長官就任	1988.8.24
なだしお事件で裁決	1989.7.25
なだしお事件で双方の過失と裁決	1990.8.10
横浜地裁、なだしお事件で潜水艦側	
に主因を認める判決	1992.12.10
東京高裁、なだしお事件で潜水艦側	
に主因を認める判決	1994.2.28

雪崩
那須雪崩事故	2017.3.27

那覇空港
空自機部品落下事故	2017.7.26

那覇軍港
日米、沖縄軍港と飛行場の返還で合	
意	1995.5.11
浦添市長選で米軍施設容認派が勝利	2001.2.11
第4回那覇港湾施設協議会	2003.1.23

那覇軍用地訴訟
那覇軍用地訴訟で判決	1990.5.29

那覇港湾施設移設に関する協議会
第4回那覇港湾施設協議会	2003.1.23

那覇市
自衛官の住民登録を拒否	1972.11.24
那覇自衛隊施設資料公開訴訟最高裁	
判決	2001.7.13
第4回那覇港湾施設協議会	2003.1.23

那覇自衛隊施設資料公開訴訟
那覇自衛隊施設資料公開訴訟最高裁	
判決	2001.7.13

那覇市情報公開条例
那覇自衛隊施設資料公開訴訟最高裁	
判決	2001.7.13

那覇防衛施設局
沖縄未契約米軍用地強制使用手続き	
開始	1980.11.17
未契約米軍用地5年間強制使用申請	1981.3.20
未契約米軍用地強制使用申請	1982.4.1
未契約米軍用地20年間強制使用申請	1985.8.5

なほと　　　　　　　　　　　　　事項名索引　　　　　　　　日本安全保障史事典

軍用地の強制使用手続きを開始　　1990.6.26
沖縄軍用地の強制使用手続き開始　　1995.3.3
沖縄県知事、代理署名拒否　　　　　1995.9.28
橋本首相、知事に代わって土地調書・
　物件調査代理署名　　　　　　　　1996.3.29
代替施設建設協議会が発足　　　　　2003.1.28
辺野古沖のボーリング調査開始　　　2004.4.7
辺野古沖ボーリング調査中止　　　　2005.9.2

ナホトカ号重油流出事故
ナホトカ号重油流出事故　　　　　　1997.1.2

奈良県
台風12号豪雨災害　　　　　　　　　2011.9.3

楢崎 弥之助
社会党3議員、安保廃棄試論を発表　1975.12.20

成田 知巳
社党委員長、アジア太平洋地域集団
　安保構想　　　　　　　　　　　　1969.12.9

南極観測船　→　砕氷艦を見よ

南方軍
南方軍、「降伏文書」調印　　　　　　1945.9.12

【 に 】

二井 関成
山口県知事が米空母艦載機移駐を容
　認　　　　　　　　　　　　　　　2006.8.24

新潟県
豪雪に伴う災害派遣　　　　　　　　1963.1.18
鳥インフルエンザ対応　　　　　　　2016.11.29
糸魚川市大火　　　　　　　　　　　2016.12.22

新潟県中越地震
新潟県中越地震発生　　　　　　　　2004.10.23

新潟地震
新潟地震発生　　　　　　　　　　　1964.6.16

新島
新島のミサイル道路工事契約調印　　1961.3.22
新島のミサイル道路工事完了　　　　1961.7.13
新島試験場設置　　　　　　　　　　1962.3.1
国産初の空対空ミサイル発射実験成
　功　　　　　　　　　　　　　　　1963.7.8
水戸射爆場移転、太田飛行場等返還
　を発表　　　　　　　　　　　　　1966.6.27

ニクソン, リチャード
ニクソン米副大統領、保安隊の増強
　援助を表明　　　　　　　　　　　1953.11.19

佐藤・ニクソン共同声明で、沖縄返
　還合意　　　　　　　　　　　　　1969.11.21
日米首脳共同声明で沖縄返還日決ま
　る　　　　　　　　　　　　　　　1972.1.7

西アフリカ
エボラ出血熱で防護服輸送　　　　　2014.11.28

西太平洋潜水艦救難訓練
第2回西太平洋潜水艦救難訓練　　　2002.4.22

2次防　→　防衛力整備計画（第2次）を見よ

西村 栄一
衆議院「バカヤロー解散」　　　　　1953.3.14

西村 直己
第2次池田内閣発足　　　　　　　　1960.12.8
増原防衛庁長官辞任　　　　　　　　1971.8.2

西元 徹也
カンボジア派遣命令　　　　　　　　1992.9.8

日ASEAN共同宣言
日ASEAN、海洋安全保障推進　　　2011.11.18

日ASEAN諸国防衛当局次官級会合
日ASEAN諸国防衛当局次官級会合　2009.3.17

日ASEAN特別首脳会議
日ASEAN特別首脳会議　　　　　　2013.12.14

日ASEAN防衛担当大臣会合
日ASEAN防衛担当大臣会合　　　　2016.11.16
拡大ASEAN国防相会議開催　　　　2017.10.24

日ASEAN防衛担当大臣ラウンドテーブル
日ASEAN防衛担当大臣ラウンドテー
　ブル　　　　　　　　　　　　　　2014.11.19

日伊外相会談
日伊外相会談　　　　　　　　　　　2016.3.19

日伊首脳会談
日伊首脳会談　　　　　　　　　　　2017.3.21

日伊情報保護協定
日伊防衛相会談　　　　　　　　　　2014.5.7
日伊外相会談　　　　　　　　　　　2016.3.19

日伊防衛相会談
日伊防衛相会談　　　　　　　　　　2012.6.13
日伊防衛相会談　　　　　　　　　　2014.5.7
日伊防衛相会談　　　　　　　　　　2016.6.4
日伊防衛相会談　　　　　　　　　　2017.5.22

日伊防衛装備品・技術移転協定
日伊首脳会談　　　　　　　　　　　2017.3.21
「日伊防衛装備品・技術移転協定」署
　名　　　　　　　　　　　　　　　2017.5.22

日イラク首脳会談
日イラク首脳会談を開催　　　　　　2004.9.20

－ 386 －

日本安全保障史事典　　　　　　　　事項名索引　　　　　　　　にちこ

日印首脳会談
日印首脳会談を開催　　　　　　　2001.12.10
日印首脳会談を開催　　　　　　　2008.10.22
日印首脳会談を開催　　　　　　　2009.12.29
日印首脳会談　　　　　　　　　　2014.9.1
日印首脳会談　　　　　　　　　　2015.12.12

日インドネシア外務・防衛閣僚会合
日インドネシア外務・防衛閣僚会合
　　　　　　　　　　　　　　　　2015.12.17

日インドネシア「2+2」　→　日インド
ネシア外務・防衛閣僚会合を見よ

日インドネシア防衛首脳会談
アジア安全保障会議開催　　　　　2006.6.2

日印秘密軍事情報保護協定
日印首脳会談　　　　　　　　　　2015.12.12

日印防衛相会談
日印防衛相会談　　　　　　　　　2002.7.9
日印防衛相会談　　　　　　　　　2003.5.4
アジア安全保障会議開催　　　　　2007.6.2
日印防衛相会談　　　　　　　　　2014.1.6
日印防衛相会談　　　　　　　　　2015.3.30
日印防衛相会談　　　　　　　　　2016.6.3
日印防衛相会談　　　　　　　　　2016.7.13
日印防衛相会談　　　　　　　　　2017.5.8
日印防衛相会談　　　　　　　　　2017.9.5

日印防衛政策対話
第1回日印防衛政策対話　　　　　2007.4.11

日印防衛装備品・技術移転協定
日印首脳会談　　　　　　　　　　2015.12.12

日英ACSA　→　日英物品役務相互提供
協定を見よ

日英外務・防衛閣僚会合
日英外務・防衛閣僚会合、初開催　2015.1.21
日英外務・防衛閣僚会合、開催　　2016.1.8
日英外務・防衛閣僚会合、開催　　2017.12.14

日英首脳会談
日英首脳会談　　　　　　　　　　2012.4.10
日英首脳会談　　　　　　　　　　2013.6.17

日英情報保護協定
日英首脳会談　　　　　　　　　　2013.6.17

日英「2+2」　→　日英外務・防衛閣僚会
合を見よ

日英物品役務相互提供協定
「日英物品役務相互提供協定」署名　2017.1.26

日英防衛協力に関する覚書
「日英防衛協力に関する覚書」署名　2012.6.3

日英防衛相会談
日英防衛相会談　　　　　　　　　2002.5.28
アジア安全保障会議開催　　　　　2008.5.30
アジア安全保障会議開催　　　　　2010.6.5
日英防衛相会談　　　　　　　　　2015.1.21
日英防衛相会談　　　　　　　　　2016.1.9
日英防衛相会談　　　　　　　　　2016.6.5

日英防衛当局間協議
第1回日英防衛当局間協議　　　　2002.7.29

日越首脳会談
日越首脳会談を開催　　　　　　　2009.4.20

日越防衛相会談
アジア安全保障会議開催　　　　　2009.5.30
日越防衛相会談　　　　　　　　　2011.10.24
日越防衛相会談　　　　　　　　　2013.9.16
日越防衛相会談　　　　　　　　　2015.11.6
日越防衛相会談　　　　　　　　　2017.10.24

日カタール首脳会談
日カタール首脳会談　　　　　　　2015.2.20

日カンボジア首脳会談
日ASEAN特別首脳会議　　　　　2013.12.14

日豪安保共同宣言
日豪安保共同宣言を発表　　　　　2007.3.13
日豪防衛・外務閣僚協議　　　　　2007.6.6

日豪安保行動計画
日豪安保行動計画を発表　　　　　2007.9.9

日豪外相会談
日豪外相会談を開催　　　　　　　2005.12.10

日豪外務・防衛閣僚協議
日豪防衛・外務閣僚協議　　　　　2007.6.6
日豪ACSA署名　　　　　　　　　2010.5.19
「日豪情報保護協定」署名　　　　2012.5.17
日豪外務・防衛閣僚会議、開催　　2014.6.11
日豪外務・防衛閣僚協議、開催　　2015.11.22
日豪外務・防衛閣僚協議、開催　　2017.4.20

日豪首脳会談
日豪安保共同宣言を発表　　　　　2007.3.13
日豪安保行動計画を発表　　　　　2007.9.9
日豪首脳会談　　　　　　　　　　2017.1.14

日豪情報保護協定
「日豪情報保護協定」署名　　　　2012.5.17

日豪物品役務相互提供協定
日豪ACSA署名　　　　　　　　　2010.5.19
「自衛隊法」改正公布　　　　　　2013.1.31
日豪首脳会談　　　　　　　　　　2017.1.14

日豪防衛首脳会談
アジア安全保障会議開催　　　　　2006.6.2

- 387 -

日豪防衛相会談
日豪防衛相会談	2003.9.29
アジア安全保障会議開催	2008.5.30
アジア安全保障会議開催	2009.5.30
日豪ACSA署名	2010.5.19
日豪防衛相会談	2013.7.5
日豪防衛相会談	2014.4.28
日豪防衛相会談	2014.6.11
日豪防衛相会談	2014.10.16
日豪防衛相会談	2015.6.3
日豪防衛相会談	2015.11.22
日豪防衛相会談	2016.8.25
日豪防衛相会談	2017.4.19
日豪防衛相会談	2017.10.23

日豪防衛装備品・技術移転に関する協定
日豪外務・防衛閣僚会議、開催	2014.6.11

日コロンビア防衛協力・交流覚書
「日コロンビア防衛協力・交流覚書」署名	2016.11.30

日コロンビア防衛相会談
日コロンビア防衛相会談	2015.3.14

日豪ACSA → 日豪物品役務相互提供協定を見よ

日豪「2+2」 → 日豪外務・防衛閣僚協議を見よ

日サウジアラビア防衛相会談
日サウジアラビア防衛相会談	2016.9.2

日ジブチ防衛相会談
日ジブチ防衛相会談	2016.8.15

日ジョージア防衛相会談
日ジョージア防衛相会談	2015.11.12

日シンガポール防衛首脳会談
アジア安全保障会議開催	2006.6.2

日シンガポール防衛相会談
アジア安全保障会議開催	2007.6.2
アジア安全保障会議開催	2008.5.30
アジア安全保障会議開催	2009.5.30
アジア安全保障会議開催	2010.6.5
日シンガポール防衛相会談	2017.6.3

日スペイン防衛相会談
日スペイン防衛相会談	2014.11.4

日チェコ防衛相会談
日チェコ防衛相会談	2015.12.4

日独外相会談
田中外相が安保体制からの自立を主張	2001.6.5

日NATO情報保護協定
「日NATO情報保護協定」締結	2010.6.25

日ニュージーランド防衛首脳会談
アジア安全保障会議開催	2006.6.2

日ニュージーランド防衛相会談
日ニュージーランド防衛相会談	2003.8.26
アジア安全保障会議開催	2007.6.2
日ニュージーランド防衛相会談	2017.6.4

日・東ティモール防衛相会談
日・東ティモール防衛相会談	2015.3.20
中谷防衛相、東南アジア3カ国訪問	2016.6.6

日フィンランド防衛相会談
日フィンランド防衛相会談	2014.10.28

日仏ACSA → 日仏物品役務相互提供協定を見よ

日仏外務・防衛閣僚会合
日仏外務・防衛閣僚会合、初開催	2014.1.9
日仏外務・防衛閣僚会合、開催	2015.3.13
日仏外務・防衛閣僚会合、開催	2017.1.6

日仏情報保護協定
「日仏情報保護協定」締結	2011.10.24

日仏「2+2」 → 日仏外務・防衛閣僚会合を見よ

日仏物品役務相互提供協定
日仏外務・防衛閣僚会合、開催	2017.1.6

日仏防衛相会談
日仏防衛相会談	2002.2.20
アジア安全保障会議開催	2008.5.30
日仏防衛相会談	2014.7.29
日仏防衛相会談	2017.1.5
日仏防衛相会談	2017.6.3

日仏防衛装備品及び技術の移転に関する協定
日仏外務・防衛閣僚会合、開催	2015.3.13

日米ACSA → 日米物品役務相互提供協定を見よ

日米安全保障委員会
日米安保委員会発足	1957.8.6
日米安保委員会、初会合を開催	1957.8.16
第2回日米安保委員会	1957.9.4
第3回日米安保委員会	1957.11.27
第4回日米安保委員会で、サイドワインダー供与決定	1957.12.19
第6回日米安保委員会	1958.8.27

日米安全保障協議委員会
第1回日米安保協議委員会	1960.9.8
第2回日米安保協議委員会	1962.8.1
第5回日米安保協議委員会	1964.8.31
第6回日米安保協議委員会	1965.9.1
日米安全保障協議委員会を開催	1967.5.15

日米安全保障協議委員会を開催　1968.5.13
第9回日米安全保障協議委員会開催　1968.12.23
日米安全保障協議委員会、沖縄防衛に合
　意　1970.5.19
日米安保協議委、在日米軍を韓国に
　移駐　1970.12.21
第13回日米安全保障協議委員会　1971.6.29
在日基地整理統合計画に合意　1973.1.23
沖縄32基地の返還を決定　1974.1.30
日米防衛首脳会談を開催　1975.8.29
日米安保協議委の下部に防衛協力小
　委を組織　1976.7.8
「日米防衛協力のための指針」に了承
　　　1978.11.27
日米安全保障協議委員会、極東有事研究
　の開始　1982.1.8

日米安全保障協議委員会（「2+2」）
SACO中間報告　1996.4.15
戦域ミサイル防衛共同技術研究実施
　で合意　1998.9.20
日米安全保障協議委員会を開催　2002.12.16
日米安全保障協議委員会を開催　2005.2.19
キャンプ・シュワブ沿岸案で合意　2005.10.29
「平成17年10月29日に実施された日米
　安全保障協議委員会において承認
　された事項に関する当面の政府の
　取組について」を決定　2005.11.11
「再編実施のための日米のロードマッ
　プ」発表　2006.5.1
「同盟の変革」発表　2007.5.1
日米安全保障協議委員会を開催　2010.1.19
普天間飛行場の辺野古移設で日米合
　意　2010.5.28
日米安全保障協議委員会開催　2011.6.21
日米安全保障協議委員会開催　2012.4.27
日米安全保障協議委員会開催　2013.10.3
日米安全保障協議委員会開催　2014.12.19
「日米防衛協力のための指針」改定　2015.4.27
日米安全保障協議委員会開催　2017.8.17

日米安全保障共同宣言
「日米安全保障共同宣言」発表　1996.4.17

日米安全保障条約　→　日米安保条約を
見よ

日米安全保障条約等特別委員会
日米安保等特別委員会設置　1960.2.13
「新安保条約」強行採決　1960.5.19

日米安全保障体制
中曽根防衛庁長官、自主防衛5原則を
　発表　1970.3.23

田中外相が安保体制からの自立を主
　張　2001.6.5
16大綱が決定　2004.12.10

日米安保委員会　→　日米安全保障委員
会を見よ

日米安保改定交渉非難声明
中国外交部、「日米安保改定交渉非難
　声明」を発表　1958.11.19

日米安保協議委員会　→　日米安全保障
協議委員会を見よ

日米安保事務レベル協議
日米安保事務レベル協議　1979.7.31
シーレーン1000海里防衛共同研究で
　日米合意　1982.9.1

日米安保条約
対日講和の予備交渉開始指令　1950.9.14
ダレス顧問、「対日講和条約」・「日米
　安保条約」の同時締結を発表　1951.7.11
「日米安保条約」調印　1951.9.8
衆議院で「対日講和条約」・「日米安保
　条約」承認　1951.10.26
改進党結成　1952.2.8
「日米行政協定」調印　1952.2.28
在日保安顧問部設立　1952.4.27
「対日講和条約」・「日米安保条約」発
　効　1952.4.28
血のメーデー事件　1952.5.1
重光・ダレス会談、日米安保条約改
　定の共同声明発表　1955.8.31
日米安保委員会発足　1957.8.6
第2回日米安保委員会　1957.9.4
「日米安保条約」と「国連憲章」との
　関係に関する公文を交換　1957.9.14
藤山・ダレス会談、「日米安保条約」
　改定に同意　1958.9.11
「日米安保条約」の改定交渉開始　1958.10.4
中国外交部、「日米安保改定交渉非難
　声明」を発表　1958.11.19
安保改定の藤山試案発表　1959.2.18
東京地裁、砂川事件で無罪判決　1959.3.30
藤山外相、安保条約問題全国懇話会
　で改定構想発表　1959.5.25
最高裁、砂川事件で伊達判決を破棄　1959.12.16
「日米安保条約に関する中国外交部声
　明」発表　1960.1.14
全学連、羽田空港ロビー占拠　1960.1.15
「新安保条約」調印全権団が渡米　1960.1.16
「新安保条約」調印　1960.1.19
「日米地位協定」調印　1960.1.19

ソ連、「新安保条約」を批難する対日
　覚書を手交　　　　　　　　1960.1.27
「新安保条約」等、国会提出　　1960.2.5
社会党党員総決起大会開催　　1960.3.6
「新安保条約」強行採決　　　1960.5.19
「新安保条約」・「日米地位協定」自然
　成立　　　　　　　　　　　1960.6.19
「新安保条約」・「日米地位協定」発効 1960.6.23
第1回日米安保協議委員会　　1960.9.8
池田首相、米原潜の日本寄港につき
　答弁　　　　　　　　　　　1963.4.26
佐藤首相、安保条約長期存続は必要 1966.3.8
佐藤首相、沖縄防衛には日本参加 1966.3.10
外務省、日米安保条約への統一見解 1966.4.16
安保条約延長など安全保障構想の中
　間報告　　　　　　　　　　1966.5.6
公明党、安保の段階的解消構想　1966.7.14
社会党、安保廃棄と積極中立強調 1966.8.31
米国、安保条約の自動延長を示唆 1967.3.23
日米安全保障協議委員会を開催 1967.5.15
米原子力空母エンタープライズ初寄
　港　　　　　　　　　　　　1968.1.19
「日米安全保障条約」の自動延長案 1968.6.11
ラスク国務長官、安保条約自動延長
　を表明　　　　　　　　　　1968.9.8
米国上院にて日米安保条約の自動延
　長示唆　　　　　　　　　　1969.1.28
愛知外相、安全保障条約の自動延長
　を示唆　　　　　　　　　　1969.3.29
愛知外相、ロジャーズ米国国務長官
　会談　　　　　　　　　　　1969.6.3
第2回日米関係民間会議を開催　1969.9.4
自民党、日米安保条約の自動延長を
　決定　　　　　　　　　　　1969.10.9
佐藤・ニクソン共同声明で、沖縄返
　還合意　　　　　　　　　　1969.11.21
中曽根防衛庁長官、自主防衛5原則を
　発表　　　　　　　　　　　1970.3.23
「日米安全保障条約」の自動延長で声
　明　　　　　　　　　　　　1970.5.28
米軍戦車の修理は問題ないとの統一
　見解　　　　　　　　　　　1972.9.19
日米安保はアジア太平洋の安定の定
　石と発言　　　　　　　　　1975.4.23
公明党、「日米安保廃棄問題」で補足 1975.8.23
社会党3議員、安保廃棄試論を発表 1975.12.20
公明党新基本政策の発表　　　1981.12.1
村山首相、自衛隊・日米安保などを
　容認　　　　　　　　　　　1994.7.20
沖縄米兵少女暴行事件　　　　1995.9.4

代理署名についての職務執行命令訴
　訟判決　　　　　　　　　　1996.8.28
共産党が綱領全面改定　　　　2004.1.17
極東条項に関する政府統一見解を発
　表　　　　　　　　　　　　2004.10.21
尖閣諸島への「安保条約」適用を明言
　　　　　　　　　　　　　　2010.9.23
米上院、尖閣に安保適用　　　2012.11.29
中国、尖閣含む防空識別区設定 2013.11.23
日米首脳会談　　　　　　　　2014.4.24
マティス長官、尖閣に安保適用明言 2017.2.3
日米安保条約改定阻止国民会議 → 安
　保阻止国民会議を見よ
日米安保体制 → 日米安全保障体制を
　見よ
日米安保等特別委員会 → 日米安全保
　障条約等特別委員会を見よ
日米外相会談
　日米地位協定運用改善で合意　2001.7.18
　日米外相会談を開催　　　　　2004.10.24
　尖閣諸島への「安保条約」適用を明言
　　　　　　　　　　　　　　2010.9.23
日米韓外相会談
　日米韓外相会談を開催　　　　2006.10.19
　日米韓外相会談を開催　　　　2009.3.31
　日米韓外相会談を開催　　　　2010.12.6
日米関係民間会議
　第2回日米関係民間会議を開催 1969.9.4
日米韓首脳会談
　日米韓首脳会談を開催　　　　2002.10.27
　日米韓首脳会談　　　　　　　2014.3.25
日米艦艇貸与協定
　「日米艦艇貸与協定」調印　　　1954.5.14
　海上自衛隊員、米駆逐艦受領のため
　　渡米　　　　　　　　　　　1954.8.2
　海上自衛隊員、米潜水艦受領のため
　　渡米　　　　　　　　　　　1954.12.26
　日米艦艇貸与協定の追加貸与に調印 1955.1.18
　「あさかぜ」・「はたかぜ」が横須賀入
　　港　　　　　　　　　　　　1955.2.25
　海上自衛隊員、米護衛駆逐艦受領の
　　ため渡米　　　　　　　　　1955.3.29
　「日米艦艇貸与協定」延長で調印 1959.10.2
日米韓防衛実務者協議
　日米韓防衛実務者協議　　　　2002.5.13
日米韓防衛相会談
　日米韓防衛相会談　　　　　　2009.5.30
　アジア安全保障会議開催　　　2010.6.5

日本安全保障史事典　　　　　　　　事項名索引　　　　　　　　にちへ

日米韓防衛相会談　　　　　　　2013.6.1
日米韓防衛相会談　　　　　　　2014.5.31
日米韓防衛相会談　　　　　　　2015.5.30
日米韓防衛相会談　　　　　　　2016.6.4
日米韓防衛相会談　　　　　　　2017.6.3
日米韓防衛相会談　　　　　　　2017.10.23
日米韓防衛審議官級協議
日米韓防衛審議官級協議　　　　2002.5.14
日米技術協定
「日米技術協定」調印　　　　　1956.3.22
「日米技術協定」公布・発効　　1956.6.6
日米協議委員会
日米、沖縄の経済援助に関する公文
　を交換　　　　　　　　　　　1964.4.25
日米行政協定
「日米行政協定」調印　　　　　1952.2.28
「対日講和条約」・「日米安保条約」発
　効　　　　　　　　　　　　　1952.4.28
「日米地位協定」調印　　　　　1960.1.19
日米共同作戦研究
「日米共同作戦研究」「防衛研究」の報
　告　　　　　　　　　　　　　1981.4.8
シーレーン1000海里防衛共同研究で
　日米合意　　　　　　　　　　1982.9.1
日米軍事情報包括保護協定
日米軍事情報包括保護協定を締結　2007.8.10
日米経済協力懇談会
経団連、防衛生産委員会を設置　1952.8.13
日米原子力協定
「日米原子力協定」調印　　　　1955.11.14
日米豪首脳会談
日米豪首脳会談　　　　　　　　2014.11.16
日米合同委員会
板付基地移転で合意　　　　　　1968.6.20
在日米軍基地の一部返還と共同使用
　で合意　　　　　　　　　　　1971.6.25
沖縄の米兵、住民に発砲・負傷させ
　る　　　　　　　　　　　　　1974.7.10
沖縄の17の米軍施設返還へ　　　1990.6.19
日米、沖縄軍港と飛行場の返還で合
　意　　　　　　　　　　　　　1995.5.11
米兵の身柄引き渡しで合意　　　2004.4.2
米軍戦闘機訓練の移転費用負担で合
　意　　　　　　　　　　　　　2007.1.11
脱走兵通報で合意　　　　　　　2008.5.15
米軍基地一部返還決定　　　　　2017.7.11
日米合同委員会施設調整部会
米軍施設380ヘクタール返還で合意　2004.9.2

日米豪防衛相会談
日米豪防衛相会談　　　　　　　2007.6.2
日米豪防衛相会談　　　　　　　2014.5.30
日米豪防衛相会談　　　　　　　2015.5.30
日米豪防衛相会談　　　　　　　2017.6.3
日米豪防衛当局間情報共有取決め
日米豪、情報共有迅速化　　　　2016.10.28
日米ココム協議
日米ココム協議の開催　　　　　1987.10.6
日米次官級協議
北朝鮮の核実験で日米次官級協議　2009.6.1
日米施設区域協定
「日米施設区域協定」調印　　　1952.7.26
日米諮問委員会
国連平和維持活動へ自衛隊海外派遣　1984.9.17
日米首脳会談
岸・アイゼンハワー会談、在日米軍
　早期引揚げ等の共同声明発表　1957.6.21
日米共同声明で小笠原諸島返還約束
　　　　　　　　　　　　　　　1967.11.15
佐藤・ニクソン共同声明で、沖縄返
　還合意　　　　　　　　　　　1969.11.21
日米首脳共同声明で沖縄返還日決ま
　る　　　　　　　　　　　　　1972.1.7
大平首相とカーター大統領が会談　1980.5.1
鈴木首相とレーガン大統領が会談　1981.5.7
森首相が訪米　　　　　　　　　2001.3.19
日米首脳会談を開催　　　　　　2001.9.25
日米首脳会談を開催　　　　　　2001.10.20
米中と相次いで首脳会談　　　　2003.5.23
小泉首相、多国籍軍参加を表明　2004.6.8
日米首脳会談を開催　　　　　　2004.9.21
日米首脳会談を開催　　　　　　2004.11.20
日米首脳会談　　　　　　　　　2006.6.29
安倍首相が米中露首脳と相次ぎ会談
　　　　　　　　　　　　　　　2006.11.18
日米首脳会談　　　　　　　　　2007.4.27
日米首脳会談を開催　　　　　　2007.11.16
日米首脳会談を開催　　　　　　2008.7.6
日米首脳会談を開催　　　　　　2008.11.22
日米首脳会談を開催　　　　　　2009.2.24
日米首脳会談を開催　　　　　　2009.9.23
日米首脳会談を開催　　　　　　2009.11.13
尖閣諸島への「安保条約」適用を明言
　　　　　　　　　　　　　　　2010.9.23
日米首脳会談開催　　　　　　　2011.9.21
日米首脳会談　　　　　　　　　2011.11.12
日米首脳会談　　　　　　　　　2012.4.30
日米首脳会談　　　　　　　　　2014.4.24

－ 391 －

にちへ　　　　　　　　　　　　　事項名索引　　　　　　　　　　日本安全保障史事典

日米首脳会談　　　　　　　　2015.4.28
日米首脳会談　　　　　　　　2016.5.25
日米首脳会談　　　　　　　　2016.12.27
日米首脳会談　　　　　　　　2017.2.10
日米新安条約　→　日米安保条約を見よ
日米船舶貸借協定
　「日米船舶貸借協定」調印　　1952.11.12
　警備隊、貸与船舶の引渡式を挙行　1953.1.14
　警備隊、米船舶の引渡し完了　1953.12.23
日米相互援助協定
　MSA協定調印　　　　　　　　1954.3.8
日米相互防衛援助協定
　MSA協定調印　　　　　　　　1954.3.8
　在日保安顧問団、在日米軍事援助顧
　　問団に改称　　　　　　　　1954.6.7
　海上自衛隊、SNJ練習機5機受領　1954.8.17
　海上自衛隊、PV-2対潜哨戒機17機受
　　領　　　　　　　　　　　　1955.1.16
　航空自衛隊、航空機59機受領　1955.1.20
　海上自衛隊、小型港内曳船3隻受領　1955.1.23
　海上自衛隊、揚陸艇51隻受領　1955.2.15
　海上自衛隊、P2V-7対潜哨戒機17機
　　の受領調印式　　　　　　　1955.4.15
　防衛庁、米からの供与弾薬数量を発表　1955.7.8
　航空自衛隊、F-86F戦闘機を受領　1955.10.12
　P2V-7対潜哨戒機2機、羽田に到着　1956.3.7
　航空自衛隊、F-86D戦闘機受領　1958.1.16
　バッジ・システム設置に関する日米
　　交換公文に署名　　　　　　1964.12.4
　軍事援助顧問団を相互防衛援助事務
　　所に改称　　　　　　　　　1969.7.4
　対米武器技術供与を決定　　　1983.1.14
　防衛分野技術上の知識供与の交換公
　　文に署名　　　　　　　　　1988.4.12
　FS-X共同開発の交換公文・細目取決
　　めに署名　　　　　　　　　1988.11.29
日米相互防衛援助協定等に伴う秘密保
**　護法**　→　防衛秘密保護法を見よ
日米装備・技術定期協議
　日米装備・技術定期協議開催で合意　1980.5.28
　日米装備・技術定期協議の開催　1980.9.3
　第22回日米装備・技術定期協議　2002.1.15
　第23回日米装備・技術定期協議　2003.2.20
　第24回日米装備・技術定期協議　2004.4.23
日米貸与武器譲渡交換公文
　「日米貸与武器譲渡交換公文」発表　1954.11.19
日米地位協定
　「日米地位協定」調印　　　　1960.1.19

「新安保条約」強行採決　　　　1960.5.19
「新安保条約」・「日米地位協定」自然
　成立　　　　　　　　　　　　1960.6.19
「新安保条約」・「日米地位協定」発効　1960.6.23
在日米軍駐留経費負担の決定　　1977.12.22
沖縄米兵少女暴行事件　　　　　1995.9.4
沖縄県民総決起大会開催　　　　1995.10.21
起訴前の米兵容疑者の身柄引き渡し
　で合意　　　　　　　　　　　1995.10.25
沖縄県民投票　　　　　　　　　1996.9.8
日米地位協定運用改善で合意　　2001.7.18
横須賀米兵強盗殺人事件　　　　2006.1.3
交通事故を起こした米軍属に起訴相
　当　　　　　　　　　　　　　2011.5.27
日米地位協定、運用見直し　　　2011.11.24
日米地位協定、運用見直し　　　2013.10.8
日米、環境補足協定署名　　　　2015.9.28
日米防衛相会談　　　　　　　　2016.6.4
米軍属の対象縮小　　　　　　　2017.1.16
日米「2+2」　→　日米安全保障協議委員
　会（「2+2」）を見よ
日米同盟
　鈴木首相とレーガン大統領が会談　1981.5.7
　日米同盟強化を確認　　　　　2001.1.26
　森首相が訪米　　　　　　　　2001.3.19
　「サンフランシスコ講和条約」調印50
　　周年記念式典　　　　　　　2001.9.8
　日米安全保障協議委員会を開催　2005.2.19
　キャンプ・シュワブ沿岸案で合意　2005.10.29
　「同盟の変革」発表　　　　　2007.5.1
　日米首脳会談を開催　　　　　2009.9.23
　日米安全保障協議委員会開催　2011.6.21
　日米首脳会談開催　　　　　　2011.9.21
　日米首脳会談　　　　　　　　2012.4.30
　日米防衛相会談　　　　　　　2015.4.8
　「日米防衛協力のための指針」改定　2015.4.27
　日米首脳会談　　　　　　　　2015.4.28
　日米防衛相会談　　　　　　　2016.12.7
　日米首脳会談　　　　　　　　2016.12.27
　日米防衛相会談　　　　　　　2017.2.4
　日米首脳会談　　　　　　　　2017.2.10
　日米防衛相会談　　　　　　　2017.6.3
　日米安全保障協議委員会開催　2017.8.17
日米物品役務相互提供協定
　日米物品役務相互提供協定及び手続
　　取極、署名　　　　　　　　1996.4.15
　「自衛隊法」改正公布　　　　1996.6.19
　日米物品役務相互提供協定公布　1996.6.28

－ 392 －

日本安全保障史事典　　　　　　　事項名索引　　　　　　　にちろ

日米物品役務相互提供協定を改正す
　る協定、署名　　　　　　　　1998.4.28
日米物品役務相互提供協定を改正す
　る協定公布　　　　　　　　　　1999.6.2
日米物品役務相互提供協定を改正す
　る協定発効　　　　　　　　　1999.9.25
日米ACSA改正協定に署名　　　2004.2.27
有事関連7法案が決定　　　　　　2004.3.9
有事関連7法が成立　　　　　　　2004.6.14
日米ACSA改正協定公布　　　　　2004.7.20
「自衛隊法」改正公布　　　　　2012.11.26
「日米物品役務相互提供協定」署名　2016.9.26

日米防衛協力小委員会
日米安保協議委の下部に防衛協力小
　委を組織　　　　　　　　　　　1976.7.8
第4回日米防衛協力小委員会　　1977.4.18
第5回日米防衛協力小委員会　　1977.8.16
シーレーン防衛の研究開始　　　1983.3.12

日米防衛協力のための指針
「日米防衛協力のための指針」に了承
　　　　　　　　　　　　　　　1978.11.27
1978年の「ガイドライン」の見直し
　で合意　　　　　　　　　　　1996.4.14
「日米安全保障共同宣言」発表　1996.4.17
新「日米防衛協力のための指針」了承
　　　　　　　　　　　　　　　1997.9.23
日米防衛相会談　　　　　　　　2006.5.3
日米防衛相会談　　　　　　　　2013.8.28
日米安全保障協議委員会開催　　2013.10.3
日米防衛相会談　　　　　　　　2014.7.11
日米安全保障協議委員会開催　2014.12.19
「日米防衛協力のための指針」改定　2015.4.27

日米防衛首脳会談
中曽根防衛庁長官、訪米し米国防長
　官と会談　　　　　　　　　　1970.9.10
日米防衛首脳会談を開催　　　　1975.8.29
第2回日米防衛首脳会談　　　　1977.9.14
日米防衛首脳会談　　　　　　　1979.8.16
米国防長官、1000海里防衛を要請　1982.3.27
日米防衛首脳会談の開催　　　　1985.6.10
日米防衛首脳会談の開催　　　　1987.10.2
アジア安全保障会議開催　　　　2005.6.3

日米防衛相会談
日米防衛相会談　　　　　　　2002.12.17
日米防衛相会談　　　　　　　2003.11.15
在沖縄海兵隊グアム移転費用負担で
　合意　　　　　　　　　　　　2006.4.23
日米防衛相会談　　　　　　　　2006.5.3

イージス艦情報漏えい事件について
　謝罪　　　　　　　　　　　　2007.4.30
アジア安全保障会議開催　　　　2008.5.30
アジア安全保障会議開催　　　　2009.5.30
日米防衛相会談を開催　　　　2009.10.21
日米防衛相会談　　　　　　　　2013.8.28
日米防衛相会談　　　　　　　　2013.10.3
日米防衛相会談　　　　　　　　2014.4.6
日米防衛相会談　　　　　　　　2014.5.31
日米防衛相会談　　　　　　　　2014.7.11
日米防衛相会談　　　　　　　　2015.4.8
日米防衛相会談　　　　　　　　2015.4.28
日米防衛相会談　　　　　　　　2015.5.30
日米防衛相会談　　　　　　　　2015.11.3
日米防衛相会談　　　　　　　　2016.4.6
日米防衛相会談　　　　　　　　2016.9.15
日米防衛相会談　　　　　　　　2016.12.7
日米防衛相会談　　　　　　　　2017.2.4
日米防衛相会談　　　　　　　　2017.6.3
日米防衛相会談　　　　　　　2017.10.23

日米防衛審議官級協議
日米防衛審議官級協議を開催　　2002.2.8

日米防衛特許協定　→　日米技術協定を
見よ

日米琉技術委員会
日米、沖縄の経済援助に関する公文
　を交換　　　　　　　　　　　1964.4.25

日マレーシア防衛相会談
日マレーシア防衛相会談　　　　2014.4.29
日マレーシア防衛相会談　　　　2017.6.4

日ミャンマー防衛相会談
中谷防衛相、東南アジア3カ国訪問　2016.6.6
日ミャンマー防衛相会談　　　　2016.9.21

日モンゴル防衛首脳会談
アジア安全保障会議開催　　　　2006.6.2

日モンゴル防衛相会談
日モンゴル防衛相会談　　　　　2003.10.7
アジア安全保障会議開催　　　　2009.5.30
日モンゴル防衛相会談　　　　　2012.1.11
日モンゴル防衛相会談　　　　　2014.4.17

日ヨルダン首脳会談
日ヨルダン首脳会談　　　　　2016.10.27

日蘭防衛相会談
日蘭防衛相会談　　　　　　　2016.12.13

日露海上事故防止協定
日露海上事故防止協定、署名　1993.10.13

日露外務次官級協議
日露外務次官級協議を開催　　　2002.3.13

－ 393 －

北方領土協議再開 2013.8.19

日露外務・防衛閣僚協議
日露外務・防衛閣僚協議、初開催 2013.11.2
日露外務・防衛閣僚協議、開催 2017.3.20

日露サイバー安全保障協議
日露外務・防衛閣僚協議、初開催 2013.11.2

日露首脳会談
日ソ共同宣言の有効性を確認 2001.3.25
日露首脳会談を開催 2001.10.21
北朝鮮がNPT脱退 2003.1.10
安倍首相が米中露首脳と相次ぎ会談
2006.11.18
日露首脳会談を開催 2008.11.22
日露首脳会談を開催 2009.5.12
日露首脳会談を開催 2009.9.23
日露首脳会談を開催 2010.6.26
日露首脳会談 2013.4.29
日露首脳会談 2015.9.28
日露首脳会談 2016.5.6
日露首脳会談 2016.12.15
日露首脳会談 2017.4.27

日露「2+2」 → 日露外務・防衛閣僚協議を見よ

日露防衛相会談
日露防衛相会談 2003.1.14
日露防衛相会談 2003.4.11
日露防衛相会談 2013.11.1
日露防衛相会談 2017.3.20

日露防衛当局間協議
第1回日露防衛当局間協議 1996.12.13

日露和親条約
「北方領土の日」の閣議決定 1981.1.6

日華平和条約
「日華平和条約」調印 1952.4.28

日加防衛相会談
日加防衛相会談 2002.3.28
アジア安全保障会議開催 2008.5.30

日韓安保対話
第1回日韓安保対話開催 1998.6.26

日韓外相会談
日韓外相会談を開催 2005.4.7
六者会合再開に向けて日韓の連携強化 2006.11.5

日韓外務次官級協議
韓国が竹島周辺の海洋調査に抗議 2006.4.14

日韓基本条約
「日韓基本条約」調印 1965.6.22

日韓局長級協議
日韓局長級協議 2006.8.11

日韓原子力協定
「日韓原子力協定」署名 2010.12.20

日韓首脳会談
日韓首脳会談を開催 2002.3.22
日韓首脳会談を開催 2003.6.7
北朝鮮が核実験に成功 2006.10.9
日韓首脳会談を開催 2009.1.12
日韓首脳会談を開催 2009.9.23
日韓首脳会談を開催 2009.10.9
日韓首脳会談を開催 2010.6.26
日韓首脳会談 2016.9.7

日韓秘密軍事情報保護協定
「日韓秘密軍事情報保護協定」署名・発効 2016.11.23

日韓併合条約
「日韓基本条約」調印 1965.6.22

日韓防衛実務者対話
第1回日韓防衛実務者対話開催 1994.11.9

日韓防衛首脳会談
山下防衛庁長官が初訪韓 1979.7.25

日韓防衛相会談
日韓防衛相会談 2002.4.20
日韓防衛相会談 2002.11.14
日韓防衛相会談 2003.3.29
日韓防衛相会談 2003.11.26
アジア安全保障会議開催 2007.6.2
アジア安全保障会議開催 2008.5.30
アジア安全保障会議開催 2010.6.5
日韓防衛相会談 2015.5.30
日韓防衛相会談 2015.10.20
日韓防衛相会談 2016.6.4
日韓防衛相会談 2017.6.3
日韓防衛相会談 2017.10.23

日揮
アルジェリア人質事件 2013.1.16

日経連 → 日本経営者団体連盟を見よ

日航機墜落事故
日航機墜落事故 1985.8.12

日商岩井
早期警戒機導入疑惑 1979.1.8

日昇丸
米原潜あて逃げ事件 1981.4.9

日ソ共同宣言
「日ソ共同宣言」調印 1956.10.19
「日ソ共同宣言」公布・発効 1956.12.12

日本安全保障史事典　　　　　　　事項名索引　　　　　　　にっち

ソ連、「新安保条約」を批難する対日
　覚書を手交　　　　　　　　　1960.1.27
日ソ共同宣言の有効性を確認　　2001.3.25

日ソ国交回復に関する共同宣言　→　日
ソ共同宣言を見よ

日ソ中立条約
ソ連軍、北方領土占領　　　　　1945.8.18

日タイ防衛相会談
日タイ防衛相会談　　　　　　　2013.9.18
中谷防衛相、東南アジア3カ国訪問　2016.6.6

日中安保対話
第1回日中安保対話、開催　　　　1994.3.1
日中安保対話　　　　　　　　　2015.3.19
日中安保対話　　　　　　　　　2016.11.28

日中外相会談
日中首脳会談　　　　　　　　　2003.4.6
東シナ海天然ガス田問題で開発デー
　タを要求　　　　　　　　　　2004.6.21
日中外相会談　　　　　　　　　2006.5.23
日中外相会談を開催　　　　　　2009.2.28
日中外相会談　　　　　　　　　2016.4.30

日中韓外相会談
日中韓外相会談　　　　　　　　2016.8.24

日中韓首脳会談
日中韓首脳会談を開催　　　　　2001.11.5
「日中韓三国間協力の促進に関する共
　同宣言」　　　　　　　　　　2003.10.7
日中韓首脳会談を開催　　　　　2004.11.29
日中韓首脳会談　　　　　　　　2009.4.11
日中韓首脳会談　　　　　　　　2009.10.10

日中局長級協議
東シナ海天然ガス田問題で日中局長
　級協議　　　　　　　　　　　2005.3.28
東シナ海天然ガス田の共同開発を提
　案　　　　　　　　　　　　　2005.10.1
東シナ海天然ガス田の共同開発を拒
　否　　　　　　　　　　　　　2006.3.6
日中外相会談　　　　　　　　　2006.5.23

日中航空協定
日中航空協定に署名　　　　　　1974.4.20

日中国交正常化
日中共同声明に調印　　　　　　1972.9.29

日中首脳会談
米中と相次いで首脳会談　　　　2003.5.23
日中首脳会談を開催　　　　　　2004.11.21
安倍首相が米中露首脳と相次ぎ会談
　　　　　　　　　　　　　　　2006.11.18
日中首脳会談を開催　　　　　　2007.4.11

日中首脳会談を開催　　　　　　2010.10.4
日中首脳会談　　　　　　　　　2014.11.10
日中首脳会談　　　　　　　　　2016.9.2

日中平和友好条約
「日中平和友好条約」調印　　　1978.8.12

日中防衛相会談
日中防衛相会談　　　　　　　　2003.9.3
日中防衛相会談　　　　　　　　2007.8.30
日中防衛相会談を開催　　　　　2010.10.11
日中防衛相会談　　　　　　　　2015.11.4

日朝安全保障協議
北朝鮮が日朝安全保障協議の無期延
　期を警告　　　　　　　　　　2002.11.14

日朝外務省局長級協議
日朝外務省局長級協議が閉幕　　2002.8.26
日朝外務省局長級協議　　　　　2012.11.15
日朝外務省局長級協議　　　　　2014.3.30
拉致調査委員会設置　　　　　　2014.7.1

日朝協議
第2回六者会合　　　　　　　　2004.2.25
9ヶ月ぶりに日朝公式協議　　　2005.8.7

日朝国交正常化交渉
日朝国交正常化交渉開催　　　　1992.11.5
KEDO署名　　　　　　　　　　1998.10.21
村山訪朝団出発　　　　　　　　1999.12.1
日朝外務省局長級協議が閉幕　　2002.8.26
北朝鮮が日本人拉致を認める　　2002.9.17
第12回日朝国交正常化交渉を開始　2002.10.29
外務次官が拉致問題に関する発言を
　修正　　　　　　　　　　　　2003.8.4
拉致問題についての政府方針を表明　2004.5.25
日朝政府間協議を開始　　　　　2005.12.24
第1回日朝包括並行協議　　　　2006.2.4
第1回日朝国交正常化のための作業部
　会　　　　　　　　　　　　　2007.3.7
第2回日朝国交正常化のための作業部
　会　　　　　　　　　　　　　2007.9.5

日朝実務者協議
第1回日朝実務者協議　　　　　2004.8.11
第2回日朝実務者協議　　　　　2004.9.25
第3回日朝実務者協議を開始　　2004.11.9
北朝鮮提供の遺骨が別人の骨と判明　2004.12.8
北朝鮮が拉致問題再調査を表明　2008.6.11
日朝実務者協議を開始　　　　　2008.8.11

日朝首脳会談
北朝鮮が日本人拉致を認める　　2002.9.17
拉致被害者家族が帰国　　　　　2004.5.22

－ 395 －

日朝政府間協議
拉致問題で日朝政府間協議	2004.5.4
日朝政府間協議が開幕	2005.11.3
日朝政府間協議を開始	2005.12.24
北朝鮮ミサイル発射予告、日朝政府間協議延期	2012.12.1

日朝赤十字会談
第6回日朝赤十字会談が閉幕	2002.8.19

日朝ハイレベル協議
日朝ハイレベル協議	2004.2.11

日朝平壌宣言
北朝鮮が日本人拉致を認める	2002.9.17

日朝包括並行協議
第1回日朝包括並行協議	2006.2.4

日比首脳会談
日比首脳会談を開催	2006.12.9
日比首脳会談	2016.10.26

日比防衛首脳会談
アジア安全保障会議開催	2006.6.2

日比防衛相会談
アジア安全保障会議開催	2007.6.2
日比防衛相会談	2012.7.2
日比防衛相会談	2013.6.27
日比防衛相会談	2015.1.29
日比防衛相会談	2017.10.23

日比防衛装備品・技術移転協定
「日比防衛装備品・技術移転協定」署名	2016.2.29
日比首脳会談	2016.10.26

日報隠蔽
稲田防衛大臣辞任	2017.7.28
日報を防衛省が隠蔽	2017.7.28

日本社会党 → 社会党を見よ

日本郵船
アデン湾で日本船籍タンカーに銃撃	2008.4.21
アデン湾で日本企業運航貨物船に銃撃	2008.8.23
ケニア沖で日本企業運航貨物船乗っ取り	2010.10.10

200海里漁業水域法
海洋二法を施行	1977.7.1

日本を元気にする会
安保関連法成立	2015.9.19

日本海
米国防長官、日本海周辺軍事力でソ連を牽制	1978.6.6
北朝鮮が短距離弾道ミサイル発射	2009.10.12

日本共産党 → 共産党を見よ

日本空軍創設案
米空軍立案の日本空軍創設案承認	1952.9.10

日本経営者団体連盟
桜田日経連代表理事、自主防衛へ改憲必要	1969.10.16

『日本経済新聞』
北朝鮮が拘禁邦人を解放	2002.2.12

日本警察力増強に関する書簡
警察予備隊創設指令	1950.7.8

日本鋼管
砕氷艦「ふじ」竣工	1965.7.15

日本航空
よど号事件が発生	1970.3.31
日航機墜落事故	1985.8.12

日本国憲法
「日本国憲法」公布	1946.11.3
「日本国憲法」施行	1947.5.3
マッカーサー、年頭声明で自衛権を肯定	1950.1.1

日本国とアメリカ合衆国との間の安全保障条約 → 日米安保条約を見よ

日本国とアメリカ合衆国との間の安全保障条約第3条に基く行政協定 → 日米行政協定を見よ

日本国とアメリカ合衆国との間の安全保障条約第3条に基く行政協定の実施に伴う土地等の使用等に関する特別措置法 → 駐留軍用地特別措置法を見よ

日本国とアメリカ合衆国との間の船舶貸借協定 → 日米船舶貸借協定を見よ

日本国とアメリカ合衆国との間の相互援助協定 → 日米相互援助協定を見よ

日本国とアメリカ合衆国との間の相互協力及び安全保障条約 → 日米安保条約を見よ

日本国とアメリカ合衆国との間の相互協力及び安全保障条約第6条に基づく施設及び区域並びに日本国における合衆国軍隊の地位に関する協定 → 日米地位協定を見よ

日本国とアメリカ合衆国との間の相互防衛援助協定 → 日米相互防衛援助協定を見よ

日本国とソヴィエト社会主義共和国連邦との共同宣言 → 日ソ共同宣言を見よ

日本国と大韓民国との間の基本関係に関する条約 → 日韓基本条約を見よ

日本安全保障史事典　　　　　　　事項名索引　　　　　　　にんき

日本国と中華人民共和国との間の平和
　友好条約　→　日中平和友好条約を見よ
日本国と中華民国との間の平和条約　→
　日華平和条約を見よ
日本国との平和条約　→　対日講和条約
　を見よ
日本国に対する合衆国艦艇の貸与に関
　する協定　→　日米艦艇貸与協定を見よ
日本国の自衛隊とアメリカ合衆国軍隊と
　の間における後方支援、物品又は役
　務の相互の提供に関する日本国政府
　とアメリカ合衆国政府との間の協定
　→　日米物品役務相互提供協定を見よ
日本国の自衛隊とオーストラリア国防
　軍との間における物品又は役務の相
　互の提供に関する日本国政府とオー
　ストラリア政府との間の協定　→　日
　豪物品役務相互提供協定を見よ
日本自由党
　保守3党折衝で自衛隊の任務につき意
　　見一致　　　　　　　　　　1953.12.15
　保守3党折衝で国防会議の構成決定　1954.5.28
日本新党
　細川内閣が発足　　　　　　　　1993.8.9
日本新聞協会
　自衛隊イラク派遣の取材ルールを確
　　認　　　　　　　　　　　　2004.3.11
日本赤十字社
　「北朝鮮帰還協定」調印　　　　1959.8.13
日本赤十字社と朝鮮民主主義人民共和
　国赤十字会との間における在日朝鮮
　人の帰還に関する協定　→　北朝鮮帰
　還協定を見よ
日本船警備特措法
　「日本船警備特措法」成立　　　2013.9.13
日本特別掃海隊
　海上保安庁、日本特別掃海隊を編成　1950.10.2
『日本の防衛―防衛白書』
　初の『防衛白書』を発表　　　　1970.10.20
　第2回『防衛白書』を発表　　　　1976.6.4
　『防衛白書』閣議了承　　　　　1977.7.29
　『防衛白書』閣議了承　　　　　1978.7.28
　『防衛白書』閣議了承　　　　　1990.9.18
　『防衛白書』を了承　　　　　　2003.8.5
　『防衛白書』を了承　　　　　　2004.7.6
　『防衛白書』を了承　　　　　　2005.8.2

日本飛行機
　日本飛行機が水増し請求　　　　2003.5.9
日本非武装化条約
　「日本非武装化条約」案発表　　1946.6.21
日本非武装25年間監視条約　→　日本非
　武装化条約を見よ
日本防衛空軍
　日本防衛空軍の新設発表　　　　1952.3.1
日本民間放送連盟
　自衛隊イラク派遣の取材ルールを確
　　認　　　　　　　　　　　　2004.3.11
日本民主党
　自民党発足　　　　　　　　　1955.11.15
日本労働組合総評議会
　安保阻止国民会議結成　　　　　1959.3.28
　安保阻止国民会議第8次統一行動で国
　　会請願デモ　　　　　　　　1959.11.27
　警視庁、国会請願デモ事件で全学連
　　等一斉捜索　　　　　　　　1959.11.28
　安保改定阻止第1次実力行使　　　1960.6.4
　米空母ミッドウェー、横須賀基地に
　　入港　　　　　　　　　　　1973.10.5
入管難民法
　香港の活動家、尖閣上陸　　　　2012.8.15
ニュージーランド　⇔　日ニュージーラ
　ンド～をも見よ
　英本国軍、引揚げを発表　　　　1947.10.4
　海上自衛隊のリムパック初参加　1980.2.26
　リムパック82に参加　　　　　　1982.3.22
　リムパック84に参加　　　　　　1984.5.14
　自衛隊インド洋派遣の交換公文締結
　　が完了　　　　　　　　　　2008.4.11
　第1回拡大ASEAN国防相会議　　2010.10.12
　リムパック2012に参加　　　　　2012.6.23
　リムパック2014に参加　　　　　2014.6.26
　リムパック2016に参加　　　　　2016.6.30
ニュージーランド地震
　ニュージーランド地震発生　　　2011.2.22
　ニュージーランド地震発生　　　2016.11.14
ニューポート・ニューズ
　タンカーと米海軍原潜が接触　　2007.1.9
丹羽　宇一郎
　尖閣諸島中国漁船衝突事件で中国が
　　抗議　　　　　　　　　　　2010.9.8
　中国で大使公用車襲撃　　　　　2012.8.27
任期付研究員制度
　任期付研究員制度の導入　　　　1998.4.24

－ 397 －

【ぬ】

額賀 福志郎
小渕内閣が発足 1998.7.30
防衛庁長官問責決議案可決 1998.10.16
額賀防衛庁長官辞任 1998.11.20
中国が自衛隊イラク派遣へ理解 2004.1.12
第3次小泉改造内閣発足 2005.10.31
名護市長が辺野古移設に合意 2006.4.7
在沖縄海兵隊グアム移転費用負担で
　合意 2006.4.23
日米防衛相会談 2006.5.3
在日米軍再編に関する基本確認書に
　調印 2006.5.11
アジア安全保障会議開催 2006.6.2
山田洋行事件で証人喚問 2007.11.15
抜き打ち解散
吉田首相、衆議院「抜き打ち解散」 1952.8.28

【ね】

根岸住宅地区
米軍施設380ヘクタール返還で合意 2004.9.2
根岸兵舎地区
米陸軍根岸兵舎地区全面返還 1972.6.19
ネパール
国連ネパール政治ミッションに自衛
　官派遣 2007.3.27
ネパール地震
ネパール地震発生 2015.4.25
根室
ソ連機、領空侵犯 1991.7.6
推定ロシア機、領空侵犯 2015.9.15
ネルソン，ブレンダン
日米豪防衛相会談 2007.6.2
燃料転用疑惑
燃料転用疑惑について衆議院で説明
 2007.10.10
燃料転用疑惑に関する報告書を発表 2007.11.6

【の】

盧 載鉉
山下防衛庁長官が初訪韓 1979.7.25
盧 武鉉
日韓首脳会談を開催 2003.6.7
「日中韓三国間協力の促進に関する共
　同宣言」 2003.10.7
日中韓首脳会談を開催 2004.11.29
北朝鮮が核実験に成功 2006.10.9
農産物購入協定
MSA協定調印 1954.3.8
**農産物の購入に関する日本国とアメリ
　カ合衆国との間の協定 → 農産物購
　入協定を見よ**
農商省
大東亜省・軍需省・農商省廃止 1945.8.26
農林省
大東亜省・軍需省・農商省廃止 1945.8.26
野田 佳彦
野田内閣が発足 2011.9.2
日米首脳会談開催 2011.9.21
航空観閲式 2011.10.16
「日仏情報保護協定」締結 2011.10.24
日米首脳会談 2011.11.12
日ASEAN、海洋安全保障推進 2011.11.18
野田第1次改造内閣が発足 2012.1.13
野田首相、沖縄県を初訪問 2012.2.26
日英首脳会談 2012.4.10
日米首脳会談 2012.4.30
野田第2次改造内閣が発足 2012.6.4
尖閣諸島国有化方針 2012.7.7
日中、尖閣問題で応酬 2012.9.26
野田第3次改造内閣が発足 2012.10.1
オスプレイ普天間配備 2012.10.6
北朝鮮ミサイル発射予告、日朝政府
　間協議延期 2012.12.1
能登半島
ソ連機、領空侵犯 1980.6.29
ノドン
北朝鮮が弾道ミサイル発射実験 2006.7.5
北朝鮮、ミサイル発射続く 2014.3.3
北朝鮮、ミサイル発射 2016.7.19
北朝鮮、ミサイル発射 2016.8.3

野村 吉三郎
新海軍再建研究会が発足	1951.1.24
吉田首相、防衛力漸増問題を協議	1951.11.22
「海軍再建工作」着手	1951.1.17

野村機関　→　新海軍再建研究会を見よ

乗り逃げ
航空自衛隊機乗り逃げ未遂	1962.9.10
自衛隊機乗り逃げ事件	1973.6.24

ノルウェー
リムパック2012に参加	2012.6.23
リムパック2014に参加	2014.6.26
リムパック2016に参加	2016.6.30

野呂田 芳成
額賀防衛庁長官辞任	1998.11.20
小渕第1次改造内閣が発足	1999.1.14

ノン・ドク・マイン
日越首脳会談を開催	2009.4.20

【 は 】

ハイジャック
よど号事件が発生	1970.3.31

排他的経済水域
九州南西海域工作船事件	2001.12.22
日中が工作船引き上げで合意	2002.6.17
工作船引き上げで中国に協力金	2002.12.27
東シナ海天然ガス田問題で開発デー	
タを要求	2004.6.21
韓国が竹島周辺海域で海洋調査	2006.7.3
日韓局長級協議	2006.8.11
「第38吉丸」拿捕	2009.1.27
中国船が海保の海洋調査を妨害	2010.5.4
「低潮線保全法」公布	2010.6.2
中国船、無許可で海洋調査	2011.7.31
中国漁船の船長を逮捕	2011.8.5
中国船、事前通告と異なる海域で海	
洋調査	2011.9.25
中国船、日本の海洋調査に中止要求	2012.2.19
中国船、事前通告と異なる海域で海	
洋調査	2012.11.15
北朝鮮、ミサイル発射	2016.8.3
北朝鮮、ミサイル発射	2016.9.5
北朝鮮、ミサイル発射	2017.2.12
北朝鮮、ミサイル発射	2017.7.4
北朝鮮、ミサイル発射	2017.11.29

排他的経済水域及び大陸棚の保全及び利用の促進のための低潮線の保全及び拠点施設の整備等に関する法律　→　低潮線保全法を見よ

ハイチ
国連ハイチ安定化ミッション	2010.2.5

ハイチ地震
ハイチ地震発生	2010.1.12
ハイチPKO終了	2013.3.15

バイデン, ジョー
中国、尖閣含む防空識別区設定	2013.11.23

パウエル, コリン
日米同盟強化を確認	2001.1.26
日米地位協定運用改善で合意	2001.7.18
「サンフランシスコ講和条約」調印50	
周年記念式典	2001.9.8
米国同時多発テロ事件	2001.9.11
日米外相会談を開催	2004.10.24

破壊活動防止法
血のメーデー事件	1952.5.1
「破防法」公布・施行	1952.7.21
三無事件	1961.12.12

バカヤロー解散
衆議院「バカヤロー解散」	1953.3.14

パキスタン
パキスタン派遣について決定	2001.10.5
自衛隊インド洋派遣で交換公文を締	
結	2008.2.5
パキスタン豪雨災害で自衛隊派遣	2010.8.20

パキスタン地震
パキスタン地震発生	2005.10.8

ハーキュリーズ
自衛隊機をタイ海軍基地に派遣	1997.7.12

バーク, アーレイ
海上保安庁、日本特別掃海隊を編成	1950.10.2
海軍再建3試案提出	1951.4.18

朴 槿恵
日米韓首脳会談	2014.3.25
日韓首脳会談	2016.9.7

爆撃機
米軍機、沖縄からベトナムに発進	1965.7.29

ハグルンド, カール
日フィンランド防衛相会談	2014.10.28

パージ　→　公職追放を見よ

バジパイ, アタル・ビハーリー
日印首脳会談を開催	2001.12.10

パシフィック・アレス
第十雄洋丸事件　1974.11.23

パシフィック・パートナーシップ
パシフィック・パートナーシップ
2010へ参加　2010.5.23
パシフィック・パートナーシップ
2011へ参加　2011.6.13
パシフィック・パートナーシップ
2012へ参加　2012.6.18
パシフィック・パートナーシップ
2013へ参加　2013.6.12
パシフィック・パートナーシップ
2014へ参加　2014.6.6
パシフィック・パートナーシップ
2015へ参加　2015.5.31
パシフィック・パートナーシップ
2016へ参加　2016.6.13
パシフィック・パートナーシップ
2017へ参加　2017.3.9

橋本 欣五郎
東京裁判判決　1948.11.12

橋本 竜太郎
第1次橋本内閣が発足　1996.1.11
橋本首相、知事に代わって土地調書・
物件調査代理署名　1996.3.29
普天間飛行場の全部返還について合
意　1996.4.12
1978年の「ガイドライン」の見直し
で合意　1996.4.14
「日米安全保障共同宣言」発表　1996.4.17
橋本首相、大田沖縄県知事と会談　1996.9.10
初の航空観閲式　1996.10.27
第2次橋本内閣が発足　1996.11.7
自衛隊機をタイ海軍基地に派遣　1997.7.12
第2次橋本改造内閣が発足　1997.9.11
海上ヘリポート建設問題で協力要請
　1997.12.24

蓮池 薫
拉致被害者が帰国　2002.10.15
拉致被害者家族が帰国　2004.5.22
拉致事件で工作員2人の逮捕状取得　2006.2.23
拉致を命じた北朝鮮諜報機関要員に
逮捕状　2007.2.22

蓮池 祐木子
拉致被害者が帰国　2002.10.15
拉致被害者家族が帰国　2004.5.22
拉致事件で工作員2人の逮捕状取得　2006.2.23
拉致を命じた北朝鮮諜報機関要員に
逮捕状　2007.2.22

バズーカ砲
警察予備隊、バズーカ砲初演習　1951.12.1

長谷川 一穂
長谷川防衛庁長官、北方領土の視察　1983.6.12

長谷川 四郎
長沼ナイキ事件が発生　1969.7.7

羽田 孜
羽田内閣が発足　1994.4.28

秦 豊
社会党3議員、安保廃棄試論を発表　1975.12.20

はたかぜ
海上自衛隊員、米駆逐艦受領のため
渡米　1954.8.2
「あさかぜ」・「はたかぜ」が横須賀入
港　1955.2.25

パターソン, ロバート・ポーター
駐日米軍兵力、20万人にのぼる　1946.3.31

ハタミ, モハマド
イランが自衛隊イラク派遣を支持　2004.1.6

バックファイア爆撃機
ロシア軍機が領空侵犯　2001.2.14

ハッサン
小野寺防衛相、ジブチ訪問　2014.5.9
中谷防衛相、ジブチ訪問　2015.1.18

バッジ関連秘密漏洩事件
バッジ関連秘密漏洩事件が発生　1968.3.2

バッジ・システム
バッジ・システム調査団を米に派遣　1962.9.16
米ヒューズ社製バッジ・システムの
採用決定　1963.7.1
バッジ・システム設置に関する日米
交換公文に署名　1964.12.4
航空自衛隊、バッジ本器の領収開始　1966.10.15
バッジ関連秘密漏洩事件が発生　1968.3.2
航空自衛隊で、バッジ・システムが
始動　1969.3.26
自衛隊、中央指揮所活用で統合演習　1985.2.12
航空自衛隊、新バッジの受領完了　1988.3月
新バッジ・システム運用を開始　1989.3.30
航空自衛隊指揮システム　2000.10.31

服部 卓四郎
警察予備隊総隊の初代幕僚長任命問
題で紛糾　1950.7月

はつひ
海上自衛隊員、米護衛駆逐艦受領の
ため渡米　1955.3.29

ハーディ・バラックス
在日保安顧問部が移転　1952.11月

バトエルデネ
日モンゴル防衛相会談	2014.4.17

鳩山 一郎
第2次公職追放解除	1951.8.6
吉田首相、衆議院「抜き打ち解散」	1952.8.28
第1次鳩山内閣発足	1954.12.10
鳩山首相、自衛隊合憲は世論と答弁	1955.1.23
第2次鳩山内閣発足	1955.3.19
鳩山首相、自衛隊につき答弁	1955.6.11
第3次鳩山内閣発足	1955.11.22

鳩山 由紀夫
鳩山内閣が発足	2009.9.16
日韓首脳会談を開催	2009.9.23
日米首脳会談を開催	2009.9.23
日露首脳会談を開催	2009.9.23
日韓首脳会談を開催	2009.10.9
日中韓首脳会談	2009.10.10
日米首脳会談を開催	2009.11.13
首相と沖縄県知事が会談	2009.11.30
日印首脳会談を開催	2009.12.29
普天間飛行場の辺野古移設を表明	2010.5.23

パトロールフリゲート艦
海上警備隊、米国艦艇3隻の保管引受け	1952.5.12
「日米船舶貸借協定」調印	1952.11.12
警備隊、貸与船舶の引渡式を挙行	1953.1.14
警備隊、第1船隊群を新編	1953.4.1
警備隊、第2船隊群を新編	1953.8.16
警備隊、第2船隊群改編・第3船隊群新編	1954.4.10

バードン
日ジブチ防衛相会談	2016.8.15

バートン, マーク
日ニュージーランド防衛相会談	2003.8.26

破防法 → 破壊活動防止法を見よ

歯舞群島
ソ連軍、北方領土占領	1945.8.18
「日ソ共同宣言」調印	1956.10.19
ソ連、「新安保条約」を批難する対日覚書を手交	1960.1.27
日ソ共同宣言の有効性を確認	2001.3.25
日露首脳会談を開催	2001.10.21
日露外務次官級協議を開催	2002.3.13
第31吉進丸事件	2006.8.16
「第31吉進丸」船長を解放	2006.10.3
「第31吉進丸」船長らを書類送検	2007.3.2

浜田 靖一
防衛庁副長官が東ティモール訪問	2004.5.18
麻生内閣が発足	2008.9.24
海賊対処のため海上警備行動を発令	2009.3.13
アジア安全保障会議開催	2009.5.30
日米韓防衛相会談	2009.5.30
「海賊対処法」施行	2009.7.24

はまな
第2次カンボジア派遣海上輸送部隊出港	1993.8.10
自衛隊インド洋派遣開始	2001.11.9

バム地震
イラン大地震で国際緊急援助空輸業務	2003.12.26

林 敬三
林宮内庁次長、警察監に任命	1950.10.9

林 芳正
福田改造内閣発足	2008.8.2
辺野古移設で国と沖縄県が対立	2015.3.12

原 敕晁
拉致実行犯の北朝鮮工作員に逮捕状	2006.4.24

パラオ
パシフィック・パートナーシップ2016へ参加	2016.6.13

パラグアイ邦人誘拐事件
パラグアイ邦人誘拐事件	2007.4.1

パラシュート降下演習
陸上自衛隊、初のパラシュート降下演習	1954.10.8

原田 貞憲
「経団連試案」策定	1953.2月

原村演習場
青竹事件	1957.2.6

ハリアー攻撃機
米軍機墜落	2016.9.22

バリカル, マノハール
日印防衛相会談	2015.3.30
日印防衛相会談	2016.6.3
日印防衛相会談	2016.7.13

ハル, ジョン・E.
防衛道路整備合同委員会設置に合意	1954.6.24
陸上自衛隊の北海道移駐を発表	1954.7.9
防衛分担金削減に関する日米正式交渉開始	1955.3.25

はるかぜ
戦後初の国産艦建造契約を締結	1954.11.20
初の国産護衛艦「はるかぜ」竣工	1956.4.26

はるな
海上自衛隊の護衛艦はるな竣工	1973.2.22
自衛隊インド洋第2次派遣	2002.2.12

ハワイ
海自、護衛艦初のハワイ派遣訓練　1976.7.17
えひめ丸事故　2001.2.10

ハワード, ジョン
日豪安共同宣言を発表　2007.3.13
日豪安保行動計画を発表　2007.9.9

潘 基文
日韓外相会談を開催　2005.4.7
日米韓外相会談を開催　2006.10.19
六者会合再開に向けて日韓の連携強
化　2006.11.5
国際連合スーダン・ミッションへの
自衛官派遣を表明　2008.6.30

韓 民求
日韓防衛相会談　2015.5.30
日米韓防衛相会談　2015.5.30
日韓防衛相会談　2015.10.20
日韓防衛相会談　2016.6.4
日米韓防衛相会談　2016.6.4
日韓防衛相会談　2017.6.3
日米韓防衛相会談　2017.6.3

ハンガリー　⇔　ビシェグラード4をも見よ
東欧4カ国首脳と会談　2013.6.16

反共の防壁
ロイヤル米陸軍長官、「反共の防壁」
の演説　1948.1.6
マッカーサー、「反共の防壁」の声明　1949.7.4

バングラデシュ
バングラデシュで銃撃事件　2015.10.3
バングラデシュでテロ　2016.7.2

阪神・淡路大震災
阪神・淡路大震災発生　1995.1.17

反戦自衛官裁判
反戦自衛官裁判で無罪判決　1975.2.22
反戦自衛官裁判差戻審　1981.3.27

反戦地主
沖縄の公用地法による土地使用期限
切れ　1977.5.15

ばんだい号墜落事故
ばんだい号墜落事故　1971.7.3

バンディ, ウィリアム
安保体制下の核政策で協議　1966.2.23

ハンナラ党
韓国が竹島占拠状態の強化を表明　2008.7.20

反日デモ
尖閣諸島中国漁船衝突事件で反日デ
モ　2010.9.18
中国各地で反日デモ　2010.10.16

反米行動
コザ事件が発生　1970.12.20

汎用揚陸艇
海上自衛隊、揚陸艇51隻受領　1955.2.15

朴 義春
六者会合開催で合意　2003.7.31

【ひ】

ビエンチャン・ビジョン
日ASEAN防衛担当大臣会合　2016.11.16

比嘉 秀平
琉球臨時中央政府設立　1951.4.1

比嘉 鉄也
海上ヘリポート建設問題で協力要請
1997.12.24

非核化
第6回六者会合首席代表者会合　2008.7.10
日米韓外相会談を開催　2010.12.6

非核決議
衆院本会議で、非核決議　1971.11.24

非核三原則
佐藤首相、非核三原則を表明　1967.12.11
中曽根防衛庁長官、自主防衛5原則を
発表　1970.3.23
衆院本会議で、非核決議　1971.11.24
米退役将校、米軍艦に核兵器搭載と
発言　1974.9.10
ライシャワー発言　1981.5.18
核兵器持込疑惑発言　1981.5.22
非核三原則見直し発言　2002.5.31

非核武装地帯設置
国連軍縮特別総会に向け、軍縮で国
会決議　1978.5.23

東久邇宮 稔彦
東久邇宮内閣発足　1945.8.17
東久邇宮首相、「一億総懺悔」発言　1945.8.28

東シナ海
東シナ海天然ガス田問題で開発デー
タを要求　2004.6.21
東シナ海天然ガス田の地質調査を開
始　2004.7.7
日中首脳会談を開催　2004.11.21
東シナ海天然ガス田に越境の可能性　2005.2.18

東シナ海天然ガス田問題で日中局長
　級協議　　　　　　　　　　　2005.3.28
東シナ海天然ガス田の試掘権設定処
　理手続き開始　　　　　　　　2005.4.13
帝国石油に東シナ海天然ガス田試掘
　権を許可　　　　　　　　　　2005.7.14
東シナ海天然ガス田に中国軍艦　2005.9.9
中国が東シナ海天然ガス田で生産開
　始　　　　　　　　　　　　　2005.9.20
東シナ海天然ガス田の共同開発を提
　案　　　　　　　　　　　　　2005.10.1
東シナ海天然ガス田の共同開発を拒
　否　　　　　　　　　　　　　2006.3.6
日中外相会談　　　　　　　　　2006.5.23
安倍首相が米中露首脳と相次ぎ会談
　　　　　　　　　　　　　　　2006.11.18
日中首脳会談を開催　　　　　　2007.4.11
東シナ海の天然ガス田共同開発で合
　意　　　　　　　　　　　　　2008.6.18
東シナ海天然ガス田共同開発の条約
　交渉を延期　　　　　　　　　2010.9.11
空自機墜落　　　　　　　　　　2011.7.5
中国船、無許可で海洋調査　　　2011.7.31
中国船、事前通告と異なる海域で海
　洋調査　　　　　　　　　　　2011.9.25
中国船、日本の海洋調査に中止要求　2012.2.19
中国船、事前通告と異なる海域で海
　洋調査　　　　　　　　　　　2012.11.15
中国艦艇が海自護衛艦にレーダー照
　射　　　　　　　　　　　　　2013.1.30
中国、ガス田開発の新設作業　　2013.7.3
米上院、対中牽制決議　　　　　2013.7.29
中国、尖閣含む防空識別区設定　2013.11.23
中国軍機、自衛隊機異常接近　　2014.5.24
中国機、自衛隊機異常接近　　　2014.6.11
日中首脳会談　　　　　　　　　2014.11.10
日中首脳会談　　　　　　　　　2016.9.5
日米防衛相会談　　　　　　　　2017.10.23
東ティモール　⇔　日・東ティモール〜を
　も見よ
自衛隊、東ティモール避難民救援へ
　　　　　　　　　　　　　　　1999.11.22
東ティモール国際平和協力業務実施
　計画が決定　　　　　　　　　2002.2.15
東ティモール派遣施設群が編成完結　2002.2.24
自衛隊東ティモール派遣　　　　2002.3.2
小泉首相がディリ宿営地を訪問　2002.4.29
東ティモール派遣施設群が業務引継　2002.4.30
東ティモール国際平和協力業務実施
　計画を変更　　　　　　　　　2002.5.17

中谷防衛庁長官がオーストラリア・
　東ティモール訪問　　　　　　2002.8.16
東ティモール派遣施設群が交代　2002.9.20
東ティモール派遣施設群が交代　2003.3.13
「東ティモール国際平和協力業務実施
　計画」を変更　　　　　　　　2003.6.20
東ティモール派遣施設群が交代　2003.10.23
防衛庁副長官が東ティモール訪問　2004.5.18
東ティモール派遣施設群の任務終了　2004.5.20
東ティモール司令部要員が帰国　2004.5.31
第4次東ティモール派遣施設群が帰国
　　　　　　　　　　　　　　　2004.6.25
国連東ティモール統合ミッションに
　要員派遣　　　　　　　　　　2007.1.26
国連東ティモール統合ミッション派
　遣要員の任期延長　　　　　　2007.3.27
東ティモールに選挙監視団を派遣　2007.4.27
東ティモールに自衛官派遣　　　2010.9.27
「東ティモール統合ミッション」への
　派遣延長　　　　　　　　　　2012.4.17
「東ティモール統合ミッション」への
　派遣終了　　　　　　　　　　2012.9.23
東日本大震災
東日本大震災発生　　　　　　　2011.3.11
福島第一原発炉心融解事故　　　2011.3.12
「トモダチ作戦」発動　　　　　　2011.3.13
予備自衛官の災害招集　　　　　2011.3.16
東北地方沿岸で行方不明者捜索　2011.4.1
ビキニ環礁
第五福竜丸事件　　　　　　　　1954.3.1
樋口 広太郎
「防衛問題懇談会」発足　　　　　1994.2.23
非軍事化
対日理事会、日本非軍事化問題で米
　ソ論争　　　　　　　　　　　1951.2.14
飛行安全検閲
航空自衛隊、飛行安全検閲を実施　1957.7.8
ビシェグラード4　⇔　スロバキア、チェ
　コ、ハンガリー、ポーランドをも見よ
東欧4カ国首脳と会談　　　　　2013.6.16
ヒシャムディン
日マレーシア防衛相会談　　　　2014.4.29
日マレーシア防衛相会談　　　　2017.6.4
非常任理事国
日本、国連安保理事会非常任理事国
　に初就任　　　　　　　　　　1958.1.1
日本、国連安保理事会非常任理事国
　に当選　　　　　　　　　　　1965.12.10
日本、国連安保理非常任理事国に　1971.1.1

ひしよ　　　　　　　　　　　　　　事項名索引　　　　　　　　　　日本安全保障史事典

国連安保理非常任理事国当選　1991.10.16
国連安保理非常任理事国に選出　2004.10.15
日本が安保理非常任理事国に　2008.10.17
日越首脳会談を開催　2009.4.20

ビショップ, ジュリー
日豪外務・防衛閣僚会議、開催　2014.6.11

ヒダシェリ
日ジョージア防衛相会談　2015.11.12

人質事件
シリアで日本人拘束　2014.8.18
ISによる邦人人質事件　2015.1.20
日英防衛相会談　2015.1.21
日比防衛相会談　2015.1.29
日仏外務・防衛閣僚会合、開催　2015.3.13

避難マニュアル
鳥取県が避難マニュアルを公表　2003.7.9

ピノッティ, ロベルタ
日伊防衛相会談　2014.5.7
日伊防衛相会談　2016.6.4
「日伊防衛装備品・技術移転協定」署名　2017.5.22
日伊防衛相会談　2017.5.22

日之出郵船
アデン湾で日本企業運航貨物船に銃撃　2008.8.23
ケニア沖で日本企業運航貨物船乗っ取り　2010.10.10

非武装化
「日本非武装化条約」案発表　1946.6.21
極東委員会、日本非武装化指令を採択　1948.2.12

非武装中立地帯
「朝鮮休戦協定」調印　1953.7.27

秘密軍事情報保護のための秘密保持の
措置に関する日本国政府とアメリカ
合衆国政府との間の協定　→　日米軍
事情報包括保護協定を見よ

秘密文書
自衛隊Winny情報流出問題　2006.2.23

秘密保護法　→　防衛秘密保護法を見よ

秘密保全等対策委員会
「秘密保全体制の見直し・強化について」発表　2000.10.27

百条委員会
沖縄県議会、百条委員会設置　2014.2.14

百里基地
百里基地が官民共用化　2010.3.11
航空観閲式　2014.10.26

百里基地訴訟
水戸地裁、百里基地訴訟で判決　1977.2.17
百里基地訴訟の判決　1981.7.7
百里基地訴訟で判決　1989.6.20

ヒューズ社
米ヒューズ社製バッジ・システムの採用決定　1963.7.1

ヒューズ・ヘリコプターズ社
OH-6ヘリコプターの引渡式を挙行　1969.3.10

兵庫県
京都府・兵庫県で豪雨災害　2014.8.17

兵庫県南部地震　→　阪神・淡路大震災
を見よ

平沢 勝栄
自民党議員が拉致問題で北朝鮮当局者と会談　2004.4.1

ヒル, ロバート
日豪防衛相会談　2003.9.29

広岡 謙二
国防会議初代理事長が内定　1956.6.18

広島県
広島市豪雨土砂災害　2014.8.20

広田 弘毅
東条ら7戦犯の死刑執行　1948.12.23

ピンソン, フアン・カルロス
日コロンビア防衛相会談　2015.3.14

ビンラーディン, ウサマ
米国同時多発テロ事件　2001.9.11

【ふ】

ファーゴ, トーマス
「グリーンビル」前艦長に減給処分　2001.4.13

ファロン, マイケル
日英防衛相会談　2015.1.21
日英防衛相会談　2016.1.9
日英防衛相会談　2016.6.5

ファントム
米ファントム戦闘機、九州大学構内に墜落　1968.6.2
ファントム機追求めぐり衆院予算委審議中断　1969.2.17

フィッシャー, ヨシュカ
田中外相が安保体制からの自立を主張　2001.6.5

－ 404 －

フィッツジェラルド
米イージス艦と貨物船衝突　2017.6.17

フィヨン, フランソワ
「日仏情報保護協定」締結　2011.10.24

フィリピン　⇔　日比〜をも見よ
アチソン国務長官、米国の防衛線を
言明　1950.1.12
リムパック2012に参加　2012.6.23
フィリピンに台風30号上陸　2013.11.8
リムパック2014に参加　2014.6.26
リムパック2016に参加　2016.6.30

フィンランド　→　日フィンランド〜を
見よ

フェドトフ, ユーリー
六者会合開催で合意　2003.7.31

フェルト, ハリー
第1回日米安保協議委員会　1960.9.8
第2回日米安保協議委員会　1962.8.1

フェルナンデス, ジョージ
日印防衛相会談　2002.7.9
日印防衛相会談　2003.5.4

フォークナー, ジョン
日豪ACSA署名　2010.5.19

フォード, ジェラルド
日米安保はアジア太平洋の安定の定
石と発言　1975.4.23

武器技術共同委員会
FS-X技術対米供与決定　1990.2.20

武器技術供与
米国への武器技術供与が決定　2006.7.19

武器技術導入
外資審議会、初の武器技術導入認可
1966.10.25

武器禁輸三原則　→　武器輸出三原則を
見よ

武器貸与
「日米貸与武器譲渡交換公文」発表　1954.11.19

武器等製造法
「武器等製造法」公布　1953.8.1

武器輸出三原則
佐藤首相、武器禁輸三原則を言明　1967.4.21
対米武器技術供与を決定　1983.1.14
武器輸出基準緩和　2011.12.27
武器輸出三原則「例外」認める　2013.3.1
自衛隊、韓国軍に弾薬提供　2013.12.23
武器輸出新原則閣議決定　2014.4.1

福井県
豪雪に伴う災害派遣　1963.1.18
重油流出で災害派遣　1990.2.1
ナホトカ号重油流出事故　1997.1.2
福井・島根の国民保護計画が決定　2005.7.22
「国民保護法」に基づく初の実動訓練
2005.11.27
豪雨で災害派遣　2006.7.15

復員
日本軍復員開始　1945.8.23

復員庁
復員庁設置　1946.6.15

福岡県
九州豪雨に災害派遣　2003.7.18
九州・山口の寒波で災害派遣　2016.1.25

福岡入国管理局那覇支局
中国人活動家尖閣諸島上陸事件　2004.3.24

福島県
東北地方沿岸で行方不明者捜索　2011.4.1

福島第一原子力発電所事故
東日本大震災発生　2011.3.11
福島第一原発炉心融解事故　2011.3.12

福田 赳夫
福田内閣が発足　1976.12.24
福田内閣初の国防会議開催　1977.1.7
福田改造内閣が発足　1977.11.28
福田首相、防衛庁に有事立法等の研
究を指示　1978.7.27
福田首相、機密保護立法の検討を表
明　1978.10.9
早期警戒機導入疑惑　1979.1.8

福田 篤泰
第2次池田第3次改造内閣発足　1963.7.18
第3次池田内閣発足　1963.12.9
福田防衛庁長官、国産兵器開発を語
る　1964.1.13

福田 康夫
非核三原則見直し発言　2002.5.31
米国務次官補が来日　2003.4.26
六者会合での日中連携で合意　2003.8.9
イラク邦人外交官射殺事件　2003.11.29
福田内閣が発足　2007.9.26
燃料転用疑惑について衆議院で説明
2007.10.10
日米首脳会談を開催　2007.11.16
沖縄不祥事で米国務長官が謝罪　2008.2.27
安保法制懇が報告書提出　2008.6.24

国際連合スーダン・ミッションへの
　自衛官派遣を表明　　　　　　　2008.6.30
日米首脳会談を開催　　　　　　　2008.7.6
防衛省改革会議が報告書提出　　　2008.7.15
福田改造内閣発足　　　　　　　　2008.8.2

福田 良彦
岩国市長選で空母艦載機移駐容認派
　が勝利　　　　　　　　　　　　2008.2.10
岩国市長が空母艦載機移駐容認を表
　明　　　　　　　　　　　　　　2008.3.12

福山 哲郎
普天間飛行場移設問題の日米合意に
　ついて沖縄に説明　　　　　　　2010.8.11

不後退防衛線
アチソン国務長官、米国の防衛線を
　言明　　　　　　　　　　　　　1950.1.12

ふじ
砕氷艦「ふじ」竣工　　　　　　　1965.7.15
砕氷艦「ふじ」、南極へ出発　　　1965.11.20

藤枝 泉介
第2次池田第1次改造内閣発足　　　1961.7.18

藤村 修
武器輸出基準緩和　　　　　　　　2011.12.27

フジモリ, アルベルト
在ペルー日本大使公邸占拠事件　　1996.12.17

藤山 愛一郎
日米安保委員会、初会合を開催　　1957.8.16
「日米安保条約」と「国連憲章」との
　関係に関する公文を交換　　　　1957.9.14
藤山・ダレス会談、「日米安保条約」
　改定に同意　　　　　　　　　　1958.9.11
藤山外相、安保条約問題全国懇話会
　で演説　　　　　　　　　　　　1958.12.15
安保改定の藤山試案発表　　　　　1959.2.18
藤山外相、安保条約問題全国懇話会
　で改定構想発表　　　　　　　　1959.5.25

藤山試案
安保改定の藤山試案発表　　　　　1959.2.18

藤山・ダレス会談
藤山・ダレス会談、「日米安保条約」
　改定に同意　　　　　　　　　　1958.9.11

婦人自衛官　→　女性自衛官を見よ

不審船
能登半島沖に不審船　　　　　　　1999.3.23
「能登半島沖不審船案における教
　訓・反省について」　　　　　　1999.6.5
「不審船にかかる共同対処マニュア
　ル」策定　　　　　　　　　　　1999.12.27

九州南西海域工作船事件　　　　　2001.12.22
沈没工作船を発見　　　　　　　　2002.2.25
工作船の潜水調査を開始　　　　　2002.5.1
日中が工作船引き上げで合意　　　2002.6.17
能登半島沖に不審船　　　　　　　2002.9.4
北朝鮮工作船を引き揚げ　　　　　2002.9.11
海自と海保が共同訓練　　　　　　2006.2.28
アデン湾で日本船籍タンカーに銃撃　2008.4.21
アデン湾で日本企業運航貨物船に銃
　撃　　　　　　　　　　　　　　2008.8.23
ソマリア沖で日本企業運航自動車運
　搬船に銃撃　　　　　　　　　　2009.3.23

ブース, ドナルド・P.
沖縄の軍用地強制収用中止発表　　1958.5.29

フセイン, サダム
イラクへ首相特使派遣　　　　　　2003.3.3

敷設艦
国産敷設艦「つがる」竣工　　　　1955.12.15

敷設艇
国産敷設艇「えりも」竣工　　　　1955.12.28

武装勢力
アフガン武装勢力が邦人ジャーナリ
　ストを誘拐　　　　　　　　　　2010.4.2

プーチン, ウラジーミル
日ソ共同宣言の有効性を確認　　　2001.3.25
日露首脳会談を開催　　　　　　　2001.10.21
北朝鮮がNPT脱退　　　　　　　　2003.1.10
安倍首相が米中露首脳と相次ぎ会談
　　　　　　　　　　　　　　　　2006.11.18
日露首脳会談を開催　　　　　　　2009.5.12
日露首脳会談　　　　　　　　　　2013.4.29
日露首脳会談　　　　　　　　　　2015.9.28
日露首脳会談　　　　　　　　　　2016.5.6
日露首脳会談　　　　　　　　　　2016.12.15
日露首脳会談　　　　　　　　　　2017.4.27

浮沈空母発言
中曽根首相、浮沈空母発言　　　　1983.1.19

復興支援
「イラク難民救援国際平和協力業務実
　施計画」が決定　　　　　　　　2003.3.28
イラク難民救援国際平和協力業務　　2003.3.30
復興人道支援室に要員派遣　　　　2003.4.18
イラク復興に4600万ドルを追加支援　2003.5.21
「イラク人道復興支援特別措置法」案
　を閣議決定　　　　　　　　　　2003.6.13
「イラク被災民救援国際平和協力業務
　実施計画」が決定　　　　　　　2003.7.4
イラク被災民救援空輸隊を編成　　2003.7.7

イラク被災民救援国際平和協力業務
を実施 2003.7.17
「イラク人道復興支援特別措置法」公
布・施行 2003.8.1
イラク復興に15億ドル拠出 2003.10.15
イラク復興に総額50億ドル拠出 2003.10.24
第43回総選挙 2003.11.9
「イラク人道復興支援特別措置法」に
基づく対応措置に関する基本計画
が決定 2003.12.9
「「イラク人道復興支援特別措置法」
における実施要項」策定 2003.12.18
自衛隊イラク派遣命令を発出 2003.12.19
空自先遣隊がクウェートへ出発 2003.12.24
イランが自衛隊イラク派遣を支持 2004.1.6
イラク復興支援派遣輸送航空隊が出
発 2004.1.9
自衛隊イラク派遣報道に要望 2004.1.9
陸自先遣隊がイラクへ出発 2004.1.9
中国が自衛隊イラク派遣へ理解 2004.1.12
第1次イラク復興支援群が編成完結 2004.1.26
衆議院が自衛隊イラク派遣を承認 2004.1.31
第1次イラク復興支援群等隊旗授与式 2004.2.1
第1次イラク復興支援群が出発 2004.2.3
海自イラク派遣海上輸送部隊が出発 2004.2.9
参議院が自衛隊イラク派遣を承認 2004.2.9
アナン国連事務総長が来日 2004.2.23
イラク復興支援派遣輸送航空隊が輸
送活動開始 2004.3.3
自衛隊イラク派遣の取材ルールを確
認 2004.3.11
第1次イラク復興支援群第2派が出発 2004.3.13
空自第2期イラク復興支援派遣輸送航
空隊が出発 2004.3.16
第1次イラク復興支援群がサマワに到
着 2004.3.27
サマワ宿営地近くに着弾 2004.4.7
イラク派遣海上輸送部隊が帰港 2004.4.8
初の在外邦人等の輸送 2004.4.15
第2次イラク復興支援群が編成完結 2004.4.21
第1期イラク復興支援派遣輸送航空隊
が帰国 2004.4.24
イラク復興支援群に交代命令 2004.4.27
第2次イラク復興支援群が出発 2004.5.8
第1次陸自イラク派遣部隊が帰国 2004.5.31
第1次イラク復興支援群が隊旗返還 2004.6.6
多国籍軍への参加を閣議了解 2004.6.18
第2次イラク復興業務支援隊が出発 2004.6.25
自衛隊が多国籍軍に参加 2004.6.28

日イラク首脳会談を開催 2004.9.20
イラク復興支援信託基金東京会合 2004.10.13
自衛隊イラク派遣期限延長を表明 2004.10.20
日中韓首脳会談を開催 2004.11.29
自衛隊イラク派遣期限を延長 2004.12.9
第3次イラク復興業務支援隊が出発 2005.1.8
爆弾でサマワの陸自車両に被害 2005.6.23
陸自イラク派遣部隊活動終結が決定 2006.6.20
陸自のイラク復興支援活動が終了 2006.9.9
「イラク人道復興支援特別措置法」改
正法公布・施行 2007.6.27
自衛隊イラク派遣撤収を表明 2008.9.11
自衛隊イラク派遣撤収を正式決定 2008.11.28
イラク復興支援派遣輸送航空隊撤収
式典を開催 2008.12.17
自衛隊イラク派遣が終了 2009.2.10

復興人道支援室
復興人道支援室に要員派遣 2003.4.18

ブッシュ，ジョージ・W.
日米同盟強化を確認 2001.1.26
えひめ丸事故 2001.2.10
森首相が訪米 2001.3.19
米国同時多発テロ事件 2001.9.11
日米首脳会談を開催 2001.9.25
日米首脳会談を開催 2001.10.20
日米韓首脳会談を開催 2002.10.27
米中と相次いで首脳会談 2003.5.23
小泉首相、多国籍軍参加を表明 2004.6.8
日米首脳会談を開催 2004.9.21
日米首脳会談を開催 2004.11.20
六者会合再開で日米首脳が同意 2005.2.3
横田早紀江さんが米下院で証言 2006.4.27
日米首脳会談 2006.6.29
安倍首相が米中露首脳と相次ぎ会談
2006.11.18
日米首脳会談 2007.4.27
日米首脳会談を開催 2007.11.16
日米首脳会談を開催 2008.7.6
日米首脳会談を開催 2008.11.22

普天間基地騒音訴訟
普天間基地騒音訴訟、国に賠償命令 2015.6.11
普天間基地騒音訴訟、国に賠償命令 2016.11.17
普天間基地騒音訴訟、控訴審も国に
賠償命令 2016.12.1

普天間基地爆音訴訟
普天間基地爆音訴訟1審判決 2008.6.26
普天間基地爆音訴訟控訴審判決 2010.7.29

普天間実施委員会

普天間実施委員会設置	1997.1.31

普天間飛行場移設

普天間飛行場の全部返還について合意	1996.4.12
SACO中間報告	1996.4.15
普天間飛行場の返還のための作業委員会設置	1996.5.8
SACO最終報告	1996.12.2
普天間実施委員会設置	1997.1.31
普天間飛行場の代替に海上ヘリポート案	1997.11.5
海上ヘリポート建設で市民投票	1997.12.21
海上ヘリポート建設問題で協力要請	1997.12.24
沖縄県知事、海上ヘリポート拒否	1998.2.6
沖縄県知事、辺野古沖建設を表明	1999.11.22
名護市長、基地代替施設の受け入れを表明	1999.12.27
普天間飛行場の移設に係る方針決定	1999.12.28
普天間基地の移設にかかる協議会設置	2000.8.25
普天間飛行場代替施設の辺野古沖環礁上建設で合意	2001.12.27
名護市長選で現職が再選	2002.2.3
「普天間飛行場代替施設の基本計画」が決定	2002.7.29
代替施設建設協議会が発足	2003.1.28
辺野古沖のボーリング調査開始	2004.4.7
普天間飛行場の新代替案を希望	2005.2.23
辺野古沖ボーリング調査中止	2005.9.2
キャンプ・シュワブ沿岸案で合意	2005.10.29
沖縄県知事、名護市長がキャンプ・シュワブ沿岸案に反対	2005.10.31
名護市長が辺野古移設に合意	2006.4.7
「再編実施のための日米のロードマップ」発表	2006.5.1
普天間飛行場の移設に係る措置に関する協議会を設置	2006.8.29
沖縄県知事選挙	2006.11.19
日米防衛相会談を開催	2009.10.21
日米首脳会談を開催	2009.11.13
首相と沖縄県知事が会談	2009.11.30
普天間飛行場移設先決定を先送り	2009.12.15
名護市長選で移設反対派が勝利	2010.1.24
4.25県民大会を開催	2010.4.25
普天間飛行場の辺野古移設を表明	2010.5.23
普天間飛行場の辺野古移設で日米合意	2010.5.28
菅新首相が辺野古移設合意遵守を表明	2010.6.6
普天間飛行場移設問題の日米合意について沖縄に説明	2010.8.11
普天間飛行場代替施設案で2案併記	2010.8.31
名護市議選で移設反対派が勝利	2010.9.12
首相と沖縄県知事が会談	2010.12.17
日米安全保障協議委員会開催	2011.6.21
日米首脳会談開催	2011.9.21
日米首脳会談	2011.11.12
沖縄防衛局長更迭	2011.11.29
普天間飛行場の移設先の環境影響評価書提出	2011.12.28
在日米軍再編計画を見直し	2012.2.8
沖縄県知事、県外移設の意見書	2012.2.20
野田首相、沖縄県を初訪問	2012.2.26
辺野古アセスのやり直しならず	2013.2.20
辺野古埋立申請	2013.3.22
米軍施設返還計画	2013.4.5
沖縄県連国会議員、辺野古移設容認	2013.12.25
沖縄県知事、辺野古埋立承認	2013.12.27
名護市長選、辺野古移設反対派の市長が再選	2014.1.20
沖縄県議会、百条委員会設置	2014.2.14
辺野古ボーリング調査開始	2014.8.18
沖縄県知事選、辺野古移設反対派が初当選	2014.11.16
辺野古移設で国と沖縄県が対立	2015.3.12
安倍首相と沖縄県知事が初会談	2015.4.17
沖縄県知事、辺野古埋立承認取消	2015.10.13
辺野古埋立承認取消への是正勧告拒否	2015.11.6
辺野古「代執行」訴訟提訴	2015.11.26
辺野古「代執行」訴訟口頭弁論	2015.12.2
沖縄基地返還前倒し	2015.12.4
宜野湾市長選、辺野古移設推進の市長が再選	2016.1.24
政府・沖縄県協議会の設置	2016.1.28
辺野古、沖縄県が国を再提訴	2016.2.1
辺野古、国と沖縄県が和解	2016.3.4
辺野古移設、国が是正指示	2016.3.16
政府・沖縄県協議会、開催	2016.3.23
沖縄県議選で移設反対派が勝利	2016.6.5
辺野古、国と沖縄県が再び対立	2016.7.22
辺野古訴訟、国が勝訴	2016.12.20
辺野古海上工事着手	2017.2.6

日本安全保障史事典　　　　　事項名索引　　　　　ふるい

辺野古工事差し止め、沖縄県が国を
　提訴　　　　　　　　　　　　2017.7.24
辺野古護岸工事開始　　　　　2017.11.6
普天間飛行場の移設に係る措置に関する協議会
普天間飛行場の移設に係る措置に関
　する協議会を設置　　　　　2006.8.29
普天間飛行場負担軽減推進会議
普天間飛行場負担軽減推進会議の設
　置　　　　　　　　　　　　2014.2.14
船田 中
第3次鳩山内閣発足　　　　　1955.11.22
「日米安全保障条約」の自動延長案　1968.6.11
船田安保調査会長、沖縄返還後の私案　1969.8.9
船田安保調査会会長見解
「日米安全保障条約」の自動延長案　1968.6.11
不発弾処理
「自衛隊法」改正（第5次改正）　1958.5.23
陸上自衛隊、不発弾処理隊を編成　1958.9.25
部分的核実験禁止条約
日本、「部分的核実験禁止条約」に調
　印　　　　　　　　　　　　1963.8.14
日本で「部分的核実験禁止条約」が発
　効　　　　　　　　　　　　1964.6.15
部分的核実験停止条約　→　部分的核実
験禁止条約を見よ
冬柴 鉄三
自民・公明両党幹事長が米国防長官
　と会談　　　　　　　　　　2004.4.29
「海洋基本法」施行　　　　　2007.7.3
プラウィット
中谷防衛相、東南アジア3カ国訪問　2016.6.6
ブラウン, ハロルド
第2回日米防衛首脳会談　　　1977.9.14
米国防長官、日本海周辺軍事力でソ
　連を牽制　　　　　　　　　1978.6.6
日米防衛首脳会談　　　　　　1979.8.16
ブラウン米国国防長官来日　　1980.1.13
大来外務大臣とブラウン国務長官が
　会談　　　　　　　　　　　1980.3.20
プラサハート, ヘニス
日蘭防衛相会談　　　　　　　2016.12.13
ブラッドレー, オマール
ブラッドレー米統合参謀本部議長来
　日　　　　　　　　　　　　1950.1.31
フランス　⇔　日仏～をも見よ
自衛隊インド洋派遣で交換公文を締
　結　　　　　　　　　　　　2008.2.5

リムパック2010に参加　　　　2010.6.23
在コートジボワール日本大使公邸襲
　撃事件　　　　　　　　　　2011.4.6
リムパック2012に参加　　　　2012.6.23
リムパック2014に参加　　　　2014.6.26
リムパック2016に参加　　　　2016.6.30
日仏外務・防衛閣僚会合、開催　2017.1.6
日仏英米共同訓練　　　　　　2017.5.3
フリゲート鑑
リッジウェイ、艦艇貸与を正式提案
　　　　　　　　　　　　　　1951.10.19
武力攻撃事態
「安全保障会議設置法」改正公布・施
　行　　　　　　　　　　　　2003.6.13
「自衛隊法」・「防衛庁の職員の給与等
　に関する法律」改正法公布・施行　2003.6.13
武力攻撃事態対処関連3法　→　有事関
連3法を見よ
武力攻撃事態対処法
有事関連3法案が決定　　　　2002.4.16
有事関連3法が成立　　　　　2003.6.6
「武力攻撃事態対処法」公布・施行　2003.6.13
安保法案、国会提出　　　　　2015.5.15
武力攻撃事態等におけるアメリカ合衆国の軍隊の行動に伴い我が国が実施する措置に関する法律　→　米国軍行動関連措置法を見よ
武力攻撃事態等における国民の保護のための措置に関する法律　→　国民保護法を見よ
武力攻撃事態等における特定公共施設等の利用に関する法律　→　特定公共施設利用法を見よ
武力攻撃事態等における我が国の平和と独立並びに国及び国民の安全の確保に関する法律　→　武力攻撃事態対処法を見よ
武力攻撃事態における外国軍用品等の海上輸送の規制に関する法律　→　海上輸送規制法を見よ
武力攻撃事態における捕虜等の取扱いに関する法律　→　捕虜取扱い法を見よ
武力攻撃・存立危機事態法
安保法案、国会提出　　　　　2015.5.15
安保関連法成立　　　　　　　2015.9.19
ブルーインパルス
ブルーインパルス、初展示飛行　1960.3.4
航空自衛隊に空中機動研究班発足　1960.4月

－ 409 －

東京オリンピック開幕	1964.10.10	

ふるね　　　　事項名索引　　　　日本安全保障史事典

東京オリンピック開幕　　　　1964.10.10
長野オリンピック開幕　　　　1998.2.7
ブルーインパルス2機墜落　　2000.7.4

ブルネイ
リムパック2014に参加　　　　2014.6.26
リムパック2016に参加　　　　2016.6.30

ブルーリッジ
「トモダチ作戦」発動　　　　2011.3.13

プロビデンス
米原潜が事前通報なしに寄港　2008.11.10

不破 哲三
「国際連合平和協力法」案提出　1990.10.16

フーン, ジェフ
日英防衛相会談　　　　　　　2002.5.28

フン・クアン・タイン
日越防衛相会談　　　　　　　2011.10.24
日越防衛相会談　　　　　　　2013.9.16
日越防衛相会談　　　　　　　2015.11.6

フン・セン
日ASEAN特別首脳会議　　　　2013.12.14

文民統制
中曽根防衛庁長官、自主防衛5原則を
　発表　　　　　　　　　　　1970.3.23

【へ】

米〜　⇔　アメリカ〜、日米〜をも見よ

米イージス艦衝突事故
米イージス艦と貨物船衝突　　2017.6.17

兵器開発
福田防衛庁長官、国産兵器開発を語
　る　　　　　　　　　　　　1964.1.13

兵器製造
GHQ、兵器製造禁止を緩和　　1952.3.8
GHQ、兵器製造を許可制に　　1952.3.14

米空母艦載機移駐
岩国市で米空母艦載機移駐に関する
　住民投票　　　　　　　　　2006.3.12
山口県知事が米空母艦載機移駐を容
　認　　　　　　　　　　　　2006.8.24
岩国市長選で空母艦載機移駐容認派
　が勝利　　　　　　　　　　2008.2.10
岩国市長が空母艦載機移駐容認を表
　明　　　　　　　　　　　　2008.3.12
米艦載機、岩国基地へ移転　　2017.8.9

米軍機事故
米ファントム戦闘機、九州大学構内
　に墜落　　　　　　　　　　1968.6.2
嘉手納基地でベトナムに向かう米爆
　撃機爆発　　　　　　　　　1968.11.19
米軍戦闘機空中接触事故　　　2004.10.4
米軍機墜落　　　　　　　　　2016.9.22
米軍機墜落　　　　　　　　　2016.12.7
米軍機墜落　　　　　　　　　2017.11.22

米軍那覇港湾施設　→　那覇軍港を見よ

米軍ヘリ事故
沖縄大米軍ヘリ墜落事件　　　2004.8.13
米軍ヘリ墜落　　　　　　　　2013.8.5
米軍ヘリ墜落　　　　　　　　2015.8.12
米軍ヘリ炎上　　　　　　　　2017.10.11
米軍ヘリから部品落下　　　　2017.12.7
米軍ヘリの窓落下　　　　　　2017.12.13

米原潜あて逃げ事件
米原潜あて逃げ事件　　　　　1981.4.9

米国
極東委員会設置　　　　　　　1946.2.26
対日理事会設置　　　　　　　1946.4.5
英・ソ・中3国代表、海上保安庁設置
　を批判　　　　　　　　　　1948.4.28
国連軍の米国指揮決定　　　　1950.7.7
対日理事会、日本非軍事化問題で米
　ソ論争　　　　　　　　　　1951.2.14
六者会合開催で合意　　　　　2003.7.31
米国への武器技術供与が決定　2006.7.19
核軍縮決議案を提出　　　　　2007.10.18
自衛隊インド洋派遣で交換公文を締
　結　　　　　　　　　　　　2008.2.5
北朝鮮が核計画申告書を提出　2008.6.26
米国、北朝鮮のテロ支援国家指定解
　除　　　　　　　　　　　　2008.10.10
密約問題について米国に報告　2010.2.2
第1回拡大ASEAN国防相会議　2010.10.12
思いやり予算の現状維持で合意　2010.12.14
北朝鮮、ミサイル発射失敗　　2012.4.13
中国、尖閣含む防空識別区設定　2013.11.23
日米豪、情報共有迅速化　　　2016.10.28
米国、北朝鮮をテロ支援国家に再指
　定　　　　　　　　　　　　2017.11.20
北朝鮮、ミサイル発射　　　　2017.11.29

米国沿岸警備隊
リムパック2008に参加　　　　2008.6.29
リムパック2010に参加　　　　2010.6.23
リムパック2012に参加　　　　2012.6.23
リムパック2014に参加　　　　2014.6.26

日本安全保障史事典　　　　　事項名索引　　　　　へいこ

リムパック2016に参加　　　　2016.6.30

米国海軍

海上自衛隊、戦後初の日米共同訓練　1955.4.25
米国、日本海に第71機動艦隊　　1969.4.21
「日米防衛協力のための指針」に了承
　　　　　　　　　　　　　　　1978.11.27
米軍による沖縄上陸大演習開始　1979.8.18
海上自衛隊のリムパック初参加　1980.2.26
リムパック82に参加　　　　　　1982.3.22
リムパック84に参加　　　　　　1984.5.14
米海軍と日米共同指揮所訓練の実施　1984.6.11
リムパック86に参加　　　　　　1986.5.18
リムパック88に参加　　　　　　1988.6.16
リムパック90に参加　　　　　　　1990.4.9
リムパック92に参加　　　　　　1992.6.19
リムパック94に参加　　　　　　1994.5.23
リムパック96に参加　　　　　　1996.5.22
リムパック98に参加　　　　　　　1998.7.6
リムパック2000に参加　　　　　2000.5.30
えひめ丸事故　　　　　　　　　2001.2.10
えひめ丸事故の審問委員会を開始　2001.3.5
「グリーンビル」前艦長に減給処分　2001.4.13
「えひめ丸」から8遺体収容　　2001.10.16
「えひめ丸」船内捜索打ち切り　2001.11.7
リムパック2002に参加　　　　　2002.6.24
えひめ丸事故で33家族が和解　2002.11.14
リムパック2004に参加　　　　　2004.6.29
漢級原子力潜水艦領海侵犯事件　2004.11.10
横須賀米兵強盗殺人事件　　　　　2006.1.3
リムパック2006に参加　　　　　2006.6.26
弾道弾迎撃ミサイル搭載イージス艦
　を横須賀基地に配備　　　　　2006.8.29
タンカーと米海軍原潜が接触　　　2007.1.9
日米印共同3国間訓練　　　　　2007.4.16
日米豪3ヶ国共同訓練　　　　　2007.10.17
リムパック2008に参加　　　　　2008.6.29
ジョージ・ワシントンが横須賀入港　2008.9.25
米原潜が事前通報なしに寄港　　2008.11.10
横須賀基地じん肺訴訟判決　　　　2009.7.6
リムパック2010に参加　　　　　2010.6.23
リムパック2012に参加　　　　　2012.6.23
リムパック2014に参加　　　　　2014.6.26
リムパック2016に参加　　　　　2016.6.30
北朝鮮、ミサイル発射　　　　　2017.2.12
日米韓、弾道ミサイル情報共有訓練　2017.3.14
日米韓、初の対潜水艦戦共同訓練　2017.4.3
日米印海上共同訓練　　　　　　2017.7.10
米艦防護訓練　　　　　　　　　2017.7.26
米艦載機、岩国基地へ移転　　　　2017.8.9

日米印合同演習　　　　　　　　2017.11.3
日米共同訓練　　　　　　　　2017.11.12
米軍機墜落　　　　　　　　　2017.11.22

米国海兵隊

沖縄米兵少女暴行事件　　　　　1995.9.4
沖縄駐留米兵、実弾演習で初の本土
　移転射撃　　　　　　　　　　1997.7.3
沖縄県議会が米海兵隊削減を決議　2001.1.19
沖縄大米軍ヘリ墜落事件　　　　2004.8.13
沖縄で米兵による事件頻発　　　2008.2.10
岩国市長選で空母艦載機駐容認派
　が勝利　　　　　　　　　　　2008.2.10
岩国市長が空母艦載機移駐容認を表
　明　　　　　　　　　　　　　2008.3.12
普天間基地爆音訴訟1審判決　　2008.6.26
「在沖縄海兵隊のグアム移転に係る協
　定」署名　　　　　　　　　　2009.2.17
日米防衛相会談を開催　　　　2009.10.21
リムパック2016に参加　　　　　2016.6.30
米軍機墜落　　　　　　　　　　2016.9.22
米軍機墜落　　　　　　　　　　2016.12.7

米国下院

横田早紀江さんが米下院で証言　2006.4.27

米国艦防護

国家安全保障会議開催　　　　2016.12.22
米艦防護訓練　　　　　　　　　2017.7.26

米国極東軍

米極東軍管下の軍事裁判終了　1949.10.19
海上保安庁、日本特別掃海隊を編成　1950.10.2
琉球列島米国民政府に関する指令通
　達　　　　　　　　　　　　　1950.12.5
海軍再建3試案提出　　　　　　1951.4.18
米極東軍、警察予備隊の増強を要求　1952.1.12
日本防衛空軍の新設発表　　　　　1952.3.1
在日保安顧問部設立　　　　　　1952.4.27
「空軍兵備要綱」完成　　　　　　1952.5.18
政府、領空侵犯機排除に米国の協力
　要請　　　　　　　　　　　　1953.1.13
在日保安顧問団、在日米軍事援助顧
　問団に改称　　　　　　　　　　1954.6.7
在日米極東軍司令部の廃止・国連軍
　司令部移転を発表　　　　　　1956.7.18
在日米極東軍司令部を廃止・国連軍
　司令部を移転　　　　　　　　　1957.7.1

米国空軍

米空軍立案の日本空軍創設案承認　1952.9.10
航空自衛隊に航空警戒管制業務移管　1960.7.1
米第5空軍、F105Dジェット戦闘爆撃
　機を強行配備　　　　　　　　1963.5.12

－ 411 －

へいこ　　　　　　　　　　　　　事項名索引　　　　　　　　日本安全保障史事典

米軍、北ベトナムを爆撃	1965.2.7
米軍、F-16三沢基地に配備	1985.4.2
航空自衛隊米本土で空戦演習	1996.7.9
空自が初の空中給油訓練	2003.4.21
コープサンダー演習	2003.5.22
沖縄自衛官爆死事件	2003.8.31
嘉手納基地に最新鋭ステルス戦闘機 を暫定配備	2007.1.11
米軍戦闘機訓練の移転費用負担で合 意	2007.1.11
横田ラプコンに空自管制官を併置	2007.5.18
リムパック2016に参加	2016.6.30

米国軍

陸上自衛隊の北海道移駐を発表	1954.7.9
陸上自衛隊、北海道に移駐開始	1954.8.31
北海道の米軍撤退	1954.9.24
三沢市大火	1966.1.11
米軍戦車の修理は問題ないとの統一 見解	1972.9.19
米軍、横浜港へM48戦車搬送を再開	1973.4.1
日米共同実働訓練の実施	1982.11.10
リムパック84に参加	1984.5.14
初の日米共同統合実働演習の実施	1986.10.27
日米物品役務相互提供協定及び手続 取極、署名	1996.4.15
第3・4次小松基地騒音訴訟1審判決	2002.3.6
新横田基地公害訴訟最高裁判決	2002.4.12
厚木基地談合訴訟1審判決	2002.7.15
沖縄上空の航空交通管制返還で合意	2004.12.10
北朝鮮が新型短距離弾道ミサイルを 発射	2005.5.1
コブラ・ゴールド05	2005.5.2
横田空域の20%を返還	2006.10.27
第3・4次小松基地騒音訴訟控訴審判 決	2007.4.16
久間防衛相「原爆しょうがない」発言	2007.6.30
横田基地で火災	2009.1.20
パシフィック・パートナーシップ 2010へ参加	2010.5.23
日米共同統合演習を開始	2010.12.3
新嘉手納騒音訴訟	2011.1.27
アラビア海で海賊	2011.3.5
「トモダチ作戦」発動	2011.3.13
東北地方沿岸で行方不明者捜索	2011.4.1
パシフィック・パートナーシップ 2011へ参加	2011.6.13
空自航空総隊司令部、横田へ移転	2012.3.26

パシフィック・パートナーシップ 2012へ参加	2012.6.18
オスプレイ普天間配備	2012.10.6
日米豪共同訓練	2013.5.18
パシフィック・パートナーシップ 2013へ参加	2013.6.12
米軍ヘリ墜落	2013.8.5
厚木基地騒音訴訟で夜間差し止め	2014.5.21
パシフィック・パートナーシップ 2014へ参加	2014.6.6
日米豪共同訓練	2014.11.6
米軍新レーダー運用開始	2014.12.26
「日米防衛協力のための指針」改定	2015.4.27
パシフィック・パートナーシップ 2015へ参加	2015.5.31
普天間基地騒音訴訟、国に賠償命令	2015.6.11
厚木基地騒音訴訟、国に賠償命令	2015.7.30
米軍ヘリ墜落	2015.8.12
岩国基地騒音訴訟、国に賠償命令	2015.10.15
自衛隊観艦式	2015.10.18
パシフィック・パートナーシップ 2016へ参加	2016.6.13
日米韓ミサイル警戒演習	2016.6.28
「日米物品役務相互提供協定」署名	2016.9.26
日米韓共同訓練	2016.10.22
日米共同演習	2016.10.30
普天間基地騒音訴訟、国に賠償命令	2016.11.17
普天間基地騒音訴訟、控訴審も国に 賠償命令	2016.12.1
厚木基地騒音訴訟、飛行差し止め棄 却	2016.12.8
オスプレイ不時着	2016.12.13
第3次嘉手納爆音訴訟、国に賠償命令	2017.2.23
パシフィック・パートナーシップ 2017へ参加	2017.3.9
日仏英米共同訓練	2017.5.3
オスプレイ飛行自粛要請	2017.8.6
オスプレイ緊急着陸	2017.9.29
横田基地訴訟、国に賠償命令	2017.10.11

米国軍行動関連措置法

有事関連7法案が決定	2004.3.9
有事関連7法が成立	2004.6.14
「米軍行動関連措置法」公布	2004.6.18

米国軍事顧問団

民事局別館設置	1950.7.14

米国国防総省

在日米極東軍司令部の廃止・国連軍 司令部移転を発表	1956.7.18
在日米軍陸上部隊の撤退開始発表	1957.8.1

— 412 —

日本安全保障史事典　　　　　事項名索引　　　　　へいわ

防衛庁、サイドワインダー14発発注　1958.9.10
米国国防省、沖縄に毒ガス配備を認
　める　　　　　　　　　　　　　1969.7.22
復興人道支援室に要員派遣　　　　2003.4.18
在沖縄海兵隊グアム移転費用は100億
　ドル　　　　　　　　　　　　　2006.3.14

米国国務省
米国国務省・陸軍省、日本再軍備を進
　言　　　　　　　　　　　　　1948.11.22
米国国務省、対日講和を検討中と発表　1949.11.1
対日講和の予備交渉開始指令　　　1950.9.14
北朝鮮が核兵器開発を認める　　　2002.10.16

米国国家安全保障会議
「NSC13/2文書」承認　　　　　　1948.10.7
マッカーサー、「NSC13/2文書」を拒
　否　　　　　　　　　　　　　1948.12.18
米国地名委員会が竹島の表記を変更　2008.7.28

米国上院
米上院、尖閣に安保適用　　　　　2012.11.29
米上院、対中牽制決議　　　　　　2013.7.29

米国地名委員会
米国地名委員会が竹島の表記を変更　2008.7.28

米国同時多発テロ事件
米国同時多発テロ事件　　　　　　2001.9.11
首相官邸対策室を設置　　　　　　2001.9.11

米国同時多発テロ事件に対する当面の
措置
米国同時多発テロ事件に関する当面
　の措置を発表　　　　　　　　　2001.9.19
日米首脳会談を開催　　　　　　　2001.9.25
国会でテロ対策の所信表明演説　　2001.9.27

米国陸軍
米陸軍オネスト・ジョン中隊、朝霞
　に到着　　　　　　　　　　　　1955.8.22
極東条項に関する政府統一見解を発
　表　　　　　　　　　　　　　2004.10.21
米陸軍第1軍団前方司令部を設置　2007.12.19
日米初の共同空挺降下訓練　　　　2015.2.8
リムパック2016に参加　　　　　　2016.6.30

平成十三年九月十一日のアメリカ合衆
国において発生したテロリストによ
る攻撃等に対応して行われる国際連
合憲章の目的達成のための諸外国の
活動に対して我が国が実施する措置
及び関連する国際連合決議等に基づ
く人道的措置に関する特別措置法　→
テロ対策特別措置法を見よ

米太平洋艦隊
日本船舶、米太平洋艦隊司令官の指
　揮下へ　　　　　　　　　　　　1945.9.3

米太平洋陸軍総司令部
GHQ/AFPAC、東京に移転　　　1945.9.17
GHQ/SCAP設置　　　　　　　　1945.10.2

米中首脳会談
米中首脳会談　　　　　　　　　　2013.6.7

米朝高官協議
北朝鮮が核兵器開発を認める　　　2002.10.16

米朝枠組み合意
北朝鮮が核兵器開発を認める　　　2002.10.16
北朝鮮が核開発再開を宣言　　　　2002.12.12
北朝鮮がNPT脱退　　　　　　　　2003.1.10

米統合参謀本部
米空軍立案の日本空軍創設案承認　1952.9.10

米兵事件
ジラード事件発生　　　　　　　　1957.1.30
コザ事件が発生　　　　　　　　　1970.12.20
沖縄の米兵、住民に発砲・負傷させ
　る　　　　　　　　　　　　　　1974.7.10
米兵女子中学生を暴行　　　　　　1975.4.19
沖縄米兵少女暴行事件　　　　　　1995.9.4
沖縄県民総決起大会開催　　　　　1995.10.21
起訴前の米兵容疑者の身柄引き渡し
　で合意　　　　　　　　　　　　1995.10.25
沖縄米兵婦女暴行事件　　　　　　2001.6.29
日米地位協定運用改善で合意　　　2001.7.18
器物損壊罪で米兵逮捕　　　　　　2001.7.21
米兵の身柄引き渡しで合意　　　　2004.4.2
横須賀米兵強盗殺人事件　　　　　2006.1.3
沖縄で米兵による事件頻発　　　　2008.2.10
沖縄不祥事で米国務長官が謝罪　　2008.2.27
沖縄米兵ひき逃げ死亡事故　　　　2009.11.7
米兵強姦事件　　　　　　　　　　2012.10.16
在日米軍関係者による女性暴行殺害
　事件　　　　　　　　　　　　　2016.4.28
米兵飲酒事故で逮捕　　　　　　　2017.11.19

ベイリー
日米装備・技術定期協議開催で合意　1980.5.28

平和安全法制整備法
安保法案、国会提出　　　　　　　2015.5.15
安保関連法成立　　　　　　　　　2015.9.19

平和時の防衛力
増原防衛庁長官、平和時の防衛力を
　発表　　　　　　　　　　　　　1973.2.1

平和のための防衛大博覧会
平和のための防衛大博覧会開催　　1958.3.20

－ 413 －

ペイン, マリス

日豪防衛相会談	2015.11.22
日豪防衛相会談	2016.8.25
日豪防衛相会談	2017.4.19
日米豪防衛相会談	2017.6.3
日豪防衛相会談	2017.10.23

ヘーゲル, チャック

日米韓防衛相会談	2013.6.1
日米防衛相会談	2013.8.28
日米防衛相会談	2013.10.3
日米防衛相会談	2014.4.6
日米豪防衛相会談	2014.5.30
日米韓防衛相会談	2014.5.31
日米防衛相会談	2014.5.31
日米防衛相会談	2014.7.11

ペシャワール会

アフガニスタン邦人拉致殺害事件	2008.8.26

ベトコン

米軍機、沖縄からベトナムに発進	1965.7.29

ベトナム ⇔ 日越~をも見よ

ベトナム戦争

米軍、北ベトナムを爆撃	1965.2.7
米軍機、沖縄からベトナムに発進	1965.7.29
日米安保はアジア太平洋の安定の定石と発言	1975.4.23

ペトリオット

地対空ミサイル「ペトリオット」の選定	1983.6.30
ペトリオットミサイルの導入決定	1984.12.28
PAC-3ライセンス生産が可能に	2005.7.19
弾道ミサイル等に対する破壊措置に関する緊急対処要領	2007.3.23
入間基地にPAC-3配備	2007.3.30
第2高射群第6高射隊にPAC-3配備	2010.4.26

辺野古

普天間飛行場の代替に海上ヘリポート案	1997.11.5
海上ヘリポート建設で市民投票	1997.12.21
海上ヘリポート建設問題で協力要請	1997.12.24
沖縄県知事、海上ヘリポート拒否	1998.2.6
沖縄県知事、辺野古沖建設を表明	1999.11.22
名護市長、基地代替施設の受け入れを表明	1999.12.27
普天間基地の移設にかかる協議会設置	2000.8.25
普天間飛行場代替施設の辺野古沖環礁上建設で合意	2001.12.27

名護市長選で現職が再選	2002.2.3
「普天間飛行場代替施設の基本計画」が決定	2002.7.29
代替施設建設協議会が発足	2003.1.28
辺野古沖のボーリング調査開始	2004.4.7
普天間飛行場の新代替案を希望	2005.2.23
辺野古沖ボーリング調査中止	2005.9.2
キャンプ・シュワブ沿岸案で合意	2005.10.29
沖縄県知事、名護市長がキャンプ・シュワブ沿岸案に反対	2005.10.31
名護市長が辺野古移設に合意	2006.4.7
「再編実施のための日米のロードマップ」発表	2006.5.1
名護市長選で移設反対派が勝利	2010.1.24
普天間飛行場の辺野古移設を表明	2010.5.23
普天間飛行場の辺野古移設で日米合意	2010.5.28
菅新首相が辺野古移設合意遵守を表明	2010.6.6
首相と沖縄県知事が会談	2010.6.23
名護市議選で移設反対派が勝利	2010.9.12
沖縄県知事、県外移設の意見書	2012.2.20
辺野古アセスのやり直しならず	2013.2.20
辺野古埋立申請	2013.3.22
米軍施設返還計画	2013.4.5
沖縄県連国会議員、辺野古移設容認	2013.12.25
沖縄県知事、辺野古埋立承認	2013.12.27
名護市長選、辺野古移設反対派の市長が再選	2014.1.20
沖縄県議会、百条委員会設置	2014.2.14
辺野古ボーリング調査開始	2014.8.18
辺野古移設で国と沖縄県が対立	2015.3.12
安倍首相と沖縄県知事が初会談	2015.4.17
沖縄県知事、辺野古埋立承認取消	2015.10.13
辺野古埋立承認取消への是正勧告拒否	2015.11.6
辺野古「代執行」訴訟提訴	2015.11.26
辺野古「代執行」訴訟口頭弁論	2015.12.2
宜野湾市長選、辺野古移設推進の市長が再選	2016.1.24
辺野古、沖縄県が国を再提訴	2016.2.1
辺野古、国と沖縄県が和解	2016.3.4
辺野古移設、国が是正指示	2016.3.16
政府・沖縄協議会、開催	2016.3.23
沖縄県議選で移設反対派が勝利	2016.6.5
辺野古、国と沖縄県が再び対立	2016.7.22
辺野古訴訟、国が勝訴	2016.12.20
辺野古海上工事着手	2017.2.6

日本安全保障史事典　　　　　　事項名索引　　　　　　ほあん

辺野古工事差し止め、沖縄県が国を
　提訴　　　　　　　　　　　　　2017.7.24
辺野古護岸工事開始　　　　　　2017.11.6

ペリー, ウィリアム
1978年の「ガイドライン」の見直し
　で合意　　　　　　　　　　　　1996.4.14

ペルー
在ペルー日本大使公邸占拠事件　1996.12.17
リムパック2002に参加　　　　　2002.6.24
リムパック2006に参加　　　　　2006.6.26
リムパック2008に参加　　　　　2008.6.29
リムパック2010に参加　　　　　2010.6.23
リムパック2012に参加　　　　　2012.6.23
リムパック2014に参加　　　　　2014.6.26
リムパック2016に参加　　　　　2016.6.30

ペルシャ湾
湾岸危機に関する支援策発表　　1990.8.29
湾岸危機に30億ドルの追加　　　1990.9.14
湾岸地域に90億ドル追加支援決定　1991.1.24
掃海艇など、ペルシャ湾へ出港　1991.4.24
ペルシャ湾派遣部隊、掃海作業開始　1991.6.5
掃海派遣部隊、呉に帰港　　　　1991.10.3

ベレンコ, ヴィクトル
ベレンコ中尉亡命事件　　　　　1976.9.6

ベレンコ中尉亡命事件
ベレンコ中尉亡命事件　　　　　1976.9.6

【 ほ 】

ボアオ・アジア・フォーラム
ボアオ・アジア・フォーラム第1回年
　次総会　　　　　　　　　　　2002.4.12

保安協会
保安協会設立　　　　　　　　　1953.11.12

保安研修所
保安庁保安研修所・保安大学校・技
　術研究所設置　　　　　　　　1952.8.1

保安隊
警察予備隊創設　　　　　　　　1950.8.10
大橋国務相、防衛隊の名称は保安隊
　が適当と発言　　　　　　　　1952.2.1
在日保安顧問部設立　　　　　　1952.4.27
警察予備隊、特別幹部採用　　　1952.7.14
「保安隊の駐とん地の位置および指揮
　系統を定める訓令」施行　　　1952.10.6
保安隊発足　　　　　　　　　　1952.10.15

保安隊、第3次編成完了　　　　　1952.12.12
在日保安顧問団発足　　　　　　1953.1.1
保安隊、北海道地区補給廠を設置　1953.3.26
保安隊、化学教育隊を編成　　　1953.6.15
保安隊に関し、政府統一見解　　1953.7.20
岡崎外相、保安隊は実質的に自衛軍
　と答弁　　　　　　　　　　　1953.7.21
吉田首相、保安隊の自衛軍化につき
　答弁　　　　　　　　　　　　1953.7.30
吉田・重光会談　　　　　　　　1953.9.27
保安協会設立　　　　　　　　　1953.11.12
ニクソン米副大統領、保安隊の増強
　援助を表明　　　　　　　　　1953.11.19
保安隊、航空隊を編成　　　　　1954.1.10
自衛隊発足　　　　　　　　　　1954.7.1

保安大学校
保安庁保安研修所・保安大学校・技
　術研究所設置　　　　　　　　1952.8.1
保安大学校生・幹部候補生の募集開
　始　　　　　　　　　　　　　1952.10.25
保安大学校開校　　　　　　　　1953.4.1
保安大学校第1期生入校　　　　　1953.4.8
防衛庁発足　　　　　　　　　　1954.7.1

保安隊の駐とん地の位置および指揮系
統を定める訓令
「保安隊の駐とん地の位置および指揮
　系統を定める訓令」施行　　　1952.10.6

保安庁
保安庁発足　　　　　　　　　　1952.8.1
保安庁保安研修所・保安大学校・技
　術研究所設置　　　　　　　　1952.8.1
吉田首相、保安庁幹部に訓辞　　1952.8.4
保安庁内に制度調査委員会を設置　1952.9月
警備隊第2幕僚部、移転開始　　　1952.10.28
「防衛力整備計画第1次案」策定　1953.3.31
警備5ヵ年計画案が問題化　　　　1953.6.9
制度調査委員会別室設置　　　　1953.10.5
1954年度防衛増強計画の基本方針決
　定　　　　　　　　　　　　　1953.12.30
陸上部隊に対するMSA援助期待額決
　定　　　　　　　　　　　　　1954.1.23
保安庁、予備隊員採用を発表　　1954.1.28
航空準備室発足　　　　　　　　1954.2.1
保安庁、海外調査員派遣決定　　1954.5.4
防衛庁発足　　　　　　　　　　1954.7.1

保安庁技術研究所
防衛庁発足　　　　　　　　　　1954.7.1

保安庁保安研修所
防衛庁発足　　　　　　　　　　1954.7.1

保安庁法
「保安庁法」公布　　　　　　　1952.7.31
保安庁発足　　　　　　　　　　1952.8.1
「保安庁法」改正案の要綱決定　1953.12.30

防衛委員会
国会に防衛委員会の新設を提案　1970.1.25

防衛医科大学校
「防衛庁施設法」・「自衛隊法」の一部
　を改正　　　　　　　　　　　1973.10.16
防衛医科大学校を開校　　　　　1974.4.25
防衛医科大学校病院を開設　　　1977.4.18

防衛医科大学校病院
防衛医科大学校病院を開設　　　1977.4.18

防衛を考える会
「防衛を考える会」を発足　　　1975.3.2

防衛改革委員会
防衛改革委員会の設置　　　　　1986.5.8

防衛会議
「防衛省設置法」改正法一部施行　2009.8.1

防衛閣僚懇談会
防衛閣僚懇談会の設置決定　　　1955.8.2
防衛閣僚懇談会、初会議　　　　1955.8.5
防衛閣僚懇談会、防衛6ヵ年計画を協
　議　　　　　　　　　　　　　1955.8.9

防衛関係予算
防衛関係予算21.43%増　　　　　1975.4.2

防衛官僚
防衛省改革会議が報告書提出　　2008.7.15
「防衛省設置法」改正法成立　　2015.6.10

防衛記者会
自衛隊イラク派遣報道に要望　　2004.1.9

防衛記念章制度
防衛記念章制度の新設　　　　　1981.11.20

防衛協力小委員会
「日米防衛協力のための指針」に了承
　　　　　　　　　　　　　　　1978.11.27

防衛計画
1954年度防衛増強計画の基本方針決
　定　　　　　　　　　　　　　1953.12.30
木村保安庁長官、防衛力増強の初年
　度計画を説明　　　　　　　　1954.1.11
陸上部隊に対するMSA援助期待額決
　定　　　　　　　　　　　　　1954.1.23

防衛計画大綱
「防衛計画の大綱について」決定　1976.10.29
中期防衛力整備計画の決定　　　1985.9.18
「平成8年度以降に係る防衛計画の大
　綱について」決定　　　　　　1995.11.28

防衛力の在り方検討会議が発足　2001.9.21
16大綱が決定　　　　　　　　　2004.12.10
17中期防が決定　　　　　　　　2004.12.10
「平成22年度の防衛力整備等につい
　て」を決定　　　　　　　　　2009.12.17
22大綱が決定　　　　　　　　　2010.12.17
23中期防が決定　　　　　　　　2010.12.17
「防衛力の実効性向上のための構造改
　革の推進に関する大臣指示」を発
　出　　　　　　　　　　　　　2010.12.27
「国家安全保障戦略」決定　　　2013.12.17

防衛研究
「日米共同作戦研究」「防衛研究」の報
　告　　　　　　　　　　　　　1981.4.8

防衛研究所
防衛研究所の設置　　　　　　　1985.4.6
第1回アジア・太平洋安全保障セミ
　ナー開催　　　　　　　　　　1994.12.1

防衛研修所
防衛庁発足　　　　　　　　　　1954.7.1
防衛研修所移転　　　　　　　　1954.8.15
陸自戦史室、防衛研修所に移管　1956.5.16
防衛研修所戦史室が移転　　　　1956.12.24
防衛研修所が移転　　　　　　　1958.4.27
防衛研究所の設置　　　　　　　1985.4.6

防衛弘済会
防衛弘済会設立　　　　　　　　1965.10.1

防衛懇談会
防衛懇談会、初会合を開催　　　1957.6.10

防衛産業
防衛産業の維持・育成戦略を決定　2014.6.19

防衛参事官制度
「防衛省設置法」改正法一部施行　2009.8.1

防衛施設技術協会
防衛施設庁談合事件で同庁幹部3人を
　逮捕　　　　　　　　　　　　2006.1.30
防衛施設庁談合事件で再逮捕　　2006.2.21

防衛施設周辺の生活環境の整備等に関
する法律　→　環境整備法を見よ

防衛施設中央審議会
防衛施設中央審議会発足　　　　2000.4.1

防衛施設庁
調達庁を防衛庁に移管　　　　　1958.8.1
「防衛庁設置法」・「自衛隊法」改正　1962.5.15
防衛施設庁発足　　　　　　　　1962.11.1
防衛施設庁、沖縄米軍基地の現地調査　1970.7.2
北富士の座り込み小屋撤去　　　1970.10.27
米陸軍根岸兵舎地区全面返還　　1972.6.19

日本安全保障史事典　　　　事項名索引　　　　ほうえ

在日米軍司令部、水戸射爆場を返還　1973.3.10
防衛費が世界7位の予算となる　　　1978.8.23
防衛庁情報公開開示請求者リスト事
　件の報告書公表　　　　　　　　　2002.6.11
防衛施設庁談合事件で同庁幹部3人を
　逮捕　　　　　　　　　　　　　　2006.1.30
防衛施設庁談合事件で再逮捕　　　　2006.2.21
山口県知事が米空母艦載機移駐を容
　認　　　　　　　　　　　　　　　2006.8.24
「防衛省設置法」・「自衛隊法」改正法
　公布　　　　　　　　　　　　　　2007.6.8
「防衛省設置法」・「自衛隊法」改正法
　施行　　　　　　　　　　　　　　2007.9.1

防衛施設庁談合事件
防衛施設庁談合事件で同庁幹部3人を
　逮捕　　　　　　　　　　　　　　2006.1.30
防衛施設庁談合事件で再逮捕　　　　2006.2.21
防衛施設庁談合事件の処分を発表　　2006.6.15
防衛施設庁談合事件1審判決　　　　2006.7.31

防衛省
自衛隊発足　　　　　　　　　　　　1954.7.1
防衛庁発足　　　　　　　　　　　　1954.7.1
防衛施設庁発足　　　　　　　　　　1962.11.1
自民党国防部会全員が辞表提出　　　1964.6.5
防衛省昇格の「防衛二法」改正案、閣
　議決定　　　　　　　　　　　　　1964.6.12
「防衛庁設置法」改正法公布　　　　2006.12.22
防衛省が発足　　　　　　　　　　　2007.1.9
北朝鮮が短距離ミサイルを発射　　　2007.5.25
「防衛省設置法」・「自衛隊法」改正法
　公布　　　　　　　　　　　　　　2007.6.8
「防衛省設置法」・「自衛隊法」改正法
　施行　　　　　　　　　　　　　　2007.9.1
緊急事態の速報に関する通達　　　　2008.3.7
イージス艦衝突事故で中間報告　　　2008.3.21
報道機関への情報漏えいで懲戒免職　2008.10.2
「宇宙開発利用に関する基本方針につ
　いて」決定　　　　　　　　　　　2009.1.15
弾道ミサイル発射と誤発表　　　　　2009.4.4
イージス艦衝突事故の最終報告書を
　発表　　　　　　　　　　　　　　2009.5.22
陸自内に大麻が蔓延　　　　　　　　2009.7.8
防衛省がイラク空輸記録を情報開示　2009.10.6
航空自衛隊事務用品発注官製談合事
　件　　　　　　　　　　　　　　　2010.3.5
「取得改革の今後の方向性」公表　　2010.9.7
自衛隊殉職隊員追悼式を挙行　　　　2010.10.23
航空自衛隊事務用品発注官製談合事
　件の報告書公表　　　　　　　　　2010.12.14

警察庁・防衛省にサイバー攻撃　　　2011.7.10
サイバー防衛隊、新設　　　　　　　2012.9.7
与那国島に自衛隊配備決定　　　　　2013.6.27
「防衛省改革の方向性」公表　　　　2013.8.30
沖縄基地負担軽減推進委員会の設置　2014.1.22
マレーシア航空機墜落　　　　　　　2014.3.8
サイバー防衛隊発足　　　　　　　　2014.3.26
防衛産業の維持・育成戦略を決定　　2014.6.19
「特定秘密保護法」施行　　　　　　2014.12.10
「特定秘密」指定　　　　　　　　　2015.1.9
沖縄県知事、辺野古埋立承認取消　　2015.10.13
防衛通信衛星、打ち上げ成功　　　　2017.1.24
日報を防衛省が隠蔽　　　　　　　　2017.7.28
陸上イージス導入　　　　　　　　　2017.8.17

防衛省改革会議
防衛省改革会議を設置　　　　　　　2007.11.16
防衛省改革会議が報告書提出　　　　2008.7.15

防衛省改革推進会議
第1回防衛省改革推進会議　　　　　2010.8.26

防衛省政策会議
第1回防衛省政策会議　　　　　　　2009.10.20

防衛省設置法
「防衛省設置法」案提出　　　　　　2001.6.28
「防衛省設置法」案廃案　　　　　　2003.10.10
「防衛庁設置法」改正法公布　　　　2006.12.22
「防衛省設置法」・「自衛隊法」改正法
　公布　　　　　　　　　　　　　　2007.6.8
「防衛省設置法」・「自衛隊法」改正法
　施行　　　　　　　　　　　　　　2007.9.1
「防衛省設置法」改正法施行　　　　2008.3.26
「防衛省設置法」改正法一部施行　　2009.8.1
「防衛省設置法」改正法施行　　　　2010.3.26
「防衛省設置法」改正法一部施行　　2010.4.1
「防衛省設置法」改正法一部施行　　2010.7.1
3士の階級を廃止　　　　　　　　　2010.10.1
「防衛省設置法」改正法成立　　　　2015.6.10
防衛装備庁発足　　　　　　　　　　2015.10.1
与那国島に自衛隊配備　　　　　　　2016.3.28

防衛生産委員会
経団連、防衛生産委員会を設置　　　1952.8.13

防衛生産委員会審議室
「経団連試案」策定　　　　　　　　1953.2月

防衛装備移転三原則
武器輸出新原則閣議決定　　　　　　2014.4.1

防衛装備庁
「防衛省設置法」改正法成立　　　　2015.6.10
防衛装備庁発足　　　　　　　　　　2015.10.1
ステルス機を公開　　　　　　　　　2016.1.27

－ 417 －

ほうえ 事項名索引 日本安全保障史事典

日英、戦闘機開発で協力 2017.3.16
空自輸送機開発完了 2017.3.27

防衛装備品開発
情報漏えい企業に違約金 2006.9.22

防衛装備品等の海外移転に関する基準
武器輸出基準緩和 2011.12.27

防衛隊
吉田首相、防衛隊新設を言明 1952.1.31
大橋国務相、防衛隊の名称は保安隊
が適当と発言 1952.2.1

防衛大学校
保安庁保安研修所・保安大学校・技
術研究所設置 1952.8.1
保安大学校開校 1953.4.1
防衛庁発足 1954.7.1
防衛大第1期生、初統合訓練 1956.7.23
防衛大第1期生卒業式 1957.3.26
防衛大学校1期生から将補への昇進 1982.7.1
防衛大に女子学生 1992.4.1

防衛大学校改革に関する検討委員会
防衛大学校改革に関する防衛大臣指
示を発出 2010.9.24

防衛大綱
日米防衛首脳会談の開催 1985.6.10

防衛大臣補佐官
「防衛省設置法」改正法一部施行 2009.8.1

防衛駐在官制度
防衛駐在官制度を改善 2003.5.7

防衛庁
保安庁発足 1952.8.1
自衛隊発足 1954.7.1
防衛庁発足 1954.7.1
木村防衛庁長官就任 1954.7.1
「自衛隊の災害派遣に関する訓令」決
定 1954.9.1
防衛6ヵ年計画の作成決定 1955.3.5
予備自衛官の訓練招集計画発表 1955.3.5
防衛6ヵ年計画案決定 1955.3.14
防衛庁、米からの供与弾薬数量を発表 1955.7.8
防衛庁、「調達白書」発表 1955.7.13
ジェット機生産に関する日米交換公
文提出 1955.7.27
部隊編成大要決定 1955.8.2
国防省設置方針が内定 1955.10.15
郷土防衛隊制度要綱案が内定 1955.10.18
自衛隊員第2次募集の応募状況発表 1955.10.18
海上幕僚監部等が移転開始 1956.3.23
防衛庁が移転開始 1956.3.23

航空幕僚監部が移転開始 1956.3.25
陸上幕僚監部等が移転開始 1956.3.28
防衛庁、F-86F戦闘機の製造組立契約
等を締結 1956.3.31
防衛庁霞ヶ関庁舎竣工 1956.3.31
平和のための防衛大博覧会開催 1958.3.20
「防衛庁設置法」改正（第4次改正） 1958.4.24
「防衛庁設置法」改正（第5次改正） 1958.5.23
調達庁を防衛庁に移管 1958.8.1
ミサイル・エリコン、横浜港で荷揚
げ拒否 1958.8.17
防衛庁、サイドワインダー14発発注 1958.9.10
防衛庁、移転開始 1960.1.11
防衛庁、治安行動基準の骨子を提出 1961.3.15
新島のミサイル道路工事契約調印 1961.3.22
新島のミサイル道路工事完了 1961.7.13
防衛庁、民間操縦士の受託教育に合
意 1962.5.18
米国より地対空ミサイル供与 1962.9.3
航空自衛隊機乗り逃げ未遂 1962.9.10
バッジ・システム調査団を米に派遣 1962.9.16
防衛施設庁発足 1962.11.1
防衛庁、地対空ミサイルの帰属を最
終決定 1962.12.26
米ヒューズ社製バッジ・システムの
採用決定 1963.7.1
国会で「三矢研究」につき追究 1965.2.10
「第3次防衛力整備計画」原案まとめ 1966.4.5
水戸射爆場移転、太田飛行場等返還
を発表 1966.6.27
自衛隊記念日を制定 1966.9.2
防衛庁、南ベトナムへ軍事使節団 1966.9.22
ミサイル基地を朝霞など3ケ所に決定
1966.11.24
防衛庁、在日米軍、協議会の設置で合
意 1968.10.10
防衛庁機能維持を図るため桧町警備
隊が編成 1968.11.21
防衛庁本館、落成式を挙行 1969.5.31
初の国防白書原案をまとめる 1969.9.16
防衛庁、准尉制度を新設 1970.5.25
第4次防衛力整備計画原案発表 1971.4.27
雫石事件 1971.7.30
沖縄軍用地賃借料6倍半に引上げ 1971.10.9
国防会議、自衛隊の沖縄配備を決定 1972.4.17
日本の防空識別圏に尖閣諸島を含む 1972.5.3
防衛庁、基地総合調整本部を設置 1972.6.26
第4次防衛力整備5か年計画原案決定 1972.8.1

- 418 -

増原防衛庁長官、平和時の防衛力を発表	1973.2.1	
防衛医科大学校を開校	1974.4.25	
大震災対処のため陸海空自協同の指揮所演習	1974.8.26	
自衛隊の宗教活動関与を禁止	1974.11.19	
防衛関係予算21.43%増	1975.4.2	
永年勤続者表彰制度の発足	1975.8.10	
ポスト4次防計画の経費試算を提出	1975.11.13	
防衛庁、次期FX候補を米国製にしぼる	1976.1.23	
第2回『防衛白書』を発表	1976.6.4	
ソ連、沖縄南東海域で海空合同演習	1976.7.7	
F-4EJ戦闘機の後継、F-15を採用	1976.12.9	
水戸地裁、百里基地訴訟で判決	1977.2.17	
防衛庁、有事法研究を開始	1977.8.10	
防衛庁、次期対潜哨戒機にP-3C導入	1977.8.24	
防衛庁、防衛に関する意識調査を発表	1977.10.30	
次期戦闘機・次期対潜哨戒機は「非戦力」とする見解	1978.2.15	
福田首相、防衛庁に有事立法等の研究を指示	1978.7.27	
防衛費が世界7位の予算となる	1978.8.23	
防衛庁、有事法制研究に理解を求める	1978.9.21	
「日米共同作戦研究」「防衛研究」の報告	1981.4.8	
有事法制の法令区分公表	1981.4.22	
「防衛庁設置法」と「自衛隊法」の一部改正、公布・施行	1983.12.2	
自衛隊、中央指揮システムの運用開始	1984.3.31	
内部部局の再編合理化	1984.7.1	
防衛庁、有事法制研究の進め方を公表	1984.10.16	
防衛研究所の設置	1985.4.6	
防衛改革委員会の設置	1986.5.8	
FS-X選定資料収集班の欧米派遣	1986.5月	
自衛隊、操縦士民間活用	1987.11.5	
自衛隊地区病院の共同機関化	1988.4.8	
防衛力検討委員会設置	1989.1.27	
衆議院安全保障委員会設置	1991.11.5	
政府専用機が防衛庁へ所属変更	1992.4.1	
防衛庁、特別航空輸送隊を設置	1993.6.1	
「防衛力の在り方検討会議」発足	1994.2.25	
「国際機関等に派遣される防衛庁の職員の処遇等に関する法律」公布	1995.10.27	

第1回アジア・太平洋地域防衛当局者フォーラム開催	1996.10.29
統合幕僚会議に情報本部を新設	1997.1.20
「中央省庁等改革基本法」公布・施行	1998.6.12
防衛庁調達実施本部背任事件	1998.9.3
防衛調達改革本部設置	1998.10.22
防衛庁調達実施本部を廃止	1998.11.19
調達改革の具体的措置を公表	1999.4.2
防衛庁とロシア国防省で交流の覚書	1999.8.16
「不審船にかかる共同対処マニュアル」策定	1999.12.27
防衛庁、市ヶ谷庁舎へ移転	2000.5.8
鳥取県西部地震発生	2000.10.6
治安出動に係る協定改正	2000.12.4
中央省庁再編	2001.1.6
ロシア軍機が領空侵犯	2001.2.14
ロシア軍機が領空侵犯	2001.4.11
生物兵器への対処に関する懇談会が報告書提出	2001.4.11
防衛力の在り方検討会議が発足	2001.9.21
九州南西海域工作船事件	2001.12.22
駐留軍等労働者労務管理機構設立	2002.4.1
防衛庁情報公開開示請求者リスト事件報道	2002.5.28
能登半島沖に不審船	2002.9.4
化学兵器禁止機関へ自衛隊員派遣	2002.10.1
国連PKO局に自衛官派遣	2002.12.2
自衛官募集で個人情報提供	2003.4.22
防衛駐在官制度を改善	2003.5.7
日本飛行機が水増し請求	2003.5.9
対戦車ヘリコプター墜落事故で賠償請求	2003.6.20
メモリアルゾーン完成披露	2003.9.11
「「イラク人道復興支援特別措置法」における実施要項」策定	2003.12.18
自衛隊イラク派遣の取材ルールを確認	2004.3.11
防衛庁・自衛隊発足50周年	2004.7.1
化学兵器禁止機関に自衛官派遣	2004.8.1
次期中期防予算を1兆円削減	2004.11.1
防衛庁・自衛隊50周年記念観閲式	2004.11.7
統合幕僚監部が発足	2006.3.27
「防衛庁設置法」改正法成立	2006.5.24
防衛施設庁談合事件の処分を発表	2006.6.15
「防衛庁設置法」改正法施行	2006.7.31
情報漏えい企業に違約金	2006.9.22
「防衛庁設置法」改正法公布	2006.12.22
防衛省が発足	2007.1.9

ほうえ　　　　　　　　　　事項名索引　　　　　　　　　日本安全保障史事典

防衛庁技術研究所
「防衛庁設置法」改正（第3次改正）　　1957.4.30
防衛庁技術研究本部
ミサイル・エリコン、横須賀の自衛
　隊用岸壁から陸揚げ　　　　　　　1958.8.24
新島試験場設置　　　　　　　　　　1962.3.1
防衛庁共済組合
市ヶ谷会館開館　　　　　　　　　　1964.3.12
防衛庁建設本部
調達庁を防衛庁に移管　　　　　　　1958.8.1
「防衛庁設置法」・「自衛隊法」改正　1962.5.15
防衛施設庁発足　　　　　　　　　　1962.11.1
防衛庁災害対策連絡室
豪雨で災害派遣　　　　　　　　　　2006.7.15
防衛庁施設法
「防衛庁施設法」・「自衛隊法」の一部
　を改正　　　　　　　　　　　　　1973.10.16
防衛庁情報公開開示請求者リスト事件
防衛庁情報公開開示請求者リスト事
　件報道　　　　　　　　　　　　　2002.5.28
内局、陸幕、空幕もリスト作成　　　2002.6.3
防衛庁情報公開開示請求者リスト事
　件の報告書公表　　　　　　　　　2002.6.11
防衛庁設置法
「防衛庁設置法」案・「自衛隊法」案、
　閣議決定　　　　　　　　　　　　1954.3.9
「防衛庁設置法」・「自衛隊法」成立　1954.6.2
「防衛庁設置法」・「自衛隊法」公布　1954.6.9
自衛隊発足　　　　　　　　　　　　1954.7.1
防衛庁発足　　　　　　　　　　　　1954.7.1
「防衛庁設置法」改正（第1次改正）　1955.8.1
「防衛庁設置法」・「自衛隊法」改正案
　成立　　　　　　　　　　　　　　1956.4.16
「防衛庁設置法」改正（第2次改正）　1956.4.20
「防衛庁設置法」改正（第3次改正）　1957.4.30
「防衛庁設置法」改正（第4次改正）　1958.4.24
「防衛庁設置法」改正（第5次改正）　1958.5.23
「防衛庁設置法」・「自衛隊法」改正案、
　強行採決　　　　　　　　　　　　1959.5.1
「防衛庁設置法」改正（第6次改正）　1959.5.12
「防衛庁設置法」・「自衛隊法」改正案、
　衆議院通過　　　　　　　　　　　1961.4.27
「防衛庁設置法」改正（第7次改正）　1961.6.12
「防衛庁設置法」・「自衛隊法」改正　1962.5.15
防衛施設庁発足　　　　　　　　　　1962.11.1
自民党国防部会全員が辞表提出　　　1964.6.5
防衛省昇格の「防衛二法」改正案、閣
　議決定　　　　　　　　　　　　　1964.6.12
「防衛庁設置法」改正　　　　　　　1964.12.28

「防衛庁設置法」・「自衛隊法」改正　1967.7.28
「防衛庁設置法」を改正　　　　　　1968.6.15
防衛二法案、参院本会議で強行採決　1969.7.23
防衛庁、准尉制度を新設　　　　　　1970.5.25
国防会議、自衛隊の沖縄配備を決定　1972.4.17
国防会議付議事項について決定　　　1973.1.25
「防衛庁設置法」、「自衛隊法」の一部
　改正　　　　　　　　　　　　　　1977.12.27
「防衛庁設置法」等の一部改正、公
　布・施行　　　　　　　　　　　　1980.11.29
「防衛庁設置法」と「自衛隊法」の一
　部改正、公布・施行　　　　　　　1983.12.2
「防衛庁設置法」改正　　　　　　　1986.5.27
「防衛庁設置法」と「自衛隊法」の一
　部改正、公布・施行　　　　　　　1986.12.19
「防衛庁設置法」と「自衛隊法」の一
　部改正、公布・施行　　　　　　　1987.12.15
「防衛庁設置法」と「自衛隊法」の一
　部改正、公布・施行　　　　　　　1988.11.1
航空自衛隊組織改編　　　　　　　　1989.3.16
「防衛庁設置法」改正公布　　　　　1996.5.29
「防衛庁設置法」改正公布　　　　　1997.5.9
「防衛庁設置法」改正公布　　　　　1998.4.24
「防衛庁設置法」・「自衛隊法」改正公
　布　　　　　　　　　　　　　　　1999.8.4
「防衛庁設置法」改正公布　　　　　2001.6.8
自衛隊インド洋派遣開始　　　　　　2001.11.9
「防衛庁設置法」改正法施行　　　　2002.3.27
自衛官定数を変更　　　　　　　　　2003.3.27
「防衛庁設置法」改正法公布　　　　2005.7.29
統合幕僚監部が発足　　　　　　　　2006.3.27
「防衛庁設置法」改正法成立　　　　2006.5.24
「防衛庁設置法」改正法施行　　　　2006.7.31
「防衛庁設置法」改正法公布　　　　2006.12.22
防衛省が発足　　　　　　　　　　　2007.1.9
防衛庁組織令
「防衛庁組織令」・「自衛隊法施行令」
　公布　　　　　　　　　　　　　　1954.6.30
防衛調達
日米防衛相会談　　　　　　　　　　2016.6.4
防衛庁調達実施本部
調達実施本部、2地方支部を設置　　1954.8.1
戦後初の国産艦建造契約を締結　　　1954.11.20
防衛庁調達実施本部を廃止　　　　　1998.11.19
防衛庁燃料談合事件で石油元売り会
　社に賠償命令　　　　　　　　　　2011.6.27
防衛庁調達実施本部背任事件
防衛庁調達実施本部背任事件　　　　1998.9.3
防衛庁長官問責決議案可決　　　　　1998.10.16

－ 420 －

日本安全保障史事典　　　　　事項名索引　　　　　ほうえ

防衛庁調達実施本部を廃止　　1998.11.19
　額賀防衛庁長官辞任　　　　　1998.11.20
　防衛庁調達実施本部背任事件1審判決　2003.5.8

防衛庁統合幕僚会議
　国会で「三矢研究」につき追究　1965.2.10

防衛庁燃料談合事件
　防衛庁燃料談合事件で石油元売り会
　　社に賠償命令　　　　　　　2011.6.27

防衛庁の職員の給与等に関する法律
　有事関連3法案が決定　　　　2002.4.16
　防衛庁職員の給与改定　　　　2002.12.1
　有事関連3法が成立　　　　　　2003.6.6
　「自衛隊法」・「防衛庁の職員の給与等
　　に関する法律」改正法公布・施行　2003.6.13
　防衛庁職員の給与改定　　　　2005.12.1

防衛庁防衛研修所
　防衛研修所移転　　　　　　　1954.8.15
　防衛研修所が移転　　　　　　1958.4.27

防衛通信衛星
　防衛通信衛星、打ち上げ成功　2017.1.24

防衛道路整備合同委員会
　防衛道路整備合同委員会設置に合意　1954.6.24

防衛特別委員会
　衆議院議員運営委、防衛特別委を設置　1977.5.26

『防衛白書』
　初の国防白書原案をまとめる　1969.9.16
　初の『防衛白書』を発表　　　1970.10.20
　第2回『防衛白書』を発表　　　1976.6.4
　『防衛白書』閣議了承　　　　1977.7.29
　『防衛白書』閣議了承　　　　1978.7.28
　『防衛白書』閣議了承　　　　1990.9.18
　『防衛白書』を了承　　　　　2003.8.5
　『防衛白書』を了承　　　　　2004.7.6
　『防衛白書』を了承　　　　　2005.8.2

防衛費
　防衛分担金削減に関する日米共同声
　　明発表　　　　　　　　　　1955.4.19
　防衛分担金削減に関する日米共同声
　　明発表　　　　　　　　　　1956.1.30
　防衛費が世界7位の予算となる　1978.8.23
　次期中期防予算を1兆円削減　2004.11.1
　小泉首相が防衛予算削減を表明　2004.12.2
　「平成22年度の防衛力整備等につい
　　て」を決定　　　　　　　　2009.12.17

防衛費対GNP1％枠
　「防衛計画の大綱について」決定　1976.10.29
　竹田統合幕僚会議議長発言問題　1981.2.1
　統合幕僚会議議長更迭　　　　1981.2.16

日米防衛首脳会談の開催　　　1985.6.10
中期防衛力整備計画の決定　　1985.9.18
昭和62年度予算で防衛費1％枠突破　1986.12.30
中曽根首相の防衛費に関する見解表
　明　　　　　　　　　　　　1987.1.4
「今後の防衛力整備について」の決定　1987.1.24
社会党・公明党、防衛費について発表　1990.1.2

防衛秘密
　「自衛隊法」一部改正　　　　2001.11.2
　秘密保全のための罰則の強化を施行　2002.11.1

防衛秘密保護法
　「防衛秘密保護法」公布　　　1954.6.9
　「防衛秘密保護法」・新「警察法」施行　1954.7.1
　「防衛秘密保護法」改正案・「恩給法」
　　改正案が可決成立　　　　　1955.7.27
　イージス艦情報漏えい事件で強制捜
　　査　　　　　　　　　　　　2007.6.5
　イージス艦情報漏えい事件で護衛艦
　　などを強制捜査　　　　　　2007.8.28
　イージス艦情報漏えい事件で3等海佐
　　を逮捕　　　　　　　　　　2007.12.13
　イージス艦情報漏えい事件で有罪判
　　決　　　　　　　　　　　　2008.10.28
　イージス艦情報漏えい事件で控訴審
　　判決　　　　　　　　　　　2009.12.3

防衛分担金
　1952年度防衛分担金協議　　　1952.1.9
　岡崎・アリソン両代表、防衛分担金
　　削減に合意　　　　　　　　1954.4.6
　防衛分担金削減につき、一万田・ア
　　リソン会談　　　　　　　　1954.12.30
　アリソン米大使、防衛分担金削減に
　　関する覚書を手交　　　　　1955.2.3
　防衛分担金削減に関する日米正式交
　　渉開始　　　　　　　　　　1955.3.25
　防衛分担金削減につき、一万田・ア
　　リソン会談　　　　　　　　1955.4.5
　防衛分担金削減に関する日米共同声
　　明発表　　　　　　　　　　1955.4.19
　防衛分担金削減に関する日米共同声
　　明発表　　　　　　　　　　1956.1.30
　防衛分担金問題で、石橋・アリソン
　　会談　　　　　　　　　　　1957.1.16

防衛目的のためにする特許権及び技術上の知識の交流を容易にするための日本国政府とアメリカ合衆国政府との間の協定　→　日米技術協定を見よ

防衛問題懇談会
　「防衛問題懇談会」発足　　　1994.2.23

– 421 –

防衛力検討委員会
防衛力検討委員会設置 1989.1.27
防衛力整備計画
「防衛力整備計画第1次案」策定 1953.3.31
1957年度防衛力整備計画が決定 1957.1.19
「第2次防衛力整備計画」決定 1961.7.18
バッジ・システム調査団を米に派遣 1962.9.16
防衛庁、地対空ミサイルの帰属を最
　終決定 1962.12.26
「第3次防衛力整備計画」原案まとめ 1966.4.5
第3次防衛力整備計画大綱を閣議決定
 1966.11.29
第3次防衛力整備計画の主要項目が決
　定 1967.3.13
長沼ナイキ事件が発生 1969.7.7
第4次防衛力整備計画の概要まとめる
 1970.10.21
空中早期警戒機の開発を4次防から除
　外 1971.4.1
第4次防衛力整備計画原案発表 1971.4.27
第4次防衛力整備計画大綱決定 1972.2.8
第4次防衛力整備5か年計画原案決定 1972.8.1
4次防主要項目、文民統制強化などが
　決定 1972.10.9
戦闘機輸入で合意 1972.11.21
4次防後の防衛力整備計画案作成を指
　示 1975.4.1
ポスト4次防計画の経費試算を提出 1975.11.13
4次防の主要項目取扱について決定 1975.12.30
防衛庁、次期FX候補を米国製にしぼ
　る 1976.1.23
「防衛計画の大綱について」決定 1976.10.29
防衛計画の体系化が確立 1977.4.15
中期防衛力整備計画の決定 1985.9.18
「今後の防衛力整備について」の決定 1987.1.24
社会党・公明党、防衛費について発表 1990.1.2
「平成3年度以降の防衛計画の基本的
　考え方について」閣議決定 1990.12.19
「中期防衛力整備計画について」閣議
　決定 1990.12.20
「中期防衛力整備計画の修正につい
　て」閣議決定 1992.12.18
「平成8年度以降に係る防衛計画の大
　綱について」決定 1995.11.28
「中期防衛力整備計画について」決定
 1995.12.14
中期防衛力整備計画決定 1997.12.19
空中給油機能について 1999.12.17
「中期防衛力整備計画」決定 2000.12.15
防衛力の在り方検討会議が発足 2001.9.21
次期中期防予算を1兆円削減 2004.11.1
17中期防が決定 2004.12.10
防衛力整備内容などを決定 2007.12.24
17中期防見直しが決定 2008.12.20
「平成22年度の防衛力整備等につい
　て」を決定 2009.12.17
23中期防が決定 2010.12.17
「防衛力の実効性向上のための構造改
　革の推進に関する大臣指示」を発
　出 2010.12.27
「国家安全保障戦略」決定 2013.12.17
防衛力整備計画（第1次）
「防衛力整備目標」閣議了解 1957.6.14
防衛力整備計画（第2次）
「第2次防衛力整備計画」決定 1961.7.18
バッジ・システム調査団を米に派遣 1962.9.16
防衛庁、地対空ミサイルの帰属を最
　終決定 1962.12.26
防衛力整備計画（第3次）
「第3次防衛力整備計画」原案まとめ 1966.4.5
第3次防衛力整備計画大綱を閣議決定
 1966.11.29
第3次防衛力整備計画の主要項目が決
　定 1967.3.13
長沼ナイキ事件が発生 1969.7.7
防衛力整備計画（第4次）
第4次防衛力整備計画の概要まとめる
 1970.10.21
空中早期警戒機の開発を4次防から除
　外 1971.4.1
第4次防衛力整備計画原案発表 1971.4.27
第4次防衛力整備計画大綱決定 1972.2.8
第4次防衛力整備5か年計画原案決定 1972.8.1
4次防主要項目、文民統制強化などが
　決定 1972.10.9
戦闘機輸入で合意 1972.11.21
4次防の主要項目取扱について決定 1975.12.30
防衛力整備に関する一試案
「経団連試案」策定 1953.2月
防衛力整備目標
「防衛力整備目標」閣議了解 1957.6.14
防衛力漸増問題
吉田首相、防衛力漸増問題を協議 1951.11.22
防衛力の在り方検討会議
「防衛力の在り方検討会議」発足 1994.2.25
防衛力の在り方検討会議が発足 2001.9.21

防衛力の在り方検討のための委員会
「防衛力の在り方検討のための委員
会」設置 2013.1.25

防衛力の構造改革推進委員会
「防衛力の実効性向上のための構造改
革の推進に関する大臣指示」を発
出 2010.12.27

防衛6ヵ年計画
防衛6ヵ年計画の作成決定 1955.3.5
防衛6ヵ年計画案決定 1955.3.14
防衛閣僚懇談会、防衛6ヵ年計画を協
議 1955.8.9

包括的核実験停止条約
国連軍縮特別総会に向け、軍縮で国
会決議 1978.5.23

包括テロ防止条約
G8外相会議を開催 2002.6.12

防空識別区
中国、尖閣含む防空識別区設定 2013.11.23

防空準備態勢
航空自衛隊、防空準備態勢強化 1962.10.23
第101高射大隊、防空準備態勢維持任
務を開始 1963.6.18

宝珠山 昇
防衛施設庁長官、村山首相を批判 1995.10.18
防衛施設庁長官、沖縄の基地返還は
非現実的と発言 1994.9.9

邦人送還に関する日ソ赤十字社共同コ
ミュニケ → 赤十字協定を見よ

『宝石』
竹田統合幕僚会議議長発言問題 1981.2.1
統合幕僚会議議長更迭 1981.2.16

外薗 健一朗
田母神論文問題 2008.10.31
航空自衛隊事務用品発注官製談合事
件の報告書公表 2010.12.14

補給艦
第2次カンボジア派遣海上輸送部隊出
港 1993.8.10

補給支援特別措置法
「補給支援特別措置法」公布・施行 2008.1.16
自衛隊インド洋派遣再開を命令 2008.1.17
自衛隊インド洋派遣を再開 2008.1.24
インド洋で洋上給油再開 2008.2.21
自衛隊インド洋派遣と自衛隊イラク
派遣の期限延長 2008.6.13
「補給支援特別措置法」改正法公布・
施行 2008.12.16

自衛隊インド洋派遣の期限延長 2009.7.3
自衛隊インド洋派遣が終了 2010.1.15

ホーク
防衛庁、地対空ミサイルの帰属を最
終決定 1962.12.26
ミサイル基地を朝霞など3ケ所に決定
1966.11.24
ミサイル国産化の日米協定が成立 1967.10.13

北緯38度線
ソ連軍、平壌に侵攻 1945.8.24
朝鮮戦争勃発 1950.6.25
「朝鮮休戦協定」調印 1953.7.27

北爆
米軍、北ベトナムを爆撃 1965.2.7

北部訓練場
北部訓練場の返還 2016.12.22

保科 善四郎
米内海軍大臣、日本海軍の再建を託
す 1945.8.15
「海軍再建工作」着手 1951.1.17
「経団連試案」策定 1953.2月

保守3党折衝
保守3党折衝で自衛隊の任務につき意
見一致 1953.12.15
保守3党折衝で国防会議の構成決定 1954.5.28

保守新党
有事関連3法が成立 2003.6.6
第43回総選挙 2003.11.9

保守党
与党3党「有事法制」に関し政府に申
入れ 2000.3.16
国会が自衛隊インド洋派遣を承認 2001.11.27

細川 護熙
細川内閣が発足 1993.8.9
「防衛問題懇談会」発足 1994.2.23

細田 吉蔵
久保田防衛庁長官辞任 1980.2.4

細田 博之
北朝鮮提供の遺骨が別人の骨と判明 2004.12.8

北海道
政府、領空侵犯機排除に米国の協力
要請 1953.1.13
陸上自衛隊の北海道移駐を発表 1954.7.9
木村防衛庁長官、海空防衛力強化方
針 1954.7.24
陸上自衛隊、北海道に移駐開始 1954.8.31
北海道の米軍撤退 1954.9.24
ばんだい号墜落事故 1971.7.3

ほつか　　　　　　　　　　　　事項名索引　　　　　　　　　日本安全保障史事典

北海道の大雪で災害派遣　　　　　2015.2.2
台風10号豪雨災害　　　　　　　2016.8.30
鳥インフルエンザ対応　　　　　2016.12.16
北海道海面漁業調整規則
「第31吉進丸」船長らを書類送検　　2007.3.2
ロシアが漁船4隻を拿捕　　　　2007.12.13
北海道警察
自衛隊と道警が図上共同訓練　　2002.11.18
自衛隊と道警が共同実動訓練　　2005.10.20
北海道南西沖地震
北海道南西沖地震発生　　　　　1993.7.12
ポツダム宣言
第二次世界大戦終結　　　　　　1945.8.15
鈴木内閣総辞職　　　　　　　　1945.8.15
「国防保安法」等廃止　　　　　1945.10.13
「ポツダム」宣言の受諾に伴い発する命令に関する件に基く国防保安法廃止等に関する件
「国防保安法」等廃止　　　　　1945.10.13
北方領土
ソ連軍、北方領土占領　　　　　1945.8.18
「北方領土におけるソ連軍の動向」発表　　　　　　　　　　　　1979.10.2
「北方領土の日」の閣議決定　　　1981.1.6
長谷川防衛庁長官、北方領土の視察　1983.6.12
日露首脳会談を開催　　　　　2001.10.21
日露外務次官級協議を開催　　　2002.3.13
小泉首相が北方領土を視察　　　2004.9.2
安倍首相が米中露首脳と相次ぎ会談
　　　　　　　　　　　　　2006.11.18
日露首脳会談を開催　　　　　2008.11.22
人道支援物資供与事業でロシアが出入国カード提出を要求　　　2009.1.28
北方領土入国に出入国カード提出不要　　　　　　　　　　　　　2009.5.1
日露首脳会談を開催　　　　　　2009.5.12
「北方領土問題等解決促進特別措置法」改正　　　　　　　　　　　2009.7.3
日露首脳会談を開催　　　　　　2009.9.23
日露首脳会談を開催　　　　　　2010.6.26
ロシア大統領が北方領土訪問　　2010.11.1
ロシア首相、国後島訪問　　　　2012.7.3
日露首脳会談　　　　　　　　　2013.4.29
北方領土協議再開　　　　　　　2013.8.19
ロシア、北方領土で軍事演習　　2014.8.12
ロシア首相、択捉島訪問　　　　2015.8.22
日露首脳会談　　　　　　　　　2016.5.6
ロシア軍、北方領土へミサイル配備　2016.11.22

日露首脳会談　　　　　　　　2016.12.15
日露首脳会談　　　　　　　　2017.4.27
北方領土問題等解決促進特別措置法
「北方領土問題等解決促進特別措置法」改正　　　　　　　　　　2009.7.3
ポーランド　⇔　ビシェグラード4をも見よ
「対日講和条約」調印　　　　　1951.9.8
ポーランド
東欧4カ国首脳と会談　　　　　2013.6.16
捕虜取扱い法
有事関連7法案が決定　　　　　2004.3.9
有事関連7法が成立　　　　　　2004.6.14
「捕虜取扱い法」公布　　　　　2004.6.18
ボルド
日モンゴル防衛相会談　　　　　2012.1.11
ホンジュラス
ホンジュラスに自衛隊派遣　　　1998.11.14

【 ま 】

マイクロ回線
防衛マイクロ回線の建設　　　　1977.4.1
防衛マイクロ回線の全面運用開始　1985.3.31
『毎日新聞』
ライシャワー発言　　　　　　1981.5.18
防衛庁情報公開開示請求者リスト事件報道　　　　　　　　　　2002.5.28
マイヤー, アーミン
軍事援助顧問団を相互防衛援助事務所に改称　　　　　　　　　1969.7.4
在日基地を自衛隊管理の意向表明　1970.2.9
「日米安全保障条約」の自動延長で声明　　　　　　　　　　　1970.5.28
沖縄毒ガス早期撤去を確約　　　1970.5.29
前原 誠司
尖閣諸島への「安保条約」適用を明言
　　　　　　　　　　　　　2010.9.23
太平洋・島サミット中間閣僚会合を開催　　　　　　　　　　　2010.10.16
日米韓外相会談を開催　　　　　2010.12.6
「思いやり予算」協定署名　　　2011.1.21
マーカット, ウィリアム
1952年度防衛分担金協議　　　1952.1.9
槇 智雄
保安大学校開校　　　　　　　　1953.4.1

マクダネル・ダグラス社

航空自衛隊、F-104J戦闘機の後継決
定　　　　　　　　　　　　　　　1968.11.1
F-4EJ戦闘機の後継、F-15を採用　1976.12.9
F-15DJのライセンス国産へ切り替え
　　　　　　　　　　　　　　　1984.12.28

マーク・ミッチェル

日ニュージーランド防衛相会談　　2017.6.4

増田 甲子七

第1次佐藤第3次改造内閣発足　　　1966.12.3
第2次佐藤内閣発足　　　　　　　1967.2.17
防衛庁長官、戦闘爆撃機の保有は可
能と答弁　　　　　　　　　　　1967.3.25
第2次佐藤第1次改造内閣発足　　1967.11.25
漁船保護のための自衛艦出動に言明　1968.2.11

益田 兼利

三島由紀夫、割腹自殺　　　　　1970.11.25

増田 好平

海上幕僚長を更迭　　　　　　　　2008.3.24

増原 恵吉

増原警察予備隊本部長官が就任　　1950.8.14
吉田首相、「士官」養成機関の設立検
討を指示　　　　　　　　　　　1951.5.17
保安庁発足　　　　　　　　　　　1952.8.1
防衛道路整備合同委員会設置に合意　1954.6.24
第3次佐藤改造内閣が発足　　　　1971.7.5
増原防衛庁長官辞任　　　　　　　1971.8.2
第1次田中内閣が発足　　　　　　1972.7.7
第2次田中内閣が発足　　　　　1972.12.22
増原防衛庁長官、平和時の防衛力を
発表　　　　　　　　　　　　　1973.2.1
増原防衛庁長官辞任　　　　　　　1973.5.29

町村 信孝

イラク復興支援信託基金東京会合　2004.10.13
日米外相会談を開催　　　　　　2004.10.24
漢級原子力潜水艦領海侵犯事件　　2004.11.10
日韓外相会談を開催　　　　　　　2005.4.7
自衛隊イラク派遣差し止め訴訟控訴
審判決　　　　　　　　　　　　2008.4.17
自衛隊イラク派遣撤収を表明　　　2008.9.11

松井 石根

東条ら7戦犯の死刑執行　　　　　1948.12.23

松内 純隆

イージス艦情報漏えい事件で3等海佐
を逮捕　　　　　　　　　　　2007.12.13
イージス艦情報漏えい事件で有罪判
決　　　　　　　　　　　　　2008.10.28
イージス艦情報漏えい事件で控訴審
判決　　　　　　　　　　　　　2009.12.3

マッカーサー, ダグラス

マッカーサー、戦闘停止を命令　　1945.8.16
マッカーサー、厚木に到着　　　　1945.8.30
マッカーサー、日本管理方針の声明
発表　　　　　　　　　　　　　1945.9.9
天皇、マッカーサーを訪問　　　　1945.9.27
GHQ/SCAP設置　　　　　　　　1945.10.2
マッカーサー、早期講和を提唱　　1947.3.17
米国務省・陸軍省、日本再軍備を進
言　　　　　　　　　　　　　1948.11.22
マッカーサー、「NSC13/2文書」を拒
否　　　　　　　　　　　　　1948.12.18
マッカーサー、「反共の防壁」の声明　1949.7.4
マッカーサー、年頭声明で自衛権を
肯定　　　　　　　　　　　　　1950.1.1
ブラッドレー米統合参謀本部議長来
日　　　　　　　　　　　　　　1950.1.31
対日理事会ソ連代表、日本の軍事基
地化を批判　　　　　　　　　　1950.5.2
国連軍の米国指揮決定　　　　　　1950.7.7
警察予備隊創設指令　　　　　　　1950.7.8
国連軍司令部設置　　　　　　　　1950.7.25
琉球列島米国民政府に関する指令通
達　　　　　　　　　　　　　1950.12.5
マッカーサー、年頭声明で日本再軍
備を強調　　　　　　　　　　　1951.1.1
マッカーサー解任　　　　　　　　1951.4.11

マッカーサー, ダグラス（2世）

日米安保委員会、初会合を開催　　1957.8.16
「日米安保条約」と「国連憲章」との
関係に関する公文を交換　　　　1957.9.14
第1回日米安保協議委員会　　　　1960.9.8

マッカーサー書簡

警察予備隊創設指令　　　　　　　1950.7.8

松木 薫

拉致問題に関する事実調査チームを
派遣　　　　　　　　　　　　　2002.9.28
松木さんの「遺骨」は偽物　　　2002.11.11
北朝鮮提供の遺骨が別人の骨と判明　2004.12.8
拉致事件でよど号グループメンバー
の妻に逮捕状　　　　　　　　　2007.6.13

松田 隆繁

防衛施設庁談合事件で同庁幹部3人を
逮捕　　　　　　　　　　　　　2006.1.30
防衛施設庁談合事件で再逮捕　　　2006.2.21
防衛施設庁談合事件1審判決　　　2006.7.31

松野 頼三

第1次佐藤第1次改造内閣発足　　　1965.6.3
第6回日米安保協議委員会　　　　1965.9.1

自衛隊の海外派兵に「自衛隊法」を検
討表明　　　　　　　　　　1966.2.24
早期警戒機導入疑惑　　　　　1979.1.8

松前町
中国軍艦が領海侵犯　　　　　2017.7.2

松本 京子
17人目の拉致被害者を認定　2006.11.20

松本 十郎
海部内閣が発足　　　　　　　1989.8.10

マティス, ジェームズ
マティス長官、尖閣に安保適用明言　2017.2.3
日米防衛相会談　　　　　　　2017.2.4
日米韓防衛相会談　　　　　　2017.6.3
日米豪防衛相会談　　　　　　2017.6.3
日米防衛相会談　　　　　　　2017.6.3
日米韓防衛相会談　　　　　2017.10.23
日米防衛相会談　　　　　　2017.10.23

マニフェスト解散
「防衛省設置法」案廃案　　2003.10.10

マニャン
小野寺防衛相、南スーダン訪問　2014.5.8
中谷防衛相、南スーダン訪問　2015.1.19

マーフィー, ロバート・ダニエル
極東委員会・対日理事会・GHQ廃止　1952.4.28
政府、領空侵犯機排除に米国の協力
要請　　　　　　　　　　　1953.1.13

麻薬取締法違反
海上自衛隊横須賀通信隊員覚せい剤
使用事件　　　　　　　　　2001.5.14

マラッカ海峡
マラッカ海峡で海賊が日本船を襲撃　2005.3.14

マリアナ海難
マリアナ海難に災害派遣　　　1965.10.9

マリキ, ヌーリー
麻生外相がバグダッド訪問　　2006.8.3

マリタイム・ガーデニア号
重油流出で災害派遣　　　　　1990.2.1

マレーシア　⇔　日マレーシア～をも見よ
リムパック2010に参加　　　2010.6.23
リムパック2012に参加　　　2012.6.23
リムパック2014に参加　　　2014.6.26
リムパック2016に参加　　　2016.6.30

マレーシア航空機墜落
マレーシア航空機墜落　　　　2014.3.8

【み】

みうら
カンボジアへ自衛隊派遣　　　1992.9.17
第2次カンボジア派遣海上輸送部隊出
港　　　　　　　　　　　　1993.8.10

三重県
台風12号豪雨災害　　　　　　2011.9.3

三上 卓
三無事件　　　　　　　　　1961.12.12

三木 武夫
改進党結成　　　　　　　　　1952.2.8
佐藤首相、武器禁輸三原則を言明　1967.4.21
米原子力空母エンタープライズ初寄
港　　　　　　　　　　　　1968.1.19
三木内閣が発足　　　　　　　1974.12.9
三木改造内閣が発足　　　　　1976.9.15

三木 武吉
第1次公職追放解除　　　　　1951.6.20

ミグ25事件　→　ベレンコ中尉亡命事件
を見よ

未契約米軍用地強制使用
「駐留軍用地特別措置法」公布・施行　1952.5.15
沖縄未契約米軍用地強制使用手続き
開始　　　　　　　　　　1980.11.17
未契約米軍用地5年間強制使用申請　1981.3.20
未契約米軍用地強制使用申請　　1982.4.1
沖縄所在施設等使用開始　　　1982.5.15
未契約米軍用地20年間強制使用申請　1985.8.5
軍用地の強制使用手続きを開始　1990.6.26
沖縄軍用地の強制使用手続き開始　1995.3.3
沖縄県知事、代理署名拒否　　1995.9.28
橋本首相、知事に代わって土地調書・
物件調書代理署名　　　　　1996.3.29
「象のオリ」使用期限切れる　　1996.4.1
代理署名についての職務執行命令訴
訟判決　　　　　　　　　　1996.8.28
「駐留軍用地特別措置法」改正公布・
施行　　　　　　　　　　　1997.4.25
「駐留軍用地特別措置法」改正法施行　2000.4.1

ミサイル
第4回日米安保委員会で、サイドワイ
ンダー供与決定　　　　　　1957.12.19
ミサイル・エリコン、横浜港で荷揚
げ拒否　　　　　　　　　　1958.8.17

ミサイル・エリコン、横須賀の自衛
　隊用岸壁から陸揚げ　　　　　1958.8.24
防衛庁、サイドワインダー14発発注　1958.9.10
新島のミサイル道路工事契約調印　1961.3.22
新島のミサイル道路工事完了　　1961.7.13
新島試験場設置　　　　　　　　1962.3.1
米国より地対空ミサイル供与　　1962.9.3
ナイキ部隊創設の米国集団留学第1陣
　が帰国　　　　　　　　　　　1962.11.3
防衛庁、地対空ミサイルの帰属を最
　終決定　　　　　　　　　　　1962.12.26
国産初の空対空ミサイル発射実験成
　功　　　　　　　　　　　　　1963.7.8
ミサイル基地を朝霞など3ケ所に決定
　　　　　　　　　　　　　　　1966.11.24
ミサイル国産化の日米協定が成立　1967.10.13
日本初の自主開発ミサイルを制式化
　　　　　　　　　　　　　　　1969.12.24
航空自衛隊、第3高射群を編成　　1970.6.30
要撃機、ミサイル搭載　　　　　1980.8.18
空対艦誘導弾、制式化　　　　　1980.12.22
地対空ミサイル「ペトリオット」の選
　定　　　　　　　　　　　　　1983.6.30
ペトリオットミサイルの導入決定　1984.12.28
核弾頭つきミサイル持ち込み問題　1988.8.31
90式空対空ミサイルを制式化　　1990.12.18
北朝鮮、日本海にミサイル発射　1993.5.29
93式空対艦誘導弾（ASM-2）を制式化
　　　　　　　　　　　　　　　1993.11.30
北朝鮮がミサイル発射　　　　　1998.8.31
政府、KEDOの調印を拒否　　　1998.8.31
情報収集衛星の導入決定　　　　1998.12.22
「弾道ミサイル防衛に係る日米共同技
　術研究について」を了承　　　1998.12.25
弾道ミサイル防衛に係る日米間の交
　換公文及び了解覚書、署名　　1999.8.16
北朝鮮チャーター便運行停止解除　1999.11.2
99式空対空誘導弾を制式化　　　1999.11.22
北朝鮮が連続で地対艦ミサイル発射
　実験　　　　　　　　　　　　2003.2.25
BMDシステムの導入決定　　　　2003.12.19
弾道ミサイル防衛のための「自衛隊
　法」改正案が決定　　　　　　2005.2.15
北朝鮮が新型短距離弾道ミサイルを
　発射　　　　　　　　　　　　2005.5.1
BMDの第三国供与を否定せず　　2005.7.14
PAC-3ライセンス生産が可能に　2005.7.19
ミサイル防衛のための「自衛隊法」改
　正法成立　　　　　　　　　　2005.7.22
「防衛庁設置法」改正法公布　　2005.7.29

BMDシステム用能力向上型迎撃ミサ
　イルの日米共同開発が決定　　2005.12.24
第1回日朝包括並行協議　　　　2006.2.4
統合幕僚監部が発足　　　　　　2006.3.27
北朝鮮が弾道ミサイル発射実験　2006.7.5
米国への武器技術供与が決定　　2006.7.19
弾道弾迎撃ミサイル搭載イージス艦
　を横須賀基地に配備　　　　　2006.8.29
アジア欧州会議第6回首脳会合　2006.9.10
対北朝鮮金融制裁を決定　　　　2006.9.19
六者会合再開に向けて日韓の連携強
　化　　　　　　　　　　　　　2006.11.5
安倍首相が米中露首脳と相次ぎ会談
　　　　　　　　　　　　　　　2006.11.18
弾道ミサイル等に対する破壊措置に
　関する緊急対処要領　　　　　2007.3.23
入間基地にPAC-3配備　　　　　2007.3.30
北朝鮮が短距離ミサイルを発射　2007.5.25
SM-3発射試験に成功　　　　　　2007.12.18
防衛力整備内容などを決定　　　2007.12.24
北朝鮮が艦対艦ミサイルを発射　2008.3.28
「宇宙基本法」公布　　　　　　2008.5.21
G8京都外相会議を開催　　　　　2008.6.26
SM-3発射実験に失敗　　　　　　2008.11.19
日米首脳会談を開催　　　　　　2009.2.24
日中外相会談を開催　　　　　　2009.2.28
弾道ミサイル等に対する破壊措置の実
　施に関する自衛隊行動命令を発令 2009.3.27
日米韓外相会談を開催　　　　　2009.3.31
北朝鮮にミサイル発射自制を求める
　決議　　　　　　　　　　　　2009.3.31
弾道ミサイル発射と誤発表　　　2009.4.4
北朝鮮が弾道ミサイル発射実験　2009.4.5
日中韓首脳会談　　　　　　　　2009.4.11
北朝鮮が核実験　　　　　　　　2009.5.25
日米韓防衛相会談　　　　　　　2009.5.30
北朝鮮が弾道ミサイル発射　　　2009.7.4
日韓首脳会談を開催　　　　　　2009.9.23
日米首脳会談を開催　　　　　　2009.9.23
北朝鮮が短距離弾道ミサイル発射　2009.10.12
第2高射群第6高射隊にPAC-3配備　2010.4.26
「貨物検査特別措置法」成立　　2010.5.28
日米共同統合演習を開始　　　　2010.12.3
北朝鮮、ミサイル発射予告　　　2012.3.16
空自航空総隊司令部、横田へ移転　2012.3.26
弾道ミサイル破壊措置命令　　　2012.3.30
日英首脳会談　　　　　　　　　2012.4.10
北朝鮮、ミサイル発射失敗　　　2012.4.13

北朝鮮ミサイル発射予告、日朝政府間協議延期　2012.12.1
弾道ミサイル破壊措置命令　2012.12.7
北朝鮮、ミサイル発射　2012.12.12
国連安保理、北朝鮮ミサイルに制裁決議　2013.1.22
弾道ミサイル破壊措置命令　2013.4.7
日米韓防衛相会談　2013.6.1
北朝鮮、ミサイル発射続く　2014.3.3
日米韓首脳会談　2014.3.25
日米豪防衛相会談　2014.5.30
日米韓防衛相会談　2014.5.31
米軍新レーダー運用開始　2014.12.26
北朝鮮、ミサイル発射　2015.3.2
北朝鮮、ミサイル発射　2015.5.9
北朝鮮、ミサイル発射　2016.2.7
北朝鮮、相次ぐミサイル発射　2016.3.3
北朝鮮、ミサイル発射失敗　2016.4.15
北朝鮮、ミサイル発射失敗　2016.4.23
日韓防衛相会談　2016.6.4
日米韓防衛相会談　2016.6.4
北朝鮮、ミサイル発射　2016.6.22
日米韓ミサイル警戒演習　2016.6.28
北朝鮮、ミサイル発射　2016.7.19
北朝鮮、ミサイル発射　2016.8.3
北朝鮮、ミサイル発射　2016.8.24
北朝鮮、ミサイル発射　2016.9.5
日韓首脳会談　2016.9.7
北朝鮮、ミサイル発射失敗　2016.10.15
ロシア軍、北方領土へミサイル配備　2016.11.22
国家安全保障会議開催　2016.12.22
弾道ミサイルの迎撃実験成功　2017.2.4
北朝鮮、ミサイル発射　2017.2.12
日米韓、弾道ミサイル情報共有訓練　2017.3.14
日露外務・防衛閣僚協議、開催　2017.3.20
日米韓、初の対潜水艦戦共同訓練　2017.4.3
日豪外務・防衛閣僚協議、開催　2017.4.20
日米韓防衛相会談　2017.6.3
日米豪防衛相会談　2017.6.3
日米防衛相会談　2017.6.3
北朝鮮、ミサイル発射　2017.6.8
北朝鮮、ミサイル発射　2017.7.4
陸上イージス導入　2017.8.17
北朝鮮、ミサイル発射失敗　2017.8.26
北朝鮮、ミサイル発射　2017.8.29
日米共同訓練　2017.8.31
北朝鮮、6回目の核実験　2017.9.3
日印防衛相会談　2017.9.5
安倍首相、国連演説で北朝鮮への圧力訴え　2017.9.20
日韓防衛相会談　2017.10.23
日米防衛相会談　2017.10.23
拡大ASEAN国防相会議開催　2017.10.24
日米共同訓練　2017.11.12
北朝鮮、ミサイル発射　2017.11.29
長距離巡航ミサイル計画　2017.12.5

ミサイル巡洋艦
弾道弾迎撃ミサイル搭載イージス艦を横須賀基地に配備　2006.8.29

三沢市大火
三沢市大火　1966.1.11

三島 由紀夫
三島由紀夫、割腹自殺　1970.11.25

水増し請求
日本飛行機が水増し請求　2003.5.9

みちのくALERT
日米豪共同訓練　2014.11.6

三井物産
三井物産マニラ支店長誘拐事件　1986.11.15

三井物産マニラ支店長誘拐事件
三井物産マニラ支店長誘拐事件　1986.11.15

ミッドウェー
米空母ミッドウェー、横須賀基地に入港　1973.10.5

三菱重工業
経団連、防衛生産委員会を設置　1952.8.13
74式戦車納入式を挙行　1975.9.26
F-15DJのライセンス国産へ切り替え　1984.12.28
防衛産業に対するサイバー攻撃　2011.9.19
情報収集衛星、打ち上げ成功　2011.9.23
情報収集衛星、打ち上げ成功　2015.2.1
ステルス機を公開　2016.1.27
防衛通信衛星、打ち上げ成功　2017.1.24
国産初のステルス戦闘機完成　2017.6.5

三菱石油
流出重油回収のため災害派遣　1974.12.29

三菱造船
初の国産護衛艦「はるかぜ」竣工　1956.4.26

三菱日本重工業
国産敷設艦「つがる」竣工　1955.12.15

密約問題
密約問題について調査を命令　2009.9.17
密約問題について米国に報告　2010.2.2
密約の存在を認定　2010.3.9

三矢研究
国会で「三矢研究」につき追究 1965.2.10

水戸射爆場
水戸射爆場移転、太田飛行場等返還
を発表 1966.6.27
在日米軍司令部、水戸射爆場を返還 1973.3.10

南樺太
南樺太・千島、ソ連領に編入 1947.2.25

南シナ海
日米豪防衛相会談 2015.5.30
日豪外務・防衛閣僚協議、開催 2015.11.22
日インドネシア外務・防衛閣僚会合 2015.12.17
日中外相会談 2016.4.30
日比首脳会談 2016.10.26
日ASEAN防衛担当大臣会合 2016.11.16
日豪防衛相会談 2017.10.23
日米防衛相会談 2017.10.23

南スーダン
航空観閲式 2011.10.16
「南スーダンミッション」司令部要員
派遣 2011.11.15
「南スーダンミッション」施設部隊派
遣 2011.12.20
「南スーダンミッション」先遣隊出国 2012.1.11
自衛隊、韓国軍に弾薬提供 2013.12.23
小野寺防衛相、南スーダン訪問 2014.5.8
中谷防衛相、南スーダン訪問 2015.1.19
南スーダンでの在外邦人等輸送のた
め空自機派遣 2016.7.11
稲田防衛大臣、南スーダン訪問 2016.10.8
南スーダンでの「駆けつけ警護」閣議
決定 2016.11.15
稲田防衛大臣、「戦闘」を弁明 2017.2.8
「南スーダンミッション」への派遣終
了決定 2017.3.10
「南スーダンミッション」への派遣終
了 2017.5.30
稲田防衛大臣辞任 2017.7.28
日報を防衛省が隠蔽 2017.7.28

南鳥島
「低潮線保全基本計画」決定 2010.7.13

南ベトナム
米軍、北ベトナムを爆撃 1965.2.7
米軍機、沖縄からベトナムに発進 1965.7.29
防衛庁、南ベトナムへ軍事使節団 1966.9.22

南ベトナム解放民族戦線 → ベトコン
を見よ

箕面忠魂碑慰霊祭住民訴訟
箕面忠魂碑慰霊祭住民訴訟 1983.3.1

三原 朝雄
福田内閣が発足 1976.12.24
第2回日米防衛首脳会談 1977.9.14

三原山噴火
三原山噴火 1986.11.15

宮城県
チリ地震津波に伴う災害派遣 1960.5.24
岩手・宮城内陸地震発生 2008.6.14
東北地方沿岸で行方不明者捜索 2011.4.1
鳥インフルエンザ対応 2017.3.24

宮城県北部地震
宮城県北部地震発生 2003.7.26

三宅 義信
東京オリンピック開幕 1964.10.10

三宅島噴火
三宅島噴火 2000.6.26

宮崎 元伸
山田洋行事件で証人喚問 2007.11.15
山田洋行事件で守屋前防衛事務次官
を逮捕 2007.11.28

宮崎県
豪雨で災害派遣 2006.7.15
口蹄疫で災害派遣 2010.5.1
鳥インフルエンザ対応 2016.12.16
鳥インフルエンザ対応 2017.1.24

宮沢 喜一
宮沢内閣が発足 1991.11.5
宮沢改造内閣が発足 1992.12.12

宮下 創平
宮沢内閣が発足 1991.11.5

宮永 幸久
宮永スパイ事件 1980.1.18

宮永スパイ事件
宮永スパイ事件 1980.1.18
久保田防衛庁長官辞任 1980.2.4
永野陸上幕僚長辞任 1980.2.12

宮本 顕治
共産党、民主連合政府で自衛隊は削
減 1976.1.19

ミャンマー ⇔ 日ミャンマー〜をも見よ

ミャンマー反政府デモ
ミャンマー反政府デモで邦人ジャー
ナリスト死亡 2007.9.27

民間操縦士
防衛庁、民間操縦士の受託教育に合
意 1962.5.18

民間防衛体制
福田首相、防衛庁に有事立法等の研
究を指示 1978.7.27
民事局別館
民事局別館設置 1950.7.14
在日保安顧問部設立 1952.4.27
民社党
「国際連合平和協力法」案提出 1990.10.16
羽田内閣が発足 1994.4.28
民主党（1947～1950）
片山内閣発足 1947.5.24
芦田内閣発足 1948.3.10
民主党（1998～2016）
国会が自衛隊インド洋派遣を承認 2001.11.27
有事関連3法が成立 2003.6.6
第43回総選挙 2003.11.9
国連待機部隊を提唱 2004.3.19
岡田民主党代表が自衛隊の武力行使
を容認 2004.7.29
小沢民主党代表が駐日米大使と会談 2007.8.8
福田内閣が発足 2007.9.26
「宇宙基本法」公布 2008.5.21
麻生内閣が発足 2008.9.24
鳩山内閣が発足 2009.9.16
第1回防衛省政策会議 2009.10.20
菅内閣が発足 2010.6.8
菅第1次改造内閣が発足 2010.9.17
首相と沖縄県知事が会談 2010.12.17
菅第2次改造内閣が発足 2011.1.14
野田内閣が発足 2011.9.2
野田第1次改造内閣が発足 2012.1.13
日米首脳会談 2012.4.30
野田第2次改造内閣が発足 2012.6.4
野田第3次改造内閣が発足 2012.10.1
安保関連法成立 2015.9.19
民法
軍用地の強制使用手続きを開始 1990.6.26

【む】

無所属クラブ
安保関連法成立 2015.9.19
ムスダン
北朝鮮、ミサイル発射失敗 2016.4.15
北朝鮮、ミサイル発射 2016.6.22
北朝鮮、ミサイル発射失敗 2016.10.15

武藤 章
東条ら7戦犯の死刑執行 1948.12.23
武藤 貴也
自民議員が安保法案反対の学生を非
難ツイート 2015.7.31
ムハーバラート → 総合情報局（イラ
ク）を見よ
ムハンマド
日サウジアラビア防衛相会談 2016.9.2
むらさめ
自衛隊インド洋派遣を再開 2008.1.24
村山 富市
「防衛問題懇談会」発足 1994.2.23
村山内閣が発足 1994.6.30
村山首相、自衛隊・日米安保などを
容認 1994.7.20
村山改造内閣が発足 1995.8.8
防衛施設庁長官、村山首相を批判 1995.10.18
沖縄に関する特別行動委員会設置で
合意 1995.11.19
大田沖縄県知事を提訴 1995.12.7
村山訪朝団
村山訪朝団出発 1999.12.1

【め】

メキシコ
日本が安保理非常任理事国に 2008.10.17
リムパック2012に参加 2012.6.23
リムパック2014に参加 2014.6.26
リムパック2016に参加 2016.6.30
メーデー
血のメーデー事件 1952.5.1
メドヴェージェフ, ドミートリー
日露首脳会談を開催 2008.11.22
日露首脳会談を開催 2009.9.23
日露首脳会談を開催 2010.6.26
ロシア大統領が北方領土訪問 2010.11.1
ロシア首相、国後島訪問 2012.7.3
ロシア首相、択捉島訪問 2015.8.22

【 も 】

毛 沢東
　日中共同声明に調印　　　　　　1972.9.29
最上川
　タンカーと米海軍原潜が接触　　　2007.1.9
モザンビーク
　モザンビークへ派遣準備指示　　　1993.3.26
　「モザンビーク国際平和協力業務の実
　　施について」が決定　　　　　　1993.4.27
　国連モザンビーク活動へ自衛隊派遣 1993.5.11
　自衛隊モザンビーク派遣を延長　　1993.11.12
　第2次モザンビーク派遣輸送調整中隊
　　が出発　　　　　　　　　　　　1993.11.22
　航空自衛隊、モザンビーク支援業務
　　開始　　　　　　　　　　　　　1993.12.29
　自衛隊モザンビーク派遣を再延長　1994.5.31
　第3次モザンビーク派遣輸送調整中隊
　　出発　　　　　　　　　　　　　1994.6.8
モディ, ナレンドラ
　日印首脳会談　　　　　　　　　　2014.9.1
　日印首脳会談　　　　　　　　　　2015.12.12
茂木 敏充
　イラクへ首相特使派遣　　　　　　2003.3.3
もみ
　警備隊、第2船隊群を新編　　　　1953.8.16
森 順子
　拉致事件でよど号グループメンバー
　　の妻に逮捕状　　　　　　　　　2007.6.13
森 喜朗
　第1次森内閣が発足　　　　　　　2000.4.5
　第2次森内閣が発足　　　　　　　2000.7.4
　第2次森改造内閣が発足　　　　　2000.12.5
　えひめ丸事故　　　　　　　　　　2001.2.10
　森首相が訪米　　　　　　　　　　2001.3.19
　日ソ共同宣言の有効性を確認　　　2001.3.25
森友学園
　稲田防衛大臣、森友学園問題で答弁
　　撤回　　　　　　　　　　　　　2017.3.13
森本 敏
　野田第2次改造内閣が発足　　　　2012.6.4
　日伊防衛相会談　　　　　　　　　2012.6.13
　日比防衛相会談　　　　　　　　　2012.7.2
　野田第3次改造内閣が発足　　　　2012.10.1
　弾道ミサイル破壊措置命令　　　　2012.12.7

守屋 武昌
　山田洋行事件で証人喚問　　　　　2007.11.15
　山田洋行事件で守屋前防衛事務次官
　　を逮捕　　　　　　　　　　　　2007.11.28
　守屋前防衛事務次官に実刑判決　　2008.11.5
モレネス, ペドロ
　日スペイン防衛相会談　　　　　　2014.11.4
諸富 増夫
　防衛庁調達実施本部背任事件　　　1998.9.3
モンゴル
　日モンゴル防衛相会談　　　　　　2012.1.11
モンデール, ウォルター
　普天間飛行場の全部返還について合
　　意　　　　　　　　　　　　　　1996.4.12
文部科学省
　学習指導要領解説書に竹島領有を明
　　記　　　　　　　　　　　　　　2008.7.14
　学習指導要領解説書に尖閣・竹島を
　　領土と明記、自衛隊の災害派遣も 2014.1.28
　小学教科書に尖閣・竹島を領土と明記 2014.4.4
文部省
　国旗掲揚・国歌斉唱の徹底通知　　1985.9.5

【 や 】

夜間離着陸訓練
　厚木基地夜間飛行差し止め訴訟　　1982.10.20
　第1次厚木基地騒音訴訟判決　　　1986.4.9
矢田 次夫
　統合幕僚会議議長更迭　　　　　　1981.2.16
谷内 正太郎
　国家安全保障局の発足　　　　　　2014.1.7
柳井 俊二
　安保法制懇を設置　　　　　　　　2007.4.25
柳沢 協二
　防衛庁情報公開開示請求者リスト事
　　件の報告書公表　　　　　　　　2002.6.11
柳沢 米吉
　Y委員会発足　　　　　　　　　　1951.10.31
藪中 三十二
　拉致問題で日朝政府間協議　　　　2004.5.4
　密約問題について調査を命令　　　2009.9.17
山口県
　ルース台風に伴う災害派遣　　　　1951.10.20
　山口県知事が米空母艦載機移駐を容
　　認　　　　　　　　　　　　　　2006.8.24

やまさ　　　　　　　　　　　事項名索引　　　　　　　　日本安全保障史事典

山口県で豪雨災害　　　　　　　　2014.8.6

山崎 拓
宇野内閣が発足　　　　　　　　　1989.6.3
自民党議員が拉致問題で北朝鮮当局
　者と会談　　　　　　　　　　　2004.4.1

山下 元利
第1次大平内閣が発足　　　　　　1978.12.7
中期業務見積り発表　　　　　　　1979.7.17
山下防衛庁長官が初訪韓　　　　　1979.7.25
日米防衛首脳会談　　　　　　　　1979.8.16
「北方領土におけるソ連軍の動向」発
　表　　　　　　　　　　　　　　1979.10.2

山下 奉文
山下大将の死刑執行　　　　　　　1946.2.23

山田洋行事件
山田洋行事件で証人喚問　　　　　2007.11.15
山田洋行事件で守屋前防衛事務次官
　を逮捕　　　　　　　　　　　　2007.11.28
守屋前防衛事務次官に実刑判決　　2008.11.5

山中 貞則
増原防衛庁長官辞任　　　　　　　1973.5.29
第2次田中第1次改造内閣が発足　1973.11.25

山村 新治郎
よど号事件が発生　　　　　　　　1970.3.31

山本 善雄
海上保安庁設置　　　　　　　　　1948.5.1
Y委員会発足　　　　　　　　　　1951.10.31

【 ゆ 】

柳 明桓
日米韓外相会談を開催　　　　　　2009.3.31

有事関連3法
有事関連3法案が決定　　　　　　2002.4.16
有事関連3法が成立　　　　　　　2003.6.6

有事関連7法
有事関連7法案が決定　　　　　　2004.3.9
有事関連7法が成立　　　　　　　2004.6.14

有事法制
防衛庁、有事法研究を開始　　　　1977.8.10
福田首相、防衛庁に有事立法等の研
　究を指示　　　　　　　　　　　1978.7.27
防衛庁、有事法制研究に理解を求め
　る　　　　　　　　　　　　　　1978.9.21
有事法制の法令区分公表　　　　　1981.4.22

防衛庁、有事法制研究の進め方を公
　表　　　　　　　　　　　　　　1984.10.16
与党3党「有事法制」に関し政府に申
　入れ　　　　　　　　　　　　　2000.3.16
有事法制整備を表明　　　　　　　2002.1.4

ゆうだち
漢級原子力潜水艦領海侵犯事件　　2004.11.10

誘導弾
ミサイル・エリコン、横浜港で荷揚
　げ拒否　　　　　　　　　　　　1958.8.17
ミサイル・エリコン、横須賀の自衛
　隊用岸壁から陸揚げ　　　　　　1958.8.24
日本初の自主開発ミサイルを制式化
　　　　　　　　　　　　　　　　1969.12.24
空対艦誘導弾、制式化　　　　　　1980.12.22
90式空対空ミサイルを制式化　　　1990.12.18
93式空対艦誘導弾（ASM-2）を制式化
　　　　　　　　　　　　　　　　1993.11.30
99式空対空誘導弾を制式化　　　　1999.11.22

ゆきかぜ
国産護衛艦「ゆきかぜ」進水式　　1955.8.20

ユスフ, ムハマッド・アリ
ジブチとの地位協定に署名　　　　2009.4.3

輸送艦
海自、初の国産輸送艦竣工　　　　1972.11.27
カンボジアへ自衛隊派遣　　　　　1992.9.17
第2次カンボジア派遣海上輸送部隊出
　港　　　　　　　　　　　　　　1993.8.10

輸送艦「おおすみ」衝突事故
輸送艦「おおすみ」衝突事故　　　2014.1.15

輸送機
航空自衛隊、航空機59機受領　　　1955.1.20
空自輸送機墜落事故　　　　　　　1957.3.4
輸送機C-130H初号機を受領　　　　1984.3.14
航空自衛隊、C-130で派米訓練　　　1989.5.28
自衛隊機墜落　　　　　　　　　　2000.6.28
空中給油・輸送機の採用が決定　　2001.12.14
空自が初の空中給油訓練　　　　　2003.4.21
イラク被災民救援国際平和協力業務
　を実施　　　　　　　　　　　　2003.7.17
イラク復興支援派遣輸送航空隊が輸
　送活動開始　　　　　　　　　　2004.3.3
初の在外邦人等の輸送　　　　　　2004.4.15
海自次期輸送機の機種決定　　　　2011.10.14
オスプレイ普天間配備　　　　　　2012.10.6
日米防衛相会談　　　　　　　　　2015.5.30
自衛隊観艦式　　　　　　　　　　2015.10.18
オスプレイ不時着　　　　　　　　2016.12.13
オスプレイ給油訓練再開　　　　　2017.1.6

日本安全保障史事典　　　　事項名索引　　　　よしす

空自輸送機開発完了　　　　　　　2017.3.27
オスプレイ飛行自粛要請　　　　　2017.8.6
オスプレイ緊急着陸　　　　　　　2017.9.29
輸送ヘリコプター
CH-47J国産初号機の受領　　　1986.11.25
尹 炳世
日中韓外相会談　　　　　　　　　2016.8.24

【 よ 】

楊 潔篪
日中外相会談を開催　　　　　　　2009.2.28
日中、尖閣問題で応酬　　　　　　2012.9.26
洋上給油
「テロ対策特別措置法」に基づき自衛
　艦3隻を派遣　　　　　　　　　2001.11.25
英艦船へ洋上補給　　　　　　　　2002.1.29
自衛隊インド洋派遣再開を命令　　2008.1.17
自衛隊インド洋派遣で交換公文を締
　結　　　　　　　　　　　　　　2008.2.5
インド洋で洋上給油再開　　　　　2008.2.21
自衛隊インド洋派遣の交換公文締結
　が完了　　　　　　　　　　　　2008.4.11
自衛隊インド洋派遣が終了　　　　2010.1.15
洋上防空体制
洋上防空体制の検討　　　　　　　1987.12.18
横須賀基地じん肺訴訟
米海軍横須賀基地じん肺訴訟1審判決
　　　　　　　　　　　　　　　　2002.10.7
横須賀基地じん肺訴訟控訴審判決　2003.5.27
横須賀基地じん肺訴訟判決　　　　2009.7.6
横須賀米兵強盗殺人事件
横須賀米兵強盗殺人事件　　　　　2006.1.3
横田 早紀江
横田早紀江さんが米下院で証言　　2006.4.27
横田夫妻、ウンギョンさんと面会　2014.3.16
横田 滋
横田夫妻、ウンギョンさんと面会　2014.3.16
横田 めぐみ
拉致問題に関する事実調査チームを
　派遣　　　　　　　　　　　　　2002.9.28
キム・ヘギョンさんが横田さんの娘
　であると確認　　　　　　　　　2002.10.24
第2回日朝実務者協議　　　　　　2004.9.25
第3回日朝実務者協議を開始　　　2004.11.9
北朝鮮提供の遺骨が別人の骨と判明　2004.12.8

北朝鮮が遺骨鑑定結果をねつ造と批
　判　　　　　　　　　　　　　　2005.1.24
遺骨問題で応酬　　　　　　　　　2005.2.10
横田早紀江さんが米下院で証言　　2006.4.27
政府首脳が韓国人拉致被害者家族と
　面会　　　　　　　　　　　　　2006.5.29
金英男さんが横田さんは自殺したと
　主張　　　　　　　　　　　　　2006.6.29
横田夫妻、ウンギョンさんと面会　2014.3.16
横田基地
横田基地拡張、閣議決定　　　　　1955.10.4
横田のガス兵器はCB兵器ではないと
　答弁　　　　　　　　　　　　　1970.2.26
「再編実施のための日米のロードマッ
　プ」発表　　　　　　　　　　　2006.5.1
横田空域の20%を返還　　　　　2006.10.27
空自航空総隊司令部、横田へ移転　2012.3.26
横田基地火災
横田基地で火災　　　　　　　　　2009.1.20
横田基地公害訴訟
横田基地周辺住民、夜間飛行禁止を
　訴え　　　　　　　　　　　　　1976.4.28
新横田基地公害訴訟最高裁判決　　2002.4.12
新横田基地公害訴訟控訴審判決　　2005.11.30
横田基地騒音訴訟
横田基地騒音訴訟の判決　　　　　1981.7.13
第3次横田基地騒音訴訟判決　　　1989.3.15
第1・2次横田基地騒音訴訟判決　1993.2.25
第3次横田基地騒音訴訟判決　　　1994.3.30
第5〜第7次横田基地騒音訴訟1審判決
　　　　　　　　　　　　　　　　2002.5.30
第4・8次横田基地騒音訴訟1審判決　2003.5.13
横田基地訴訟
横田基地訴訟、国に賠償命令　　　2017.10.11
横浜税関
GHQ、横浜に設置　　　　　　　1945.8.28
GHQ/AFPAC、東京に移転　　　1945.9.17
横路 孝弘
国連待機部隊を提唱　　　　　　　2004.3.19
政府が衆院に中国漁船衝突事件のビ
　デオを提出　　　　　　　　　　2010.10.27
予算流用
陸自内の予算流用横行を認定　　　2006.12.6
吉川 栄治
海上幕僚長を更迭　　　　　　　　2008.3.24
吉積 正雄
「経団連試案」策定　　　　　　　1953.2月

－ 433 －

吉田 茂

第1次吉田内閣発足	1946.5.22
辰巳軍事顧問就任	1946.5月
第2次吉田内閣発足	1948.10.15
第3次吉田内閣発足	1949.2.16
吉田首相、米軍駐留継続を希望	1949.5.7
吉田首相、軍事基地承認は日本の義	
務と答弁	1950.2.13
ダレス特使、日本の再軍備を要求	1950.6.22
警察予備隊創設指令	1950.7.8
ダレス米講和特使来日	1951.1.25
吉田首相、再軍備問題につき答弁	1951.1.29
吉田首相、自衛権強化と再軍備問題	
につき答弁	1951.2.1
吉田首相、米軍駐兵費につき答弁	1951.2.15
ダレス・リッジウェイ・吉田会談	1951.4.18
吉田首相、「士官」養成機関の設立検	
討を指示	1951.5.17
吉田首相、自衛力保持につき答弁	1951.10.16
リッジウェイ、艦艇貸与を正式提案	1951.10.19
吉田首相、防衛力漸増問題を協議	1951.11.22
吉田・リッジウェイ会談	1952.1.5
米極東軍、警察予備隊の増強を要求	1952.1.12
吉田首相、防衛隊新設を言明	1952.1.31
吉田・リッジウェイ会談	1952.2.8
吉田首相、自衛のための戦力は合憲	
と答弁	1952.3.6
保安庁発足	1952.8.1
吉田首相、保安庁幹部に訓辞	1952.8.4
吉田首相、衆議院「抜き打ち解散」	1952.8.28
吉田首相、国力培養が先決と演説	1952.9.15
第4次吉田内閣発足	1952.10.30
吉田首相、自衛力漸増計画につき答	
弁	1953.2.10
衆議院「バカヤロー解散」	1953.3.14
第5次吉田内閣発足	1953.5.21
吉田首相、演説で防衛方針不変を表	
明	1953.6.16
吉田首相、保安隊の自衛軍化につき	
答弁	1953.7.30
吉田・重光会談	1953.9.27
池田・ロバートソン会談、自衛力漸	
増の共同声明	1953.10.30
吉田元総理国葬の支援	1967.10.31

吉田・重光会談

吉田・重光会談	1953.9.27

吉田・ダレス会談

ダレス米講和特使来日	1951.1.25

吉田・リッジウェイ会談

吉田・リッジウェイ会談	1952.1.5
吉田・リッジウェイ会談	1952.2.8

4次防 → 防衛力整備計画（第4次）を見よ

よど号グループ

よど号メンバーに拉致事件で逮捕状	2002.9.25
拉致事件でよど号グループメンバー	
の妻に逮捕状	2007.6.13

よど号事件

よど号事件が発生	1970.3.31

米内 光政

米内海軍大臣、日本海軍の再建を託	
す	1945.8.15
東久邇宮内閣発足	1945.8.17
幣原内閣発足	1945.10.9

与那国島

与那国島に自衛隊配備決定	2013.6.27
与那国島に自衛隊配備賛成	2015.2.22
与那国島に自衛隊配備	2016.3.28

予備自衛官

予備自衛官の訓練招集計画発表	1955.3.5
初の予備自衛官訓練招集	1955.3.20
「防衛庁設置法」改正法施行	2002.3.27
予備自衛官の災害招集	2011.3.16
予備自衛官の災害招集	2016.4.17

予備自衛官制度

防衛庁、准尉制度を新設	1970.5.25
予備自衛官制度の発足	1986.12.19

予備自衛官補制度

予備自衛官補制度導入が決定	2001.2.16
「防衛庁設置法」改正法施行	2002.3.27

予備隊員

保安庁、予備隊員採用を発表	1954.1.28

『読売新聞』

報道機関への情報漏えいで懲戒免職	2008.10.2

読谷補助飛行場

日米、沖縄軍港と飛行場の返還で合	
意	1995.5.11

ヨルダン

湾岸危機に30億ドルの追加	1990.9.14
ヨルダン派遣について決定	2003.7.3
日ヨルダン首脳会談	2016.10.27

延坪島砲撃事件

延坪島砲撃事件	2010.11.23
日米韓外相会談を開催	2010.12.6

【ら】

ライシャワー, エドウィン
第2回日米安保協議委員会　　　　1962.8.1
ライシャワー米大使、原潜の日本寄
　港を申入れ　　　　　　　　　　1963.1.9
第5回日米安保協議委員会　　　　1964.8.31
第6回日米安保協議委員会　　　　1965.9.1
ライシャワー発言　　　　　　　　1981.5.18

ライシャワー発言
ライシャワー発言　　　　　　　　1981.5.18

ライス, コンドリーザ
日米韓外相会談を開催　　　　　2006.10.19
沖縄不祥事で米国務長官が謝罪　　2008.2.27

ラスク, ディーン
米国、安保条約の自動延長を示唆　1967.3.23
ラスク国務長官、安保条約自動延長
　を表明　　　　　　　　　　　　1968.9.8

拉致
日韓首脳会談を開催　　　　　　　2002.3.22
第6回日朝赤十字会談が閉幕　　　2002.8.19
北朝鮮が日本人拉致を認める　　　2002.9.17
よど号メンバーに拉致事件で逮捕状　2002.9.25
拉致問題に関する事実調査チームを
　派遣　　　　　　　　　　　　　2002.9.28
寺越さんが一時帰国　　　　　　　2002.10.3
土井社民党党首が拉致事件について
　陳謝　　　　　　　　　　　　　2002.10.7
拉致被害者が15人に　　　　　　　2002.10.8
拉致被害者が帰国　　　　　　　2002.10.15
拉致被害者5人の永住帰国方針を決定
　　　　　　　　　　　　　　　2002.10.23
キム・ヘギョンさんが横田さんの娘
　であると確認　　　　　　　　2002.10.24
第12回日朝国交正常化交渉を開始　2002.10.29
松木さんの「遺骨」は偽物　　　2002.11.11
北朝鮮が日朝安全保障協議の無期延
　期を警告　　　　　　　　　　2002.11.14
「拉致被害者支援法」成立　　　　2002.12.4
宇出津事件で北朝鮮工作員に逮捕状　2003.1.8
新たな拉致被害者の氏名を公表　　2003.2.10
被害者家族連絡会が訪米　　　　　2003.3.5
拉致被害者救出を求める集会開催　2003.5.7
拉致はテロであると表明　　　　　2003.6.5
拉致被害者の子どもから手紙　　　2003.8.2

外務次官が拉致問題に関する発言を
　修正　　　　　　　　　　　　　2003.8.4
国連総会で拉致問題解決について演
　説　　　　　　　　　　　　　　2003.9.23
日朝ハイレベル協議　　　　　　　2004.2.11
第2回六者会合　　　　　　　　　2004.2.25
自民党議員が拉致問題で北朝鮮当局
　者と会談　　　　　　　　　　　2004.4.1
拉致問題で日朝政府間協議　　　　2004.5.4
拉致被害者家族が帰国　　　　　　2004.5.22
拉致問題についての政府方針を表明　2004.5.25
曽我ひとみさん一家が帰国　　　　2004.7.9
米軍独立法務官がジェンキンスさん
　と面会　　　　　　　　　　　　2004.8.5
第1回日朝実務者協議　　　　　　2004.8.11
ジェンキンスさんが出頭　　　　　2004.9.11
第2回日朝実務者協議　　　　　　2004.9.25
第3回日朝実務者協議を開始　　　2004.11.9
ジェンキンスさんが釈放　　　　2004.11.27
神崎公明党が対北朝鮮経済制裁に言
　及　　　　　　　　　　　　　　2005.1.2
16人目の拉致被害者を認定　　　　2005.4.27
拉致問題で元北朝鮮工作員を参考人
　招致　　　　　　　　　　　　　2005.7.28
9ヶ月ぶりに日朝公式協議　　　　2005.8.7
拉致問題で国連が北朝鮮に勧告　　2005.9.27
日朝政府間協議が開幕　　　　　　2005.11.3
日朝政府間協議を開始　　　　　2005.12.24
第1回日朝包括並行協議　　　　　2006.2.4
拉致事件で工作員2人の逮捕状取得　2006.2.23
横田早紀江さんが米下院で証言　　2006.4.27
政府首脳が韓国人拉致被害者家族と
　面会　　　　　　　　　　　　　2006.5.29
金英男さんが横田さんは自殺したと
　主張　　　　　　　　　　　　　2006.6.29
アジア欧州会議第6回首脳会合　　2006.9.10
拉致問題対策本部を設置　　　　　2006.9.29
拉致実行犯の北朝鮮工作員に逮捕状　2006.11.2
17人目の拉致被害者を認定　　　2006.11.20
拉致を命じた北朝鮮諜報機関要員に
　逮捕状　　　　　　　　　　　　2007.2.22
第1回日朝国交正常化のための作業部
　会　　　　　　　　　　　　　　2007.3.7
拉致事件でよど号グループメンバー
　の妻に逮捕状　　　　　　　　　2007.6.13
第2回日朝国交正常化のための作業部
　会　　　　　　　　　　　　　　2007.9.5
北朝鮮が拉致問題再調査を表明　　2008.6.11
日朝実務者協議を開始　　　　　　2008.8.11

日米首脳会談を開催	2008.11.22
日韓首脳会談を開催	2010.6.26
日朝外務省局長級協議	2012.11.15
横田夫妻、ウンギョンさんと面会	2014.3.16
日朝外務省局長級協議	2014.3.30
日本人拉致被害者の再調査で合意	2014.5.29
日米豪防衛相会談	2014.5.30
日米韓防衛相会談	2014.5.31
拉致調査委員会設置	2014.7.1
北朝鮮、ミサイル発射	2016.2.7

拉致被害者支援法

「拉致被害者支援法」成立	2002.12.4
16人目の拉致被害者を認定	2005.4.27
17人目の拉致被害者を認定	2006.11.20

拉致問題対策本部

拉致問題対策本部を設置	2006.9.29

拉致問題に関する事実調査チーム

拉致問題に関する事実調査チームを派遣	2002.9.28
松木さんの「遺骨」は偽物	2002.11.11

ラプター

嘉手納基地に最新鋭ステルス戦闘機を暫定配備	2007.1.11

ラムズフェルド, ドナルド

北朝鮮が核兵器開発を認める	2002.10.16
日米防衛相会談	2002.12.17
日米防衛相会談	2003.11.15
自民・公明両党幹事長が米国防長官と会談	2004.4.29
在沖縄海兵隊グアム移転費用負担で合意	2006.4.23
日米防衛相会談	2006.5.3

ラ・ルッサ, イニャーツィオ

日伊防衛相会談	2012.6.13

ラロック, ジーン

米退役将校、米軍艦に核兵器搭載と発言	1974.9.10

【 り 】

李 恩恵

日朝国交正常化交渉開催	1992.11.5

李 肇星

日中首脳会談	2003.4.6
東シナ海天然ガス田問題で開発データを要求	2004.6.21

漢級原子力潜水艦領海侵犯事件	2004.11.10
日中外相会談	2006.5.23

陸海軍大学校

保安庁保安研修所・保安大学校・技術研究所設置	1952.8.1

陸軍参謀本部

参謀本部廃止	1945.11.30

陸軍士官学校

旧職業軍人初の公職追放解除	1950.11.10
警察予備隊、旧職業軍人の特別募集を開始	1951.3.1
警察予備隊に幹部候補生入隊	1951.6.11
第2次公職追放解除	1951.8.6

陸軍省

陸海軍省廃止	1945.12.1
米国務省・陸軍省、日本再軍備を進言	1948.11.22

陸上イージス

陸上イージス導入	2017.8.17

陸上自衛隊

警察予備隊創設指令	1950.7.8
警察予備隊創設	1950.8.10
自衛隊発足	1954.7.1
陸上自衛隊の北海道移駐を発表	1954.7.9
新発田自衛隊内神社問題	1954.7.15
陸上自衛隊、婦人自衛官の第1次募集開始	1954.8.10
陸上自衛隊第5・第6管区総監部の編成完結	1954.8.10
陸上自衛隊第5管区総監部が移転	1954.8.12
陸上自衛隊富士学校・高射学校設立	1954.8.20
陸上自衛隊第6管区総監部が移転	1954.8.23
自衛隊の航空機帰属問題が決着	1954.8.31
陸上自衛隊、北海道に移駐開始	1954.8.31
陸上自衛隊需品学校等3校を設置	1954.9.10
北海道の米軍撤退	1954.9.24
洞爺丸遭難事故	1954.9.26
陸上自衛隊、初のパラシュート降下演習	1954.10.8
第1期自衛隊生徒募集開始	1954.11.20
陸上自衛隊第6管区総監部が移転	1954.12.15
初の予備自衛官訓練招集	1955.3.20
臨時空挺練習隊、習志野に移転	1955.4.5
陸上自衛隊、第1期自衛隊生徒入隊	1955.4.7
陸上自衛隊、衛生学校を移転	1955.7.1
陸上自衛隊、航空学校を移転	1955.7.15
「防衛庁設置法」改正（第1次改正）	1955.8.1
防衛閣僚懇談会、防衛6ヵ年計画を協議	1955.8.9

日本安全保障史事典　　　　　　　　事項名索引　　　　　　　　りくし

陸上自衛隊、地方連絡部の編成完了　1955.9.1
陸上自衛隊、戦史室を設置　　　　1955.10.20
陸上自衛隊高射学校を移転　　　　1955.11.8
陸上自衛隊、西部方面隊・第7・8混成
　団を編成　　　　　　　　　　1955.12.1
「自衛隊法」改正（第3次改正）　1956.4.20
陸自戦史室、防衛研修所に移管　1956.5.16
第1回レンジャーコース教官教育を開
　始　　　　　　　　　　　　　　1956.10.6
陸上自衛隊、第9混成団本部の編成完
　了　　　　　　　　　　　　　　1956.12.1
青竹事件　　　　　　　　　　　　1957.2.6
「防衛力整備目標」閣議了解　　　1957.6.14
陸上自衛隊化学学校を設置　　　1957.10.15
「自衛隊法」改正（第5次改正）　1958.5.23
陸上自衛隊、混成団本部編成完了　1958.6.10
陸上自衛隊、第1空挺団の編成完了　1958.6.25
陸上自衛隊、東北地区補給処を設置　1958.6.26
陸上自衛隊、不発弾処理隊を編成　1958.9.25
狩野川台風に伴う災害派遣　　　　1958.9.26
陸上自衛隊、第1ヘリコプター隊編成
　を完了　　　　　　　　　　　　1959.3.17
「自衛隊法」改正（第6次改正）　1959.5.12
陸上自衛隊、第10混成団を移転　　1959.6.1
陸上自衛隊、東北方面隊準備本部等
　を設置　　　　　　　　　　　　1959.8.1
陸上自衛隊、幹部学校を移転　1959.12.26
陸上自衛隊、業務・調査学校を移転　1960.1.6
陸上自衛隊、方面管区制を施行　1960.1.14
陸上自衛隊、輸送学校を移転　　1960.3.15
陸上自衛隊、第2次試作国産中特車完
　納式　　　　　　　　　　　　　1960.4.7
チリ地震津波に伴う災害派遣　　1960.5.24
陸上自衛隊、「治安行動草案」を配布　1960.11月
「陸上自衛隊の部隊改編」決定　1961.1.13
陸上自衛隊、国産戦車を仮制式化　1961.4.26
「自衛隊法」改正（第7次改正）　1961.6.12
「第2次防衛力整備計画」決定　　1961.7.18
陸上自衛隊、第6管区総監部を移転　1961.8.10
自衛隊体育学校を設置　　　　　　1961.8.17
陸上自衛隊、第1特科団本部を移転　1962.1.6
陸上自衛隊、8個師団発足　　　　1962.1.18
陸上自衛隊、13個師団編成完了　　1962.8.15
陸上自衛隊、国産中戦車引渡し式　1962.10.15
恵庭事件　　　　　　　　　　　1962.12.11
防衛庁、地対空ミサイルの帰属を最
　終決定　　　　　　　　　　　1962.12.26
陸上自衛隊、初のナイキ部隊編成完
　了　　　　　　　　　　　　　　1963.1.17

豪雪に伴う災害派遣　　　　　　　1963.1.18
第101高射大隊、防空準備態勢維持任
　務を開始　　　　　　　　　　　1963.6.18
陸上自衛隊、少年工科学校開校祝賀
　式　　　　　　　　　　　　　1963.10.26
ナイキ部隊、航空自衛隊に移管　　1964.4.1
東京オリンピック支援集団編成　　1964.9.15
陸上自衛隊、国産小銃を制式化　　1964.10.6
東京オリンピック開幕　　　　　1964.10.10
陸上自衛隊、富士教導団を編成　　1965.8.3
陸上自衛隊、61式戦車完納式　　1966.11.18
陸上自衛隊、中央管制気象隊等を新編　1968.3.1
陸上自衛隊少年工科学校生訓練中に
　水死　　　　　　　　　　　　　1968.7.2
陸上自衛隊、婦人自衛官の初の入隊
　式　　　　　　　　　　　　　　1969.1.20
OH-6ヘリコプターの引渡式を挙行　1969.3.10
沖縄第1次自衛隊配置を発表　　　1970.10.7
三島由紀夫、割腹自殺　　　　　1970.11.25
ばんだい号墜落事故　　　　　　　1971.7.3
朝霞自衛官殺害事件　　　　　　　1971.8.21
札幌オリンピック支援集団編成　　1972.1.11
札幌オリンピック開幕　　　　　　1972.2.3
陸海空の沖縄関係自衛隊部隊を新編　1972.5.15
陸自、臨時第1混成群本部を新編　1972.10.3
4次防主要項目、文民統制強化などが
　決定　　　　　　　　　　　　　1972.10.9
自衛隊、那覇で部隊編成　　　　1972.10.11
第1期女性自衛官公募幹部入隊　　1973.4.1
陸自東部方面航空部隊、米軍立川基
　地に移駐　　　　　　　　　　　1973.5.2
陸上自衛隊、北富士演習場で返還後
　初訓練　　　　　　　　　　　　1973.5.14
自衛隊機乗り逃げ事件　　　　　　1973.6.24
陸上自衛隊、第2高射団などを新編　1973.8.1
「防衛庁施設法」・「自衛隊法」の一部
　を改正　　　　　　　　　　　1973.10.16
陸上自衛隊、第10、11施設群を新編　1974.3.26
陸上自衛隊、特別不発弾処理隊を編成　1974.6.5
陸自、第1戦車団、第7高射特科群等
　を新編　　　　　　　　　　　　1974.8.1
大震災対処のため陸海空自協同の指
　揮所演習　　　　　　　　　　　1974.8.26
流出重油回収のため災害派遣　　1974.12.29
74式戦車納入式を挙行　　　　　　1975.9.26
指揮所演習による統合演習実働　　1979.5.24
中期業務見積り発表　　　　　　　1979.7.17
米軍による沖縄上陸大演習開始　　1979.8.18

－ 437 －

「防衛庁設置法」等の一部改正、公布・施行	1980.11.29	ゴラン高原の司令部要員第2陣が出発	1997.2.14
陸上自衛隊、師団改編	1981.3.25	「防衛庁設置法」改正公布	1997.5.9
日米共同訓練の実施	1981.10.1	レンジャー訓練中の自衛隊員死亡	1997.7.12
日米共同指揮所訓練の実施	1982.2.15	第4次ゴラン高原派遣輸送隊が出発	1997.8.1
防衛大学校1期生から将補への昇進	1982.7.1	第5次ゴラン高原派遣輸送隊が出発	1998.1.30
日米共同実働訓練の実施	1982.11.10	長野オリンピック開幕	1998.2.7
日米共同指揮所訓練の実施	1983.5.16	即応予備自衛官制度導入	1998.3.26
「防衛庁設置法」と「自衛隊法」の一部改正、公布・施行	1983.12.2	「防衛庁設置法」改正公布	1998.4.24
日航機墜落事故	1985.8.12	即応予備自衛官が初の召集訓練	1998.4.25
CH-47J国産初号機の受領	1986.11.25	第6次ゴラン高原派遣輸送隊が出発	1998.7.31
「防衛庁設置法」と「自衛隊法」の一部改正、公布・施行	1986.12.19	ホンジュラスに自衛隊派遣	1998.11.14
昭和天皇没、平成と改元	1989.1.7	陸上自衛隊、初の旅団を創設	1999.3.29
陸上自衛隊、89式小銃を制式採用	1989.9.4	東海村JCO臨界事故	1999.9.30
90式戦車を採用	1990.8.6	有珠山噴火	2000.3.29
「中期防衛力整備計画について」閣議決定	1990.12.20	三宅島噴火	2000.6.26
陸上自衛隊、師団等改編	1991.3.29	屈斜路湖老朽化化学兵器の廃棄処理支援	2000.9.23
雲仙普賢岳噴火	1991.6.3	「中期防衛力整備計画」決定	2000.12.15
ビッグレスキュー'91の実施	1991.8.23	インド西部地震発生	2001.1.26
自衛隊に国際貢献プロジェクトチーム設置	1992.3.16	陸自ヘリが衝突	2001.2.14
カンボジアへ自衛隊派遣	1992.9.17	予備自衛官補制度導入が決定	2001.2.16
第1次カンボジア派遣施設大隊出発	1992.9.23	芸予地震発生	2001.3.24
陸上自衛隊員、監視要員として出発	1993.1.3	機関銃暴発事故	2001.7.7
第2次カンボジア停戦監視要員出発	1993.3.16	りゅう弾砲演習場外着弾事故	2001.9.7
第2次カンボジア派遣施設大隊出発	1993.3.29	在日米軍基地等の警護について検討	2001.12.6
UNSCOM自衛隊員帰国	1994.6.15	東ティモール派遣施設群が編成完結	2002.2.24
陸上自衛隊にルワンダ難民救援派遣命令	1994.9.16	自衛隊東ティモール派遣	2002.3.2
ザイールへ自衛隊派遣	1994.9.17	陸自ヘリ2機が衝突・墜落	2002.3.7
ルワンダ難民救援隊第1〜3陣出発	1994.9.29	「防衛庁設置法」改正法施行	2002.3.27
ルワンダ難民救援隊に撤収命令	1994.12.1	東ティモール派遣施設群が業務引継	2002.4.30
ルワンダ難民救援隊帰国	1994.12.18	中谷防衛庁長官がオーストラリア・東ティモール訪問	2002.8.16
地下鉄サリン事件	1995.3.20	東ティモール派遣施設群が交代	2002.9.20
オウム事件関連で自衛隊に通達	1995.6.1	対人地雷廃棄が完了	2003.2.8
「平成8年度以降に係る防衛計画の大綱について」決定	1995.11.28	東ティモール派遣施設群が交代	2003.3.13
「中期防衛力整備計画について」決定	1995.12.14	宮城県北部地震発生	2003.7.26
自衛隊、ゴラン高原へ出発	1996.1.31	東ティモール派遣施設群が交代	2003.10.23
豊浜トンネル岩盤崩落事故	1996.2.10	陸自先遣隊がイラクへ出発	2004.1.9
第2次ゴラン高原派遣隊が出発	1996.8.2	第1次イラク復興支援群が編成完結	2004.1.26
屈斜路湖老朽化化学弾の引揚げ作業	1996.10.8	第1次イラク復興支援群等隊旗授与式	2004.2.1
ナホトカ号重油流出事故	1997.1.2	第1次イラク復興支援群が出発	2004.2.3
第3次ゴラン高原派遣輸送隊が出発	1997.2.2	鳥インフルエンザで災害派遣	2004.3.4
		第1次イラク復興支援群第2派が出発	2004.3.13
		海自艦艇がクウェート到着	2004.3.15
		第1次イラク復興支援群がサマワに到着	2004.3.27
		特殊作戦群を新編	2004.3.27
		サマワ宿営地近くに着弾	2004.4.7

第2次イラク復興支援群が編成完結	2004.4.21
イラク復興支援群に交代命令	2004.4.27
自衛隊Winny情報流出問題	2004.4.30
第2次イラク復興支援群が出発	2004.5.8
東ティモール派遣施設群の任務終了	2004.5.20
第1次陸自イラク派遣部隊が帰国	2004.5.31
第1次イラク復興支援群が隊旗返還	2004.6.6
第2次イラク復興業務支援隊が出発	2004.6.25
第4次東ティモール派遣施設群が帰国	
	2004.6.25
防衛庁・自衛隊50周年記念観閲式	2004.11.7
スマトラ島沖地震発生	2004.12.26
第3次イラク復興業務支援隊が出発	2005.1.8
JR福知山線脱線事故	2005.4.25
爆弾でサマワの陸自車両に被害	2005.6.23
自衛隊Winny情報流出問題	2006.2.23
陸自イラク派遣部隊活動終結が決定	2006.6.20
陸自のイラク復興支援活動が終了	2006.9.9
陸自内の予算流用横行を認定	2006.12.6
中央即応集団を新編	2007.3.28
徳之島自衛隊ヘリ墜落事故	2007.3.30
収賄容疑で1等陸佐を逮捕	2007.6.22
鹿児島タクシー運転手殺人事件	2008.4.22
報道機関への情報漏えいで懲戒免職	2008.10.2
陸自内に大麻が蔓延	2009.7.8
陸自隊員の個人情報流出	2009.8.31
ハイチ地震発生	2010.1.12
国連ハイチ安定化ミッション	2010.2.5
「防衛省設置法」改正法施行	2010.3.26
「防衛省設置法」改正法一部施行	2010.4.1
口蹄疫で災害派遣	2010.5.1
平成22年第57回中央観閲式を開催	2010.10.24
予備自衛官の災害招集	2011.3.16
台風12号豪雨災害	2011.9.3
「南スーダンミッション」施設部隊派遣	
	2011.12.20
「南スーダンミッション」先遣隊出国	2012.1.11
自衛隊監視訴訟、国に賠償命令	2012.3.26
日米豪共同訓練	2013.5.18
与那国島に自衛隊配備決定	2013.6.27
自衛隊、韓国軍に弾薬提供	2013.12.23
鳥インフルエンザ対応	2014.4.14
パシフィック・パートナーシップ 2014へ参加	2014.6.6
リムパック2014に参加	2014.6.26
京都府・兵庫県で豪雨災害	2014.8.17
広島市豪雨土砂災害	2014.8.20
御嶽山噴火	2014.9.27
長野県神城断層地震発生	2014.11.22

徳島県の大雪で災害派遣	2014.12.6
日米初の共同空挺降下訓練	2015.2.8
与那国島に自衛隊配備賛成	2015.2.22
パシフィック・パートナーシップ 2015へ参加	2015.5.31
台風18号豪雨災害	2015.9.10
与那国島に自衛隊配備	2016.3.28
熊本地震発生	2016.4.14
パシフィック・パートナーシップ 2016へ参加	2016.6.13
「駆けつけ警護」訓練	2016.8.25
台風10号豪雨災害	2016.8.30
自衛隊観閲式	2016.10.23
南スーダンでの「駆けつけ警護」閣議 決定	2016.11.15
鳥インフルエンザ対応	2016.11.29
鳥インフルエンザ対応	2016.12.16
糸魚川市大火	2016.12.22
鳥インフルエンザ対応	2016.12.26
鳥インフルエンザ対応	2017.1.14
鳥インフルエンザ対応	2017.1.24
鳥インフルエンザ対応	2017.2.4
稲田防衛大臣、「戦闘」を弁明	2017.2.8
パシフィック・パートナーシップ 2017へ参加	2017.3.9
鳥インフルエンザ対応	2017.3.24
那須雪崩事故	2017.3.27
陸自機墜落	2017.5.15
「南スーダンミッション」への派遣終了	2017.5.30
陸自戦車横転事故	2017.6.21
稲田防衛大臣辞任	2017.7.28
日報を防衛省が隠蔽	2017.7.28

陸上幕僚監部

防衛庁発足	1954.7.1
陸上幕僚監部等が移転開始	1956.3.28
陸上幕僚監部等、移転開始	1960.1.13
陸海空自衛隊幕僚監部に情報所	1994.7.8
内局、陸幕、空幕もリスト作成	2002.6.3

陸達第68号

参謀本部廃止	1945.11.30

リシャール, アラン

日仏防衛相会談	2002.2.20

利尻島

ロシア軍機、領空侵犯	2013.2.7

リッジウェイ, マシュー

マッカーサー解任	1951.4.11
ダレス・リッジウェイ・吉田会談	1951.4.18

りとあ　　　　　　　　　　事項名索引　　　　　　　日本安全保障史事典

リッジウェイ、艦艇貸与を正式提案　1951.10.19
吉田・リッジウェイ会談　　　　　　1952.1.5
吉田・リッジウェイ会談　　　　　　1952.2.8

リトアニア
アフガニスタンに外務省職員を派遣　2009.1.9

リムパック　→　環太平洋合同演習を見よ

留学
航空自衛隊、留学生を米に派遣　　　1954.8.9
F-86F高等操縦学生、米国留学　　　1955.8.12
ナイキ部隊創設の米国集団留学第1陣
　が帰国　　　　　　　　　　　　　1962.11.3

琉球政府
「琉球政府の設立」公布　　　　　　1952.2.29
沖縄軍用地問題につき、米・琉球政
　府共同声明　　　　　　　　　　　1958.10.13

琉球臨時中央政府
琉球臨時中央政府設立　　　　　　　1951.4.1

琉球列島
琉球列島・小笠原群島の日本行政権
　停止　　　　　　　　　　　　　　1946.1.29

琉球列島米国軍政府
沖縄民政府発足　　　　　　　　　　1946.4.22
琉球列島米国民政府に関する指令通
　達　　　　　　　　　　　　　　　1950.12.5

琉球列島米国民政府
琉球列島米国民政府に関する指令通
　達　　　　　　　　　　　　　　　1950.12.5
琉球臨時中央政府設立　　　　　　　1951.4.1
「琉球政府の設立」公布　　　　　　1952.2.29
琉球列島米国民政府、「土地収用令」
　公布　　　　　　　　　　　　　　1953.4.3
コザ事件が発生　　　　　　　　　1970.12.20

りゅう弾砲演習場外着弾事故
りゅう弾砲演習場外着弾事故　　　　2001.9.7

梁 光烈
日中防衛相会談を開催　　　　　　2010.10.11

領海12海里法
海洋二法を施行　　　　　　　　　　1977.7.1

領海侵犯
ソ連艦、領海侵犯　　　　　　　　　1977.7.30
中国漁船団、尖閣諸島海域に領海侵
　入　　　　　　　　　　　　　　　1978.4.12
漢級原子力潜水艦領海侵犯事件　　2004.11.10
「第31吉進丸」船長を解放　　　　　2006.10.3
中国海洋調査船が領海侵犯　　　　　2008.12.8
中国の漁業監視船が尖閣付近の領海
　侵犯　　　　　　　　　　　　　　2011.8.24
中国船、尖閣領海侵犯　　　　　　　2012.3.16

中国の漁業監視船が尖閣付近の領海
　侵犯　　　　　　　　　　　　　　2012.7.11
中国・台湾船、尖閣領海侵犯　　　　2012.9.14
中国船、尖閣周辺海域侵犯　　　　　2013.4.23
武装中国船、尖閣周辺領海侵犯　　2015.12.26
中国軍艦が接続水域内を航行・領海
　侵犯　　　　　　　　　　　　　　2016.6.9
中国船の尖閣周辺領海侵犯活発化　　2016.8.5
尖閣諸島で中国船からドローン飛行　2017.5.18
中国軍艦が領海侵犯　　　　　　　　2017.7.2

領空侵犯
政府、領空侵犯機排除に米国の協力
　要請　　　　　　　　　　　　　　1953.1.13
航空自衛隊、対領空侵犯措置を開始　1958.2.17
北海道地区領空侵犯　　　　　　　　1958.4.28
西日本地区領空侵犯　　　　　　　　1960.7.1
ソ連機、初の領空侵犯　　　　　　　1967.8.19
ソ連機、領空侵犯　　　　　　　　　1974.2.7
ソ連機、領空侵犯　　　　　　　　　1975.9.24
ソ連機、領空侵犯　　　　　　　　　1977.9.7
ソ連機、領空侵犯　　　　　　　　　1978.3.17
ソ連機、領空侵犯　　　　　　　　　1978.12.5
ソ連機、領空侵犯　　　　　　　　1979.11.15
ソ連機、領空侵犯　　　　　　　　　1980.6.29
ソ連機、領空侵犯　　　　　　　　　1980.8.18
ソ連機、領空侵犯　　　　　　　　　1981.6.6
ソ連機、領空侵犯　　　　　　　　　1982.4.3
ソ連機、領空侵犯　　　　　　　　1983.10.15
ソ連機、領空侵犯　　　　　　　　1983.11.15
ソ連機、領空侵犯　　　　　　　　1984.11.12
ソ連機、領空侵犯　　　　　　　　　1986.2.6
E-2Cによる対領空侵犯措置の開始　1987.1.31
ソ連機、領空侵犯　　　　　　　　　1987.8.27
ソ連機の領空侵犯に初の信号射撃　　1987.12.9
ソ連機、領空侵犯　　　　　　　　　1989.4.21
ソ連機、領空侵犯　　　　　　　　　1991.7.6
ソ連機、領空侵犯　　　　　　　　　1991.8.15
ロシア機、領空侵犯　　　　　　　　1992.4.10
ロシア機、領空侵犯　　　　　　　　1992.5.7
ロシア機、領空侵犯　　　　　　　　1992.7.28
ロシア機、領空侵犯　　　　　　　　1993.8.31
台湾機、領空侵犯　　　　　　　　　1994.3.25
ロシア機、領空侵犯　　　　　　　　1995.3.23
ロシア軍機、領空侵犯　　　　　　　2001.2.14
ロシア軍機が領空侵犯　　　　　　　2001.4.11
中国機、尖閣領空侵犯　　　　　　2012.12.13
ロシア軍機、領空侵犯　　　　　　　2013.2.7
ロシア空軍機、領空侵犯　　　　　　2013.8.22
推定ロシア機、領空侵犯　　　　　　2015.9.15

－ 440 －

遼東半島

ソ連軍、旅順・大連を占領 　1945.8.22

旅順

ソ連軍、旅順・大連を占領 　1945.8.22

【 る 】

ルース, ジョン

「思いやり予算」協定署名 　2011.1.21

ルース台風

ルース台風に伴う災害派遣 　1951.10.20

ル・ドリアン, ジャン＝イヴ

日仏防衛相会談 　2014.7.29
日仏防衛相会談 　2017.1.5

ルワンダ難民

「ルワンダ難民救援国際平和協力業務
　の実施について」を決定 　1994.9.13
陸上自衛隊にルワンダ難民救援派遣
　命令 　1994.9.16
ザイールへ自衛隊派遣 　1994.9.17
ルワンダ難民救援隊第1～3陣出発 　1994.9.29
ルワンダ難民救援隊に撤収命令 　1994.12.1
ルワンダ難民救援隊帰国 　1994.12.18

【 れ 】

レアード, メルヴィン

中曽根防衛庁長官、訪米し米国防長
　官と会談 　1970.9.10
沖縄の毒ガス移送 　1971.1.10

麗澤大学比較文明文化研究センター

久間防衛相「原爆しょうがない」発言
　　1994.12.18 2007.6.30

レーガン, ロナルド

鈴木首相とレーガン大統領が会談 　1981.5.7

レーダー

航空自衛隊、初のRAPCONの運用 　1966.6.16
移動式3次元レーダー初号機を受領 　1971.3.16
米軍新レーダー運用開始 　2014.12.26

レーダー基地

航空自衛隊にレーダーサイト移管開
　始 　1958.5.31
自衛隊用語改正 　1961.2.22

レーダー照射

中国艦艇が海自護衛艦にレーダー照
　射 　2013.1.30

レーダー進入管制

横田ラプコンに空自管制官を併置 　2007.5.18

礼文島

ソ連機、初の領空侵犯 　1967.8.19
ソ連機、領空侵犯 　1974.2.7
ソ連機、領空侵犯 　1978.12.5
ソ連機、領空侵犯 　1981.6.6
ソ連機、領空侵犯 　1986.2.6
ソ連機、領空侵犯 　1987.8.27
ソ連機、領空侵犯 　1989.4.21
ソ連機、領空侵犯 　1991.8.15
ロシア機、領空侵犯 　1992.4.10
ロシア機、領空侵犯 　1995.3.23
ロシア軍機が領空侵犯 　2001.2.14
ロシア軍機が領空侵犯 　2001.4.11

連合国軍

連合国軍、日本進駐開始 　1945.8.28
「対日講和条約」・「日米安保条約」発
　効 　1952.4.28

連合国最高司令官総司令部

GHQ/SCAP設置 　1945.10.2

連合国暫定当局

復興人道支援室に要員派遣 　2003.4.18
自衛隊が多国籍軍に参加 　2004.6.28

連合国総司令部

全権委員、連合国軍と停戦交渉 　1945.8.20
終戦連絡中央事務局設置 　1945.8.26
GHQ、横浜に設置 　1945.8.28
GHQ、「一般命令第1号」発令 　1945.9.2
日本船舶、米太平洋艦隊司令官の指
　揮下へ 　1945.9.3
GHQ、戦争犯罪人の逮捕を命令 　1945.9.11
GHQ、東京に本部開設 　1945.9.15
公職追放指令 　1946.1.4
琉球列島・小笠原群島の日本行政権
　停止 　1946.1.29
ソ連・中国、日本進駐に不参加 　1946.1.31
A級戦犯容疑者19人釈放 　1948.12.24
GHQ、沖縄に恒久的基地の建設発表 　1950.2.10
警察予備隊創設指令 　1950.7.8
警察予備隊の大綱提示 　1950.7.17
警察予備隊総隊の初代幕僚長任命問
　題で紛糾 　1950.7月
1952年度防衛分担金協議 　1952.1.9
GHQ、兵器製造禁止を緩和 　1952.3.8

－ 441 －

GHQ、兵器製造を許可制に	1952.3.14
極東委員会・対日理事会・GHQ廃止	1952.4.28

連合国対日理事会 → 対日理事会を見よ
レンジャー訓練
レンジャー訓練中の自衛隊員死亡	1997.7.12

練習艦
海上自衛隊初の練習艦就役	1969.9.10

練習機
海上自衛隊、SNJ練習機5機受領	1954.8.17
T-34練習機の国内組立て第1号機受領	
	1954.10.28
航空自衛隊、航空機59機受領	1955.1.20
空自練習機墜落事故	1955.8.8
国産T1F2練習機、初飛行	1958.1.19
航空自衛隊、T-2練習機量産初号機を	
受領	1975.3.26
自衛隊機墜落	2000.3.22
ブルーインパルス2機墜落	2000.7.4
海自練習機墜落事故	2001.9.14
「日比防衛装備品・技術移転協定」署	
名	2016.2.29
日比首脳会談	2016.10.26
日比防衛相会談	2017.10.23

連続離着陸訓練
海自訓練機が墜落	2003.5.21

【ろ】

ロイヤル, ケネス・クレイボーン
ロイヤル米陸軍長官、「反共の防壁」	
の演説	1948.1.6
ロイヤル米陸軍長官、警察隊武装を	
示唆	1949.2.25

六者会合
六者会合開催で合意	2003.7.31
六者会合での日中連携で合意	2003.8.9
第1回六者会合	2003.8.27
「日中韓三国間協力の促進に関する共	
同宣言」	2003.10.7
第2回六者会合	2004.2.25
第3回六者会合	2004.6.23
日米首脳会談を開催	2004.11.20
日中韓首脳会談を開催	2004.11.29
六者会合再開で日米首脳が同意	2005.2.3
北朝鮮が核兵器保有を表明	2005.2.10
第4回六者会合第1次会合	2005.7.26

9ヶ月ぶりに日朝公式協議	2005.8.7
第4回六者会合第2次会合	2005.9.13
第5回六者会合第1次会合	2005.11.9
六者会合再開に向けて日韓の連携強	
化	2006.11.5
第5回六者会合第2次会合	2006.12.18
第5回六者会合第3次会合	2007.2.8
第6回六者会合第1次会合を開始	2007.3.19
日米首脳会談	2007.4.27
第6回六者会合首席代表者会合	2007.7.18
第6回六者会合第2次会合	2007.9.27
北朝鮮が核計画申告書を提出	2008.6.26
第6回六者会合首席代表者会合	2008.7.10
第6回六者会合首席代表者会合	2008.12.8
ミサイル発射に対する国連安保理議	
長声明	2009.4.14
北朝鮮の核実験で日米次官級協議	2009.6.1
日韓首脳会談を開催	2009.10.9
日中韓首脳会談	2009.10.10
制裁解除なら六者会合復帰	2010.1.11
北朝鮮、黒鉛減速炉の再稼働表明	2013.4.2

60年安保条約 → 日米安保条約を見よ
ロシア ⇔ 日露〜をも見よ
ロシア機、領空侵犯	1992.4.10
ロシア機、領空侵犯	1992.5.7
ロシア機、領空侵犯	1992.7.28
ロシア機、領空侵犯	1993.8.31
日露海上事故防止協定、署名	1993.10.13
ロシア機、領空侵犯	1995.3.23
海上自衛隊艦艇の初の訪ロ	1996.7.23
日ロ初の共同訓練	1998.7.29
ロシア軍機が領空侵犯	2001.2.14
ロシア軍機が領空侵犯	2001.4.11
六者会合開催で合意	2003.7.31
ロシア潜水艇事故	2005.8.4
第31吉進丸事件	2006.8.16
「第31吉進丸」船長を解放	2006.10.3
「第31吉進丸」船長らを書類送検	2007.3.2
インド洋における海洋阻止行動への	
謝意決議	2007.9.19
ロシアが漁船4隻を拿捕	2007.12.13
「第38吉丸」拿捕	2009.1.27
人道支援物資供与事業でロシアが出	
入国カード提出を要求	2009.1.28
北方領土入国に出入国カード提出不	
要	2009.5.1
第1回拡大ASEAN国防相会議	2010.10.12
リムパック2012に参加	2012.6.23
ロシア軍機、領空侵犯	2013.2.7

ロシア空軍機、領空侵犯	2013.8.22
日露外務・防衛閣僚協議、初開催	2013.11.2
ロシア、北方領土で軍事演習	2014.8.12
推定ロシア機、領空侵犯	2015.9.15
ロシア軍、北方領土へミサイル配備	2016.11.22

ロシア国防省

防衛庁とロシア国防省で交流の覚書	1999.8.16

ロシア・スパイ事件

ロシア・スパイ事件	2000.9.8
「秘密保全体制の見直し・強化について」発表	2000.10.27
ロシア・スパイ事件で実刑判決	2001.3.7

ロシア潜水艇事故

ロシア潜水艇事故	2005.8.4

ロジャーズ, ウィリアム・P.

愛知外相、ロジャーズ米国国務長官会談	1969.6.3

ロッキード

次期戦闘機にロッキードF-104J採用決定	1959.11.6
米側、ロッキードF-104J共同生産につき援助を内示	1960.1.12
F-104J国内生産に関する日米取極に署名	1960.4.15
F-104J/DJ初号機到着	1962.2.8
防衛庁、次期対潜哨戒機にP-3C導入	1977.8.24

ロナルド・レーガン

「トモダチ作戦」発動	2011.3.13
米軍機墜落	2017.11.22

ロバートソン, ウォルター

池田・ロバートソン会談、自衛力漸増の共同声明	1953.10.30
政府首脳、ロバートソン米国務次官補と会談	1953.12.23

ローレス, リチャード

普天間飛行場の新代替案を希望	2005.2.23

ロレンザーナ, ミゲル・デルフォン

日比防衛相会談	2017.10.23

ロンドン旅客機爆破テロ未遂事件

ロンドン旅客機爆破テロ未遂事件	2006.8.11

【 わ 】

ワインバーガー, キャスパー

米国防長官、1000海里防衛を要請	1982.3.27
日米防衛首脳会談の開催	1985.6.10

日米防衛首脳会談の開催	1987.10.2

わが国の安全保障のあり方

「わが国の安全保障のあり方」中間報告発表	1967.8.28

若林 佐喜子

拉致事件でよど号グループメンバーの妻に逮捕状	2007.6.13

和歌山県

台風12号豪雨災害	2011.9.3

『ワシントン・ポスト』

中曽根首相、浮沈空母発言	1983.1.19

渡辺 周

アジア安全保障会議開催	2012.6.1

渡辺 美智雄

政府専用機が初運航	1993.2.11

亘理 彰

日米装備・技術定期協議開催で合意	1980.5.28

湾岸危機

湾岸危機に関する支援策発表	1990.8.29
湾岸危機に30億ドルの追加	1990.9.14
イラク在留邦人救出	1990.12.1
イラク周辺国の難民救済51億6800万円	1991.1.14
「湾岸危機対策本部」設置	1991.1.17
湾岸地域に90億ドル追加支援決定	1991.1.24
「湾岸危機に伴う避難民の輸送に関する暫定措置に関する政令」公布	1991.1.29
掃海艇など、ペルシャ湾へ出港	1991.4.24
ペルシャ湾派遣部隊、掃海作業開始	1991.6.5
掃海派遣部隊、呉に帰港	1991.10.3
イラク査察に自衛官派遣	2001.2.9

湾岸危機に伴う避難民の輸送に関する暫定措置に関する政令

「湾岸危機に伴う避難民の輸送に関する暫定措置に関する政令」公布	1991.1.29

【 英数 】

ACXクリスタル

米イージス艦と貨物船衝突	2017.6.17

ADMMプラス → 拡大ASEAN国防相会議を見よ

AH-1S

陸自ヘリが衝突	2001.2.14
対戦車ヘリコプター墜落事故で賠償請求	2003.6.20

AIZU
アデン湾で日本企業運航貨物船に銃
撃 2008.8.23

APEC首脳会議 → アジア太平洋経済
協力首脳会議を見よ

ASAF → 国際治安支援部隊を見よ

ASEAN → 東南アジア諸国連合を見よ

AWACS → 早期警戒管制機を見よ

B-52
米軍機、沖縄からベトナムに発進 1965.7.29

BMD → 弾道ミサイル防衛を見よ

C-1
自衛隊機墜落 2000.6.28

C-130
航空自衛隊、C-130で派米訓練 1989.5.28

C-130H
輸送機C-130H初号機を受領 1984.3.14
自衛隊機をタイ海軍基地に派遣 1997.7.12
自衛隊機をシンガポールに移動 1998.5.18
イラク被災民救援国際平和協力業務
を実施 2003.7.17
イラク復興支援派遣輸送航空隊が輸
送活動開始 2004.3.3
初の在外邦人等の輸送 2004.4.15

C-130R
海自次期輸送機の機種決定 2011.10.14

C-2
空自輸送機開発完了 2017.3.27

C-46
航空自衛隊、航空機59機受領 1955.1.20
空自輸送機墜落事故 1957.3.4

CASA → 民事局別館を見よ

CCP → 中央指揮所を見よ

CCW → 特定通常兵器使用禁止制限条
約を見よ

CH-47
徳之島自衛隊ヘリ墜落事故 2007.3.30

CH-47J
CH-47J国産初号機の受領 1986.11.25

CH-53D
沖国大米軍ヘリ墜落事件 2004.8.13

CHEMROAD LUNA
インドネシア沖で日本企業運航のタ
ンカーに強盗 2010.9.5

COCOM
東芝機械ココム違反事件 1987.5.27

CTBT → 核実験全面禁止条約を見よ

DPKO → 国際連合事務局平和維持活
動局を見よ

E-2C
早期警戒機導入疑惑 1979.1.8
早期警戒機導入決定 1979.1.11
E-2Cによる対領空侵犯措置の開始 1987.1.31

E-767
早期警戒管制機の導入決定 1992.12.18
早期警戒管制機を浜松に配備 1998.3.25
空自が初の空中給油訓練 2003.4.21

EEZ → 排他的経済水域を見よ

F-1
航空自衛隊、F-1を三沢基地に配備 1977.9.26
F-1後継機の検討結果 1987.10.21
FS-Xの作業分担決まる 1989.1.10

F-104
沖縄第1次自衛隊配置を発表 1970.10.7

F-104C
次期戦闘機にロッキードF-104J採用
決定 1959.11.6

F-104DJ
F-104J/DJ初号機到着 1962.2.8

F-104J
次期戦闘機にロッキードF-104J採用
決定 1959.11.6
米側、ロッキードF-104J共同生産に
つき援助を内示 1960.1.12
F-104J国内生産に関する日米取極に
署名 1960.4.15
F-104J/DJ初号機到着 1962.2.8
F-104J国産初号機引渡し記念式典 1962.4.1
戦闘機の追加生産 1965.1.21
航空自衛隊、F-104J戦闘機の後継決
定 1968.11.1

F105
米第5空軍、F105Dジェット戦闘爆撃
機を強行配備 1963.5.12

F11 F-1F
次期戦闘機にグラマンF11 F-1F採用
内定 1958.4.12
次期戦闘機の機種問題、国会で追及 1958.9.2
次期戦闘機グラマンF11 F-1Fの内定
撤回 1959.6.15

F-15
F-4EJ戦闘機の後継、F-15を採用 1976.12.9
F-15戦闘機、P-3C哨戒機の導入 1977.12.28
次期戦闘機・次期対潜哨戒機は「非
戦力」とする見解 1978.2.15
米国よりF-15戦闘機到着 1981.3.27
P-3C、F-15の取得数変更 1982.7.23
F-15DJのライセンス国産へ切り替え
1984.12.28
日米防衛首脳会談の開催 1987.10.2
空自が初の空中給油訓練 2003.4.21
コープサンダー演習 2003.5.22

– 444 –

日本安全保障史事典　　　　事項名索引

米軍戦闘機空中接触事故　　　　2004.10.4
F-15戦闘機を沖縄に配備　　　　2009.1.8
F-15戦闘機が胴体着陸　　　　2009.12.4
米軍訓練のグアム移転、日米合意　2011.1.20
空自機墜落　　　　　　　　　　2011.7.5
空自機、タンク落下　　　　　　2011.10.7
空自機部品落下事故　　　　　　2017.7.26
空自機部品落下　　　　　　　　2017.10.5

F-15DJ
F-15DJのライセンス国産へ切り替え
　　　　　　　　　　　　　　　1984.12.28

F-15J
F-15J戦闘機国産初号機を受領　1981.12.11
F-15Jの警戒待機を開始　　　　1984.7.16

F-16
米軍、F-16三沢基地に配備　　　1985.4.2
日米防衛首脳会談の開催　　　　1987.10.2

F-2
F-2量産に関して取極め締結　　1996.7月
F-2支援戦闘機1号機を受領　　1997.11.28
F-2の運用試験開始　　　　　　2000.10.2

F-22
嘉手納基地に最新鋭ステルス戦闘機
　を暫定配備　　　　　　　　　2007.1.11

F-35
武器輸出三原則「例外」認める　2013.3.1

F-35A
次期戦闘機決定　　　　　　　2011.12.20
国産初のステルス戦闘機完成　　2017.6.5

F-4C
米ファントム戦闘機、九州大学構内
　に墜落　　　　　　　　　　　1968.6.2

F-4E
次期主力戦闘機F-4Eを104機生産　1969.1.10

F-4EJ改
空自戦闘機墜落　　　　　　　　1999.8.15
戦闘機機関砲誤発射事故　　　　2001.6.25

F-86D
航空自衛隊、F-86D戦闘機受領　1958.1.16

F-86F
F-86F高等操縦学生、米国留学　1955.8.12
航空自衛隊、F-86F戦闘機を受領　1955.10.12
F-86F戦闘機初飛行　　　　　　1956.3.1
防衛庁、F-86F戦闘機の製造組立契約
　等を締結　　　　　　　　　　1956.3.31
F-86F戦闘機の国内製造組立て第1号
　機受領　　　　　　　　　　　1956.9.20
次期戦闘機にグラマンF11 F-1F採用
　内定　　　　　　　　　　　　1958.4.12
北海道地区領空侵犯　　　　　　1958.4.28
空自機墜落　　　　　　　　　　1969.5.11

FIG　→　普天間実施委員会を見よ

FS-X
FS-X選定資料収集班の欧米派遣　1986.5月
日米防衛首脳会談の開催　　　　1987.10.2
次期支援戦闘機の日米共同開発　1987.10.23
FS-X共同開発の交換公文・細目取決
　めに署名　　　　　　　　　　1988.11.29
FS-Xの作業分担決まる　　　　1989.1.10
FS-X技術対米供与決定　　　　1990.2.20

GHQ　→　連合国総司令部を見よ

GHQ AFPAC　→　米太平洋陸軍総司
令部を見よ

GHQ SCAP　→　連合国最高司令官総
司令部を見よ

GSOMIA　→　日米軍事情報包括保護協
定を見よ

H-60
米軍ヘリ墜落　　　　　　　　　2015.8.12

IAEA　→　国際原子力機関を見よ

ICBM　→　大陸間弾道ミサイルを見よ

IISS　→　国際戦略研究所を見よ

IMO　→　国際海事機関を見よ

IS
シリアで日本人拘束　　　　　　2014.8.18
ISによる邦人人質事件　　　　　2015.1.20
日英防衛相会談　　　　　　　　2015.1.21
日比防衛相会談　　　　　　　　2015.1.29
日仏外務・防衛閣僚会合、開催　2015.3.13
バングラデシュで銃撃事件　　　2015.10.3
バングラデシュでテロ　　　　　2016.7.2

ISIL　→　ISを見よ

IT革命
自衛隊の情報通信技術施策の推進要
　綱公表　　　　　　　　　　　2000.12.1

IZUMI
ケニア沖で日本企業運航貨物船乗っ
　取り　　　　　　　　　　　　2010.10.10

JASMINE ACE
ソマリア沖で日本企業運航自動車運
　搬船に銃撃　　　　　　　　　2009.3.23

JAXA　→　宇宙航空研究開発機構を見よ

JCO
東海村JCO臨界事故　　　　　　1999.9.30

JICA　→　国際協力機構を見よ

JR福知山線脱線事故
JR福知山線脱線事故　　　　　　2005.4.25

JX日鉱日石エネルギー
防衛庁燃料談合事件で石油元売り会
　社に賠償命令　　　　　　　　2011.6.27

－ 445 －

KC-767
空中給油・輸送機の採用が決定 2001.12.14
空自が初の空中給油訓練 2003.4.21

KEDO → 朝鮮半島エネルギー開発機
構を見よ

LCM → 機動揚陸艇を見よ

LCU → 汎用揚陸艇を見よ

LCVP → 車両人員揚陸艇を見よ

LR-2
陸自機墜落 2017.5.15

LSSL → 大型上陸支援艇を見よ

MAAGJ → 在日米軍事援助顧問団を
見よ

MDA協定 → 日米相互防衛援助協定を
見よ

MDA協定等に伴う秘密保護法 → 防
衛秘密保護法を見よ

MDA協定に基づく日米技術協定 →
日米技術協定を見よ

**MDA協定に基づく日米特許権及び技
術上の知識交流協定** → 日米技術協
定を見よ

MDA秘密保護法 → 防衛秘密保護法
を見よ

MINUSTAH → 国際連合ハイチ安定
化ミッションを見よ

MOFシステム → 海上作戦部隊指揮管
制支援システムを見よ

MRTA → トゥパク・アマル革命運動
を見よ

MSA → 相互安全保障法を見よ

MSA援助
ダレス国務長官、対日MSA援助を示
唆 1953.5.5
吉田首相、演説で防衛方針不変を表
明 1953.6.16
対日MSA援助に関する日米交換公文
発表 1953.6.26
岡崎外相、保安隊は実質的に自衛軍
と答弁 1953.7.21
陸上部隊に対するMSA援助期待決
定 1954.1.23
木村保安庁長官、MSA援助につき国
会説明 1954.3.19

MSA協定 → 日米相互援助協定を見よ

MSA協定等に伴う秘密保護法 → 防
衛秘密保護法を見よ

MSA交渉
米、MSA交渉で経済要請の削除を要
求 1953.8.19

MSA秘密保護法 → 防衛秘密保護法を
見よ

MU-2A
空自の捜索救難機が墜落 2005.4.14

MV-22
オスプレイ普天間配備 2012.10.6
オスプレイ不時着 2016.12.13

NATO → 北大西洋条約機構を見よ

NIS → 韓国国家情報院を見よ

NLP → 夜間離着陸訓練を見よ

NPA → 新人民軍を見よ

NPT → 核拡散防止条約を見よ

NSC → 国家安全保障会議（米国）を
見よ

NSC13 2文書 → アメリカの対日政策
に関する勧告を見よ

ODA → 政府開発援助を見よ

OH-6
OH-6ヘリコプターの引渡式を挙行 1969.3.10

OH-6D
陸自ヘリが衝突 2001.2.14
陸自ヘリ2機が衝突・墜落 2002.3.7

ONUMOZ → 国際連合モザンビーク
活動を見よ

OPCW → 化学兵器禁止機関を見よ

P2V-7
海上自衛隊、P2V-7対潜哨戒機17機
の受領調印式 1955.4.15
P2V-7対潜哨戒機2機、羽田に到着 1956.3.7
P2V-7対潜哨戒機42機の国産決定 1957.9.10

P-3C
防衛庁、次期対潜哨戒機にP-3C導入 1977.8.24
F-15戦闘機、P-3C哨戒機の導入 1977.12.28
次期戦闘機・次期対潜哨戒機は「非
戦力」とする見解 1978.2.15
対潜哨戒機P-3C、導入開始 1981.4.29
P-3C、F-15の取得数変更 1982.7.23
リムパック84に参加 1984.5.14
九州南西海域工作船事件 2001.12.22
漢級原子力潜水艦領海侵犯事件 2004.11.10
P-3Cがオーストラリア初訪問 2006.5.29
ジブチにP-3C派遣 2009.5.15
P-3Cによるアデン湾の警戒監視を開
始 2009.6.11
ジブチの自衛隊活動拠点運用開始 2011.6.1

PAC-3
PAC-3ライセンス生産が可能に 2005.7.19

弾道ミサイル等に対する破壊措置に
関する緊急対処要領　　　　　2007.3.23
入間基地にPAC-3配備　　　　　2007.3.30
第2高射群第6高射隊にPAC-3配備　2010.4.26
PBC → 国際連合平和構築委員会を見よ
PF → パトロールフリゲート艦を見よ
PIF → 太平洋諸島フォーラムを見よ
PKO → 国際連合平和維持活動を見よ
PKO法 → 国際平和協力法を見よ
PSI → 拡散に対する安全保障構想を
見よ
PV-2
海上自衛隊、PV-2対潜哨戒機17機受
領　　　　　　　　　　　　　1955.1.16
海自対潜哨戒機墜落事故　　　　1957.4.19
SACO → 沖縄に関する特別行動委員
会を見よ
SAGJ → 在日保安顧問団を見よ
SASJ → 在日保安顧問部を見よ
SDI
米SDI研究に参加方針決定　　　　1986.9.9
米SDI研究参加の政府間協定に署名　1987.7.21
SEALDs
自民議員が安保法案反対の学生を非
難ツイート　　　　　　　　　2015.7.31
SFシステム → 自衛艦隊指揮管制シス
テムを見よ
SH-60J
海自哨戒ヘリコプターが墜落　　2009.12.8
海自ヘリ墜落　　　　　　　　　2017.8.26
SLBM → 弾道ミサイル（SLBM）を
見よ
SNJ
海上自衛隊、SNJ練習機5機受領　1954.8.17
Su-27
中国軍機、自衛隊機異常接近　　2014.5.24
中国機、自衛隊機異常接近　　　2014.6.11
Su-24
ロシア軍機が領空侵犯　　　　　2001.4.11
T-1
国産T-4、初納入　　　　　　　1988.9.20
T-1A
国産T1F2練習機、初飛行　　　　1958.1.19
T1F2
国産T1F2練習機、初飛行　　　　1958.1.19
T-2
航空自衛隊、T-2練習機量産初号機を
受領　　　　　　　　　　　　1975.3.26
自衛隊機墜落　　　　　　　　　2000.3.22

T-33A
航空自衛隊、航空機59機受領　　1955.1.20
空自機墜落　　　　　　　　　　1999.11.22
T-34
T-34練習機の国内組立て第1号機受領
　　　　　　　　　　　　　　1954.10.28
空自練習機墜落事故　　　　　　1955.8.8
T-4
ブルーインパルス2機墜落　　　　2000.7.4
T-5
海自練習機墜落事故　　　　　　2001.9.14
T-6
航空自衛隊、航空機59機受領　　1955.1.20
TC-90
日比首脳会談　　　　　　　　　2016.10.26
日比防衛相会談　　　　　　　　2017.10.23
TMD → 戦域ミサイル防衛を見よ
Tu-22
ロシア軍機が領空侵犯　　　　　2001.2.14
U-125
空自機墜落　　　　　　　　　　2016.4.6
U-36A
海自訓練機が墜落　　　　　　　2003.5.21
UH-60J
空自ヘリ墜落　　　　　　　　　2017.10.17
UNDOF → 国際連合兵力引き離し監
視隊を見よ
UNDRO → 国際連合災害救済調整官
事務所を見よ
UNHCR → 国際連合難民高等弁務官
事務所を見よ
UNMEER → 国際連合エボラ緊急対
処ミッションを見よ
UNMIN → 国際連合ネパール政治
ミッションを見よ
UNMIS → 国際連合スーダン・ミッ
ションを見よ
UNMISET → 国際連合東ティモール
支援団を見よ
UNMISS → 国際連合南スーダン共和
国ミッションを見よ
UNMIT → 国際連合東ティモール統
合ミッションを見よ
UNMOVIC → 国際連合監視検証査
察委員会を見よ
UNSCOM → 国際連合イラク化学兵
器廃棄特別委員会を見よ
UNTAC → 国際連合カンボジア暫定
統治機構を見よ

UNTAET → 国際連合東ティモール
暫定行政機構を見よ
UNV → 国際連合ボランティアを見よ
V4 → ビシェグラード4を見よ
WFP → 世界食糧計画を見よ
Winny
　自衛隊Winny情報流出問題　　　2004.4.30
　自衛隊Winny情報流出問題　　　2006.2.23
　自衛隊Winny情報流出問題　　　2006.11.29
X-2
　ステルス機を公開　　　　　　　2016.1.27
XP-1
　XP-1試作1号機を納入　　　　　2008.8.29
XT-2
　国産初の超音速航空機XT-2を納入　1971.12.5
YTL → 小型港内曳船を見よ
Y委員会
　Y委員会発足　　　　　　　　　1951.10.31

日本安全保障史事典
―トピックス 1945-2017

2018 年 6 月 25 日　第 1 刷発行

発 行 者／大高利夫
編集・発行／日外アソシエーツ株式会社
　　　　　　〒140-0013 東京都品川区南大井 6-16-16 鈴中ビル大森アネックス
　　　　　　電話 (03)3763-5241 (代表)　FAX(03)3764-0845
　　　　　　URL　http://www.nichigai.co.jp/
発 売 元／株式会社紀伊國屋書店
　　　　　　〒163-8636 東京都新宿区新宿 3-17-7
　　　　　　電話 (03)3354-0131 (代表)
　　　　　　ホールセール部 (営業) 電話 (03)6910-0519

　　　　　　電算漢字処理／日外アソシエーツ株式会社
　　　　　　印刷・製本／光写真印刷株式会社

不許複製・禁無断転載　　《中性紙H-三菱書籍用紙イエロー使用》
<落丁・乱丁本はお取り替えいたします>
ISBN978-4-8169-2723-2　　　***Printed in Japan, 2018***

本書はディジタルデータでご利用いただくことが
できます。詳細はお問い合わせください。

日本議会政治史事典
―トピックス1881-2015

A5・470頁　定価（本体14,200円＋税）　2016.1刊

1881年から2015年まで、日本の議会政治に関するトピック4,700件を年月日順に掲載した記録事典。帝国議会・国会の召集、衆議院・参議院の選挙、法案の審議、政党の変遷、疑獄事件など幅広いテーマを収録。「分野別索引」「事項名索引」付き。

憲法改正 最新文献目録

A5・690頁　定価（本体27,500円＋税）　2016.5刊

2006年から2015年に発表された図書2,200点、雑誌記事14,000点の文献目録。改正手続きから集団的自衛権行使を認める安保法制、解釈改憲、立憲主義など憲法改正論議を中心に天皇制、基本的人権、選挙制度など憲法に関わる分野をテーマ別に分類して収録。著者・発言者名から引く「著者名索引」とテーマから引く「事項名索引」付き。

都市問題・地方自治 調査研究文献要覧

後藤・安田記念東京都市研究所 市政専門図書館 監修

市政専門図書館が長年にわたり独自に収集してきた都市問題・地方自治に関する書籍・研究論文・調査報告等を体系的に収録した文献目録。国立国会図書館「雑誌記事索引」未収録の記事も多数収録。

① 明治～1945
B5・940頁　定価（本体43,000円＋税）　2017.5刊

② 1945～1980
B5・1,110頁　定価（本体43,000円＋税）　2016.12刊

③ 1981～2015
B5・1,200頁　定価（本体43,000円＋税）　2016.7刊

データベースカンパニー
日外アソシエーツ

〒140-0013　東京都品川区南大井6-16-16
TEL.(03)3763-5241　FAX.(03)3764-0845　http://www.nichigai.co.jp/